|개정판|

통·일·정·책·의·전·개·와·전·망

한반도 통일론

김용제 저

박영사

著者의 말

이 책은 2009년 발간된 「韓半島 統一論: 통일정책의 전개와 전망」의 개정판이다. 2009년에 출판된 본서가 한국 대학에서 대학교재로 채택되어 사용된 점과 지난 3년간 한반도를 둘러싼 대내외의 많은 변수들을 첨가하여 이 개정판을 내놓게 되어 매우 기쁘게 생각한다. 2012년은 한반도를 둘러싼 동북아 지역의 역학관계의 변화와 각축이 예고되고 있고 전세계의 흐름은 웹(Web)에서 앱(App)으로 변화하여 세계화를 단축시키고 있다.

먼저 서울은 2012년 4월 총선과 12월 대선이 예정되어 있는데, 전세계 재외국민 유권자가 투표하게 되어 대선에 당락을 결정지을 수 있는 영향력을 행사하게 될 것이다. 서울이 선거로 인해 경황이 없고 어수선하여 마치 소용돌이에 빠진듯한 상황에서 서울 제2차 핵안보정상회의가 2012년 3월 26~27일에 열렸다. 서울은 세계화 내지 글로벌화에 잘 순응하여 한국의 G20 의장국 부상, 서울 제2차 핵안보정상회의 의장국 부상, 2018년 동계올림픽 개최국의 부상을 잘 활용하여 국력을 선진국으로 끌어올림과 동시에 과거 분단관리에서 통일을 대비하는 창조적인 통일 패러다임으로의 변화를 시도해야 한다. 평양은 세계화 내지 글로벌화에 역행하면서 10년 전부터 2012년 강성대국 원년(元年)을 선전하면서 언제 미사일발사와 원폭실험의 불장난을 할지 모르는 불안한 해이기도 하다. 북한에도 변화는 올 것으로 예상된다. 분명한 변화는 김정일 국방위원장이 2011년 12월 17일 8시 30분에 전용 열차 안에서 중증 급성심근경색과 그 합병증으로 급작스럽게 사망함으로써 포스트 김정일 시대가 열린 것이다.[1] 북한 매체들은 김정은 조선노동당 중앙군사위원회 부위원장을 '혁명위업의 계승자, 인민의 영도자'로 명시, 사실상

---

[1] "(1) 평양 관저 사망설 (2) 현지지도 중이었나 (3) 16일 사망 가능성," 한국일보(2011년 12월 22일), p. C2.

‘김정은 시대’의 개막을 선언하고 ‘유훈’을 처음으로 언급하면서 김정은의 ‘혁명 업적’도 선전하기 시작했다.[2] 지난 37년간 철권통치를 해온 김정일 사망은 1948년 정권 창설 이래 최대 위기로 북한 급변 사태의 서막을 알리는 역사적 순간이며 한반도의 격변을 예고한 것이다. 초유의 3대 세습 독재체제를 성사시킨 김정일의 사망과 30세 후계자 김정은의 체제 장악은 당분간 세계적 관심사가 될 전망이다.[3] 여기서 상기할 점은 김정은 체제가 속도전을 내어 김정일 사후 열흘밖에 안 되는 시점에 김정은은 벌써 ‘태양’이고, ‘어버이’이며, ‘최고사령관’ 수식 칭호도 최상급이라는 것이다. 북한은 수령절대체제 시스템 또는 “가산제적 전체주의”(家産制的 全體主義 Patrimonial Totalitarianism)로 김정은이 수령 자리에 오르는 순간 그는 북한 주민의 어버이 역할을 해야 하며 관영매체와 선전선동기관은 그를 ‘백두혈통 만경대 가문의 후계자’로 우상화하는 작업을 한다. 이런 상황에서 김정일 사후 과도기에 내부적으로 김정은을 대체하는 인물이나 세력이 부상하기 어렵고 외부적으로 중국은 최대 후견국으로서 한반도 안정에 공동의 이해를 가지고 가장 먼저 김정은 후계체제 지지를 선언하고 워싱턴도 김정은 체제의 평양과 협상을 원하는 메시지를 분명히 한 바 있다. 모스크바와 동경도 김정일 사후 한반도 안정과 평화를 원하는 점에서 주변 4강의 공통점을 찾을 수 있다. 서울 정부도 제한적인 차원에서 조의 표시와 조문방문허용을 통해 김정은 체제의 안정을 바라는 것도 2012년에 새로운 한반도 국제질서를 예상할 수 있겠다.[4] 본서에서는 김정은에 대한 정보도 소개하고 북한 붕괴론도 첨가한다. 평양체제가 자연적으로 무너지길 기다리면 북한 주민들의 지옥 같은 삶은 장기화될 것이고 어설프게 북한 체제붕괴를 촉진하면 김정일 일가도 무아마르 카다피 리비아 전 국가원수같이 그의 고향이자 최후의 거점에서 총살될 가능성도 있다.[5] 앞으로 3대 세습 과정에서 올 수 있는 KAL기 폭파사

---

2) “노동신문 ‘김정일 유훈 지켜…’ 김정은 시대 공식 선언,” 상동(2011년 12월 23일), p. C6.

3) “김정일 사망·FTA 비준·참정권… 격량의 한해,” 상동(2011년 12월 23일), p. A8.

4) “속도전 펴는 김정은 체제,” 상동(2011년 12월 27일), p. C14.

5) “김정일 정권 최후의 날이 언제 닥칠지 누가 알겠는가,” 조선일보(2011년 10월 22일), p. A35.

건, 아웅산 사건과 같은 일들은 김정은 시대에서는 일어나지 않게 방지해야
한다.

　워싱턴은 대통령선거를 앞두고 오바마 대통령의 재임이냐 아니면 공화
당의 후보냐를 두고 미국인들이 결정해야 할 해이며 1990년대 들어 소련의
붕괴 이후 미국이 유일 초강대국을 중심으로 한 일극(一極)체제를 20년간 유
지해 왔으나 앞으로 중국의 부상으로 제2의 양극체제로 재편되는 상황을
맞고 있다.6) 베이징은 후진타오의 4세대 지도부를 이을 5세대 지도부 시진
핑 시대가 열리고 500년 서방 우위의 시대는 막을 내리고 앞으로는 중국 시
대를 열면서 중국은 2025년쯤 有人 달 탐사(중국 달 탐사 프로젝트 총지휘를 맡
은 예페이젠 중국과학원 원사 2011년 10월 25일 난징 학술보고서에서 발표),7) 골드
만삭스는 중국이 GDP(국내총생산) 기준으로 2027년 미국을 따라잡을 것으로
예상하고 있다. 반면에 조지프 나이 하버드대 교수는 포린어페어스 2010년
11~12월호에서 반대 의견으로 "세계 최고 교육수준과 인구구성의 건전성,
첨단 기술력을 감안하면 정치적으로 불안한 중국이 수십 년 내 미국을 따라
잡기는 어렵다"고 밝혔다.8) 그러나 분명한 점은 중국의 G2 부상이 동북아
지역의 역학관계의 변화와 각축이 예고되고 세계화 내지 글로벌화의 산물로
흑묘백묘(黑猫白猫)로 표현되고 있는 것이다. 이념과 중국적인 것을 버리고
글로벌 기업들의 생산기지로 세계의 굴뚝공장이 되어 중국이 만든 제품은
전세계 시장을 휩쓸고 있다. 모스크바는 푸틴 총리가 대통령으로 귀환하여
장기집권이 예상되고, 워싱턴을 견제할 '2강 연대'를 베이징과 모색할 것으
로 분석된다. 12년 집권을 다지려는 푸틴은 이변이 없는 한 대통령이 확실
시 되며 베이징과 장기협력관계를 구축하여 경제와 함께 장기집권에 날개를
달고 천연가스·석유회사 CED 등 경제사절단 160명을 이끌고 러·중 정상
회담에서 경제협력에 2011년 10월 11일에 서명하고 구 소련 시절의 영향력
을 회복하기 위해 '유라시아 경제연합'을 구상하고 있다.9) 러시아는 미래 자

6) "다가올 美·中 양극시대 속의 대한민국號 진로," 상동(2009년 10월 2일), p. A23.

7) "中, 2025년쯤 有人 달 탐사," 상동(2011년 10월 27일), p. A18.

8) "500년 서방 우위 끝, 이젠 중국 시대," 상동(2010년 11월 22일), p. A16.

9) "'돌아온 차르' 푸틴의 첫걸음은 중국… 美 견제할 '2强 연대' 노려," 상동(2011년 10월 12

원외교에 서울이 눈여겨 볼 나라이기도 하다. 동경정치는 예측불허이고 베이징과 달리 지난 20여 년간 일본의 존재가 상대적으로 축소되고 국제경쟁에서 뒤지기 시작하면서 2010년에는 국내총생산(GDP) 세계 2위의 자리를 중국에 내 주었다. 일본은 경제성장, GDP, 국제적 위상차원에서 중국의 부상과는 달리 상대적 박탈감을 느낄 것으로 예상된다. 2011년 3월 11일 3대 재해(대지진, 쓰나미, 원전사고)는 일본 국민에게 큰 충격과 좌절감을 안겨 주었다. 그 이유는 노령화 사회, 정치와 행정의 개혁이 미흡하고, 기업과 국민의 세계화 내지 글로벌화에 능동적으로 대응하지 못한 점을 들 수 있다. 특히 정치지도력의 부재 내지 실패 요인은 시대적 흐름에 속수무책인 일본 총리제에 있다. 총리의 임기는 단명으로서 강력하고 진취적인 지도자를 내놓지 못한 이유도 있고 역대 일본 총리들이 추구했던 통치의 효율화, 관료세력의 축소, 복지제도의 개혁은 무위로 끝나면서 정치 리더십의 취약성도 한몫을 한 셈이다.10)

한반도 주변 국가들은 자국의 국가이익을 추구하면서 2011년 한·중·일 3국 협력사무소가 서울에 개설한 것은 동북아시아가 평화롭게 발전해 온 유럽연합(EU)의 궤적을 따라 미래 글로벌 차원에서 한국의 지정학적인 위치가 불리하다는 고정관념을 깬 신호탄이다. 최근 방한한 미국 시카고대의 존 미어세이머 교수에 의하면 통일한국으로 가는 과정에서 지정학적 고정관념을 바꾸는 것은 "시대를 내다보는 지도자와 올바른 전략만" 있으면 얼마든지 가능한 것이다.11)

또한 앱혁명은 앞으로 10여 년의 디지털 시대의 흐름, 즉 세계화 내지 글로벌화를 촉진 내지 변화를 초래하고 있다. 현재 전세계에 광범위한 네트워크를 형성하고 있는 소셜 네트워크 웹의 위력은 갈수록 증가하여 일종의 보험과도 같은 기능을 할 것으로 예상된다. 웹의 검색엔진은 앞으로 구두(句讀) 검색을 포함하여 빠른 속도로 우리의 일상생활에 파고들 것이다. 독일 프라운호퍼 연구소는 이미 TV와 라디오에 녹음된 음성을 디지털화해서 인

일), p. A2.

10) "시대적 과제에 속수무책인 일본 총리들," 상동(2011년 10월 25일), p. A34.

11) "깨진 지정학적 고정관념," 상동(2011년 11월 1일), p. A38.

터넷이나 모바일에 올리는 작업이 진행중이다.[12) 앞으로 10년 후 서울은 세계 최초로 인터넷으로 국민투표를 실시하는 나라가 될 수 있다고 조선일보 창간 90주년를 맞아 현대경제연구원에서 한국의 투표제도, 권력구조 등 정치 분야를 2010년 3월 11일에 예측한 바 있다.[13) 여기 본서에서는 전자모바일통일 모델을 디지털 시대의 흐름에 따라서 분석한다. 다시 말해서 2012년은 한반도 통일의 로드맵과 여러 변수들의 등장을 개념화하고 대비책을 마련하여 준비하여 통일한국의 과정을 단축시켜야 한다. 앞으로 통일한국은 통일로 가는 과정에서 통일비용 등 문제점이 대두되고 있지만 아무도 미래 상황이 어떻게 전개될 것인지는 모르기에 독일통일의 시행착오에서 교훈을 배우면서 대비책을 마련하는 것이 중요하다. 디지털시대 내지 글로벌화의 큰 흐름에 따라 내부적으로 통합되고 통일세에 대한 홍보(현실적이며 건설적이고, 미래지향적이다)를 잘하여 국민공감대에 의한 자발적 아니면 반대하지 않는 통일세를 준비하고 외부적으로는 비핵국가로서 이웃국가에 어떠한 위험도 주지 않는 안정감을 주는 G2시대에 새로운 평화를 조성하는 균형자 역할을 수행해야 한다. 다시 말해 통일한국은 교류협력을 통해서 점진적이고 체계적으로 통일로드맵에 의해서 진행되어야 한다.

지난 21년간 통일론에도 많은 이론적·연구방법론적 변화가 있었다. 베를린장벽 붕괴 이후 세계적 큰 흐름은 탈(脫)국경적 글로벌화와 탈(脫)물질적 지식정보화로 굽이쳤다. 한반도 주변에서는 4대 강국의 새로운 관계가 냉전 종식과 함께 신(新)냉전이라고 불릴 만큼 예측불허의 상황으로 전개되고 있다. 이 와중에 북한은 실질적으로 핵무기 보유국이 되었고 주변 4강과 남북한은 6자회담을 통해서 이 문제를 해결하는 과정에 있다. 당연한 사실은 북한의 핵이 동북아의 평화를 위협한다는 것이다. 속히 이 문제가 해결되어야 한다. 한반도 내부 상황 역시 근본적인 전환 국면에서 평양은 포스트 김일성 시대를 맞아 탈사회주의로 향하는 도상에서 김정일이 체제유지에 급급하고 핵으로 세계의 평화를 위협하고 있으며, 서울은 진보성향이 강했던 정부의 햇볕정책을 바꾸려는 이명박 정부가 출범하여 경제살리기에 초점을 두면

---

12) "국지분쟁·테러 계속 … 이슬람은 변화," 상동(2010년 12월 7일), p. A16.

13) "인터넷으로 大選" 상동(2010년 3월 11일), p. A16.

서 실용주의에 입각한 대북정책을 취하면서 기존의 통일정책을 재검토하고 방향을 전환시킴에 따라 변화가 나타나고 있다. 문제는 탈냉전과 글로벌시대에서 통일은 과거의 민족자주권 확립이나 근대적 민족국가 완성에서 찾을 수 없다는 것이다. 즉 전근대와 근대, 탈근대의 다양성이 혼재하고, 민족국가를 넘어 경제·사회의 다양한 활동이 현실화되는 시점에서 창조적인 통일이 추진되어야 한다. 현재 대두된 패러다임은 단지 사회주의나 자본주의 패러다임이 아니라, 탈근대의 패러다임이다. 탈근대의 패러다임은 계급, 민족, 민족국가, 내일은 오늘보다 나아지리라는 신앙적 믿음 내지 창조적인 생각을 포함하고 있다. 통일문제 역시 이러한 세계사의 흐름과 무관할 수 없다.

과거 냉전시대의 통일문제는 크게 체제통일과 민족통일에 초점을 맞추었다. 전자는 계급문제를 중심으로, 후자는 민족문제를 중심으로 전개된 통일론이었다. 한반도에서 통일은 정치적 입장에 관계없이 체제통일을 중심으로 서울에서 평양으로 추진한 "북진통일모델"과 평양에서 서울을 강점하는 "무력통일모델"을 논의해왔다. 그러나 남북한의 분단체제가 점차 공고화됨에 따라 체제통일은 현실성을 상실했다. 민족통일은 체제통일의 대안으로서 제기되어 평양의 "연방제모델," 서울의 "국가연합모델" 등으로 체제 담론을 넘어 민족을 매개로 전개된 통일논의였다. 이러한 냉전시대의 통일론의 특징은 계급이나 민족에 기반을 두면서 분단체제를 근본적으로 변화시키지는 못했다. 소위 체제통일론은 분단체제를 어느 일방으로 확장하는 것이며 민족통일론은 분단체제의 본질적 변화 없이 민족을 매개로 통일을 지향하는 결함을 안고 있는 이론을 의미한다.

이러한 결함을 해결하는 차원에서, 탈냉전을 탈분단으로 승화시키는 새로운 통일모델이 창출되어야 한다. 탈냉전시대에 맞는 통일은 체제대립의 모순을 해소하고, 분단국의 한 체제가 다른 체제를 평정하거나 아니면 민족을 매개로 그대로 양립 혹은 공존하는 것을 통해서 해소될 수 있는 통일모델을 찾아내는 것이다.[14] 이 모델은 대내적 통일대안으로 강소국연방제, 대외적 통일대안으로 한국연합, 디지털 지식정보화 시대의 산물로 전자모바일

---

14) "[직격토로]: 한 아이엄마가 돼 돌아온 '방북여대생' 박성희 고백," 마이 다스 동아일보 [동아일보 매거진: 신동아98년 10월호] 참조.

통일 모델, 그리고 주요 20개국(G20)과 동북아조약기구와 동북아평화지대 등의 논의들을 포함한다. 위의 통일 대안과 디지털 전자모바일통일 모델과 동북아평화지대의 합산물이 2025년의 통일한국을 실현하는 미래 설계도이다. 이 통일한국모델은 디지털시대에 부합하는 통일방안이며 분단된 체제를 하나로, 민족을 하나로 묶는 역할을 하게 된다. 이 개정판에서는 위 모델을 구체적으로 다루고자 한다.

저자의 첫 번째 책이 출판될 당시 1990년대 초는 냉전이 종식된 아날로그 시대였고, 분단 독일이 통일을 이룬 시기였다. 독일 통일은 분단국인 남북한에 청신호를 보냈지만, 한반도 통일은 무상한 논의만 제공하고 실질적인 진전을 가져오지 못하고 디지털시대에 점진적인 통일과정의 흐름에 따라가고 있다. 1990년 발간된 「韓半島統一論」에서는 미국에서 자료를 수집하고 해외에서 보는 시각으로 통일의 시대적 변화를 해외 정치학자의 입장에서 국제회의에서 발표한 내용들을 포함시켰고 미래의 통일한국방향을 제시한 바 있다.

2009년에 출판된 본서에서는 21세기 디지털시대에 새로운 큰 흐름에서 특이한 한국식 통일방안을 구체적인 이론적 모색이 필요하다는 명분을 갖고 미래에 예측되는 모델을 제시하는 데 초점을 맞추었다. 저자는 1964~1999년간 통일한국을 주제로 미국에서 정치학 석사학위와 박사학위를 취득하고 미국의 대학에서 26년간 정치학 강의를 한 후 35년 만에 귀국하여 모교인 건국대학교 정치학교수와 객원교수를 1999~2007년까지 역임한 바 있다. 이 기간 동안 한국 현실에 맞는 통일론에 대한 행정대학원에서의 강의 및 언론매체 기고와 민주평화통일회의에서 특강 등을 통하여 저자의 소신을 일관되게 피력한 바 있다. 그리고 그동안 국내외 경험을 통해서 얻은 교훈을 바탕으로 자유주의·현실주의·진보주의에 입각한 종합적인(Holistic) 방법으로 이 속편을 다루게 되었다. 2012년 이 개정판은 지난 3년간 한반도를 둘러싼 대내외 많은 변수들과 새로 대두된 붕괴론과 김정일의 아들 김정은의 등장과 김정은 시대, 전자모바일통일 모델에 대한 분석도 첨가하였다. 본서는 첫째, 지난 3년간 남북한관계와 주변 6자회담 관련국에 있었던 중요한 정치변화를 최대한 보완하였다. 둘째는 초판에 포함되지 않았던 새로운 주체 붕괴론과 김정은의 부상 내지 김정은 시대 내용을 포함하였다. 셋째는 초판의 미래부분의 내용이 웹에서 앱으로 전환하는 전자모바일통일 모델을 보완·수정하여 독자들의 이해에 도움이 되도록 노력하였다. 본서는 동북아시아 국제관계를 전공하는 학도들과 학자, 전문가와 6자회담 실무자 및 정치인들에게 정책방안을 주로 제시하는 데 주 목적을 두고 있다.

　　여기서 독자들에게 시선을 끌 수 있는 중요한 질문을 생각하게 된다. 21세기 디지털시대에 부응하는 구체적인 이론적 동향이 관측되고 있는데 "그 실체가 무엇이냐?"이다. 이 문제에 대한 해답을 찾기 위해 이 본서를 내놓게 되었다. 디지털 내지 글로벌시대의 변화는 이미 시작되었고, 이 큰 흐름에서 한반도 통일을 찾는 것이 이 세대를 살아가는 우리에게 중요한 과제이다. 고 이응노 화백은 1980년과 1988년 통일상에서 통일이 이루어졌을 때의 환희를 여러 색깔을 지닌 한민족이 함께 즐거워하는 모습으로 묘사하였다. 저자가 소장한 고 이응노 화백의 그림은 아마 2002년 월드컵에서의 열기를 통일한국이 성취될 때에 7천만 한민족이 남북한과 해외에서 보여줄 환희의 서곡으로 표현했으리라고 본다. 한국이 월드컵에서 4강을 진출하기 위해서 많은 시간, 돈, 노력을 했듯이 통일한국도 좀 더 많은 노력과 숨은 공헌이 뒤따라야 한다. 한반도통일은 무조건적으로 이루어지는 것이 아니라 7천만 한민족에게 주어진 숙제로서 정책결정자와 온 국민이 머리를 맞대고 풀어야 할 과제이다. 정책의 최우선 과제로 숭고히 풀어야 할 통일문제를 남북한 지도자들은 정권유지·확장의 수단으로 사용하여 반세기 이상 풀지 못하고 있다. 남북한 및 해외동포들도 통일에 대한 의사 합의를 이루지 못한 상태에서 통일문제는 특수문제로 남아 있다. 이 디지털 내지 글로벌시대에 남북한 정치지도자는 통일문제를 정권유지 차원이 아닌 한민족의 숙원을 푸는 정책차원의 제1 순위에 두어야 하고, 남북한 해외동포들도 민족여론을 쌍방향 차원에서 표출해야 한다. 이렇게 온라인과 모바일의 잠재력을 극대화하는 것이 디지털 내지 글로벌시대에 부응하는 "전자모바일통일방안"의 출발점이라고 사료된다.

　　위의 목적을 달성하기 위해, 이 개정판은 한반도 통일론을 현실적인 측면인 역사적인 흐름의 변화과정을 추적한다. 동시에 세계적 보편가치인 자유주의와 진보주의적 측면에서 통일문제를 다루어 합리적 통일모델을 제시하는 데 중점을 두고 있다. 이러한 기대가 충족될 때, 이 책은 현재의 남북한의 특수관계를 일반관계로 전환하여 통일을 현실화하는 데 기여할 수 있을 것이다.

　　한반도통일론의 역사적 흐름은 1948년부터 2012년까지 정부수립 64년간 끊임없는 질곡과 파행의 과정을 겪어왔다. 한반도는 독립, 분단, 전쟁과 쿠데타, 유신과 독재정치, 재건, 산업화, 도시화, 광주민주항쟁, 경제기적, 1986년 아시안게임 개최, 북한의 김일성왕조 확립, 대한항공기폭파사건, 1988년의 올림픽게임 개최, 평양청소년체육제전, 1994년 김일성 주석과 카터 전 미국 대통령과의 평양회담, 외환위기, 1998년 8월 광명성 1호(백두산 1호) 우주발사체 발사, 1999년 페리보고서 채택, 2000년 6월의 남북정상회담 및 6.15 공동선언의 채택, 2000년 10월의 북미고위급정치회담 및 북미공동코뮈니케의 채택, 2001년 9.11 테러사건, 2002년 월드컵 축구의 4강 진출, 2003년 후세인 정권 타도와 베이징에서의 3자회담, 6자회담(미사일방어체제(MD)와 신속기동전략 무장과 다자정치협상), 2005년 9.19 공동성명('정부간 다자 안보포럼'의 공통분모 모색), 2006년 북한의 7월 미사일 발사, 10월의 1000kt 초소형 핵실험, 2007년 10월 4일 제2차 남북정상회담, 최근에는 사회경제적 불안정과 이념적 갈등, 2008년 서울의 이명박 정부 출범, 평양에 의한 2010년 3월 26일 천안함 폭침사건, 11월 23일의 연평도 포격의 역사적인 사건들로 이어져 왔다. 특히 한국은 여러 형태의 어려움 속에서 미국과 국제사회 원조에 의해 탄생·성장하여 64년 만에 경제규모 세계무역 G9[15]으로 올라서 미국과 '21세기 전략 동맹'을 추구하는 시기에 도래해 있다. 이러한 한국의 역사는 국제사회가 이룬 '기적'이라고 볼 수 있겠다. 한국이 내부적인 한반도문제에서 벗어나 21세기 문제인 핵확산 방지, 테러, 국지분쟁, 기후변화, 에너지 안보, 초국가적 범죄, 전염병, 인권 등 국제적 현안에 대처하는 것은 절차적 민주주의를 이루어 낸 역량이며 국제사회에 대한 보은(報恩)이고 21세기 국가 활로를 세계로 향해야 하는 불가피한 전략적 선택이다.[16] 이러한 정치

---

15) "'세계무역 G9 한국' 아직 갈길이 멀다," 조선일보(2011년 12월 7일), p. A39.

16) "한·미 '21세기 전략동맹'의 길," 상동(2008년 4월 21일), p. A35.

적·군사적 지형은 통일과정의 순서를 바꾸었다.17) 이 순서를 바꾼 사건들은 1988년 제24회 올림픽게임, 1992년 남북한 간의 기본합의서, 2000년 6.15 남북정상회담, 2007년 10월 4일 제2 남북정상회담, 2008년 2월 이명박 정부 출현으로 통일과정의 순서와 국가 이미지를 높일 수 있었다.

특히 1988년은 제24회 세계올림픽게임을 서울에서 개최하여 성숙한 한국의 능력을 세계에 보여준 해였으며, 북한은 서울올림픽을 방해하려는 추악하고 미숙한 태도를 보여준 해이기도 하다. 한국은 제24회 올림픽게임 이후 평양 측과 함께 "통일기적"을 향해 진전을 보이고 있으며 통일을 위한 '잠시적 접근법'(Encroachment Approach)을 사용하고 있는 것으로 분석된다. 1988년 7월 7일 노태우 전 대통령의 민족공동체선언 이후로 서울정부는 평양정부에 대한 인식을 변화시키기 시작했다(예컨대 북한을 민족공동체의 일원으로 인정). 즉 한국정부는 긴장완화와 협력증진을 위하여 통일과 외교정책의 기조를 변화시키고 있는 것이다(예컨대 인적·물적 교환과 북방정책). 하지만 1989년 3월 27일에 있었던 문익환 목사의 허용되지 않은 평양방문 — 김일성과의 정치통일논의를 위한 — 은 북한과의 새로운 화해과정을 지연시키는 계기가 되었다.18)

1993년 한반도는 민족통일의 과정에 있어서 역사적으로 중요한 전환점에 처해 있었다. 최근 중국의 지하 핵실험, 러시아의 보수파에 대한 유혈 진압, 서울정부의 긴급안보장관회의, 에커먼 미하원 아·태소위원장의 방북, 유엔총회가 북한에 대한 국제원자력기구(IAEA)의 핵사찰 수용을 촉구하는 140대 1의 결의안을 채택한 것 등은 한반도를 둘러싸고 진행되는 끝없는 변화를 보여주는 증거이다. 서울은 문민정부 출범 이후 신한국 창조를 위해 개혁의 틀을 짜고 21세기 전에 통일한국을 달성한다는 목표를 세운 후 새로운 탈냉전적 국제질서 조류를 주변 4강과 관계를 유지 및 수립함으로써 민족통일의 대외적 기반 조성에 노력하였다. 반면 평양은 경제문제와 대외적

---

17) 자세한 내용은 다음의 기사를 참조(인터내셔널 기자 김환 [글] 세 번째 찾아낸 기회, 통일이냐 전쟁이냐, http://www.international21.com/report/cnt.asp?num=7865)

18) 김용제, "남북한 교류협력의 군사적 측면," 민족공동체와 통일문제(서울: 국토통일원, 1989), p. 125.

고립에서 오는 체제위기를 해결하기 위하여 핵확산금지조약협정 탈퇴소동
등 핵개발카드를 사용하고 기존의 남북대화통로를 봉쇄하면서 아직도 냉전
시대 의식을 가지고 김일성-김정일-김정은 계승, 핵무기 개발로 개혁의 틀
없이 체제유지에 급급하고 있는 것 같다.

남북한 관계상황을 총괄적 측면에서 보면, 한반도 질서를 우리 민족의
의지와 무관하게 피동적으로 규정했던 시대는 완전히 지나가고 민족주의와
시장경제체제를 근간으로 하는 새로운 탈냉전적 국제질서 속에서 한반도문
제는 동서간의 대결에서 민족 내부의 문제로 바꾸어 한반도의 통일은 한민
족이 해결해야 할 시대적 당위성을 받아들일 때가 왔다고 보는 점이다.
1992년 2월 10일에 남북한 간에는 기본합의서가 발효되어 상호 간에 정치적
으로 화해하고 군사적으로 침범하지 않으며, 경제·사회·문화적으로 교
류·협력하도록 분단 이후 최초로 책임 있는 쌍방 당국이 공식적으로 선언
했다. 이 합의서는 한반도분단사 중 통일로 가는 과정에서 유리한 제도적
환경설정에 큰 획을 그은 것이라고 볼 수 있겠다.[19]

새 천년을 시작하는 2000년은 한민족에게 남북 화해·협력시대를 열기
시작한 해로 남북한관계의 특수관계를 인지하고 일반관계로 바꾸어야 할 명
분을 찾는 계기가 된 해이다. 과거 55년간 긴장과 대결의 시대를 남북 화해
와 협력의 시대로 신뢰와 이해로 바꾸는 해가 된 것이다. 2000년 6월 15일
평양에서 남북정상회담으로 냉전시대 마지막 '문제아' 남북이 오랜 적대관
계를 극복, 평화공존뿐 아니라 '한국식 통일모델' 창출에 성공할 것 같은 큰
희망을 가지게 했다. 10월 초엔 북한 조명록 특사가 평화사절로 미국을 방
문하여, 클린턴 대통령의 평양 방문 가능성을 타진하는 성과로 '평양의 악
명'을 많이 지워 국제적으로 한민족 전체의 신뢰도를 다시 높이는 계기를
마련했다.

이런 과정에서 김대중 전 대통령이 남북 화해에 기여한 공으로 노벨 평
화상을 받았으니 2000년은 '한민족의 새로운 비전을 주는 해'라고 생각할
수 있겠다. 이러한 남북 화해·협력시대는 시작에 불과하며 앞으로 새 천년

---

19) 김용제, "남북한 신뢰구축과 교류·협력 활성화방안," 통일문제연구 제5권 4호, 1993년
    겨울(서울: 통일원), pp. 181~182.

에 좋은 방향을 제시해 주고 있다. 2000년의 역사적 의미는 앞으로 진전될 북·미 관계 개선에 따라 더 구체화될 것으로 예상된다.

북·미관계가 정상화되면, 남북 외교경쟁은 아마 다른 형태로 다시 치열해질 수 있다고 분석되고, 앞으로 있을 한반도를 둘러싼 4강 간의 권력투쟁도 새롭게 악화될 위험이 있어 남북한은 주변 4강을 상대로 정말 뛰어난 외교를 전개해야 할 시대에 들어와 있다고 본다. 다시 말해서, 90년대 초에 시작한 '4강의 남북 교차승인'이 한국이 먼저 시작했고 북한이 종결하는 남북 화해·협력시대에 들어선 것이다. 이러한 남북화해·협력의 시대는 변혁기, 과도기로 새 천년에 정보화시대사회에 돌입했음을 알리는 신호이다. 남북한은 이러한 변화된 세계환경에 적극 대처해 나가야 할 때이다.

서울정부의 대북정책은 탈냉전의 국제질서와 한국의 국력(북한에 비해 GDP 30여 배, 교역량 180여 배)에 바탕을 두고 북한이 변화하는 환경을 조성하여 화해·협력, 평화공존체제를 만들어 나가고 있다. 서울정부는 북한의 무력도발은 절대 허용하지 않으면서 남북화해와 협력정책으로 평화를 지켜 나가는 정책을 벗어나 평화를 만들어 나가면서 국제사회와 협조하는 한반도 냉전종식에 목적을 두고 있다.

평양정부의 변화는 이미 시작되었으며 북한도 대외개방 정책으로 선회하고 서울의 화해·협력정책에 호응하면서 한반도 냉전종식 흐름에 동참해 있다. 평양의 변화는 북한이 처한 상황과 국제정세로 볼 때 변화의 방향을 되돌릴 수 없는 대세가 되었고 이 변화가 긴장완화와 남북관계 정상화, 북한의 내부변화, 한반도 냉전종식의 수순대로 갈 것으로 예상된다. 평양과 서울은 이 변화의 길로 계속 나가도록 서로 지원하고 인위적인 장벽을 조성하지 말고 남북 화해·협력시대를 정착하도록 해야 한다.[20]

2007년 10월 4일 노무현 대통령과 김정일 국방위원장이 평양 백화원 초대소에서 '남북관계 발전과 평화번영을 위한 선언'(2007 남북정상선언)에 서명했다. 2박 3일간 노무현 대통령의 방북으로 이루어진 남북정상선언 내용은 포괄적 합의로 (1) 북핵: 6자회담의 9·19 공동성명과 2·13합의가 이행되도

---

20) 김용제, "토론문(1)" 2000년도 국내·외학자 초청 통일문제 세미나 결과보고서, (2000. 12)(서울: 민주평화통일자문회의, 2000), pp. 30~31.

록 공동노력('연내 불능화' 6자합의에도 불구하고, 이행 여부가 불투명하고 아직 진행 중), (2) 평화체제: 직접 관련된 3자 또는 4자 정상들이 한반도에서 만나 종전을 선언(미·중과도 관련 종전협정 선행돼야 하며 이직 불이행), (3) 국가보안법, 노동당규약: 남북관계를 통일 지향적으로 발전시키기 위해 법률적·제도적 장치 정비(이상적인 정책방안으로 통일방안에 대한 합의나 국가보안법 내지 노동당규약 철폐 약속이 부재한 상태), (4) 정상선언 이행: 11월에 남북 총리회담(후속조치를 실무자 차원에서 미해결한 상황), (5) 남북경제협력공동위원회: 기존의 남북경제협력추진위원회를 부총리급으로 격상(통일 대비한 투자지만 재원조달 어려움의 한계성이 포함)이 있다.

　구체적 합의로는 (1) 공동어로수역: 서해 NLL 수역에서 우발충돌 방지, 군사적 보장 위해 11월 중 국방장관회담(잠정적인 문제로 미해결), (2) 서해 평화협력특별지대(해주공단): 해주 일대 경제특구, 해주항 활용, 민간선박 해주 직항로 통과, 한강하구 공동이용(이상적인 연구보고서 내용), (3) 백두산관광: 백두산–서울직항로 개설(민간사업으로 가능하지만 대내외적 변수에 따라 진전가능), (4) 베이징올림픽 공동응원: 경의선 철도 이용(남북관계 진전 여부), (5) 개성공단 2단계 개발: 문산·봉동 철도화물 수송시작, 통행·통신·통관 등 제도적 보장 완비(이명박 정부 정책에 따라 진전 여부), (6) 안변과 남포에 조선협력단지, 이산가족 영상편지 교환: 금강산면회소 쌍방 대표 상주(북한이 작은 틀에서 정치수단으로 활용가능성이 있음), (7) 개성·신의주 철도, 개성·평양고속도로 공동이용: 개·보수 문제 협의(남북관계 증진 여부에 따라 이명박 정권에서 결정사항)로 주로 경제협력방안이다.

　이러한 방안을 실천하기 위해서 얼마의 예산이 필요한지? 차기 이명박 정부에서 이 합의사항을 어떻게 평가하느냐?에 따라 실천 여부가 결정될 것이다.[21] 앞에서 지적한 포괄적 합의는 주로 정치·군사 분야이고, 구체적 합의는 경제협력방안으로 남북한의 대내외적 변수에 따라 실천이 가능한 사항들이다. 진정한 제2차 남북정상회담의 의도는 남북한 지도자들의 정치적 이해타산이 맞아 상징적인 의미에서 정권유지 내지 정권 생색내기에 급급한

---

21) "2007 남북정상선언 주요내용," 조선일보(2007년 10월 5일) p. A1.

모습을 보인 것이고 남북한의 특수관계를 일반관계로 변형시키는 데는 관심
이 없었던 회담이라고 평가된다. 이유는 잘못 선정된 시기, 장소와 잘못된
방법과 세력균형으로 정상회담에 의미를 퇴색시킨 점을 지적할 수 있다.

　제 1 차 남북정상회담 당시 서울의 김대중은 평양에 4억 5,000만 달러를
유인책으로 제공하고 성사시켰다. 2000년 6월은 냉전의 종식으로 남북관계
가 4대 강국에 의하여 움직인 시대가 종결된 상태에서 서울의 내부적 요인
으로 제안하여 성사시켜 진보성향의 정부에서 소위 '실질적 평화공존'을 유
지한 결과를 가져왔다. 이 관계는 특수관계에 초점을 두고 있다.[22] 제 2 차
남북정상회담의 노무현은 북한에 대한 '마샬 플랜'으로 평양에 약속하는 형
태로 대북포용정책에 일관성을 보인 점이다. 외세적으로 2007년 10월은 6자
회담과정의 첫 번째 결과로 평양이 영변경수로를 동결시키고 2월 합의문에
의해 첫 번째 '원조 패키지'를 받고, IAEA가 북한에 복귀하고, 북·미 관계
가 급진전한 상태에서 이루어진 점이다.[23] 반면 김정일은 북한의 체면을 유
지하면서 조공형식으로 받아들이면서 '우리 민족끼리' 특수관계에 초점을
맞춘 격이 되었다. 2000년 6·15공동선언 맨 앞부분에 '우리 민족끼리'가 포
함되어 있고, 2007년 10·4공동선언에도 두 번이나 반복하여 전문에서 "우
리 민족끼리 뜻과 힘을 합치면 민족번영의 시대를 열어나갈 수 있다"고 한
다음, 제 1 항에서 다시 "우리 민족끼리 정신에 따라 통일문제를 자주적으로
해결해 나간다"고 지적하고 있다. 평양이 사용하는 '우리 민족끼리'의 의미
는 통일전선 슬로건으로 단순한 민족공조가 아니라 외세와 그에 영합하는
민족반역자로 규정하고 배격하며 한미동맹을 해체시킨 뒤 적화통일을 이루
는 전략이다.

　이런 개념은 서울정부가 진정한 의미의 민족공조를 떠나 세계화·정보
화의 흐름에 따라 일류국가를 성취하는 과정에서 정면 배반되는 이념이다.
남북관계를 변협적인 특수관계에서 일반관계로 변형시키는 과정은 남북통일

---

22) Bruce Klinger, "Seoul's Impetuous Summit Initiative," Policy Forum Online 07-062A: August 22nd, 2007, *Nautilus Institute* http://www.nautilus.org/fora/security/07062klingner.html 참조.

23) Eric J. Ballbach, "Summit Spirit on the Korean Peninsula," Policy Forum Online 07-071A: September 20th, 2007 *Nautilus Institute* http://www.nautilus.org/fora/security/07071Ballbach.html 참조.

문제를 한민족공동체 통합의 하위범주로 설정하여 남북한과 해외동포들은 한민족의 테두리에서 한민족의 통합을 각 개인의 번영에 초점을 맞추고 남북한 통일도 그 일부로 설정해야 한다. 만약 평양이 침체에서 벗어나지 못하고 우리 민족끼리 개념을 고집할 경우, 서울과 해외동포의 결속을 먼저 실행에 옮기는 것도 관계설정에 도움이 된다고 분석된다. 서울은 근대국가 건설에 앞장서서 건국과 산업화를 이루어 세계 10위 경제국가가 된 덕분에 평양을 도울 수 있고, 세계 곳곳의 한민족도 그들이 받는 혜택을 평양에 제공하여 민주주의를 한민족공동체 전체로 전파하면서 서울이 먼저 선진국에 진입하는 것이 중요하다고 본다. '우리 민족끼리'의 한계를 떨어버리고 한민족의 번영에 초점을 맞추면서 남북관계를 특수에서 일반으로 변형시키는 정책이 필요하다.[24]

이명박 정부는 10년간의 진보세력의 정권에 실증이 난 한국국민이 보수성향을 가진 이명박을 대통령으로 선출하면서 2008년 2월 25일 출범하였다. 이명박 대통령은 '경제 살리기'라는 구호로 대통령에 당선되었지만 대북정책에도 많은 변화가 있을 것으로 예상된다. 그는 취임사에서 '실용'과 '비핵·개방·3000'을 강조하면서 평양의 적극적인 변화를 유도하는 정책을 이행할 것을 시사했다. 특히 그는 남북관계에서는 "이념의 잣대가 아니라 실용의 잣대로 풀어 나가겠다"면서 평양이 핵을 포기하고 개방의 길을 선택할 경우 10년 후 북한의 1인당 국민소득이 3,000달러에 도달할 수 있다고 밝힌 바 있다.[25] 서울의 새 정부가 구상하는 대북정책은 한반도에서 하나의 경제공동체를 실현하기 위해서 먼저 핵문제의 해결과 체제의 개혁·개방이 필요하고 그 다음 평양을 정상국가로 유도하는 데 초점을 두고 있다. 핵문제는 6자회담을 통해서 3단계를 거쳐 해결하여 한반도에서 핵무기를 제거하여 평화로운 환경을 조성하는 것을 의미하며 북한체제의 개혁·개방은 서울이 1990년대 모스크바와 베이징과 맺은 교차승인을 평양이 2008~2010년에 워싱턴과 동경과의 교차승인을 통하여 국교정상화를 하고 자본주의 국제금융시장에 편입되는 것을 의미한다. 근거는 평양이 체제생존과 경제회생을 추구

24) 조선일보(2007년 10월 23일), p. A35.

25) 서재진, "새 정부의 대북정책," 한국일보(2008년 3월 3일), p. A14.

하는 정책목표와 동일하며 6자회담 2·13합의된 내용과도 일치한다. 평양의 정상국가화란 북한이 인권유린, 테러지원, 대량살상무기 개발·확산을 일삼는 특수국가라는 오명에서 벗어나 국제사회에서 정상적 일원으로 편입하여 국제금융기구에 접근하고 경제적 자립을 하기 위한 국제적 여권을 갖추는 국가를 의미한다.

다시 말해서 이명박 대통령은 과거 노무현 정부에서 5년간 남북관계를 특수관계로 무게중심을 둔 국제외교정책을 180도 전환하여 국제관계와 국제기준의 틀 속에 북한문제와 남북관계를 다루는 일반관계로 정한 것으로 분석된다. 이명박 정부는 북한문제나 남북관계를 남북한 특수관계 틀에서 벗어나 국제무대 틀로 옮겨 글로벌 기준과 보편적 가치에 따라 대응할 것으로 예상된다. 서울의 외교축이 '남북특수성'에서 '국제보편성'으로 바뀌는데 북한인권문제도 참여정부에서 '남북관계의 특수성'을 들어 유엔대북인권결의안 표결도 바뀔 것이며 경제협력도 실용에 초점을 맞추어 '헬싱키 프로세스'(Helsinki Process)를 적용하여 평양의 인권문제 개선과 납북자·국군포로 등 인도적 문제해결 및 안보문제와 남북간 경제협력으로 연계하는 구상을 포함하고 있다.26) 이러한 헬싱키 프로세스의 중요한 초점은 평양의 대외정책의 한계성을 미리 알리고 이 방향으로 가지 않을 경우 북한의 붕괴의 대한 대비책을 갖춘다는 뜻도 포함하고 있다. 이 개정판에서 붕괴론을 첨가한 것도 통일한국을 이해하는 데 도움이 되리라 믿는다. 이상 이명박 정부의 새로운 정책은 노무현 정부의 대북정책과 차별화하는 것이고 세대의 흐름에 따른 추세라고 분석된다.

통일의 과정을 바꾼 역사적 사건과 국가 이미지를 바꾸어야 한다. 그러할 때 한국은 영구적인 분단국가의 오명을 씻을 수 있다는 것이 저자의 가정이다. 한국은 한민족의 요구와 지지 그리고 기대를 충족시키기 위해서 미래에는 하나의 정치체제 하에서 통일되어야만 할 것이다. 남북한의 지도자

---

26) 헬싱키 프로세스는 1975년 미국과 서유럽 국가들이 구소련 및 동 유럽 국가들과 상호불가침, 경제협력, 인권 등을 핵심내용으로 한 헬싱키 협약을 체결했다. 구소련은 내정불간섭 및 주권 존중 등 체제보장에 비중을 둔 반면 서방세계는 인권문제를 모든 현안에 결부시켜 해결해 나가는 데 주력해 결과적으로 동유럽 사회주의 체제의 붕괴를 불렀다는 평가다. "윤곽 잡은 이명박정부 외교 노선," 한국일보(2008년 1월 5일), p. C3.

들은 통일기적을 이루려는 국민들의 노력을 인정해야만 한다.

본서에서의 "통일정치"의 정의는 두 개의 한국의 지도자들이 실제적으로 선택하는 통일을 위한 계획이 무엇인지를 명확하게 설정하는 바로 그 과정에 관한 것이다.[27] 어떤 전문가들은 한국의 통일문제를 해결하기 위해 독일이나 중국의 모델을 적용하려고도 할 것이다. 그러나 중요한 것은 다른 모델들을 적용하기 전에 한국의 특수성을 이해하여야만 한다는 것이다. 통일의 방법에 있어 마술 같은 방안이란 있을 수가 없다. 만약 그런 방안이 있었다면 다른 분단국가뿐만 아니라 한국도 이미 오래전에 그 방안을 적용시켰을 것이다. 따라서 통일의 추구는 계속될 것이며 많은 시행착오를 거치면서 여러 가지 모델을 이용하게 될 것이다. 한국의 통일문제는 그 자체로 독특한 것이며 따라서 한민족 스스로가 변화하는 세계 추세에 맞추어 창조적인 방안으로 해결해야만 한다. 이러한 차원에서 저자는 아래와 같은 논리로 통일문제를 다루고자 한다.

앞에서 지적한 통일문제의 과거의 틀은 체제통일을 중심으로 한 북진통일모델(서울), 무력통일모델(평양)을 제1차원적 차원에서 민족통일을 중심으로 한 연방제 모델(평양), 대내적 통일대안인 강소국연방제와 대외적 통일대안인 국가연합모델(서울)과 제2차원적 차원에서 벗어나 미래지향적인 디지털시대 · 지식정보화시대 · 글로벌시대의 전자모바일통일 모델과 국제 조류의 G20시대를 겪으면서 동북아조약기구와 동북아평화지대의 퓨전(Fusion)에서 찾아 제3차원적 측면에서 통일한국을 찾아야 한다.

본서는 한국과 북한의 정책결정자들이 미래의 대안적인 계획을 찾아내는 데 도움이 되도록 구성되었다. 이 연구는 1940년에서 2012년까지 평화통일정책과 관련하여 한국통일에 관한 이론적이며 실제적인 면들을 자유주의 · 현실주의 · 진보주의적 측면에서 묘사하고 분석한 것이다. 이 연구는 또한 미래에 있어서 한반도를 둘러싼 내외변수들의 상호작용을 분석함으로써 2012년부터 2025년까지의 한국의 통일에 관한 쟁점들을 조망해 볼 것이다. 이러한 방식으로 미래를 이해한다는 것은 한국을 올바르게 이해하려는 동아

---

27) Young Jeh Kim, *Toward a Unified Korea: History and Alternatives*(Seoul, Korea: Research Center for Peace and Unification of Korea, 1987), p. V.

시아 국제관계를 전공하는 학도들과 학자에게 도움이 될 것이다. 마지막으로 결론에서는 통일의 올바른 길을 찾으려는 남북한의 정책결정자들에게 필요한 일반적인 정책지침을 제공해 줄 것이다.

이 연구는 개념적인 모델들을 과거와 현재의 남북한 통일정책들과 함께 다루면서 주로 설명적인 분석에 기반을 두고 있다. 설명적인 접근은 개념적인 모델들을 통하여 복잡한 통일문제를 조정해 나가고자 할 때, 그리고 남북한의 통일정책에서의 변화하는 패턴을 이해하고자 할 때에 유용한 방법이다. 그러나 대다수의 독자들은(일반대중, 학생, 정책입안자, 관료, 외교관 그리고 학자) 미래의 통일정책은 무엇이 될 것인가에 대해 더 많은 것을 요구할지도 모른다. 저자는 한국통일에 관한 이론과 정책을 이해하면서 광범위한 독자들의 기대를 충족시키기 위해 노력했다. 이를 위해 미래지향적 갈등모델과 정치적 접근방법을 적용했다. 갈등모델(Conflict Model)은 인간활동에 관한 거시적 접근을 가능하게 하며 단체, 집단, 사회제도, 사회계급 그리고 민족국가[28] 등의 다양한 수준에서의 갈등을 취급했다. 정치적 접근은 '가능성의 예술'(Art of the Possible)로서 정의된다. 이 접근은 가치배분, 목표설정 그리고 사회에서의 공동목적을 성취하기 위한 갈등의 해소를 고려하며 이를 위한 수법에는 협상, 흥정, 설득[29] 등을 포함한다. 이러한 두 가지 접근은 다음과 같은 것을 가정한다. 즉 미래의 시간 틀 속에서 다른 무대에 다른 모델을 적용하여 조정함으로써 한국은 단일화된 정치구조로 살아남을 것이라는 것이다.

이 책은 2011년 12월 28일 탈고한 후 2012년 4월에 출판되었다. 끝으로 본서의 발간에 물심양면으로 도와준 처(한옥주)와 미국에 있는 장남(Peter H. Kim, Interpolls. 사장), 차남(Charlie Kim, NBC, Director, Digital Operations), 장녀(Michelle Kim)와 사위(John Lee) 및 첫째 외손자(Jacob Lee)와 둘째 외손자(Julius Lee)에게 고마움을 전한다. 또한 이 책이 2008년 용산고등학교 9회 졸

---

28) James E. Daugherty and Robert L. Pfaltgraff, Jr., *Contending Theories of International Relations,* 2nd ed.(New York: Harper and Row Publishers, 1981), pp. 184~185.

29) Jack C. Plano, Robert E. Riggs and Helenan S. Robin, *The Dictionary of Political Analysis,* 2nd ed.(Santa Barbara, California: ABC-CLIO, 1982), pp. 109~110.

업생인 저자가 2008년 50주년을 기념하는 다음 해에 출판됨과 다시 2012년에 개정판이 나와 기쁘게 생각한다. 제언과 교정에 도움을 아끼지 않은 대구가톨릭대학교 국제행정학과의 장우영 교수(정치학 박사)에게 감사함을 전하며, 21년 만에 다시 집필할 동기를 주신 박영사 안종만 회장님께 심심한 사의를 표하며, 원고의 교정, 색인작성 등 이 책 출판에 많이 힘써주신 김선민 편집부 부장님과 전채린 님께 각별한 감사를 드린다.

2012년 4월

著 者 識

youngjk@yahoo.com

차 례

제1장

서 론

Unification Theories for the Korean Peninsula

21세기 한국은 국제정치적 위기와 기회를 동시에 맞고 있다. 지난 참여정부(2003~2008년)는 국제적 위기를 해결하기 위해 '협력적 자주' 슬로건을 내놓았지만 시대에 뒤떨어진 오답으로 해결을 찾지 못했다. 2008년 정부수립 60돌을 맞아 출범한 이명박 정부는 역동적 변화 속에서 축적한 경험을 다음 세대에 넘겨주어야 하는 중요한 역사적 시점(기회)에 서 있다. 과거 기억하기 싫은 역경의 흔적도 많고 자랑스럽게 내세우고 싶은 사건도 많지만, 현재는 여유와 의연함도 동시에 지니고 있다. 이명박 정부는 60년 헌정사를 이어받는 역사인식을 갖고 과거의 잘못은 피하고 잘한 점은 승계하는 지혜를 가지고 미래를 열어가야 하고, 추상적 구호가 아닌 '실용적' 외교를 실천하는 정답을 보여주어야 하는 시기이기도 하다.[1] 현재 통일문제는 변화무쌍한 세계화 수준으로도 해결할 수 없고 현상유지 혹은 높은 정치틀 하에서도 벗어나지 않은 채 큰 움직임 없이 유지되고 있다.

2008년 남북한관계 파행이 서울의 정권교체시기와 맞물려 평양이 서울에 등을 돌린 자세를 바꾸지 않는 데는 이명박의 '실용'과 김정일의 '실리'에 마찰에 있다고 분석된다. 이명박 정부(2008~2013년)는 통일문제를 해결하는 과정에서 대북정책을 '실용주의'에 근거한 경제적 개념에 두고 기브 앤드

---

1) "120년 전 유길준의 꿈," 조선일보(2008년 5월 2일), p. A30.

테이크(Give and Take), 즉 주고받기가 확실한 '거래'를 하자는 것이다. 그러나 평양은 서울에 거래할 자료가 없는 것이 문제라고 볼 수 있다. 이미 평양은 개성공단, 금강산관광, 백두산관광 심지어 평양관광까지 서울과 거래할수 있는 것은 다 내놓았다고 생각하고 있다. '북핵 폐기'는 평양으로서는 국가안전문제로 서울과 거래할 상품이 아니다. 설사 거래한다고 해도 워싱턴과 같은 강대국과 국가안전, 경제를 한꺼번에 아우르는 '큰 거래'에서나 고려할 문제이지 서울과 다룰 문제가 아니라고 본다. 반면에 김정일은 '실리주의'라는 정치적인 개념을 갖고 남북관계에 접근해 왔다. 국제환경의 변화로인한 과거식 사회주의 국가로부터 원조나 교역이 불가능한 사정을 대신해지난 10년간 서울에 유연한 대남정책을 취하면서 실리를 취한 바 있다. 김정일이 안전하게 국제원조를 받아 북한의 문제를 해결하는 과정에서 베이징과 '정상적 국가관계'를 추구하면서 원조를 삭감받고 있고, 도쿄와는 '납치문제'가 미해결 상태이며, 워싱턴과는 북핵문제로 여전히 협상중에 있다.[2] 김정일은 2008년 북핵 6자회담을 통해서 핵보유국으로 금융제재 해제와 에너지 지원의 숙원을 달성하기 위해 노력하면서 통일문제는 '미국 위협론'으로 북한주민을 정신적으로 통제하고 선전 매체를 통해서 '북한의 핵무기가 남한을 지켜준다,' "남한이 우리 민족을 돕는 것은 당연하다"는 식의 '선 공존 후 통일' 정책을 활용하고 있다.[3]

평양은, 영국 런던 소재 싱크탱크인 국제전략문제연구소(International Institute for Strategic Studies)의 2010년 3월 8일 '2011년 군사균형(Military Balance)' 연례보고서에 의하면, 2009~2010년 김정일의 신변상 신변안전 문제, 절박하면서도 불확실한 3대세습 문제의 불안요소를 타개하는 차원에서 2010년 3월 천안함 피격, 11월 연평도 포격을 자행하여 1953년 휴전 이후 한반도의 위험이 최고조라고 지적한 바 있다. 이 보고서는 평양의 도발은 서울의 대잠수함 능력확보 차원의 군사력 증강 결정과 차세대 다목적 전투기(FX: Fighter Experimental)도입에 반대하는 평양의 불만 표출로 분석하고, 평양의 두 차례 핵실험이 핵탄두 4~8개를 만들 수 있는 플루토늄과 2,500~5,000

---

2) 차오위즈, "이명박의 '실용'과 김정일의 '실리'," 상동(2008년 5월 3일), p. A31.

3) 상동(2006년 12월 8일), p. A34.

톤 가량의 화학무기 보유, 평양의 컴퓨터망을 파괴해 지휘계통을 무력화하는 능력이 있는 사이버 전 역량도 소개했다. 특히 사이버전의 경우 분쟁이 발생할 경우 평양 시스템방위목적뿐 아니라 서울이나, 동경을 공격하는 데 사용될 수 있음을 지적하고 있다.[4] 다시 말해 평양은 국내적 요인의 문제를 해결하는 차원에서 개혁·개방을 통한 체제변화를 시도하기보다는 대량살상무기(Weapons of Mass Destruction) 개발, 비대칭 군사력 강화(천안함, 연평도 공격)와 폐쇄체제(3대 김정은 후계자)의 유지에 국가적 역량을 소진하고 있다. 2009년 북한 화폐개혁 이후 사회 내부의 이탈현상이 두드러지고 통제 체제가 이완을 보이는 중에 평양은 탄도미사일발사 실험과 핵실험을 잇달아 단행하여 유엔안보리와 국제사회의 대북제제를 받아 북한의 체제가 장기 존속하기는 어렵다는 전망과 붕괴론이 발전할 가능성이 높다는 전망이 나오고 있다. 설상가상으로 김정일 국방위원장의 2011년 12월 17일 급작스런 사망은 김정은 시대를 열어 불안정한 한반도 상황을 예고하고 있다. 이 개정판 책에서 붕괴론 이론을 보강한 이유가 모든 가능성을 열어 놓고 통일한국으로 가는 과정을 소개하는 데 그 목적이 있다.

2011년과 2012년은 외적요인의 변화는 중국의 부상, 서울의 경제협력개발기구(Organization for Economic Cooperation and Development) 개발원조위원회(Development Assistance Committee) 멤버가입, 한국의 G20 지위위상, 웹(Web)에서 앱(App)으로 변화하는 전환기로 세계화가 태풍처럼 불어 닥치고 있다. 중국의 부상은 정치·군사적 어려움을 초래하지만 오히려 역으로 베이징을 잘 활용한다면 중대한 반전의 기회가 될 수 있다. 특히 베이징은 통일한국 차원에서 그들의 지지여부가 중대한 변수로 있기 때문이다. 통일한국이 달성될 때 베이징이 아니요(No)가 아니라 묵인 내지 지지여부는 중대한 역할을 할 수 있기 때문이다. 한국의 OECD 개발원조위원회(DAC) 멤버가입은 과거 식민지 지배로부터 독립한 세계 신흥국 중에서 개발원조위원회멤버는 서울이 유일한 케이스이고 문자 그대로 선진국 멤버가 한일 합병 100년에 해당하는 2010년에 돌아온 것은 기묘한 역사의 우연이다. 이 멤버십은 통일한국

---

4) "한반도, 한국전쟁 이후 가장 위험한 상황," 한국일보(2011년 3월 10일), p. C10.

으로 가는 과정에서 필요한 과정으로 원조를 받던 나라에서 원조를 주는 나라로 올라선 것이다.[5] 서울의 G20 지위위상은 2010년 11월 11일 서울에서 주요 20개국(G20) 정상회의가 열려 세계의 눈길이 서울로 쏠려 세계 경제의 틀을 짜는 자리를 마련한 것이다. 이 서울회의에서는 G20회원국과 각 지역 대표로 초청된 5개국, UN · International Monetary Fund(국제통화기금) · 세계은행 · 국제노동기구 등 7개 국제기구 대표등 정상급 인사 33명이 한 테이블에 앉아 환율문제와 무역불균형, 금융안전망 구축, 개도국 지원방안 등 세계의 현안을 논의했다. 미국과 유럽에 속하지 않은 나라 중 G20 정상회의가 개최되는 것도 이번이 처음이고 서울이 주최국으로서 세계의 기본 질서를 다루는 협의체에서 책무를 잘 수행했다는 점은 앞으로 동북아 다자 안보 회의 개최를 수행하는 데 외교역량을 보여줄 수 있다는 점에서 의미가 있다고 분석된다.[6]

베이징도 서울도 분명한 것은 G2지위나 G20의장국 경험에서 보여 주는 경험은 모두 세계화라는 한배를 타고 21세기를 향해서 가고 있다는 점이다. 서울은 모든 영역에서 새로운 패러다임에서 변화하면서 내적요인은 물론 외적요인에 대처하는 지혜가 필요하다. 지난 10년간 인터넷과 웹의 혁명으로 저자의 책에서 전자통일 모델을 제시한 바 있으나 IT산업의 앱(app)의 등장으로 전자통일 모델에 모바일통일 모델을 합쳐 전자모바일통일 모델을 이 개정판에서 제시고자 한다. 이는 새로운 세계화와 디지털 시대의 조류에 순응하는 차원에서 또 간편성과 편리성 등을 참조하여 효율적인 결과를 초래하는 데 초점을 둔 점을 제시한다.

2012년은 한반도를 둘러싼 환경이 급변하는 해이다. 베이징은 후진타오의 4세대 지도부를 이을 5세대 지도부 시진핑 시대가 열리고, 모스크바에서는 푸틴총리가 대통령으로 귀환하여 장기집권이 예상되고, 동경 정치는 예측 불허이고, 워싱턴에서는 대통령선거를 앞두고 오바마 대통령의 재임이냐 아니면 공화당의 후보냐를 두고 미국인들이 결정할 해이다. 서울에서는 2012년 4월 총선(국회의원 선거)과 12월 대선(대통령 선거)이 예정되어 전 세계 재외국

5) "선진 대한민국의 출발," 조선일보(2009년 12월 11일), p. A34.

6) "대한민국의 달라진 位相을 다시 세계에 보여주자," 상동(2010년 11월 11일), P. A39.

민 유권자가 투표하게 되어 영향권을 행사하게 될 것이다. 서울의 선거를 치다꺼리로 정신이 빠져 들어갈 소용돌이 상황에서 평양은 10년 전부터 북한주민과 이웃나라를 향해 2012년 강성대국 원년(元年)을 선전하면서 언제 미사일발사와 원폭실험의 불장난을 할지 모른는 2012년의 총체적 상황의 해이기도 하다.[7] 특히 김정일 사후 혹자는 김정은 시대가 열리면서 불확실한 체제 구축과 내부 세력다툼이 예상되어 3대 세습에 성공할 수 있을 것인지를 의심한다. 저자가 보는 관점에서 김정은 체제는 단기적으로 3대 세습을 이끌어 나가는 데에는 큰 문제가 없는 것으로 분석된다. 그 이유는 '29세의 애송이 김정은'이 아니라 북한의 수령절대체제 시스템 또는 "가산제적 전체주의"(家産制的 全體主義; Patrimonial Totalitarianism)하에 '백두혈통 만경대 가문의 후계자'로 대내적으로 김정은을 상대할 경쟁자가 없고 대외적으로 한반도의 평화와 안정이라는 차원에서 주변 4강이 김정은 체제를 인정하기 때문이다. 이러한 총체적 상황에서 모스크바는 미래의 자원국가로서 한반도와 중요한 지위에 있음을 이 책 제3장에서 지적하겠다. 여기에 남북한 관계의 과거를 들여다보고 현재를 진단할 필요성이 있다.

1945년 이래 한반도는 남한과 북한으로 분단되어 있고 두 한국은 2국가탄생(1948년), 북한의 한국전 도발(1950년 평양의 무력통일모델), 성장과 위기타개(1953~1958년), 한국의 경제성장과 민주주의 개혁 그리고 평화통일이라는 민족국가(서울의 국가연합모델)로의 성장과정을 겪어야만 했다. 남한은 1988년의 올림픽게임을 개최할 만큼 성숙하였고 환태평양지역의 선진경제 10대국이 되었다. 한편 북한은 1988년의 서울올림픽게임을 보이콧하는 미숙한 면을 보여주었으며, 그 후 핵개발에 박차를 가하면서 실질상 핵보유국으로 국제사회에서 핵위협국가로 전락되었다. 이와 같이 한국과 북한이 계속적으로 상이한 방향으로 발전한다면 통일한국으로 이끌어가는 해결방법을 찾기는 점점 어려워질 것이다. 따라서 한민족 스스로가 조속히 통일문제 해결에 착수해야 할 것이다. 통일한국은 세계사적 관점보다 한국의 특수성에 초점을 두고 찾아야 할 것이다.

---

7) "대한민국, 이렇게 2012년을 견딜 수 있을까," 상동(2011년 5월 18일), p. A35.

통일한국은 1945년 이후로 한반도 정치의 핵심문제였으며 또한 장기목표였다. 서울과 평양의 지도자들은 복잡한 안팎의 요인들을 지닌 통일문제를 자신들의 정권강화를 위한 정치수단으로 이용해 왔다. 만약 남북한 정치지도자들이 통일문제를 한민족의 최우선과제로 설정하고 한민족의 공감대를 중심으로 풀어갔다고 가정하면 이 문제는 이미 해결되었을 것이다. 남한은 평화적 과정을 통한 통일을 주장하는 반면에, 북한은 난폭한 공격과 침투를 통한 무력통일을 국제사회에 시선을 집중하기 위하여 시도해 왔다. 1980년대는 적십자를 통한 일시적인 접촉이 있었고 그것을 통해 통일의 실마리를 찾으려 하였으나 결국 실패하였다. 2000년 6.15 남북 정상회담 공동선언문에서 '조국의 평화적 통일을 염원하는 숭고한 뜻 …,' '분단 역사상 처음으로 … 이해를 증진시키고 남북관계를 발전시키며 평화통일을 실현 …'으로 남북한의 공통점을 표시하고 있으나 7년이 지난 2007년에 6가지 조항이 실질적으로 이루어진 점은 별로 없다. 구체적인 분석은 제3장에서 논의하겠다.

한민족은 지금까지 통일을 갈망하고 남한 국민의 2/3는 1950년 이후에 태어났으며 그들은 1950년의 인천상륙작전보다는 1980년의 광주사태를 더 잘 알고 있는 세대들이다. 그들은 경제적 기적에는 별다른 감명을 받지 못하면서도 정치적 민주화, 군축, 통일의 기적에는 급진적인 해결을 원한다. 반면에 북한의 젊은 세대는 모스크바나 베이징의 수정주의적 혹은 개방적 공산주의에 더 관심이 있고 평양의 김일성 왕조에는 별로 순응적이지 못하며 경제적 및 통일의 기적에는 보다 큰 기대를 갖고 있다. 통일의 기적을 만드는 데 실천적 기반은 이러한 남북한세대의 통일에 대한 갈망인 것이다.[8]

이러한 통일의 대한 갈망은 '2002년 월드컵'에서 찾아볼 수 있다. 한국이 4강에 진출함으로써 세계 수준에 근접한 한국축구의 우수성을 지구촌의 모든 팬에게 과시했다. 불굴의 투혼과 뛰어난 기동력, 지칠 줄 모르는 체력은 한국축구의 상징이 되었으며 붉은 악마의 역동성은 단순한 이론이 아니라 기운으로서의 축구를 과시했다. LA에서, 뉴욕에서, 독일에서 그리고 한반

---

8) *The Korea Herald Editorial*(April 8, 1987), p. 27.

도 전역에서 대~한민국의 함성이 거대한 해일이 돼 밀려들었다. '꿈은 이루어진다'의 구호는 또 한 차례 성공드라마를 써 나가자는 함성이었다. 세계축구의 아웃사이더(Outsider)였던 한국축구가 세계축구사에 영원히 기록되는 순간이었다. 이제 한국축구는 세계 상위권에 포진했고 주전선수들은 명문구단에 집중 스카우트되어 활약하고 있다. 저자는 '2002년 월드컵'의 재연은 한반도 통일이 올 때 가능하다고 믿고, 준비를 해야 한다고 생각한다.

축구공의 외형적 모습은 조그만 원형 물체로 지름 22cm, 무게 450g이지만, 이 조그만 가죽공의 향방에 따라 온 정신이 팔려 60억 지구인이 인종, 종교 등을 초월한 가운데 울고 웃는다. 앞으로 한반도 7천만이 축구공에 의해 정치, 경제, 사회 이념을 뛰어넘어 통합할 수 있다는 잠재력을 2002년 월드컵을 통해 느꼈다.

'통일의 꿈'은 1,300여 년에 이뤄진 신라의 삼국통일과도 연관되어 있다고 사료에 암시되어 있어 7천만 한민족이 관심을 갖게 한다. 「삼국유사」에 의하면 통일의 주역 김춘추와 김유신의 만남에 축구공이 역할을 한 것으로 되어 있다. 신라 제29대 왕인 김춘추의 왕비는 김유신의 막내누이인 문희(文姬)였는데, 그녀는 언니 보희(寶姬)가 어느날 밤 꿈에 서악(西岳)에 올라 소변을 보다 경성(京城)을 가득 차게 했다는 이야기를 듣자 '비단치마를 주고 꿈을 사겠다'고 해 자매간의 운명이 바뀌어졌다. 며칠 후 김춘추와 김유신이 같이 놀았는데 그 놀이도구가 바로 축구공이다. 「삼국유사」는 이 대목을 "열흘 뒤, 김유신과 춘추공은 정월날 기일 유신의 집 앞에서 공차기 축국(蹴鞠)놀이를 했다"(後旬日 庾信興春秋公 正月午忌日 蹴鞠于庾信宅前)라고 기술한다. 덧붙여 "신라인은 이른바 공을 발로 차는 둥그런 구슬을 만들어 놓았다"(羅人謂蹴鞠爲弄珠之戲)라고 설명하고 있다. 김유신이 공을 차면서 김춘추의 옷을 밟아 고름을 떨어뜨리게 한 후 자기 집으로 끌어들인 게 후일의 왕과 왕비의 극적인 만남의 단초였던 것이다. 이후 김춘추는 김유신의 집을 자주 찾게 돼 결국 문희가 임신하게 되고, 처남과 매부 사이로 훗날 삼국통일에 의기투합하는 데 축구공이 간접적인 역할을 한 것이다.[9]

---

9) 임형두, "축구의 통합력과 신라의 삼국통일," 연합칼럼(2006년 6월 14일). 또는 자세한 내용은 http://worldcup.hankooki.com/1page/news/200606/wo2006061414511081550.htm 참조.

지난 월드컵축구(2002)와 함께 하계올림픽(1988)에 이어 30년 후 동계올림픽(2018)이 강원도 평창에서 새 지평(New Horizons)이라는 슬로건으로 열린다. 한국은 지난 두 차례 프라하(2003)와 과테말라시티(2007)총회에서 모두 역전의 쓰라림을 안고 남아프리카공화국 더반에서 2전3기 도전 끝에 평창의 꿈을 이루었다.[10] 한반도는 냉전시대에 분단관리에 초점을 두고 현상유지 정책을 평화공존 차원에서 이루었지만 탈냉전시대에 분단관리에 한계를 느끼고 서울은 급진적인 서울의 OECD 개발원조위원회(DAC) 멤버가입, 한국의 G20 지위위상, 웹(web)에서 앱(app)으로 변화하는 발전을 성취하여 사실상의 통일을 체감하고 있다. 다만 평양은 체제위기의 시대로 빠르게 진행되고 심화되어 현상유지의 한계를 느끼고 세계인의 시각으로 볼 때 한반도통일은 자유민주주의를 신봉하는 서울의 주도하에 이루어진다고 보는 점이다.[11] 김정은은 어린 나이에 권력을 계승하여 3대 세습을 이어나갈 수 있는지를 보여 주어야 하며 대내외적 도전에 직면하여 자신의 권좌를 유지할 수 있는지를 증명해야 하는 중차대한 시점에 놓여 있다. 김정은은 세계화 흐름을 읽고, 본인의 정치사회화 과정에서 학습한 내용을 북한주민의 의식주 해결 문제에 초점을 두고 점진적으로 북한의 개혁·개방을 실현하는 데 활용해야 할 것이다.

통일이라는 기적에 대한 열망을 인식하면서 국내외의 많은 학자들은 남북한 정책결정자들에게 다양하지만 단편적인 생각과 정보를 소개하였다. 그러나 지금까지는 이 주제에 관한 학문적 이론화는 거의 시도되지 않았다. 존재하는 문헌들은 거의 과거와 현재를 나열하는 식의 매우 단편적인 방법으로 이 문제를 취급해 왔으며 더구나 이들 문헌들은 시대에 뒤떨어진 것들이 태반이다.

여기서 앞으로 한국의 통일 가능성을 어느 정도 가지고 있는지를 질문해 보아야 한다. 가능하다면 어떤 과정이 이론적인 단서를 제공할 수 있는가도 질문해 보아야 한다. 미래를 예견하기란 어려운 문제이다. 그러나 어려움이 곧 불가능을 의미하지는 않는다. 불가능이 가능으로, 가상이 현실로 이

---

10) "평창올림픽, 이제 시작이다," 한국일보(2011년 7월 8일), p. C14.

11) "'2018년 평창'에의 기대," 상동(2011년 7월 11일), p. A17.

루어지는 3차원적인 디지털시대에서 미래의 통일을 추구하는 갈망은 계속되어야 한다고 저자는 본다. 본서의 객관성은 한국통일의 이론적·실제적·미래적 국면에서 통일문제를 바라보는 체계적 방법을 보여주려는 시도에 있다. 통일에 관한 문헌의 추적(통일, 통합, 공존의 패러다임을 포함), 남한과 북한의 실제적 통일정책과 통일에 관한 이론분석 그리고 현재의 단기, 중기, 장기적인 추세를 추정함으로써 우리는 위의 두 질문에 대한 해답을 얻을 수 있으리라 본다.

본서 제2장의 내용은 통일의 내용적 측면 즉 통일문제, 통합문제, 평화공존문제를 다루었으며, 국가연합모델(Confederation Model) 내에서 북한 붕괴론 모델(North Korea Collapse concept Model)도 이 개정판에서 추가하여 분석했으며, 제3장에서는 통일의 실질적 측면 즉 북한의 통일정책, 한국의 통일정책, 통일방안의 새로운 종합에 대해 특히 통일방안의 새로운 종합 내의 내부적 요인(Internal Factors)인 정치적 측면에서 평양이 3대 세습을 굳혀가는 주인공인 김정일 국방위원장의 3남인 김정은(30)으로 후계체제의 구축을 논의하였다. 이 두 장에서는 일반적인 통일지침과 두 체제의 과거·현재의 통일정책이 변화하는 양상을 독자에게 보여주기 위하여 기술분석방법(記述分析方法, Descriptive Analysis)을 사용하였다. 이 기술분석방법은 어떻게 변화가 일어난 것인가를 보여줄 것이다.

제4장은 미래지향적인 장으로 단기, 중기, 장기의 추세를 분석하고 미래의 상이한 틀 내에서 가능한 통합의 방법을 토론한다. 이 장은 한국통일의 발전을 위한 설계와 로드맵도 담고 있다. 한국에서의 평화통일은 먼 미래의 전망이다. 이러한 장기적 목표를 달성하기 전에 국내적 요인 그리고 외부적 요인 모두에 많은 변화가 있어야 할 것이다. 그러나 본서는 미래추세의 중요성을 21세기 큰 흐름에 맞추어 조명하고 남북한의 정책결정자들이 예상되는 도전들에 대처할 수 있는 능력을 분석한다. 본 연구는 2025년을 통일한국 달성의 해로 삼고 통일한국 실현을 위한 단계적 추진정책을 제시하고 있다. 제안된 정책방안의 실효성을 높이기 위해 기간을 단기(2008~2012년, 현 정부), 중기(2013~2018년 차기 정부), 장기(2019~2024년 차차기 정부)로 구분하여 열거하였다. 본 연구에서는 통일안으로 대내적 통일대안인

강소국연방제 제1, 2단계와 대외적 통일대안 한국연합(정), 디지털시대의 핵심인 전자모바일통일 모델 제1, 2단계(반) 그리고 국제조류의 흐름으로 G20, 동북아조약기구, 동북아평화지대(합)를 퓨전(Fusion)의 결정체로 하여 2025년에 통일한국을 달성하는 것을 목표로 하는 계획을 제시하고 있다.

제5장은 결론으로서, 예상되는 도전에 대처하고자 하는 남북지도층을 위한 정책지침을 단기·중기·장기적 차원에서 3가지로 제시한다. 결론은 한국이 통일문제를 극복하고 상이한 통일의 단계들을 거쳐 완성된 통일한국을 2025년에 이루게 될 것임을 보여줄 것이다. 특히 1차원적 체제통일 (강소국 연방제)과 2차원적 민족통일(한국연합)의 한계성과 공통점을 찾아 3차원적 전자모바일통일 모델을 시대의 흐름과 한민족의 숙원을 퓨전(Fusion) 식으로 풀어 통일한국을 제시하고 남북한 정책결정자에게 지침 내지 로드맵을 제시할 것이다.

주요 자료는 저자의 논문, 학술논문, 신문, 정부기록, 전문잡지의 기사 및 남한·북한·미국·중국·러시아·일본의 문헌과 인터넷에 실린 기사들이다.

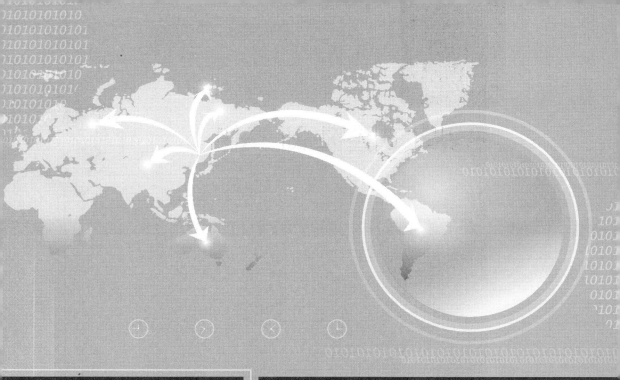

Unification Theories
for the Korean Peninsula

제 2 장

통일의 이론적 제 측면

제 2 장

통일의 이론적 제 측면

Unification Theories for the Korean Peninsul

　　한반도의 통일은 남북한과 해외의 7천만 한민족이 염원으로 하는 정
치적 목표이며 동아시아 정치체제에서 가장 해결하기 어려운 국제정치의
문제들 중 하나이다.[1] 현 상황에서는 북핵에 관한 극단적인 불신과 이질적
으로 고정화된 남북한 체제의 요소들 때문에 통일의 전망을 낙관할 수 없
을 뿐만 아니라 그 과정을 단축할 만한 아무런 방법도 찾아볼 수 없다. 이
러한 현실적 문제를 해결하기 위해 이론적 측면에서 통일문제의 일반적
문헌과 자료를 재검토할 필요가 있다. 사실 통일에 관한 문헌은 이론이라
기보다는 '패러다임'(Paradigm) 혹은 '전통적인 이론화'(Traditional Theorizing)
라고 할 수 있다.[2]

　　이론이란 사회과학자 측면에서 경험적으로 검증한(관찰) 법칙과 같은 일
반화를 포함한 체계적으로 관련된 일련의 진술(연역체계)로 보편화된 언명을
의미한다.[3] 통일에 관한 문헌을 종합한 이론이 아직 성립되어 있다고 보기

---

1) Young Jeh Kim, *Roads for Korea's Future Unification*(Hong Kong: Asian Research Service, 1980), p. 47.

2) 토마스 쿤(Thomas S. Kuhn)의 *The Structure of Scientific Revolution*에 따르면 패러다임이란 연구대상을 분석하는 철학적 혹은 전체적(holistic) 관점과 사회학적·과학적 관행을 의미하는 말이다. 다음을 참조할 것. Arend Lijhart, "The Structure of Theoretical Revolution in International Relations," *International Studies Quarterly*, vol. 18, no. 1(March 1974), pp. 41~43.

3) "셋째 갈래 과학적 조사 연구의 기본 개념," http://www.ks.ac.kr/~gwsong/2006/06.htm 참조.

— 14 —

는 어려운 상태로 이론의 하부구조인 패러다임에 속한다고 분석된다. 패러다임(Paradigm)은 어떤 한 시대 사람들의 견해나 사고를 지배하고 있는 이론적 틀이나 개념의 집합체를 의미하며 미국의 과학사학자이자 철학자인 토마스 쿤(Thomas Khun)의 저서 「과학혁명의 구조」(Structure of Scientific Revolution, 1962)에서 처음 제시된 개념이다. 이 패러다임은 과학사의 특정한 시기에 언제나 개인이 아니라 전체 과학집단에 공식적으로 인정된 모범적인 틀을 의미한다. 이 개념은 영구적인 것이 아니고 항상 생성 · 발전 · 쇠퇴 · 대체되는 과정을 되풀이한다.[4] 이 개념을 통일이론에 적용하면 시대에 변화의 따라 여러 학자들이 제시한 모델이 생성되고 발전하다가 쇠퇴 내지 대체되는 형식으로 변화하여 왔다.

한국사회는 통일, 남북관계, 한미관계 측면에서 패러다임의 변화를 거치고 있다. 토머스 쿤의 정의에 의하면, 80년대 냉전기까지는 안보 중심의 패러다임이 지배하는 정상과학(Normal Science)인 군사력 상태였다면, 90년 탈냉전시대에 동구권과 소련의 붕괴로 경제력이 주도하는 비정상과학인 경제력 상태로 국제정세의 변화와 북한 내 경제상황 악화의 대안으로서 햇볕정책(통일) 가설이 나타난 현상을 의미한다. 이 현상에 동반한 문제는 냉전시대와 탈냉전시대에서 나오는 국제관계가 양극에서 일극으로 변화하는 과정에서 안정화된 패턴을 찾는다는 가설이 패러다임으로 채택되기까지 겪는 혼란(Chaos)이 장기화될 수 있다는 점이다.

이러한 혼란기를 전략적 차원에서 통일의 당위성에 관한 갈등해소, 북한정권의 인정(남북관계)에 대한 갈등해소, 6자회담 이후(한미관계) 전개되는 한반도를 둘러싼 새로운 평화체제 구축의 갈등해소라는 미래지향적인 차원에서 하나의 패러다임만 고집할 것이 아니라 새로운 패러다임에 초점을 맞추는 것이 필요한 시기이다.[5] 다시 말해서 냉전시대의 국내외 상황에서 대두된 통일, 남북관계 및 한미관계가(제 1 차원 수준의 세대에 흐른 인식과 가치관) 탈냉전시대로 전환해 인식이 바뀌면서(제 2 차원의 인식과 가치관) 패러다임

---

4) 패러다임[paradigm], Naver백과사전, http://100.naver.com.nhn?docid=771710 참조.

5) "패러다임 변화 속 '통일'의 의미는 무엇인가," 유뉴스(2006년 05월 03일),
   또는 http://www.unews.co.kr/?news/view/id=17682 참조.

의 변화는 제3차원 수준의 전자모바일통일 모델을 포함한 통일·통합이라
는 공존의 세 가지 광범위한 유형의 패러다임을 내포한다.

첫째 유형은 장기적인 패러다임 내에서의 통일 그 자체로 일컬어지는
것이다. 두 번째는 통일이라는 목표를 성취하기 위한 수단으로서의 단기과
정들이다. 마지막으로 미래의 이상적인 통일유형의 체제구조이다. 저자는 강
의에서 다음과 같은 문제들과 모델들을 사용하는 것이 유용하다고 설명했는
데, 그것은 학생들로 하여금 통일의 현 구조는 고정적인 것이 아니라 시간
에 따라 변화하기 쉬운 패러다임이라는 점을 인식시키는 데 도움을 주기 때
문이다. 그리고 정책결정자들도 위의 패러다임을 이해하는 것이 통일정책을
수립하는 데 있어 근간임을 인식하고 미래를 준비하는 자세에 도움이 된다
고 본다.

Ⅰ. **통일문제**(統一問題, Unification Issue)

일반적으로 통일의 개념은 법적·정치적 차원에서 하나의 민족국가를
복원한 상태를 의미한다. 하나의 민족국가가 복원된 상황하에 주권과 영토
를 보존하고 역사를 발전시키고 문화를 창조하는 행위를 통일이라고 본다.
민족국가는 오랜 기간에 형성되고 발전시킨 사회적 집단으로 가장 넓은 범
위의 사회적 관계를 포괄하는 생활단위를 포함한다.[6] 통일의 당위성은 원래
하나였던 민족국가를 하나로 합치는 것이다. 이 개념은 당연하고 합리적이
며 감상적인 민족주의 개념은 배재하고 있다. 통일 개념은 낮은 통일과 높
은 통일로 나누어진다. 낮은 통일의 의미는 형식적 의미의 하나의 민족국가
를 복원하는 뜻을 포함하며 민족을 기본 분석단위로 국가라는 실체를 대상
으로 분석하는 것을 의미한다. 높은 통일의 의미는 하나의 민족국가를 법

---

6) 한호석, "자주통일, 평화통일, 연방제 통일의 이론문제에 대하여," http://209.85.175.104/
search?q=cache:10xxGAOXy1cJ:www.onekorea.org/research/051026.html+%EC%90%B4%A1%E
C%9D%B4%807h1=Ko&ct=clnk&cd=235&gl=kr 참조.

적·정치적인 통합에 도달하는 것을 넘어 다원적 민족안전공동체, 즉 하나
의 민족국가 내에서 하나의 민족공동체를 형성하면서 더불어 살아가는 상태
를 창출하는 의미를 내포한다.[7] 완전한 통일 개념의 당위성은 낮은 통일의
개념과정을 통하여 높은 통일 개념에 도달하는 과정을 의미한다. 다시 말해
서 통일과정의 정의는 분단된 현실을 기점으로 하여 법적·정치적 통합으로
의 실현 도달시점을 말한다.[8]

통일은 서울과 평양의 정책결정자들이 한반도에 하나의 새로운 통일된
정치적·법적 민족국가 체제를 창출하려고 할 때, 그 실용적 방법이 무엇인
지를 명백히 하는 과정으로 정의된다.[9] 상식적인 의미에서 혹자는 통일한국
이라는 개념을 사고방식과 가치가 흐려진다는 의미에서의 '자체변화'라는
과정을 통하여 두 개의 한국이 단일한국으로 결합한 상태를 의미한다.[10] 이
결합된 국가라는 상태는 현재수준의 법률적·제도적 측면을 적용한다면 상
당히 낙관적인 뜻을 포함한다. 이 '결합'의 다른 측면은 베트남 통일에서 보
여준 비관적인 무력행사를 포함한다. 상식적인 개념은 동의실체, 즉 한반도
에서 현상유지를 인정, 강조한다. 통일한국은 동북아시아 지역에서의 평화를
강조해야 된다. 통일한국의 상식적·이론적 개념은 기본적 가정을 이해하는
데 중요한 역할을 할 것이다.[11] 앞에서 언급한 낮은 통일 개념을 이해하기
위해서 민족국가의 정의와 복원의 뜻을 음미하고 적극적인 의미의 민족안전
공동체도 알아보는 것이 중요하다.

민족국가(National State)의 정의는 민족을 기반으로 성립된 국가로 민족

---

7) 남북한 통합연구 현황 자료집(Ⅰ)(서울: 경남대 극동문제연구소—북한대학원 편, 2000),
또는 http://ifes.kyungnam.ac.kr/publication/series_view.asp?bookNO=217&page=3 참조.

8) [연구논문자료 1989년 10권] 통일과정에서의 한반도 안보구축방안에 대한 연구(연구방법
및 주요 또는 http://www.koreascope.org/gnuboard/bbs/board.php?bo_table=resource_kor_studies&
wr_id=116&page=10 참조.

9) Young Jeh Kim, *Korea's Future and East Asian Politics*(Washington, D.C.: University Press
of America, 1978), p. 11.

10) 한국일보(1990년 9월 9일), p. 20.

11) 김용제, "남북통합의 보장요인과 그 해소방안," 제 8 회 미주 지역학술회의 통분 92-10-52
화해협력시대의 개막과 남북한 관계(서울: 통일원, 1992), pp. 173~181.

을 혈연적 근친(近親)의식에 바탕을 두고 동일한 언어와 문화를 사용하며 공동의 사회·경제생활을 영위하는 인간 공동체를 의미한다.[12] 남북한은 분단된 체제에서 각각 상이한 정치체제를 낮은 단계 통일의 개념으로 강화하면서 냉전시대에 초점을 맞추어 왔다. 소위 냉전시대에 한반도에서의 체제통일은 계급문제(이념포함)를 중심으로 분단체제를 어느 일방으로 확장하는 것으로 남한의 분단체제를 북한으로 확장하는 북진통일과 북한의 분단체제를 남한으로 확장하는 무력통일을 포함한다. 1945년 이후 남한과 북한은 세계적 차원의 계급전선 내지 이념전선에서 크게는 냉전적 체제대립을, 작게는 북한은 사회주의 동방초소로 남한은 반공전선의 최전방으로 하는 각각의 분단체제를 공고히 다져왔다. 문제는 분단체제의 문제점을 안고 통일국가로 이전하는 결함을 내포하고 있다는 것이 1990년 초 이래 탈냉전시대에 접근하면서 분단체제를 관리하는 데 역점을 두는 것에서 벗어나 근본적인 변화 없이 시대의 흐름에 무관심한 가운데 민족국가의 완성인 높은 단계로 접근하는 통일의 과정이 진행된 점도 묵과할 수 없는 현실이다.

다시 말해서 민족이 중심이 되어 분단체제의 본질적인 변화 없이 민족을 매개로 통일로 진입하자는 연방제, 국가연합 등의 예가 여기에 포함된다.[13] 서울정부는 민족통일로 가는 과정을 '민족공조'라고 부르고 평양정부는 같은 현상을 '우리 민족끼리'라고 부르고 있다. 여기서 주목해야 할 점은 탈냉전과 글로벌한 역사적 흐름에서 높은 단계 통일인 민족국가의 완성 내지 복귀에 초점을 두지 말아야 한다는 것이다. 즉 냉전과 탈냉전의 취약점을 보완하는 민족국가를 넘어서 경제·사회에 다양한 활동이 현실화되는 시점에서의 통일이라는 미래지향적이고 창조적인 측면에 중점을 두어 민주화의 완성과 한민족(남한과 북한 내지 해외동포)의 합의점 도출에 바탕을 둔 전자모바일통일에 관심을 두는 시기에 와 있다고 저자는 본다. 민주화의 완성은 새로운 점이 아니고 이미 대한민국 헌법 제4조에 '자유민주주의 기본질서

---

12) "민족국가," 두산세계대백과 EnCyber & EnCyber.com 또는 http://www.encyber.com/search_w/ctdetail.php?masterno=22003&contentno=22003 참조.

13) [직격 토로] "한 아이 엄마가 돼 돌아온 '방북여대생' 박성희 고백 한총련, 이젠 헛된 꿈에서 벗어나라," 마이다스동아일보[동아일보[동아일보매거진:신동아9810월호]. 또는 http://www2.donga.com/docs/magazine/new_donga/9810/nd98100150.html 참조.

에 입각한 통일'이라는 대원칙이 규정되어 있다.[14] 어떻게 자유·민주·통일을 이루고 한민족의 합의점 도출에 바탕을 둔 전자모바일통일을 이룰 것인가는 실질적인 측면의 장에서 자세히 다루고자 한다.

통일의 개념은 미국정치학회와 국제정치학회의에서 외교정책이나 국제관계 패널(Panel)에서 새롭게 등장한 주제영역으로 서서히 관심을 끌고 있는 문제이다. 또한 미국 국회도서관의 연구부에서는 한반도통일에 관한 목록을 늘리고 있다. 그 이유는 첫째, 동아시아의 한국과 중국, 미래의 한미동맹관계, 6자회담의 핵심인 북한 핵문제해결 등 해결되지 않은 통일문제가 유럽의 통일독일과 같은 분단국의 관리이론(Management Theory)과 연결되어 있는 것 같다. 특히 한국의 경우에는 교차승인(Cross-Recognition)의 개념에 대항하는 교차위협(Cross-Threat) 개념과도 긴밀히 연관되어 있다. 또 다른 이유는, 먼 미래에 통일한국이 실현될 경우 현 동아시아 국제체제에서 현상유지의 변화라는 측면과 연관되어 있다. 통일한국은 동아시아의 힘의 균형기조를 바꾸게 될 것으로 기대되고 있다.

이 두 가지 이유는 곧 서울의 결정자들로 하여금 폭력적인 통일을 피하고 전통적인 패러다임으로 국내문제에 접근하며, 힘의 균형하에 평화통일을 추구하고, 통일문제 해결에 보다 개방적인 접근을 하도록 하게 하는 원칙들을 포함하도록 한다. 또한 이와 반대로 이러한 이유들은 평양의 정책결정자들로 하여금 한반도의 공산화를 꾀하고 통일문제에서 폐쇄적인 접근을 취하도록 이끌기도 한다. 따라서 평화적인 수단으로 한국을 통일하고자 하는 데에는 북한지도층보다 남한지도층이 더 관심을 갖고 있다고 볼 수 있다.

통일은 경제, 사회·문화적 전통, 군사, 정치 및 스포츠 등과 같은 광범위한 측면들에 적용될 수 있다. 이 경우 높은 통일의 개념을 적용할 수 있겠다. 그러나 통일은 1) 국가연합모델(Confederation Model), 2) 무력에 의한 북한해방모델(Liberation of North Korea by Force Model)(흡수통일), 3) 내란을 통한 북한의 남한병합 모델(Absorption of South Korea by North Korea through Internal

---

14) 박세일, "대북정책 패러다임 바꿔야 한다," 조선일보(2007년 2월 27일), p. A35.

Subversion Model), 4) 북한 붕괴 모델(North Korea Collapse Model) 등으로 세분될 수 있다. 첫 번째는 북한이 본연의 목적을 감추면서 통일을 성취하는 평화적인 방법이며, 두 번째와 세 번째는 모두 폭력적인 통일방법이다. 마지막 모델은 북한 자체의 체제유지의 한계성을 벗어나 자체적으로 국가붕괴(State Collapse) 혹은 체제붕괴(Regime Collapse)로 인한 북한 급변사태 대비계획 내지 시나리오를 의미한다.

1. 국가연합모델(Confederation Model)

국가연합모델은 연방국가(미국 주정부)모델 또는 두 개의 한국이 국가연합체제로서 느슨하게 통일된 하나의 코리아를 보여주는 모델이다. 이 모델은 1776년 6월 미국의 제2차 대륙간 의회에서 연방제의 초안을 만드는 과정에서와 현재 유엔의 정치구조에서 찾아볼 수 있겠다. 미국 연방제의 개념은 강력한 중앙정부 대신 약한 중앙정부를 창설하는 동기에서 독립된 주정부 내지 국가가 자진해서 중앙정부에 위임한 권력을 제외하고 자신들의 권력을 제한하는 데 동의하면서 독립된 주정부 또는 국가의 자발적인 연합체를 의미한다.[15]

이 국가연합모델을 한반도에 적용하는 경우, 서울과 평양 양측은 조세나 개인권 통제와 같은 주요 통치권은 보유하지만 중앙정부에 약간의 권력을 위임하게 된다. 중앙정부는 제한된 기능을 보유한 사무국을 가지고 입법권한은 없으나 도의적인 설득을 통해 권한을 행사하게 된다. 두 개의 한국은 "그들의 권위를 포기하지 않은 채 상호 문제해결을 위해 협력"하게 된다. 중앙정부는 두 개의 지방정부에 대해 우위를 갖지 않는다. 지방정부는 중앙정부의 입력정보(Input)에 따라 직접적으로 활동하게 된다. 그러므로 중앙정부의 권한은 지방정부에 대하여 그들의 의지를 강행할 만큼 강한 것이 아니다. 이 연합체모델은 '더 완벽한 정치적 통일체'를 향한 과도적인 조치

---

15) Barbara A. Bardes, Mack C. Shelley, and Steffen. W. Schmidt, *American Government and Politics Today: The Essentials*(Belmont, CA: Thomson Wadsworth, 2006), pp. 36~39.

로 간주된다.[16]

한국문제를 해결하기 위하여 국가연합체 원칙들을 적용한다는 생각은 새로운 것이 아니다. 평양지도층은 그들의 계획을 세 차례 제안해 왔다. 김일성은 1960년 8월 14일, 일제(日帝)로부터의 해방을 기념하는 15주년 기념식에서 처음으로 연합체 안을 소개하였다. 이것은 소위 '평화통일과 주체'라는 광범위한 원칙들에 근거한 것이었다. 그의 제안은 서로 긴밀히 연관된 세 가지 계획을 포함하고 있다. 첫째 계획은 외부의 간섭 없이 남북한을 통한 자유선거를 실시한다는 것이었다.[17] 둘째 계획은 남북한의 정부대표단으로 구성된 국가최고회의를 수립하여 동일한 방법으로 남북한 양국의 경제·문화 문제들을 관리한다는 것이다. 남한이 첫째 계획을 거부하고 둘째 계획 역시 거부한다면 '순수경제위원회'의 설립이라는 세 번째 계획으로 대처한다는 것이다. 이 위원회는 남북한의 경제단체들의 대표로 구성되는데, 양측의 물자교역과 경제건설을 중재하게 된다고 하였다.[18] 전(前) 최고인민회의간부회의장이었던 최용건도 역시 외부의 간섭 없이 국가연합체를 채택하기 위한 '한 국민의 권리'에 대해 자세히 설명하였다.[19]

김일성이나 최용건의 계획은 서울정부의 윤보선 전 대통령이나 장면 전 국무총리에게 받아들여지지 않았다. 당시 남한의 경제력은 북한보다 열세였다. 김일성은 경제정세에 있어 착실한 발전을 이루었고 통일문제에 있어서도 선도적이었다. 서울은 북진통일을 포기하였고 유엔감시 하의 총선거를 포함한 공식통일정책을 표명하였다. 당시 남한의 대다수 국민들은 연방 내

16) Jack C. Plano and Milton Greenberg, *The American Political Dictionary*, 3rd ed(Hinsdale: The Dryden Press, Inc., 1972), pp. 33~34.

17) "Speech at the 15th Anniversary Celebration of the August 15 Liberation, the National Holiday of the Korean People(excerpt) August 14, 1960," in Kim Il Sung, *For the Independent Peaceful Reunification of Korea*(New York: International Publishers Company, 1975), p. 64.

18) *Ibid.*, pp. 68~71.

19) "For the Future Promotion of Peaceful Unification of the Country: Report made by Choi Yong Kun, President of the SPA of the DPRK at the Eighth Session of the Second SPA of the DPRK November 19, 1960," *For Korea Peaceful Unification*(P'yongyang, DPRK: Foreign Language Publishing House, 1961), pp. 121~123.

지 연합체 제안보다는 불안한 정치정세에 더욱 관심을 가지고 있었다. 1961
년 조간신문인 한국일보는 서울의 각 계층의 대표자들로부터 무작위표본을
사용하여 여론조사를 실시한 바 있다. 조사는 1960년 12월 27일에서 1961년
1월 7일에 걸쳐 이루어졌다. 그러나 어떤 유형의 사람들이 조사에 응하였는
지는 확실치 않다. 조사 분석방법론의 견지에서 보면 이런 유형의 방법은
매우 원시적인 것이어서 문제에 대한 조사원들의 편견을 반영하고 있다고
보아야 할 것이다. 조사대상자들은 통일성취를 위한 특정한 몇 가지 원칙들
에 대해서 답변하였다. 그 반응과 백분율이 <도표 2-1>에 제시되어 있다.

도표 2-1	한국일보 여론조사 결과 - 통일방법에 관해
응 답	백분율(%)
1. 유엔감시 하의 남북한총선거	45.5
2. 중립국감시 하의 남북한동시선거	5.5
3. 유엔감시 하의 남북한분리선거	10.1
4. 남북한연방계획	2.1
5. 남북한협상	8.3
6. 기 타	1.6
7. 잘 모르겠다	26.5
8. 무응답	0.2

자료: 한국일보여론조사결과, 1960. 12. 27 ~ 1961. 1. 7.
　　　강대국과 한반도(서울: 일신사, 1974), p. 320에서 재인용.

　　　남한의 대다수 사람들(45.5%)은 유엔감시 하의 남북한총선거를 지지하였
다. 그들은 한국전쟁에서 유엔군이 단합된 평화해결안에 입각하여 자신들을
구제하였다는 점에서 유엔이 한반도의 재통일을 가져오리라 믿고 있었다.
그들은 중립국감시 하의 남북한 동시선거와 남북연방 내지 연합체 제안을
거부하였다. 남한의 국민들은 중립국의 역할과 김일성의 연방(연합체)제 안을
불신한듯 싶다. 이러한 결론은 여론조사 실시 이전에 있었던 1960년의 선거

결과와 어느 정도까지는 서로 연관되어 있다. 여론조사와 선거결과를 보면
남한 대다수의 국민들은 연방(연합체)을 근거로 한 통일을 지지하지 않았음
을 보여준다.[20] 그러나 통일문제의 복잡성은 "모르겠다"로 응답한 사람이
25%나 된다는 사실에 있다.

1960년부터 1980년까지 평양지도층은 김일성의 연방(연합체)제 안을 대
외적인 평화공세의 선전자료로 활용하였다. 20년이 지난 1980년 10월 10일
의 제 6 차 노동당대회에서 김일성은 북한의 공식적인 통일정책으로 고려민
주연방제를 제안하였다. 이 제안은 새로운 것이 아니며 이전의 연합체 제안
에 다른 이름인 연방제를 붙인 것에 지나지 않는다. 이것은 중립화를 이루
게 되는 과도적 방편으로 간주된다. 그 궁극적인 목적은 '한반도 전체를 공
산화하기 위한 초석'으로서 고려민주연방제를 이용하는 것이다.[21]

그림 2-1	북한 정치지도자 김일성

서울=연합뉴스

---

20) 김갑철, "중립화통일방안비판," 강대국과 한반도(서울: 일신사, 1974), pp. 280~281.

21) *The Korea Herald*(November 24, 1981), p. 5.

김일성의 제안은 두 부분으로 분석될 수 있다. ① 통일(일방통행식 접근)을 위한 세 가지 전제조건, ② 국가최고연방회의를 구성하게 되는 미래의 계획된 정치체제(고려민주연방제)로 이것은 서울과 평양의 동일한 숫자의 대표단으로 이루어진다. 뿐만 아니라 적절한 수의 해외거주대표단과 국가최고연방회의의 연방설립위원회가 포함되기도 한다.[22] 또한 이것은 10개항 계획수행의 권한을 부여한다. 첫 번째 부분이 남한의 현상황을 무시하고 통일을 우선적으로 강조하는 반면, 둘째 부분은 통일의 편협한 개념적 골격을 수립한 것이었다. 따라서 실제로 기저에 깔린 전제는 남한을 접수한다는(김일성 자신이 이 목표를 진술하였다) 것이다.

이제 첫 번째 부분을 분석해 보자. 우선 첫 전제조건은 워싱턴과 평양 간의 평화협정에 서명하는 것과, 다음으로 남한에서의 친북한정권 수립을 주장하면서 주한미군의 철수를 요구하고 있다. 평양의 주한미군철수 요구는 1954년 북한 최고인민회의 의장인 남일이 제네바회의에서 처음으로 발언하였다. 그 후 1971년 4월 12일 데탕트 초기단계에서 재언되었고, 다시 1980년 10월 10일의 제 6 차 노동당대회에서 김일성이 되풀이하였다. 서울 측을 배제하고 워싱턴과 직접 접촉하려는 평양측의 기도는 국제적인 환경에서 남한을 고립시키려는 의도이다(통미봉남). 북한지도자들은 미군의 남한주둔이 한반도통일의 기본적 장애요소가 된다고 보고 있다. 반대로 남한지도자들은 주한미군이 남북한 사이의 군사적인 힘의 균형을 이루게 하고 북한의 전쟁 발발에 대한 필수적인 억제수단이라고 주장한다. 따라서 북한 측의 이러한 두 개의 전제조건은 남한과 미국 양국에는 비현실적이고 수용 불가능한 것이었다. 전 부시(George Herbert Walker Bush) 대통령의 외교정책에 있어 최우선정책은 동아시아에서 전 소련의 영향력을 억제하고 감소시키는 데 있다.[23] 1989년 2월에 이루어진 전 부시 대통령의 한국방문은 남한의 대다수의 국민들이 요구하지 않는 한 주한미군을 철수하지 않을 것이라는 워싱턴의 입장을 증명하는 것이라고 할 수 있다. 워싱턴 지도층은 평양의 일방적인 외교

---

22) Kim Il Sung, *Report to the Sixth Congress of the Workers' Party of Korea on the Work of the Central Committee*(P'yongyang, DPRK: Sam Haksa, 1980), pp. 66~90.

23) Young Jeh Kim, *Korea's Future and East Asian Politics*, pp. 67~108.

접촉 제안을 수락하지 않고 있으며 또한 동아시아에서 공산주의자들의 힘이 억제되기를 원하고 있다.[24]

마지막 전제조건은 내정간섭(내적 요인)의 견지에서 서울정부를 겨냥한 평양의 전략이라 할 수 있다. 김일성은 폭력적인 방법(예를 들면 1950년의 한국전쟁, 1950년대와 1960년대의 공비침투)과 비폭력적인 방법(예를 들면 1970년 북한적십자에서 주장한 남한의 파시스트 정권 퇴각과 1980년대의 국가보안법·반공법 철폐, 민주회복과 모든 정치범의 석방을 요구한 바 있다)으로 남한정부를 교체시키려는 많은 전략들을 시도하였다. 김일성은 이러한 결정에 있어 합리적 모델을 사용한 것으로 보인다. 이 합리적 모델은 정책결정에 있어 단일한 행위자와 단일한 전략문제를 요구한다. 전반적으로 김일성의 전제조건은 실질적인 통일정부 수립보다는 남한과 국제사회에 그의 통일이념을 선전하는 데 그 목적이 있었다. 그들의 궁극적인 목적은 남한정부를 약화시키는 데 있다. 이 모델은 2012년 현재까지도 유지되고 있다. 그럼에도 불구하고 서울은 위기조치를 효과적으로 이용하여 강력한 정치체제를 만들었다. 정치적 불안에 직면한 것은 오히려 김일성 그 자신이다. 그의 아들인 김정일의 계승문제, 12명의 장성들의 반대를 무릅쓰고 진행되고 있는 공산왕조의 수립(현재 3대세습인 김정은 포함), 최근의 악화된 식량사정과 경제성장률의 둔화에서 비롯된 경제적 낙관과 같은 문제들에 직면해 있다. 이와 같은 문제들 때문에 김일성은 남한의 현 상황을 받아들이고 적용하는 방법을 체득하여 온 것 같다. 그는 당시 그가 조종할 수 있는 두 가지 동맹에 기초한 공존을 희망하고 있다.[25]

고려민주연방제 안은 우선 통일을 먼저 이룩하고 나중에 평화와 중립화를 달성하는 것으로 연결된다. 이미 언급한 바와 같이 1960년부터 이 계획은 남북한의 현 정치체제들을 당분간 유지하면서 두 정부의 자율적인 활동을 유지해 나가는 데 그 목적을 둔다. 김일성은 우선 통일을 성취하고 나중

---

24) *The Christian Science Monitor*(March 13, 1981), p. 1; *The Korea Times Los Angeles Edition* (May 17, 1989), p. 11.

25) *The Korea Herald*(July 20, 1982), p. 3. 두 개의 느슨한 동맹에 기초한 공존모델에 대한 자세한 분석은 다음을 참조. Young Jeh Kim, *Roads for Korea's Future Unification*, pp. 60~64.

에 중립화하는 일시적 조처로 고려민주연방제 안을 제안하였다. 그러나 김일성의 계획은 세부적인 절차가 결여되어 있고 또한 진부하다고 분석된다.[26]

1980년 소위 10개항계획을 수행하기 위한 정치적 구조로서 제안된 고려민주연방제 안은 '소(小)통일입법부'로서의 국가최고연방회의 안에 연방상설위원회를 두고, 통일한국의 세 가지 원칙과 고려민주연방제 10개항계획 내에 일곱 가지 정책을 추가하였다. 이미 언급된 세 가지 통일목표는 접어두고 추가된 일곱 가지 정책이란, ① 경제협력, ② 과학·문화·교육 분야의 교류와 협조, ③ 자유로운 상호왕래의 보장, ④ 민중의 공공복지증진, ⑤ 통합된 무장력의 재구성, ⑥ 해외거주 한국인의 보호, ⑦ 대외정책 수립의 통합이다.[27] 김일성의 10개항계획은 두 개의 체제간 연맹(League)에 의해 수행된다. 두 개의 정부는 조세나 기본권 통제와 같은 통치권을 포기하지 않은 채 공통적인 문제(10개항계획) 해결을 위해 협조하게 된다. 다시 말해서, 고려민주연방제는 두 지방정부에 대한 우위적 권력을 가지지 않는다는 뜻이다. 모든 정책들은 우선적으로는 정치적인 통일, 차후로 중립화를 이룬다는 명목으로 저들의 공산화음모를 위장한 일시적인 수단으로 간주할 수 있다.[28]

평양의 지도층이 냉전기간 동안 이 모델을 제안하였기 때문에 몇몇 서울지도자들은 이것을 수정한 후에야만 받아들일 수 있을 것이라고 응답하였다. 탈냉전시대에 들어선 김대중 서울지도자는 2000년 6월 15일 제1차 남북정상회담에서 낮은 단계 연방제와 국가연합의 공통점을 찾는 노력을 보여주고 있지만 실질적인 내용은 상징적인 남북한 지도자들의 만남을 역사적으로 부각시키는 데 있고, 실질적인 연방제수립에는 관심이 없었던 것으로 분석된다. 서울의 연합제는 '한민족공동체통일방안'에서 제시한 과도적 통일체제로서의 '남북연합'을 계승한다는 논리이다. 평양의 '낮은 단계 연방제'의 정확한 의미는 2000년 10월 6일 「고려민주연방공화국 창립방안 제시 20돌

---

26) Kim Il Sung, *For the Independent Peaceful Reunification of Korea*, p. 64.

27) Kim Il Sung, *Report to the Sixth Congress of the Workers' Party of Korea on the Work of the Central Committee*, pp. 79~90.

28) Jack C. Plano and Milton Greenburg, *The American Political Dictionary*, pp. 33~34.

기념 평양시 보고회」 보고를 통해 "1민족 1국가, 2제도 2정부의 원칙에 기초하되, 남북의 현정부가 정치, 군사, 외교권을 현재의 기능과 권한과 같이 현상 유지한 상태에서 민족통일기구를 구성하는 것"이라고 처음 규정하고 이 내용은 2000년 12월 15일자 노동신문 '6.15 선언 6개월' 특집을 통해 재확인한 것이다. 북한은 2001년 12월 9일자 노동신문과 2002년 평양방송을 통해 6.15남북공동선언이 연방제방식의 통일을 달성하는 것이라고 주장하면서 연방제통일의 당위성에 짜맞추는 변화를 시도한 바 있다. 그러나 논란이 확대되자 2002년 5월 30일자 노동신문 논평에서 "북과 남이 통일방법에 대해 완전히 합의했다는 의미가 아니라 서로의 통일방안의 공통점을 인식한 데 기초하여 그것을 적극 살려 통일을 지향해 나가기로 했다는 의미"라고 해명한 바 있다.

중요한 점은 남북한의 통일 방안이 차이점을 보이고 있다는 것이고, 이는 국민적 합의에 기초해서 추진하는 것이 바람직한 점이며 서울지도자들이 평양의 모델을 수정한 후 받아들이는 데 초점을 맞춘 것으로 평가된다.[29] 이러한 시점에서의 갈퉁(Johan Galtung) 교수의 제안은 연방제수립을 위한 미래의 전망을 고려하는 방법으로 유용하다. 그는 판문점이 미국의 워싱턴과 같이 어떤 지방정부의 권한도 미치지 않는 양 체제의 수도가 되어야 한다고 주장하였다. 물론 판문점의 지도자들은 국내정책을 일원화하고 외교정책을 수행하게 될 것이다.

한국인들이 연방(연합체)을 이루게 된다면, 서울과 평양은 탈냉전시기에 있어서 서로 다른 두 체제가 평화롭게 공존하는 복합국가(Pluralistic State)를 어떻게 만들 수 있는지를 세계에 보여줄 수 있는 아주 좋은 기회를 갖게 될 것이다. 이런 경우 서로 다른 정치이념을 지닌 두 개의 정치중심지는 단일한 정치체계의 골격 안에서 공존하게 될 것이다.[30]

---

29) 통일문제 이해: 2003(서울: 통일부 통일교육원, 2003), pp. 70~71.

30) Johan Galtung, "Divided Nations as a Process: One State, Two States, and In-between: The Korean Case," *Unification Policy Quarterly*, vol. 1, no. 1(April 1975), pp. 49~53.

2. 무력에 의한 북한해방모델(Liberation of North Korea by Force Model)

통일문제에 접근하는 또 다른 가능성은 서울이 무력으로 한반도를 통일하는 것이다. 이러한 철학적인 패러다임에서 서울은 자신의 '권력의지' 하의 영토적 통일을 가져오는 폭력적 통일수단을 이용할 것이다. 이 모델의 정의는 전(前) 이승만 대통령의 북진통일정책과 관련이 있다. 제1공화국(1948~1960년) 하에서 이승만의 북진통일정책은 서울 측의 통일문제 해결방식의 상징이었다. 한반도를 통일하기 위해서 북으로 진군한다는 것이 공식적인 서울의 정책이었다. 그러나 이러한 정책은 감정적인 생각에 기초한 것이었고 영토적인 통일에의 희망은 거의 기대할 수 없었다. 1953년 6월 27일 이전에 서울의 정책결정자들은 휴전협정에 반대하였는데, 이것은 북진통일계획을 무산시키기 때문이었다. 한국전쟁의 이러한 유산은 통일의 장애물로 또 다른 문제를 추가하였다.[31]

한국전쟁 이후의 통일문제는 참전한 16개 유엔동맹국들에 의해 제네바회담에서 토의되었다. 평양은 동일한 숫자로 이루어진 양측의 대표단으로 한국위원회를 구성할 것과 유엔이 한국개입을 종식할 것을 희망하였다. 서울은 이승만의 북진통일정책 때문에 휴전을 반대하고 유엔감시 하의 총선거를 제안하였다.[32] 어느 측의 지도자도 상대의 원칙에 굴복하게 되는 것이라는 이유에서 제안을 받아들이려 하지 않았다. 제네바회담에도 불구하고 이승만은 여전히 북진통일방식의 '무력통일론'을 주장하였다. 그 증거는 1955년 5월 7일에 있었던 그의 연설에서 볼 수 있다. "우리는 평화적 공존이란 불가능한 것으로 본다. 노예상태를 피하고 분단한국을 통일하기 위해서 우리는 우리 남한만이라도 공산주의자들에 대항하여 싸워야 한다."[33] 4년 후인 1959년 1월 20일 이승만은 뉴욕헤럴드 트리뷴(New York Herald Tribune)과의

---

31) Han-kyo Kim, "South Korean Policy Toward North Korea," in Young C. Kim(ed.), *Major Powers and Korea*(Silver Spring: Research Institute on Korean Affairs, 1973), p. 107.

32) 동아일보(1954년 5월 9일), p. 1.

33) 상동(1955년 5월 7일), p. 1.

인터뷰에서도 유사한 견해를 보여주었다. 이승만은 "한국통일을 위한 평화적 시도는 깨졌다. 이 나라의 재통일을 성취하기 위해서는 강경한 방법만이 유일하게 남아 있다. 우리는 북진통일의 강경한 방법을 선택하거나 북쪽의 공산주의자들이 서울을 인수할 때까지 기다리는 방법을 선택하거나 해야 한다"고 말했다.[34] 여기서 북진통일의 주장이 계속되고 있음을 유의해야 한다. 또 이승만의 북진통일론이 얼마나 비현실적인가를 주시해야 한다. 남한은 유엔의 도움 없이 북으로 진군도 통일도 할 수 없었으며 워싱턴은 이 군사통일계획을 지지하는 데 주저하였다. 그럼에도 불구하고 이러한 주장은 전쟁 후 폐허 속에 남겨진 남한에 대한 미국의 경제·군사적 원조를 유리하게 만들 수 있었다.[35]

　　정치적으로 이승만은 북한의 어떠한 제안도 음모로 간주했다. 그는 마

그림 2-2	이승만 대통령

서울=연합뉴스

---

34) 상동(1959년 2월 20일), p. 1.

35) 상동(955년 6월 25일), p. 1.

키아벨리즘의 책략(Machiavellian Tactics)을 사용하여 자신의 정치력을 강화하기 시작하였다. 그러나 그는 1960년의 선거비리와 부패한 정치 때문에 대통령직에서 물러나야 했다. 국내외적 상황을 고려해 볼 때, 이승만의 통일정책은 합리적이고 실용적인 정책이 아니라 단지 완고함을 지속했을 뿐이었다.[36] 남한국민들을 탄압했던 이승만 정부의 정책은 4.19 학생의거를 불러일으켰던 것이다.[37]

1960년 4월 26일, 이승만 대통령의 퇴임과 함께 제1공화국이 무너지자 전(前) 야당지도자였던 장면 박사가 내각중심제의 정부형태를 채택하였다. 이 당시의 통일문제는 이전과 달리 북한과 접촉하고 관계를 개선하는 방법으로 추진되었다. 제2공화국(1960~1963년) 하에서의 학생들과 진보적인 정치인들은 중립화를 지지하는 국내외 이론가들로부터 영향을 받은 것 같다.[38] 첫 해에 토론된 주요 문제는 한국국민 스스로에 의한 통일한국의 중립화였다. 중립화의 제안은 이승만의 북진통일정책의 실패로부터 온 것일 뿐만 아니라 아시아의 완충지역이라는 한국의 역사적 역할을 반영하고 있다. 한국과 외국의 중립론자들은 이웃의 세 나라(중화인민공화국, 일본, 러시아)와 그리고 이웃은 아니지만 미국과 같은 나라들 간의 이해상충으로 야기되는 압력을 피함으로써 이루어질 수 있다고 주장하였다.[39]

재미학자 황인관 교수는 남북한과 주변 4강의 합의를 이끌 수 있는 민족주의적 방안으로 중립화 통일을 주장하고 있다. 그는 중립화 개념을 양국 간의 전쟁이 발생할 시 제3국은 중립을 주장하면서 후에 국제법으로 중립국 권리, 즉 ① 영토의 불가침, ② 중립국의 공정·공평성의 수용, ③ 국제법이 허용한 범위 내에서의 통상 불간섭, ④ 불편부당·공정·공평, ⑤ 교전국에 대한 원조자제, ⑥ 교전국에 중립국 영토 사용의 불허, ⑦ 국제법 범위

---

36) 김석길, 민주중립화 통한 신방안(서울: 국제정치경제센터, 1964), pp. 45~46.

37) 동아일보(1960년 4월 14일), p. 1.

38) Kim Chong-ik, "Korean Unification-Theoretical Consideration," *International Conference on the Problems of Korean Unification(August 24-29, 1970) Report*(Seoul, Korea: Asiatic Research Center Korea University, 1971), pp. 663~664.

39) 김갑철, 앞의 책, pp. 267~279.

내에서의 통상간섭 허용을 설명하고 있다. 중립국은 보통 중립국과 영세중
립국으로 나눈다. 전자는 전쟁시에만 중립을 지킬 의무가 있고 평화시에는
중립의 의무를 지지 않는다. 후자는 전시와 평화시를 불문하고 항상 중립을
지키는 것이다. 후자의 특성은 영세중립국이 의무와 권리를 충실히 이행할
경우 그 중립화를 성립시켜 준 국가들은 중립국의 영토보장을 영원히 해줄
의무를 가진 점이다. 영세중립국의 예는 스위스와 오스트리아로 남북한은
주변 4강들의 이해관계가 서로 교차 갈등되는 현실에서 이런 강국들의 이
해·갈등을 중화·무마시켜 줄 수 있는 기능을 많이 가지고 있다고 주장하
고 있다.[40]

그러나 한국과 외국의 중립론자들에 의해 수립된 중립화 계획은 서울정
부에게는 거의 영향을 미치지 못했다. 중립화 계획의 강점은 한국의 재통일
을 이루기 위한 한국의 자주적 노력을 이용한다는 것과 외세의 영향력을 감
소시킨다는 점에 있다. 그러나 비현실적인 접근이라는 약점도 지적되고 있
다. 학생들이나 급진적 정치가들과는 달리 서울의 정책결정자들은 중립화를
반대하고 '유엔감시 하의 모든 한국국민의 자유총선거'를 통한 통일방안을
지지하였다. 이 당시 남한은 어떤 공식적인 통일정책도 갖고 있지 않았다.

장면 정부에 대한 '대령들의 반란'인 군사혁명이 1961년 5월 16일에 강
행되었다. 그 후 3년간에 걸쳐 혁명지도자들은 남북협상을 옹호하는 개인이
나 집단의 개방된 정치논쟁에 압력을 가하였다. 새로운 군지도자인 박정희
장군은 북한과의 상호관계에 대한 어떠한 토론도 금지하였던 이승만의 정책
을 따랐다. 그러나 박정희는 이승만의 군사적 통일전략을 택하지는 않았다.
박정희의 계획은 우선 정치적 안정을 강조하고 경제적 발전을 이룩하는 것
이었다. 그런 뒤에야 그는 평양과 협상하게 된다.[41] 이 의미는 1961년부터
1971년까지의 첫 10여 년 동안 제 3 공화국(1963~1972년)의 박정희 정부가 통
일문제를 회피한 것으로 나타난다. 박정희는 자유화·민주화와 함께 경제적

---

40) In Kwan Hwang, "Neutralization: An All-Weather Paradigm for Korean Reunification," *Asian Affairs: An American Review*, vol. 25, no. 4(Winter 1999), pp. 195~198.

41) Morton Abramowitz, "Moving the Glacier: The Two Koreas and the Powers," *Adelphi Paper Number Eighty*, vol. 8, no. 1(London, England: The International Institute for Strategic Studies, 1971), p. 15.

인 힘이 우위에 오를 때까지 남북재교섭은 있을 수 없다고 믿었다. 그러면
서도 그는 1970년대 말엽쯤에 통일이 이루어지길 희망하였다.[42]

경제적 발전을 이룩한 박대통령은 통일문제를 활성화시킬 준비가 되
었다고 생각하였던 것 같다. 남북재교섭 동안 남한은 북한에 대해 항상 유
동적인 정책으로 대처하였다. 이 정책은 적십자회담(1971년), 남북조절위원
회(1972년), 평화통일외교정책(1973년), 남북한불가침협정제안(1974년), 평화통
일 3 대원칙(1974년) 등을 포함한다. 그 다음 제 3 공화국 말엽, 제 4 공화국
(1972~1981년) 기간에는 북한의 부정적인 반응과 호전적인 행동으로 통일문
제는 교착상태를 보이기 시작한다.[43]

그림 2-3	박정희 대통령

서울=연합뉴스

---

42) Se-jin Kim, *The Politics of Military Revolution in Korea*(Chapel Hill: The University Press of
North Carolina, 1971), pp. 118~120.

43) 동아일보(1975년 3월 21일), 사설 참조. 1978년 10월 17일, 3년간의 탐색작업 끝에 유엔군
사령부는 판문점에서 약 1마일 북방지점에서 제 3 땅굴을 발견하였다. 북한은 지하 73야
드 깊이로 군사분계선을 435야드나 넘어 들어오고 있었으며, 터널의 폭은 6피트, 높이는
6피트였다.

제 1 공화국에서 제 3 공화국까지의 무력을 통한 북한해방모델은 특정한 조건 하에서 부활될 수 있었다. 1970년에서 1974년까지 약간의 재교섭이 시도되었음에도 불구하고 서울과 평양은 고도로 긴장된 상황을 조성해왔다. 이에 따라 서울과 평양 간 문화적 이질화가 진행되어 점차 서로의 합법성을 인정하지 않고 민족분단이 영구화될 가능성이 있었다.

이러한 상황에서 통일문제를 실현하는 유일한 방법은 1975년 봄의 베트남 식 군사정복이었다.[44] 저자가 베트남통일 후 32년 이후인 2007년 3월 6일부터 11일간 캄보디아를 거쳐 베트남을 방문하면서 본 결과, 아직도 경제적·사회적 발전은 한국의 70년대를 연상하는 후진국 상태로 통일의 후유증 단계를 거치고 있음을 알게 되는 계기가 되었다. 그럼에도 불구하고 이 모델이 성공하려면 두 개의 조건들이 보장되어야 한다. ① 서울의 군사력이 평양보다 우세해야 하며, ② 강대국들이 북 측에 간섭하여서는 안 된다. 런던에 위치한 국제전략연구소(International Institute for Strategic Studies)가 만든 1978년의 자료에 따르면, 북한이 1,783대의 제트전투기를 보유하고 있는 데 반하여 한국은 875대를 보유하고 있다고 한다. 이러한 숫자상의 열세를 극복하기 위해 박대통령은 정부가 한국산 제트전투기를 생산하게 되었다고 발표하였다. 그의 발표에는 두 가지 의미가 있다. 첫째, 제트전투기를 한국에서 생산하는 것은 자기방어의 가장 기본적인 단계라는 것이다. 서울지도층은 제트전투기를 생산하여 공군력을 강화하는 것은 주한미군 철수에 대처하는 것이라고 보았다. 둘째로, 한국산 제트전투기의 생산은 짧은 기간 내에 남한의 군수산업을 고도화시킬 수 있도록 문을 열어주게 될 것이라는 점이다. 당시 남한정부는 탱크(M48 A3, M48 A5)와 헬리콥터를 이미 생산하고 있었다.[45] 대한항공사는 북한의 공군력과 균형을 이루기 위해 미국의 노드롭(Northrop) 회사와 F5F와 F5E를 공동생산하고 있었다. 로스엔젤레스 타임지(Los Angeles Times)에 따르면, 비록 서울이 평양보다 적은 수의 전폭기를 보유하고 있기는 하나(서울 380대, 북한 720대), F5F와 F5E와 비교가 되는 평양

---

44) Lee Yong Il, "An Introduction to the Politics of Peaceful Unification in Korea," *Unification Policy Quarterly*, vol. 1, no. 1(April, 1975), pp. 16~17.

45) 한국일보(1978년 8월 29일), p. 1.

의 MIG21보다 질적인 면에서 훨씬 능가한다고 보도하였다.[46] 코리아 헤럴드(Korea Herald)는 1986년 3월 22일자로 북한이 모스크바로부터 26대의 MIG23기를 제공받아 평안남도 북창비행장에 배치하였다고 보도하였다.[47] 미국산 F16에 상대되는 MIG23기는 17분 내에 서울에 도착할 수 있었다. 이후 남한은 1990년 초쯤에는 군사적인 면에서 북한을 능가하게 될 가능성이 높았다. 그러나 이런 정세가 무력을 통한 북한해방모델로 연결되지는 않았다. 제5공화국(1981~1988년)은 1981년의 1.22민족화합민주통일방안과 1981년 1월 1일의 20개 시범사업을 제안·발표함으로써 북진통일을 완전히 번복하였다.[48]

평양 측에 대한 강대국의 개입이라는 점에서 볼 때 베이징은 현재나 미래에 있어서 중요한 당사국이 된다. 1978년에 중국 공산당 부주석이며 당정치국상임위원이었던 덩샤오핑(鄧小平, 당시 당군사위원회의장이며 중앙고문위원회의장이기도 함)은 중국의 영향력을 유지하기 위해 평양에서 개최된 조선민주주의인민공화국 축전에 참석하였다.[49] 1984년 5월 4일 중국공산당중앙위원회의 후야오방(胡耀邦) 총서기는 두 번째로 평양을 방문하여 김일성과 일주일 동안 회담하였다. 이들의 회담은 일본 수상 야스히로 나카소네(中曾根康　弘)와 미국 대통령 레이건(Ronald Reagan)이 최근 베이징을 방문한 것을 포함하여 양국의 대내외정책을 상호 교환하기 위한 것이었다. 후야오방의 방문은 한반도의 안정유지라는 점에서 평양과 베이징 간에 중요한 영향을 미친 것으로 보이는데, 이것은 두 나라 간의 유대를 강화하고 김정일의 후계자 지명을 지지한 것이다(1984년 5월 14일자 베이징리뷰(Beijing Review) 17페이지에는 연단 좌측에서 우측으로 김정일, 후야오방, 김일성, 양산건이 차례로 선 사진이 있다). 중화인민공화국은 국가이익을 고수하기 위해 북한에 대한 영향력을 강화하는 데 관심을 갖고 있으며, 이러한 국가이익이란 2000년대 중반까지 중국의

46) *The Korea Herald*(November 24, 1982), p. 8.

47) *Ibid.*(March 22, 1986), p. 1.

48) *A White Paper on South-North Dialogue in Korea*(Seoul, Korea: National Unification Board, 1982), pp. 283~310.

49) 한국일보(1978년 9월 9일), p. 3.

현대화를 달성하는 것이다.[50] 이 영향력은 2006년 중국이 북한산 광물(鑛物) 2억 7,453만 달러어치를 북한 최대 철광인 함경북도 무산철광(50년), 양강도 혜산동광(25년), 평안북도 용등탄광(50년)에서 채굴권을 싹쓸이 하듯 나서게 했다. 황해 해상 유전도 공동개발협정을 맺었지만 외부에 내용은 알려지지 않았고 나진항 3, 4부두를 증·신설(增·新設)한 뒤 50년간 사용권을 갖기로 한 것으로 알려지고 있다. 북한 광물자원의 가치는 2,287조 원으로 추정되며 서울이 내수에 필요한 광물의 4분의 1만 평양으로 들여와도 800년을 쓸 수 있는 양으로, 통일한국 건설에 사용되어야 할 광물이 베이징에 헐값에 팔리는 현실이 안타까운 실정이다. 그렇지만 평양은 당장 입에 풀칠하기도 어려운 실정에서 제값을 따질 처지가 아니다.[51]

한편 구소련은 남한의 전(前) 보사부 장관이었던 신현확(申鉉碻)에게 세계보건기구(World Health Organization) 주최 제 1 회 세계의학보건회의에 참가토록 입국허가를 내주었다. 모스크바는 평양과의 외교관계를 제한하고 있는데 반해 서울과의 외교통로개설에 관심을 보였다. 모스크바 지도층은 아마도 남한을 이용하여 그들의 최고적수인 북한과 중국 내의 정통공산세력을 교란시키려 했던 것 같다.[52] 그러나 1983년 9월 1일 모스크바 지도층은 위기지향적 충격(Crisis Oriented Shock)의 측면에서 대한항공기폭파라는 커다란 실수를 범하였으며, 1984년 LA올림픽게임의 참가를 거부하고 평양에 MIG23기 21대를 제공하였다. 이러한 모든 행동들은 새로운 냉전기간을 불러들이게 될 가능성을 암시하고 있었다.[53]

이러한 상황 하에서 베이징과 모스크바 양측은 평양정권이 전쟁을 국내적인 문제로 규정하려는 데 개입하고자 했다. 그러나 무력을 통한 북한해방모델은 위의 두 가지 조건에 부응할 수 없었다. 게다가 서울정부가 가능한

---

50) "Hu Supports DPRK Talks Proposal," *Beijing Review*(May 14, 1984), pp. 6~8.

51) "차례차례 중국 손에 떨어지는 북의 자원·도로 항만," 조선일보(2007년 11월 23일), p. 35.

52) 한국일보(1978년 9월 7일), p. 1.

53) Young Jeh Kim, "An Alternative Approaches to the Deadlocked Korean Unification," Tae-Hwan Kwak, Chong-Han Kim, and Hong-Nack Kim(eds.), *Korean Reunification: New Perspectives and Approaches*(Seoul, Korea: Kyungnam University Press, 1984), p. 359.

군사 정복문제도 강대국의 수락 하에서만 이루어지게 될 성질의 것이다. 이러한 수락은 앞으로도 이루어지지 않을 것이다. 강대국에 있어서 우선목표는 한반도의 긴장완화이다. 현재에도 이러한 조건들이 변화될 가능성은 보이지 않고 있다. 이 모델의 장점은 유일한 합법정부로서 남한을 인정함과 동시에 북한 내 총선거를 거부함에 있다. 반면 단점은 북한으로 하여금 새로운 도발을 자극하도록 고무시킨다는 점이다. 또한 표면적으로 남한은 동북아시아에서 호전적인 국가로 보여질 수 있다.[54] 실제로는 남한이 군사력의 숫자상으로는 열세를 면치 못하고 있다. 1987년 도쿄보고서에 따르면 독가스와 신경가스를 포함한 화학무기 180 내지 250메가톤과 함께 북한이 서울(병력 61만)에 비해 1.2배에 해당되는 84만 정규군을 보유하고 있다. 평양은 3,500대 이상의 탱크를 보유하고 있는데, 이 숫자는 서울의 2.7배이고 또 7,400대의 야포는 남한의 2배이다.[55] 더군다나 평양은 2012년 현재 핵무기 보유국가로 군사력에서 서울보다 우세이다. 서울은 워싱턴의 핵우산 보호 없이는 세계 경제 10위를 유지하는 데는 많은 한계가 있는 것이 현실이다. 이 점은 무력을 통한 북한해방모델이 폭력수단의 개입이라는 점과 북한보다 열세인 남한의 상황 때문에 통일을 이루기 위한 이상적 모델이 아니라는 것을 의미한다. 그러므로 이 모델의 적용은 불가능하다.

3. 내란을 통한 북한의 남한병합모델(Absorption of South Korea by North Korea through Internal Subversion Model)

이 모델에 따른 통일은, 만약 서울이 정치적 · 경제적 체제를 유지할 수 없다고 입증되거나 북한이 내란을 통해 성공적으로 남한을 약화시켰을 때 가능하다. 평양은 1950년에 군사정복, 즉 폭력적 통일을 꾀하였으나 실패하였다. 이러한 방법은 전면전에서 1960년대와 1970년대의 수륙을 통한 침투를

---

54) 이찬구, 3단계 통일대책(서울: 소설문화사, 1971), pp. 261~264.

55) *The Korea Herald*(March 22, 1986), p. 1. See also *The Korea Times Los Angeles Edition*(August 2, 1987), p. 2.

포함하는 게릴라전으로 바뀌었다.[56] 1980년대의 북한은 강이나 바다 그리고 제 3 국인 일본을 통한 구식의 간첩남파나 내란전술을 더욱 선호한 것 같다.

남한 내의 북한소식통에 따르면 평양은 게릴라나 서울지도층을 암살하는 테러리스트를 포함하여 제한된 군사분쟁이나 간접적인 침략을 이용하고 남한의 주요 공공시설을 파괴할 것이라고 한다. 그들의 행동은 국제의원연맹(Inter-Parliamentary Union) 총회(1983년 10월), 1983년에 있었던 일련의 다른 주요 국제회의, 1986년의 아시안게임 및 1988년의 하계올림픽게임을 혼란시키는 데 목적이 있었다. 1983년 6월과 8월의 간첩침투활동이 적절한 예이다.

1983년 6월 19일, 평양은 서울 북쪽의 문산과 가까운 임진강을 통해 남한으로 세 명의 무장간첩을 내려보냈다. 남한 초병들이 그들을 사살하였으나 그들은 남한군복과 민간복장으로 위장하고 있었다. 북한은 1983년 2월에 일본으로부터 다량의 미군·한국군의 군복과 부속물을 구입한 것으로 전해진다.[57] 1983년 8월 8일, 북한은 동해안 끝에 위치한 월성에서 가동중인 원자력발전소를 파괴할 목적으로 무장간첩선을 남파하였다. 한국군은 그 간첩선을 침몰시키고 4명의 무장공비를 사살하였다.[58] 8일 후, 평양은 60톤급 '첩보함정'을 일본의 고기잡이배로 위장하여 울릉도 동쪽으로 남파하였다. 한국의 해안경비대는 그 간첩선을 침몰시키고 세 명의 북한간첩을 사살하였다. 이러한 세 가지 사태는 전면적 군사전복이 아니라 서울의 국제적 지위와 높아지는 경제성장에 대한 선망을 손상시키려는 평양 공산주의자들의 국지적 도발과 파괴의 전주곡임을 보여준다.[59] 더욱이 평양지도자들은 남한 내부분열과 교란행동으로 보여진다는 태도를 취하고 있다. 또한 이것은 단일한 공산정권 하에 남북한의 합병을 가져올 것이라는 것이다.

그러나 이런 일이 있기 위해서는 두 가지 예비조건이 맞아야 한다. 즉 ① 남한에 불안정한 정치·경제적 상황이 나타나야 하고, ② 미군이 한국과

---

56) Young Jeh Kim, *Korea's Future and East Asian Politics*, pp. 149~150.

57) *The Korea Herald Editorial*(June 22, 1983), p. 2.

58) *Ibid.*(August 9, 1983), p. 1.

59) *Ibid.*(August 19, 1983), p. 2.

의 군사협정과 군사기지를 포기하여야 한다.[60] 위의 두 가지 조건은 매우 비현실적이다. 현재 서울정부는 경제적으로 안정되어 있고, 북한보다 우위에 있다. 남한의 GNP는 1961년의 2억 1천만 달러에서 1985년에 83억 7천만 달러로 상승하였다(평양은 15억 1천달러로 합계되었다).[61] 전두환 전 대통령 하에서 남한은 비민주적 체제를 유지하며(성숙한 민주주의로 가는 과정) 정치적으로 안정되었다. 남한은 제10회 아시안게임, 1988년의 서울올림픽게임을 개최할 수 있었으며, 제5 공화국(1981~1988년)에서 평화적인 정권이양을 이룰 수 있었다. 전두환 전 대통령은 1987년 1월 12일, 신년사를 통해 1988년 1월 24일을 기한으로 그의 7년 재임기간을 마감할 것이라고 국민들에게 재천명하였다. 그는 "본인은 규정된 재임기간 이후나 그 이전에 대통령직책을 떠나지는 않을 것이다"라고 말한 바 있다.[62]

그의 후임자 노태우는 1987년 6월 29일의 민정당 중앙집행위원회에서 대통령직선제 수립을 위한 8개항 제안과 함께 정치적 개혁을 의미하는 대담한 선언으로 당시의 정치적 교착상태를 종결시켰다. 8개항 제안은 ① 1988년 2월 이전의 대통령직선제를 갖기 위한 개헌, ② 자유·공정의 대통령선거를 갖기 위한 법률개정, ③ 폭력사범을 제외한 모든 정치범과 함께 김대중의 사면과 복권, ④ 인권에 대한 존중, ⑤ 자유언론과 언론기본법 개정, ⑥ 지방자치제 실시, ⑦ 대화와 타협을 원칙으로 하는 정당의 활성화, ⑧ 폭력범죄와 부패에 대한 거국적인 캠페인으로 되어 있다.[63] 그는 이 제안을 전두환 전 대통령이 수락하지 않는다면 민정당 대표의원과 대통령후보로서 물러나겠다고 하였다.[64] 그리고 그의 제안은 수락되었다. 소위 정치적 기적 또는 민주개혁은 서울과 부산을 위시하여 전국에 걸쳐서 학생들과 중산층으로 이루어진 시위대와 전투경찰 사이의 3주간에 가까운 반정부투쟁 이후에 이루어지게 된 것이다.[65] 실제

---

60) Young Jeh Kim, *Roads for Korea's Future Unification*, p. 57.

61) 한국일보(1987년 1월 6일), p. 12.

62) 상동(1987년 1월 13일), p. 3.

63) *The Korea Herald*(June 30, 1987), p. 1.

64) *Ibid.*(July 1, 1987), p. 1.

65) "A Political Miracle," *Newsweek*, vol. CX, no. 2(July 13, 1987), pp. 6~11.

로 정치개혁은 민주발전을 위한 새로운 계기를 마련하였다. 이러한 발전은 남한이 평양정부와의 경쟁에서 우위와 워싱턴의 지속적인 지지를 얻게 됨을 의미한다.[66]

1986년 4월 13일, 미 국방장관 와인버거(C. Weinberger)가 미국대표단장으로 한국 국방부 장관 이기백과 한미연례안보장관회의를 위해 방문하였을 때, 미국은 남한에 대한 지지를 구체적으로 나타내기 시작하였다. 와인버거는 이기백 장관에게 지금 남한이 미국의 '지극히 중요한 국가적 관심지역'으로 간주된다고 확언하였다. 한반도에서 평화와 안전을 유지하는 것은 미국에 있어서도 더 이상 부차적인 국가관심사가 아니라는 것이다. 와인버거의 방한에 앞서 미국상원은 1983년 3월 14일 한미상호방위조약 30주년을 기념하여 극동아시아에서의 평화유지와 워싱턴과 서울 간의 강한 결속을 재확인한다는 결의안을 채택하였다.[67] 국방장관과 미국상원의 이러한 행동은 태평양지역에서의 북한의 남침과 소련의 팽창주의에 대한 미국의 의지와 남한정부에 대한 지지를 보여준 것이다. 1984년 11월 17일 레이건은 서울을 떠나기 앞서 "한국의 안전보장은 극동아시아의 평화와 안전에 '긴요'하고 미국의 국가이익에 매우 중요하다"[68]라고 재천명하였다. 그리하여 워싱턴지도층은 이전보다 한국안보문제에 더 많은 주의를 기울였다.

그 후 2003년의 한반도위기설은 2002년 10월에 북한이 미국의 고위대표단에게 그동안 극비로 진행된 농축우라늄 프로그램으로 국제협약을 위반한 점을 시인하면서 급속히 확산되었다. 2003년은 김대중 전 대통령과 비교해 햇볕정책 추진이 약한 정부가 들어서게 되고, 2대의 경수로 완성이 지연되는 해이며, 북한의 미사일테스트의 지연이 만기가 되는 해로, 여러 폭발적인 사건이 예상되는 해였다. 한반도와 전세계를 놀라게 만든 사건은 제임스 켈리(James Kelly) 국무부 동아시아태평양담당 차관보가 대통령특사로 2002년 10월 3~5일까지 북한을 방문했을 때, 북한이 그동안 극비로 진행된 농축우라늄 프로그램을 진행해 왔음을 시인함으로써 시작되었다. 즉 북한은 1994

---

66) Lee Young Il, "An Introduction to the Politics of Peaceful Unification in Korea," p. 17.

67) *The Korea Herald*(April 13, 1986), p. 1. and (July 30, 1983), p. 3.

68) *Ibid.*(November 17, 1983), p. 2.

년 제네바합의문에 약속한 핵프로그램을 동결하는 조항을 위배한 것을 시인한 점이다. 평양은 파키스탄의 도움으로 1994년 제네바합의문을 위반하면서 고농축우라늄과 플루토늄을 1990년대 개발하면서 보유한 것으로 알려져 있다.[69] 미국이 1945년 일본의 히로시마와 나가사키에 세계 최초로 원자폭탄을 투하했는데 그것은 각각 다른 종류였다. 히로시마에는 우라늄, 나가사키에는 플루토늄으로 만든 원자폭탄을 투하한 것이다. 한반도 주변국들의 전문가들이 북한의 핵 의혹을 불안한 위기의 사건으로 보고 있는 것은 당연하다. 당시 북한이 시인한 점은 핵무기 개발을 위한 우라늄 농축프로그램이다. 우라늄 농축프로그램에는 우라늄235가 약 0.7%밖에 들어 있지 않고 나머지 99.3%는 핵분열하지 않는 우라늄238이 차지한다. 그러나 원자폭탄을 만들기 위해서 우라늄235를 90% 이상 고비율로 농축한 것이 필요한데, 이를 '우라늄 농축'(Enriched Uranium)이라고 한다. 우라늄 농축법으로는 원심분리법, 기체확산법, 화학교환법 등이 있다.[70]

이 중에서 북한이 사용하는 방법은 원심분리법과 레이저농축법으로 알려져 있다. 미국정부는 북한이 현재까지 파키스탄에서 수입한 것으로 알려진 우라늄 농축용 원심분리기의 수를 기초로 해서 북한이 2004년쯤 농축우라늄을 이용한 핵무기 생산능력이 있다고 11월 20일 밝혔다. 미 정보당국과 가까운 소식통에 의하면, 북한에 인도된 원심분리기는 핵무기 제조에 필요한 농축 관련 장비로 최소 2,000개에서 최대 5,000개로 당초 전망했던 1,000개보다 많다고 전했다. 미국정부는 이들 원심분리기의 가동 여부는 불확실하지만 이들 장비가 들어 있는 공장규모로 미루어 즉각적인 가동으로 들어갈 경우 북한은 2004년쯤 핵폭탄 제조를 완료할 능력이 있다고 전하고 있었다. 이 소식통은 북한이 97년부터 농축우라늄 기술을 사용한 핵무기 개발 계획을 시작했으며 98년 농축우라늄 생산을 위한 원심분리기 수입에 나섰다고 설명했다.[71] 한

69) Glyn Ford, "North Korea Back to the Future," PFO02-17A(October 30, 2002). www.nautilus. org/index.html

70) 서균렬·강정민, "북한 핵 개발 의혹 6문 6답(공개기사): 우라늄, 플루토늄, 또는 수소폭탄?," 과학동아(2002년 11월), www.dongascience.com/osd/default.asp.

71) "미 '북 핵 생산능력 2004년 확보'," 동아일보(2002년 11월 20일).

가지 분명한 것은 북한이 핵무기 개발에 외부세력의 구체적인 제재를 받으면서도 계속하여 핵보유국가가 된 점이다.

　　미국의 시각에서 본 북한의 핵개발은 한반도 내 미국의 억지력(Deterrent Power)을 북한의 지도자들이 축소시키면서 제 2 의 한국전쟁을 재발하는 요인으로 보고 있으며, 국제적으로는 핵 확산의 도미노현상(Domino Effect)이 한국, 일본, 대만으로 이어져 세계의 핵 비확산체제가 제 3 세계국가로 영향을 미칠 것이란 우려가 있다. 미국은 9.11 테러공격의 대상이 북한처럼 작고 가난한 나라가 핵무기를 가질 경우, 우선 테러집단의 타깃이 핵무기를 강탈하거나 구매, 또는 훔치는 대상이 될 수 있고, 둘째로 핵무기가 일단 제조된 후 제거나 찾아내는 것이 극히 힘들다는 점, 셋째로 전세계의 안전보장에 안보문제로 제기될 우려가 있으며, 마지막으로 2002년 핵위기는 1962년 쿠바(Cuba)위기와 1994년 북한을 상대로 한 위협과 비슷하다고 보는 점이다.[72] 한반도는 수십 년 동안 핵의 그림자에서 지내왔다. 동북아에 북한의 인접 국가들 중 핵보유국인 러시아, 중국, 미국은 이미 오래전부터 핵클럽의 회원국이고 일본과 한국은 핵국가의 근처에 와 있는 핵에너지 프로그램과 기술을 갖고 단기간에 핵을 보유할 수 있는 국가이다. 한반도의 남북한은 핵에 대한 욕심을 갖고 있다. 냉전시대 동안 주변 강대국은 핵우산을 남북한에 제공해 왔다. 탈냉전시대 이후 한국은 미국의 핵 억지력에 의존하게 되었고 북한은 미국의 핵위협에 직면하면서 핵개발을 시작하여 보유국이 되었으나[73] 6자회담을 통해서 핵을 포기하는 과정에 와 있다. 2008년 5월 26일자 워싱턴포스트(Washington Post)지는 미국의 북핵 6자회담 수석대표인 크리스토퍼 힐(Hill) 국무부 차관보가 지난 3년간 지칠 줄 모르고 추진했던 워싱턴의 대북정책을 대치(對峙)에서 화해로 180도 전환시켜 부시(Bush) 대통령의 임기말 외교정책 중 가장 큰 희망으로 떠올랐다고 평가했다. 힐이 평양이 은닉하고 있는 플루토늄 문제에 집중하도록 설득하고 농축우라늄을 포함한 다른 문

---

72) Aston B. Carter and William J. Berry, "Back to the Brink," *Washington Post*(October 20, 2002), p. B01.

73) 김용제, "위기의 한반도: 북한의 선택은?," 연구논업 제30집(서울: 건국대학교 행정대학원, 2003), pp. 47~63.

제를 제2차적인 문제로 만든 것이 자신의 업적이라고 위 신문은 평가했다.[74]

이러한 상황 하에서 이웃 4개국들의 상충되는 태도와 정치적 행동 때문에 평양이 이와 같은 내란을 통한 병합모델로서 성공할 기회는 거의 없게 되었다. 남한이 경제, 군사, 사회문화, 정치 분야에서 근대화하게 됨에 따라 북한은 점점 더 열세에 놓이게 될 것이며 이 모델이 이루어지리라는 전망은 더욱 희박해진다. 그러나 당분간 평양은 서울의 근대화과정을 방해하기 위해 더욱 고차원적인 교란기법을 이용할 것이다.

4. 북한 붕괴론 모델(North Korea Collapse Concept Model)

붕괴론모델의 일반적 개념은 전자(電子)의 상태를 서술하는 파동함수의 붕괴(Collapse of Wave Function)인 코펜하겐 해석과 자본주의의 변화 상태를 묘사한 마르크스 경제학으로 소급할 수 있다. 전자(前者)는 양자역학에 대한 여러 해석 중 닐스 보어(Niels Henrik David Bohr)와 워어널 하이젠베르크(Werner Karl Heisnenberg)의 정통 해석이 있으며 전자의 상태를 서술하는 파동함수가 측정되기 전에 일어나는 여러 형태가 확률적으로 겹쳐 있는 현상을 표현하고 있다. 이 상황에서 붕괴의 의미는 파동함수의 붕괴(Collapse of Wave Function)가 동시에 발생하여 전자의 파동함수가 겹침 상태에서 벗어나 하나의 상태로 변화하는 것을 의미한다. 붕괴의 실제는 어떤 형태에서 관측되지 않은 고유값들이 더 이상 고려되지 않은 파동함수의 붕괴를 지식 차원보다 사건으로 보는 점을 의미 한다.[75]

반면에 후자(後者)는 마르크스주의에 기초한 비주류 경제학이며 주로 마르크스의 자본론이 대표작이다. 카를 마르크스(Karl Heinrich Marx)는 1848년 독일혁명의 실패 이후 영국 망명시절에 애덤 스미스(Adam Smith), 데이비드 리카도(David Ricardo)와 같이 경제학을 공부한 것으로 알려져 있으며 1859

---

74) "직급은 중간급 업적은 보스급," 조선일보(2008년 5월 27일), p. A2.

75) 코펜하겐 해석 위키백과 – 우리 모두의 백과 사전, http://ko.wikipedia.org/wiki/%EC%BD%94%ED%8E%9C%ED%95%98%EA%B2%90_%ED%95%B4%EC%84%9D#.EB.B6.95.EA.B4.B4.EC.9D.98_.EC.8B.A4.EC.A0.9C

년에는 경제학 비판을 완성했으며 1867년에 '사회주의의 성전'이라는 자본론의 제 1 권 『자본의 생산과정』을 완성하고 사망한 바 있다. 그의 친구인 프리드리히 엥겔스(Fridrich Engels)가 자본론의 제 2 권 『자본의 유통과정』(1885)과 제 3 권 『자본주의적 생산의 총 과정』(1894)을 출간하고, 자본론의 제 4 권에 해당되는 『잉여 가치학설사』는 1904년에 카를 카우츠키(Karl Kautsky)가 출판한 바 있다. 마르크스는 자본주의 생산과정의 분석을 통해서 자본주의의 운동법칙에 따라서 발전하나 내재된 기본적 모순에 의하여 발전이 정체되고 붕괴된다는 소위 '자본주의 붕괴론'을 주장한 바 있다. 그는 자본주의 붕괴론의 모순을 해결하는 차원에서 새로운 생산의 성과가 사회적으로 획득되고 분배되는 고차원적인 생산양식이 가능한 사회주의의 실현을 제시한 바 있다.[76]

위의 일반적 붕괴론 개념을 특수상황인 북한의 경우에 적용할 경우, 전자의 파동함수가 겹친 상태에서 벗어나 하나의 상태로 변화하는 사건과 특히 자본주의가 내포한 기본적 모순에 의하여 발전이 정체되고 붕괴되는 현상을 의미한다. 북한체제의 붕괴 개념은 북한 국가의 자동적 소멸, 북핵문제의 해결, 자유민주주의적 통일한국으로 잘못된 생각을 가져올 수 있는 개념이다. 여기서 주목하는 점은 북한체제의 붕괴를 북한 급변사태 대비 계획차원에서 다루어야 하며 아래 두 종류로 국가붕괴(State Collapse)와 체제붕괴(Regime Collapse)개념을 다루는 것이다.

북한체제의 급변사태(Contingency Situation)는 국가 내부의 기근과 가난으로 인한 소요사태, 정권붕괴, 대규모 탈출 사태와 외부적 저항을 비롯해 천지지변과 같은 사태의 발생으로 정의되며 그에 대한 군사적 대비책을 강구해야 한다.[77] 1993년 제 1 차 북 핵 위기 이후 북한 내부의 경제난의 계기로 대량 아사(餓死)사태가 벌어지면서 북한 주민 수만 명 이상이 중국으로 탈출

---

76) 마르크스 경제학 위키백과 - 우리모두의 백과 사전, http://ko.wikipedia.org/wiki/%EB%A7%88%EB%A5%B4%ED%81%AC%EC%8A%A4_%EA%B2%BD%EC%A0%9C%ED%95%99#.EC.9E.90.EB.B3.B8.EC.A3.BC.EC.9D.98_.EB.B6.95.EA.B4.B4. EB.A1.A0

77) "샤프발 북한 급변사태 대비 '작계 5029' 논란 통일뉴스 (2009년 4월 22일) 또는 http://www.tongilnews.com/news/articleView.html?idxno=84002# 또는 "North Korea Strains Under New Pressure," Wall Street Journal(March 30, 2010), http://online.wsj.com/article/SB10001424052702304434404575149520133311894.html

하면서 인민봉기나 쿠데타 가능성을 보이면서 붕괴론이 제기되었다. 그러나 1994년 10월 「제네바 기본합의」가 체결되어 북한 체제의 연착륙 가능성이 높아지면서 급변사태는 실제로 일어나지 않았다. 그러다 2002년 제2차 북핵 위기가 대두되면서 급변사태가 다시 부상하게 되었고 2006년 10월 평양의 핵무기 실험 이후 국제사회는 외교보다 제재로 북한 문제를 해결하면서 급변사태 발생가능성에 대비하게 되었다. 2006년 북한의 급변사태는 1993년과 달리 평양의 내부적 불안정 요인과 외부적 유엔을 중심으로 한 국제사회의 압력으로 재론되었다.[78]

북한의 급변사태는 2010년 3월 26일 백령도에서 46명 장병이 숨진 천안함 침몰사건[함정(1)이 어뢰에 맞아 두 동강(2)난 뒤 바닷속으로 사라지는(0) 현상을 잠수함 승조원들은 '1-2-0'이라고 부른다][79]으로 다시 대두되었다. 이러한 급변상황에서 김정일은 5월 3~7일 중국 방문에서 후진타오(胡錦濤) 중국 국가 주석과 정상회담을 열어 수교 61년을 맞은 양국혈맹관계를 확인하고 북한의 대내·외적 어려움을 4시간 반 동안 나누었는데, 후진타오는 이례적으로 "내정·외교의 중대 문제를 알려달라"고 주문하고 원자바오(溫家寶) 총리는 "중국의 개혁·개방 건설의 경험을 소개하고 싶다"며 북한에 개혁·개방을 권유하는 등 양국 우의관계는 세대가 교체된다고 해서 변하지 않는 원론적 후계구도의 양해를 구하였다. 이는 북한의 경제난이 체제붕괴 위기로 번지고 있는 상황에서 중국을 유일한 의지처로 여기고 있는 것으로 분석된다.[80]

천안함 침몰사건은 2010년 5월 20일 국제 민·군 합동조사단(합조단)에 의하여 북한의 군사도발로 과학적·객관적 조사를 통해 발표되었다. 국제

---

78) 조성렬, "북한체제의 전환가능성과 한국의 대응방향" 제2마당 북한체제의 변화에 따른 동북아정세와 한국의 대응, pp. 104~106.

79) 안병구 예비역 해군제독은 국내 잠수함 분야 개척자로 천안함 사건을 "치밀한 공격에 철저히 당한 '원-투-제로'"로 설명한 바 있다. 조선일보(2010년 4월 29일), p. A37.

80) "김정일 방중 결산" 상동 (2010년 5월 8일) p. A3. 후진타오의 5가지 분야의 협력방안은 ① 고위층 교류 지속이다. ② 전략적 소통의 강화이다. 양국은 수시로 혹은 정기적으로 양국 내정·외교에서의 중대문제와 국제·지역 정세, 당·국가 통치 경험 등 공동관심사에 대해 심도 있게 소통해 나가야 한다. ③ 경제무역 협력 심화이다. 양국 정부의 담당부처는 경협 심화를 위해 진지한 논의를 해야 한다. ④ 문화·스프츠 등 인문교류이다. ⑤ 양국이 국제·지역 문제에서 협력을 강화하고 지역의 평화와 안정을 더욱 잘 수호하는 것이다.

민·군 합동조사단은 미국 15명(수중 폭발 전문가 토마스 에클레스 해군 준장 포함), 영국 2명(싸론 불론 150여 회의 폭발사고 분석가 포함), 스웨덴 4명(상선 침몰 전문가 위드홀른 아그네씨 예비역 중령 포함), 호주 3명(안토니 파웰 해군중령 포함)과 2000년부터 자타가 공인하는 한국의 세계 1위의 조선업과 관련 기술 분야에 종사하는 학계·산업계 50명의 전문 인력이 참여했다.[81] 조사단은 과학적으로 북한 제(製) CHT-02D 어뢰의 수중(水中) 폭발(버블제트의 영향)에 의해 선체가 두 동강 나 침몰했다고 발표했다. CHT-02D(Combined Homing Torpedo < 복합자동추적어뢰 > −02 <생산 연도 > D(Dual Plane) < 잠수함과 수상함 등 수면 위 아래 이중 목적>[82]는 함정이 내는 소리를 추적해 목표에 접근하는 어뢰로 알려졌다. 그러나 합조단 관계자는 2010년 6월 29일 "당시 어뢰전체의 각 부위를 설명하기 위해 확대한 설계도는 천안함을 공격한 CHT-02D가 아니라 다른 북한산 어뢰인 'PT-97W'라며 두 어뢰의 기본구조가 같아 실무자가 실수한 것"이라고 해명한 바 있다.[83] 이 어뢰의 길이는 약 7m, 직경(直徑) 53cm, 무게 1.7t에 250kg의 폭발화약을 담고 있는 중(重)어뢰로 한국 서해 해역을 무단 침범한 북한의 잠수정으로 발사된 것으로 쌍끌이어선이 5월 15일 천안함 폭침 현장 부근 바다 밑에서 수거한 길이 1.5m의 어뢰 뒷부분의 동체(胴體)를 공개 발표했다. 조사단은 '어뢰 등의 외부 폭발'에 의해 침몰했음을 증명하기 위해 천안함 선체 실물 사진 20여 장을 공개했으며 "사고 당시 2~3초간 (버블제트 물기둥 현상) 높이 약 100m의 흰색 섬광기둥을 보았다"는 백령도 해안 초병(哨兵)의 진술도 처음으로 공개했다. 조사단은 북한이 수출용 무기 소개책자에 실은 CHT-02D 어뢰 설계도면과 어뢰 잔해의 구성과 크기·모양이 정확히 일치한다는 점과 이 어뢰의 뒷부분 추진체 안에 한글로 '1번'이라고 손으로 쓴 듯한 푸른색 글씨체가 한국군이 2003년 습득(拾得)한 북한군 훈련용 어뢰에 한글 '4호'라고 쓰여 있는 것과 일치한다고 북한의 소행을 증명했다.[84] 조사단은 객관적으로 이 조사단에 미국 대표로 참여하고

---

81) 전호환, "희생이 남긴 국익 외국에 바쳤다 … 우리 불신 탓에," 상동(2010년 5월 20일), p. A38.

82) "北어뢰 수출용 카탈로그 'CHT-02D'" 한국일보(2010년 6월 23일), p. C8.

83) "천안함 공격 北어뢰, 엉뚱한 설계도로 설명," 상동(2010년 6월 30일), p. C2.

84) "北, 이 명백한 증거 앞에서도 계속 발뺌할 것인가," 조선일보(2010년 5월 21일), p. A27.

있는 토마스 에클레스 해군 준장이 5월 20일 발표에서 "여러 가지 다양한 도구와 방식을 사용, 자료를 공유하면서 업무를 실제 어뢰 파편을 확인하기 전에도 지속적으로 분석을 함께 했으며 이것은 여러 가지 증언과 과학적 계산을 토대로 한 것으로 모두 현재 조사결과에 동의했다"고 서명한 것으로 알려 졌다. 다시 말해서 이 날 발표장에는 24명 중 에클레스 준장과 미국 해군 콕스 제독(정보팀), 영국 데이빗 맨히 대표, 스웨덴 아그네 대표, 호주 파웰 해군 중령 등 5명이 참석하여 전적으로 조사 내용을 신뢰했고 미군의 경우 제공할 수 있는 모든 정보·첩보를 전달받아 사고원인을 규명하는 데 많은 도움이 되어 객관성을 강조했다.[85]

　　김정일의 방중효과는 긍정적인 면과 부정적인 면이 있다. 긍정적인 면은 북·중 혈맹 재확인(한·중의 전략적 동반자관계와 이명박·후진타오 회담 3일 만에 방중이 북·중의 혈맹관계가 보다 앞선 상태), 천안함 국면에서 국제적 고립(북한이 천안함을 침몰시킨 명백한 증거가 나올 때까지 신중할 가능성이 높음)과 후계세습 '교감'(중국은 김정은으로 알려진 북한 후계세습에 대해서 "중·조 친선을 대를 이어 진행해가는 것은 쌍방의 역사적 책임"으로 "개의치 않겠다"는 메시지)이다. 부정적인 것은 중국 간섭이 심해지는 점(후주석의 5가지 분야 협력 중 2번째 "내정 소통"과 원 총리의 "개혁·개방"), 대규모 '무상원조'가 없는 점(원 총리가 "북한의 민생 개선을 적극지지 한다"로 "쌀 10만t(6000만 달러) 정도 될 것"-한국정부 추측)과 병약해진 김정일 노출(2010년 5월 5일 베이징 인민대회장에서 후 주석과 김정일 위원장 악수 시 김정일의 얼굴이 무표정하고 전체적인 움직임이 둔해진 점으로 뇌졸중 후유증을 앓고 있음)을 포함하고 있다.[86] 중국이 북한문제로 이미지 손상을 감수하면서까지 지원하는 이유는 북한이 붕괴할 경우 이미 30만이 넘게 추정되는 탈북자로 인해 신경을 곤두세우고 있는 중국정부가 국경을 넘어 쏟아져 들어올 탈북자 문제와 2010년 새롭게 부상하는 G2에 미치는 영향문제 때문이다.[87]

　　국가붕괴(State Collapse)는 국가의 최종상태(End State)나 몰락(Breakdown)

85) "각 분야 전문가들이 과학적 조사 외국 조사단, 전적으로 결과 신뢰," 상동(2010년 5월 21일), p. A8.

86) "북 '내정소통' '개혁·개방' 중 핵심요구 애써 무시," 상동(2010년 5월 10일), p. A3.

87) "중국에 가볍게 보이지 말자," 상동(2010년 5월 10일), p. A35.

이 아니라 사회세력들에게 제공하는 안보제공, 부의 분배, 영토 내 거주하는 국민의 대표성을 통제하는 "구조, 권위(입법권), 법률과 정치질서가 무너져 어떤 형태로든(옛 것이든 새 것이든) 재구축해야 되는 상태"로 정의된다.[88] 이러한 국가붕괴는 완전한 붕괴로 간주된다.

반면에 체제붕괴(Regime Collapse)는 코르나이(Kornai)의 사회주의체제 전환에 입각해서 '사회주의적인 구조와 권위, 법과 정치질서가 무너짐에 따라 정치영역에서는 다원 민주주의화 경제영역에서는 시장경제체제로 재구축되어야 하는 상태'를 의미한다.[89] 이 체제붕괴는 점진적 붕괴로 분석된다. 여기서 주목할 점은 북한의 붕괴가능성이 단선적으로 분석하는 것이 아니라 복합적으로 국가붕괴(완전한 붕괴)와 체제붕괴(점진적 붕괴)의 중간 정도의 붕괴가 동시에 이루어질 수 있는 점도 염두에 두어야 한다.[90]

북한국가 붕괴와 또는 체제붕괴 가능성은 1990년 초 구소련의 와해와 중국의 시장경제 개혁의 시작으로 논의되었다. 1990년대 중반 평양의 심한 기근과 동유럽국가의 공산주의체제 실패로 북한체제유지가 어렵다고 믿었다. 이러한 우려에도 불구하고 평양은 급작스러운 국제환경 변화에 따른 상대적인 고립을 체험하면서 소생한 경험을 가지고 있다. 국내외 전문가들은 2008년 가을 이후 김정일의 건강 악화로 북한의 불안정에 대한 한·미간의 대비 계획을 다시 재개해야 한다고 주장한 바 있다.

여기서 대두되는 질문은 과연 북한은 언제 어떻게 붕괴될 것인가이다. 이 질문의 해답은 어느 누구도 명확하게 할 수 없다. 앞에서 지적한 대로 북한의 붕괴는 무엇을 뜻하는가를 이해하고 가능성과 불가능성을 짚어보는 것이 이 해답을 찾는 데 도움이 될 것이다. 북한의 붕괴는 국가붕괴(완전한 붕괴)와 체제붕괴(점진적 붕괴)를 포함한 단계별 측면에서 북한경제의 붕괴, 북한정치체제의 붕괴, 그리고 주권국가로서 북한의 붕괴를 포함하며 또한

---

88) 조성렬, "북한체제의 전환가능성과 한국의 대응방향" p. 91 또는 Zartman, W. ed. Collapsed States: The Disintegration and Restoration of Legitimate Authority(Boulder: lynne Rienner, 1995).

89) Janos Kornai, *The Socialist System: The Political Economy of Communism*(New Jersey, Princeton: Princeton University Press, 1992), pp. 382~392.

90) "파월 '천안암 결과 나올 때까지 6자회담 안돼," 조선일보(2010년 5월 14일), p. A6.

개개 혹은 모두를 아우르는 하나의 과정으로 단선적이 아닌 복합적인 중간
정도의 붕괴상태를 의미한다.[91)

  북한의 급변사태 발생 시 붕괴 가능성은 앞으로 10년간 북한경제의 붕
괴와 정치체제에서 엘리트 연합의 와해로 인한 주권국가 붕괴 순서와 함께
북한의 미래에 대한 전 급변시기의 예방계획, 급변 시 내부 안정, 후 급변사
태 시 진전의 안정화로 나눌 수 있겠다. 앞으로 10년간을 예상하기 전에 소
련과 동유럽 사회주의 국가들에서 경제난이 사회주의 체제의 붕괴를 유발한
구조적 요인으로 관찰되었고 그 과정에서 정치 지배 엘리트의 분열이 중요
한 변수로 지목된 바 있다. 북한의 경우 북한 전문가 안드레이 란코브는
2006년 8월 3일 데일리 NK에서 "북한은 체제붕괴를 피했고 중국식 시장화
개혁도 피하면서 계속 공산주의 정치를 유지"하는 소위 "대동강 기적"을 과
시하고 있다고 밝힌 바 있다.[92) 다시 말해서, 평양은 소련이나 동유럽 사회
주의 국가들과 달리 체제붕괴 없이 1990년대의 대기근을 비롯한 극심한 급
변사태를 극복하여 북한 고유의 대동강 기적을 보여 주고 있다. 그러나 평
양은 2009년 경제난에서 벗어나지 못한 상태이다.

도표 2-2	북한의 경제성장 지표 1995-2007(GDP 기준 전년대비 %)											
연도	1995	1996	1997	1998	1999	2000	2001	2002	2003	2004	2005	2006	2007
증감	-4.1	3.6	-6.3	-1.1	6.2	1.3	3.7	1.2	1.8	2.2	3.8	1.1	-2.3

출처: 한국은행, 북한의 주요 경제지표, http://ecos.bok.or.kr.

  도표 2-2에서 지적하듯이 북한경제는 1990년대 후반에 경제위기를 겪었
고 2006년 이후 경제침체에 빠지고 있는데 그 이유는 외부의 지원이 없기
때문이다.[93) 앞으로 10년 후인 2020년을 내다볼 때 경제위기뿐만 아니라 천

---

91) 정한구, "북한은 붕괴될 것인가? 사회주의 국가들의 경험과 북한의 장래," 『세종정책연
    구』 2009년 제5권 2호, pp. 45~47.

92) 안드레이 란코프, "동유럽 붕괴-북정권 붕괴 무엇이 다른가? 내부 절대통제 … 대외압력
    미미," 『데일리NK』, 2006. 8. 3(http://www.dailynk.com).

93) 정한구, "북한은 붕괴될 것인가? 사회주의 국가들의 경험과 북한의 장래," pp. 65~66.

안함 사태 후폭풍, 김정은 체제 안정화 문제로 북한체제가 안정을 찾을 수 있는지, 북한의 내구성이 강한지 의문을 가지게 된다. 특히 2010년 3월 26일 천안함 침몰사태 이후 5월 24일 이명박 대통령은 이 사건이 '대한민국을 공격한 북한의 군사도발'로 규정하고 7가지 대북제재 조치로 평양과의 단절, 북한의 고립화, 평양에 대한 봉쇄를 총망라한 무력 보복을 제외한 조치를 발표하여 한반도의 '햇볕'정책을 거두어들이고 남북교류협력법이 제정된 1989년 이전으로 회귀한 사건으로 남게 되었다.[94] 북한 경제는 단기적으로 남북 교역과 교류중단에 이어 안보리 추가 제재, 미국이 검토중인 별도 금융 제재가 진행될 경우 2005년 방코 델타 아시아(BDA) 금융제재 당시 못지 않게 타격을 받을 것으로 예상된다. 서울정부가 예상하는 평양이 입을 경제적 타격은 현금수입이 한해 3억 달러 이상 사라지고 위탁가공 근로자는 최대 12만 명 '실직'하는 등 북한경제 전반의 숨통을 조이는 것이다.[95] 이러한 단기적 경제급변 상황은 장기적인 차원에서 붕괴시점을 앞당길 수도 있다고 분석된다.

또한 정치적으로 평양은 사회주의 전체주의를 북한식 민족주의인 김일성 주체사상과 융합하여 소련 및 동유럽 국가들이 행한 전체주의에서 권위주의체제로의 이행을 차단하면서 체제붕괴를 막은 것이다. 이러한 차단과정을 통하여 북한체제의 독재적 성격을 유지하면서 붕괴가능성을 예방한 것으로 분석된다. 특히 북한의 "가산제적 전체주의"(家産制的 全體主義 Patrimonial Totalitarianism) 또는 북한의 수령절대체제 시스템은 주체사상 미명 하에 개인숭배를 일종의 신앙으로 격상시켜 김일성·김정일·김정은을 우상화한 사이비 전체주의를 유지하고 있는 것이다. 이 가산제적 전체주의는 공산당과 국가조직의 영역구성원 사이에 충성의 관계가 신가산제에서 이루어지는 전통적 혈연관계 밖에서 이루어지는 체제를 의미한다. 소위 신가산제(新家産制, Neo-Patrimonialism)는 과거 소련의 공산당과 국가조직의 영역에서 구성원 사이의 관계가 특히 가족이나 친인척에 기초하여 종적(縱的)과 횡적(橫的)으로

---

94) "'어뢰'가 '햇볕' 끝냈다 … 남북관계, 1989년 이전으로 회귀," 조선일보(2010년 5월 25일), p. A4.

95) "북이 입을 경제적 타격은," 상동(2010년 5월 25일), p. A5.

모두 개인적 차원의 충성관계를 의미한다.[96]

　이러한 체제 하에 독재자와 엘리트 사이의 관계가 주목을 받게 된다. 독재자는 자신의 권력을 유지하기 위하여 "지배연합"이 필요하고 이 연합 규모를 축소함과 동시에 엘리트의 종속을 심화하면서 자신의 권력을 확장 내지 유지하는 것이다. 반면에 평양의 지배엘리트는 독재자로부터 보호와 자신의 기득권과 일치할 경우 유지·보호될 수 있으나 위협을 느낄 경우 독재자와 엘리트 관계가 변화가 가능하다고 볼 수 있겠다. 소련과 동유럽 사회주의권의 붕괴 경험에서 확인되듯이 경제위기가 정치체제의 붕괴를 비롯한 체제변화를 유발하는 가능성이 상존한다. "지배연합"은 단기적 안정과 현상유지를 강화할 수는 있지만 중·장기적으로 현상을 침식하는 가능성을 배제하기 어렵다. 예를 들면 앞으로 2020년 북한경제가 중·장기적으로 침체와 위기에 빠지고 핵무기 개발의혹이 증폭되어 외부지원이 대폭 축소 내지 중단될 경우 독재자와 엘리트 간의 불화가 증폭될 수 있다.[97] 그러할 경우 북한의 체제 붕괴의 잠재적 가능성은 현실화될 수 있다.

　북한의 미래에 대한 체제붕괴 가능성은 전(前) 급변기의 예방계획, 급변 시 내부 안정, 후(後) 급변기의 안정화로 분석할 수 있겠다. 전(前) 급변기의 예방계획(Pre-contingency: Preventive Planning)은 급변 사태가 발생하기 전에 불안전한 잠재적인 상황이 확산되는 파급효과를 진정시키면서 서울의 내적 안전을 도모하는 데 중점을 두는 기회를 포함한다. 이 붕괴 시나리오에서 한국, 미국, 중국, 러시아와 일본의 공통된 전략적 이해는 한반도의 안정과 서울의 경제번영에 달려 있다. 외교와 정치적 협력은 급변 상황의 초기에서 장기적 목표의 초석을 달성하는 전제 조건이다. 이러한 노력에 필수적인 요인은 한·미와 중국과의 조정이다. 베이징은 상호간과 국제적으로 평양의 유일한 동맹국, 유엔 안보리 상임이사국, 6자 회담의 조정국가, 미국과 쌍벽을 이루는 강대국(G2)이다. 워싱턴과 서울, 베이징 간의 협의 전 중요한 안건들은 인도적 지원 이행, 대량살상무기 통제, 군사개입의 장치, 한·미간 개입에 대응한 중국의 붉은 선을 포함한다. 여기서 기억할 점은 베이징의

96) 정한구, "북한은 붕괴될 것인가? 사회주의 국가들의 경험과 북한의 장래," pp. 61~63.

97) 상동, pp. 64~72.

반응이며 어떠한 처음의 한·미간 개념계획은 북한의 체제변화라기보다 평양의 불안정한 상황에 대한 관리가 유일한 목표라는 인식을 바꾸는 데 초점을 두어야 한다는 것이다. 또한 실제 시행준비 과정은 서울의 이웃 국가들의 국가이익이 손상된다는 잘못된 인식이 증가하는 점을 피하는 데 역점을 두어야 한다. 중국의 원자바오(溫家寶) 총리가 2010년 5월 28일 한국을 방문하여 이명박 대통령과 천안함 침몰에 대한 입장을 "중국정부는 국제적인 조사와 이에 대한 각국의 반응을 중시하면서 사태의 시시비비(是是非非)를 가려 객관적이고 공정하게 판단해 입장을 결정하겠다"며 베이징은 그(조사) 결과에 따라 "누구도 비호하지 않겠다"고 밝혔다.[98] 그는 평양이 자신이 소행을 인정할 가능성을 열어 놓고 제재 동참에 신중을 기하는 모습을 보여 주고 있다. 원 총리는 같은 날 김형오 국회의장 면담에서 중국은 책임 있는 국가로 사태 시비를 가리고 정의를 실현한다고 말하고 사태 악화와 충돌 발생을 예방하는 차원에서 각국에 냉정과 자제를 호소하고 만약 한반도에서 충돌이 생길 경우 가장 큰 피해 대상국으로 서울과 평양, 그리고 베이징임을 상기시킨 바 있다.[99]

진전된 한·미간의 외교조정은 양국 간의 공동 목적과 성과를 서울과 워싱턴 간의 공동 목표와 비전을 규정하는 데 초점을 두어야 한다. 비록 통일한국은 서울과 워싱턴이 공유하고 진전시킬 목표지만 이 목표가 양국 간의 어떤 의미가 있고 또한 이 목표를 달성하는 과정에 적극적으로 참여하는지를 명확히 할 필요가 있다. 전(前) 급변기기의 예방계획에 대한 조정 노력은 북한에 대한 남한 내부의 분열된 정책갈등의 여지를 최소화하는 데 기여할 것으로 분석된다. 반면에 워싱턴은 이러한 목적을 달성하는 데 전략적 목표나 구체적인 계획이 불충분하다고 생각할 수도 있다.[100]

두 번째 차원의 도전은 평양에 대한 국내적, 쌍방적, 다국적 노력의 화

---

98) "천안함 국제조사와 각국 반응 중시," 조선일보(2010년 5월 29일), p. A1.

99) "'北 소행 인정' 가능성 열어뒀지만 … 제재 동참은 '미지수'," 상동(2010년 5월 29일), p. A3.

100) "North Korea Contingency Planning and U.S.-ROK Cooperation," *Center for U.S.-Korea Policy, The Asia Foundation* (September 2009), pp. 1~6.

해를 위한 효율적인 외교적 조정을 진지하게 만드는 것이다. 서울은 워싱턴
과 베이징을 1953년 한국전쟁의 휴전 당사국이자 한반도에 영향권과 이익을
지닌 국가로 북한의 급변상황을 관리할 수 있는 외교적 파트너로 간주하고
있다. 비록 워싱턴과 서울이 평양의 불안정 상황이 발생할 경우를 대비해서
조정 역할을 수행할 것을 기대하지만 동북아시아 안보구조는 여러 나라 중
베이징과 동경이 안보 딜레마의 충돌을 예상케 한다. 이러한 이해의 충돌은
사건에 따라 달라질 수도 있으며 북한의 안정을 복귀하는 과정에서 제3국
의 간섭으로 생길 수 있는 민감한 조건과도 관련되어 있다. 2010년 서울과
워싱턴은 평양의 급변 사태에 대비한 한·미 합동군사계획인 '작계5029'의
구상을 마쳤으며 평양에서의 정권교체와 쿠데타 등에 의한 내전, 평양이 보
유한 핵과 생화학무기 등 대량살상무기(WMD)의 반군 탈취 또는 해외 유출,
북한 주민의 대규모 탈북, 대규모 자연재해, 북한 체류 한국인에 대한 인질
사태 등 6가지 유형의 북한 급변사태가 포함된다. 1999년 김대중 정부시절
추상적으로 만들어졌던 '개념계획(CONPLAN) 5029'는 당시 김정일 국방위원
장의 유고 등 정권교체, 쿠데타 등에 의한 내전상황, 핵·미사일·생화학무
기 등 대량살상무기(WMD)의 반군 탈취 및 해외 유출, 대규모 주민 탈북사
태, 대규모 자연재해, 북한 내 한국인 인질사태 등 5가지 시나리오 중심으로
병력동원 및 부대배치 계획 등이 담겨 있지 않은 추상적이고 개념적인 계획
수준이었다. 2005년 노무현 정부당시에는 한·미군당국에선 개념계획 5029
를 '작전계획 5029'로 격상시키는 방안이 추진됐으나 서울 NSC(국가안보회의)
가 '주권침해'라는 명분 하에 작전계획화하지는 않기로 합의했다.[101] 이명박
정부 들어 2009년 8월 김정일의 건강 이상설이 계기가 되어 한·미는 개념
계획 5029의 작전계획화(化)에 공감했고 1년여 동안의 작업을 거쳐 완성된
것이다. 그러나 한·미 군 당국은 평양의 반발 등을 우려해 공식적으로는
부인하고 있다. 2009년 4월 22일 월터샤프(Walter L. Sharp) 한·미 연합 사령
관은 '주한미군의 역할과 한·미동맹'이라는 서울 대한상공회의소 주제 강

---

101) "北 급변사태땐 한국군이 작전주도 핵무기 제거는 미군이 맡기로 합의," 조선일보(2009
년 11월 2일), p. A6. 또는 "한미, 北붕괴 대비책 부족," 한국일보(2010년 2월 19일), p.
C7.

연에서 '아직까지 개념계획 수준으로 발전시키고 있는 것이지 작전계획은
아니다'라고 밝힌 바 있다.[102] 이 계획의 6개 시나리오 중 핵심은 김정일 유
고 등에 따른 북한 불안정 사태와 평양의 대량살상무기(WMD)의 반군 탈취
및 해외 유출 문제로 미군은 북한의 핵무기와 기술 등이 반군에 탈취돼 해
외 테러집단 등에 유출 가능성(핵무기 제거)을 맡기로 하고 한국군은 나머지
5개 시나리오 작전을 주도하는 내용이다.[103] 예를 들면, 2010년 5월 31일자
인터내셔널 헤럴드 트리뷴(International Herold Tribune)은 평양이 오판할 경우
천안함 사태가 남북 간에 군사적 충돌로 비화될 수 있는 예상 가능한 5가지
시나리오를 분석했다. 인터내셔널 헤럴드 트리뷴(IHT)에 의하면, 1950년 한
국전쟁 이후 충돌을 예방하는 패턴은 '북한의 도발→ 관련국의 양보 → 협
상'이지만 2010년 3월 이후 이런 패턴을 바꾸는 워싱턴과 서울의 대북강경
책은 평양의 권력승계 위기 등으로 나타나고 있다. 인터내셔널 헤럴드 트리
뷴(IHT)의 5가지 한반도 전쟁을 불러올 수 있는 시나리오는 ① 서해상에서
의 충돌, ② 비무장지대 대북선전 재개에 따른 충돌, ③ 후계문제를 둘러싼
북한 내부의 권력투쟁과 쿠데타, ④ 북한 내부붕괴 가능성, ⑤ 북한의 핵무
기 관련 도발을 포함하고 있다. 이 중 평양이 권력투쟁 범위 내에서 스스로
붕괴 가능성이 현실화할 때 북한 영토를 차지하기 위하여 한·미와 중국이
맞서는 시나리오가 여기에 속한다.[104]

　중국은 2010년 G-2 또는 글로벌 사회의 책임 있는 강대국으로서 세계
에서 가장 고립된 북한정권이 붕괴될 때 대규모 탈북 사태와 한반도에서 미
국의 세력 확장을 우려하고 있다. 평양의 붕괴는 베이징과 서울 경제에 끔
직한 영향을 줄 수 있는 시간폭탄으로 베이징이나 서울은 물론 워싱턴과 동
경도 원하지 않는 시나리오이다.[105] 평양이 붕괴될 경우, 베이징과 모스크바

102) "사프發 북한 급변사태 대비 '작계 5029'논란," 통일뉴스(2009년 4월 22일) 또는 http://www.tongilnews.com

103) "北 급변사태땐 한국군이 작전주도 핵무기 제거는 미군이 맡기로 합의," 상동.

104) "北 오판 시 5가지 전쟁시나리오 가능" International Herold Tribune(2010년 5월 31일), 또는 news.yahoo.com/service/news/shellview.htm?linkid.=20&articleid=201005311005108100&newsset id=1

105) "페섹 中은 원조교제 아저씨 … 김정일에게 용돈 끊어라," 조선일보(2010년 6월 1일), p. A5.

군이 평양을 공동 점령할 수 있으며 이러한 시나리오로 공동 군사훈련도 실시했다고 2010년 2월 20일 워싱턴 소재 한미경제연구소(Koreal Economic Institute) 주최로 열린 토론회에서 리처드 와이츠 미국 허드슨 연구소 전임연구원이 "러시아와 남북한: 과거 정책과 미래"에서 제시한 바 있다. 와이츠 연구원에 의하면, 평양의 붕괴사태가 발생할 경우, 북한의 이웃국가인 중국과 러시아가 인도적 대응, 테러리스트와 범죄자, 불량 정권들이 북한의 핵폭발 장치를 손에 넣는 것에 대한 방지 차원에서 자국 군대를 평양에 진입시킬 가능성이 있고 모스크바와 베이징은 이미 이런 공동 점령의 총연습에 해당하는 2005년 8월 북한 인근에서 '평화임무 2005'라는 군사 훈련을 실시했다고 그의 논문에서 밝힌 바 있다.[106] 서울은 북한 동향을 분석하는 데 필요한 인간지능정보능력 강화, 연합 유관 기관 협조단(CIACG: Combined Inter-agency Coordination Group)과 같은 연합 한·미군 작전 팀 설치, 동·서해안에 정찰 활동을 포함한 한국국방자세 강화 및 전술 목표의 경찰주도 안전 강화를 도모해야 한다. 북한의 정치적 불안의 정황에서 중요한 안보의 목표는 대량살상무기(大量殺傷武器 Weapons of Mass Destruction) 제어, 외국인안전을 확보, 비무장 지대(De-militarized Zone)에서 우발적 총격사건의 예방과 육로보다도 해상을 통한 피난민을 막는 북한해군과의 가능한 총격사건을 포함한 소규모의 탈북 피난민의 유입을 포함한다.[107]

　　여기서 중요시되는 법적 측면은 워싱턴과 서울은 가능한 평양의 안정에 필요한 계획의 일환으로 국제기구로부터 빠른 위임통치를 먼저 추구하는 것이다. 이러한 국제적인 위임통치는 중국으로부터 잠정적인 도전 또는 중국이 이끄는 국제적인 시도 차원에서 중요하다. 내정간섭의 정당화를 국내법에 의존하기보다는 유엔안보리의 상임이사국 전원의 지지를 받을 수 있는 '인도적 간섭'미명하에 위임을 받는 것이 한국의 최선의 선택이다. 북한주민의 인도적 위기가 정치화할 가능성에 대비해서 인도적인 측면을 정치적 측면으로부터 차별화하는 것이 급변사태의 초기단계에서 중요하다.

---

106) "北 붕괴땐 中·러 공동점령 가능성," 한국일보(2010년 2월 20일), p. C6.

107) "North Korea Contingency Planning and U.S.-ROK Cooperation," p. 8.

국제적인 경험에서 보여주듯, 인도주의적 협조는 여러 관련국과 절차의 중복을 피해야 한다. 서울과 베이징을 포함해서, 유엔, 워싱턴, 또는 유엔사령부가 효율적으로 평양의 국제적·인도적 간섭에 호응하도록 요구할 수도 있다. 서울은 앞장서서 평양의 간섭을 이끌 수 있지만 국제 원조국의 지지와 협력이 필요하다. 베이징은 평양에 대한 효율적이고 적극적인 자원을 공급하는 국제사회의 능력의 한계성을 가진 평양에 국제 인도주의적 조정에 참여하지 않고 있다. 최근 한국의 아프카니스탄이나 이라크 재건사업과 평화유지 참가 경험은 북한재건사업에 적용할 수 있는 좋은 교훈이다.

끝으로 북한의 개발과 장기적으로 지역 경제를 통합하는 데 기여할 수 있는 잠재적인 교통과 에너지 분야에 중점을 두는 것도 고려해야 한다. 북한의 이웃국가들은 평양의 철도분야와 도로의 인프라(학교, 행정, 교통, 전력, 통신 등) 구축 재건이 동북아의 중요한 교통망의 일부로서 도움을 받게 될 것이다. 에너지 분야에서는 6자회담에 근거를 둔 다국적 회사들도 도움을 받게될 것으로 예상된다.[108]

제 2 단계의 급변 시: 내부 안정화에서 중요한 목적은 활발한 활동과 국제적인 지지를 통한 북한내부의 안정화를 시도하는 것이다. 이 급변 시, 가장 효율적인 관리를 위해서는 여러 국가가 참여하는 많은 면과 여러 차원에서 협력이 요구된다. 예컨대 한국 군대는, 만약 정치적 위임이 요구될 시, 평양붕괴를 효율적으로 다룰 수 있는 강대국들과의 협력을 통해 다국적·대행기관 내에서 안정화와 지지할 수 있는 작전을 수행하는 데 앞장서야 한다. 서울정부의 입장에서 볼 때, 한국 군대는 유엔신탁통치의 경험에 비추어 1945년부터 1948년 사이에 시도한 시행착오와 외국의 간섭을 최소화하면서 통일한국을 시도해야 한다. 평양이 붕괴된 후, 4가지 중요한 군사특별 임무는 (1) 안보와 안정의 제정; (2) 인도적 구호활동; (3) 핵시설의 안보 확립; (4) 북한군대의 무장해제, 동원해제와 재지정을 포함한다.[109] 중국과 한·미간의 실질적인 협조가 위의 군사적 특별임무를 이행하는 데 필수적인 요건이

---

108) *Ibid.* pp. 8~9.

109) David S. Maxwell, "Catastrophic Collapse of North Korea: Implementations for the United States," Nautilus Institute, 1996.

다. 이러한 외부의 모든 간섭을 실천하는 중, 유엔 안보리는 북한의 분쟁 이후 작전을 장악하는 데 필요한 법령(강제성 포함)을 재정해야 하고 통합된 작전을 이행하는 데 있어 주요 국가와 제휴 관계를 이행해야 한다. 여기서 매우 중요한 것은 서울정부가 그동안 준비한 통일한국의 로드맵을 6자회담국과 유엔에 동시 제출하여 통일한국의 당위성을 전 방위적으로 벌여 진행하는 것이다.

제2단계의 급변시의 직접적인 안보의 목적은 전략상의 안도감 복원을 우선적으로 실행하는 것이다. 예를 들면, 한·미 안정화 노력이 중국 국가이익의 기반을 침식하지 않는 점을 확인시킬 필요가 있고 또한 일본도 이 과정에서 소외되지 않을 것이라는 점을 안심시킬 필요가 있다. 전략상의 안도감을 회복하는 노력에 토대해서 중국군과 한국군의 군사적 특별임무의 충돌을 피하고 일본군의 군수물자 지원을 한국에 지원을 받아야 할 것이다. 끝으로, 전술상의 조정은 한·미동맹을 통해서 한국을 방어하는 데 초점을 맞추어야 한다. 대량살상무기 제어의 중요한 우선적 분야에서 한·미 연합군은 직접적으로 중립화된 대량살상무기와 관련된 시설에 배치되어야 하고 국제적 후원 하에 점차적인 무장해제를 시행해야 한다. 이 군사적 임무는 한국의 지원받은 미국 특수부대원이 포함될 수 있다.

이 단계에서 급변사태 이후, 군사적 임무는 평양의 재건에 대한 기초를 확립하면서 군사적으로 안전과 질서를 유지하고, 안정화와 인도적 지원 작전을 수행하는 것이 필요하다. 정부와 민간인의 지원 하에 군대가 구출작전에 인적·재원의 할당, 재건사업 계획의 이행, 민간인의 지원과 민간인의 행정의 복구에 대한 과업을 이끌어가야 한다. 인도적 원조는 장기적인 국가재건과 단기적인 긴급구조에 초점을 맞추어야 한다. 난민위기의 관리 정도는 인도적 개입의 유효성에 달려 있다. 북한 인접국들에 미칠 부작용을 최소화하기 위해서는 국경경비대 강화, 한국, 중국, 일본을 포함해서 북한 경계 내의 피난처 확보, 피난민 처우에 대한 국제적 규범에 엄격한 이행과 군부에서 민간인 권력으로 이양과 같은 조치를 취해야 한다. 북한에서 서울의 금강산, 개성 (나진-선봉 제외) 특별 경제구역의 경험은 큰 틀에서가 아니라 초기 시작 전술상 단계에서 북한경제 개방에 유용할 것이라고 분석된다.[110] 평양의 태도는 장기적으로 국가적 참여를 최소화하는 과제를 성공적으로 이행하는 데 있어서 개혁개방과 시장경제를 찬성하느냐에 달려 있다. 시장경제의 근거와 투명한 포용 유지는 북한이 시장경제 원칙과 효능을 배우는데 도움이 될 것이다.

북한에서 불안정한 사태가 전개될 때 중국은 무엇보다도 법과 질서유지, 사회 안정, 끊임 없는 경제성장의 중요한 목표를 달성하는 데 지장을 초래할 정도로 국경을 넘어 들어오는 대규모 북한 난민이 발생하는 것을 차단하려 할 것이다. 중국 인민 해방군(Chinese Peoples Liberation Army PLO)의 급변사태 계획이 암시하는 것은 만약에 필요할 시 중국군은 북한영토로 진입할 수 있다는 것이다. 중국인민해방군 연구자에 의하면, 급변사태계획은 북한에서 피난민도움이나 병마 제거, 일반경찰에 종사하는 평화유지군 작전과 중국과 북한 국경에서 발생할 수 있는 핵물질 오염과 핵무기와 분열성 원료의 확보와 같은 환경통제 방안의 3가지 가능한 임무를 포함하고 있다.[111] 중국 인민 해방군의 장성들은 북한 피난민을 방지함에 있어서 중국과 북한의 경계선을 막는 일은 866마일에 달하는 국경선을 통제해야 하므로 이는 매우 어려운 일이라 말하며, 북한 피난민들이 이 국경선을 통해 쉽게 침투할 수 있다는 점을 지적하고 있다. 베이징은 그들의 일방적인 평양의 개입은 일어나지 않을 것으로 보고 있으나 북한의 요구나, 대량 피난민의 유입과 같은 부작용의 결과를 통제할 수 없을 경우, 즉각적인 국제반응이 결여 될 때, 북한 내의 중국시민을 보호하고 인도적 도움을 제공하는 경우가 발생할 때 개입은 일어날 수 있다고 본다.[112] 서울과 워싱턴의 전문가 분석에 의하면, 베이징은 통일한국을 위한 노력의 일환으로 북한에 한·미 연합 개입을 두려

---

110) Marcus Noland, "Between Collapse and Revival: A Reinterpretation of the North Korean Economy," Peterson Institute for International Economics, March 2001, http://www.iie.com/publications/papers/paper.cfm?ResearchID=401.

111) Bonnie Glaser, Scott Snyder, and John Park, "Keeping and Eye on An Unruly Neighbor: Chinese Views of Economic Reform and Stability in North Korea," USIP Working Paper, United States Institute of Peace, January 3, 2008.

112) Drew Thompson and Carla Freeman, "Food Across the Border: China's Disaster Relief Operations and Potential Response to a North Korean Refugees Crisis," U.S.-Korea Institute, Johns Hopkins University, April, 2009.

워하고 있고 피난민 위기, 풀린 핵무기 확보, 사회질서 회복을 포함한 중국
의 국가이익을 보호하는 차원에서 간섭할 것으로 보고 있다.[113] 서울은 한·
미 연합 개입에 반하여, 베이징이 한반도의 북부가 역사적인 영토라고 주장
하면서 일방적으로 개입하는 것을 경고하고 있다. 앞으로 서울정부 정책결
정자들은 통일한국이 베이징정부에 두려운 국가가 아니고 중국국가 이익에
반하지 않는 국가로서 동북아의 안정과 평화 유지에 도움이 되리라는 점을
부각시키는 전략적 사고인식의 전환에 기초한 통일외교를 펼쳐 나가야 할
것이다.

　반면에 국제사회는 중국이 2010년부터 국제공동체의 책임 있는 G2 강
대국으로서 또는 유엔안전보장상임 이사국, 국제연합 난민고등판무관(國際
聯合 難民 高等 辦務 官 the United Nations High Commissioner for Refugees
UNHCR)과 세계식량계획(世界食糧計劃 World Food Programme WFP)을 통한 긍
정적인 베이징의 간섭을 기대하고 있다. 중국 전문가들은 북한의 불안정상
황이 전개되면, 유엔의 공동 작업을 통해 정식적인 위임 하에 간여하는 것
을 원칙으로 하고 있다. 베이징은 유엔 후원 하에 서울정부와 재통일을 협
상을 할 수 있는 대표통치권을 설립하는 것을 택할 것이다.[114]

　후(後) 급변사태 시 발전의 안정화 단계에서 선행되어야 할 3가지 방책
은 군비축소, 경제 재건과 사회통합이다. 최근 국제 분쟁 후 안정화 노력은
가장 적절하게 평양에 적용할 수 있는 교훈으로 간주된다. 로버트 조을릭크
(Robert Zoellick)는 안정을 확보하는 분쟁에서 평화로 전환하는 목표를 향한
안보와 성장을 동시에 추구하는 것이 최 우선순위라고 말한다.[115] 특히 이명
박 정부의 대북정책의 밑그림인 '비핵·개방·3000구상'과 이명박 대통령의
그랜드 바겐(Grand Bargain) 제안(이명박 대통령이 코리아 소사어티·아시아 소사어
티·미국 외교협회 등 3개 기관 공동주최 간담회에서 2009년 9월 21일 6자회담을 통

---

113) Timothy Savage, "Big Brother is Watching: China's Intentions in the DPRK," China Security, vol. 4, no. 4(Autumn 2008), pp. 53~57. http://www.chinasecurity.us/pdfs/CS12_7.pdf.

114) Glaser et al, 2008.

115) Robert Zoellick, "Fragile States: Securing Development," Survival, vol. 50, issue 6(December 2008).

해 북 핵 프로그램의 핵심 부분을 폐기하면서 동시에 평양에 확실한 안전보장을 제
공하고 국제지원을 본격화하는 일괄타결)이 국제적 북한의 탈 분쟁 재건축노력
에 큰 틀로 적용할 수 있겠다. 특히 이명박 대통령의 그랜드 바겐은 새로운
제안이 아니며 이미 1993년 1차 북 핵 위기당시와 1994년 10월 미·북 제네
바 협상에서 평양의 영변 핵시설을 동결·폐기하는 대가로 경수로 원전을
지어주고 식량 및 중유를 지원하여 급한 불을 끈 사례와 2005년 9월과 2007
년 2월에도 폐쇄→불능화→폐기 등 단계적 접근으로 핵 포기에 각각 합의
하고 역시 중유 등을 지원받은 바 있으나 2006년 10월과 2008년 5월 핵실험
을 한 바가 있다.[116] 북한은 도발→협상(제재 피하기)→핵 폐기 절차 일부
수용(경제적 대가 얻기)→더 큰 도발의 순환을 통해 핵 능력 향상이라는 패
턴(Pattern)을 유지하고 있다고 분석된다.

후 급변단계에서 중요한 안보 우선책은 국제체제하의 대량살상무기해
체, 재래식 무기 해체와 군용설비를 민간시설로의 전환과 군 인력의 선발과
재교육을 포함한다. 이 단계에서 북한군대의 무장해제와 통합은 군부가 큰
틀에서 국가재건을 후원하는 역할을 담당할 때 중요하다. 서울은 국제 사회
로부터 위의 임무를 수행하는 데 실질적인 원조와 참여가 필요하다. 아프카
니스탄의 평화유지 노력의 일환으로 시행한 유엔 개발 프로그램의 무장해
제, 군대의 해체와 재통합 개입은 북한에 적용할 수 있는 좋은 교훈이다.[117]
개개의 유엔 개발 프로그램의 무장해제, 군대의 해체와 재통합 프로그램은
분쟁의 원인, 평화의 성격, 국가의 능력과 안보의 성격을 포함한 내용에 따
라 차별화될 수 있다. 그러나 성공의 전제조건은 모든 이해관계자와 지속된
국제 지지로부터 강력한 정치적 의지와 책임을 포함하고 다국적 및 국제적
협력관계를 통한 합의이행에 달려 있다. 유엔개발 프로그램과 같은 북한 내
에 국제 전문 기구들은 기증자의 자금을 결집하고 관리하는 역할 및 무장해
체와 군대의 해체 또는 통합 과정을 통한 안정된 자금을 확보하는 역할을
해야 한다. 장기적인 안정을 위해서 무장해제와 군대의 해체와 재통합 개입

116) "北은 되돌릴 수 없는 '核포기 행동' 보여야," 조선일보(2009년 9월22일), p. A5.

117) UNDP, Practice Note: Disarmament, Demobilization and Reintegration of Ex-combatants, 2005, *http://www.undp.org/cpr/documents/ddr/DDR*_Practice_Note_English_PDF.pdf.

은 북한의 광활한 회복과 개발전략의 정황에서 서로 보완하는 경제, 정치, 사회 개혁을 전개해야 한다. 로버트 조을릭크(Robert Zoellick)는 점차적인 중앙과 지방 소유권과 공익사업의 인도를 포함한 효율적 통치를 장기적인 경제 개발로서 국가 정통성을 강조한 바 있다.[118] 법률상의 구조 체제는 공공안전을 지키고 국가재원의 낭비위험과 같은 부정부패를 최소화할 것이다. 이해와 발전능력을 상호 이해하는 데 기초한 안전과 개발 임무를 조정하는 것이 후 급변단계에서 꼭 필요한 것으로 분석된다.

후 급변사태 경제 협력은 물질적 내지 사회 기반시설(교통·통신망, 수도, 전기 따위 시설)투자에 대한 장기적 개발 원조에 초점을 두어야 하며 민간과 외국 활동 외에 국가 분야도 적극 관여해야 한다. 투자 의사결정은 기부자의 후원과 지역사회 중심 개발 프로그램과 중앙정부의 책임 체계를 통해서 지방정부와 중앙정부에 위임할 수 있다. 시장경제에 대한 북한의 이해를 증가시키는 일은 장기적인 목표로 남게 될 것이다. 한국의 대한무역진흥공사(Korea Trade Promotion Corporation 大韓貿易振興公社)나 한국수출입은행(韓國輸出入銀行 The Export-Import Bank of Korea)은 북한의 장기적인 개발을 지원해야 하며 상업대여금은 앞으로 계속 중요한 역할을 할 것이다. 동경과 평양과의 국교정상화가 진행될 때, 일본 식민지 상황금이 자금조달의 잠재적인 출처가 될 것이다. 세계은행과 아시아 개발은행과 같은 국제 금융기관의 북한에 대한 다각적 경제 약속은 비 정치화한 기술적 원조와 정책 자문을 제공하는 데 도움이 될 것으로 분석된다.[119]

6자회담 국가는 남북한 화해협력을 지역의 틀로 이전하면서 수송, 에너지, 다국적 문제에서 지역경제협조를 촉진할 수 있을 것이다. 저자는 2009년 한반도 통일론에서 밝힌 6자회담국의 중요임무를 3가지로 지적한 바 있다.

---

118) Zoellick's 10 priorities for securing development in fragile states include: (1) Build State Ligitimacy, (2) Provide security, (3) Build rule of law and legal order, (4) Bolster local and national ownership, (5) Ensure economic stability, (6) Pay attention to political economy, (7) Crowd in private sector, (8) Coordinate across institutions and actors, (9) Consider regional context, (10) Recognize long-term commitment.

119) *Future Multilateral Economic Cooperation with the Democratic People's Republic of Korea*, Conference Report, The Stanley Foundation, June 25 2005.

첫째 임무는 북한의 핵문제를 해결하는 것이고 그 다음 단계의 목표는 동북
아의 공동체를 수립하여 6자국의 공동이익을 추구함과 동시에 통일한국을
이루는 틀로 계속적 역할을 제시하고 있다. 단기적으로 이명박 정부의 '비
핵 · 개방 · 3000구상'과 이명박 대통령의 그랜드 바겐 제안은 무역, 교육, 금
융, 사회[경제] 기반시설과 공공공익사업의 5개 분야를 포함한 북한의 장기
적 경제재건의 포괄적인 틀을 제공할 것으로 분석된다.[120] 그러나 이명박 정
부의 대북 철벽정책으로 실현가능성은 찾아보기 어렵다.

　끝으로 체제붕괴 시나리오에서 다국적 행정부가 어떠한 권력을 가지고
항구적인 북한 체계가 수립할 때까지 통치하느냐를 결정하는 것이 중요하
다. 다국적 행정부의 선택은 남한의 행정부, 유엔체계와 다른 기구 등 유엔
후원 하의 다국적 행정부를 포함한다. 내부적 긴장은 자체 내에서나 국제법
률제도 안에서 평양통치 문제에 관하여 서울 내에서 생길 수 있다. 워싱턴
과 동경은 서울 정부를 지지할 수 있으나 베이징과 모스크바는 위의 해결책
에 다른 의견을 내세울 수도 있다. 유엔 주도 기구의 구조는 한국의 전문가
적 의견을 존중할 것이다. 통일한국의 궁극적 목표를 위해 서울은 분단관리
동안 통일된 주권국가를 선포한 독일의 법률적 전략을 활용할 수도 있다.
워싱턴은 이러한 접근을 지지할 것이며 베이징은 자국의 국가이익에 해를
끼칠 수 있다고 감지할 때 그러한 접근을 반대할 것이다. 그리고 장기적인
측면에서 국제정치는 평양의 후 급변사태에 대해서 상반된 이견을 초래할
것이다. 북한의 후 급변기에 중국과 계속된 포용책은 6자회담 틀에서 좀 더
큰 지역안보포럼으로 전환하는 것이 한반도 평화 체제수립과 한 · 미 동맹을
강화하는 차원에서 중요하다. 베이징은 북한 핵문제를 해결하는 6자회담의
주최국가로 또한 한국전의 휴전상태를 평화협정으로 대치하는 4자회담의 주
최국으로서 한반도 문제에 긍정적으로 공헌 할 수 있으나 좀 더 큰 틀의 지
역 안보 구조에 대해서 유보권을 가질 수도 있다. 베이징과 서울은 양국의
잠재적인 경제적 부담을 가져올 수 있는 평양의 급작스런 변화보다도 점차
적인 변화에 관심을 가지고 있고 통일문제나 한반도의 장기적인 통일문제와

120) Yoon Duk-min, "Vision 3000, Denuclearization and Openness: Tasks and Prospects," *East Asian Review*, vol. 20, no. 2(Summer 2008).

비전에 대해서는 다른 접근을 가지고 있다.[121] 서울은 궁극적인 국가의 목표를 통일로 보는 반면에, 베이징은 통일한국이 중국의 북동부의 영토를 주장하거나 중국을 견제하기 위해서 지역적 노력의 일환으로 워싱턴과 동경과 전략적으로 제휴하는 것을 두려워하고 있다. 많은 전문가들은 경제성장을 하는 서울과 워싱턴의 동맹 제도에 완충지대로서 평양에 대한 한반도에 관한 가장 좋은 중국 입장이 무엇인지 특히 최근 북한과 관련한 통일문제에 대해 질문하고 있다.[122] 그럼에도 불구하고, 중국분석가들은 진전된 미·중관계와 군사기술의 발전을 인용하면서 이런 견해를 무시하고 있다. 초기 단계에서 베이징과 서울은 장기적으로 부상할 수 있는 전통적인 안보 위협의 상승을 피할 수 있는 대화를 통해 상호 신뢰회복을 구축하는 것이 중요하다. 더군다나 북한 핵 폐기와 북한의 개혁과 성장에 최근 서울, 워싱턴과 베이징의 국가 이익이 집중되고 있다. 이러한 차이점을 관리하기 위해 북한 장래에 대한 3개국의 초기 대화 필요성이 강조되고 있다.[123]

북한에 대한 급변사태계획은 종합적이고 치밀한 전략과 공동의 목표를 기존의 방어에서 혁신적인 방법으로 전환하는 장기적인 과정이다. 초기 단계에서 북한의 급변사태 계획은 미국의 국방부와 정책 측면에서 현행 절차에 따라서 전개될 수 있다. 시작 단계에서 국방부 차관급과 안전보장이사회가 비공식적인 토론을 할 수 있다. 서울과 워싱턴정부 각 부처 내의 공동작업은 매우 어려우며 중간단계의 급변사태 동안 다각적인 문제와 행동을 관리하는 데 중요한 역할을 하게 된다. 후 급변사태시에 국제공동체는 잠재적인 유엔 결의안을 이끌기 위한 협의 이전을 촉진하는 한·미양국의 고위급 협조와 간섭의 결과를 합법화하는 데 중요한 역할을 할 것이다. 다시 말해서, 북한 급변사태계획은 얼어붙은 남북관계, 중국의 부상과 차단된 6자회담 핵 협상 및 북한 관련된 문제가 동북아 정치에서 관심을 이끄는 데 한·미 협동의 최근 우선분야에 속한다. 북한의 어떠한 시나리오의 결과는 외부

---

121) Timothy Savage, "Big Brother is Watching: China's Intentions in the DPRK," pp. 53~57, http://www.chinasecurity.us/pdfss/CS12_7.pdf.

122) "China debates its bond with North Korea," *Los Angeles Times,* (May 27, 2009).

123) "North Korea Contingency Planning and U.S.-ROK Cooperation," p. 16.

세력의 행동보다 대내적 세력의 역학이 시작단계에서 어떻게 전개되느냐에
달려있다. 평양의 최근 도발과 제재의 실패와 직접적인 서약에 비추어서 안
드레이 란코브(Andrei Lankov)는 북한사회를 포괄적인 문화, 교육과 경제 교
류를 통한 "파괴적인 서약"(Subversive Engagement)으로의 전환을 주장하고 있
다.[124] 반면에 서울정책 결정자들은 북한 내부의 경우보다도 북한 위기 상황
시 다른 강대국이 어떻게 대처하느냐를 더 우려하는 것 같다. 그렇지만
한·미가 이끄는 조정된 국제적 반응이 한반도에서 북한의 지도자 계승권과
지역안정에 잠정적인 대가를 자제할 수 있을 것이다. 북한의 불안정에 대한
효율적인 국제적 협조는 핵 위기의 해결과 큰 차원의 지역 안정문제를 긍정
적으로 바꿀 수 있을 것이다.

북한의 붕괴설은 하나의 이론으로 가능한 것이지 불가능하다고 보는 견
해도 있을 수 있다. 덧붙여 반드시 가능한 것은 아니기 때문에 불가능할 수
도 있다. 그러나 위에서 분석한 것과 같이 급변사태의 가능성이 농후하고
북한의 사회주의적 사이비 전체주의로 북한주민을 통제하는 시대에 뒤떨어
진 체제를 유지하는 한 냉전 말기에 있었던 소련과 동유럽의 경우처럼 국가
붕괴와 체제붕괴의 중간단계에서 붕괴 가능성은 상존한다고 분석된다.

이 붕괴론의 장점은 준비 없이 북한의 붕괴에 도달할 때와 준비 있게
대비책을 마련하여 모든 대안을 찾아 로드맵을 만드는 것과 차이가 크기 때
문에 서울과 워싱턴의 정책결정자들은 대비책을 준비하는 것은 당연한 처사
라고 보는 것이다. 두 번째 장점은 독일통일의 경우 냉전시대에 일어난 역
사적인 사건인 데 반해 통일한국의 경우는 탈냉전 내지 지식정보화 시대에
일어날 수 있는 역사적인 사건인 관계로 정부와 전문가들이 통일한국의 로
드맵을 만드는 차원에서 붕괴론을 좀 더 과학적이고 객관적으로 다룰 필요
가 있는 분야라는 것이다. 특히 튀니지, 리비아의 카다피 정권의 붕괴[125]와
이집트의 민주화 혁명 이후(북한과 이집트가 1963년 수교 이후 무바라크 대통령
이 축출된 후) 최근 북한 내에서 휴대전화와 소셜네트워크서비스(SNS: Social

124) Andrei Lankov, "The North Korean Paradox and the Subversive Truth," *Asian Outlook*,
(March 3, 2009), http://www.aei.org/pubID.29483/pub_detail.asp.

125) "독재자들의 말로와 북한," 한국일보(2011년 9월 2일), p. A20.

Networking Service)가 확산됨으로써 리비아와 같이 북한도 붕괴할 수 있는 무시할 수 없는 현실이다.[126] 마지막 장점은 대내적 대외적 요인에 의하여 급변사태의 가능성이 늘 일어날 수 있는 기적과 같은 환경에 있기 때문에 대비책을 마련하는 것은 국가전략상 꼭 필요한 분야라는 것이다. 통일한국은 기적같이 올 수 있다는 말은 예기치 않은 가운데 갑자기 올 수 있으므로 미리 대비하는 것이 정도이며 순리이다.

북한의 붕괴설의 단점은 일어나지 않은 북한붕괴에 대비하는 오류를 들 수 있다. 북한정권이 3대 세습을 이어가는 김일성·김정일·김정은 세습왕조 체제를 외부에서 너무 가볍게 보고 준비하는 점을 들 수 있겠다. 21세기 세계화 시대에 북한이 폐쇄적이고 고립화한 국가로서 핵무기를 빙자하여 체제를 유지하고 북한주민을 궁지에 몰아 지배층이 권력남용을 하는 현상을 외부에서 정확히 판단할 수 있느냐에 주목해야 한다. 두 번째 단점은 북한의 핵보유를 경시하여 한반도의 평화체제로 전환하는 문제를 뒤로 미루는 정책착시 현상을 가져오는 점이다. 한반도는 60년 한국전을 맞이하는 2012년 현재도 남북한은 분단관리에만 치중하고 휴전체제를 근본적인 평화체제로 전환하는 데 있어 진전을 이루지 못하고 있다. 즉 북한붕괴의 정책착시 현상에서 벗어나 현실적인 평화체제 문제를 신중하게 다루어야 한다. 마지막 단점은 막연한 붕괴론에 너무 집중하는 것은 남북한 관계 개선과, 동북아 국제질서 개편에 부정적인 영향을 미칠 수 있는 점이다.

결론적으로 위의 장점과 단점을 비교할 때, 장점이 단점보다 많은 비중을 차지하고 있다. 평양의 붕괴가 언제 일어날 수 있는가를 예측하기는 대단히 어렵지만 만일의 경우 이 사태가 국가붕괴나 체제붕괴 아니면 중간단계의 급변사태 전후로 일어날 경우를 대비하는 것이 통일한국으로 가는 과정을 단축하는 측면, 역사적 싸이클로 조용히 우리 곁을 찾아온 기회를 모른 채 외면하는 우를 피하는 차원, 한국이 주도해서 통일한국을 주변국가의 국가이익과 배치되지 않는 측면에서 중요하다고 분석할 수 있다. 2011년 12월 17일 김정일의 급작스런 사망 이후 체제 붕괴론과 관계없이 단기적으로

126) "北 '사회주의 붕괴는 청년들 정신 썩은 탓,' 상동(2011년 2월 16일), p. C7.

는 김정일이 준비한 3대 세습이 순조롭게 진행되고 있다. 그러나 2012년은 평양의 김정은 시대를 인정하면서 중장기적으로 일어날 수 있는 돌발 변수들을 유념하면서 한반도 평화와 안정에 초점을 두고 통일한국의 과제를 전략적 차원에서 추진해야 한다.

Ⅱ. **통합문제**(統合問題, Integration Issue)

통합은 통일(unification)보다 더 복잡한 문제이다. 통합에 관한 문헌들은 체제수립이나 정치단위의 출현과 발전에 대한 공조를 포함하게 된다. 카플란(M. Kaplan)과 하스(E. Hass)는 공동의 목적을 이루기 위하여 새로운 국가체제로의 행동과 태도의 이전이라는 관점에서 통합을 정의하였다. 파슨스(T. Parsons)와 스멜서(N. Smelser)는 체계의 서로 다른 부분들 사이의 조화라는 시각에서 통합을 바라보았다. 칼 도이치(Karl Deutsch)는 질서 있는 변화와 안전공동체(Security Community)로의 과정이라는 견지에서 통합을 강조하였다.[127]

통합에 관한 위의 정의들은 일반적으로 부분 간의 관계문제를 강조한다. 특히 통합이론은 하나의 새로운 국가와 하나의 정치체제나 정치단위가 나타나는 과정을 묘사하는 것으로 이해된다. 통합이론은 정치적 갈등을 조절하고 이해, 가치(돈, 지위, 권력 등)의 공통된 기준을 이용하여 분단한국이 새로운 협조적 공동체로 발전되어 갈 수 있음을 강조한다. '정치적 통합'이라는 말을 적용할 때 그것은 서울과 평양의 두 정부가 새로운 정치단위로서 단일한 정치체제를 수립하거나 발전시키고 모든 한국인이 조화로운 공동생활의 감각을 다시 얻게 되는 과정에 대해 언급하고 있는 것이다. 통합이 두 개의 현존국가와 조직들 간의 협조적 행동을 강조하는 반면, 정치통합은 국가와 조직들의 행동을 통합하는 데 초점을 둔다.[128] 중요한 점은 통일과 정

---

127) James A. Caporaso, *The Structure and Function of European Integration*(Pacific Palisades, California: Goodyear Publishing Company, 1974), pp. 4~5.

128) Jack C. Plano, Robert E. Riggs, and Helenan, *The Dictionary of Political Analysis*(Santa

치적 통합은 둘 다 두 개 이상의 분리된 단위를 하나로 만드는 과정에 초점이 맞추어진다는 것이다.

통합에 관한 세 가지 정의 가운데 도이치 교수의 말은 한국적 상황에 더욱 잘 맞는다고 할 수 있다. 도이치 교수에 따르면 통합이란 통합으로 인해서 국민 중에 '평화적 변화'의 기대를 '오랫동안' 확인할 만큼 충분히 강하고 충분히 만연된 습관과 제도, 공동체의식을 획득함을 의미한다.[129]

한국의 경우, 통합의 정의는 분단 이전의 상태로 돌아감이 아닌 새로운 가치창출 상태를 의미한다. 그 상태는 1910년 일본의 한일합병 이전이 아니고 새로운 시대에 맞는 상태가 될 것이다. 물론 그렇다고 왕습제도로의 귀환을 의미하는 것이 아니라 1945년부터 1991년 냉전시대(아날로그시대)를 거쳐 1991년 이후 탈냉전시대(디지털시대)에서 이루어지는 새로운 정치통합을 의미한다. 21세기 지식, 정보사회를 사는 오늘의 시점에서 복고적 통합은 이미 그 의미를 상실하였다. 남북한이 되돌아가야 할 '분단 이전의 상태'는 이미 역사적 과거가 되었다. 시대가 변하고 상황이 달라졌으며 세대가 바뀌고 가치관도 새로워진 상황이다. 다시 말해서 도이치 교수의 통합에 대한 정의는 앞으로 한국통합의 개념을 창출함을 의미한다. 이 통합은 소극적 차원의 단순한 '재통합'이 아니라 적극적 차원의 '새로운 통합'으로 세계적 보편성과 민족의 특수성을 반영하며 민족구성원 모두의 자유와 복지, 인간존엄성을 보장하고 인류공영에 이바지하는 민족공동체를 이루는 것이다.

정치적 통합이론은 네 가지 모델을 제공한다. 1) 연방제모델, 2) 기능주의모델, 3) 신기능주의모델, 4) 민중통일모델이 그것이다. 이상 4가지 모델 중에서 기능주의모델이 통합 개념 중에서 한국에 가장 중요한 모델이나 저자는 저자의 책 「1990년대 한국의 정치통일: 세계평화의 열쇠」에서 이상 4가지 모델을 설명했다.[130]

Barbara, California: ABC-CLIO, Inc., 1982), pp. 102~103.

129) Karl W. Deutsch and Others, *Political Community and the North Atlantic Area*(Princeton, New Jersey: Princeton University Press, 1960), p. 5.

130) Young Jeh Kim, *The Political Unification of Korea in the 1990's: Key to World Peace* (Lewiston, New York: The Edwin Mellon Press, 1989), pp. 21~28.

1. 연방제모델(Federation Model)

연방제모델은 조직적인 정치연합체를 수립하는 것을 목적으로 하고 있
다(예: Joseph Nye). 연방제란 권력이 지방정부와 중앙정부 사이에 분산되어
있는 정부체제를 의미한다.[131] 연방제정부는 적절한 권위의 영향력 내에서
공무원과 법을 통해 기능을 수행해 나간다.[132] 이 모델은 단일정치체제와 국
가연합체제 중간에 있는 체제로 중앙정부와 지방정부의 권력이 양면으로 소
통하는 것이다. 이 체제를 유지하는 나라는 미국, 오스트레일리아, 브라질,
캐나다, 독일, 인도 그리고 멕시코이다.[133] 미국의 경우, 연방제의 초기단계에
서 지방정부가 아닌 중앙정부가 외교문제를 책임지고 지방정부는 국내문제
를 전담한다. 연방제는 지방적 자긍심과 전통 그리고 힘의 유지라는 장점을
가지나 연방제가 정치지도자의 개인적 목적으로 사용될 경우에는 단점을 지
니게 된다.[134] 이와 같은 연방제의 본래의 의미와 달리 북한이 이것을 어떠
한 예비적 조건을 달아서 도입하였는가가 더욱 중요하다.

북한 연방제안의 마지막 단계는 다음의 세 가지 수준이 포함된 하나의
정치체제가 될 것이다. 즉 한 국가 내에서 모든 국민은 주거의 자유를 누리
고 단일헌법을 갖고 통합된 군사체제를 지니게 된다. 앞으로 이러한 체제는
대내외적 요인들을 재조정함으로써 새로운 단계로 이행해 나갈 수 있을 것
이다. 이것은 ① 남북한정부 수준에서의 합의, ② 민중 수준에서의 합의,
③ 국제 혹은 국가간 협의를 통한 합의 등의 방식으로 달성이 가능하다.

연방의 최소한의 조건은 지리적 근접 정도와 기능적인 이해(전체적인 정
치체제의 운영)가 일치해야 한다는 것이다. 앞으로 이 모델을 연구하는 학자

---

131) Joseph S. Nye, *Peace in Parts: Integration and Conflict in Regional Organization*(Boston: Little Brown Co. 1971), p. 25.

132) Jack C. Plano and Milton Greenberg, *The American Political Dictionary*, p. 36.

133) Bardes, Shelley, and Schmidt, *American Government and Politics Today: The Essentials (2006~2007 Edition)*(Belmont, CA: Thomson Wadsworth, 2006), pp. 79~84.

134) Bruce R. Sievers, "The Divided Nations: International Integration and International Identity Patterns in Germany, China, Vietnam, and Korea," in Jan F. Triska(ed.), *Communist Party States: Comparative and International Studies*(New York: Bobbs-Merrill, 1969), pp. 162~174.

들은 두 개의 상이한 체제가 모든 국민의 전체적 요구라는 공통된 맥락 하에서 하나의 정치공동체로 통합될 수 있으리라는 주장을 펴게 될 것이다. 앞으로 예상되는 수도는 서울과 평양 사이의 판문점이다. 판문점은 한국전 이후 기념비적인 비무장지대 내의 자연공원과 함께 이상적인 남북연방국가의 수도가 될 것이다. 이 신도시는 '비극에서 축복으로의 전환', '부활' 그리고 '유혈의 투쟁을 통일로 승화'시키는 전도시적 기념비가 될 것이다.[135] 그러나 북한은 의사표현의 자유가 없는 패쇄적인 사회이기 때문에 이러한 정치연합체를 건설한다는 가능성은 아직도 요원한 실정이다.

그러나 혹자는 연방제가 통일한국의 모델이 될 수 있는가라는 질문을 던질 수 있겠다. 여기에 대한 해답은 2005년 10월 6일에 한양대학교 지방자치연구소와 프래드릭 뉴우맨 재단이 코리아타임 후원 하에 열린 국제학술회에서 찾아볼 수 있겠다. 험볼트 상경대학과 법대 크리스틴 커시너(Christian Kirchner) 교수는 독일의 재통일과 유럽연합의 통합과정에서 독일의 연방제도를 약화시키고 유럽연합의 수직적인 권력을 분리시키는 연방제보다도 단일체제에 초점을 둠으로써 유럽연합이 정책결정을 실행하는 과정에서 독일 연방제에 거리를 두는 결과를 초래했다고 주장한 바 있다. 그는 독일의 재통일과정 중 중앙집권 수준에서 새로 만들어진 국가 수준으로의 수직적인 금융전환이 전자를 강화하는 관계로 앞으로 예상되는 통일한국이 독일통일의 과오를 피하는 차원에서 스위스제도의 예를 들면서 지역적 세금의 독립성을 가진 제도를 추천한 바 있다. 스위스의 켄톤(Cantons)은 발전된 한국과 후진성을 지닌 북한과의 세금제도의 다른 점을 해결할 수 있다고 피력한 바 있다.

반면에 스위스 쥬릿의 자유연구소 소장인 로버트 내이프(Robert Nef)는 자유적인 성향의 학자로 스위스의 연방제모델은 '복지화와 재분배주의의 인기적인 수사'로 인해 쇠퇴되어 가는 과정에서 지방분권의 장점이 있으며 작은 제도의 연방제모델에서 비교에 의한 새로운 배움을 가질 기회가 있다고 주장했다. 그는 단위가 작을수록 변화의 성공 가능성이 크고 큰 과오를 피

---

135) Young Jeh Kim, "The Future Alternative of South Korea's Unification Policy," *Korea and World Affairs*, vol. 6, no. 1(Spring 1982), pp. 150~152.

할 수 있다고 피력하고 있다.

　한국의 연방제모델에 관하여, 미국 시카고주립대학교 정치학 교수인 버나드 로웨인(Bernard Rowan)은 남한과 북한의 정치문화의 다른 점의 합의점을 찾는 차원에서 유교주의와 사회민주주의가 통일한국을 장려할 수 있는 일치된 합의점이라고 제시하고 있다. 미국의 연방제도에서 보듯이, 한국의 제반 상황의 전문가로서 로웨인 교수는 통일한국의 새로운 정부는 행정구역을 재구성하는 의회로 양원제를 추천하고 있다. 통일의 제안으로서 남한은 인구비례에 의존하고 북한은 주민조직의 대표와 정당을 포함하는 것을 추천하고 있다. 이러한 차이점이 미국 연방제의 중요한 이슈임을 상기시키면서 미국의 모델은 개인을 대표하는 지리적인 요건을 의회 선거구역에 반영하는 전자에 치중해야 한다고 역설하고 있다. 그는 남한과 북한의 새로이 탄생하는 도(道)들은 지역적인 다양한 이권을 중앙의회과정에 집중시킬 수 있다고 주장하고 있다. 반면에 이에 반대하는 학자들은 한국의 지정학적인 요건이 연방제와 거리가 멀고 역사적인 경험도 전무한 가운데 연방제가 이론적으로는 가능하지만 실제적인 차원에서 문제가 많다고 주장하고 위의 질문인 연방제가 한국의 모델이 될 수 있나의 해답은 "아니오"라고 말하고 있다.[136] 그러나 여러 학자들의 이론과는 달리 일반적인 통념과 착시현상에서 벗어나는 차원에서 버나드 로웨인의 주장을 한국에 적용할 여지는 충분이 있는 관계로 연방제가 한국의 모델이 되는 해답은 이 책에서 "예"라고 대답하고 대내적 통일대안으로서 미래지향적인 4장에서 자세히 분석하고자 한다.

2. 기능주의모델(Functionalist Model)

　기능주의모델은 체제유지에 주목하고 있다. 즉 어떤 정책을 체제운영에 이용하는지 그리고 그것이 어떻게 새로운 정치체계를 유지하는가에 주목하는 것이다. 기능주의 이론의 대표적 학자인 영국의 국제관계 이론가 미트라

---

136) Seo Dong-shin, "Can Federalism Be Model for Korea?," *The Korea Times*(October 7, 2005), p. 1. 또는 http://times,hankooki.com/page/nation/200510/kt200500718482611960.htm 참조.

니(David Mitrany)에 의하면, 평화를 유지하고 국제 간 경제협력을 증진하기 위한 방법으로서 기능주의 이론을 2차대전 전에 소개하였다. 그는 국제협력은 기능적 연관관계들에 의해 이루어져야 하며 이 국제협력은 "공동의 이해관계가 존재하는 분야에서, 그리고 이들이 공유되는 정도에 따라, 공동의 이해관계들을 묶어내는 것"이어야 한다고 주장한 바 있다.[137] 그는 민족국가의 이기적인 이해관계를 고려하면서 근대 권력정치에 특징적인 편협한 민족주의 사상을 극복할 수 있음을 내다보았다. 그는 좀더 나아가서 국가와 시민사회의 여러 요구, 특히 경제발전과 복지요구를 충족시킬 수 없는 점을 감안하여 국제협력의 필요성을 주장하면서 비정치적이며 기술적인 영역에서 통신·의료·범죄에 대한 공동대응, 원료에 대한 공동구입 등을 제시한 바 있다. 다시 말해서 그는 평화유지방식에 관하여 재래의 정치적 접근방법을 탈피하면서 비정치적 영역, 즉 경제적·사회적·기술적 그리고 인도적 분야에서의 활동을 강조함으로써 평화유지의 획기적 방향전환을 모색하고, 특정 국가 간의 기능적 활동과 협조를 위하여 일부분의 주권이전이 계속될 환경을 조성하고 일정기간의 사회활동과 경제·기술영역의 활동을 통해 새로운 정치권위의 모체로서 등장을 예측한 바 있다.

기능주의자들은 하나의 정치적 국가행위자를 창출해 내기 위해 포괄적인 접근법이나 점진적인 접근법을 이용한다. 그것은 국가행위자들의 각기 분리된 경제적·사회적·문화적인 특성으로부터 오는 긴밀한 협조에 대한 신뢰를 요구한다(예, Amitai Etzioni).[138] 한반도의 경우, 서울과 평양의 지도층들은 통일문제에 대해 각기 다른 접근법을 시도하였다. 후자는 우선적으로 큰 걸음을 내딛는 혹은 포괄적 접근(정치 → 사회·문화 → 군사 → 경제)을 주장하고 있는 반면에, 전자는 단순하고 쉬운 문제에서 복잡한 문제로 접근하는 단계적 또는 점진적 접근(사회·문화 → 경제 → 군사 → 정치)을 주장하고 있다. 서울과 평양의 간극을 줄이기 위해 혹자들은 남북한 정책결정자들이 경제적

---

137) David Mitrany, *A Working Peace System. An Argument for the Functional Development of International Organization*(London 1943), p. 32.

138) *Amitai Etzioni, Political Unification*(New York: Holt, Rhinehart and Winston, 1965), pp. 4~14.

인 문제에서 군사나 정치적인 문제로 이행하여 마침내는 사회·문화적 문제로 단계를 밟아 갈 것을 고려해야 한다고 주장할지도 모른다.

　이 새로운 질서를 창출하기 위한 합리적인 방안은 무엇인가를 조직이라는 측면에서 보면, 사회·문화와 정치제도가 추상적인 것으로 상부구조에 속하는 반면 경제·군사제도는 실제적인 요소로서 하부구조인 실질적인 토대에 속한다. 그리고 이 양자 사이에는 확실히 상호작용이 있게 된다. 일례로 한국지도자들이 수출증대에 합의를 이루었다면 그 결과로 국방비의 감소를 가져오며 이는 곧 한국문화의 동질성 회복에 좀더 도움이 될지 모른다. 그리고 이러한 과정을 통해 좀더 평화적인 통합을 이룰 수도 있을 것이다. 이처럼 하나의 국내적 문제는 또 다른 문제와 연계되어 있다.[139] 따라서 문제가 되는 것은 각기 다른 문제들을 해결하는 순서를 어떻게 합의하느냐 하는 것이다.

　문제들을 해결할 수 있는 것으로는 남북한지도자들이 북한의 금강산에 대한 대응으로 한국이 평화의 댐을 건설한 것처럼 '금강산공동개발', '판문점공동개발', '신의주와 부산을 연결하는 고속도로건설', '서해와 동해에서의 공동어로작업', '남북한 간의 물자교역' 등에서 협력하는 것이다. 이러한 협력적인 경제프로그램들은 김대중 정부 이후 노무현 정부에서 부분적으로 추진하는 사업으로 평화통일이라는 장기적 목표달성을 위한 단기적인 선택적 문제들이다. 남북한 간의 경제적 협력은 평화통일을 위한 강력한 정당성을 제공할 것이다. 이것은 유럽경제공동체(European Economic Community) 내의 프랑스와 독일 간의 경제협력과 유사한 패턴을 따르게 될지도 모른다. 유럽경제공동체는 프랑스가 100여 년 동안 독일과 적대적인 관계를 유지해왔으며 제2차 세계대전 이후의 경제협력이 정치적 협력을 이끌어내지는 못했지만 양국 간의 적대감을 해소시키는 데는 일익을 담당하였다. 따라서 유럽공동체의 역사적 경험이 두 한국에 있어서 모범적 모델로 이용될 수 있을지도 모른다. 그러나 2000년도 전까지 남북한 간에는 경제적 상호 교류가 없었다. 2000년 이후 김대중 정부 하에 경제적 교류협력사업으로 금강산관광사업, 개성공단개발사업 그리고 신의주경제특구사업을 통해서 서울과 평양 간의

139) An Byung Jun, *National Unification and Welfare Society in Korea*(Seoul, Korea: Korea Publishing Company, 1973), pp. 15~35.

관계를 증진시키는 방안을 추진하게 되었다. 현 이명박 정부 임기 초에는 남북한관계에서 다소 경제적 교류협력사업에 진전이 없다고 해도 북핵문제 해결과 자원외교의 실용주의 차원에서 점진적으로 이 방향으로 전개되리라고 예측된다. 이런 큰 방향의 남북관계는 과거 정권으로 돌아가 패턴을 찾아보는 데 중요한 의의가 있다.

1978년 8월 15일에 박정희 전 대통령은 북한지도층이 무력통일의 불가능성을 깨닫고 남북한회담을 재개해야 하며 남북경제협력을 무조건 수락해야 한다고 선언하였다.[140] 그러나 평양 측은 이 제안을 무시하였다. 1982년 1월 22일, 전두환 전 대통령의 통일민주공화국(UDRK)을 위한 제안의 틀 내에서 전(前) 통일원장관이었던 손재석은 1982년 2월 1일에 20개의 예비계획을 소개하였다. 그의 계획은 민족적 화해와 민주통일을 이루기 위한 완전한 계획안이었다. 호혜와 평등, 상호불가침, 내정불간섭을 위한 계획들 중에서 손장관은 복잡한 정치적 문제를 제외하고 경제교류와 협력에 강조점을 두었던 것으로 보인다.[141] 불행하게도 북한의 부주석이며 조국평화통일위원장인 김일은 "아무런 긍정적인 중요성이 담겨 있지 않다"라며 손장관의 계획뿐만 아니라 전두환 전 대통령의 제안도 거절하였다.[142] 늘 그렇듯이 그는 역시 6개항의 예비조건을 덧붙였다.

1984년 8월 22일 전대통령은 민족번영과 민족화합을 위한 자유교역과 무상원조를 평양에 제의하였다. 그는 기자회견에서 "만일 북한이 준비만 되어 있다면 무상으로 각계의 기술과 물자를 제공하여 북한동포의 생활을 증진시키는 데 실질적인 기여를 할 수 있는 기회를 마련하겠다"[143]고 발표하였다. 그의 제안은 북측의 경제를 증진시켜 전면적인 무력대결을 피하며 북한주민의 생활수준을 향상시키는 데 도움을 주려는 것이었다. 그러나 평양은 1984년 8월 27일자 로동신문을 통해 전 대통령의 제의를 거부하였다. 북한

---

140) 한국일보(1978년 8월 16일), p. 1.

141) *South-North Dialogue in Korea*(Seoul, Korea: International Cultural Society of Korea, 1981), pp. 69~72.

142) *The Korea Herald*(January 27, 1982), p. 1.

143) *Ibid.*(August 23, 1984), p. 1.

은 서울 측이 경제협력을 제의하기 이전에 위의 예비조건인 반공법을 폐지하고 주한미군을 철수시켜야 한다고 주장하였다.[144] 여기서 지적되는 패턴은 평양의 대남정책은 큰 변화가 없고 서울 역시 대북정책면에서 점진적·기능적 접근방법을 유지한다는 점이다.

새 정치체계를 유지하는 방법에 관하여 남북한은 협상전술이 필요할 것이다. 협상은 서울과 평양 간의 소규모적인 친선관계를 지속함과 동시에 상호인식에 있어 중요한 역할을 할 뿐만 아니라 한반도의 평화와 안정 그리고 새롭게 통일된 한국정치체제에 자발적으로 남북한정부가 순응하도록 하고 한반도의 평화와 안정에 관심이 있는 강대국들도 지속적으로 노력하게 하는 역할을 한다.[145] 여기서 협상의 최고 목표는 언젠가는 현실화할 통일한국의 순간에 남북한 간의 평화적인 환경을 유지하고 주변 4강으로 하여금 한민족 스스로의 결정을 존중하도록 하는, 또 존중할 수밖에 없는 우방과의 관계를 적절하게 유지함으로써 한민족의 통일에 대한 자결권을 존중하는 것이 주변 4강의 국익에도 도움이 되는 새로운 국제환경 내지 관계를 짜나가는 것이다.[146] 다시 말해서, 두 남북한은 세 가지 공통문제에서 협상전략을 이용할 수 있는 좋은 기회를 맞고 있다.

첫 번째 문제는 협상과정에서 양측이 적대행위나 평화 중의 하나를 선택하게 하는 것이다. 1970년대와는 달리 남북한은 1980년대에 들어 평화와 함께 '상호의존관계'라는 새로운 개념에 직면하였다. 예를 들어 냉전기간(1945~1970년) 동안은 한반도의 평화가 아시아 4대 강국에 의해 보장되었지만 서울에는 적대관계만 있을 뿐이었다. 그러나 남한은 데탕트기간(1970~1991년) 동안 외부영향력의 감소와 평화의 중요성이 대두하게 됨으로써 상호의존관계에 들어가게 되었다.[147]

144) *Ibid.*(August 28, 1984), p. 1.

145) Young Jeh Kim, *Roads for Korea Future Unification*, p. 48.

146) "한·미 21세기 전략동맹과 한·중 전략적 협력사이," 조선일보(2008년 5월 28일), p. A35.

147) Ki-tak Lee, "Structure of Korean Partition and Problems of National Integration," *Korea and World Affairs*, vol. 6, no. 2(Summer 1982), pp. 314~316.

남북한 협상과정에서의 두 번째 문제점은 휴전협정을 평화조약으로 대
처하는 방법을 포함하는 군사적 요인의 문제이다. 휴전협정은 1953년 미국,
북한, 중국의 야전사령관들에 의해 서명된 군사협정으로 장래에 평화조약으
로 대처하기 위한 일시적인 협정이었다. 협상과정에서의 핵심문제는 군사적
인 문제였는데, 즉 갈등의 회피와 장기간으로 지속된 긴장을 어떻게 완화시
킬 것인가 하는 문제라 할 수 있다. 전쟁재발의 방지를 위해 외교관들과 고
위군인들을 포함한 남북한의 협상가들은 범민족주의에 호소해야 하고 군사상
황관계나 군사적 접근에서 비폭력적인 범주에 우선권을 주어야 한다. 대다수
의 한국전문가들은 1950년의 한국전쟁에서 국외적 요인이 한국전쟁을 일으켰
고 한국의 당국자들은 전쟁결정과정에서 제외되었다고 주장한다. 그러나 앞으
로는 전쟁에서의 죄과나 책임은 한국인 자신들에게 돌아가야 한다. 이러한 맥
락에서 양국 간의 상호의존 개념은 1980년대의 협상과정에서 지배적인 주제
로 나타나게 된다. 남북 간의 내전방지는 범한민족주의라는 이름 하에 즉각적
이고 단기적인 협상목표가 되어야 한다. 단기적인 목표를 이루기 위해 협상가
와 정책결정자들은 휴전협정을 대처하기 위한 폭력적인 수단을 피하고 평화
적인 수단을 받아들이게 될 때 휴전협정은 그 중요성을 잃고 평화협정으로
대체될 것이다.[148] 또한 근래에 북한의 핵문제를 해결하는 과정에서 미국의 부
시 대통령이나 오바마 대통령은 북한이 핵무기를 포기하는 경우 휴전협정을
평화협정으로 전환하면서 북·미 관계수교도 협상테이블에 올려놓고 있는 실
정이다. 이 문제는 실제적인 문제를 다룰 때 자세히 분석하고자 한다.

세 번째는 화해문제이다. 화해의 개념은 상이한 정치체계 간의 협상을
통해 공동목표 하에서 각 체계의 상호가치를 수락함으로써 그 목표가 달성
될 수 있다는 협상의 원칙에서 나온 것이다. 북한은 1971년부터(적십자회담의
시작단계) 1980년 10월에 열린 제6차 노동당대회에서 고려민주연방제를 제
안할 때까지 화해의 방법을 시도해왔다.[149] 평양은 서울의 개방된 사회에 침
투하기 위해서는 이 방법을 사용하는 것이 유리할 것이라고 판단한 것 같
다. 서울측이 1970년대의 남북대화과정에서 평양의 패쇄사회에 '자유화(황색)

---

148) *Ibid.,* pp. 316~317.

149) *The Korea Herald*(November 24, 1981), p. 5.

바람'을 일으키기 위해 사용한 화해의 방식은 북한의 남한사회에의 침투상
황보다는 덜 유리한 것이었다. 처음에는 평양 측에서도 남북 간의 화해방식
을 동등하게 인정하려 했으나 그들은 북한 내의 '자유화바람'을 막기 위해
대화를 중단시켰다. 이러한 점에서 보면 화해의 정치적 양상은 남북 간의
상이한 정치체계 때문에 운용되지 않고 있다고도 주장할 수 있다.[150] 그러나
김대중 정부에 들어서 6.15공동선언 이후 화해문제는 다시 시동을 걸어 현
재까지 진행중에 있으나 북한은 아직도 제한된 화해방식을 취하면서 '자유
화바람'을 막으며 제한된 개방정책을 취하고 있다고 분석된다. 2008년 12월
1일 전후로 금강산관광과 개성관광 폐쇄가 좋은 예이다. 이 문제 역시 실제
적인 차원에서 자세히 분석하고자 한다.

　　따라서 기능주의모델은 장점과 단점을 모두 갖고 있다. 여기서 나타나
는 장점은 두 개의 남북한이 대등한 파트너로서 교섭한다는 것이다. 이론적
으로 볼 때 북한은 모스크바 지도층이 워싱턴 지도층과 정상회담을 갖는다
고 생각한다면, 남북한은 협상에 들어가게 될지도 모른다. 그러나 1988년까
지도 워싱턴과 모스크바의 지도자들은 여전히 공격적인 자세를 취하고 있
다. 두 번째 장점은 남북한이 대등한 파트너로서 교섭을 하게 되면 한국에
서 유일한 통치국가로 남기 위한 북한의 주장은 약화된다는 것이다.[151] 그러
나 북한이 제5공화국을 대체할 친평양정권을 서울에 수립해야 한다는 그들
의 요구를 철회하지 않는 한 서울 측은 협상에 임하지 않는다는 것이다. 만
약 이 모델을 한반도에 적용할 경우 긍정적인 결과를 예측하기는 어렵다.
왜냐하면 북한 측이 미군철수 및 평양과 워싱턴 간의 직접적인 평화협정을
요구하고 있기 때문이다.[152]

　　위의 기능주의 분석은 주로 단계적이고 절차론적 차원으로 한반도통일
문제와 관련한 통합이론에서 1970년부터 기본적인 틀을 이루고 있는 점이
다. 미래의 통합을 이루는 데 남북한 사이에 본질적으로 합의하기 어려운

---

150) 이기택, 앞의 논문, pp. 317~318.

151) 이찬구, 앞의 책, pp. 259~261.

152) *A White Paper on South-North Dialogue in Korea*(Seoul, Korea: National Unification Board, 1982), pp. 253~255.

정치적인 부분은 제외하고 비정치적인 경제적·사회적·기술적 차원에서 시작하여 종국적으로 통일한국을 달성하는 데 역점을 두었다고 분석된다. 특히 제5공화국의 '민족화합민주통일방안', 제6공화국의 '한민족공동체방안', 문민정부의 '민족공동체방안', 국민정부의 '햇볕정책'과 노무현 정부의 '햇볕 정책 계승'이 기능주의적 통합이론에 기초하고 있다. 그러나 이 기능주의모델도 3가지 단점을 가지고 있다. 첫 번째 단점은 목표설정이 막연하고 기능적 통합이 정치적 통합이라는 완전한 통합으로 나가지 못하고 도중에 좌절될 수도 있고 부분적·기능적 통합에 그칠 수 있는 점이다. 두 번째 단점은 아무리 비정치적 교류가 확대되어도 정치지도자의 통합의지가 상반되지 않을 경우 통합의 성공률은 희박하다는 점이다. 마지막 단점은 기능주의모델 접근방법은 한반도 분단을 장기화 내지 고착화할 가능성 때문에 비능률적이고 보수적이라는 비판도 피하기 어려운 점이 있다.[153]

이러한 기능주의의 장·단점을 감안할 때 2010년 3월 평양의 천안함 침몰사건은 한반도 평화와 동북아 평화와 안정에 전쟁의 위험수위 측면과 6.15공동선언에서 발표한 평화구축 측면에서 심각한 부정적 영향을 끼쳤다. 이명박 정부는 민·군 합동조사단의 조사결과에 따라 5월 24일 단호한 남북 경제교류 협력차단과 대북심리전활동 재개를 발표했다. 이에 대해 평양은 서울이 대북심리전활동을 재개할 시 북한은 서울을 불바다로 만들 수 있다는 위협을 가했다. 이러한 위기상황에서 서울은 대북 심리전활동을 당분간 보류하여 평양과 정면충돌을 피하고 대화와 타협의지를 보인 것은 현명한 조치이다.[154] 2010년 11월 G20 정상회의의 성공적인 개최를 위해, 한반도와 동북아의 평화와 안정을 위해 기능적인 측면에서 타당한 조치라고 분석된다. 다시 말해서 천안함 사건의 출구전략에서 남북한은 물론 6자회담국도 큰 틀에서 북핵 문제에 대한 근본적인 해결과 동북아의 안정차원에서, 천안함 사건 해결의 강경책을 새로운 공동 전략으로 모색하는 차원으로 북핵문제와 천안함 사건을 분리하면서 인정하는 자세가 필요하다.

---

153) 통일·남북관계의 기본개념, 통일·남북관계 사전: 도서자료. 또는 http://uniedu.go.kr/dataroom/book14_1_6.htm 참조.

154) "천안함 사건 이후 한반도위기 해법," 한국일보(2010년 6월 29일), p. A20.

이 책에서 앞으로 지적하겠지만 중국이 북한 경제지원의 대가로 받고 있는 북한 자원의 선점은 장기적인 차원에서 서울 정부는 인식을 전환함과 동시에 큰 그림(통일한국)을 그리면서 남북한의 교류협력을 재개하고 천안함 사건을 역으로 활용하는 통일전략외교가 시급한 상황이다. 북한 역시 북핵 문제와 천안함 사건의 진실을 알리면서 3대 세습 계승문제의 한계성을 인식 하면서 큰 틀에서 한반도 평화, 안정문제와 통일한국의 목표를 향한 평화공 존의 틀을 유지하고 남북한 교류·협력을 확대하면서 급변사태 준비를 넘어 통일전략외교에 동참하는 자세가 필요한 시기이다. 평양도 기능적 측면에서 서울과의 대결 국면에서 벗어나기 위한 '출구 전략'(Exit Strategy)을 찾을 가 능성이 있다고 미국 시사주간지 뉴스위크(Newsweek)가 2010년 6월 26일 인 터넷판에서 미국 국무부 출신인 대북 관계 전문가인 케네스 퀴노네스 (Kenneth Quinones)의 분석을 인용한 바 있다. 퀴노네스는 평양이 서울 비난 성명을 '톤다운'하고 최근 해군사령관이던 김인철 인민무력부 제 1 부부장을 해임한 것은 우연이 아니고 천안함 사건에 대한 책임 인정의 첫 조치였다면 서 북한이 1996년 잠수함 침투 사건당시 사과를 거부하다가 외무성과 온건 파들이 군부 강경파를 설득해 3개월 만에 공식 사과를 한 사례를 들면서 '비슷한 역학'이 현재 작동중이라고 분석한 바 있다. 그는 좀더 나아가 평양 이 공식 입장을 바꾼 것은 아니며 천안함 사건에 대처하는 과정에서 우위 점유보다 수동적 반응과 협상재개의 가능성을 유지하려는 출구전략을 모색 하고 있다고 지적한 바 있다. 위 잡지의 마크 호스볼 기자는 평양이 서울과 의 모든 관계를 단절하겠다고 발표한 것은 서울이 발표한 성명에 대처한 것 이고, 이명박 정부 임기중에는 더 이상 협상을 하지 않겠다는 평양의 성명 은 베이징 측에 사건에 개입하여 중재자 역할을 하라고 촉구하는 메시지이 며, 평양의 위협적 언사는 그들의 실제적 군사도발의 물리적 증거 특히, 평 양이 서울에 심각한 타격을 주기에 충분할 만큼의 포탄을 전방의 장사포에 장전해 놓고 있지만 확전을 야기할 위험이 있는 포사격을 감행할 준비를 한 징후는 없다고 미국안보부처 당국자들을 인용하면서 분석했다.[155] 앞으로 평

155) "北, 천안함 사건 출구전략 모색"<뉴스위크>(종합) (2010년 5월 27일) http://www.yonhapnews. co.kr/issues/2010/05/27/1202380000AKR20100527208100009.HTML

양도 베이징의 자원외교를 장기적인 한민족의 통일한국건설차원에서 재검토
하면서 한반도 평화 정착과 안정을 위해서 남북교류협력활성화에 초점을 맞
추면서 북한식 평화 통일 외교전략를 제시해야 한다.

3. 신기능주의모델(Neo-Functional Model)

　　신기능주의모델은 기존의 협조적 행위나 움직임을 분석함으로써 서울과
평양의 실질적 통합을 가능케 하는 의사결정론적 접근을 목표로 한 것이다
(예: 리온 린드버그, Leon Lindberg).[156] 신기능주의 이론의 대표적 학자는 하스
(Ernst B. Haas)로 정치적 연관성이 결여된 기술적 활동이나 협동에 의한 방
식을 선택하는 대신, 의도적으로 정치적으로 중시되는 영역을 택하여 이것
을 통합의 기술진이 계획할 수 있도록 환경을 조성하는 것을 주장하고 있
다. 그는 1958년 이후 미국이 냉전이데올로기로서의 역할을 수행하면서 10
년 넘게 유럽통합을 설명하는 기초이론으로 공헌했으며 유럽공동체(European
Community)가 유럽연합(European Union)으로 발전하는 1990년대에 다시 재조
명을 받은 이론이다. 이 결과는 초국가적 조절의 정착과 확산을 '파급효과
(Spillover)론'에 접목시켜 이 확산이 언젠가는 정치적 통합을 가져온다고 보
는 기대치였다.[157] 기능주의모델에서 기능적 요구가 생겨난 후 이에 따라 제
도와 기구가 생겨난다는 논리와 달리, 부분적 통합의 확장논리를 통해서 연
속적인 통합에 이를 수 있는 제도와 기구를 구상하는 점이다. 전자는 정치
적 간섭을 회피하는 방법에 의존하는 반면, 후자는 의식적인 정치적 결단의
필요성에 역점을 두고 있다.
　　신기능주의이론은 의도되지 않은 결과나 분리된 두 단위의 의도적인 연
대행위로부터 통합에 도달할 수 있다는 것을 전제로 하고 있다.[158] 남북한의

---

156) Leon N. Lindberg, *The Political Dynamics of European Economic Integration*(Stanford,
California: Stanford University Press, 1963), p. 6.

157) 김승렬, "유럽통합 초기(1945-1957)에 있어서 '기능주의(functionalism)에 대한 논쟁," pp.
1~3. 참조 또는 http://www.keusa.or.kr/europe/Document/2000-1/seung-Ryeol%20kim,pdf.

158) Jack C. Plano, Robert E. Riggs, and Helenan S. Robin, *The Dictionary of Political Affairs*,

협조는 1971년의 적십자회담에서부터 비롯되었다. 1971년 8월 12일, 한국적
십자사 대표인 최두선 박사는 1950년의 한국전으로 인해 발생한 남북이산가
족문제의 해결을 위해(인도주의적 관점에서) 북한적십자사 중앙위원회 의장인
손성필에게 건의했고 손의장은 평양방송을 통해 이 제의를 수락했다.[159] 1972
년 7월 4일에 서울지도자들은 평화통일문제를 보다 광범위하게 논의하기 위
해 남북한연석회담(정치적으로 남북한공동의회의 성격을 띤)을 주장했다. 표면적
인 협조행위로서의 이 두 대화채널은 소규모 화해라는 구조 하의 통합적 결
과를 가져올 것처럼 보였다. 대화 진행과정중에 북한은 동의된 안건을 무시
하고 관련되지 않은 부분에 용납하기 힘든 판단기준이나 규칙들을 강요하며
타협의 선제조건을 무리하게 고집함으로써 비협조적인 태도를 드러냈다.

　　남한 측이 경제와 사회·문화적 측면에서 실질적 교환과 협동을 통해
문제의 점진적 해결을 도모하려고 했던 반면에, 북한 측은 인도주의적 차원
과 정치적 차원 모두에서의 문제해결을 위해 '일괄타결안'을 고집하고 나섬
으로써 또다시 비협조적인 행동을 취했다.[160] 예를 들어, 서울의 지도자들은
남북한의 상이한 정치체계와 상관없이 남북이산가족들이 서신교환과 회동,
방문 그리고 서로 재회할 수 있도록 하는 인도주의적 방식의 수행에 관심을
가졌는데, 이는 쉬운 문제부터 해결하려는 의도에서였다. 추석성묘방문과 같
은 남한 측의 과감한 제안은 그 적절한 예가 될 수 있다. 그와 반대로 평양
지도자들은 "주제의 본질을 감추기 위해 중요하지 않은 문제를 제안한다"며
남한 측의 제의를 거절했다.[161] 북한 측의 현실과 관련지어 볼 때 그들의 주장
은 설득력이 없다. 북한은 남한처럼 추석을 경축하지 않는다. 1969년 5월에
김일성은 추석이 한국봉건주의의 마지막 유물이라며 공휴일에서 제외시켰다.
사실 추석의 폐지는 식량과 의복의 부족 그리고 경제계획수행과정에서 시간을
낭비하지 않으려는 사회·경제적 의도가 바탕에 깔린 것으로 볼 수 있다.[162]

---

　　pp. 103, 149.

159) *A White Paper on South-North Dialogue in Korea*, pp. 63~64.

160) *Ibid.*, pp. 195~219.

161) 한국일보(1983년 9월 22일), p. 2.

162) 상동, p. 2.

그러나 북한주민들은 평양정권 아래서도 조상숭배의 의식을 찾고자 노력하고 있다. 더 늦기 전에 한국인들은 추석을 함께 지내는 문제의 합의달성에 힘써야 한다. 그렇지 않으면 평양의 정책결정자들은 한국의 전통문화를 폐지하든지 아니면 제거해 버릴 것이다. 간단히 말해서, 남북한은 1970년대 초에 워싱턴과 베이징의 화해무드를 타고 적십자회담과 남북조절위원회의 실무급회담을 가져 표면적이나마 비의도적 협조행위를 경험했었다. 그 진행과정과 접근방식에서 북한 측은 서울과 평양 간의 대화를 중단시키는 비협조적인 태도를 보였다. 서로 다른 가치우선순위와 상이한 의사결정모델의 적용 때문에 신기능주의모델은 단순한 해결책이라기보다는 더욱 복잡한 양상을 내포하게 되었다.

이러한 과정을 거쳐 신기능주의모델에서 주장하는 의식적인 정치적 결단의 필요성에 의하여, 국민의 정부(1988~2003년) 하 2000년 6.15 남북한정상회담은 전통적인 기능주의적 틀에서 신기능주의모델로 옮아가는 과정에서 발생한 대사건으로 분석이 된다. 왜냐하면 정경분리원칙 하에서 추진된 민간영역의 경제교류와 협력정책에 신기능주의적 발상인 정치가 가세하면서 이루어진 사건이기 때문이다. 반면에 신기능주의 하에서 이루어진 6.15 남북공동선언 채택 이후 발생한 단점은 '남남갈등'이라는 이념적 대립과 국민적 합의 또는 민주적 절차의 결여로 생긴 정치적 행위와 현행법과의 충돌가능성이 현존한다는 점이다.

이러한 신기능주의모델은 2007년 4월 2일 한·미자유무역협정(Free Trade Agreement) 협상타결에서 한국과 미국만의 문제가 아니라 한국과 인접한 중국과 일본도 신개방시대를 예의 주시하고 있다는 점에서 주목할 만하다. 미국은 한·미 FTA를 통해 정치·군사적 측면에 치우쳐 있던 한·미동맹이 경제동맹으로 확대되면서 한국과 함께 정치·경제적으로 중국에 공동 대응할 수 있게 된 것이다. 미 기업연구소(AEI)의 클로드 바필드(Barfield) 수석연구원에 의하면, "한·미 FTA는 양국 간의 경제적 교류증진보다 더 큰 효과를 가져올 것"이라고 진단하면서 위의 FTA의 경제적 효율성이 외교·안보 등으로 파급효과(spillover)가 확산된다고 분석하고 있다.

다시 말해서 하스의 신기능주의모델이 2007년 이후 KORUS FTA 신개방시대에 유효적절하게 작용함을 증명한다고 볼 수 있다.[163] 소위 신기능주의모델의 회의론은 실제적 측면에서 자세히 다루고자 한다. 앞으로 전개되는 미래의 동북아에서 한반도를 중심으로 신기능주의가 많은 역할을 할 것으로 기대된다. 이유는 우선 21세기 정보화 사회에서 과거에 의뢰하여 사용해 왔던 기능주의보다 신기능주의가 기존의 협조적 행위나 움직임을 분석하고 있다는 측면, 다음으로 정치적으로 중시되는 영역을 택하여 통합의 기술진이 계획할 수 있도록 환경을 조성하고, 마지막으로 부분적 통합의 확장논리를 통해서 연속적인 통합을 이룰 수 있는 제도와 기구는 구상과 의도되지 않은 결과나 분리된 두 단위의 의도적인 연대행위로부터 통합에 도달할 수 있다는 것을 전제로 하고 있기 때문이다. 이 신기능주의가 큰 틀에서는 통합이론 작게는 새로운 다른 모델인 전자모바일통일 모델에 연계하는 역할을 할 것으로 기대된다.

4. 전자모바일통일 모델(Electric Mobile Unification Model)

전자모바일통일 모델은 탈 냉전시대에 정보화·세계화 및 자유무역 개방시대가 급진전하는 국제사회와 동북아 내지 한반도도 본질적으로 신기능적 변화를 경험하는 것을 전제로 하고 있다. 전자모바일통일이란 한마디로 "남북한이 웹(Web은 월드 와이드 웹(World Wide Web)의 준말로 원래는 거미줄을 뜻한다)과 앱(App은 iPad에는 지금까지 보거나 대해본 적이 없는 앱이 모두 모여있고 모든 카테고리의 앱을 App Store에서 만날 수 있으며, 그 수는 오늘도 계속해서 늘어나고 있음)[164]을 통하여 하나의 사이버공간으로 통합되고 난 후 다시 현실세계로 통합되는 과정"을 의미한다. 자세히 풀어본다면, 남북한 7천만 국민이 "디지털기기를 활용한 인터넷 웹과 모바일 앱을 중심으로 한 의사소통의 공간" 속에서 정보를 공유함으로써 하나의 집합체(통합)를 형성하는 것을 말

---

163) "美는 경제동맹 이득, 中은 對美 우회수출 기회, 日은 …," 조선일보(2007년 4월 6일), p. A5.

164) "iPad를 위한 90,000가지 이상의 앱, 일할 때, 놀때, 또 그 외의 모든 시간을 위해," Apple-ipad-app store로부터 http://www.apple.com/kr/ipad/from-the-app-store/ 참조.

한다. 80년대는 개인용 컴퓨터(Personal Computer)가, 90년대에는 인터넷(Internet)이 기업 경영에 큰 혁명을 불러 일으켰듯이 2011년 이후 10년에는 PC와 인터넷이 융합하면서 모바일 애플리케이션(앱)인 스마트폰이 지리적 장벽을 없애면서 새로운 혁신을 불러오고 있다.[165] 소위 스마트혁명(Smart Revolution)은 PC · 스마트폰 · 스마트TV가 서로 자유롭게 연동되고, 고객이 클라우드 컴퓨팅(IT지원 대여서비스)을 통해 IT기기 간 장벽이 사라지면서 통신 · 음악 · 영상 등을 자유롭게 즐기는 변화된 환경을 의미한다.[166] 여기서 신기능 모델의 통합부분과 시나리오 플래닝을 활용하는 것이다. 이때 형성되어진 집합체(통합)는 현실공동체(Real Community)가 아니고 가상공동체(Cyber Community)이다. 가상공동체는 구성원 간의 상호작용이 인터넷을 통하여 이루어지고, 공동의 유대는 인터넷상에서 상호작용의 결과로 나타나는 것이다. 남북한 국민들이 웹과 앱을 통해 가상공간에서 상호 작용하고, 누구의 간섭이나 통제 없이, 스스로 변화하고 주변환경에 적응해 나가는 것이라고 할 수 있다.

인터넷의 위력은 2008년 6월 10일 서울과 전국 각지의 촛불시위 과정에서 미국쇠고기반대 여론을 인터넷 다음 토론장 '아고라'(http://agora.media.daum.net/)와 인터넷동호회 중심 디씨인사이드(http://dcinside.com/)가 중심이 되어 현실화시킨 것으로 확인되었다. 서울에서 수만 명의 집회참가자들이 항의표시로 광화문에서 시청 앞까지 10차선 대로를 해방구로 조성하였다. 경찰은 갑호비상령 아래 청와대로 가는 대로마다 컨테이너 60개를 용접해 쌓아 바리케이트을 침으로써 세계언론을 통해 대한민국 수도 서울에서 혁명 내지 변란이 일어났다고 생각하게 만들었다. 이명박 정부가 들어선 107일만에 일어난 이 사건의 큰 책임은 정부에 있다고 분석된다. 발단은 국민이 먹거리를 민감하게 생각하는 것을 이해하지 못한 채 쇠고기수입을 한 · 미정상회담의 윤활유(潤滑油)로 삼아버린 것이 원천적인 잘못이었다. 둘째로 국민 대다수의 도덕적 수준을 무시한 채 자기편이라고 생각되는 사람으로 청와대와 내각을 채운 잘못된 인사행정에서 국민의 마음이 떠난 점을 디지털시대의 네티즌이

---

165) "모바일 빅뱅이 기업 비즈니스 혁신 몰고올 것," 조선일보(2010년 11월 12일), p. C2.

166) "스마트혁명, IT기기 간 장벽이 사라진다," 상동(2010년 11월 9일), p. A31.

인터넷을 통해서 촛불로 항의를 보여준 위력이라고 평가된다.[167] 또한 인터넷을 통한 촛불집회가 거둔 성과는 민의를 순수한 입장에서 대변하여 '이루기 어려운 일을 이루게 한 점, 정부의 검역주권 회복과 미국 내수·수출용 쇠고기 간의 SRM(특정위험물질) 동등성을 확보하는 추가협상을 이끌어 낸 점, 그리고 반드시 확보했어야 할 세이프가드(긴급수입제한조치) 발동권한을 뒤늦게나마 찾아온 점이다.[168] 소위 2008년 촛불집회 찬성자와 반대자들의 인터넷 이용 실태가 다른 점이 2009년 8월 만 15세 이상 1,232명을 조사한 '서울시민 매체이용 실태조사'에서 나타났다. 찬성자들은 인터넷에서 정보를 찾아 다른 사람들과 나누고 반대자들은 전통 매체에서 얻은 정보를 온라인 상에서 공유하였다. 신문 열독시간 및 인터넷 이용시간(하루 평균 기준)에서 전자는 신문에서 10분 인터넷에서 80분, 후자는 신문에서 20분 인터넷에서 40분으로 나타나고 있다.[169] 특이한 점은 전자가 인터넷상에서 정보를 찾고 그것을 다른 사람들과 나누면서 소셜네트워크서비스(SNS-Social Networking Service)로 연결되어 수백만명이 다양한 분야에서 '관계'의 소통이 쌍방향을 넘어 역방향 전달도 가능하여, 실제 정치의 분야인 통일 정책분야에 반영하는 것이 멀지 않다는 점이다. 방송통신위원회와 한국인터넷진흥원이 2010년 5월 발표한 '2010년 인터넷 이용 실태조사'에 따르면, 한국 전체인구의 인터넷 이용률은 77.8%(약 3,701 만명)로 이 중 65.7%(2,431만 5,000명)가 블로그 및 인터넷 카페, 미니홈피 등의 형태로 소셜네트워크서비스(SNS)를 사용하고 있다.[170] 반면에 국가의 존망이 걸린 사안을 디지털 인기영합주의 또는 포퓰리즘(Populism)에서 해결하는 것은 단점으로 지적된다.[171]

이 모델에서 중요시하는 점은 위에서 보여준 인터넷의 위력을 통일한국의 여론수렴과정에 활용하여 남북한과 세계 각국에 살고 있는 한민족의 통

---

167) "촛불집회 인터넷 토론방끼리 '舌戰'," 상동(2008년 6월 11일), p. A12.

168) "쇠고기 '포퓰리즘'에 푹 빠진 대한민국," 상동(2008년 6월 12일), p. A25.

169) "여론 갈라놓았던 촛불집회 … 찬성자들과 반대자들 인터넷 이용 실태가 달랐다," 상동 (2010년 10월 21일), p. A8.

170) "SNS가 세상을 바꾼다 <1> 새로운 열린 사회로," 한국일보(2011년 1월 4일), p. C6.

171) "촛불집회는 위대하지만 끔찍한 디지털 포퓰리즘," 조선일보(2008년 6월 12일), p. A6.

일여론을 디지털시대에 맞게 수렴하여 이루는 과정을 제시하는 것이다. 현재까지 정치·군사적 측면으로만 통일연구가 이루어져 왔다. 그러나 정보화사회를 맞이하여 이제는 인터넷상, 즉 사이버상과 스마트 혁명에서도 통일연구가 이루어져야 한다는 논리이다.

미래는 늘 불확실하여 어떻게든 이 불확실성을 최소화해 보다 옳은 의사결정을 내려야 한다. 디지털시대에 미래를 예측하고 대응하는 방법에는 크게 두 가지가 있다. 하나는 말 그대로 '미래예측'(Forecast)이고 다른 하나는 '시나리오 플래닝'(Scenario Planning)이다. 전자가 '하나의 미래상'만을 그려준다면, 후자는 하나의 답을 제시하기보다는 앞으로 나타날 복수의 미래상의 가능성을 제시하는 데 있다. 여기서 시나리오는 미래의 불확실성을 인정하고 그 불확실성의 환경에서 미래에 일어날 가능성의 요인을 분석하여 복수의 설득력 있는 미래상을 그려보고 이 미래상에 따라 최적의 대응전략을 수립·실천하는 일련의 과정으로 정의된다.

세계적인 미래학자 피터 슈워츠는 1988년에 하버드대 마이클 포터 교수와 함께 모니터그룹의 시나리오 컨설팅 회사인 글로벌비즈니스네트워크(GBN)를 설립하여 여러 가지 가능한 시나리오 플래닝에 7개의 과정을 전자모바일통일 모델에 적용하였다.

① 핵심이슈파악: 남북한 정책수립자가 미래에 내려야 할 핵심 의사결정 포인트에서 자신들의 선입견에서 벗어나는 사고방식(mind set)을 검증하고 어떻게 미래를 올바르게 보면서 장애요인을 피하는지에 초점을 둔다. 핵심이슈파악에서 통일한국의 당위성, 남북한의 통일미래상, 디지털시대에 맞는 통일시나리오 등을 포함할 수 있겠다.
② 정보수집: 미래 전자모바일통일 모델의 시나리오를 작성하기 위해 당연히 리서치가 필요하고 시나리오 플래너가 좁은 의미의 리서치와 근본적인 문제를 던질 수 있는 큰 의미의 리서치를 모두 실행해야 하며 예상치 못한 결과가 나오더라도 개방적인 자세를 갖는 것을 유념해야 한다. 남북한과 해외동포들의 잠재적인 통일의 가치와 기준을 중심으로 수집하되 장·단점과 공통점에 유의하여 미래지향

적으로 수집한다.

③ 시나리오 결정요소(Driving Forces): 시나리오 작성 첫 단계는 시나리오
에 큰 영향을 미치는 환경요소를 파악하고 통찰력을 발휘하는 과정이
다. 시나리오 플래너는 'STEEP'분석{사회적(Social) · 기술적(Technological) ·
경제적(Economic) · 환경적(Environmental) · 정치적(Political)의 앞글자를 따서
만든 용어}을 파악하고 유용하게 활용해야 한다. 주요 포인트는 다
른 사람에게는 쉽게 보이는 결정요소가 특정개인에게 전혀 보이지
않는 경우를 감안하여 반드시 팀을 이루어 이 과정을 수행하는 점
이다.

④ 핵심 불확실요소 파악: 핵심요소에 영향력을 미치는 트랜드를 순위
화하는 과정으로 불확실요소의 중요도와 불확실한 정도가 높을수록
우선순위를 부여하고 그에 따른 선택된 요소들은 시나리오를 결정
할 때 잣대로 사용하여야 한다.

⑤ 시나리오 작성: 미래를 설득력 있게 설명하기 위해 플롯을 작성하고
실제 시나리오를 써 나가는 과정으로 70명의 시나리오작가팀 및 남
북한과 해외통일전문가(통일전문 박사학위소지자)들을 한자리에 15일
내지 20일간 모은 후 (반드시 1 · 2 · 3 · 4단계를 두루 인지하고 있는 팀원
및 전문가들을 포함하여) 토론을 진행하며 이 토론에서 나오는 여러
가지 플롯을 잘 구성하여 2~3개의 시작 · 중간 · 최종적 미래상에 쉬
운 제목을 붙여 자세하게 묘사한 시나리오를 도출한다.

⑥ 시사점 도출 및 대응전략 수립: 이제 시나리오 작성은 완성되고 현
실은 작성된 2~3개의 시나리오 중 하나에 가깝게 흘러갈 것이다. 주
최 측에서 시나리오 개발 후 현재 가지고 있는 역량 및 전략을 개
발된 시나리오별로 대입해 검토한 후 그에 대한 대비책을 포함하여
슈퍼인터넷(전자모바일통일)에 올린다. 이후 남북한과 해외교민에게
공개하고 여론을 쌍방향과 역방향으로 접수하여 그 결과를 남북한
정책수립자에게 알려 정책입안단계로 진입하게 한다. 여기서 주요
포인트는 시나리오별 대비책은 최대한 구체적으로 세우고 인터넷과
스마트폰을 이용한 여론조사를 통해 구체적으로 결과를 도출한다.

⑦ 조기경보시스템 개발: 세계가 어떠한 시나리오에 가깝게 전개되는 것을 가능한 한 빨리 알아내 대응하는 것으로 주최측에서 환경변화 방향을 대표적으로 보여줄 수 있는 선행지표와 지침을 미리 정하고 지속적으로 모니터링을 하여 원래 목적을 달성한다.[172]

위의 시나리오 플래닝은 전자모바일통일 모델에 활용하여 미래 통일한국을 구상할 수 있다.

전자모바일통일 모델(Electronic Mobile Unification Model)의 비전은 정보통신을 이용한 전세계 네티즌의 통일에 대한 사이버와 스마트폰 여론형성과 이를 바탕으로 새로운 전자모바일통일국가 건설이다. 이 모델에는 5개 목표가 있다. ① 한민족의 통일에 대한 바른 이해와 여론을 형성하는 데 있다. ② 서울정부의 대북 및 통일정책과 통일방안의 효과적인 추진을 위한 국민의 여론을 수렴하여 효과적인 추진을 지원하는 정책대안을 제시하는 데 있다. ③ 한반도를 넘어선 전세계 네티즌의 자발적인 지원과 연대를 형성하여 통일한국을 구체화하고 전망하는 데 있다. ④ 통일에 수반되는 통일문제에 대해 해결방안(정책대안)을 찾아가는 데 남한의 국민뿐 아니라 세계 여러 곳에 흩어져 있는 한민족의 참여도 끌어낼 수 있어야 한다. ⑤ 이 모델은 남북한이 현재 존재하는 문화적 차이를 극복하는 데 기여할 수 있어야 한다.

이 모델은 앞으로 가능한 통일의 대안으로서 7천만 한민족의 중지를 모아 가장 합리적이고 받아들일 수 있는 통일방안의 '미래공간'을 의미한다. 이 모델의 개념은 남북이 함께 또는 남한이 먼저 시작하고 북한이 나중에 참여하는 '사이버 통일미래공간' 구상이다. 또한 이 모델의 4가지 특징은 ① 분산적 상호작용(Dispersed Interaction)의 성격을 지니고 있다. 여기서 분산적이란 의미는 중앙집권화되어 있지 않다는 뜻이다. ② 이 모델은 통제(Control)가 강제성이나 중앙의 권위가 존재하지 않는 차원에서 행사된다. ③ 이 모델은 끊임없이 고정된 개체가 아니라 계속적인 변화의 과정에서 새로운 모습으로 변화한다는 의미가 있다(Perpetual Novelty). ④ 마지막 특징은 공동체

172) 이정석 모니터그룹 컨설턴트 "성공하는 기업들의 7단계 시나리오 플래닝," 상동 土日섹션 Weekly Biz(2007년 9월 1-2일), p. C7.

가 가진 유기체적인 환경적응성의 지속적 적응(Continual Adaptation) 과정에
있다고 할 수 있다. 지속적 적응이란 공동체가 가진 유기체적인 환경적응성
의 의미를 말함이다.[173]

예를 들면, 남한은 IT의 급속한 확산으로 언제, 어디서나 책을 읽는 유
비쿼터스도서관(Ubiquitous Library) 시대가 열려 경기도 공공도서관 100여 곳
은 집이나 직장에서 PC를 이용해 책을 읽을 수 있는 전자책서비스가 제공
되고 있다. 공공도서관 전자책서비스는 무료이며 공공도서관에 회원으로 등
록하면 된다. 이동중에는 휴대전화나 개인용 휴대단말기(PDA)를 사용해 읽
으면 되는 간단한 방법이다.[174] 2007년 후반기 이후 일반인도 북한 김일성대
학 도서관 소장자료인 ① 1900~1970년 사이 발행된 자료 중 남측이 소장하
지 않은 자료, ② 해방 전 녹음자료와 영상자료, ③ 문화재·고문서·근대사
자료 등 한국학 관련자료 4,000여 종을 목록검색은 물론 본문내용까지 인터
넷을 통해 PDF로 "국가보안법에 저촉되지 않는 비이념성 자료"에 한해 볼
수 있다고 통일부 통일사료 관리팀장은 밝히고 있다.[175]

또한 북한은 2009년 한국은행이 추정한 1인당 국민총소득(GDI) 1,000달
러 수준의 국가이지만, 김흥광 NK지식인연대 대표에 의하면, '북한 휴대전
화 요금은 기기 및 가입비를 합하면 1,000달러가 넘지만' 당 간부들은 무료
로 휴대전화를 쓰고 이용요금은 일반 사용자에게 넘기고 있는 실정이다.
2008년 이집트 최대 통신업체 오라스콤텔레콤은 3세대 이동통신을 시작한
이 회사의 간부는 2011년까지 가입자를 평양에 100만명으로 늘리는 목표를
가지고 있다고 밝혀 북한사회 변화의 가능성은 열려 있다고 분석된다. 물론
북한주민이 휴대전화를 사용하면 정부당국의 감시가 심한 것도 사실이다.[176]

북한사회의 변화의 조짐은 김정일 장손 김한솔의 SNS 마이스페이스나
페이스북에 실린 온라인상에 남겨진 흔적[177]과 2011년 9월 소형 목선을 타고

---

173) 전자통일연구소, http://cafe.naver.com/interkorean 참조.

174) 이석우, "언제 어디서나… '유비쿼터스 독서'," 상동(2007년 4월 17일), p. A14.

175) "김일성 소장자료 인터넷 열람 가능," 상동(2007년 4월 19일), p. A12.

176) "北에서 휴대전화는 체제선전·외화벌이 수단," 조선경제(2011년 4월 13일), p. B10.

177) "김정일 장손 김한솔, 기독교 믿나," 조선일보(2011년 10월 5일), p. A10.

일본으로 표류한 탈북자 9명(남성 3명, 여성 3명, 아동9명)중, 일본 아사히(朝日) 신문에 따르면, 남성 1명이 '휴대전화를 갖고 있었다. 중국국경 근처로 이동해 중국으로 탈북한 친척과 휴대전화 통화를 한 적도 있다. … 일정한 수입은 있었지만 자녀들의 장래를 위해 탈북을 결정했다'고 2011년 10월 5일자로 전한 바 있다. 휴대전화 소유자는 북한 최고인민회의 의장을 지낸 백남운(白南雲)의 손자라고 주장한 것으로 알려졌다. 중요한 점은 북한사회가 디지털 시대 조류에 따라 서서히 변화하고 있는 사실이다.[178]

이러한 예를 바탕으로, 이 전자모바일통일 모델은 다음과 같은 6개의 분야에서 문제를 해결하는 데 초점을 맞추어 디지털 통일한국을 지향해야 할 것이다.

(1) 남북한 정보기술통합 분야

서울의 IT선진국 위치와 평양의 IT후진국 위치에도 불구하고 후자의 우수한 정보통신인력이 풍부한 점을 감안하여 남북한의 정보통신인력의 교류가 이뤄져야 한다. 소프트웨어의 남북 공동개발도 가능하고 대북 위탁개발도 가능하며 남한의 하드웨어 기술과 북한의 소프트웨어 기술의 접목, 남한의 응용기술 및 첨단기술과 북한의 기초과학기술의 접목, 남한의 자본 및 마케팅 능력과 북한의 기술 접목 등도 가능하다. 이러한 정보통신기술 통합이 이루어지기 위해서는 북·미 국교정상화가 북핵6자회담을 통해서 이루어지는 시점에 가능하다고 본다. 외부적인 조건이 갖추어지기 전에 내부적으로 위의 통합이 성취되는 로드맵을 만들어 전자모바일통일 모델에 대비하는 것도 주요 사항이다.

(2) 인터넷을 통한 인도적 이산가족 상봉 확대 분야

남북이산가족 상봉이 진행되면서 서울·평양 간 설치된 광통신망과 국내 재고 통신단말기를 이용해 이산가족 간 이메일 교환을 하는 것이다. 이 분야가 활성화되기 위해서는 북·미 간의 국교정상화가 필수조건이다. 우선 인터넷을 통해서 구체적인 인적사항, 상봉대상자의 순위 등을 찾아야 한다.

178) "자녀 장래 위해 北 떠날 결심," 상동(2011년 10월 5일), p. A6.

서신왕래와 대면상봉의 중간적 보완단계로 '인터넷 화상상봉 사업'을 추진하는 것은 이미 실천단계에 있다. 평양이 직접하기 어렵다면 북한이 관계하고 있는 '조선인포뱅크'(www.dpkorea.com) 등을 통해 간접 추진하는 방안도 있다. 평양의 인터넷과 스마트폰 보급을 위한 단계는 북한이 필요성에 의해 개방하고 북·미관계를 정상화할 때 즈음해서 광통신망을 북한 전역에 구축하는 작업을 하는 것도 주요 사안이라고 본다.

(3) 남북한의 인터넷협의회를 구성하여 인터넷정보 및 자료교류 확대 분야

북한이 해외에서 가동하고 있는 '조선인포뱅크'나 '금강산국제그룹' 등을 통한 간접 인터넷교류부터 추진해야 할 것이다. 최근 '조선인포뱅크'가 전자상거래, 북한경제정보 제공 등을 추진하고 있어 제한적이나마 남북한의 정보 및 자료교류가 활성화될 가능성이 크다. 나아가 국립도서관과 북한의 인민대학습당의 컴퓨터망를 연결해 각종 경제, 학술정보를 교류하는 방안도 가능하다고 볼 수 있다. 큰 틀에서 남북한의 인터넷협의회를 구성하는 것은 남북한의 IT사업에 관한 총괄적인 문제와 세부적인 문제를 다루는 데서 제도상·정책상 필요한 요건이라고 분석된다.

(4) 언어통일시스템 구축 분야

아무리 한 민족이라 해도 반세기 동안의 세계적 추세에 따른 나름대로의 많은 변화가 잦았다. 특히 북한은 외래어를 받아들이지 않은 채 순수 한글로만 언어를 사용하였기 때문에 남한과의 언어소통에 있어 많은 어려움을 야기할 것으로 보이며, 이는 또 하나의 민족갈등의 심화를 일으킬 수 있는 분야이다.

이러한 단점을 극복하기 위해 전산화된 언어통일시스템을 구축해야 하겠다. 남북한 국민들 모두 누구나 언제, 어디서나 쉽고 빠르게 서비스되는 전자모바일통일 모델에서의 언어통일시스템을 통해 보다 신속하고 정확한 언어구사 능력을 발휘할 수 있도록 정비하여 통일한국의 자세를 확립, 실현시켜야 할 것이다. 언어의 소통은 일방적이 아니라 쌍방향적 21세기 디지털

추세에 맞는 신한국국민(거대한 국가이익보다 개인 행복정치)으로서의 자질을 갖기에 충분하도록 정치사회화 과정에 역할을 하는 것이기에 중요하다.[179]

(5) 한국사교육을 통한 민족정체성 확립 분야

통일 직후 가장 우려되는 점은 이념과 지역 간의 갈등보다 남북한 간의 이질화 문제이다. 현재 남한에서만 해도 동서로 분열된 양상을 띠고 있는 지역불화 문제가 남북한 통일 후에는 남북한 경제적 문제로 인해 부익부 빈익빈이라는 자본주의의 문제점 또한 부각되어 국민들 간의 단합이 어려워지지 않을까 우려되는 분야이다.

따라서 이러한 민족 간의 이질감을 해소하기 위해선 한민족임을 다시금 일깨워주는 정부의 작업이 필요하다. 정부와 언론, 시민단체는 한민족 이질감 해소를 위해 철저한 도우미 역할을 해야 한다. 같은 민족이기에 같은 역사를 갖고 있다는 점을 인식케 해주기 위해서 남북한 국민들 다 같이 평등하게 인터넷을 통해 공동의 유대를 형성하는 데 도움을 주면서 사이버공간상에서 함께 한국사 교육프로그램을 이용할 수 있도록 정부에선 이 모든 시스템을 전자모바일통일 모델을 통해 전산화시켜 실행해야 할 분야이다. 디지털시대에 맞는 신한국국민의 기대·요구·지지를 받을 수 있는 역사의 흐름 속에서 정치사회화 과정인 통일한국교육을 찾아야 한다.

(6) 남북한통합교실 분야

남북한통합교실의 목적은 통일한국 이후 기대하지 않은 일로 남북한 주민의 정서적 통합에 관련된 분야를 해결하는 차원에서 이루어져야 할 분야이다. 이는 단기적으로 탈북자들의 남한사회 정착을 지원하고 남한주민의 북한실상에 대한 간접체험을 할 수 있게 통합에 대한 정치·사회화 과정으로 인식을 제고하고, 장기적으로는 통일 후 남북주민들의 정서적 통합을 위한 교육프로그램을 북한 관련 민간단체에 지원하는 데 있다.

남북한통합교실의 특징은 남북한 출신이 공동으로 운영하며 일방적인

---

179) "촛불을 끄려면…," 상동(2008년 6월 13일), p. A26.

강의가 아닌 쌍방의 토론을 통해 북한을 간접적으로 체험할 수 있도록 구성한다. 또한 가상체험프로그램의 일환으로 북한가계부 쓰기, 사회생활 체험, 더불어 살기로 짜고 통일부에서 시행하는 탈북자 교육과정과 연계하는 데 있다. 이 교실의 강의내용은 주로 남북통합교실이 개발한 북한 체험과정을 중심으로 남북한 간의 정치, 경제, 사회 및 문화를 비교한다.

위의 전자모바일통일 모델의 6개 분야를 아래 5개의 현실적인 통일과 관련이 있는 활동에 전개할 수 있겠다.

① 통일미래연구실

남북한의 정치, 경제, 사회, 문화 등을 비교·분석하여 어떤 방식으로 통일이 이루어졌을 때 어떤 결과들이 나올 것인지 예측하는 곳이다. 통일방식 및 그에 따른 결과들은 여러 사람들이 여러 의견을 모음으로써 수정될 수 있게 한다.

그리고 통일하는 과정 또는 통일이 된 후에 따르는 문제에 대하여 정부, 시장, 시민사회가 무엇을 하고 어떻게 대처해야 하는지에 대한 것도 연구하고, 의견을 수렴한다.

② 남북한 관계지수

남북한의 관계를 일·월·년별로 주가지수처럼 표시되게 하고, 지수가 올라가거나 내려갔을 때 그에 따른 이유 및 설명들이 표시될 수 있게 한다.

그리고 일·월·년별로 어떠한 문제들이 이슈가 되었는지도 나타내고 그 당시의 국제정세까지도 표시하면 생각의 폭을 넓히는 데 도움이 될 것이다.

③ 북한의 생활

북한의 정치, 경제, 사회, 문화 자료들을 올려 놓는다. 구체적으로 북한의 영화, 음악, 속담, 용어, 법률, 지리, 북한의 생활상식 등이 될 것이다.

④ 북한상식

현재 이슈가 되고 있는 문제나, 북한생활에 대한 문제를 올려 놓아 홈페이지에 대한 흥미를 더욱더 가지게 하고 남북의 문화적 차이를 줄이는 데 도움이 될 수 있도록 한다.

⑤ 해외동포소식

각 나라에 흩어져 있는 동포들이 어떻게 살아가고 통일이나 남북문제 등에 대해 어떻게 생각하는지에 대한 자료들을 올려놓거나 동포들이 직접 참여할 수 있는 공간도 마련한다.[180]

　　이러한 전자모바일통일 모델에는 아래와 같은 세 가지 장점과 세 가지 단점이 있다. 첫째 장점은 구 아날로그시대 통일연구방안과 디지털로 구성된 정보화시대에 인터넷과 스마트폰이라는 무한한 정보의 바닷속에서 남한과 북한이 '사이버상, 모바일상의 통일한국'을 만들어 실질적인 통일한국의 청사진을 만들어 내는 것이다. 이 과정에서 남북한 민간인들이 쌍방 간의 국내법 및 전략과 충돌하지 않은 모든 영역에서 상호 이해와 통일의 의지를 높이는 차원에서 온라인과 모바일을 통한 교류(작은 통일)의 물꼬를 틀 수 있으며, 장기적인 차원에서 '사이버 및 스마트통일문화'(큰 통일) 창출을 이끌 수 있는 모델이다. 여기에 통일전문가와 정보통신의 전문가들이 미래 사이버 및 스마트통일국가의 청사진을 웹상과 앱에 올리고 7천만 한민족이 자기들의 의견을 제시하여 정치차원이 아닌 한민족 전체가 원하는 전자모바일통일 모델을 창출하는 데 기여하는 장점을 가지고 있다. 특히 사이버와 스마트폰세대는 8.15와 6.25 한국전의 비극을 체험하지 못하고 물질적 풍요를 누려오면서 국가의식·민족의식·통일의식이 희박해져 있고 현재의 분단시대에 안착하는 경향이 강하게 나타나고 있다. 통일을 민족적 문제로 인식하기보다는 기성세대의 책임으로 돌리고 자신들과 관계없는 문제로 보는 성향이 농후하다. 이러한 사이버와 스마트폰세대에 통일의 관심을 갖게 하는 사이버와 스마트폰통일교육이 중요하다. 사이버와 스마트폰 통일국가에서 비전과 목적, 사이버와 스마트폰 통일국가 전략, 사이버와 스마트폰 통일문화교육 등을 제시하여 추상적으로만 말하던 '우리는 하나'라는 구호가 본질적으로 한민족 마음에 와닿는 계기가 되는 점이다.

　　둘째 장점은 남한과 북한의 인식차이를 통신이라는 간접연결체의 발전차이로 해결하는 통일모델이다. 21세기는 정보통신의 혁명시기로 남북은 반세기를 넘으면서 이질적인 체제를 공고하게 구축하여 왔다. 이러한 변화에도 불구하고 변하지 않은 사실은 남과 북은 서로 '한민족'이라는 점이며 디

---

180) 전자통일연구소 참조.

지털시대에 '분단국가'라는 점이다. 이러한 분단국가가 앞으로 통일이 꼭 이루어져야 하는 것은 '민족적 과제'이다. 북한의 소프트웨어산업과 남한의 하드웨어산업을 결합하여 새로운 아이템(통일한국)을 창출해 낼 수 있는 정·반·합 논리에 근거하여 잠재력을 최대한 발휘하는 차원에서 쌍방향성, 즉 시성, 비공간성, 실시간 인터넷공간의 장점을 활용하여 통일한국을 이룬다는 점이다. 이 장점은 남북한의 민간차원뿐만 아니라 정부차원에서의 사이버상의 성공적인 교류를 위한 노력, 특히 전자모바일통일 모델의 필요성과 북한의 낙후한 인터넷 보급이 전제되어야 하며 양국 간의 공식 전자모바일통일 모델 사이버공간이 허용되어야 한다. 남북한의 정책수립자들은 자신들의 정치업적에 초점을 두는 통일정책보다 7천만 한민족의 염원과 과제에 초점을 두는 인식의 전환(Changing Thinking Paradigm)이 선결되어야 한다는 것을 깨닫고 이를 위한 남북한 당국의 공통된 노력이 있어야 한다. 다시 말해서 남북한 정책수립자들은 가상공간을 통한 통일에 대한 접근이 용이한 환경을 조성해야 한다.

셋째 장점은 전자모바일통일 모델이 어느 한쪽의 일방적인 행동으로 이루어질 수 없고 양쪽의 동일한 노력 하에 목표를 설정하고 인터넷과 모바일을 수단으로 활용하여 '한민족을 하나'로 합치는 데 남북한과 해외 한민족의 중지를 모아 이루어지는 점이다. 특히 남한이 IT강국의 위상을 발휘하고 어려운 남북통일의 과제를 도전하는 차원에서 7천만의 통일의지에 근거해 통일한국을 이룰 때 주변 강대국들도 반대를 위한 반대는 할 수 없는 단계까지 간다는 점이 장점이다.

반면에 첫째 단점은 북한은 소위 지식기반산업이 중심이 되는 IT에 필요한 인터넷 인프라 구축이 미약하고 이메일 사용도 극히 소수에게 한정되어 공무에 관한 파일전송 정도의 인터넷기능만 허용하는 정보통신의 환경에서 전자모바일통일 모델의 출현 내지 남한과의 합작은 어렵다는 점이다. 현재 북한은 전세계에서 유일하게 국가 도메인네임(한국 경우 .kr)이 등록되지 않은 나라로 닷컴사업은 불가능하다. 민주주의 요체인 사람과 사람 사이의 자유로운 의견 및 정보교환을 제재하는 비민주주적 체제인 북한에서 IT산업 내지 전자모바일통일 모델을 기대하기 어렵다는 분석이다. 그러나 북한의 정책수립자가 세계추세인 IT산업의 중요성을 인식하고 의식전환을 하여 이미 구축된 인터넷 인프라에 '스위치 온'(Switch On)하는 경우 가능성은 열려 있다.[181] 이에 반해 평양정부는 휴대전화를 체제 선전 수단으로 사용하는 움직임을 보이면서 변화 가능성이 제기되고 있다. 2011년 4월 12일 조선미디아 그룹의 경제투자 매체 조선비즈(www.chosonbiz.com)가 주최한 북한경제포럼 "북한이동통신 시장 현황과 투자 기회 및 전략"에서 오중석 자유아시아방송(RFA) 서울지국장은 지난 김정일 생일인 2월 16일을 기해 북한은 '21세기 정보화 시대를 개척한 경애하는 김정은 동지의 업적에 대하여'라는 노동당 선전물을 전국에 하달한 것은 체제 선전 이유가 크다고 밝힌 바 있다.[182] 임종식 통일부 차관이 위의 포럼에서 '북한의 이동통신 서비스 가입자 수가 서비스 2년 만인 2010년 말 45만명에 달한다'고 밝혀 평양의 변화 가능성을 예시한 바 있다.[183]

둘째 단점은 전자모바일통일 모델이 어느 한쪽의 일방적인 행동으로 이루어질 수 없고 양쪽의 동일한 노력이 이루어져야 하는 점을 감안해 볼 때 북한에 인터넷과 정보시스템이 있지만 극히 제한적인 상황에서 북한의 일반 주민에게 효율적으로 접근이 안 되는 점이며 북한당국의 개방적인 정책대안 없이는 비효율적이라는 점이다. 반면에 남한은 국가보안법과 남북교류협력법의 명확한 정립 없이 이 법이 충돌할 때 전자모바일통일의 장래는 어렵다는 점이다. 남한의 네티즌이 북한주민과의 채팅, 북한관련 사이트 방문시 법에 저촉이 될 경우 북한 직영사이트(친북사이트라기보다는 직영사이트라는 말이 적당함) 차단 내지 북한관련 사이트의 폐쇄에만 급급한 실정과 정책수립자의 실리만 챙기는 계산된 대화로 남북관계에 초점을 맞추는 상황에서 진정한 큰 통일을 바라보는 전자모바일통일 모델의 실천은 힘들다. 이 단점을 극복하기 위해서 남북한은 좀더 개방되어야 하고 남북한 쌍방의 전자모바일통일 모델의 대한 의식의 전환이 필요한 점이다. 이러한 전환이 이뤄진 경우, 전자모바일통일 모델은 가상공간을 뛰어넘어 실질적인 국내외의 현실 및 사이

181) 이욱, "북한의 민주화와 IT산업 발달," 조선일보(2007년 4월 5일), p. A35.

182) "'북한이동통신 시장 투자 기회 및 전략' 첫 국제포럼," 조선경제(2011년 4월 13일), p. B10.

183) "북한 이동통신 가입자 45만명," 조선일보(2011년 4월 13일), p. B1.

버 공간에서 한반도 통일로 나가는 길목이 될 수 있겠다.

셋째 단점은 인터넷의 익명성을 빙자해 폭력적이고 비생산적인 글을 올리는 속칭 '악플러' 폐해와 정치적·상업적인 목적으로 올라오는 글을 지향하고 방지하는 점이다. 인터넷의 순기능보다 악기능을 남용하여 전자모바일통일 모델을 남용할 수 있는 근거가 많은 관계로 전자모바일통일 모델을 남북한 당국이 채택할 경우 법적인 조치를 취해야 하는 점이다.[184] 1990년 미국의 존 페리 발로(Barlow)는 전자프런티어재단을 창설하여 사이버독립선언문을 발표하고 인터넷이 국경을 넘어 전세계인들 간의 새로운 사이버공동체를 꿈꾸던 시절이 있었다. 그러나 검색, 메일, 블로그 등 인터넷의 기초분야부터 상품과 돈거래가 가능해지면서 거래의 안전을 위해 법과 제도가 도입되고 각각의 국가마다 다르게 발전되어 존페리 발로의 순수한 사이버공동체의 꿈은 좌절되었다. 다시 말해서 100조 원이 넘는 초대형 인터넷도 탄생하고 인터넷에도 국경이 생기고 각국의 통치원리와 실물경제가 현존하고 있는 것이다. 인터넷에 국경이 있다는 점은 인터넷이 비록 사이버공간이라고 할지라도 하나의 영토적 성격으로 실제로 사이버공간의 활동 자체가 현실의 연장임을 의미한다. 예를 들면 인터넷에서 뉴스를 보고, 은행거래를 하고, 상품을 사고, 교육을 받으면서 학위를 받고, 배우자를 찾는 등 현실상에서 이루어지는 행위를 단지 사이버로 옮겨서 행위를 한다는 것이다. 여기서 자국민들의 경제·문화 등 활동을 영위하는 인터넷공간의 안전성을 위해 정부가 법과 제도를 도입하는 것은 당연한 의무이며 책임인 것이다. 더욱이 '악플러'를 제재하고 건전한 전자모바일통일 모델에 귀감이 되는 법적 제도를 마련하는 것은 당연한 처사라고 분석된다.[185]

위의 개념을 사이버통일 미래공간에 적용할 경우, 남한 정책수립자들이 통일의 의지를 갖고 쌍방의 전략과 충돌하지 않는 모든 영역을 사이버통일 국가로 만든다는 가정 하에 3단계 통일시뮬레이션을 추진할 수 있겠다.

---

184) 2004년 12월 8일부터 18일간 건국대학교 행정대학원 전자정부학과 원생들과 저자가 웹상에서 전자통일연구소를 만들고, 2004년 2학기 건국대학교 충주캠퍼스 78명의 학부학생들의 전자통일연구소 자유게시판 설문에 참여하여 의견개진을 함. http://cafe.naver.com/interkorean 참조.

185) 변희재, "인터넷 비즈니스에 公的관리 필요," 조선일보(2007년 5월 9일), p. A35.

제1단계는 범정부 주도 하에 IT 강대국 수준에 맞추어 전자모바일통일연구소를 만들어 유비쿼터스의 원리를 사용한 슈퍼 웹사이트를 운영하는 것이다. 이 사이트를 통하여 미래통일의 주인공이 될 남북의 어린이와 청소년이 함께 공유할 수 있는 비정치적 콘텐츠(게임·오락·과학·생활상식 등)와 활동(취미·일반학습·예술·언어 등) 등 공통분모를 찾아 한민족 동질성 회복을 위한 통일미래공간을 구성하는 것이다.

제2단계에서는 대통령 직할 70인의 국내외 통일전문가를 임명하여 전자모바일통일전문가위원회를 운영하는 것이다. 이들은 다양한 통일방안 내지 모델을 7천만 한민족에게 슈퍼 웹사이트를 통해 무료로 설문식, 여론조사식, 상품권 받기식 등 다양한 방법을 적용해 일반인의 의견을 언제, 어디서나 쌍방향 방법으로 의견수렴을 표현하고 알 수 있는 기술(Interact, Engage, and Quality)을 만드는 것을 포함한다.[186]

제3단계에서는 공상적 통일의식이나 운동이 아니라 현실적이고 실천적인 통일 중 하나의 방안으로서 미래통일국가를 위하여 7천만 한민족의 의사표현을 즉각적이고 효율적으로 알아내어 최고정책수립자들이 통일한국으로 가는 방안을 선포하고 이행하는 방안을 내포하고 있다.

여기서 중요시하는 점은 전자모바일통일 모델이 21세기 신한국국민에 의한 새로운 통일방안으로 신기능주의모델, 새로운 시대의 조류, 이들의 취향에 맞는 대안으로 떠오르고 있다고 분석된다. 결론에서 종합적으로 이 모델을 통일대안으로 제시하고자 한다.

5. 민중통일 모델(Minjung Tongil Model)

민중은 어의적으로 볼 때 군중, 사람들 그리고 대중을 뜻하며 통일은 남북한의 통합을 의미한다. 이 모델은 현 정부를 무너뜨리고 북한의 프롤레타리아 정권을 남한에 세우고자 하는 남한 과격 학생들의 주장이다. 좀더 넓은 의미로의 민중은 소외권력층, 경제적으로 의존적인 사람들, 교육받지 못한 집단

---

186) http://www.interpolls.com 참조.

과 결집된 프롤레타리아 전선까지를 포함한다. 또한 민중은 광범위한 중산계급
과 중소기업가들, 부농과 노동자, 농민 그리고 도시빈민층까지를 일컫기도 한다.[187]

민중통일 모델의 지지자들에 따르면 북한의 프롤레타리아독재와 마찬가
지로 노동자, 농민 그리고 도시빈민층이 민중의 핵심이 된다. 오로지 그들만
이 새로운 통일조국 건설과 새로운 정부수립의 위업을 달성할 정통집단이라
는 것이다. 초창기에는 학술적 쟁점을 다루는 학생으로 시작되었으나 '파쇼
타도', '미 제국주의 축출' 그리고 '노동운동 탄압하는 군부독재 타도하자'
등의 구호와 함께 점차 반정부적 성격이 강화되었다.[188]

과거 남한의 과격학생운동은 크게 네 집단으로 나뉠 수 있다. 첫째, 민
민투(반제 반파쇼, 전국민족민주투쟁위원회, 1986년 3월 21일 발족), 둘째, 자민투
(반민 자주 반파쇼 민주투쟁위원회, 1986년 4월 10일 발족), 셋째, 민통련(민주통일
민중운동연합), 넷째, 전민련(반제 반파쇼 민족민주학생연합)[189]으로서, 네 집단의
공통된 맥락은 군부파쇼 타도와 미 제국주의 축출, 김일성의 고립노선을 따
라 '민중공화국'을 수립할 수 있는 민중으로 이어진다. 네 집단 중 '좌경극
렬'로 명명된(1,618명의 젊은이들이 '좌경용의자'로 지목되었다) 몇몇 집단은 미문
화원방화를 비롯하여, 데모주도나 농성 같은 폭력적 전술을 사용하여 남한
의 현 정권을 무너뜨리려 하고 있다.[190] 다시 말해서, 1980년대에 한국사회
일각에서 탈안보적 · 탈정부적 차원에서 민중통일 모델이 대두되었으며 이들
의 주장은 국토의 분단으로 정치, 경제, 사회, 문화적으로 모순이 첨예화되
는 과정에서 역대 정권의 정책결정자는 통일의 명분을 세워 정권안보와 그
들의 정권 유지를 해왔다고 보고 한반도의 분단체제의 극복을 위해서 남북
한의 전체 민중이 통일접근의 주체가 되어야 한다는 분석이다.[191]

187) *Proletariat, Minjung Ron, and Liberal Democracy*(Seoul, Korea: Bakyoung Publisher, 1985), pp. 10~34.

188) *The Korea Times Los Angeles Edition*(July 25, 1987), p. 12.

189) *Ibid.*(October 15, 1987), p. 12.

190) Hui-tae Kim, "The Concepts of Nationalism and Liberty," *Korea Journal of Unification Affairs*, vol. 7, no. 82(1987), pp. 141~149.

191) 백낙청, "통일사상으로서의 건국론," 97년 한국원불교학회 추계학술회의(1997. 10), pp. 15~16.

　　민중통일 모델에 찬성하는 측은 통일론에 대한 그들의 해석을 고집해왔
다. 그들은 정부가 통일계획을 독점하여 왔으나 결국 아무런 효과도 얻지
못했다고 주장한다. 민중이 바로 통일운동이나 민주화운동의 핵심이 되어야
한다는 것이다. 이들에 의한 통일이 실현된 후에 통일된 한국의 평등한 경
제사회체계의 이상향이 전개된다는 것이다. 남북한은 동등한 조건으로 다루
어진다. 다시 말해서, 어떠한 경험적이고 체계적인 분석도 없이 민중은 전체
인구 중에서 남북한의 노동자, 농민, 도시빈민계층으로서 통일을 이끌어갈
수 있는 지도층을 일컫는다. '선 통일, 후 발전' 개념은 순전히 이상주의적
생각이며 한국현실의 본질을 무시한 데서 나온 발상이다. 이러한 논리적 문
제는 민중통일 모델이 갖는 개념적 불확실성에서 야기되는 것이다. 여기에
서 경험적 분석이란 실제상황 속의 '저 너머' 개념에 관계된 것이고 체계적
분석이란 각 개념 간의 상황관계를 일컫는다.[192]

　　결국 민중통일 모델은 장점과 단점을 동시에 갖는다. 장점이란 '대중에
의한 정부' 건설이라는 점에서 민주적 헌법과 동등하다는 것이다. 이는 곧
민중통일 모델이 혁명보다는 정치적 개혁을 이루려는 과격한 학생들과 반정
부집단에 호소력을 갖는다는 것을 의미하고 있다.[193] 1987년 10월 22개 그룹
의 20,000여 명의 반정부인사로 이루어진 '민주통일민중운동연합'이 조직되
어 모 야당지도자와 관련을 맺었다.[194] 반정부조직은 이 야당지도자가 그들
의 입장을 대변해 줄 수 있다고 판단하여 그를 지도자로 뽑은 것이다. 민중
통일 모델의 단점으로 말하면, 이것이 남한의 현실을 무시하는 비현실적이
고 이상주의적인 사고라는 점이다. 이 이론의 지지자들은 그들의 전략적 입
장에 맞추어 민중이라는 모호한 개념을 왜곡·남용하고 있다. 민중통일 모
델을 어떤 면에서 북한이나 김일성집단의 주장과 유사하다고 볼 수 있다.[195]
예를 들어 한미연합군사훈련의 경우, 평양은 1986년 3월 10일에 평양방송을
통해 "한미연합군사훈련을 즉각 중지하라"고 주장했다. 북한은 또 1986년 3

---

192) *Proletariat, Minjung Ron, and Liberal Democracy*, pp. 47~51.

193) *The Korea Times Los Angeles Edition*(July 25, 1987), p. 12.

194) *Ibid.*(October 15, 1987), p. 12.

195) Hui-tai Kim, "The Concepts of Nationalism and Liberty," *op. cit.*, pp. 141~149.

월 18일자 서울대학교의 유인물에서 밝힌 바와 같이 "평화통일을 저해하는 한미연합군사훈련을 즉각 중지하라"고 주장했다.[196]

결국 민중통일론은 젊은 세대의 새롭고 이상적인 통일방식이긴 하지만 넓게 보아서 한반도통일문제에 대한 세부적 절차를 결여하고 있다고 결론지을 수 있다. 민중통일론은 이론적으로는 좋지만 너무 추상적이고 실제상으로 북한에서 어떻게 민중이 통일을 이끌 수 있으며 어떻게 주변 4강을 설득할 수 있는지에 대한 해답을 찾기 어려운 점이 있다. 그러나 이 민중통일 모델은 학생들과 야당지도자들로부터 폭넓은 지지를 얻고 있고 그들의 사고와 연설에 있어 중요한 역할을 담당하고 있는 것 또한 사실이다. 민주화의 초기단계에서 민중통일 모델은 남한의 분배와 통일문제의 주요 부분으로 대두될 수도 있을 것이다. 1987년의 6.29선언 이전까지는 민중통일 모델이 국가안보라는 핵우산의 보호 아래 놓여 있었다. 그러나 6월 29일 민주화 이후 민중통일 모델은 실제적 내용을 가진 청사진을 제시했다. 몇몇 대통령후보들은 선거유세에 민중이론을 수용했다. 통일문제를 연구하는 학자들은 반드시 민중통일 모델을 분석하지 않으면 안 된다. 이유는 통일을 이념이나 제도, 체제문제로 보지 말고 인간의 문제로 접근하여 이를 달성할 주제를 정치엘리트에 맡기지 말고 일반민중이 보는 시각도 참조하는 면에서 시도할 수 있는 점이 있기 때문이다.[197]

이러한 맥락에서 진보진영에서 제기되는 PD와 NL에 대해서 차이점과 공통점을 다루고 이 모델이 주는 교훈은 무엇이고 어떻게 통일한국에 기여할 수 있는지를 다루는 것은 중요한 사안이다. PD는 민중민주(People's Democracy)로 1980년 서울에서 시작된 진보주의 운동의 한 갈래로 평등파라고도 부른다. 이 파들은 한국사회를 신식민지 국가독점자본주의로 정의하고 사회 변혁방법으로 민중민주주의 혁명론에 근거하여 마르크스-레닌주의에서 사상적으로 영향을 받는다고 믿고 있다. NL은 민족해방(National Liberation)으로 1980년대 사회주의 일환으로 시작한 한 갈래로 민족적 좌파

---

196) Chun Bu-uk, "North Korea has begun invading South Korea," *op. cit.*, p. 11.

197) 손재민, "씨알 사상연구회 월례 연구 발표회," 경향신문(2007년 2월 10일) 또는 http://news.khan.co.kr/section/khan_art_view.html?mode=view&artid=200702231459281&code=900308 참조.

또는 지주파로 알려져 있으며 한국사회를 식민지반(半)자본주의로 보면서 미국을 제국주의의 식민주의로 보는 시각을 갖고 민족해방민중민주주의 혁명론에 근거한 사회변혁론을 갖고 있다. NL은 계급투쟁을 제국주의 대 민중의 대립관계로 설정하고, 모든 투쟁에서 반미 자주화를 기본적 투쟁으로 보면서, 평양의 조선로동당의 지도이념인 주체사상을 수용하여 만든 주체사상파(주사파)가 중심세력을 이루고 있다. NL-Left는 NL의 정파 내에서 소수파로 제헌의회파(CL)의 계열이다. 남한의 학생운동 측면에서 NL은 1980년대 중반 자민투세력이며 이후 전대협 및 한총련의 주도세력으로 발전하면서 전국연합 범민련을 구성하였다. NL은 1986년부터 1989년 사이 학생운동의 주류로 6천 명의 직업활동가와 3만 명의 동조자를 확보하였다. 현실정치 측면에서 NL은 1987년 대선 이래 '비판적 지지', '범민주후보론', '당선가능한 야당지지' 등을 주창하면서 기존 야당세력에 접근하여 제도권정치에 참여하고 있다. 그 후 NL은 민주노동당(자주파)이 민주노총의 지원을 받아 성장하여 국회에 진출하였고 민주당 중 구 열린우리당 계열이 여기에 속한다.[198]

전자는 본래부터 단일정파가 아니며 몇 개 정파가 독립적으로 형성되어 조직적으로도 분립된 양상을 보이고 있는 민주노동당의 옛 평등파를 지칭한다. 후자는 계급운동의 관점에서 주로 노동운동을 중심으로 사고하며 북한과도 거리를 두고 있으며 진보신당을 지칭한다.[199] 이 양 파의 공통점은 한국의 진보진영으로 과거 진보세력의 생각과 행동이 국민으로부터 불신을 받아 실패하고 위기에 처했다고 분석이 된다. 이 진보가 주는 교훈은 구 진보의 오류를 시정하고 그 편향을 극복하여 국민의 신뢰를 받아 통일 한국에 기여할 수 있는 정책제안을 시대의 조류에 맞게 장기비전으로 제시해야 한다. 민중통일 모델이 이룰 수 있는 정책제안은 이념에서 출발하지 말고 일반인의 실생활에서 출발하는 실사구시적 진보를 지향해야 하며, 실현 불가능한 대안을 추구하는 이상주의를 탈피하여 중도적 진보 입장을 택하고, 제

---

198) 민족해방또는엔엘위키백과-우리모두의 백과사전, http://ko.wikipedia.org/wiki/%EB%AF%BC%EC%A1%B1_%ED%95%B4%EB%B0%A9 참조.

199) 민중민주위키백과-우리모두의 백과사전, http://ko.wikipedia.org/wiki/%EB%AF%BC%EC%A4%91_%EB%AF%BC%EC%A3%BC 참조.

안자들이 변방의 정치세력으로 밀려나는 것을 막아야 한다.

이 모델의 새로운 제안은 국민의 평균적 정서와 동떨어진 정책은 지양하고 국민의 평균적 정서에서 진일보한 정책을 제시하여 국민의 신뢰와 협력을 받는 정책을 성공시켜야 하며 반시장경제, 반기업 이미지를 탈각하여 노동자의 일터이기도 한 기업을 경제・사회 발전의 원동력으로 중시한다는 점을 공포하는 자세가 필요하다. 이 모델은 민주주의라는 단일 차원만으로 사고하지 말고 민주주의와 혁신의 결합을 통한 기업과 경제성장 없이는 노동자를 비롯한 민중의 삶의 질 향상을 기대할 수 없다는 점을 인식하고 이미 글로벌경제로 이행한 시대에 기존의 민족경제론의 틀에서 벗어나는 인식의 전환이 필요하다. 끝으로 노동의 권리와 윤리를 함께 주장하며 사회적 대화와 사회적 타협을 지향하여 노동운동과 진보정당의 위상을 강화하는 반면 나라발전과 지역발전에도 한축을 이루어 국민의 지지를 받아 통일한국의 구상에 일역을 맞아야 한다.[200] 이 경우 진보좌파의 민중통일 모델은 지속가능한 진보로 남아 통일정책에 일역을 맡을 수 있겠다.

Ⅲ. **현재와 미래의 평화공존문제**(Peaceful Coexistence Issue)

국제관계의 전형에 의하면, 공존의 개념은 경쟁관계와 전략적 제휴관계를 포함하는 성격을 지니고 있으며 적대관계에서 탈피한 상태이지만 동맹관계로 발전하지 않은 국가관계를 의미한다. 반면에 평화공존은 국가 간 공존개념의 한 형태로서 경쟁보다 협조적 제휴관계의 성향이 지배하는 단계를 내포하고 있다.[201] 다시 말해서, 평화공존의 개념은 정치, 경제, 사회, 문화의 제도가 근본적으로 상이한 국가들 간에 평화적으로 공존한다는 이론과 정책을 의미한다. 이러한 개념은 1917년 이후부터 시작하여 사회주의혁명에 성

---

200) "진보가 사는 10가지 길," 조선일보(2008년 4월 1일), p. A35.

201) 이민룡, "한반도 평화공존의 실현조건과 과제," p. 3. http://www.oasis.go.kr/ctrlu?cmd=resource-downview&type=resource&old_flag=Y&FN=33_06.hwp&resourceNo=3067 참조.

공한 러시아가 여러 자본주의 국가와 평화적인 공존의 필요성에 기인하며 좀더 나아가 평화적인 공산화 목적을 두고 있다. 구체적으로 이 개념을 실용화한 것은 제2차 대전 이후 냉전체제의 주역인 소련의 I. V. 스탈린이 죽고 한반도와 인도차이나에서 휴전이 성립된 1953년 후 N. S. 흐루시초프의 평화공존정책이 시작되면서 양 진영은 공존의 길을 모색하게 되었다.[202]

평화공존문제는 현재의 분단상태를 유지하는 동시에 근대화를 추구한다는 현상유지적 원리에 기인한다. 소위 평화공존론은 1954년 인도와 중국 간의 티벳통상조약을 기초한 인도의 역사학자 파니카(K. M. Panikkar)의 '평화공존 5원칙' 혹은 판치 실라(Panch Shila)에서 따온 것이다. 후에 유사한 공존이론이 중립국과 동구공산국가의 선언에도 나타나게 되었다. 평화공존 5원칙의 요지는 다음과 같다.[203]

① 상대국의 영토보존과 주권에 대한 상호존중
② 상호불가침
③ 상대국 내정에 대한 불간섭
④ 평등과 상호이익보장
⑤ 평화공존

5개의 원칙 중에서 상이한 정치체계의 공존이야말로 판치 실라(Panch Shilla)의 본질이다.

한국상황에서의 평화공존이란 곧 국지적인 갈등이 빈번한 두 진영 가운데 두 개의 작은 국가가 공존함을 뜻한다. 비록 서로가 호전적이고 상대방을 인정하지는 않고 있으나 남북한은 군사행위를 제한해 나갈 것이며, 필수목표조건(즉 긴장의 완화와 전쟁회피)이 남아 있는 한 현상은 유지될 것이라는 논리이다. 그러나 만약 이러한 필수조건들이 사라진다면 현상은 깨지고 무

---

202) "평화공존," 야후 인터넷 외교학 백과사전, 또는 http://kr.dic.yahoo.com/search/enc/result.html?p= %C6%F2%C8%AD%B0%F8%C1%B8%B0%B3%B3%E4&pk=19648300&subtype=&type= enc&field=id 참조.

203) *Notes, Memoranda, and Letters Exchanged and Agreements Signed Between the Government of India and China: 1954-1959, White Paper*(New Dalhi: Ministry of External Affairs, Government of India, 1960), p. 98.

력을 제한하는 힘은 사라지며 대전이 발발할 것이다.[204]

위에서 언급한 바와 같이, 평화공존이론은 공산진영에서 시작되어 근본적으로 남북대화의 구조 안에서 평양과 타협하려는 서울의 지도자들에 의해 뒷받침되었다. 반면에, 평양의 지도자들은 '통일민족 문제에 관한 것이 아니라 다른 민족들 간의 문제'라는 이유로 '평화공존원리'를 반대하고 있는 것 같다. 한국에서의 전쟁을 피하기 위한 장치로서 평양은 평화공존을 서울에 대한 외교정책으로 수용하고 있다.[205]

남북한 간의 평화공존이 제도화한 시점은 국제 냉전질서가 해체된 1991년 말에 채택되고 1992년 2월에 발효된 남북기본합의서의 전문에서 찾아볼 수 있겠다. 이 합의서에서 지적된 평화공존 조항은 남북관계가 나라와 나라의 관계가 아니라 통일과정에 특수관계로 규정한 것이고 1972년 7.4남북공동성명의 3원칙(자주, 평화, 민주, <민족대단결>)을 채택한 시기로 소급할 수 있다. 이 남북기본합의문은 정치·군사·경제·사회·문화 모든 분야에 걸쳐서 상호 이념과 제도를 초월해서 교류 협력하여 정치·군사적 긴장을 단기적으로 해소하고 현재 불안전한 한반도 휴전상태나 휴전관리체제를 힘의 균형으로 유지하면서 머지 않은 장래에 평화장치로 대체하는 것을 내포하고 있다.[206] 여기서 자세히 「남북한 사이의 화해와 불가침 및 교류·협력에 관한 합의서」를 들여다볼 필요가 있는 점은 후에 정권이 바뀌면서 서울정부의 일관된 통일정책의 근간이 되기 때문이다.

서울과 평양은 1991년 12월 10~13일간 서울에서 열린 제 5 차 총리회담에서 「남북한 사이의 화해와 불가침 및 교류·협력에 관한 합의서」에 서명했다. 이 합의서의 전문은 ① 7.4남북공동성명의 3원칙을 포함한 서문, ② 국내외통합 측면을 포함한 8조의 화해, ③ 군비통제 절차와 불간섭원칙 내용의 9조의 불가침, ④ 경제 및 국내 통합요소를 포함한 9조 교류협력, ⑤

---

204) Young Jeh Kim, *Roads for Korea's Future Unification*, p. 58.

205) Ki-tak Lee, *op.cit.*, p. 318.

206) "공존·공영관계를 위한 전제와 과제: 통일 전제 않을 때 분단고착화 불러," 통일한국 (1998년 12월) 또는 http://www.tongilnews.com/pds/pdsview.html?pdsno=994&pdsType=3&page=4 참조.

실천과정의 3조를 포함한 수정 및 발효를 포함한다.[207] 남북합의서는 1992년
2월 18~20일간 평양에서 열린 제6차 총리회담에서 발표되었다.[208]

남북합의서의 선택적 인식에 기초하여 남북한 지도자들이 보는 시각을
동상이몽으로 보는 측면이 있다. 선택적 인식은 인간이 사물에 관한 정보를
접하는 순간, 보거나 들을 마음의 준비가 되어 있는 바로 그것에 기초하여
사물을 선택적으로 인지하려는 경향을 말한다. 사상, 인격, 정치경력, 상황의
특징, 잠정적 가격과 결과, 가능한 정보, 인식과 감정적 상태 등의 변수에
따라서 인간은 좋은 정보는 받아들이기를 원하고 좋지 않은 것은 회피하기
를 원한다.[209]

이상의 선택적 인식의 결과 남북한 지도자들은 남북합의서를 그들의
정치이익에 맞게 해석하고 있는 듯하다. 예컨대 서문에서 평양과 서울 지
도자들은 그들의 선택적 인식에 따라 7.4남북공동성명의 1) 자주, 2) 평화,
3) 민족대단결원칙을 해석하고 있는 듯하다. 북한은 주체사상을 자주원칙
으로 하여 남한이 외국 간섭을 내외적으로 허용하면서 외국 군대(예컨대 남
한의 미군주둔)에 의존하는 한 독립국가로 주장할 수 없다고 말하고 있다.
북한은 평화원칙을 고려연방제를 통한 평화적 측면으로 받아들이고 있다.
평양지도자들은 민족대단결 원칙을 남한의 국가보안법을 철폐하여 실존하
는 남한정부를 전복할 수 있는 친 공산그룹을 허용하는 것으로 해석하고
있다.[210]

반면에, 남한은 자주원칙을 외부의 간섭 없이 통일문제를 해결하는 남
북한 당사자로 인정하는 것으로 보고 있다. 한국은 평화원칙인 남북합의서
5조(현 휴전상태)를 평화적인 방법으로 통일한국을 이루는 것으로 해석하고
있다. 서울지도자들은 민족대단결을 민주개념과 인권문제를 성취하는 것으

207) "Full Text of the Agreement on Reconciliation, Nonaggression and Exchanges and Cooperation," *Vantage Point* vol. XIV, no. 12(December 13, 1991), pp. 33~35.

208) "Pyongyang Still Reluctant to Open Doors to Outside World," *North Korea News* No. 625(April 16, 1992), pp. 1~2.

209) Jack C. Plano and Roy Olton, *The International Relations Dictionary*(New York: Holt, Rhinehart, and Winston, Inc., 1969), p. 89~90.

210) 평화통일(1992년 3월 22일), p. 4.

로 주장하고 있다.[211] 따라서 북한은 그들의 이익을 추구할 수 있는 '일괄합의 동시실천(一括合議 同時實踐)'을 주장하고 남한은 장래 통일한국을 달성하기 위하여 '건별합의 즉각실천(件別合議 卽刻實踐)'을 주장하고 있다.

　7.4남북공동성명서에 관한 것 이외에도 서문은, 공동의 노력을 경주하는 가운데 민족적 화해, 민족공존의 이익과 번영이 정치·군사적 대결의 해소, 다방면적 교류·협력의 증진 그리고 잠정적 특수관계의 인식 등을 통해 달성될 수 있다고 지적하고 있다. 다시 말해서, 남북합의서는 민족통일을 포기하면서 화해와 협력을 통한 평화적 정착을 목표로 하는 것이 아니라 화해, 불가침, 교류협력에 의한 통일과정을 재차 강조하는 데 중점을 두고 있다. 소위 잠정적 특수관계의 뜻은 남북한관계가 국가 대 국가 간의 평화적 정착을 인정하는 것이 아니라 한 국가 내로의 한국통합(예컨대, 중앙적 법률상의 정부(서울)와 지방적 사실상의 정부(평양))을 기초로 하는 것이다.[212]

　화해에 관하여, 1조부터 8조는 공동노력에 의하여 냉전시대를 종식하고 잠정적 특수관계의 틀에서 사실상의 평화공존을 달성하고 한반도에서 화해문제를 다루는 행위주체가 남북한 정부임을 인정하는 것을 포함하고 있다. 중요한 단어는 존중(1조), 불간섭(2조), 중상중지(3조), 비방(3조), 전복(顚覆)행위·파괴금지(4조), 국제무대에서의 남북한의 공동협력(6조), 남북 상설연락사무소 설치(7조)와 남북 정치분과위원회 설치(8조)다. 이미 공존개념에서 지적했듯이, 화해는 주로 5원칙 중에 1) 상대국의 영토보존과 주권에 대한 상호존중, 3) 상대국 내정에 대한 불간섭과 5) 평화공존에 기초하고 있다.[213]

　불가침에 대하여 9조부터 14조는 남북한 간의 화해에 의하여 두 정치체제와 현 평화유지를 확고히 함을 밝히고 있다. 중요한 단어는 무력행사 중지(9조), 남북 간 분쟁의 평화적 해결(10조), 불가침 경계선과 구역(11조), 남북 군사공동위원회의 설치(12조), 군사당국 간 직통전화 설치(13조)와 남북 군사분과위원회 설치(14조)이다. 불가침은 원래 5원칙 중 2번째 원칙(상호 불가침)

---

211) 남북기본합의서 해설(서울: 통일원, 1992), pp. 8~39.

212) *Ibid.*, pp. 39~40.

213) "Full Text of the Agreement on Reconciliation, Nonaggression and Exchanges and Cooperation," pp. 33~34.

에 속해 있고 남북 간에 군사적 신뢰구축조치를 포함한다.

교류와 협력은 주로 15조부터 23조까지 경제적 측면에 관한 규정을 두고 있다. 교류와 협력은 남북한 통합의 가장 중요한 부분을 차지하고 있다. 남북 간의 경제교류와 협력은 화해(정치- 적대관계를 해소하고 법률상 평화공존 설치)와 불가침(군사- 제도적 장치의 보장) 뒤에 따르게 되어 있다. 교류와 협력은 주로 경제, 사회 및 자유왕래, 교통, 우편, 통신을 포함한 기타 각 분야에 중점을 두고 남북고위급회담 내에 남북한 경제교류협력분과위원회 설치를 규정하고 있다. 중요한 단어는 자원의 공공개발, 민족내부교류로서의 물자교류, 합작투자(15조), 과학·기술·교육·문화·예술·보건·체육·환경과 출판물을 비롯한 출판·보도(16조), 남북한 간 자유왕래·접촉(17조), 이산가족 간의 서신거래, 재결합과 방문(18조), 남북 간의 끊어진 철도·도로·우편·전기통신의 설치·연결(19조), 우편·통신의 비밀보장(20조), 국제무대에서의 다각적인 협력과 대외 공동진출(21조), 남북한 교류협력공동위원회 설치(22조)와 남북한 교류협력분과위원회 설치(23조)를 포함한다. 교류와 협력은 평화공존 5원칙 중에서 4번째 원칙(평등과 상호 이익 보장)에 기초하고 있다.

일반적인 의미에서, 남북기본합의서는 정치·경제·군사·문화의 모든 분야에서 분과위원회, 공동위원회 등을 통해 두 개의 한국을 하나로 통합하기 위한 양측 정부의 공식문건들이 하나로 엮어진 것이다. 남북 당국자의 중요한 생각은 정치분과위원회에 중점을 둔 점이나, 남북기본합의서는 이상 3분과위원회 구성에 대한 시간적 제한을 두고 있다.[214]

1992년 1월 7일 서울과 평양은 남북기본합의서의 실천의 첫 단계로 정치, 군사, 교류협력위원회 등 3개의 분과위원회를 양측에서 각각 7명씩 참석하여 발족·가동하도록 서명했고 1992년 2월 19일부터 발효되었다.[215] 1992년 3월 19일 남북한은 이상 3개의 분과위원회와 남북핵통제공동위원회를 각각 발족·가동시켰다. 제2단계로 남북한은 남북연락사무소, 남북군사공동위원회, 남북교류·협력공동위원회를 1992년 5월 19일까지 설치·운영토록 하

---

214) *Ibid.*, pp. 34~35.

215) "Accord Reached to Set Up 3 Subcommittees," *North Korea News*, no. 618(February 17, 1992), pp. 3~4.

였다.[216] 제도적 측면에서 남북한은 합의서를 준수하고 있다. 그러나 내용적
인 면에서 남북한은 각각 다른 방법론(예컨대 서울—점진적 단계, 평양—일괄
타결) 때문에 문제점에서 합의를 이끌어내지 못하고 있다.[217] 통합과정의 실
천적 측면을 이해하기 위해서는 3가지 장애요소와 3가지 해결책을 찾아내는
것이 필요하다.

3가지 장애요소 문제는 통합과정의 실질적 측면에 기인하고 있으며 ①
핵문제, ② 통합과 남북합의서의 상이한 접근책, ③ 남북 간 지도자 문제로
나눌 수 있다. 이상 3가지 문제의 제시는 정책결정자들이 궁극적 목표로서
의 통일을 추구해 나감에 있어 해결책을 찾는 데 도움을 줄 것이다.

(1) 핵 문 제

핵문제는 남북한 간의 통합과정을 중심으로 가장 중요한 문제다. 남북한
은 한반도에서 핵무기를 옮기거나 제거하기를 원하고 있으며 핵문제를 활용하
여 자국의 견해를 표시하고 있다. 이상적으로 볼 때 양국은 핵무기를 제거하
거나(허정 유엔주재 북한 부대사는 1992년 3월 6일에 평양은 핵무기를 "만들 의사도
능력도 없다"고 설명)[218] 또는 남한에서 핵무기를 철거하는 것이다. 그러나 실제
상 평양 지도자들은 그들의 핵시설을 감추기 위하여 시간을 끌고 있는 듯하다.

연형묵 북한총리가 정원식 남한총리에게 보낸 서신에서 남북대화와 북
한의 핵시설검증 연계 입장을 비난했다. 연총리는 그의 서신에서 "나는 정
총리가 핵문제가 해결되지 않는 한 남북합의서의 이행을 보류하도록 결정한
최근 선언에 대해서 매우 유감으로 생각한다. 남쪽에서는 핵문제를 조금도
걱정할 필요가 없으며 또한 남한에서 남북합의서 이행의 조건으로 할 만한
논리적 근거도 없다"라고 밝혔다.[219]

---

216) 남북기본합의서 해설, pp. 77~84.

217) "South and North Disagree on Most Issues at First Inter-Korean Political Panel Meeting," *North Korea News*, no. 622(March 16, 1992), pp. 1~2.

218) "North Korea's Inconsistent Attitudes Toward Its Nuclear Development Issue," *Vantage Point* vol. XV, no. 3(March, 1991), p. 1.

219) "Pyongyang Criticized Seoul for Trying to Connect Inter-Korean Talks with Nuclear Issue," *North Korea News*, no. 624(March 30, 1992), pp. 3~4.

　서울지도자들은 북한이 핵문제 해결에 성의를 보이지 않음에 따라 대우 (주)측의 실무투자조사를 위한 방북신청 승인을 당분간 보류키로 했고 연총리 서신에 대해서 앞으로 있을 남북분과위원회에서 서울의 입장을 밝히기로 했다. 그들은 빠른 속도로 진행되고 있는 국제원자력기구(International Atomic Energy Agency) 사찰절차와 남북 상호사찰에 대한 북한의 미온적 전략을 달갑게 생각지 않고 있다.

　북한의 최고인민회의 제9기 3차 회의가 1992년 4월 9일에 열려 북한이 국제원자력기구와 1992년 1월 30일에 체결한 핵안전협정을 심의·비준했으며 1992년 5월 31일 이전에 모든 핵물질 및 그 위치에 관한 보고서가 국제원자력기구에 제출되었다. 만약 북한이 핵안전협정 비준을 원한다면 김일성 주석의 인준이며 북한헌법에 의하여 충분하다. 이 비준절차는 2달 이상 걸렸다.

　기술적으로 평양은 핵물질에 관한 최초 보고서를 제출하는 데 30일, 핵시설 건설에 관한 2번째 보고서를 제출하는 데 90일, 그리고 사찰을 받는 데 30일 등 도합 150일간의 시간을 끌 수가 있다. 국제원자력기구 규정의 틀 내에서 북한은 만약 원한다면, 5개월의 시간을 벌어 사찰지역에서 핵물질을 옮길 수 있을 것이다.[220] 1992년 6월 국제원자력기구는 북한의 핵시설과 핵물질을 검사하게 되어 있다. 그러나 시간이 흘러도 국제원자력기구의 점검을 북한이 허용하느냐에 대해서 의구점이 남아 있다.

　처음으로 평양은 1992년 4월 11일에 북한 중앙방송을 통하여 영변에 원자력연구소가 있다고 밝혔다. 최정순 북한원자력공업부 외사국장에 의하면, 영변지구의 핵연구소는 1960년대 중반에 시작하여 1986년 5Mw짜리 제1원자로를 완공, 현재 가동하고 있으며 영변과 박천지역에 50Mw급과 200Mw급의 제2원자로와 제3원자로의 완공을 눈앞에 두고 있다. 그러나 최정순은 핵재처리연구는 인정하면서 핵재처리공장의 건설은 부인하고 있다.

　한스 블릭스 국제원자력기구(IAEA) 사무총장은 1992년 4월 19일 일본 외무성관리를 만난 자리에서, 걸프전 발발 이전의 이라크의 경우와 같이

---

220) 내외통신 no. 791(1992년 4월 16일), p. 5.

평양도 IAEA에 제출한 최초보고서에서 핵재처리시설을 빠뜨렸을 가능성이 있기 때문에 '특별사찰'(IAEA가 최초보고서를 접수한 후 이의 신뢰성을 검증하기 위해 현지사찰을 실시하는 것)을 실시해야 한다고 말했다. 만약 북한이 특별사찰을 거부하는 경우, 유엔 안전보장이사회의 개입을 초래하게 된다.[221] 평양은 핵재처리공장을 포함하지 않은 첫 보고서를 1992년 5월 4일에 국제원자력기구에 제출했다.[222] 다시 말해서, 북한은 핵카드를 사용하여 6개월간 지연했지만 국제사회의 압력에 의하여 핵재처리공장을 공개하게 된 것이다.

남북관계 측면 이외에도 러시아 외무장관 안드레이 코즈레브가 1992년 3월 28일 북한으로 하여금 핵재처리공장의 외부사찰을 받도록 고무한 점과[223] 조지 부시 미 대통령이 동경에서 미야자와 기이치 일본 총리를 방문 중 평양이 2개의 핵재처리공장을 건설하고 있다는 증거가 있다고 말한 점은 국제사회의 압력이다.[224] 또한 큐엔 크친 중국 외무장관이 제3차 아·태평양경제협력기구(APEC)에서 "핵사찰문제로 북한이 국제사회의 압력 하에 있는 것이 좋지 않다"고 주장했고,[225] 와타나베 미치오 일본 외무장관은 1992년 3월 28일에 평양은 국제원자력기구의 사찰을 받아야 한다고 주장했다.[226] 제임스 릴리 미 국방부 국제안보담당 차관보와 리차드 솔로몬 국무성 극동태평양담당 차관보는 워싱턴과 서울 간 대정부협의차 1992년 3월 16일 서울에 도착하여 만약 북한이 국제원자력기구 및 남북한핵위원회에 협조하지 않는 경우 평양에 대하여 유엔조치를 적용해야 한다고 경고했다.[227] 평양지도자들

---

221) "North Korea for the First Time Reveals Details About its Nuclear Power Research Complex in Yongbyon," *North Korea News*, no. 628(April 27, 1992), pp. 4~5.

222) 한국일보(1992년 5월 7일), p. 20.

223) "Text of South-North Declaration on Denuclearization Presented to Geneva Conference on Disarmament," *North Korea News*, no. 624(March 30, 1992), p. 5.

224) "North Korea has Two Secret Nuclear Reactors," *Ibid.*, no. 614(January 20, 1992), p. 4.

225) "North Korea's Foreign Relations: an Outlook," *Vantage Point* vol. XV, no. 3(March 1992), p. 2.

226) "Text of South-North Declaration on Denuclearization Presented to Geneva Conference on Disarmament," p. 5.

227) "North Korea's Inconsistent Attitudes Toward Its Nuclear Development Issue," p. 19.

은 1992년 5월에 한스 블릭스 국제원자력기구(IAEA) 사무총장을 북한에 초청하여 북한고위인사면담과 북한 핵시설에 대한 최초보고서의 신뢰를 조회하도록 했고 한스 블릭스에게 국제원자력기구가 원하는 북한의 어느 곳도 사찰할 수 있다고 통지했다. 북한의 변화된 태도는 남북합의서 문제에 돌파구를 찾는 긍정적인 신호였다.

북한 핵문제를 이해하기 위하여, 핵무기개발의 기술적인 용어는 무엇이고 또 북한 핵문제에 숨은 경과가 무엇인지 아는 것이 중요하다. 서방소식통에 의하면, 북한은 핵무기를 만들 수 있는 플루토늄을 보유하고 있다. 핵무기를 만드는 데 가장 어려운 부분이 분리된 플루토늄이나 고도의 농축우라늄에 의한 분열성 자료를 획득하는 것이다. 1980년 평양은 영변에 1년에 1개의 핵무기를 만들 수 있고 플루토늄을 만들 수 있는 5MW 실험용 원자로를 갖기 시작했다. 플루토늄은 우라늄 238의 중성자에 의하여 실험용 원자로 내에 남은 찌꺼기이다. 북한의 실험용 원자로는 흑연형 감속체와 가스 냉각제로 1986년부터 가동되어 왔다. 인공위성 탐지기에 의하면 워싱턴은 핵폐기물 저장소로 의심되는 2개의 미신고시설과 재처리시설인 '방사화학실험실'을 알고 있었다.[228] 평양은 영변의 5MW 원자로를 1989년에 100일간 폐쇄한 후 8,100개 연료봉을 추출했고 추후 계속 기회를 가질 수 없도록 플루토늄을 변경했다.[229] 국제사회의 많은 사람들은 평양이 2개의 핵무기를 만들 수 있고 그레이프 프르트(Grapefruit) 크기의 농축플루토늄을 가지고 있는지 의심하고 있었다. 그레이프 프르트 크기에 농축플루토늄(수천 개의 핵연료봉)은 저수탱크의 연못에 있으면서 방사선을 식히고 있었다. 영변의 5MW급 원자로에 연료봉이 식기 전 재장착할 수 없다. 워싱턴과 서울은 2개의 원자폭탄을 만들 수 있는 무기제작 플루토늄이 냉각 연못에서 재처리되는 과정을 걱정하고 있었다.[230] 이 걱정은 14년간 미국 · 중국 · 일본 · 러시아 · 한국과 북한 사이에 6자회담을 통해 결국 평양이 미국에 전달한 1만 8,000쪽 분량

---

228) David Albright, "A Proliferation Primer," *The Bulletin of the Scientists*, vol. 49, no. 5(June 13, 1993), p. 16.

229) "Looking for Leverage," *Newsweek*(June 13, 1994), p. 23.

230) *The Wall Street Journal*(June 8, 1994), p. 1; *Los Angeles Times*(June 8, 1994), p. 137.

의 자료에서 고농축우라늄(HEU) 핵프로그램이 파키스탄에서 온 것이 아니라 자체적으로 추진했을 수 있다는 것을 입증했고, 북한은 곧 핵신고서를 6자회담 수석대표회담에서 중국에 넘겨주었고 2008년 6월 27일 북한 영변원자로의 '냉각탑 폭파쇼'를 미국이 테러지원국 해제절차에 착수하는 것을 전제로 진행했다.[231]

다시 1994년 4월 3일로 돌아가, 윌리엄 페리 미 국방장관은 NBC-TV에서 평양은 이미 1개 또는 2개의 원자탄을 보유하고 있을지 모른다고 했다. 페리 장관에 의하면, 워싱턴은 평양의 핵무기개발을 현수준으로 동결하고 만약 평양이 핵무기를 소유할 경우 소급해서 북한의 핵보유를 막겠다고 말했다.[232] 페리 미 국방장관의 성명은 1993년 11월에 발표한 미국의 대북한 핵무기 불허라는 미 대통령 빌 클린턴 말과 일치되지 않는다. 이 뜻은 북한이 단 하나의 핵무기를 개발하는 것도 허용할 수 없다는 것이다. 대신 워싱턴은 평양의 한두 개 핵 노하우의 노출은 어쩔 수 없다고 인정하는 쪽으로 가면서 더 이상 핵무기의 개발을 허용하지 않도록 동결하는 데 초점을 두는 것 같다.[233] 핵무기 개발의 기술적 용어는 한반도와 동북아지역에 세력균형에 변화가 오는 것을 제시하고 있다.

북한 핵문제의 숨은 배경은 무엇인가? 이 배경은 1992년 1월로 40년만에 처음 열리는 북·미고위회담장인 미국 유엔대표부로 소급할 수 있겠다. 아놀드 켄터 미국대표는 북한대표인 김영성에게 평양은 핵 욕심을 포기하라고 제시했다. 김영성은 켄터에게 워싱턴과 평양이 극동의 위협인 동경에 대해서 연합전을 벌이자고 대답하면서 켄터에게 평양을 방문토록 초청했다. 켄터는 평양이 핵 욕심을 포기하지 않는 한 평양방문은 없다고 거절했다. 잘못된 인식과 의사소통으로 고위급회담은 중단되었다. 평양은 부시 행정부 하의 중심무대를 차지하지 못했다.

셀리그 해리손 국제평화카네기재단의 한국전문가에 의하면, 평양의 핵문제는 1991년 12월 북한지도자에 의하여 외부투자와 군사비 삭감을 하는

---

231) 北, "냉각탑 폭파쇼 비용 요구," 조선일보(2008년 6월 21일), p. A2.

232) 한국일보(1994년 4월 15일), p. C5.

233) 상동(1994년 4월 17일), p. C6.

데 실패했다. 평양은 평화적인 경로로 서방국가로부터 얼마나 큰 보상을 받을 수 있는가에 대한 강경파와 온건파의 중간점에 도달했다. 그러나 워싱턴이 평양에 줄 수 있는 보상이 명확하지 않았기 때문에 오래 기다린 워싱턴과 평양의 화해는 결실을 맺지 못했다.

클린턴 행정부는 북한 핵문제를 부시 행정부로 승계했고 국제원자력기구를 통하여 평양이 뒤로 후퇴하기를 기대했다. 이러한 와중에 국제원자력기구 사찰팀은 평양이 1989년 플루토늄을 비밀리에 전용했고, 좀더 세밀한 사찰을 요구하면서 핵확산금지조약(NPT) 탈퇴에 직면했다. 빌 클린턴은 북한의 핵보유를 막아 궁극적으로 여타 지역으로의 핵확산을 방지하는 것이 미 행정부 외교정책의 목적이며 민주당의 최우선책이었던 것이다. 클린턴팀은 1993년 6월 평양의 핵확산금지조약 탈퇴를 방지하고 핵무기를 만들 수 있으며 플루토늄을 만들지 못하게 하는 대북한정책이 갑자기 필요하게 되었다. 핵외교 춤에 장단을 맞추어 워싱턴과 서울은 평양의 일괄타결책에 대한 철저한 대책으로 대응하게 됐다. 전자는 후자가 핵무기 개발을 중단한다면 경제원조와 외교관계 개선을 제공할 것이다. 그럼에도 불구하고 서울지도자들은 명확치 않은 정의의 철저한 대책을 그리 달갑게 생각지 않고 철저하고 광범위한 대책에 동의했다.

1994년 3월, 1989년 북한이 영변 5MW 실험용 원자로의 가동을 잠시 중단시키면서 국제원자력기구 사찰팀이 제거했던 폐연료봉의 군사적 이용가능성을 아는 측도를 확인하지 못하게 막았다. 빌 클린턴은 평양에 대해서 양면정책, 즉 평양이 핵개발을 포기하도록 국제제재를 가하는 측면과 지미 카터를 이용하여 평양의 반응도 알아보도록 위기탈출을 위한 외교카드를 쓰고 있었다.[234]

다시 말해서, 평양이 1993년 3월 12일 NPT의 탈퇴선언 이후 2006년 10월 9일 핵실험 강행 성공발표에 이르기까지 일련의 과정에서 예고된 수순에 따라 핵실험을 강행한 것은 북한의 핵개발 진행성과 핵능력을 과시하여 북한의 핵무장화를 진행하였다. 북한의 핵실험 파장은 세계안보지형에 막대한

---

234) Robert S. Greenberger, "Now U.S., North Korea went from Promise to Peril in Two Years," *The Wall Street Journal*(June 8, 1994), p. 1.

영향을 한반도(평양의 핵보유국화에 따라 남북한의 핵 불균형과 군사적 불균형), 동북아(일본과 대만의 핵무장 유도와 이 지역의 핵확산 우려), 중동 및 아시아·아프리카(이 지역의 핵개발·핵실험·핵무장 유도와 핵확산 증대), UN IAEA와 NPT (Nuclear Non-Proliferation Treaty)체제(1945년~1960년대로 돌아가 강대국 간의 핵무기 증강과 군비확산 강화 우려)에 미칠 것을 우려하게 되었다.[235]

이러한 우려를 해소하기 위하여, 서울은 2003년 8월 말 베이징 1차 6자회담에서 북핵문제 해결방안으로 다음과 같은 3단계 상호 병행조치를 제안했다.

— 1단계: 문제 해결 의지 표명
— 2단계: 핵 폐기 이행과 이에 상응하는 관련국 조치
— 3단계: 핵 문제의 관심사항이 해결되면 참여국 간의 관계 개선

그 후 2004년 2월 말 서울은 2차 6자회담에서 평양의 '핵동결 대 대응조치'(북한의 모든 핵프로그램에 대한 핵활동 및 관련시설을 동결하고, 이를 검증하며 핵폐기안을 단기간 동결을 제의하고 이를 수용할 경우 동결기간 동안 잠정적으로 에너지를 지원하는 방안)를 제안하고 동시에 3단계 대북 안전보장(1단계: 평양은 핵폐기 의사를 표명하고 다른 참가국은 다자안전보장을 문서화, 2단계: 대북안전보장 공동선언을 통해 잠정적으로 평양에 실효적 안전보장을 문서화, 3단계: 평양의 핵폐기 마무리단계로 항구적 안전보장)을 제의한 바 있다.[236] 2005년 9월 19일 6자회담에서 '북한이 핵을 포기하면 보상한다'는 원칙에 합의하면서 공동성명을 발표하여 어느 정도 진전이 있었으나 워싱턴이 그 다음날인 9월 20일 북한 돈 2,500만 달러가 있는 BDA를 '돈 세탁 우려기관'으로 지정하면서 북·미 관계는 악화일로를 걸었다. 평양은 2006년 7월에 미사일을 무더기로 발사함으로써 그들의 불편한 심정을 드러냈고, 10월 9일 핵실험을 강행함으로써 10월 15일 유엔안보리에서 대북제재결의 채택을 하게 되었다. 2007년 1월 16~18일간 미·북 6자회담 수석대표가 베를린 회동을 통해서 접촉한 결과 2007년 2월 13일 6자회담에서 2.13합의(핵시설 가동중단과 에너지지원)를 채택

235) 윤황, 제6장 북한의 핵실험과 세계의 안보지형, 통일전략 제7권 제1호(2007. 4), http://dbpia. co.kr/view/is_view.asp?pid=1125&isid=44829&topmenu=&topmenu1=&viewflag=3 참조.

236) "북핵 문제에 대한 한국의 입장," http://mybox.happycampus.com/chunma31/1775092 참조.

하게 되었다. 이런 와중에서 워싱턴은 6월에 미 뉴욕연방준비은행 송금으로 방코 델타 아시아(Banco Delta Asia: BDA) 문제를 해결하고 6월 21일 힐 차관보가 전격 방북하여 2007년 10월 3일 6자회담, 10.3합의문(북핵 불능화 신고와 테러지원국 해제)을 발표함으로써 북·미 양측의 기싸움은 5년여가 지난 시점에서 되풀이되었다.[237] 1994년 제네바합의 이후 8년 만에 제2차 핵위기가 도래하고 다시 2007년 2.13합의 및 10.3 후속합의에도 불구하고 미·북 간에 '하나 주고 하나 받는 식'(tit for tat)의 명분 싸움이 지속되었다. 1989년 북핵 문제가 처음 국제사회의 현안으로 대두된 지 20년 가까운 긴 세월이 경과하여 평양은 영변의 핵원자로 불능화를 위해 단계적으로 11개의 불능화조치를 이행하고 속히 핵 보유현황을 낱낱이 공표해야 하며 6자회담 참여국도 북한에 에너지지원을 전략적 결단의 이행인 '행동 대 행동'이라는 상호주의 원칙에 따라가야 한다.

미국은 2008년 5월 10일 북한으로부터 받은 1만 8,000쪽에 달하는 핵관련 문서를 검증팀과 전문가들이 조사한 결과, 평양은 2.13 합의에 따라 영변 핵단지를 폐쇄한 데 이어 이 단지에 있는 3개 핵심 핵시설에 대한 불능화에 착수해 모두 11개 불능화작업 중 8개는 이미 완료됐고 폐연료봉도 5월 중순 현재 3분의 1 가량 성공적으로 인출했다고 밝혔다.[238] 평양은 6월 26일 현재까지 생산한 플루토늄의 양 및 사용처, 영변원자로를 비롯한 핵관련 시설 목록을 적시한 핵신고서(45~50페이지)를 북핵 6자회담 의장국인 중국에 제출하여 2단계(핵신고 및 불능화) 과정을 마무리하고 3단계(핵폐기)에 본격적으로 진입할 가능성이 높아지고 있다. 평양은 미국의 CNN을 통해 6월 27일 오전에 그들의 핵폐기 의지를 과시하는 차원에서 영변원자로의 냉각탑을 폭파하는 이벤트를 생중계했고 워싱턴은 이에 맞춰 북한을 테러지원국 명단에서 제외하기 위한 절차를 시작했으며, 한국전쟁 이후 내려진 대북 경제제재를 철회하기 시작했다.[239]

그러나 평양은 2009년 대외 강공책을 쓰면서 그동안의 불능화 조치를

---

237) "반전 거듭한 북핵 사태와 남북.미북관계 전개 예상," 조선일보(2007년 10월 9일), p. A4; "남북관계도 플릴까," 조선일보(2008년 4월 9일), p. A6.

238) "北, 11개 核불능화 작업중 8개 완료," 상동(2008년 5월 12일), p. 1.

239) "北 오늘 核신고서 제출," 상동(2008년 6월 26일), p. 1.

일거에 되돌리는 행동을 취했다.[240] 북한이 2009년 9월 3일 유엔 안보리 의
장에게 전달한 서한에서 "우라늄 농축 시험이 성공적으로 진행돼 결속(마무
리) 단계에 들어섰으며, … 폐연료봉 재처리로 추출된 플루토늄이 무기화되
고 있다"고 주장하여, 지난 7년 간 "우라늄 농축은 없다"며 국제사회를 상대
로 "사기행각"을 한 짓을 북한 스스로 이제 와서 "있다"라고 밝힘으로써 북
한 핵 능력의 이중성을 드러냈다. 평양은 2009년 6월 실시한 2차 핵실험으
로 안보리 대북제재 결의안 1874호를 받고 있었다. 평양이 세계 최고의 정
보력을 보유한 워싱턴을 상대로 7년 간 벌인 "사기"행각의 가능성은 우라늄
농축의 은닉성 때문이다. 우라늄탄 제조공정은 플루토늄탄과 달리 대규모
시설이 필요 없고 방출되는 방사능의 양도 매우 적어 미국의 위성이나 외부
감시가 어려우며, 원심분리기만 확보되면 공장·광산·군부대·지하실·땅
굴 등 장소를 불문하고 작은 면적 안에 간편하게 은닉·설치가 가능하기 때
문이다. 워싱턴은 평양이 90년대 후반에 파키스탄으로부터 20여 기의 원심
분리기를 들여오고 모스크바로부터 150t의 고강도 알루미늄을 수입한 점으
로 우라늄 농축 개발을 어느 정도 확신한 바 있으나 결정적 증거 부족으로
북한에 끌려 다닌 결과로 분석된다. 그렇지만 평양의 우라늄 농축 기술수준
은 아직 파악하지 못한 상태이다.[241] 평양은 지난 50년 가까이 핵무기 확보
를 '국가적 명운'으로 목표를 세우고 안팎의 체제 붕괴 요인으로부터 북한
을 지켜 줄 수 있다는 확신을 가지고 있는 것으로 추정된다. 평양이 내건
조건들은 '모양'이고 북한체제가 현재까지 유지된 것은 핵 때문이고 김정일
가문의 통치를 지탱한 유일한 무기라고 보는 점이다. 소위 6자회담의 접근
방법은 별다른 효과를 기대할 수 없다는 논리이다. 북한은 필요시 핵실험에
이어 연일 미사일 시험발사를 감행하여 평양이 핵보유국임을 대내외에 확인
시키고 천안함 사건 전후에서도 당당하게 처신하고 있는 것이다.[242]

　　유엔 안전보장이사회는 2010년 7월 8일 전체회의에서 5개 상임이사국과
한국 일본 등 'P5＋2'간의 합의된 의장성명초안이 채택되었다. 이 초안이 확

240) "北核 폐기까진 '채찍'있고 '당근'은 없다," 상동(2009년 9월 18일), p. A6.

241) "뻔뻔한 北 … 우라늄 농축 없다더니 이제와선 '있다'," 상동(2009년 9월 5일), p. A3.

242) "북핵 3 假設, 우리의 3 假設" 상동(2009년 7월 6일), p. A30.

정될 경우 지난 6월 4일 안보리 회부 이후 35일 만에 결론된 것으로 2가지 골자가 포함되어있다. 첫째는 천안함이 한국의 조사결과를 인용해 북한의 책임이 있다는 것을 간접적으로 언급한 점으로 초안의 5항에서 '안보리는 북한이 천안함 침몰에 책임이 있다는 결론을 내린 합동조사단의 조사결과에 비춰 깊은 우려를 표명한다'고 밝힌 점, 7항에서 '천안함 침몰을 초래한 공격을 규탄한다'고 명시한 점, 4항에서 '사건책임자에 대한 적절한 조치를 취할 것을 촉구'하는 내용을 담고 있다. 둘째, 천안함에 대한 북한과 중국의 입장도 반영하여 '이번 사건과 관련이 없다는 북한의 방응, 그리고 여타 관련국들의 반응에 유의한다'고 명시하여 4항에서는 '북한' 대신 '사건책임자'라는 표현을 사용한 것이다.[243] 평양은 7월 10일 조선중앙통신의 외무성 대변인 문답에서 '6자회담을 통해 평화협정체결과 비핵화를 실현하기 위한 노력을 일관되게 기울여 나갈 것'이라고 발언함으로써 핵보유국처럼 행동하고 있다.[244] 정리하면 이 초안은 이 정도로 평양의 책임추궁은 정리하고 긴장완화의 스텝을 밟자는 제안이다. 단기적으로 경협중단, 대화거부, 그리고 한·미 군사훈련 강화 등의 카드가 있지만 장기적인 해결책은 아니다. 국제사회가 '적절한 경로를 통해 직접대화와 협상'을 하라고 주문하였기에 이 방법은 계속될 전망이다. 시간이 가면서 평양의 '천안함 사태 → 6자회담 시작'이라는 입장이 설득력을 얻어갈 전망이다.[245]

북핵문제는 유엔 안보리 국가들이 북핵을 용납하지 않겠다고 했지만, 실제적으로 지난 몇 년간 평양의 핵 프로그램은 계속 진행되고 있으며 또한 이를 용납하는 결과를 가져 왔다. 북한의 핵 영향권이 세계적으로 확산된다면, 비록 미국이 이에 대응할 충분한 무기 체계를 가지고 있지만, 이는 북핵에 영향받는 모든 국가의 문제이기 때문에 북한의 핵무기가 미사일을 통해 서울과 동경에 사용돼 수십만 명의 사람들이 몇 시간 만에 살상되는 것은 막아야 한다.[246] 특히 미국 오바마 대통령은 2009년 4월 5일 북한의 광명성

---

243) "안보리 '北공격' 빠진 천안함 의장성명," 한국일보(2010년 7월 10일), p. C1.

244) "북, 6자회담 제의에 진심을 담았나," 상동(2010년 7월 12일), p. C19.

245) "남북관계, 역사에 길을 묻다," 중앙일보(2010년 7월 13일), p. A23.

246) "北核 용납땐 세계 대참극 초래," 조선일보(2010년 3월 12일), p. A3.

2호 로켓발사 보고를 받은 후 프라하 대통령궁 광장에서 21세기 핵무기의 장래에 대한 '핵 없는 세계'를 위해 미국 핵무기의 역할과 보유량을 축소하는 방안, 핵무기확산과 핵테러 위협의 감소에 대한 방안을 논의하기 위해 1년 후인 2010년에 핵안보정상회의의 개최를 선언한 바 있다. 일년 후 2010년 4월 6일 '핵테세검토보고서'발표, 4월 8일 미·러 신(新)전략핵군축합의 서명에 이어 4월 13일 오바마 대통령이 주도한 제1차 핵안보정상회의가 열려 테러리스트와 범죄인들에게 플루토늄 같은 핵물질이 넘어가는 방지책을 논의하고 제2차 회의를 2012년 서울에서 갖기로 합의한 바 있다. 2012년 3월 26~27일 서울에서 열릴 제2차 핵안보정상회의는 해방 이후 가장 많은 해외 정상들이 모여 '핵 없는 세계'를 논의하게 될 것이다. 북한은 '핵 없는 세계'의 큰 틀에서 이탈자들(Outliers)의 한 국가로 전략하여 사면초가에 놓인 상태이다. 평양은 전략적 결정을 내려야 한다.[247] 또한 핵문제의 해결과 통일 한국을 위해 남북관계의 개선책을 찾아야 한다. 현재는 일보전진과 일보후퇴의 상황이다. 북핵문제를 해결하기 위한 6자회담은 2008년 12월 초 검증의정서 합의에 실패한 이후 평양의 장거리 탄도 미사일 발사, 제2 핵실험, 천안함 침몰사건, 연평도 포격 사건 등 한반도의 일촉즉발 위기에서 3년간 재개되지 못한 채 휴면상태이다. 앞으로 협상자체가 결론을 이끌어내지 못한 점을 염두에 두고 구체적인 결론을 상정하여 협상을 진행해야 한다. 다시 말해서, 북한은 북핵문제가 해결되는 것이 6자회담이나 북·미 대화의 성과 여부에 따라 결정되는 것이 아니라 핵과 북한 체제는 북한의 명운에 따르게 될 수 있다고 보는 점이다.[248] 6자회담 참여국도 북핵이 미치는 파장을 줄이는 차원에서 그들의 의무를 끝까지 지키는 것도 꼭 해야 할 일이다. 이러한 국제적 협조는 한반도에서 평화공존의 틀을 유지하는 데 필수조건임을 늘 깨달아야 한다.

(2) 통합과 남북합의서의 상이한 접근책

서울과 평양 간의 통합과 남북합의서의 상이한 점은 남북한 간에 상징

---

247) "'핵 없는 세계'의 사면초가에 빠진 북한," 상동(2010년 4월 16일), p. A35.

248) "核 포기 의사 없는 북한에 어떻게 대응할 것인가," 상동(2009년 9월 5일), p. A35.

적 의미에서 한민족공동체와 고려연방제를 주장한 것이다(이것은 통일을 달성
하겠다는 남북의 공약을 강조하며, 선전적 측면에서는 성과를 거두었다). 이미 연방
제와 공동체모델에서 지적한 바와 같이 3가지 문제가 있다. 이 문제들은 ①
상이한 접근책(예컨대 점진책: 서울, 일괄타개책: 평양)과 서울의 중간과정으로서
의 공동체(평양은 중간과정을 가지고 있지 않다), ② 서울의 단일국가를 통일목
표로 포함하는 것과 평양의 고려연방제는 1980년대 통일목표 달성을 고려하
지 않는 점, ③ 고려연방제에는 조건이 달려 있고 한민족공동체 방안에 조
건이 없는 점들이다.

　　양측은 서로를 인정하지 않고 있다. 이 뜻은 두 통일방안이 상징적 측
면을 초월해서 서로가 받아들일 수 있는 방안이 되도록 수정해야 함을 의미
한다. 양측은 서로가 받아들일 수 있는 준비가 되어 있다는 점을 명백히 해
야 한다.[249]

　　두 상이한 통합정책에도 불구하고, 합의서 이행을 위한 일련의 협상이
서울과 평양 사이에 진행되어 뾰족한 결실은 없었지만 여러 분과위원회가
설치되었다. 1992년 5월 5~7일간 서울에서 열린 제7차 남북고위급회담에서
100명의 이산가족, 70명의 예술인, 70명의 언론인을 포함한 240명을 1992년
8월 15일을 기해 3박 4일 간의 일정으로 서로 교환하도록 하고, 판문점 연
락사무소와 3개 분과위원회를 구성·운영하도록 합의를 보았다.[250] 평양은
이 시기에 한국전에서 전사한 미군유해 30구를 돌려보내기로 결정했다. 이
제스처는 북한이 미국과의 관계증진에 미국이 내건 5개 조건 중 한 조건을
충족시킨다고 워싱턴에 신호를 보내는 것이다. 워싱턴은 평양과의 관계증진
을 위하여 5가지 조건을 걸고 있다: ① 남북회담의 의미있는 발전, ② 국제
테러리즘의 포기, ③ 국제원자력기구 핵사찰의 조기 타결, ④ 한국에서 전사
한 미군유해 반환과 ⑤ 반미선전의 중지.[251]

---

249) B.C. Koh, "A Comparative Study of Unification Plans: The Korean National Community versus the Koryo Confederation," of the 6th International Conference on "Korean Reunification: The Formation of the Korean National Community"(May 10~13, 1990), Hyatt Regency Crystal City, Arlington, Virginia, pp. 1~9.

250) 한국일보(1992년 5월 7일), p. 1.

251) "Kim Il Sung Expresses Desire to Improve Relations with Washington- In Interview with

북한주장에 의하면, 평양은 남북회담의 의미 있는 발전, 국제원자력기구 핵사찰 조기 수락과 한국전 전사자 20명의 유해반환의 조건을 충족시켰다. 나머지 2가지 조건도 워싱턴과의 관계개선을 위하여 적당한 시기에 발표할 것이다. 그러나 미국은 국제원자력기구와 남한에 충분한 결과가 나올 때까지 기다릴 것이다.

여기서 지적하는 통합과 남북합의서의 중요한 초점은 1991년 남북고위급회담에 따른 '남북기본합의서'를 통해 남북한 관계는 "쌍방 사이의 관계는 나라와 나라 사이의 관계가 아닌 통일을 지향하는 과정에서 잠정적으로 형성되는 특수관계라는 것을 인정하고, 평화통일을 성취하기 위한 공동의 노력을 경주할 것"이라는 '이념적 틀'을 완성한 점이다. 이 점은 서울의 경우, 현실주의적 보편성을 기반으로 국가를 하나의 단일체로 보면서 남북한 두 개의 국가(Two Koreas)가 한반도에 존재한다는 가정에서 보는 시각이다. 이들의 시각은 남북통합문제를 다루는 다양한 정치행위자가 남북한 통합문제와 남북관계문제의 상위구조에 해당하는 국제체제의 분석을 동시에 다루어 통일한국문제에 접근해야 한다고 보는 이념적 틀을 의미한다. 평양의 경우, 하나의 한국(One Korea)을 지향하는 규범적 인식을 바탕으로 분단을 민족의 문제로 보는 시각을 전제로 한 이념적 틀을 의미한다. 다시 말해서 통일한국문제는 민족 내부관계이자 국제관계로 해결해야 하는 이중적 구조로 보는 이념적 틀을 뜻한다.[252] 1993년 4월 6일 최고인민회의 제9기 제5차 회의에서 김일성은 북한 통일정책의 기본방침으로 '조국통일을 위한 전민족 대단결 10대 강령'을 발표하면서 남북한 간의 다른 이념과 제도의 존재를 인정하고 상대방을 배려하며 흡수하지 말아야 한다고 주장한 바 있다. 서울은 1994년 8월 15일 '민족공동체 통일방안'을 발표하면서 화해・협력의 단계와 남북연합의 단계를 거쳐 1민족 1국가로 완성하는 3단계 통일방안을 주장하게 되었다. 그러나 1994년 7월 남북정상회담을 앞둔 시점에서 김일성 주석이 사망함으로써 서울의 통일방안은 그 역동성을 잃어버리

---

the Washington Times-," *North Korea News*, no. 628(April 27, 1992), p. 4.

252) 최청호, "한반도 통일방안 연구: 연속적 통합과정으로 본 연합제와 낮은 단계의 연방제," 동북아연구 제12권(서울: 경남대학교 극동문제연구소, 2007), pp. 94~101.

게 되었다.

2000년 3월 9일 서울의 김대중 대통령이 독일 베를린자유대학에서 남북한 당국 간 대화인 '베를린 선언'을 발표하고 그 후 수차례 정부 간 비공개 접촉을 거쳐 6월 13일부터 15일까지 남북정상회담을 개최하여 6.15 남북공동선언이 채택되었다. 이 선언을 통해 '방법적 틀'을 제공하게 되었고 서울의 연합제와 평양의 낮은 단계의 연방제가 평화공존의 접점을 찾게 된 점이다.[253] 이 방법적 틀은 앞으로 통일한국으로 가는 과정에서 중요한 역할을 할 것이다. 7년이 지난 2007년 10월 4일 평양에서 노무현 전 대통령과 김정일 국방위원장의 제2차 남북정상회담은 상징적인 차원을 넘어 제2경제특구를 남포에 건설해 서울의 대기업이 진출하는 방안, 항만·도로·전력 등 대북 사회간접자본투자(Social Overhead Capital Investment), 정유·철강 등 북한 중공업개발·지원을 약속했지만, 북핵 6자회담에서 핵물질 신고와 핵시설 불능화의 결정적인 시기가 남한의 대통령선거를 4개월 앞둔 시기에 열려 실효성 없는 회담의 연속으로 판명됐다.[254] 다시 말해서, 남북한 통합과 기본적인 남북합의서가 제시하는 교훈은 남북한이 국가적 통합을 위한 제도적 단계의 통일을 의미하는 것이 아니라 체제인정과 평화공존의 단계를 통해 통합을 지향하는 통일과정의 수순을 의미한다고 분석된다.

(3) 남북 간 지도자 문제

이 문제를 해결하기에 제일 좋은 방안은 그 당시 상징적 기능을 포기하고 양측의 통일정책을 수정하며, 노태우 전 대통령과 김일성 전 주석 간에 정상회담을 여는 것이었다. 이 경우 두 정상은 장래 두 한국의 대통일헌장의 틀과 통일의 궁극적 목적에 동의하면서 남북한 간의 통일정책 수정에 착수할 것이다. 두 정상은 중간단계인 통합문제를 정치적 단계에서 일괄타개 방식으로 해결할 것이다. 양측 정치지도자들은 다른 시기에 이상의 포괄책을 주장해왔고 제6, 7차 총리회담에서 작은 문제(사회·경제)와 큰 문제(정

---

253) 최청호, 상동, pp. 101~108.

254) "김정일 위원장이 넉 달 남은 정권과 회담하는 이유," 조선일보(2007년 8월 9일), p. A31.

치·군사)를 동시에 다루도록 합의를 보았다.

정상회담이 평양, 서울, 판문점에서 1992년에 열릴 경우, 통합협상의 새 장을 여는 결과를 가져올 것이다. 이 회담에서 공동신사협정과 수정된 통일방안을 논의하게 될 것이다. 공동신사협정은 분단된 한국관리의 공동연구발전관리안, 공동외교정책방안, 공동해외시장연구안, 그리고 인구·기후·농업·공업분야 공동합작연구방안을 신공동성명 내에 포함할 것이다.[255] 정상회담은 상이한 통합문제와 남북합의서 문제를 해결하는 데 꼭 짚고 넘어가야 할 단계다.

상이한 정치사회화 과정과 특질적 요소(인식, 심상(心象)과 인격적 특성) 때문에 남북 정치지도자들은 통합과정을 속히 진행할 수 없다. 서울의 경우, 노태우 전 대통령은 '보통사람'의 개념을 강조하며 권위주의 개념을 탈피했고, 남한의 민주화에 공헌했으며 나머지 1년여 잔여기간 중 통합과정의 견고한 초석을 이룰 것으로 기대되었다. 노태우 대통령의 후계자는 1992년 가을에나 나왔다. 집권정당에서 김영삼 민자당대표위원과 이종찬 국회의원이 민자당 대통령후보 경선을 시작했다. 이종찬 의원은 대통령후보 경선을 2일 앞두고 김영삼 후보와 상이한 절차상 문제로 사퇴했다. 다른 소수정당에서 김대중, 정주영을 대통령후보로 지명했다.[256]

김영삼이 대통령으로 당선된 시기는 냉전시기에서 탈냉전시기로 변하는 과도기로 과거 냉전체제에서 안보와 국가 간 관계개선 그리고 민주화를 찾던 국민의 요구·기대·지지의 관심을 둔 시점이자 탈냉전시기로 넘어와 소련이 붕괴하고 새로운 국제질서가 확립되면서 국민의 요구가 변하는 시점이었다. 그는 어느 대통령보다도 많은 기대와 국민적 여망 속에 청와대에 입성했으나 잘못된 역사관과 과분에 넘친 과거정권 청산에 치중함으로써 탈냉전 내지 21세기에 새로운 국민의 요구, 기대와 지지를 소홀히 하여 인재등용에 실패했고 잦은 내각교체와 한보사태, 그리고 아들 김현철이 국정에 개입한 결과를 가져왔다. 남북한관계에서도 평양과의 핵협상과정에서 북한을 응징하자는 보수파의 견해를 무력화시키고 신외교를 주창한 한승주 교수를

---

255) Young Jeh Kim, *The Political Unification of Korea in the 1990's: Key to World Peace*, p. 170.

256) *Korea Times*(May 4, 1992), p. 8.

외교장관으로 기용하여 대북유화책을 추진한 결과 평양이 워싱턴과 제네바 협정에 서명하면서 서울정부를 따돌리고 워싱턴에서 정례적 협상을 갖게 되었고 한반도 에너지 개발기구(KPEDO: Korean Peninsula Energy Development Organization)를 통해 원자력발전소를 건설하면서 재정적으로 남한이 대부분을 부담하는 결과를 가져왔다.[257]

그의 후임으로 김대중 대통령이 1998년 2월 25일 취임한 후 1998년에는 분단 이후 최초로 선편을 통한 금강산관광사업을 시작했고, 2000년 6월 15일 분단 이후 최초로 김정일과 남북정상회담을 갖고 6.15 남북공동선언을 발표했으며, 햇볕정책을 통해 남북한 간의 관계를 진전시켜, 한국의 인권에 헌신한 공로로 노벨 평화상을 받은 바 있다. 그는 집권 이후 전임 김영삼 정부에서 발생한 국제통화기금(IMF: International Monetary Fund) 사태를 맞아 국제통화기금으로부터 구제금융을 받는 대가로 강도 높은 기업구조조정을 요구받고 국제수준의 기업투명성 강화와 부채비율 축소정책을 추진한 바 있다.[258] 그의 남북한 관계 개선은 역대 대통령이 이루지 못한 정상회담도 이루고 탈냉전시대에 새로운 국민의 여망을 실천시킨 점에서 후한 평가를 내릴 수 있다.

노무현은 2003년 2월 25일 제16대 대통령으로 취임하여 참여정부를 출범시켰으나 2004년 3월 국회로부터 최초로 탄핵소추를 당해 대통령 권한이 정지되었다. 그러나 같은 해 5월 탄핵안이 헌법재판소에서 기각돼 대통령직무에 복귀하였다. 그의 임기 동안 정치경력은 지역주의 정치를 극복하려 시도한 점과 자유주의적 개혁세력과 맹목적 친미정책을 비판한 점, 2007년 10월 4일 제2차 남북정상회담에서 김정일 국방위원장과 함께 남북관계발전 및 평화번영을 위한 선언을 발표한 점이다.[259] 그의 지도력도 21세기 변화하는 지도력과 신한국인의 요구·기대·지지를 충족시키지 못했지만, 남북관계에서 제2차 정상회담은 여러 가지 정치적 이유는 있지만 남북관계를 발

---

257) "김영삼 대통령의 공과," 한국대통령 시리즈, 원광대교지 편집부(1997년 10월 10일) http://mahan.wonkwang.ac.kr/jucheon/Columns/column3-8.htm 참조.

258) 김대중위키백과-우리모두의 백과사전, http://ko.wikipedia.org/wiki/%EA%B9%80%EB%8C%80 EC%A4%91 참조.

259) 노무현, 상동, http://ko.wikipedia.org/wiki/%EB%85%B8%EB%AC%B4%ED%98%84 참조.

전시키는 기초를 공고히 한 점은 긍정적인 평가를 내릴 수 있다. 하지만 모든 일에 장단점이 있듯이, 그의 제 2 차 남북정상회담은 차기정권에 부담을 주어 남북관계를 유지하는 데 걸림돌로 나타난 점은 단점으로 남을 것이다.

이명박은 2008년 2월 25일 제17대 대통령으로 취임하여 고소득, 땅부자 내각이라는 비판에도 불구하고 자신이 원하는 방향으로 인재들을 등용하고, 50여 개 품목의 물가안정, 일찍 출근하고 늦게까지 일하는 공무원상 정립에 초점을 두고, 한미 FTA와 같은 현안들을 노무현 정부보다 확실하게 추진한 바 있다. 이 과정에서 2008년 4월 18일 그가 캠프 데이비드를 방문해 조지 부시 대통령을 만나기 전 미국산 쇠고기수입 재개를 위한 졸속협상을 비난하는 촛불시위를 하는 시민들의 요구에 대한 미온적인 대응으로 그의 지지율은 최저 16%를 기록하고,[260] 대북정책도 보수적 차원에서 실용주의에 입각한 정책으로 남북관계는 경색일변으로 내닫고 6자회담에서도 운전석에서 조수석으로 바뀌는 단계에 와 있다. 소위 이명박 대통령의 '비핵개방 3000'으로 인해 과거 정부로부터 몇 년간 쌀과 비료 지원에 익숙한 김정일 정권은 갑자기 한국의 쌀과 비료가 끊어지자 불시에 곤경에 처하게 되었고 봉남정책을 수행하게 됐다. 평양은 워싱턴과 북핵문제해결 차원에서 50만t의 쌀 지원과 테러지원국명단 삭제, 적성국 교역금지명단에서 제외, 동경과 적군파의 요도호 납치범 인도양보, 베이징과 2003년 중국전국인민대회 우방궈(吳邦國) 위원장 방문시 5,000만 달러짜리 대안 친선 유리공장 건설지원과 2008년 6월 중순 시진핑(習近平) 중국 국가부주석 방북 등 북·미, 북·중, 북·일관계에 발벗고 나서면서 2008년 4월부터 평양은 이명박 대통령에게 '역도'라는 표현을 쓰면서 봉남정책을 수행하고 있는 점이다.[261]

21세기에 기대되는 정치지도자는 20세기 산업혁명을 통해 산업화로 세계가 고도의 성장을 해온 것과는 달리, 지식정보화시대로 돌입하면서 사회와 지도자의 요구도 많은 변화를 가져와 한국국민의 오래된 정치에 대한 불신으로부터 존경을 받을 민주적 지도자의 부상을 요구하고 있다. 반면에 추종자도 디지털화한 인터넷세대의 새로운 요구, 개인의 행복추구권 우선에

260) 이명박, 상동, http://ko.wikipedia.org/wiki/%EC%9D%B4%EB%AA%85%EB%B0%95 참조.

261) 차오위즈, "封南에 열중하고 있는 북한," 조선일보(2008년 6월 30일), p. A27.

맞추는 것도 중요하다고 분석된다.

평양의 경우, 김정일은 김일성 주석(1992. 2. 16)에 의하여 1991년 군최고 사령관에 임명되었다.[262] 김정일의 50회 생일을 기하여 그는 노동당중앙위원회·당군사위원회·중앙인민위원회와 행정위원회로부터 "친애하는 지도자 김정일 동지"의 존함과 군최고사령관 취임으로 공동축하문과 충성문을 받았다.[263] 북한은 김일성의 80회 생일을 이틀 앞둔 1992년 4월 13일 북한 중앙 방송의 '중대방송'을 통해 발표한 노동당중앙위원회·노동당중앙군사위원회·국방위원회·중앙인민위원회 공동명의로 된 결정에서 김일성 주석에게 '대원수' 칭호를 수여하기로 결정했다고 공식 보도했다. 김정일은 그 아버지의 후계자로서, 군최고사령관으로서 1992년 4월 25일 '원수' 지위를 부여받았다. 이 뜻은 김정일이 군에서의 기반을 바탕으로 당·정·군에서 보다 확고한 권한을 행사하게 될 것으로 보았다.[264]

| 그림 2-4 | 김정일 국방위원장 |

서울=연합뉴스

---

262) "Public Rallies Held in North Korea to Pledge Loyalty to New Supreme Commander Kim Jong-il," *North Korea News*, no. 613(January 13, 1992), p. 4.

263) "Kim Jong-il Cult Worship System Now Rivals Kim Il-sung's Intensity," *Ibid.*, no. 619(February 24, 1992), p. 1.

264) "Kim Il Sung Given New Title of Generalissimo," *Ibid.*, no. 627(April 20, 1992), p. 1.

1992년 2월 13일자 북한중앙방송에 의하면 김정일은 김일성대학에서 그의 자료를 소개하고 있으며 1960년대에 그가 대학생활을 했던 용남산 언덕을 포함하여 1960년대 이래 1,350회의 현지지도를 했다.[265]

김정일은 김일성 주석 지도하에 개방과 '실리외교'에 바탕을 둔 새로운 대외정책(남한과의 교류<주로 경제교류>, 남북대화<기본합의서>, 유엔동시가입, 주한 미군철수요구<근본적 변화 없음>, 대남정책<한반도 공산화의 기본전략에는 변화 없고 남북대화에는 유연한 자세>)의 방향으로 나아가는 것 같다.[266]

중요한 점은 남한의 대통령이 된 이명박 대통령과 2012년 대선에서 뽑힌 지도자와 평양의 실질적인 지도자 김정은이 모든 문제를 해결해야 된다는 것이다. 북한은 김일성의 급사를 김정일 정권을 공고화하고 김정일 사후(2011년 12월 17일) 김정은이 새 방향으로 북한을 이끌어가는 데 있어 전환점으로 보고 있다. 김정일의 단기·중기·장기적 시나리오는 북한 발전의 부정확성과 불안의 요소를 가지고 있다. 북한의 최근 안정 추세나 단기 시나리오의 모든 면에서 김정일은 정부·군부·정당을 장악하기 위해 권력을 장악할 필요성이 있었다. 김정일의 생존은 핵위기를 어떻게 잘 관리하느냐에 따른 기술이다. 만약 김정일이 자기 아버지의 약속인 핵동결을 위반했을 때의 악몽 시나리오가 1994년 말 저수탱크의 연못에서 방사선을 식히는 수천 개의 핵연료봉을 옮길 때처럼 뒤따르게 될 것이다. 김일성의 카리스마가 부족한 김정일은 핵문제를 일괄타결책으로 해결하는 방법 이외에 없다고 본다.[267] 김정일은 미국과 핵문제로 강경책을 쓰는 군부의 욕구를 충족하면서 하루 3끼도 못먹는 북한주민의 식량부족문제를 동시에 안고 있다. 악화일로에 있는 북한의 경제난은 주민이 허기에 찰 때 '시간폭탄'이 되는 것은 2012년 현재에도 유효하다. 북한의 지도자인 김정은은 핵폭탄과 경제시간폭탄을 동시에 쥐고 문제를 푸는 면에서 전세계 이목을 한 몸에 받고 있

---

265) "Kim Jong-il Has Made 1,350 Guidance Tours Since 1960," *Ibid.*, no. 619(February 24, 1992), p. 2.

266) "North Korea's Foreign Relations: An Outlook," *Vantage Point*, vol. XV, no. 3(March 1992), pp. 1~11.

267) *Los Angeles Times*(July 14, 1994), p. B7.

다.[268] 북한경제는 주민에게 하루에 3끼를 공급할 수 없는 처참한 지경에 있다. 만약 김정은이 북한주민에게 필요한 필수적 조건과 경제문제를 해결하지 못할 경우 북한주민은 김정은체제에 반기를 들 수도 있다.

북한에게 필요한 것은 단기적 측면에서 핵무기를 갖는 것보다도 경제시간폭탄의 압력을 해소하는 것이다. 핵폭탄을 개발하는 것은 한국·일본·대만으로부터 기대하지 않는 결과를 초래할 것이다. 김정은이 매파 군부장성의 지지로 자기체제를 유지하고 비둘기파의 도움으로 일본·미국과 관계를 개선하느냐는 그가 제3단계 북미고위급회담에서 어떻게 처신하느냐에 달려 있다.[269] 김정은이 중기적 시나리오에서 핵카드를 포기하면서 그의 정권을 강화하고 중국식 경제개발을 따르고 서방세계와 원만한 외교관계를 유지하느냐에 달려 있다. 이 중기단계에서 김정은은 어떻게 북한의 매파와 비둘기파를 활용하나를 습득하면서 그의 정치체제를 강화하는 면을 습득할 것이다. 새로운 환경은 김정은으로 하여금 새로운 방향을 따르면서 변화를 촉구하고 있다. 장기적 시나리오는 한국경제와 경쟁하기 위한 북한의 경제개혁과 개방정책일 것이다. 평양지도자들은 말로는 서울정부를 비난하고 있지만 실질상으로는 적극적이고 침투력 있는 남한경제가 민주화를 가져다줬다고 보고 있다. 그들은 남북한에 공통점을 찾으면서 장래 통일한국을 이루어야 한다는 점도 알고 있다. 남북한관계의 현재와 장래는 단기적 측면에서는 데탕트로 긴장완화와 협력추구이고, 중기적 측면에서는 북한주민을 돕는 평양경제지원에 의한 경제교류와 협력이며, 장기적 측면에서는 남북한 사이의 절충과 공통점에 의한 통일한국을 달성하는 것이다. 요컨대 한반도의 남북관계는 김일성 주석 사망 후 바뀌기 시작했다. 현존하는 틀은 김일성의 남북한 이념적 기초에 의한 것으로 대내외적 측면이 하루가 바쁘게 변하고 있다. 평양 핵문제와 관련하여 변혁은 서울 지도자들에게 평화공존 5대원칙과 한반도에 외세영향을 감축시키는 면을 교육시키는 사명이 있다고 본다.[270]

---

268) *Ibid.*(July 15, 1994), p. B7.

269) 한국일보(1994년 7월 15일), p. A2.

270) 김용제, "핵문제와 남북한 관계," 국제화시대의 한반도 통일문제 제10차 미주지역 한반

통합과정을 앞당기는 것은 개혁된 한국과 신사고를 가진 정치지도자에게 달려 있다. 서울은 부의 평등분배, 혹은 사회복지 내지 정치개혁을 계속해야 될 것 같다. 평양지도자들은 북한사회를 서울과 전세계에 개방하고 북한국민에게 자유를 부여해야 하는 단계에 와 있다.

이상 개혁된 개념 하에, 소위 '신사고 정치지도자'들은 앞으로 닥칠 변화라는 새로운 도전을 준비해야 된다. 2012년의 한국은 1992년 한국과는 판이하게 다를 것이다. 변화는 오고 있다. 최근 독일의 사태진전과 미국쇠고기 파동이 보여주는 바와 같이, 서울의 지도자들은 남북관계를 지정학적 측면(영토와 군사력)으로부터 경제·민주주의적 측면으로, '안 된다'는 정신으로부터 '하면 된다'는 정신으로 바꾸어 나가야 한다. 또한 여기서 지적하고 싶은 지도자상은 이른바 '팬덤(Fandom)현상 지도자'로 정치인이나 지도자를 향한 '이유가 있는' 애정과 지지는 그 이유가 소멸되면서 사라지지만, 이유 없이 그냥 좋다는 감정은 사라지지 않고 지도자나 정치인이 잘못을 하거나 설사 실수를 한다 해도 기다려주고 인내하며 감싸주는 완충역할을 해주는 지도자를 의미한다. 이 현상에 적합한 지도자상은 인간적인 매력 없이는 불가능하고 추종자를 매료시키고 그들에게 영향을 끼치는 강력한 카리스마까지는 아니라도 동네 통닭집에서 맥주라도 마시고 싶은 매력을 가지는 것처럼 성격과 인간적인 매력이 훌륭한 지도자의 제일 조건이라고 본다.[271] 신사고와 팬덤현상 정치지도자가 미래 통일한국의 비전을 갖고 우선 전자모바일통일 모델의 키를 잡고 앞으로 나가야 한다.

그들은 독일과 미국의 경험에서 얻은 좋은 교훈을 적용하면서 '통일기점'을 준비해야 한다.[272] 혹자는 남한에서 새로운 안목과 과학적인 견해를 갖고 장래 통일에 대비할 수 있는 새로운 세대가 필요하다고 주장할 수 있겠다. 이상의 3가지 장애요소는 서울과 평양 정책결정자들이 통일을 향하여 새로운 해결책을 찾는 데 도움이 될 것이다.

도문제 정보교류회의 논문집 11월(서울: 통일원, 1994), pp. 45~48.

271) "오바마? 그냥 좋다," 조선일보(2008년 6월 16일), p. A27.

272) Young Jeh Kim, "Korean Unification in a Changing World," *The Journal of East Asian Affairs*, vol. V, no. 2(Summer/Fall 1991), p. 430.

3가지 제시는 아래 세 가지 문제점을 해결하는 데 중점을 두고 있다. 3
가지 제시는 ① 보이콧 모델, ② 철학적 측면에서 한국통합문제의 기본 뿌
리를 해결하는 것, ③ 계몽적 지도력을 포함한다. 소위 보이콧 모델은 원래
직원이 주인의 물건을 구입하는 것을 거부하거나 '불공정'한 주인과 거래할
사람을 거래하지 말도록 유도하는 것을 뜻한다. '보이콧' 용어는 일반적으로
상업과 사회관계에서 비폭력적 위협을 전체적으로 표현할 때 사용한다.[273]
예를 들면, 시정부의 행정정책 결정에 흑인들이 동의하지 않을 때 흑인들이
시내의 백인상인들에게 보이콧을 선언하고 이를 이행한다. 일단 보이콧 요
구조건을 시정부에서 수용할 때 보이콧을 하는 흑인지도자들은 보이콧의 중
지를 선언하지 않고 조용히 원상복귀한다. 이 모델은 북한의 핵문제의 내용
면에서 보이콧을 적용하는 것이 아니라, 핵문제의 해결과정에 적용하는 것
을 뜻한다. 평양정부는 워싱턴과 서울 간의 합동군사훈련 중지와 남한으로
부터의 핵무기철수를 포함한 핵문제카드를 최대한 사용했다는 것을 알고 있
다. 평양은 핵문제 해결과정에서 '선언' 없이 조용히 원상복귀를 하기 원한
다. 이 뜻은 북한이 국제원자력기구 및 미국의 조건을 수용하면서 핵문제의
종말을 선언하지 않는다는 점이다.

이 경우 서울과 워싱턴은 평양이 원상복귀를 선언하도록 너무 몰아붙이
지 말아야 한다. 서울과 워싱턴은 평양의 처지를 조용히 받아들이면서 해결
과정에서 평양과의 관계를 정상화해야 한다. 서울과 워싱턴의 변경된 작전
계획은 국제사회에서 평양의 체면을 살려줄 것이나, 국제사회에서 북한의
새로운 입장은 남북합의서 이행에 새로운 출발점을 제시할 것이다.

철학적 측면에서 통일문제의 기본뿌리 해결은 모호한 태도를 피하고 총
괄적인 측면에서 문제를 다루는 것을 말한다. 저자의 가정은 한국이 과거
역사, 특히 독일통일 교훈을 보아 영원히 분단국으로 남아 있을 수 없다는
점이다. 한국은 7천만 한국인의 욕망·지지·기대를 충족하기 위하여 머지
않은 장래에 단일정치체제로 통일되어야 한다. 그러나 아직까지는 매력적인
해결점을 찾아내지 못했다. 매력적 해결점이 있었다면 한국은 오래전에 이

---

273) "Boycott," *The New Encyclopaedia* vol. 30(Chicago: The University of Chicago, 1975), p.
212.

해결책을 사용했을 것이다. 그래서 통일에 대한 새로운 추구는 지속될 것이며 시행착오를 교훈으로 서울과 평양의 정책결정자들은 상이한 모델을 사용할 것이다. 한국통합문제는 특별하며 한국국민에 의하여 해결되어야 한다.

　서울과 평양의 지도자들이 남북합의서와 더불어 그들의 통일정책 수정과 새로운 발안추구에 관심이 있다고 하면, 2012년 아니면 2014년 금강산이나 제주도에서 남북한 통일학자회의를 개최할 것을 제의할 수 있겠다. 이 학자들은 주로 남북한과 해외의 대학에서 한국통일문제에 대해 박사논문을 쓴 사람이나 한국통일문제를 연구하여 중요 연구지에 출판한 사람을 포함한다. 이 회의 전에 남북한에서 각 20명의 통일학자와 해외에서 20명의 학자를 선발하여 60명 학자에게 25페이지 정도 분량으로 그들의 한국통일에 관한 일생 동안의 철학적 생각과 신념이 담긴 연구보고서를 쓰도록 주선해야 한다. 남북한과 해외에서 예비회의를 가진 후에 60명의 학자들이 10일간 모여 한국통일백서 아니면 새로운 공동통일정책을 마련해야 한다.

　이 학자들은 상징적 기능 혹은 선전적 관심을 떠나서 총괄적인 측면에서 남북 해외 삼각점인 기준에 의하여 신대안 통일백서를 창출해야 한다. 공동대안통일정책은 남북한 간의 장점을 포함시키고 의견의 일치점을 찾을 수 있는 남과 북의 대다수 의견을 포함시켜야 한다. 좀더 나아가서 공동대안통일정책은 단기적 공존, 중기적 통합과 장기적 통일문제에 대한 개념, 과학적 계획과 측정법도 포함시키고 '통일기적'을 위하여 전념하는 남북정책수립자에게 바른 방향을 제시할 것이다.[274]

　계몽지도력에 관하여, 계몽의 뜻은 17, 18세기의 신·이성·인간애와 혼성된 관념에 의거한 사상의 동향을 의미한다. 계몽의 기본적 가정은 사람이 이성을 통하여 지식과 행복을 찾을 수 있다는 것이다.[275] 지도력은 변화연구의 중요한 개념일 뿐만 아니라 지도자와 추종자 간 상호작용의 정해진 패턴을 말한다. 이 경우, 지도자는 늘 변화하고 준논리적이고 부유하며 지혜로운 것으로 간주된다. 추종자는 짜임새 없이 조직되어 있고 비논리적이며 교육

---

274) Young Jeh Kim, "Korean Unification in a Changing World," pp. 432~434.

275) "Enlightenment," *The New Encyclopaedia Britanica* vol. 30(Chicago: The University of Chicago, 1975), p. 903.

수준이 낮은 것으로 구분할 수 있겠다. 지도자와 추종자 간에는 권력관계를 찾을 수 있다. 다양한 형태의 지도자들은 권력을 추구하나 추종자들은 단순히 따를 뿐이다.

한국에 필요한 것은 한국국민뿐만 아니라 인근 주변국가 지도자를 위한 계몽지도력이다. 계몽지도자들은 그들 자신의 권력을 추구하고 강화하는 대신 단기적 공존, 중기적 통합, 장기적인 통일을 합리화할 것이다. 한국의 계몽지도자들은 그들의 위치·권위·권력을 통하여 단기·중기·장기과정에서 추종자들에게 실질적인 보상을 할 것이다. 좀더 나가서, 한국 계몽지도자들은 비실제적인 보상도 제공할 것이다. 계몽지도자들은 상징적 신호를 주고받으면서 조직망을 넘어서 추종자들을 이끌 것이다. 이 새로운 개념은 물리적 내지 상징적 측면을 합친 결과이다. 이 개념은 디오도르 루스벨트(Theodore Roosevelt) 대통령의 '관리이론'(그의 자서전에서 말하기를 "나는 공동복지를 위하여 일하고 온국민의 공동안녕을 위하여 일한다")[276]과 국민이 정치지도자에게 국가의 전체적 이익을 위하여 기대하는 바(후세 역사와 역사가들에게 좋은 평가를 받기 위하여 국민의 지지에 부응하고 지도자로서의 위치를 확대해 나아가는 여론형성지도자)와의 상호작용을 요구한다.[277]

계몽지도자들은 동경, 베이징, 모스크바 그리고 워싱턴 등 주변국 지도자들에게 거부감을 주지 않으면서 이성, 평화와 동북아의 안보차원에서 국민을 통일로 인도할 수 있다. 신한국계몽지도자는 공존·통합·통일을 과정으로서 합리화하고 화합의 과정을 앞당기기 위하여 북한의 실권자인 김정은을 평양의 지도자로 취급해야 한다.

이상의 분석에 의하여 가장 유용하게 한국통합문제를 해결하는 길은 핵문제에 있어 단기적 해결책으로 보이콧 모델을 적용하고, 중기적으로 새로운 통일방안을 찾는 통일학자회의를 통해 철학적 측면에서의 통일문제의 기본뿌리 해결책을 찾으며, 통일의 장기적 해결책으로 계몽지도자를 이용하는 것이라고 주장할 수 있겠다. 새로운 시야와 합리적인 견해와 더불어 계몽지

---

276) Theodore Roosevelt, *An Autobiography*(New York: The Macmillan Company, 1916), p. 372.

277) Thomas E. Cronin, *The State of the Presidency* 2nd edition(Boston: Little Brown and Company, 1980), pp. 104~105.

도력을 사용치 않고서는 한국통합을 앞당기고 두 분단국을 통일국가로 이루는 것은 불가능할 것이다.

통일이 어느 방향으로 향하느냐는 물음에 대답하고 2025년에 통일을 달성하기 위하여, 남북한 정치지도자들에게 5개 정책제안을 하고자 한다. 첫째, 남북한의 정책수립자들은 '원칙 있는 협상'에 중점을 두면서 정상회담을 목표로 두고 남북정상회담을 계속하고, 선전에 목적을 둔 부드럽고 유연하거나 경직된 자세의 협상을 피해야 한다. 그동안 제1차, 제2차 남북정상회담은 상징적 내지 실체적인 남북관계의 틀을 도출했고, 제3차 정상회담을 통하여 앞으로 남북헌법위원회로 목표를 전환할 수 있겠다.

노태우 전 대통령과 김일성 전 주석은 1992년 남북합의서라는 초석을 깔아놓았다. 두 지도자의 역할은 역사적인 의미가 있다. 남한의 신정치지도자와 북한의 김정은은 3가지 장애요소를 제거하면서 중기적 통합에 근거한 남북합의서를 실천할 뿐 아니라 계몽지도자의 신개념과 겨루게 될 것이다. 한국계몽지도자의 임기 동안 핵문제는 사멸하고 상이한 접근책과 남북합의서의 공통분모 내지 변증법적 합일점이 도출될 것이고 남북지도자 중 한사람이 계몽지도자가 될 것이다. 이 지도자는 자기의 정치사회화과정을 통해서 이룬 사상과 이념을 7천만 한민족이 이루고자 하는 통일한국의 가치의 하위로 설정하고, 자기습득과정을 통일전문가의 조언에 의존하여 결정하는 사람을 의미한다. 소위 신정치지도자들은 통일을 달성하기 위하여, 현존하는 남북정상회담을 앞으로 남북헌법위원회로 전환시킬 수 있겠다.

둘째, 한국지도자들은 2012년 아니면 2014년에 금강산이나 제주도에서 남북한 통일학자회의를 열어야 한다. 이 회의의 이유는 학자들이 현재와 미래에 이행할 수 있는 대헌장에 기초한 새로운 통일정책이나 통일백서를 창안하는 것이다. 대헌장은 통일문제를 놓고 공개토론을 하는 데 분석적 모델로서 중요하다. 학자들은 여러 단기적 제안들의 장기적 결과를 실험할 수 있는 기준을 제시할 것이다.[278] 지금이야말로 디지털시대에 맞는 인터넷과 모바일을 사용하여 통일에 대한 의견을 제시할 때이다. 남북 학자들은 정책

---

278) William Clinton Olson, *The Theory and Practice of International Relations*, 8th Edition (Englewood Cliffs, New Jersey: Prentice Hall, 1991), p. 193.

제안을 통해 지도자들에게 올바른 통일방향을 제시할 수 있다.

셋째로, 한국지도자들은 순항을 하기 위하여, 남북합의서를 이행하면서 그들 내부의 문제점을 해결해야 한다. 남북합의서 이행에는 헌법수정의 법률상 문제가 있다. 한국지도자들은 북한의 남한공산화계획과 남한의 반공법을 포함한 헌법의 수정에 주저하지 말아야 한다. 한국지도자들이 좋아하든 싫어하든 간에 헌법수정은 남북합의서를 이행하는 과정으로서 매우 중요한 문제고 또 시간문제이다. 통합과정을 본격화하기 전에 남북한지도자들은 평화공존 또는 단기적 과정에서 그들의 헌법을 수정할 수 있는 용기가 필요하다. 헌법을 수정하면 한국지도자들은 통합과정에서 남북합의서를 이행하는 데 하나의 장애물을 제거하는 셈이 된다.

넷째로, 한국지도자들은 통합과정으로 남북합의서를 이행하는 데 평화공존단계에서 만족할 것이 아니라 자부심과 관용을 배워야 한다. 두 개의 한국의 통합은 5000년 역사의 경험, 지리적 근접, 인구통계학적 고려와 신국제 질서개념에 기초를 두어야 할 것이다. 두 개의 한국은 민족적 위엄의 명의로 '주고받는' 방식을 사용해야 한다. 예를 들어 서울정부는 한민족 전체의 장기적 이익을 위하여 관광산업, 하부구조 프로그램 등을 포함하는 제3의 분야에서 평양측의 합작투자 프로그램에 자본·투자·노하우 등을 제고해야 한다.

한국은 경제침투를 두려워하는 북한의 걱정을 덜어주는 범위 내에서 북한경제를 도와 줄 수 있는 계획을 일방적으로 선언해야 한다. 서울 측의 경제적 공약은 평양의 입장을 고려해서 공동투자 합작지구 내에 제한해야 한다. 평양은 경제분야에 있어서 서울의 입장을 생각해서 점진책으로 통일 문제를 해결하려는 서울 측의 접근방법을 수용해야 한다. 이와 같은 '주고받는' 방식은 남북한 각각의 사회·경제·정치질서에 위협을 가하지 않으면서 2개의 한국이 후기산업국가로 발전하도록 확신을 심어주고 도움을 줄 것이다.[279)]

다섯째로, 독일통일(4+2)의 교훈에서 보듯이, 한국지도자들은 통합과정

---

279) Young Jeh Kim, *The Political Unification of Korea in the 1990's: Key to World Peace*, pp. 154~155.

을 단축하기 위하여 워싱턴과 모스크바의 지도자를 이용해야 한다. 전 소련 지도자 고르바초프는 '공동 유럽의 집' 개념을 제창하면서 독일 통일에 공헌했다. 지금 고르바초프는 정계를 떠났다. 한국지도자들은 역사적인 사명을 갖고 동북아에서 '공동 코리아 또는 하나의 코리아 집' 개념 또는 한국통일 프로젝트를 달성하도록 러시아 대통령과 미국 대통령을 이용하여야 한다.[280]

한국지도자들은 현존하는 아시아 공동안보 및 경제협정(Asia Cooperational Security and Economic Arrangement)을 아·태경제협력기구(Asia-Pacific Economic Cooperation) 체제로 확대시켜야 한다. 아·태경제협력기구는 1989년 1월 오스트레일리아 수상 로버트 호크(Robert Hawke)가 12개 아세안국가들과 호주·캐나다·미국·일본·한국 등이 참가한 장관급회의에서 제안한 바 있다. 중국은 이미 옵저버 자격을 가지고 있으며, 러시아와 북한도 장래에 아시아지역에 대한 안보협력이라는 새로운 틀 안에서 아·태협력체제에 가입할 수 있을 것이다. 이 제도적 장치는 남북한이 통일이 될 때 생기는 공백을 메울 수 있을 것으로 분석된다.[281]

마지막으로, 2020년대 한국통합의 전망은 독일통일의 교훈과 외적환경의 유리한 변화에 비추어 볼 때 밝다고 분석된다. 좀더 나아가서, 2025년에 한국통일을 위한 '공동 코리아 또는 하나의 코리아 집'은 꿈이 아니라 7천만 한민족에게 주어진 천부의 권한 내지 대다수의 의견이다. 만약 계몽지도자가 이상의 4가지 정책제안을 따르고, 상호공존을 위한 선택원칙을 개발하며 객관적 기준을 고수한다면 한국은 2025년에 통합과 통일과정을 거쳐 통일한국을 이룰 것이다. 위의 분석이 남북한 통일정책과정을 분석하는 데 근간을 이루고 평화공존 정착과 남북화해 협력을 조장하는 데 공헌한 점을 지적하는 데 있다고 본다.

그러므로 평화공존은 남북 대화구조 내의 기본원리로서의 한 가지 종속변수이며 이것은 다시 몇 가지 유형으로 나눌 수 있다.

---

280) William Clinton Olson, *The Theory and Practice of International Relations*, pp. 298~299.

281) Ronald A. Morse, "Korean Unification: Planning the Unplanned," *Koreana*, vol. 4, no. 4(1990), pp. 9~16.

1. 적대적 공존모델(Hostile Coexistence Model)

공존의 첫 번째 형태는 적대적 공존으로 이는 냉전시대인 1945년부터 1990년 초에 선진자본주의진영과 공산진영 간의 대전 불가피성에 반대한다.[282] 적대적 공존은 경쟁적 성격이 보다 지배적인 상황으로 전쟁상태는 아니며 긴장상태가 더 두드러지게 나타나는 불안정한 상태이다. 예를 들면, 1953년에 한국전쟁이 끝난 이래 1972년과 1973년의 짧은 화해기간을 제외하고는 남북한은 이 적대적 공존정책을 고수해왔다. 이 같은 공존의 한 예로서 무력에 바탕을 둔 공존 혹은 상호 부정의 연속으로 설명될 수 있다. 평화협정의 파기에 대한 어떠한 보장도 있을 수 없으며 오로지 일시적인 정전협정만이 있을 뿐이다. 양측은 상대방의 현정부를 인정하지 않고 있으며 상호교류계획도 없다. 이 적대적 공존은 다음과 같은 두 가지 조건에 기초한다. ① 상대국의 존재 자체를 부정하려는 의도와 ② 남북한을 전쟁의 해악으로부터 막으려는 내외적 구속력이 그것이다.

현재 4강대국들은 남북한이 현상태를 유지하기를 바라고 있다. 그들은 한반도의 현상태 유지를 통해 자국의 이익을 보존하려고 하고 있기 때문이다. 만일 동아시아국제질서가 파괴되면 세계는 새로운 전쟁의 위험에 직면하게 된다. 이 이유 때문에 6자회담을 통하여 북한 핵문제을 해결하려는 노력을 하고 있다. 1950년의 전쟁과는 달리, 현대전은 이라크 전쟁에서 보듯이 파괴와 충돌로 얼룩진 단기간의 격렬한 전쟁이 될 것이다. 일단 이 현대전이 발발하면 전쟁으로부터 회복기간은 10년 이상이 걸리게 되고 전쟁을 당한 국민은 희생양으로 전락되고 만다. 북한은 내부문제의 긴장을 제거하기 위해 지상군으로 서울을 공격할 것이고 해·공군력으로 산업, 상업도시의 중심부를 공격할 것이다.

비록 오늘날의 한반도 상황이 적대적 공존과 밀접하게 상응할지라도 장기적으로는 4강대국들이 좀더 안정된 평화구조로 향하도록 남북한에 압력을 가할 것이다. 왜냐하면 그들의 자국 이익(즉 영향력의 범위)이 직접·간접적으

---

282) Jack C. Plano and Roy Olton, *The International Relations Dictionary*, p. 68.

로 한국 상황과 연관되기 때문이다. 여기서 저자가 주장하는 초점은 6자회담이 북핵문제를 해결하고 난 이후 2차적으로 한반도 평화체제구축에 착수해야 한다는 점이다. 이 모델의 장점은 급속한 변화를 피하고, 분단현실을 일단 긍정하고 있다는 점이다. 결점으로는 적대적 공존이 남북한 사이의 직접적인 타협전술이나 4강대국의 협정에 의존되어 있음을 들 수 있다.[283]

이 적대적 공존의 모델은 2000년 6월 15일 제 1 차 남북정상회담을 통하여 남북한 간의 기존의 '적대적 대립관계'를 '적대적 공존관계'로 변화시켰다. 이 모델의 기본적 문제는 '적대성'의 강도이다. 예컨대, 자본주의와 사회주의 간의 적대성 명제에 동의하지 않는다고 하더라도 두 주의 간에 단순히 몇 번의 만남이나 소망만으로 그동안 유지되어 온 고도의 이질적 체제문제를 자동적으로 해결할 수 없다는 점이다. 평양의 전형적인 국가소유 내지 중앙계획의 사회주의 경제체제와 서울의 사적 소유에 기초하는 자본주의 시장경제 사이의 공존은 그 자체로 역사적 실험으로 탈냉전시대의 진행중인 한반도 긴장완화와 평화공존이 '적대성'의 원천으로 소멸된 것이 아니라 관리형태가 바뀌었음을 의미한다. 앞으로의 문제는 적대적 협력관계의 관리 및 조절시스템을 구축하는 것이고 이 적대적 공존모델은 잠정적인 단계에서 다음단계인 평화공존으로 가는 길목 역할을 하는 것이다.[284]

2. 중립적 공존모델(Neutral Coexistence Model)

두 번째 모델로서 중립적 공존을 들 수 있다. 중립의 용어는 일반적 국제정치에서 사용하는 어느 일방의 진영에 가담하지 않고 독자적 내지 자주적인 입장을 취하는 중도의 의미가 아니라 현상적으로 서로 적대적인 행위가 나타나지 않는 휴지기간을 포함한다. 여기에 중립적 공존의 개념은 적대

---

283) Lee Sang Woo, "Environmental Variables for Korean Unification," *Unification Policy Quarterly*, vol. 1, no. 1(April 1975), pp. 141~142.

284) 이해영, "미국의 한반도 전략과 남북관계," 참여사회 연구소 제17회 정책포럼, 2001년 5월 19일 발표, http://www.defence.co.kr/bbs/bbs.cgi?db=sdiarms&mode=read&num=619&page=8&ftype=6&fval=&backdepth=1 참조.

적 내지 경쟁적인 행위를 취해오던 두 국가가 일시적으로 안정 국면을 유지
하는 상황을 의미한다. 중립적 공존의 특성은 네 가지 요소를 지니고 있다.
첫째로 일시적이며 물리적으로는 안정 국면을 유지하면서도 상대방에 대한
상징적인 이미지는 내외적인 조건과 능력이유로 잔존한다. 둘째, 다음단계인
평화공존을 이행하기 위한 일정한 휴지기간의 필요성이 양측 국가의 합의나
이해관계의 필요성에 의한 준비단계로 정착되는 경우이다(남북한의 경우, 북한
의 대남도발이 중단되어 안정상태가 조성된 기간). 셋째, 일시적 휴지기간의 성격
을 이유로 중립적 공존상태가 대치적 공존상태로 재연결되어 위기발생 가능
성을 포함하는 경우와 상대방에 대한 경계의 필요성을 이유로 잠재적 경쟁
심리의 영향이 확대해석될 경우가 있다. 끝으로 안보분야 이외에서 다방면
의 전략적인 목적의 배경을 갖추면서 일시적인 협조관계가 나타나는 점이다
(남북한의 경우 1970년대 초반의 남북대화로 일시적인 체육, 문화 분야에 교류를 시
도 했으나 안보분야에서는 긴장관계가 다시 조성된 이후 그러한 교류가 일시에 중단
된 사례).[285]

위의 개념에 근거한 중립적 공존은 1956년에 흐루시초프가 주장한 중간
수준의 평화공존 모델과 유사하다. 이는 미·소간의 핵전쟁을 방지하고 혁
명·반혁명의 수출가능성을 줄이는 것이다. 그에 따르면 자본주의진영과 공
산주의진영 간의 비군사적 경쟁은 공산주의의 마지막 국면이다.[286] 한국의
경우, 중립적 공존은 서울과 평양의 상호존속관계(즉 적대관계의 중지)와 아마
도 약간의 긍정적 협조(즉 분단체제의 인정)까지도 의미하는 것이다. 간단히
말해서 이 모델은 불가침협정체결과 극히 제한된 협력을 의미하는 것이다.
중립적 공존이론의 출현은 다음의 네 가지 전제조건을 갖는다.

1) 상호생활방식의 인정(즉 사실상의 현 체제인정)
2) 불가침협정체결(즉 휴전협정의 대체)
3) 폭력사용불가능에 대한 상호이해(즉 2인 논 제로섬 게임)
4) 비무장지대의 존속에 대한 협정(즉 전쟁방지를 위한 사실상의 일시적 경

285) 이민룡, "한반도 평화공존의 실현조건과 과제," op. cit., p. 3.

286) Nikita Khrushchov, "Peaceful Coexistence -the Soviet View," in Ivo. D. Duchacek, Conflict and Cooperation Among Nations(New York: Holt, Rhine-hart and Winston, 1967), p. 293.

계선)

이 유형의 주요한 논점은 바로 불가침조약의 체결이다. 불가침협정은 하나의 상징적 정책대안으로 간주되며 남북한정상회담을 통해서나 관계국 전체의 국제회의를 통해 이루어질 수 있다. 불가침협정은 2000년 6.15 남북 정상회담이나 북핵문제 해결을 위한 6자회담 성사의 결과로서 가능한 것이다. 위의 과정은 앞으로 정책입안에 반영될 수 있음을 의미한다고 분석된다. 결국 중립적 공존은 통일 최우선정책을 지지한다기보다는 한국의 중립화를 먼저 인정하는 것이다.

4대 강대국은 십중팔구 한반도에서의 긴장완화와 현상유지를 통해 세력 분배를 보전하고자 중립적 공존이론을 지지할 것이다. 그러므로 중립적 공존은 4강대국들의 관점에서 볼 때 대단히 바람직한 접근방법이다.

이 모델의 주요 문제점은 평양의 정책결정자들의 의도에 있다. 서울은 '선 평화 후 통일' 정책과 임시적이나마 중립적 공존정책을 선호하고 있다. 반면 평양은 민중봉기를 통한 '통일'을 우선으로 하고 '평화'를 후속으로 간주한다.[287] 만일 후자의 자세가 변한다면 그것은 평양지도자들의 세대교체가 이루어지거나 서울의 힘이 평양을 압도할 경우이다. 그런 뒤에야 평양의 지도자들은 중립적 공존 고수와 북한에서의 기반을 새롭게 다지기 위해 '선 평화 후 통일' 정책을 받아들일 수 있을 것이다. 바로 이 경우에 아마도 남북한지도자들은 공동정책노선에 합의할 것으로 보인다. 일단 합의에 이르면 양측은 모두 상대방을 곤경에 몰아넣는 제의는 하지 않을 것이다. 다시 말해서 양측은 불필요한 전제조건을 피하고 하나의 공통적 목표(평화)를 추구할 것이다. 이러한 상황 하에서 평양의 새 지도자는 새로운 접근방식으로 제 3 차 정상회담에 임할 수 있을 것이다.

이 유형의 강점은 한국의 중립화를 고수함으로써 서울과 평양 간의 적대관계나 전쟁까지도 피할 수 있다는 점이다. 필자의 저서 「한국의 장래와 극동정치」(The Korea's Future and East Asian Policy)에서도 밝힌 것처럼 중립화 계획은 여타의 해결책보다도 더 많은 문제를 안고 있다. 문제는 독일통일이

---

287) Ch'an-gu Lee, *op. cit.*, pp. 287~297.

나 베트남, 예멘이 중립화 공존모델을 통해서 통일이 되었으나 중립적 공존 모델이 통일한국에 어떻게 적용할 수 있냐이다. 한반도에서 냉전이 잔존하고 있고 주변 4강들의 이해관계가 서로 교차 갈등된 상황에서 장점은 강대국들의 이해·갈등 등을 중화·무마시켜 줄 수 있는 기능을 많이 갖고 있다는 점이다. 평양지도자들은 1960년에 남한공산화를 위해 중립화 안을 이용하려 하였으나 1961년의 군사쿠데타 때문에 실패하였다. 중립적 공존의 결점은 곧 절차의 결여에 있다. 이 점은 남북 양측이 모두 중립적 공존모델이 자기측에는 불리하고 타측에는 유리하다고 생각하는 이미지 내지 상징적인 측면에 있다.[288]

절차상의 문제에 있어서 통일의 달성은 2020년대 그리고 중립화는 2030년대에 이루어지리라고 예측할 수 있겠다. 과거의 중립화 안과는 달리 미래의 중립화공존이론은 통일한국 이후 중립화 안을 위한 과도기적 수단이다. 이 문제를 위한 이론적 근거는 만약 남북한이 외부세력(힘의 다극성)을 이용하여 내부적 힘(경제·군사·사회·문화 그리고 정치력)을 강화시킨다면, 2020년대에는 국제적 데탕트(화해무드)가 평화적 방법을 통한 통일의 필수조건을 창출할 수 있을 것이다. 2000년대의 탈냉전시대가 지나고 국제체계가 대륙세력(러시아·중국)과 대양세력(미국·일본) 간의 힘의 균형을 유지시킬 수 있을 때, 즉 2020년대에 가서야 통일한국은 중립화가 가능할 것이라는 논리이다.

요약하면 2020년대는 탈냉전시대의 미국의 일극화에서 다극화로 넘어가는 시기가 될 것이고 유럽연합보다 급상하는 중국과 일본 및 한반도를 중심으로 동북아의 새로운 국제질서에 더 초점이 맞추어질 것이다. 반면에 2030년대에는 여전히 다극화한 강대국들의 영향력이 국제정치체계에 강하게 자국들의 국가이익에 초점을 맞출 것으로 예상된다. 그러므로 2030년대의 통일한국은 보편타당성의 구조 안에서 중립화된 한국을 의미할 것이다.[289] 이

---

288) In Kwan Hwang, "Neutralization: An All-Weather Paradigm for Korean Reunification," *Asian Affairs*, vol. 25, no. 4(Winter 1999), pp. 195~207.

289) Young Ho Lee, "South Korea's Unification Policy," Unification Policy Quarterly, vol. 1, no. 4(Winter 1975-1976), pp. 16~26.

유형은 먼저 일시적 평화를 유지하고 통일을 이룩하여 외부적 요인의 영향
이나 추세에 따라 한국 내의 문제를 해결한다는 점에서 장점을 지닌다. 그
러나 중립적 공존이론은 절차의 수행에 있어서 너무 오랫동안 기다려야 한
다는 단점이 있다.

3. 두 개의 느슨한 동맹에 기초한 공존모델(Coexistence Based on Two Loose Alliance Model)

공존의 세 번째 유형은 두 개의 느슨한 동맹에 기초한 공존이다. 이 유
형은 두 개의 상이한 단계로 이루어진다. 처음 단계에서는 남북한과 그 보
호국들 사이에 느슨한 동맹이 맺어지고 그에 덧붙여 서울과 평양 간에 느슨
한 협정이 맺어진다. 워싱턴은 힘의 균형을 위하여 동아시아의 강국으로 남
는다. 분단된 두 체제는 2020년대 후반기 동안 독립국가로 남아 있다가 새
로운 국제질서의 조류를 타고 남북한 자유총선거를 통해 정치적 통일을 달
성할 수 있다는 것이다. 이러한 한국의 통일은 오랜 기간을 필요로 하는 것
이다. 대한민국과 조선민주주의인민공화국은 상대방의 정체를 인정하고 미
국과 캐나다의 경우처럼 상대국으로의 이주나 자국으로의 이민, 상호통신을
유동적으로 허가하는 '훌륭한 이웃국가'가 될 것이다. 서울과 평양은 베이징
과 동경의 직접간섭을 견제하기 위해 각각 워싱턴, 모스크바와 느슨한 관계
를 맺을 것이다.

이 모델의 이론적 근거는 다음과 같은 가정 하에 있다. 즉 미국은 주한
미군문제에 고심하고 있으며 러시아는 한국 내에서의 자국의 영향권을 포기
하지 않을 속셈이므로 이 모델은 미·러 양국에 의해 환영받을 것이다. 서
울과 평양은 근간 자발적으로 워싱턴, 모스크바와 연합할 것이다. 피보호국
(남북한)과 보호국(미·러)은 그들의 공통적 정치이념에 따라 결합할 것이다.
그러나 상이한 정치이념은 국경을 초월하여 느슨한 동맹의 상호관계 속에서
협조할 수 있는 것이다.[290] 한편 보호국들이 피보호국을 교묘하게 속일 수

---

290) Jack C. Plano and Roy Olton, *op. cit.*, p. 276.

있다는 우려가 있지만 정치적 이념이 일시적 조작보다 더 큰 중요성을 띠게 될 것이라는 분석이다.

두 개의 느슨한 동맹에 기초한 공존의 실행은 상대국에 대한 외교적 상호인식과 양국 간의 비적대적 관계, 최고수준의 정치적 공동체 형성을 필수조건으로 한다. 그리고 또한 정치체제가 위협당하지 않고 국민들의 자유로운 이주를 보장하기 위해 개인적 · 국가적 수준의 밀접한 협력이 이루어져야 한다. 그러나 위의 유형을 실행하는 데에는 한 가지 문제가 있다. 워싱턴과 모스크바가 협정을 맺으면 동경과 베이징은 현재의 그들의 영향력을 상실하게 된다. 자연히 그들은 이러한 영향력 상실을 수락하지 않을 것이다.

두 번째 단계로, 미국과 러시아의 동맹관계는 그들 본래의 목적이 달성된 후 종결될 것이고 남북한은 재통일될 것이다. 두 번째 단계의 속도는 서울과 평양이 그들의 내외적 차이점들을 얼마나 효과적으로 극복할 수 있느냐에 달려 있다. 현상황 하에서는 근시일 내에 이러한 유형의 통일이 이루어지리라고는 보기 어렵다. 한반도 내의 모든 전제조건들이 충족되지 못했기 때문이다. 또한 서울과 평양의 지도자들이 이념을 포기하려 하지 않기 때문에(2인 논 제로섬 게임) 두 번째 단계는 어렵다.[291] 남북한 간의 정치적 합의 없이는 통일의 전망이 밝지 않다. 그러나 동맹체계에 기초한 공존이 가능해지고 모든 한국 국민들이 이 안을 지지해 준다면 실현가능한 안이 될 수도 있다.[292]

여기서 지적하고 싶은 점은 두 개의 느슨한 동맹관계가 통일한국의 환경조성에 일역을 할 수 있다는 점과 남북한이 일치하여 통일한국을 이루겠다는 강한 국민적 합의를 이룰 때 '아니오'라는 의견을 표시하지 못하고 동의하는 차원에서 큰 의미를 둘 수 있다.

---

291) Young Jeh Kim, "Comparative Analysis of the Peaceful Unification of Both North and South Korea in the Age of Detente," *Asian Profile*, vol. 3, no. 3(February 1975), pp. 21~31.

292) Young Jeh Kim, *Roads for Korea's Future Unification*, p. 62.

4. 연합문제모델(Commonwealth Issue Model)

연합문제모델은 주권국가 간의 가장 느슨한 결합상태를 포함하며 연합(commonwealth)이라는 용어는 공동체를 내포하고 있으며 영연합(British Commonwealth of Nations)에서 "상호 독립된 동등한 지위의 주권국가의 자발적인 연합으로 공통의 이익을 도모하고 국제간의 이해를 증진시키기 위해 상호 협조할 의무를 부담하는 국가의 연합"에서 유래한다.[293] 다시 말해서, 연합(Commonwealth)이라는 용어는 '영국연합'이라는 30개의 유럽, 아프리카, 아시아, 서반구 그리고 오세아니아 국가들로 이루어진 과거 대영제국의 전형적인 지역적·국제적 체제를 일컫는 말이다. 연합국가들은 공식적으로 체결된 협정뿐만이 아니라 각 국가 간의 자발적인 연합에 의해서도 묶여 있다. 연합개념의 기본적인 가정은 각 연합국가간의 협의나 무역특혜, 경제·군사적 원조 등을 통한 자유로운 협조이다.[294] 연합 개념은 서울·평양 간의 중간절차로서의 평화통일모델을 위한 새로운 대안이다. 통일의 실제 상황을 논의하는 데서도 살펴보겠지만 남북한 정책결정자들의 주된 관심은 그들의 자치세력 유지에 있으나 통일을 위한 중간절차로 이 제안을 고려할 것이다. 이렇듯 중요한 시점에서 한국에 필요한 것은 한반도의 긴장을 완화하고 예기치 못한 전쟁이나 갈등을 피하며 평화적 통일을 가져올 수 있는 이성적·현실적 제안이나 모델이다.

연합제를 분석해 보기 전에, 공화주의이론가인 제임스 해링턴(James Harrington)의 이론을 재검토해 볼 필요가 있다. 헤링턴은 토마스 홉스(Thomas Hobbes)와 마키아벨리(Machiavelli)의 인간행동에 대한 이론을 높이 샀던 사람이다. 그는 1656년 「오세아나」(Oceana)라는 책을 써서 연합국이 잉글랜드와 평등하다는 사실을 올리버 크롬웰(Oliver Cromwell)에게 경고했다. 이 책에서 그는 영연합제도의 근본원칙은 각 지역이 '균형'을 이룩하기 위해 재산을 분배하

---

293) "연합제와 연방제," 통일·남북관계사전, 또는 http://www.uniedu.go.kr/dataroom/book/2004/book14/book14_1_7.htm 참조.

294) Jack C. Plano and Roy Olton, *op. cit.*, pp. 302~303.

는 것이며 그 균형은 '제국의 인간이 아닌 법'에 의해 유지되어야 한다고
주장했다. 재산의 분배는 또한 개인적 힘과 권력의 원칙뿐만 아니라 국가적
힘과 권력의 원칙에 공동체의 선으로서 연관되어 있다는 것이다. 그리고 국
가의 제국법률은 국민의 자유를 법률로 보장하고 정치지도자들이 진정한 정
치적 수완을 발휘할 수 있는 기회를 제공하며 국민의 공공복지를 보장할 때
그 존재가 가능해진다는 것이다. 해링턴은 인간이 이성적이고 사회적이며
이타적이라고 가정했다. 지도자와 추종자 모두는 국가 내에서는 상호이익을
유지할 수 있으며, 만일 '제국의 인간' 개념이 강조된다면 이러한 유형의 정
부는 절대군주가 된다는 것이다.

　　제국법이나 소작법 하에서 해링턴은 국가의 구조를 관직의 교대, 투표
에 의한 선거 그리고 권력분립이라는 개념으로 설명코자 하였다.[295] 그는 '평
등한 영연합' 체제 속에서 위의 모든 구조적 원리가 잘 조화될 것으로 상정
했다(즉 농지법, 관직의 교대, 투표, 권력분립). 한반도의 상황이 이러한 해링턴
식 구조의 국가와 일치한다고 볼 수 있다. 왜냐하면, 남북한은 재산권을 동
등하게 나누어 가졌고 두 지역 간에는 적어도 균형을 이루고 있기 때문이
다. 양국은 법률에 따라 지배되거나(남한), 인간에 의해 지배되고(북한) 있다.
한국이 필요로 하는 것은 남북한지도자들 사이에 관직의 빠른 교대, 민주적
투표방식에 의한 지도자의 보통선거, 정치체계의 국가적 차원에서의 권력분
립, 남북한 간의 이견조정 등이다. 지도자와 국민들이 현존하는 두 한국의
자치권력 유지에 동의하고 연합제도 하에서의 공조적인 중간적 통일을 가져
올 수 있다면 해링턴의 제안은 효력을 발휘할 수 있을 것이다.

　　연합문제모델은 조선민주주의인민공화국과 대한민국을 동등하나 각각의
지치권력을 유지하려는 분리된 부속 실체로 가정한다. 그러나 이들은 협
정·무역특혜·경제·군사 분야에서 상호 공조적 행위를 지향한다. 소위 '동
등한 연합국가'는 정책결정자들로 하여금 그들의 권력기반을 포기하도록 강
요하지 않으면서 전체 한국인의 정치적 목표를 달성시키도록 한다는 데에서
적합하다고 보기도 한다. 이 모델은 과도적 과정으로서는 장점을 지닌다. 연

---

295) George H. Sabine and Thomas Landon Thorson, *A History of Political Theory*(Hinsdale,
　　　Illinois: Dryden Press, 1973), pp. 459~469.

합문제모델을 이룩한 후에 양 정부의 지도자들은 장기정책으로서 평화통일
달성에 주력할 수 있을 것이다.

연합문제모델의 성공적인 예를 영국과 홍콩 간의 균형잡힌 관계에서 찾
아볼 수 있다. 비록 홍콩이 영연합국은 아니더라도 현재의 영연합국가들은
모두 과거 대영제국의 식민지였다. 홍콩과 구룡반도가 1997년에 99년 동안
의 영국조차에서 벗어났다. 중국인들은 1997년의 그날을 불행했던 과거에
비추어 '불평등조약'의 한 예로 간주하고 있지만, 이 기한에 대해서는 큰 반
발을 제기하고 있지는 않다. 1981년, 퇴직한 행정부수반 잭 카터 경(Sir Jack
Cater)은 홍콩은 1980년에는 외환 60억 달러를, 1981년에는 70억 달러를 벌어
들이는 '효율적인 돈 버는 기계'가 될 것이라고 말한 바 있다.[296] 홍콩과 마
찬가지로 연합문제모델이 성공한다면 또 하나의 '돈 버는 기계'가 될 서울
은 2000년대에 개성공단사업을 장기적인 안목에서 시작하여 한국경제의 평
화적 통일논쟁에 직접적 공헌을 하게 될 것이다.

연합문제모델은 그러나 과도적 절차의 시작을 어떻게 할 수 있느냐 하
는 문제에서 단점을 갖고 있다. 촉진적인 사건이 없다면, 통일문제를 둘러싸
고 인식·해석의 문제가 서울과 평양에서 야기될 것이고 지도자들은 연합제
에 동의할 수 없게 될 것이다.

그럼에도 불구하고 이 모델은 다른 어떤 모델보다도 한국 내에서 그 실
현가능성이 가장 큰 모델이다. 혹자는 서울지도자들이 로져 피셔(Roger
Fisher)의 분류법에 따르고 있는 것으로 볼 수도 있다. 기존의 모델들이 서울
과 평양 간의 상호작용, 반작용, 침투작용에 역점을 두고 있는 데 반해서 연
합문제모델은 서울지도자들로 하여금 평양의 작용, 반작용에 상관없이 한국
의 경제적 근대화노선에 따라 일방적으로 평화통일을 이루는 데 주력할 수
있게 한다. 피셔의 분류법에는 최상의 갈등적 거래가 문제를 분산시킬 수
있다고 규정짓는다. 여기에서 최상의 갈등적 거래는 부차적 모순을 보다 큰
문제에 결합시키지는 않고 낮은 수준에 머물게 함을 뜻한다. 그렇게 함으로
써 피셔는 몇몇의 부차적 모순인 '적의'와 부차 모순들 간의 '갈등'의 정도

296) *The Wall Street Journal*(November 23, 1981), p. 23.

를 감소시킴으로써 평화적으로 해결되리라 보았다. 하나의 부차적 모순이 해결되면 정책결정자들은 다른 전략으로서 새로운 부차적 모순을 해결할 수 있게 된다는 것이다. 간단히 말해서, 피셔의 접근방식은 긍정적 요소와 부차 모순의 해결(즉 긴장완화와 대화의 시작) 그리고 거래과정에서의 확고한 입장 구축(특히 남한의 경우)을 도모한다는 점에서 미래의 통일한국모델과 관련지 어 논할 수 있다.[297]

서울지도자들이 피셔의 방식수행에 성공하여 10년 안에 경제적 근대화 나 G8를 이룩한다면, 평양은 연합국으로 서울과 동맹하여 자치권력을 한국 내의 모든 관료정치과정 속에서 행사하게 될지도 모른다. 대체로 연합문제 모델이라는 새로운 구조는 1980년대에 있어서 통일론의 이상적 모델이나 디 지털시대인 2020년대에는 현실적 모델이 될 수 있다고 분석된다. 혹자는 연 합문제모델을 논리적·실제적 관점과 평화통일 달성을 위한 새로운 대안이 라는 관점에서 탐구되어져야 한다고 말한다. 다시 말해서 "어떠한 모델이 최소한의 갈등을 야기시킬 것인가?"라는 질문의 답은 곧 연합문제모델에서 구해질 수 있다는 말이다.

5. 연착륙모델(Soft-landing Model)

연착륙모델(Soft-landing Model)의 정의는 비행기가 활주로에 내려앉는 순 간 승객들이 아무런 충격을 느끼지 않는 상태에서 비행기가 아주 사뿐히 착 륙하는 경우를 의미한다. 반대의 현상을 경착륙(Hard-Landing)이라고 하며 이 경우 승객들이 몸을 가누기 어려울 정도로 비행기가 거칠게 착륙하는 상태 를 의미한다. 이 같은 항공용어는 경제와 정치용어로 통용되고 있다.[298] 북한 의 현재 어려운 경제와 정치적인 면에서 얼마나 북한 자체가 변하느냐에 따 라 연착륙과 경착륙의 변화 정도를 분석하게 된다. 연착륙의 개념은 어느

---

297) Bruce Russett and Harvey Starr, *World Politics: The Menu for Choice*(San Francisco: W. H. Freeman and Company, 1981), pp. 168~169.

298) "신경제용어," 상남문고 http://www.lgpress.org/library/book/book14/2.asp 참고.

정도 중국과 베트남의 경우와 비슷하게 큰 규모의 사회 및 경제개혁이 동반된 정권의 점진적 개방을 의미한다. 연착륙모델은 북한이 실패한 사회주의 체제를 유지하면서 경착륙으로 가지 말고 또 일시에 붕괴하기보다는 연착륙으로 가는 것이 타당하다고 보는 모델이다.

　이 모델을 김대중 정부에서 1997년 일방적 양보의 햇볕정책으로 채택하여 노무현 정부까지 유지한 바 있다. 이 정책의 중요한 가정은 개혁 내지 개방정책이 북한정권의 연장을 도모하며 남북한 간의 커다란 경제 및 사회의 차이점을 점진적으로 제거한다는 논리이다. 통일이라는 수사어보다도 실제적인 측면에서 연착륙의 목적은 남북한을 현상 유지시키는 것이며 이 양 국가의 평화공존을 증진시키는 것이라고 분석된다.[299] 그러나 이 모델을 반대하는 입장에서는 햇볕정책을 연착륙의 수단으로 보지 않고 미국의 일부에서처럼 선샤인(햇볕)이 아닌 북한의 비위를 맞추는 슈샤인(구두닦이)정책으로 보는 경향이 있다.[300] 연착륙의 대안인 경착륙의 경우, 북한이 남한에 흡수된 이후 정치·경제가 붕괴되는 최악의 경우를 의미한다. 이 경우 지난 수십 년간 이룬 재정적 사회적 손실이 너무 커서 악몽 같은 시나리오로 간주되고 있다.

　여기서 주목해야 할 점은 연착륙이냐 아니면 경착륙이냐의 정의에 대한 반박은 하나의 환상일 수 있다. 왜냐하면 연착륙은 희망적일 수 있지만 거의 실행할 수 없는 점이 포함되고 빠르게 경착륙으로 전환하기 쉽다는 점을 내포하고 있기 때문이다. 예를 들면 북한지도자들의 정치행위를 살펴보면 쉽게 알 수 있다. 그들은 표면상으로 보면 매우 비합리적으로 보인다. 중국과 베트남의 경우와 달리, 그들은 심각한 개방 아젠다를 시도하지 않았다. 한때 북한지도자들이 개혁의 대안을 심각하게 고려한 적도 있다. 그러나 소위 2002년 "7월 법안"은 미숙하게 계획되었고 곧 인플레를 증가하는 결과를 초래했다. 이 법안은 개혁안이라기보다는 냉혹한 북한경제의 현실을 묘사하

---

299) Aidan Foster-Carter, "Towards the endgame," *The World Today. London*, vol. 58, iss. 12 (Dec 2002.), p. 23.

300) "철없는 짓거리로 동맹 잃어서야," 현정부 초대 국방보좌관 김희상 씨 작통권 강연; 조선 일보(2006년 9월 22일), p. A6. 또는 http://srchdb1.chosun.com/pdf/i_service/read_body.jsp?ID=2006092200028 참조.

게 됐다. 북한지도층의 불통고집은 때로는 과대망상광으로 불린다. 이러한 표현은 평양지도자들의 인텔리를 감안한 점이다. 그들은 사전적 용어에 나오는 단어의 의미를 그대로 포함하지 않기 때문이다. 예를 들면 중국의 가정에 의하면, 동유럽이나 구소련의 경험을 북한에 적용하기는 어렵다는 것이다. 이들 국가의 '시장' 혹은 자본주의 개혁은 구 공산주의 국가의 엘리트 또는 적어도 융통성이 있고 교육을 보다 많이 받은 계층에 이득을 주기 때문이다. 구소련 실업계의 거물이나 고급정치인들의 전기들이 소위 1990년대 초에 '반공산주의 혁명'이 1980년대에 공산당 비밀정보부원(스파이)의 위치를 후원한 것으로 알려지고 있다. 반공산주의 러시아의 첫째 두 대통령은 전 소련의 중앙위원회 정치국 옐친과 전 KGB의 대령 푸틴이다. 이러한 예는 후 소련국가와 중국의 경우와도 동일하다. 그러나 북한은 다른 공산주의국가 블럭과 전적으로 다르다. 가장 근본적인 문제는 분단선을 넘어 북한의 마을로부터 몇 백 킬로미터 떨어진 곳에 민주주의와 번영하는 '대안의 코리아'가 있다는 점이다.[301]

두 코리아의 경제적인 차이와 생활수준의 차이점은 동서독의 차이점과 현저하게 차이가 난다. 남한의 국민총소득은 2010년 기준 1조 146억 달러인데 반해 북한은 260억 달러에 속한다(1인당 국민소득은 남한은 2만 달러, 북한은 1,074달러로 19분의 1의 격차를 보임).[302] 남한국민의 몸무게에 대한 비만문제는 심각한 데 반해 북한주민이 매일 섭취하는 쌀도 심각한 식량문제로 나타나고 있다. 남한은 전세계에서 제5대 자동차 생산국으로 4인에 1대의 자동차를 소유하고 있으나 북한은 미국의 보통사람들이 개인비행기를 소유하고 있는 것보다 적게 개인자가용 소유율을 보여주고 있다. 남한은 인터넷 강국으로 자리를 잡고 있는 반면에 북한은 휴대폰이나 개인가정의 전화는 지도층에 제한되어 있다. 북한 정치체제의 생존전략은 3가지로 엄격한 경찰감시,

---

301) Andrei Lankov, "Soft Landing: Opportunity Or Illusion?" *The Nautilus Institute for Security and Sustainable Development*(PFO 04-54A: Decebmer 9th, 2004), 또는 http://www.nautilus.org/fora/security/0454A_Lankov.html 참조.

302) "남북한 경제규모 차이 39배 … 격차확대: 2010년 북한 국민총소득 260억 달러 대외교역 200배 차이," 이데일리종합News(2012. 01. 17), http://www.edaily.co.kr/news/NewsRead.edy?s 참조.

작은 반정부 의견에 대한 강한 보복과 엄격한 정보 봉쇄를 유지하는 것이다. 이 중 마지막 전략에 평양정권은 몸부림을 치고 있다. 최근 위의 생존전략이 어느 정도 완화되고 있는데, 이유는 광대한 자체 고립은 비용이 많이 소요되고 평양정부가 더 이상 이 비용을 부담하기에는 너무 벅찬 감이 있기 때문이다. 특히 중국으로 다수의 북한 탈북자는 외부세계의 비공식적인 정보를 가져옴으로써 북한체제에 심각한 타격을 주고 있다. 그럼에도 불구하고 북한의 고립 정도는 높은 차원에서 유지되고 있다. 많은 북한주민은 남한이 북한에서 몇십 년간 선전한 배고픈 지역이라는 것에 의구심을 갖고 있다. 그러나 소수의 북한주민은 남한의 형제가 얼마나 잘 사는지 상상을 하지 못 하고 있다.[303]

위의 분석은 북한이 직·간접적으로 변화하는 과정에서 연착륙모델 이외에 대안이 없다고 볼 수 있겠다. 연착륙의 지지자들은 북한정권이 폭력적이든 아니면 다른 방법으로든 붕괴한다는 것은 격리된 북한의 국가를 목적으로 하는 수단이 아니라고 믿고 있다. 그러나 그들은 어떻게 북한지도층이 현실을 인식하고 반대자에 가혹한 처벌을 두려워하지 않는가를 인식하기는 어렵다고 본다. 중국의 경험에 영향을 받은 연착륙 지지자들은 생활수준의 향상만이 김정일 또는 차기 정권 하에 정치적으로 다루기 쉬운 적절한 교환으로 대중들이 볼 수 있다고 보는 견해이다. 진정으로 이러한 견해는 중국이나 베트남의 경우에 국한하는 것이지만 이 두 국가는 민주주의의 자유와 자본주의의 번영이 동일한 언어와 문화를 영유하는 상대가 국경을 넘어 존재하는 남한 경우를 실험해 보지는 않았다. 정보의 자유로운 소통을 가지지 못한 북한에서 남한의 존재는 북한의 경제문제를 남한과 단기적인 통일로 간단하게 해결한다는 환상을 하지 않을 수 없다는 점이다. 이러한 대안은 일시적으로 북한대중이 남한에 대한 정보가 극히 제한되고 통제 하에 있을 때 적용가능한 하나의 상상에 지나지 않는다. 그렇지만 정치제한을 완화하고 적절한 정보의 접근성이 있을 때 1989년부터 1990년에 독일의 경우와 별 차이가 없는 상태로 진전된다고 볼 수 있다. 다시 말해서, 개혁과 자유화의

---

303) Andrei Lankov, *op. cit.*, 참조.

증진의 시도는 정반대인 정치 불안정, 정권 붕괴와 결과적으로 경착륙으로 안착될 수 있다. 평양지도자들은 이러한 결과의 놀라움을 이해하고 있다. 그들의 정권붕괴는 그동안 누려온 온갖 기득권의 상실을 의미하고 승리자의 박해를 두려워하고 있는 점이다. 만약에 남한이 남북관계 경쟁에서 승리하고 북한정권이 교체된다고 하면 북한의 고위정책가나 장군들도 숙청감으로 모든 것을 잃어버린다는 압박감을 갖고 있다.[304]

이러한 상황에서 북한지도자들은 연착륙의 결과도 받아들이기 어렵고 김정일 이후의 김정은 정권이 꼭 북한의 잔여세력으로 이루어진다는 보장이 없는 한 이럴 수도 없고 저럴 수도 없는 난관에 봉착하여 있다. 북한정권이 앞으로 얼마나 유지할 수 있느냐는 예측하기 어려우나 1990년 초 북한의 붕괴를 잠재운 경우를 감안할 때 단기적으로 북한핵과 벼랑 끝 외교도 북한정권을 유지할 수 있으나 장기적으로 위에서 분석한 세 가지 요소와 남한의 민주국가 성공사례가 북한의 독재정치가 오래 갈 수 없고 큰 틀에서 다른 통일모델을 고려해야 한다.

위의 분석에 비추어 볼 때 통일문제의 이론적 측면들은 장기 혹은 단기간의 범례와 미래의 이상적 통일형태를 규정짓는 체제구조 그리고 이에 더하여 각각의 논쟁들에 달린 부차적 유형 속에 내재해 있다는 결론을 내릴 수 있다. 이러한 보기들은 현재의 남북한에 적용될 수 있는 것은 아니지만 특히 연합문제이론과 민중통일모델 및 전자모바일통일 모델 등의 경우는 한국의 통일전망에 밝은 빛을 비춰준다고 할 것이다. 그러므로 다음 장에서는 통일의 실질적 문제들을 조사하고 분석해 보고자 한다.

---

304) Andrei Lankov, *op. cit.* 참조.

통일의 실제적 제 측면

제3장

통일의 실제적 제 측면

Unification Theories for the Korean Peninsu

　　통일문헌이나 여타의 개념들을 면밀히 검토하는 것과는 별개로 한국통일의 실제적 양상은 극히 복합적이다. 한국의 통일문제는 남북한의 정책결정자뿐만 아니라 한민족 전체와 관련된 것이다. 모든 한민족들은 역사적 사명 혹은 모두가 어우러져 살아가는 한민족공동체를 이루려는 낭만적인 생각에서 통일을 염원하고 있다. 그들은 지엽적인 문제들을 정책결정자들에게 위임한 듯이 보인다. 정책결정자들은 그들의 권력을 유지하기 위해서 법적·정치적으로 제약을 받고 있다. 그들은 모든 난관을 잘 알고 있으며 대중들의 기대에 부응하려 하지 않는다. 혹자는 한국에서의 통일 문제는 과거 인도차이나반도의 베트남전처럼 군사적 정복으로 해결이 가능하다고 보기도 한다. 반면 또 다른 이들은 폭력을 피하고 남북한 간의 긴장을 완화시키는 것이 해결책이라고 주장하기도 한다. 한편, 또 다른 이들은 남북한의 정책결정자들이 충분히 이성적이므로 폭력적 수단을 피하고 한국을 평화적인 방법으로 통일시킬 수 있으리라고 주장하기도 한다. 저자는 큰 시대의 변화하는 흐름과 내부적인 요소의 변화하는 변수를 종합해서 디지털 정보시대+남북한의 특유한 환경고려=전자모바일통일방안을 주창하고자 한다.

　　하나의 가능한 대안을 선택하기 전에 우리는 남한과 북한의 현 통일정책을 분석해 볼 필요가 있다. 나아가 한국의 통일에 대한 외부반응을 관찰해 보는 것도 도움이 될 것이다. 통일의 실제적 양상은 정책결정자들로 하

여금 평화적 통일정책을 수립하게 하는 데 도움이 될 것이다. 제3장에서는
내외적 변수들을 분석함으로써 한국통일의 공통적·동조적 정책대안을 만들
수 있도록 정책결정자들에게 몇 가지 통일정책 대안을 제공하고자 한다.

I. 북한의 통일정책

북한의 통일정책을 알기 위해서는 김일성의 전반적인 배경과 평양의 통
일방식 그리고 현재 북한의 통일방안을 살펴보아야 한다.

1. 김일성의 전반적 배경

김일성의 후기통일제안을 이해하기 위해서는 그의 전반적 배경을 먼저
분석한 후에 그 제안들을 살펴보는 것이 필수적이다.

김일성은 20세기 북한의 정치지도자로 조선왕조 말기 이래 한반도 지도
자들 가운데 현대 정치사에 큰 영향을 미친 사람 중 하나이다. 그는 일본이
조선을 합병한 후 식민지의 아들로서 태어나서 20세의 청년으로서 항일운동
에 나서 초지일관 일본의 제국주의에 무력으로 대항했고 중국인들, 러시아
인들과 함께 그들의 도움을 받아 조선이 해방하는 날까지 일본군에 쫓겨서
소련의 연해주로 피신하면서 대일투쟁을 계속했다. 제2차 세계대전의 종전
으로 한반도가 남북으로 분할되고 소련군이 북반부를 점령하면서 김일성은
33세의 젊은 나이에 북한지도자가 되고 1994년 7월 8일 심장마비로 사망할
때까지 반세기 동안 일인독재로 2천만 북한인민들의 수령으로서 그들의 생
각과 삶을 자주적인 나라, 민족적 정체성이 잘 보존된 나라로 이끈 지도자
이다. 그는 이 과업을 당대에 끝내지 못할 것을 미리 예측하고 장남 김정일
을 후계자로 세워서 대를 이어 완수하도록 조치를 취하고 아시아의 다른 지
도자와 달리 자기의 업적에 관해 「선집」, 「저작선집」, 「저작집」 등을 합쳐

50권을 남긴 사람이다.[1]

　　김일성의 배경은 1945년을 전후로 하여 두 기간으로 나뉜다. 북한 노동당이 펴낸 「김일성전기」와 서대숙 교수에 따르면 그는 1912년 4월 15일 평양 서남근방 대동강 기슭의 만경대에서 태어났으며 부친 김형직과 모친 강반석이 낳은 3형제의 맏이로 본명은 김성주이고 김철주와 김영주 두 동생이 있다고 한다. 김일성은 한국 속담에 '개천에서 용 난'격으로 자수성가한 사람이다. 그는 제대로 교육도 받지 못한 사람으로 만주와 한반도를 드나들면서 소학교를 세 번 옮겨 처음에는 만주 바다오거우(八道講)에서, 다음에는 평양의 창덕소학교, 그리고 다시 만주에 무쑹(撫松)소학교를 졸업한 것으로 알려지고 있다.[2] 그는 아버지와 함께 한국을 떠나 (정치적 망명으로) 만주북동부로 이주했다. 1926년에 공산당 청년당원이 되어 1931년에는 중국공산당의 어엿한 일원이 되었다. 그 후 그는 중국공산군과 동맹하여 일본군에 대항할 게릴라를 조직했다.[3] 그 게릴라조직은 만주남동부에서 싸우다 1940년에서 1941년에 걸친 일본의 탄압정책에 의해 시베리아로 퇴각했다. 1942년에 김일성은 시베리아, 카자흐스탄 그리고 우즈베키스탄에 거주하는 한국인들을 모아 새로운 게릴라를 조직했다. 1943년 1월, 이 게릴라조직은 스탈린그라드 방어에 참여했다고 한다. 이때 스탈린은 김일성에게 메달을 수여하고 소련군 소령급에 임명했다.[4] 간단히 말해서, 1945년 이전에는 김일성은 항일게릴라의 지도자였다. 1945년 이후부터 1948년까지는 소련군의 비호 아래 그리고 1958년까지는 한국전을 치른 중공군의 비호 아래 북한의 정치지도자가 되었고 1960년에 이르러서는 지도자로서의 위치를 확고히 굳혔다.

　　1945년 10월 14일의 평양인민집회에서 당시 33세이던 김일성은 빨치산

1) 서대숙, 현대북한의 지도자: 김일성과 김정일(서울: 을유문화사, 2000), pp. 15~21.

2) 서대숙, 현대북한의 지도자: 김일성과 김정일, pp. 28~32.

3) Pak Tong-un, *The Government in North Korea*(Seoul, Korea: The Asiatic Research Center, 1964), pp. 87~91.

4) Ki-won Chung, "The North Korean People's Army and the Party," *North Korea Today*, ed. Robert A. Scalopino(New York: Frederick A. Praeger, 1963), pp. 105~106; Young Jeh Kim, "The Purpose of North Korea's Guerrilla Warfare and the Reactions of South Korea," *Issues and Studies*, vol. 6, no. 11(August 1970), pp. 17~18.

영웅으로 소개되었다. 그는 한국을 해방시키는 데 도움을 준 소련군에 감사의 뜻을 전하고 북한 내의 각 당파의 통합필요성에 대해 역설했다.[5] 같은 달에 소련군은 모든 행정권을 각 도의 '인민위원회'에 위임했다. 평양에는 '5도 행정국'이 세워져 지방인민위원회의 지배력을 공고히 하고 중앙집권화시켰다. 공산주의자 및 비공산주의자로 구성된 이 새로운 조직은 민족주의 지도자 조만식의 지도 하에 놓이게 되었다.[6]

그러나 소련군은 공산정권수립을 위한 기초 작업들을 주로 소련계 한국인(소련 시민이면서 한국인인 김일성일파와 같은)에게 맡겼다.

1946년 8월 28일 조선공산당과 신민당의 합병으로 북조선노동당이 창립되었다. 신민당은 1946년 3월 30일, 연안파의 일원이던 김두봉과 최창익에 의해 발기된 정당이었다. 김일성이 비록 북한정부조직의 수위(首位)를 차지하고 있었다지만 그는 기존의 신민당원들의 비위를 거스르지 않고자 김두봉에게 노동당 의장직을 내주고 김일성 자신은 부의장이 되었다. 최초의 북한 국회는 1946년 8월 16일 열려 두 당의 합병사실과 함께 400,000명의 당원명단이 발표되었다.[7] 그리하여 조선노동당(Korea Workers Party)은 소련을 본뜬 정부를 북한에 수립한 가장 강력한 정치·사회적 조직체가 되었다.

북한에서는 소위 '남북한 제 정당 및 사회단체대표자공동회의'가 1948년 6월 29일부터 7월 5일까지 평양에서 열렸다. 이 회의에서 북한지도자들은 1948년 9월 2일 '최고민족회의'를 소집하자고 주장했다. 이 회의는 북한 측 대의원 212명과 남한 측 대의원 350명으로 이루어졌다.[8] 최고민족회의의 첫 회의는 9월 초에 평양에서 열렸다. 이 회의에는 중립의원들과 남북한의 다양한 정치조직을 대표하는 32명의 대의원들을 포함한 572명의 대의원들이 참석했다. 김두봉이 이 회의의 의장으로 선출되었다. 1948년 9월 8일에 드디

---

5) 조선중앙년감, 북조선민주주의인민공화국(평양: 조선중앙통신사, 1949), p. 63.

6) Wilbert B. Dubin, "The Political Evolution of the P'yongyang Government," *Pacific Affairs*, vol. 3, no.4(December 1950), pp. 381~384.

7) 김창순, 북한십오년사(서울: 지문각, 1961), pp. 96~99.

8) "Joint Statement of Various Political Parties and Social Organizations of North and South Korea," *For Korea's Peaceful Unification*(P'yongyang, DPRK: Foreign Language Publishing House, 1961), pp. 20~23.

어 '조선민주주의인민공화국'(Democratic Peoples Republic of Korea)이 선포되었다. 곧이어 헌법을 채택하여 정부를 구성하고 김일성을 초대주석으로 추대하였다.

김일성은 주석으로 추대된 직후, 한반도 통일을 위한 첫 단계로 미·소 양군의 철수를 제안하였다. 그는 남한정부를 반민주적·비합법적 정부로 규정짓고 공공연히 비난하고 나섰다. 그는 또한 토지개혁의 필요성과 산업국유화, 노동법개정 그리고 남녀평등을 강조하였다. 그는 소련 및 다른 사회주의국가들을 평화를 사랑하는 우호적인 나라로 규정했는 데 반해 미국을 비롯한 서구민주국가는 제국주의로 규정지었다. 미·소 양군의 동시철수라는 김일성의 제안은 북한 내에서의 정치조직 강화를 위해 마련된 것이었다. 그는 양군철수 후에 일어날 수 있는 소요나 내란의 가능성은 부정하였다.

1948년 9월 18일, 소련최고회의 상임간부회의는 북한 측의 군대철수요구를 수락하였다. 모스크바는 워싱턴도 남한에서 그들과 똑같은 행동을 취하도록 강요하려 했다. 10월 12일, 스탈린은 공식적으로 북한을 승인하고 외교·경제관계를 수립코자 하는 그의 의도를 전달했다.[9] 1948년 12월, 소련군의 철수 이후 '소련사절단'이 '소련의 간접적 지배'를 위해 평양에 들어왔다. 군사·문화·경제 분야의 전문가들로 구성된 '소련사절단'은 한국전 발발 때까지 사실상 북한정부의 권위 있는 고문노릇을 해왔던 것이다.[10] 소련사절단을 통해 모스크바는 북한에 소련제 무기를 공급해왔고 약 15군데의 군사비행장을 세웠다. 1948년 3월, 김일성이 무역협정체결을 위해 모스크바를 방문했을 때 그가 스탈린과 비밀군사조약을 맺었음은 확실하다. 스탈린은 미국과의 제한된 전쟁에 관심이 있었던 것 같다. 그는 총력전을 두려워했지만 한국에서의 갈등이 심화되리라고는 보지 않았다. 그러나 소련은 동유럽위성국가들에게 했던 것과는 달리 북한과는 방어조약을 체결하지 않았다.[11] 모스

9) John N. Washburn, "The Soviet Press Views North Korea," *Political Affairs*, vol. 22, no. 1(March 1949), pp. 53~59. See also "The Present Government in North Korea," *The World Today*, vol. 9, no. 1(May 1953), pp. 326~328.

10) *North Korea: A Case Study in the Techniques of Takeover*(Washington, D.C.: Government Printing Office, 1961), p. 101.

11) Allen S. Whiting, *China Crosses the Yalu*(New York: The Macmillan Company, 1960), pp.

크바와 평양은 북한에서의 군비증강에 합의했다. 북한은 무력통일을 원했고 소련은 미국에 도전하길 원했다. 그러므로 평양과 모스크바는 남한과의 군사대결에서 자신들의 성공을 확신했다. 이러한 가정 아래 북한군은 1950년 6월 25일 일요일 새벽에 남한을 급습했다. 탱크와 전투기, 중포를 비롯한 대부분의 무기는 소련이 공급해 준 것이었다. 북한이 선제공격을 했다는 것이 명백함에도 불구하고 평양과 모스크바는 남한이 먼저 침략했으며 북한군은 도발행위를 격퇴시키기 위한 단순한 반격을 개시했을 뿐이라고 주장했다.

비록 당시 남한의 대통령이었던 이승만이 필요하다면 무력으로라도 통일을 이룩해야 한다고 말했으나 북한이 단순한 반격만을 개시했다는 주장은 허위이며 매우 어리석게도 역사적 사실을 왜곡하는 것이다. 유엔회담에서 서구강대국들은 북한을 실제 침략자로 규정하였으며 오직 소련만이 남한을 비난하였다.[12] 6년 후에는 소련마저 그들의 자세를 바꾸었다. 1956년의 소련 백과사전에는 "과거에 독재자가 북한으로 하여금 남한을 침략토록 지시했다"라고 서술하고 있다.[13] 이 새로운 해석이 정치적 색깔을 띠었다. 이러한 소련의 태도 변화에도 불구하고 김일성은 한국전에 대한 기존의 설명을 고수했다.

물론 북한이 남한에 대해, 결국은 미국에 대항하여 전쟁을 일으켰을 때 소련이 배후에서 막대한 영향을 끼쳤음은 더 말할 나위도 없다. 두 동강난 한국의 작은 국가가 소련의 동의 없이 세계 최강대국에 도전했으리라고는 보이지 않는다. 여기까지는 김일성이 모스크바의 지지를 받았고 그 후에는 중국이 등장하게 되었다.

1950년 10월 19일, 유엔군과 남한군이 평양을 점령하고 김일성 정부가 압록강 근처의 신의주까지 퇴각하게 되자 중국의 지도자들은 만주의 경계에

42~43.

12) North Korea's Camouflaged Peace Proposal-*The New Trojan Horse*(Seoul, Korea: The Public Relations Association of Korea, 1973), p. 27; Robert D. Warth, *Soviet Russia in World Politics*(New York: Twayne Publishers, Inc., 1964), pp. 394~395; "The War in Korea, A Chronology of Events, 25 June 1950-25 of June 1951," *The World Today,* vol. 7, no. 8(August 1951), pp. 317~328.

13) *New York Times*(June 17, 1956), p. 25.

위협을 느끼기 시작했다. 중국인들은 남만주의 근대공업이나 일본인에 의해 압록강변에 세워진 수력발전소를 자국 이익에 절대적으로 필요한 것들로 여기고 있었다.[14] 이 위협에 대한 중국의 반응은 인민해방군 임시참모장이었던 니에중천 장군에 의해 명백히 표현되었다.

> "중국은 팔장이나 끼고 뒷전에 앉아 미국인들이 중·조 경계를 침범하도록 내버려 두지는 않을 것이다. 우리는 우리가 무엇을 해야 할지 알고 있으며 어떤 희생을 치르더라도 미국의 침략은 중단되어야 한다. 미국은 우리를 폭격하여 산업시설물을 파괴시킬 수는 있으나 우리의 영토 안에서 우리를 패배시킬 수는 없다. 그들은 원자탄을 투하할 수도 있다. 그 다음은 무엇인가? 아마 몇 백만의 인민이 죽을 것이다. 그러나 희생 없이 나라의 독립이 확고해질 수는 없다."[15]

이러한 경고 후, 10월 25일에 228,000명의 중공군이 압록강을 건넜으나 1950년 11월 26일까지는 어떠한 형태의 전투에도 참가하지는 않았다. 중국의 참전은 아마 모스크바의 비호 아래 이루어졌을 것이다. 비산업국인 중국은 소련의 경제·군사적 원조를 받고 있었다. 생각하건대, 만일 미국이 중국 본토를 공격해 올 경우 소련이 도와주겠다는 소련정부의 확고한 보증을 받은 후에 중국은 한국전에 참전한 것으로 보인다.[16]

소위 '중국인민의용군'은 잃었던 북한영토를 탈환하고 12월 26일(마오쩌둥(毛澤東)의 생일날)에는 38선을 넘어 며칠 후 서울을 점령하였다.[17] 군사적 상황은 압도적으로 중국에 유리했다.

---

14) Helmut G. Callis, *China Confucian and Communist*(Boston: Houghton Mifflin Company, 1966), pp. 206~207.

15) K. M. Panikkar, *In Two Chinas*(London: Allen and Unwin, 1950), p. 108; *See also Whiting*, *op. cit.*, p. 107.

16) Whiting, *op. cit.*, pp. 104~129.

17) David Rees, *Korea: The Limited War*(New York: St. Martin's Press, 1964), p. 177.

이러한 상황 하에서 공산 측 협상자들과 유엔군대표부 사이의 '정전회담'
이 1951년 6월 10일에 38선 이남의 공산군점령지인 개성에서 열렸다. 회담지
역에 유엔군항공기가 침범하여 공산 측 협상자들이 불평을 하였으나 협상은
꾸준히 진행되었다. 군대감축과 중립국으로 이루어진 조사단 파견, 정전협정
의 감시문제 등에 양측은 동의했다.[18] 포로의 자발적인 본국송환문제를 제외
한 모든 주요 문제가 1952년 말까지 타결되었다. 공산 측은 모든 포로의 송환
을 요구했지만 유엔군 측은 포로의 강제송환을 거절했다. 132,747명의 북한 측
포로들(21,000명은 중국인, 나머지는 한국인) 중에서 70,000명은 송환을 거부했다.[19]

1953년 4월 13일, 조선인민군 총사령관 김일성과 한국 주둔 유엔군 총
사령관 클라크(Mark Clark) 장군, 중국인민의용군 사령관 펑더화이(彭德懷) 장
군은 제네바협약 제109항에 의거하여 부상병 포로들의 교환에 동의했다.
684명의 부상포로들이 남한으로 돌아왔고 5,194명의 북한·중공군 포로들이
유엔군으로부터 풀려났다.[20]

오랜 기간의 교착상태가 지난 후, 1953년 7월 27일에 마침내 휴전협정
이 체결되었다. 12시간 내에 현존 휴전선이 그어졌고 72시간 내에 비무장지
대 2.5마일 안에 군대가 철수하였다.[21]

휴전 이후, 김일성은 그가 채택한 정책을 발표했다. 북한은 "모든 문제
의 해결을 위해 경제적 힘과 강한 당과 정부를 필요로 한다"고 했다.[22] 김일
성은 경제·군사원조를 얻기 위해 소련·중국·동유럽과 밀접한 외교관계를
수립코자 하였다. 경제·문화적 교류를 위한 두 번째 조·소협정이 1953년
9월 김일성의 모스크바 방문시에 이루어졌다. 그는 전쟁으로 인해 파괴된 북
한경제의 재건을 위해 소련으로부터 25억 달러를 얻어냈다. 소련은 또한 소련

---

18) David Rees, *op. cit.*, p. 177.

19) Warth, *op. cit.*, pp. 399~400.

20) Kyong-cho Chung, *Korea Tomorrow: Land of the Morning Calm*(New York: The Macmillan Company, 1956), pp. 267~269.

21) Carl Berger, *The Korea Knot*(Philadelphia: University of Pennsylvania Press, 1957), p. 95.

22) 김일성, 조선노동당 제 4 차당대회 중앙위원회총리보고(평양: 북조선민주주의인민공화국: 조선노동출판사, 1960), p. 16.

의 기술로 압록강가에 수력발전소를 재건해 주겠다는 약속도 했다.

당시 중국정부는 이 협정을 환영했으며 베이징 또한 평양에 같은 형태의 원조를 제안했다.[23] 그리하여 1953년 11월, 김일성이 베이징에 가서 10년 기한의 경제·문화조약을 체결했다. 중국은 4년간의 경제복구기간 동안 북한에 32억 달러를 제공했다. 중국의 원조는 소비재, 식량, 건축자재, 수송수단의 복구, 숙련공 그리고 기술자까지도 포함한 것이었다. 게다가 베이징은 1950년 6월 25일부터 1953년 12월 31일까지의 원조를 상환조건 없이 주겠다고까지 했다. 중국군의 철수에 대해서는 일체 언급이 없었다. 하지만 북한군 사력에 도움이 되는 것은 물론이요 경제건설 노동력까지도 제공해 주는 중국군을 김일성이 싫어했을리는 만무하다.

한국의 두 이웃 공산국가는 평양을 사회주의의 진열장으로 만들기 위해 원조를 아끼지 않았을지도 모른다.[24] 베이징의 원조는 특히 후해서 그것으로 평양은 광범위한 산업화계획을 추진할 수 있었다. 그러나 중국의 원조는 세 가지 측면에서 자국의 이익과 관련된다.

먼저 평양경제의 재건에 공헌한 베이징의 역할을 살펴보자. 1953년 인민일보의 '중·조협정(中朝協定)의 환영'이라는 사설에 나타난 바에 따른다면, "우리 정부와 인민은 조선인민의 안보에 부가적인 보장을 부여한다고 보기 때문에 전쟁 후의 조선경제와 모든 도시, 농촌의 재건 그리고 전쟁 상흔의 치유를 위해 모든 노력을 아끼지 않을 것을 밝힌다"고 하였다.[25] 하지만 그것을 보장하는 방법은 자국안보의 방위를 위해 지정학적으로 중요한 한반도에 군대를 주둔시키는 것이었다.

두 번째로, 중·조협정(中朝協定)은 북한뿐 아니라 동아시아의 비소련국가들에게 중국이 이 지역의 지도자임을 알리는 계기가 되었다. 베이징은 아시아의 평화유지를 위해 평양과의 연대개념을 강조하였다.[26]

---

23) S. S. Thomas, "The Chinese Communist's Economic and Cultural Agreement with North Korea," *Pacific Affairs*, vol. 28, no. 1(March 1954), pp. 61~63.

24) Helmut G. Callis, *op. cit.,* pp. 412~415.

25) Thomas, *op. cit.,* pp. 61~63.

26) *Ibid.,* pp. 63~64.

세 번째로, 중국의 한국전 참전과 휴전 이후의 경제원조는 평양에 대한 베이징 측의 영향력을 증대시키는 결과를 가져왔다. 중국군과 북한여성의 결혼을 장려하고 군대병력을 전후복구사업에 투입했으며 평양과 베이징 간의 활발한 학생교류를 증진시켜 국제무대에서 중국은 한국문제 해결에 우선권을 갖게 되었다.[27]

중국이 다른 속셈으로 북한경제를 원조했음에도 불구하고 김일성은 북한의 황폐해진 경제복구를 위해 이를 기꺼이 받아들였다. 김일성은 1953년 8월 9일에 전후복구를 위한 '3개년 계획'에 착수했다.[28] 1954년에서 1956년까지는 중공업과 농업집산화에 치중하기로 하였다. 실제로 전쟁이 모든 산업시설을 파괴하고 식량, 소비재 등도 거의 바닥났으므로 그러한 계획은 필수적인 것이었다.

3개년 계획기간 동안 북한경제가 놀랍게 성장한 것은 사실이다. 이러한 경제재건과 발전은 소련, 중국 기타 공산국가들의 원조에 의해서 뿐만이 아니라 국가수입의 평균 25%를 의무적으로 저축한 내부적 힘에 의해서 가능했던 것이다. 크게 보면 김일성은 북한에서 자신의 권력을 다지기 위해 경제발전을 도구로 사용했던 것이다. 그는 스탈린주의를 수용하여[29] 3개년 계획을 '국가의 절반을 사회주의화한다'라는 어구로 미화시켰다. 그는 사회적·정치적·경제적 분야에서 개혁을 시도하였다.[30]

그러나 북한은 경제재건 이외에도 또 다른 문제들을 안고 있었다.

김일성은

1) 중공업위주의 산업발전정책에 반대하는 일파와 대항해야 했고,

2) 1956년 늦여름에는 개인적 위기에 봉착하게 되었다.

당시의 주요한 논쟁은 자본을 중공업에 투자하고 식량과 소비재를 더

---

27) Callis, *op. cit.,* pp. 416~417.

28) *For the Development and Reconstruction of Postwar National Economy*(P'yongyang, DPRK: Publishing Company of Korean Workers Party, 1956), p. 3.

29) Chong-sik Lee, "Stalinism in the East," *The Communist Revolution in Asia*(New Jersey: Prentice-Hall, Inc., 1956), p. 122.

30) William E. Griffith, "Sino-Soviet Relations, 1964-1965," *The China Quarterly*, no. 25 (January-March 1966), pp. 76~79.

많이 수입하느냐 혹은 중공업에 자본을 집중시키지만 경공업과 농업에 다소간의 자본을 할당하느냐 하는 것이었다. 김일성의 반대파들은 소비재의 국내생산에 예산의 1/4을 할당해야 한다고 주장했다. 김일성은 모든 자본을 직접 중공업에 투자해야 한다는 스탈린식의 산업화정책의 수정판을 지지하고 나섰다. 이러한 정책대립과정에서 김일성은 숙청을 단행하게 되었다.

1955년 12월, 박헌영은 '미제의 간첩'이라는 죄명으로 기소되었다. 김일성은 그 후 조선노동당 중앙위원회 간부이자 국내파 지도자인 이승엽을 쿠데타 기도혐의로 숙청하였다.[31]

이러한 북한의 당내분열은 스탈린 치하의 소련사정과 유사하다. 초기에 김일성은 그의 라이벌집단과 권력을 나누어 가졌으나 그들의 이용가치가 떨어지자 그들을 숙청해 버렸다. 그렇게 함으로써 김일성은 그 자신의 개인권력을 강화시키고 그의 중공업정책 수행을 가능케 했다.[32]

김일성의 개인적 위기는 1956년 늦여름에 발생했다. 그가 경제원조를 얻어내기 위해 소련과 동유럽국가 순방에 나섰을 때 연안파 지도자인 최창익과 소련파 지도자인 박창옥은 김일성의 독재정치에 반기를 들고 나섰다. 일설에 따르면 박창옥이 흐루시초프에게 편지를 보내 김일성이 제20차 소련당대회의 결정을 따르려 하지 않는다고 밝혔다고 한다. 1956년 8월 30~31일에 중앙위원회에서 있었던 김일성의 여행성과를 보고하는 자리에서 연안파는 김일성의 '개인숭배'와 경제정책을 비난하고 나섰다. 그러나 김일성 일파가 당중앙기관의 요직을 대부분 점유하고 있었기 때문에 그는 당서기로 재선출되었고 최창익과 박창옥 및 그의 동료들은 '반동종파주의자'로 낙인찍혀 추방되었다.

김일성의 숙청작업은 모스크바와 베이징의 평양에 대한 내정간섭으로 끝을 맺었다. 프라우다지의 기자이며 통역관이었다가 1958년 1월에 서울로 월남한 이동충은 소련 제1부수상 미코얀(Anastas Mikoyan)과 펑더화이(彭德

---

31) Glenn D. Paige, "North Korea and Emulation of Russian and Chinese Behavior," in A. Doak Barnett(ed.), *Communist Strategies in Asia*(New York: Frederick A. Praeger, 1963), pp. 234~238.

32) Chong-sik Lee, "Stalinism in the East," pp. 116~121.

懷) 사령관이 당시 북한의 내부 권력투쟁을 조사하러 평양에 왔었다고 말했다. 그들은 당 내부의 분열이 그런 숙청을 불러일으켰다고 보았다. 그들은 "당원의 자아비판 정신을 통해 그런 갈등이 종결되어져야 하고 당내의 추방은 사라져야 한다"고 지적했다. 9월에 최와 박은 당원으로 다시 복권되었으나 중앙위원회원에는 끼지 못하였다.[33] 비록 모스크바와 베이징의 사자(使者)들이 평양의 내부갈등이 종결되기를 바랐으나 중국은 십중팔구 김일성을 옹호했을 것이다. 마오쩌둥(毛澤東)과 김일성 모두 '1인독재'를 지지했으며 스탈린식 숙청기교를 사용했기 때문이다. 반면에 흐루시초프는 집단지도체제를 강조하여 숙청을 사용하지 않았다. 이는 평양과 베이징이 연합하여 동아시아공산화계획에 반대하는 흐루시초프에 대항했다고도 볼 수 있다. 중국이 북한을 보다 강력히 지원하지 않은 이유는 아직 때가 이르지 않았기 때문이지 유사성이 없었기 때문은 아니었다.

정치적으로, 이 당시에 김일성은 소련을 사회주의진영의 최고지도자로 인식하고 있었다.[34] 반면 중국은 한반도 통일문제에 더 많은 관심을 갖고 있었으므로 보다 유능한 지역지도국으로 등장하였다.

그러는 동안 북한은 북한 내에 주둔한 중국군을 철수해 달라고 요청했으나 1958년 2월 20일에야 중국은 이에 동의하였다. 병력철수는 4월 30일에 시작되어 그해 말쯤에야 끝이 났다.[35] 평양과 베이징은 워싱턴도 마찬가지로 군대를 철수하기를 바랐다. 베이징의 간접적인 영향권 아래에서 김일성은 그의 정치권력 기반을 공고히 다질 수 있었다.

1958년부터 1994년까지 김일성은 북한의 주석 자리를 고수하며 스탈린보다도 훨씬 더 오랫동안 확고한 북한의 지도자로 군림해오고 있다. 스칼라피노(Robert Scalapino) 교수는 김일성을 아시아공산주의자들의 세 가지 유형 가운데 "혁명 속에 내재한 극적 성격과 운동, 도전만을 강조하는 활동가"로

---

33) 이동정, 환상과 현실: 나의 공산주의관(서울: 동방통신사, 1961), pp. 195~202.

34) William E. Griffith, *op. cit.*, pp. 76~79; See also Jongwon A. Kim, "P'yongyang's Search for Legitimacy," *Problems of Communism*, vol. 20, nos. 1~2(January-April 1971), pp. 38~40.

35) "Last Contingents Return from Korea," *Asian Recorder*, vol. 4, no. 49(November 29~December 5, 1958), pp. 2370~2371.

묘사하면서 기존분석을 배제하고 있다.[36]

　최근의 정치적 안정과 김일성의 권력기반은 1972년의 헌법에 토대를 두고 있다. 그 헌법은 김일성을 주석의 자리에 앉히고 49년 동안 그에게 무한한 충성을 맹세해 온 그의 추종자들에게 권력을 제공해 주었다. 그 헌법으로 인하여 김은 평양의 최고지도자가 되었고 조선노동당의 총서기가 되었으며 또한 최고총사령관이 되고, 2,200만 북한주민으로부터 '위대한 지도자 수령동지'로 추앙받아 무제한의 권력을 누렸다. 그의 정치체제는 종종 '권위적 과두정치' 혹은 '1인독재체제'로 불린다.[37]

　김일성은 1994년 7월 8일 심장마비로 사망했다. 1982년 10월에 평양을 방문한 이탈리아의 저널리스트 메제티(Fernando Mezetti)는 김일성은 "평범한 인간이 아니라 신성한 위엄을 가진 존재"라고 한다. 넓은 산책로의 5번 길은 김일성을 위한 예비도로이고 곳곳에 그의 동상이 있으며 그를 기념한 대형인민도서관과 기념물들이 많다고 한다. 또한 사람들이 김일성의 초상화를 가슴에 달고 다녀야만 한다는 곳이다. 1년에 약 30,000명의 사람들이 김의 생가를 방문한다. 메제티는 김일성의 목표를 "사회주의 행복감의 진열장 창조"에 있다고 기술했다.[38] 말할 나위 없이 김일성은 선전효과를 효율적으로 이용해 북한에서의 자신의 권력기반을 정당화하고 있었다.

　그의 권력의 안정성에도 불구하고 김일성은 권력세습과 족벌주의의 문제를 해결해야만 했다. 그의 후계자로 지명된 이는 48세 된 그의 아들인 김정일이다. 후계자로 자처하는 김정일은 북한주민들로부터 "나라의 빛나는 별이시며 창조의 천재, 혁명사상의 완전한 화신이시며 인도자, 다정한 마음씨의 사랑이 넘치는 지도자, 정치적 삶의 보호자이신 친애하는 지도자"로

---

36) Robert A. Scalapino, "Communist in Asia: Toward a Comparative Analysis," Robert A. Scalapino(ed.), *The Communist Revolution in Asia*(Englewood-Cliffs: Prentice-Hall, 1965), p. 7; Professor Scalapino discussed the three types of Asian Commmunist Leaders in terms of the ideologue, the activist, and the careerist as ideal types of leaders.

37) Ilpyong J. Kim, *Communist Politics in North Korea*(New York: Praeger Publishers, 1975), pp. 26~31; Chong-sik Lee, "The 1972 Constitution and Top Communist Leaders," in Dae-sook Suh and Chae-Jin Lee(eds.), *Political Leadership in Korea*(Seattle, Washington: University of Washington Press, 1976), pp. 192~196.

38) *The Korea Herald*(November 2, 1982), p. 3.

칭송받고 있었다.[39] 그는 최고인민회의의 위원이고 정치국 간부이며 조선노동당중앙위원회의 서기였다.[40] 그러나 이 모든 지위를 그 자신의 노력으로 얻은 것은 아니다.

불행하게도 북한 주민은 자주적으로 그들의 정치지도자를 선정하지 못했다. 아버지가 아들을 주민의 지도자로 결정하는 것은 북한식 민주주의도 아니고 인민공화국이 할 일도 아니며 김일성이 공들여 만들고자 한 사회주의도 아니고 부자지간의 권력승계는 단지 봉건왕조나 전제적인 독재국가에서나 있을 수 있는 관습이다. 이러한 세습적 승계는 북한에서 이루어질 수 없는 특이한 상황이다. 이러한 승계의 책임은 북한지도층과 김정일에 있다고 분석된다. 김일성과 북한지도층은 부자간의 권력이양은 정치적 목적 이외 북한정권을 사기업으로 간주하고 인민들을 한민족의 상속관념인 자기 기업체에서 일하는 노동자로 취급한 사고방식이다. 이러한 관점에서 북한의 노동자, 농민은 주권을 가진 주민이고 북한은 일개 사기업이 아닌 관계로 김일성과 북한지도층이 북한주민을 모독한 결과이다. 김정일은 한국 전쟁에서 죽은 마오쩌둥(毛澤東)의 아들과 다르고, 자기 부친의 잘못을 전세계에 알린 스탈린의 딸과도 다른 강한 효심으로 당과 수령에 충성한 김일성의 아들이다. 김정일은 오랜 시기 동안 그의 효성과 충성심과 능력을 인정받아 승계에 성공한 사람이다.[41]

서대숙 교수에 의하면, 김정일은 김일성과 김정숙의 3남매 중 장남으로 1942년 2월 16일 소련 연해주 하바로프스크 인근에 자리잡은 88여단의 브야츠크 야영지에서 출생한 이유로 당시 '유라'라는 러시아 이름을 갖고 있었다. 김정일(金正日) 이름의 뜻은 이 세상을 올바로 비쳐주는 태양을 의미한다고 북한은 선전하고 있다. 한 가지 분명한 점은 김정일이 어디서 출생했느냐보다도 김일성, 김정숙과 같은 항일투사 부모 밑에서 태어난 점이 조작된 혁명전통의 선전보다 가치가 있다는 점이고 김정일이 북한을 다스리는 아버지 밑에서 정치·사회화 과정을 통해 정치이념을 가진 점이다. 김정일은 7

---

39) *Ibid.*, p. 3.

40) *Ibid.*(October 19, 1982), p. 8.

41) 서대숙, 현대북한의 지도자: 김일성과 김정일, pp. 169~172.

세 때 어머니를 잃은 경험이 있어 성인이 되어 후계자가 된 이후 1970년대 말 함북 회령에 김정숙의 동상과 박물관을 지었다고 한다. 1954년 김정일은 12세 때 초등학교 과정을 맞추었고 평양 제1초급중학교에 진학한 이후 남산고급중학교에 입학해 1960년 졸업한 것으로 알려지고 있다.

그는 1960년에 김일성대학에 입학해서 1964년에 졸업했다고 한다. 북한의 전기들은 김정일이 이 기간 동안 지도력을 발휘한 것으로 선전하고 있으나 중요한 것은 그가 주석의 아들로 외국에서 태어나서 평양에서 정상적인 학교교육을 마친 점으로 어렸을 때 남동생과 어머니를 잃고 하나밖에 없는 여동생과 집안을 돌볼 틈도 없이 바쁜 아버지 밑에서 자란 과정이다. 이 과정을 통해서 김정일은 북한의 정치문화에 익숙해졌고 자신의 부친이 이루고자하는 국가사업에 관심을 갖게 되고 어머니가 없는 탓으로 아버지와 가까운 관계를 유지했다. 1963년 김일성이 재혼했을 때 김정일의 나이가 20세였는데 죽은 생모를 사모하여 계모는 좋아하지 않은 것으로 알려지고 있다. 대학을 졸업한 김정일은 노동당에 들어갔다고 전하는데 이 뜻은 조선인민군에 복무하지 않았다는 것이다. 이 점은 아버지가 어렸을 때 빨치산으로 또 무장투쟁으로 알려진 배경과는 정반대로 김정일은 군에 입대하지도 않았고 정규군의 훈련도 받지 않은 점이 대조적이다. 아마도 김일성은 자신과 다른 인생의 길을 걷도록 김정일의 인생항로를 제시한 것 같다. 다른 길을 걸으면서도 김정일은 조선인민군의 총사령관으로 군경험 없이 유지한 바 있다.[42]

김정일은 북한의 경제·기술·교육·문화 분야에서 특별히 훈련된 전문가인 제2세대로서 1973년 이후에 권력핵심부에 들어섰다.[43] 1973년 9월 3일 일본에서 발간된 통일일보에 의하면 김정일과 그 지지자들은 정치국원이나 부수상, 인민군지휘관(오진우), 인민군정치국간부(이용무·장종항), 조선노동당 지도자(김영남), 당 이론가(양형섭), 행정부 부수상(이근모·공진태·정준기) 등

---

42) *Ibid.*, pp. 172~179.

43) 동아일보(1977년 2월 25일), p. 3; Tai Sung An, "Korea: Democratic People's Republic of Korea," *Yearbook on International Communist Affairs, 1976*(Stanford: Hoover Institution Press, 1976), p. 318.

의 요직을 차지하고 있었다고 한다. 이들의 대부분은 김일성대학 출신으로
모두 당, 정부 그리고 군대 내의 2인자로서 중요한 역할을 담당해왔다. 실
패로 끝난 8.18판문점사건도 이들에 의해 계획된 것이다.[44] 이들 중 오진우,
정준기, 이근모는 정치국 최고 간부로서 여전히 중요한 역할을 맡고 있었
다. 이근모는 1986년 12월 31일의 제 8 차 최고인민회의에서 수상으로 선출
되었다.[45]

　　김정일의 라이벌은 김일성의 동생인 김영주와 전 김일성의 부인인 김성
애이다. 1972년 김영주는 남북조절위원회의 공동위원장이었고 조선노동당의
조직책임자이자 정치국의 일원이었다. 비록 그 당시 그의 나이는 66세이지
만 그 역시 조선노동당 내의 온건파이며 제 2 세대를 대표한다. 그가 온건파
에 속하므로 당내의 '군부강경론자'들은 그를 1972년의 소규모 화해기구(7월
4일의 남북공동회담)에 내보냈다. 그리고 김성애는 매우 활발한 북한의 여성운
동가이다.[46]

　　김영주와 김성애의 공조, 그리고 8.18판문점사건의 실패로 김일성은 김
정일의 권력을 제한하는 대신 김영주와 김성애의 권력을 증대시켰다. 예를
들어 그는 공공기관의 벽에서 김정일의 초상화를 떼라고 지시했고 김정일찬
가의 중지를 명했다. 대신 그는 김영주의 과거 지지자들을 재교육과정을 통
해 고위관리로 임명했다.[47] 그러나 후계자로는 역시 자신의 아들을 지명했
다. 그 당시 북한언론은 공공연히 김정일을 김일성의 후계자로 지목하고 있
다. 1983년 10월 10일의 평양방송에 따르면 "역사적 전환기에 기수의 역할
을 다하며 조선노동당을 김일성주의의 당으로서 완전히 떠맡을 사람, 그가
곧 친애하는 지도자동지 김정일이다. 그는 조선노동당을 현명하게 이끌며
김일성 중의당의 기수로서 세계의 관심을 한 몸에 받고 있다"[48]라고 선전한
다. 김정일이 김영주와 김성애를 제치고 김일성의 후계자로서 자리를 굳힌

---

44) 위의 신문(1976년 9월 4일), p. 1.

45) *The People's Korea*(January 17, 1987), p. 1.

46) Ilpyong J. Kim, *Communist Politics in North Korea*, p. 37.

47) 동아일보(1976년 10월 21일), p. 1.

48) *The People's Korea*(February 21, 1987), p. 2.

것이다.

평양주재 외교관들은 이에 대해 각각 다른 견해들을 제시하고 있다. 어떤 대사는 김정일이 '매우 현실적'이라고 했다. 또 다른 사람들은 김정일의 생활방식이 바람둥이 같고 그의 아버지 같은 혁명적 능력이 없으며 국제정치에 대한 지식이 부족하다고 보았다. 또 다른 사람들은 김정일은 북한의 당·정부·군사행정을 지배할 만한 정치적 후계자가 될 수 없다고 보았다. 1985년에 발간된 한 책자에는 김정일을 김일성과 동등히 보아 '위대한 지도자'로 평가했다.[49] 여기에서 주목할 점은 김정일이 북한문제를 책임질 사람이라는 것이다. 또한 김일성의 후계자로 김정일을 내세운 것은 마르크스-레닌주의의 위반일 뿐만 아니라 14세기의 봉건사회로 돌아간다는 수치를 한국인들에게 남겨놓는다는 것이다.

더욱이 김일성은 공식발언이나 행사시에 그의 직계가족을 영웅시했다. 그는 평양의 정규학교를 그의 아버지 이름을 본떠 김형직학교로 개명했다. 1976년 6월 13일, 그는 '고인이 된 형 김철주의 40주기 추모제'를 평양에서 열었다. 그의 그 당시 부인인 김성애는 '국제여성의 날'에 김일성의 어머니인 강반석을 '조선의 위대한 어머니'로, 김정숙(김일성의 첫번째 부인이자 김정일의 어머니)을 '위대한 지도자를 위해 젊음과 삶을 희생한 뛰어난 여성운동가'로 각각 칭송하였다.[50] 김일성은 족벌정치를 통해 그의 이미지를 반 성인화했다. 그러나 그가 열심히 족벌정치를 편다 해도 스탈린과 마오쩌둥(毛澤東)의 경우처럼 그의 사후에는 특히 장기적인 차원에서 그것들이 사라져 버릴 것이다.

김일성의 전반적 배경과 1945년을 전후한 그의 정치활동을 살펴본 결과, 그는 정치권력의 유지를 위해 주체사상 중심의 북한공산주의에 극히 의존적이었음을 알게 되었다. 평양지도자들은 북한주민을 결속시키기 위해 주체사상을 이용했다. 주체사상의 본질은 마르크스-레닌주의의 일반론을 한국

---

49) *The Korea Times Los Angeles Edition*(December 10, 1986), p. 10.

50) Young C. Kim, "The Democratic People's Republic of Korea in 1975," Asian Survey, vol. 16, no. 1(January 1976), pp. 91~92; D. Gordon White, "Report from Korea: The Democratic People's Republic of Korea Through the Eyes of a Visiting Sinologist," *The China Quarterly*, no. 63(September 1975), p. 516.

의 특수상황에 적용시키고 정치지도자들과 말없는 인민의 대부분을 연결시키는 데 있다.[51] 공산주의의 일반론은 다음과 같은 두 가지 목적과 연루된 이념과 연결되어 있다. 첫째, 모든 자본가와 민주적 기관들을 폭력적 수단으로 제거한다. 둘째, 자본과 토지가 사회에 의해 집단화되고 계급투쟁과 국가의 강제력이 만연되지 않은 지배적 공산국가를 건설한다는 것이 그것이다.[52] 이런 공산주의로부터 나온 주체사상은 김일성의 정치지배력을 정당화시키는 도구였다. 그것은 김일성에 대한 개인적 충성뿐만 아니라 애국적 민족주의와 단일민족국가건설에 참여의지까지도 포함한 것이었다. 김일성주체사상은 김일성주의라 불리기도 하고 유일사상이라 불리기도 한다.[53] 김일성주체사상은 각기 다른 모든 당파를 그의 지배 하에 둘 수 있는 것까지도 포함한다. 그러나 흐루시초프와 덩샤오핑(鄧小平)이 스탈린과 마오쩌둥(毛澤東)의 개인숭배에 반대하고 나선 것처럼 김일성의 사후에는 그의 개인숭배가 반박당할 것이라는 예측도 있었다.[54]

어떠한 경우에도 김일성은 제 1 세대(그 당시 당·정부·군부·경제계의 정책결정자로서 요직을 점하고 있는)와 제 2 세대(이념적·기술적·문화적 분야는 물론 위의 분야에서 2인자로 일하고 있는) 간의 갈등을 방지하기 위해 최선의 노력을 기울였을 것이다. 그럼에도 불구하고 김일성은 변화의 필요성을 감지하고 있었던 것 같다. 1975년 3월 3일에는 "우리의 선배 당위원들은 2차 대전 이후부터 30년 동안 중요한 역할을 담당해왔다. 그러나 이제 그들은 나이가 들어 젊은 세대의 진보적 기준에 따라가지 못한다"라고 말했다.[55]

제 1 세대와는 다른 사회·교육적 배경에서 자라난 제 2 세대는 기술적이

---

51) Nena Vreeland et al., *Area Handbook for North Korea*(Washington D.C.: Government Printing Office, 1976), pp. 34~38.

52) Jack C. Plano and Roy Olton, *The International Relations Dictionary*, 3rd ed.(Santa Barbara, California: ABC-CLIO, 1982), pp. 41~43.

53) B.C. Koh, "Ideology and Political Control in North Korea," *The Journal of Politics*, vol. 32, no. 2(August 1970), p. 656.

54) Robert A. Scalapino and Chong-sik Lee, *Communism in Korea Part II: The Society*(Los Angeles: University of California Press, 1972), pp. 787~788.

55) 80년대 한국통일과 연관된 내적 여건의 분석과 전망(서울: 국토통일원, 1975), p. 18.

고 반 이념적인 경향을 띨 가능성이 많다. 그들은 당을 과학적으로 운영할
것이고 국내문제에 있어서는 합리적 결정을 내릴 것이다. 그러나 남북한관
계에 있어서 김정일은 권력의 정치적 속성을 드러내 보이고 남한의 적화를
위해 비합리적 방식을 취할 것이다.[56] 미래를 예측하건대 새로운 남북관계의
대립과 김정일 일파의 적대행위가 예상된다. 김정일을 중심으로 한 제2세
대는 김일성이 꿈꾸었던 폭력혁명에 의한 정치적 통일을 실행코자 노력할
가능성도 크다고 할 것이다.

2. 평양의 통일방안

북한의 통일정책을 논하기 전에 제2차 대전 후의 서울 상황과 평양의
통일방안을 간단히 살펴볼 필요가 있다. 제2차 대전 후, 소련과 미국은 각
각 평양과 서울에 주둔하여 상이한 정책과 전략을 고수하고 있었다. 3년간
의 주둔기간 동안에 그들은 각각 정치적 영향권을 형성해 놓았다. 서울에
온 유엔임시대표단(UN Temporary Delegation)은 유엔의 결의에 따라 한국 내
에 자유·민주·통일국가를 세우려 하였으나 모스크바의 반대로 평양 내에
서는 실패하고 말았다. 그 이후 서울정부는 유엔감시 하의 선거를 통해 공
식적인 남한정부로 승인받게 되었다. 북한은 모스크바의 지지를 받은 평양
정권이 지배하게 되었다.

북한의 통일정책은 '남조선혁명'을 목표로 설정하고 대남전략을 세워
시대적 조건과 환경에 따라 변화를 거듭해왔다. 이 변천과정을 시기별로 나
누면 평양의 초기방안은 '하나의 조선' 논리에 입각한 「민주기지론」에 근거
한 무력적화 통일로 대남위장 평화 공세 속에 6.25남침이었다.

소위 「민주기지론」은 1960년 4.19혁명 이후 「남조선혁명론」으로 발전시
켜 과도적 조치로서 「남북연방제」(1960.8.14)로 발전, 처음 제기되었다. 그리
고 「남조선혁명론」은 「연방제 통일방안」을 거쳐 1980년 「고려민주연방공화

---

56) *Ibid.*, p. 17; Chong-sik Lee, "New Paths for North Korea," *Problems of Communism*, vol. 26, no. 2(March~April 1977), pp. 63~64.

국 창립방안」으로 발전되었다. 1990년대 '1민족 1국가, 2제도 2정부'에 기초
한 연방제로 전환시키고 2000년대의 낮은 단계연방제로 변화시켜 오늘에 이
르고 있다.

(1) 무력통일(1948~1953년)

남북한 양측은 모두 통일을 민족과제로 설정했다. 소련의 군사원조를
받은 평양지도자들은 무력통일을 준비했다. 서울의 지도자들도 군사적 통일
에 대해 논했으나 이를 실행할 만한 미국의 원조는 없었다. 한반도 전체를
통일시키려던 김일성의 계획은 유엔군의 반격으로 평양이 함락되면서 무산
되었다. 유엔군의 참전에 따른 대응으로 1950년 10월에 중국은 북한과 자국
의 방어를 외치며 참전하였다. 중국의 참전은 한국을 통일시키고자 한 유엔
군의 시도를 종결시켰다. 협상을 통해서 휴전협정이 체결되었고 임시로 그
은 38선이 남북한의 영구적인 분단경계선이 되고 말았다.[57] 이에 따라 평양
은 1953년부터 현재까지 다양한 통일정책을 지지해왔다.

(2) 자율적 해결방안(1953~1960년)

자율적 해결방안은 김일성이 자신의 정치권력을 강화하고 사회주의건설
을 이룩하기 위해 마련된 것이다. 이 안은 한국전쟁 이후 서울지도자들에게
'평화공존론'과 평화공세의 일환으로 제시된 것이다. 더 나아가 이 안은 통
일민주정부를 통해 서울의 주요한 대내외 문제들을 한국인 스스로 결정하도
록 해야 한다고 제안하고 있다. 이 안에 따르면 통일 민주정부는 외부세력
의 개입 없이 '남북한 자유보통선거'에 의해 수립되어야 한다. 평양지도자들
의 견해에 따르면 북한은 사회주의 정치체제를 가지고 있으나 남한은 자체
의 정치체제를 선택하는 문제를 안고 있다는 것이다. 즉 미군철수 후에 남
한주민들의 의지로 선택된 것만이 최상의 정치체제가 될 수 있다는 말이다.
다시 말해서 그들은 통일문제 혹은 자율적 해결방안을 '두 지역의 정치·경
제·사회체제의 통합'으로 본다.[58] 그러나 북한 측은 그들의 사회주의와 김

---

57) Young Jeh Kim, *Korea's Future and East Asian Politics*, pp. 20~21.

58) John M. Kim, "DCRK: A Workable Solution to Korea's Reunification," *The People's Korea*(October

일성의 정치권력에 큰 역점을 두고 있으므로 이 안의 실현은 어렵다.

서울 측이 이승만 대통령의 사임과 북진통일론의 점진적 소멸 그리고 서울과 평양 간의 직접협상에 대한 기대 등으로 내부적 불안정에 직면해 있을 때 김일성은 연방제 안을 내놓았다. 서울과 평양은 공통적인 관심사가 거의 없었으므로 연방제 안은 아무런 실효를 거두지 못했다. 그러나 이러한 극적 호소에는 선전가치가 있었다.

(3) 대남 도발정책(1960~1973년)

대남 도발정책(1960~1973년)은 인민민주주의혁명의 첫 단계로 간주되었다. 이 전략은 1961년부터 1968년까지는 육로를 통해 남한에 침투하고 1968년에서 1970년 사이에는 해상으로 침투하는 것이었다. 이 침투전략은 남한에서 지지기반을 다지지 못했던 탓에 실패로 끝나고 말았다. 서울의 적극적인 방첩활동 때문에 평양의 지도자들은 인민민주주의혁명의 두 번째 단계로 옮아갈 수밖에 없었다.

제2단계는 서울정부를 친북한정권으로 대치하는 것이었다. 평양은 세 가지 가정을 내세웠다.

1) 남북한 군사력은 동등할 것이다.
2) 미국의 경제원조가 끊길 것이다.
3) 남한 내 미군은 감축될 것이다.

제2단계의 목표는 한국문제를 '한국화'(Koreanization)시키고 반공사상을 불식시켜 평양정부에 대한 우호적 이미지를 창출하고자 한 것이다. 허담이 내놓은 평화통일 7원칙, 평양지도자들이 서울 측의 적십자회담 제의를 수락한 것, 남북조절위원회설립 그리고 1970년에서 1973년에 걸쳐 김일성이 제안한 남북관계정상화를 위한 5개 조항 등이 모두 평양이 이러한 제2단계 전략과 관련된 것이었다. 이 기간 동안 평양지도자들은 한국 통일문제를 평화적으로 해결하고자 하는 자신들의 의지를 세계에 알리는 데에만 급급했다.

17, 1987), p. 8.

(4) 혼합정책(1973~1980년)

다음 기간인 1973년에서 1974년까지는 평양은 서울에 대해 적대행위를 일삼았고, 1974년과 1975년의 베트남전쟁의 종결은 북한에 지대한 영향을 미쳤다. 어느 정도까지는 이 시기 평양의 통일정책은 평화적 수단과 폭력적 수단을 배합한 혼합전술이었다고 평가할 수 있다. 적대행위는 그들의 군사적 우위를 과시하고 서울정부를 파괴시키려는 데 그 목적이 있었다. 이는 곧 선전자료물의 유포와 라디오를 통한 비난, 공해에서의 도발행위, 박대통령에 대한 암살음모, 지하침투망의 조직 등의 행태로 나타났다.

1975년에서 1980년까지 북한은 동맹국 특히 중국의 원조를 호소해왔으며 주한미군철수를 위한 워싱턴과의 직접협상을 제의했다. 평양이 선포한 정책인 조국해방이론은 베트남전쟁을 본떠 만든 것이었다.

베트남과 한국의 유사성에 착안한 김일성의 이와 같은 정책은 오판이었음을 알 수 있다. 그러므로 그의 계획은 모스크바와 베이징으로부터 지지를 받지 못했다. 워싱턴과 공산국가들 사이에 화해정책이 진전되었음에도 불구하고 평양의 통일전략은 거의 변하지 않았다.[59]

위의 분석에 비추어볼 때 북한의 통일정책은 자율적 해결방안에서 평화와 폭력수단의 혼합전술로까지 이어져왔음을 쉽게 알 수 있다. 평양의 통일방안은 북한 측의 이상주의적 입장을 반영하고 있는 느슨한 임시연방제방안을 중심으로 짜여 있다. 이는 곧 북한 측이 1960년대와 1970년대에 걸쳐 통합모델로부터 느슨한 임시연방제방안으로 정책을 변화시켜왔음을 의미한다.

3. 북한의 고려민주연방제안(1980~1988년)

앞서 언급한 바와 같이 김일성은 1980년 10월 10일의 제6차 노동당대회에서 1980년대의 북한의 공식적인 통일정책으로 고려민주연방제 안을 채택했다. '1국가 2체제'를 표방하는 이 제안은 새로운 것은 아니었지만 기존

---

59) Young Jeh Kim, *Korea's Future and East Asian Politics*, pp. 98~99.

의 연방제 방안에 다른 이름을 붙인 것으로 중립화를 위한 일시적 조치로
간주된다. 이 방안의 목적은 고려민주연방제를 한반도 전체의 '공산화를 위
한 디딤돌'로 만드는 데에 있다.[60] 김일성의 제의는 세 부분으로 나누어진다.

   1) 통일을 위한 세 가지 전제조건
   2) 북한 측의 통일방안을 위한 3대원칙
   3) 서울과 평양의 동수의 대표와 해외교포의 비례대표제로 구성된 국가
      최고연방회의 및 연방 상임회의와 10개 조항수행을 전담할 기구창립
      을 포함한 고려연방국 성립

   이 제안의 처음 부분을 보면 북한지도자들은 극단적인 자기중심주의와
고립성으로 인해 남한의 현상황을 무시하고 통일만을 강조했음을 알 수 있다.
   둘째 부분에서 그들은 통일방안에 대한 선전노력을 기술적으로 정당화
시키고 있으나 공표된 통일정책과 원칙 간에는 모순이 있다. 원칙의 기저는
김일성 자신이 언명한 목표인 남한의 접수에 있다.[61] 마지막 부분은 미래의
정치체제와 관련하여 실제국가나 아니면 차선의 국가개념이 아니라 플라톤
의 이상국가와 같은 유토피아적인 사상에 근거하고 있다.
   첫 번째 부분은 남한에서의 미군철수, 워싱턴과 평양 간의 평화협정, 남
한의 친평양정권의 수립 등을 요구한다. 서울에서의 미군철수, 서울을 배제
한 평양과 워싱턴 간의 평화협정체결 등은 서울의 외교문제에 평양이 간섭
하게 됨을 의미한다.
   한국전쟁 이후 북한의 미군철수요구는 1954년에 열린 제네바회담에서
북한대표 단장이었던 남일에 의해 시작되었다. 이러한 요구는 다시 1971년
4월 12일, 데탕트 초기단계에서 북한외교부장인 허담에 의해 발표되었고, 그
후 1980년 10월 10일의 조선노동당 제6차 대회에서 김일성에 의해 재표명
되었다. 북한 측은 국제사회에서의 선전목적으로 이용하고자 미군철수를 계
속 제기해왔다. 평양의 정책결정자들은 지형적으로 북한이 유리하고 남한이

---

60) *The Korea Herald*(November 24, 1981), p. 5.

61) Kim Il Sung, *Report to the Sixth Congress of the Workers' Party of Korea on the Work of the Central Committee*(P'yongyang, DPRK: Sam Haksa, 1980), pp. 66~90.

불리하며 또한 남한과 동아시아가 미국의 이익에 있어서 부차적인 것에서 핵심적인 것으로 변하고 있음을 간파하였다. 평양의 관점에 의하면 현재 남한에 주둔하고 있는 2만 9천 86명[62]의 미군(2008년)은 한국통일에 저해요인이라는 것이다. 반면 서울은 미군이 남북한의 군사력균형에 도움이 될 뿐만 아니라 평양의 침략을 저지시킬 수 있는 확실한 심리적 억제효과까지도 준다고 본다. 하지만 평양지도자들은 이 문제를 선전용으로 이용하려 하고 있다.

서울과의 유사한 접촉이 없이 워싱턴과 직접 교류하고자 하는 평양의 시도는 남한을 국제사회에서 고립시키려는 것이다. 이 두 가지 전제조건은 모두 비현실적이어서 워싱턴과 서울 측이 받아들일 수가 없다. 이 시기에 미국의 외교정책 가운데 수위를 차지하고 있는 것은 동아시아에서의 소련 영향력의 견제이다.[63] 1983년 11월 12일부터 14일까지의 레이건 대통령의 방한은 1983년 9월 1일에 발생한 소련의 KAL007기 격추사건이나 주요 인사들의 목숨을 앗아간 버마 랑군사건 등의 공산주의자들의 행위에 대한 그의 예견된 반응을 보여주는 것이었다. 방한기간 동안 레이건 대통령은 미국이 주한미군을 철수하지 않을 것은 물론이고 자신들의 공약을 확고히 실행할 것을 명백히 밝히며 미국외교정책의 무게중심이 대서양에서 동아시아로 이동했음을 밝혔다.[64] 레이건 행정부는 평양의 일방적 접근을 용납하지 않았으며 동아시아에서 공산주의세력이 팽창하는 것을 달가워하지 않았다.[65]

마지막 전제조건은 내부책동을 통해 서울정부를 전복시키려는 평양의 전략으로 볼 수 있다. 김일성은 폭력적(즉 1950년의 한국전쟁과 1950년대와 1960년대의 대남무장공비 침투) 혹은 비폭력적(1970년대의 적십자회담, 남한의 파

---

62) 주한미군위키백과-우리모두의 백과사전, http://ko.wikipedia.org/wiki/%EC%A3%BC%ED%95%9C_%EB%AF%B8%EA%B5%B0 참조.

63) Young Jeh Kim, *Korea's Future and East Asian Politics*, pp. 67~108.

64) *The Korea Herald*(November 17, 1983), p. 2.

65) *The Christian Science Monitor*(March 13, 1981), p. 1; See also *The Korea Herald*(July 16, 1982), p. 1.

쇼정권 타도, 반공법과 국가보안법의 철폐, 민주화 그리고 1980년대의 모든 정치범의 석방) 수단으로 남한정부를 변화시키려고 시도해왔다. 그는 위의 주장들을 관철시키기 위해 합리적 모델을 적용시키려는 것 같다. 합리적 모델은 정책 결정에 있어서 단일한 행위자와 단일한 권력적 쟁점을 필요로 한다. 김일성의 주된 관심사는 실제로 통일을 이룩하기보다는 그의 통일론을 남한과 세계에 선전하려는 데 있다. 그의 최대관심사는 서울정부를 약화시키는 것이다. 그러나 서울은 이러한 위기들을 효과적으로 이용하여 더욱 강력한 정치체제로 자리잡아가고 있다. 대신 김일성은 아들을 후계자로 앉혀 공산주의 왕국을 건설코자 했던 계획이 12명의 장성들의 반대에 부딪치고 흉작과 경제성장률의 둔화 위기까지 겹쳐 정치적인 위협을 받기도 했다. 이러한 문제들 때문에 김일성은 남한의 현상황을 받아들이고 조정하는 법을 배우게 된 것 같다. 그는 그가 손쉽게 다룰 수 있는 두 개의 느슨한 동맹관계에 기초한 공존체제를 선호했다.[66]

고려민주연방제는 과거 평양의 통일정책과 마찬가지로 '통일'이 우선이고 '중립화' 평화나 건설은 나중이라는 사고와 연결되어 있다. 앞서 언급했던 것처럼 김일성은 1960년 8월 14일의 광복절 15주년 기념식장에서 연방제를 소개했었다. 이는 평화통일의 대체적인 원칙과 주체사상에 기초한 것이었다. 남북연방제는 남북한 정부의 대표자들로 구성된 국가최고회의를 통해 설립되고 이 회의에서 남북한의 경제·문화적 문제들이 획일적 방법으로 조절될 수 있다는 것이다. 이 계획은 남북한의 현 정치체제를 당분간 존속시키는 두 정부의 자발적인 활동의 보장에 그 목적을 두고 있다. 김일성은 자신의 연방제 안을 '선통일 후 중립화 정책' 실현의 과도기적 단계로 보았다. 그의 계획은 세부절차를 결여하고 있으며 시대에 뒤떨어진 것이다.[67]

김일성은 그의 연방제 안을 통일 이후의 남북공동체인 고려연방제란 이름으로 다시 소개하였다. 고려연방제는 또한 남북최고회의 내의 '작은 입법

---

66) *The Korea Herald*(July 20, 1982), p. 3. 2개의 느슨한 동맹에 기초한 남북한 공존에 관한 상세한 연구에 관하여는, Young Jeh Kim, *Roads for Korea's Future Unification*, pp. 60~64 참조.

67) Kim Il Sung, *For the Independent Peaceful Reunification of Korea*(New York: International Publishers Co., 1975), p. 64.

부'로서 연방상임회의까지 포함되어 있다. 통일한국의 3원칙과 고려연방제 7
개 정책이 그 10개 조항에 포함되어 있다. 7개 정책이란 경제적 협력, 과
학·문화·교육 분야의 교류와 협력, 자유로운 상호통신의 보장, 전 인민을
위한 공공복지의 증진, 연방군대의 재조직, 해외동포의 보호, 외교정책수행
에 있어서의 일관성 등이다.[68] 김일성의 10개 조항은 유엔모델에 따라 느슨
한 정치통합체나 동맹체제에서 실행될 수 있는 것이다. 중앙정부는 법률을
시행할 수 없으나 도덕적 설득 정도를 실행하는 제한된 기능의 장관직이나
각료를 보유한다. 남북한은 과세권과 같은 주권의 포기 없이 10개 조항을
관철시켜갈 수 있으며 개인의 권리도 제한할 수 있다는 것이다.

이러한 제안을 분석해 보면, 그 외형에서 보더라도 모순을 찾아내기란
어렵지 않다. 먼저 그는 "남북한의 현 체제를 고수한다"고 주장한다. 그러나
한편으로 김일성은 남한의 정부를 인정하지 않았으며 남북한 간이나 이웃
강대국들과 통일문제 해결을 위한 합법적 대화 창구를 열어놓지 않았다. 대
신 그는 '고려연방제의 기초를 위한 예비회담', '신속한 통일을 위한 국가회
의 소집', '100인 연석회담소집' 등과 같은 일방적인 자기주장만 내세웠다.[69]
그의 이론은 모순된 것으로 두 개의 한국을 인정하지 않고 남한을 협상의
동반자로 취급하지 않고 있다는 것이다. 간단히 말해서 북한의 통일방안
(1980~1988년)은 고려연방제의 대원칙에 기초하고 있는데 고려연방제는 두
개의 한국의 정치·경제·사회체제의 통합이라는 방식을 배재하고 있는 방
안이다. 북한의 당시 통일방안은 국내문제에 있어서는 '대등한 상대자'이며
대외문제에 있어서는 '지역적 자치원칙'을 고수하는 연방제 국가형태를 기
본 골격으로 하고 있다. 이는 곧 중립적 이중체제라고 말할 수 있다. 즉 상
이한 두 체제를 가진 통일국가를 상정하고 있다.[70]

김일성은 1986년 12월 29일부터 12월 30일까지 만수대 대회장에서 열린

---

68) Kim Il Sung, *Report to the Sixth Congress of the Workers' Party of Korea on the Work of the Central Committee*, pp. 79~90.

69) "Nodong Sinmun Endorses DCRK Reunification Plan," *FBIS Daily Report Asia and Pacific* (October 13, 1983), vol. IV, no. 199, pp. D15~D18.

70) John M. Kim, "DCRK: A Workable Solution to Korea's Reunification," p. 8.

제8차 최고인민회의의 첫 회의에서 최고통치자로 재선출되었다. 그는 사회
주의의 완전한 승리를 위해 남북한고위정치군사회담을 제안했다. 그의 이러
한 제안은 1984년에 그가 제안한 서울, 평양, 워싱턴 간의 3자회담의 연속에
불과하다. 당시 평양지도자들은 휴전협정을 평화협정으로 대체하여야 한다
고 주장하면서 남북한상호불가침협정을 통일을 위한 기본단계로 받아들여야
한다고 주장했다. 서울지도자들은 평양이 워싱턴과의 직접적인 접촉을 꾀하
고 대외문제의 정책결정에서 서울을 고립시키려 한다는 이유로 3자회담을
거부하고 나섰다. 이러한 상황 하에서 3자회담은 성립될 수 없었다. 그러나
김일성은 남북한고위정치군사회담 제안과 연결시켜 3자회담을 고집했다. 표
면적으로 이는 분명 과거와는 다르다. 그러나 내용은 똑같다. 예를 들어 남
북한고위정치군사회담은 상호 비방의 억제를 통한 현재의 정치적 갈등해소,
남북한 상호교류실현, 군비감축과 무장해제, 비무장지대에 평화구역설정 등
으로 현재의 군사적 긴장완화, 대규모 군사훈련 억제 등의 관심사를 포함시
키고 있다. 3자회담안과 남북한 고위정치군사회담안의 유일한 차이점은 김
일성이 중립국휴전감시단의 영향력을 증가시키고 체코, 폴란드, 스위스, 스
웨덴의 군사전문가들로 구성된 중립국감시단의 구성을 포함시켰다는 것이
다. 그러나 이것도 새로운 제안은 아니다.[71] 그의 제안은 박정희 대통령이
1974년 1월 18일에 제안한 남북한상호불가침협정안과 1974년 8월 15일에 내
놓은 평화통일 3대원칙을 본뜬 것으로 이는 뒤에서 다루기로 한다. 이러한
제안은 1987년1월 12일, 전두환 대통령이 양국 정상회담을 제의한 것에 대
해 반대제안을 한 것에 불과하다. 그러므로 고려연방제의 실제방안은 아무
런 실효를 거두지 못했고 상황은 새로운 통일정책의 수립을 요구하고 있음
이 확실하다.[72]

---

71) *The People's Korea*(January 17, 1987), pp. 1~8.

72) *The Korea Times Los Angeles Edition*(February 3, 1987), p. 12.

4. 1990년대 북한 통일정책(1990~2000년)

1990년대의 북한의 통일정책은 '1민족 1국가, 2제도 2정부'에 기초한 연방제이다. 지난 10여 년간 북한은 대내외적으로 많은 변화가능성을 겪어오면서 통일정책을 유지하고 있었다. 평양은 1989년부터 시작된 동서 냉전체제가 해체되는 과정에서 소련 및 동구공산주의 국가들의 붕괴로 인한 체제위기의식, 흡수통일에 대한 우려, 식량난·경제난의 심화로 북한체제 생존, 안전과 유지를 위해 총력을 경주하고 있다.

북한은 1991년 1월 김일성의 신년사를 통해 기존의 통일완성형 연방제 주장에서 약간의 변화를 보인 것 같다. 김일성은 '1민족 1국가, 2정부 2제도의 연방제 통일'을 제안하면서 "남북이 서로 다른 두 제도가 존재하고 있는 우리나라의 실정에서 조국통일은 누가, 누구를 먹거나 누구에게 먹히지 않는 원칙에서 하나의 민족, 하나의 국가, 두 개 제도, 두 개 정부에 기초한 연방제 방식으로 실현되어야 한다", "하나의 국가, 하나의 제도에의 제도통일론은 분열을 끊임없이 지속시켜 결국 통일을 하지 말자는 것이기 때문에 제도통일은 후대에게 맡기자"라고 주장한 바 있다.[73] 그는 이 신년사에서 '제도통일 후대론'과 '지역자치정부 권한 강화론'을 제기한 것이다. 기존의 고려연방제 창립방안이 통일국가의 완성형 연방제로 통일국가의 궁극적 모습에 치중했던 것과 달리 이 신년사에서 "북과 남에 존재하는 서로 다른 제도와 정부를 그대로 두고 그 위에 하나의 통일적인 민족국가를 세우는 방법으로 통일을 실현하자는 것"으로서, 잠정적으로는 지역자치정부에 더 많은 권한을 부여해 점차적·단계적 통일방안으로 연방형성의 원칙을 1민족 1국가, 2제도 2정부에 기초한 '느슨한 연방제'를 제안하고 있다.[74] 위의 제도통일 후대론과 지역자치정부 강화론(외교권·군사권·내치권)을 주장한 배경은 제도통일을 흡수통일로 보고 제도통일의 위험성을 강조한 것으로 분석된다.

---

73) "김일성의 1991년 신년사," 노동신문(1991. 1. 1).

74) 권만학, "한민족 통일과 통일방안," 백영철 편, 분단을 넘어 통일을 향해(서울: 건국대학교출판부, 2000), pp. 1251~1255.

북한은 1990년대 초 냉전종식과 독일통일의 흡수통일방식에 충격을 받은 것
으로 이러한 제의를 한 것이다.

1990년대 북한의 통일정책은 흡수통일을 기피하는 대안으로서 북한은
단일국가의 분단인 남북한을 연방국가로 임의적으로 설정하고 북한의 반쪽
입장에서 제도통일을 후대에 일임하는 입장을 취한 점과 통일과정을 무시하
고 통일결과인 통일국가의 성격을 자주·평화·비동맹의 독립국가로 규정한
점이다. 통일한국은 상대방인 한국과 통일의 주권자인 한민족전체의 의사에
의해 결정되어야 한다.

구체적인 내용면에서 통일과정과 통일원칙, 통일주체, 과도기구를 분석
한다. 통일과정에서 평양은 연방제 실현의 '자주적 평화통일을 위한 선결조
건'을 제시하였으며, '조국의 자주적 평화통일을 위한 전민족 대단결 10대
강령'을 채택하였다.[75] 반면에 서울에 대해 평양은 4가지 요구사항 (① 외세의
존정책의 포기, ② 미군철수의지 표명, ③ 외국군대와 합동군사연습의 영구중지, ④
미국의 핵우산 탈피)을 제시하였다. 북한이 과거 주장한 내용의 부분적 변형을
상기시키고 있다. 통일원칙에서 평양은 '7.4공동성명'의 통일원칙을 자의적
으로 해석하면서 자주원칙을 주한미군철수와 미국의 간섭배제로, 평화원칙
을 한국의 군사력 현대화와 군사연습 중지로, 민족대단결 원칙을 국가보안
법의 폐지와 공산당의 합법화로 주장한 바 있다. 이 내용 역시 북한체제 안
전과 관련된 정당화 부분이라고 분석된다. 평양의 입장에서는 '인민'을 강조
하면서 통치이념인 주체사상과 공산주의를 내세우고 있지만 세계역사 조류

---

75) 전민족 대단결 10대 강령, 북한 최고인민회이 제9기 5차회의(1993.4.7~4.9)에서 김일성의
연설을 통해 제시된 "전민족 대단결 10대 강령"의 내용은 다음과 같다. ① 전민족의 대
단결로 자주적·평화적·중립적인 통일국가를 창립, ② 민족애와 민족자주정신에 기초하
여 단결, ③ 공존·공영·공리를 도모하고 조국통일 위업에 모든 것을 복종시키는 원칙
에서 단결, ④ 동족 사이에 분열과 대결을 조장시키는 일체의 정치적 논쟁을 중지하고
단결, ⑤ 북침과 남침, 승공과 적화에 대한 우려를 다 같이 없애고 서로 신뢰하고 단합,
⑥ 민주주의를 귀중히 여기며 주의·주장이 다르다고 하여 배척하지 말고 조국통일의
길에서 함께 손잡고 나감, ⑦ 개인과 단체가 소유한 물질적·정신적 재산을 보호하여야
하며 그것을 민족대단결을 도모하는 데 이롭게 이용하는 것을 장려, ⑧ 접촉·왕래·대
화를 통하여 전민족이 서로 이해하고 신뢰하여 단합, ⑨ 조국통일을 위한 길에서 북과
남, 해외의 전민족이 서로 연대성을 강화, ⑩ 민족대단결과 조국통일 위업에 공언한 사
람들을 높이 평가.

에 낙오되고 뒤떨어진 점을 되풀이하고 있다. 끝으로 평양은 고려연방제 안에서 과도기구와 통일국가 수립절차에 필요한 통일과정을 완전히 배제하고 결과인 통일국가의 기구로서 최고민족연방회의, 연방 상설위원회를 내세우며 역설적으로 '민족통일정치협상회의 개최 → 통일방안 협의결정 → 고려민주연방공화국 선포' 순위로 통일과정을 제시하고 있다.[76]

이 과정에서 남북기본서(1991. 12. 13)에 합의한 바 있고 핵문제를 매개로 미국과 직접적인 협상을 통해 제네바기본합의서(1994. 10. 21)를 이끌어내어 미국으로부터 체제안정 보장을 받기 위해 북·미 간 평화협정을 주장하고 있다. 1994년 7월 8일 김일성은 50여 년간 북한을 통치하면서 북한의 체제와 이념 및 정치형태를 30여 년간 후계자 수업을 받은 김정일에게 위임하면서 북한체제는 별다른 충격 없이 유지되고 있다. 평양은 1998년 9월 5일 헌법 개정을 통해 '김정일식 통치체제'로 권력구조를 개조하여 주석제를 폐지하고 김일성을 영원한 주석으로 추대하고 국방위원회를 전반적 국방관리기관으로 격상시켜 김정일을 국방위원장으로 위임하여 실질적인 국가지도자로 명목상 국가를 대표하고 있다.[77]

김정일은 1997년 8월 4일 통일문제에 관한 논문 "위대한 수령 김일성 동지의 조국통일 유훈을 철저히 하자"에서 '조국통일 3원칙', '고려민주연방공화국 창립방안', '전민족 대단결 10대 강령'을 '조국통일 3대 헌장'으로 정의하였다.[78]

여기서 주목할 점은 평양의 양면 전략성을 주시할 필요가 있다. 일면에서 통일의 당사자인 남한과 북한이 합의한 문서는 3대 헌장 중 '7.4남북공동성명'(1972년)뿐으로 통일 3원칙을 합의하였고, 이를 남북기본합의서에서 재확인하고 동시에 남북화해와 협력의 기초로서 '서로 상대방 체제를 인정하

---

76) 평화번영을 위한 대북정책 제 2 절 북한의 통일방안, PDF/Adobe Acrobat-HTML 버전 http://www.google.com/search?source=ig&hl=ko&q=1990%EB%85%84%EB%8C%80%EC%9D%98+%271%EB%AF%BC%EC%A1%B1%2C1%EA%B5%AD%EA%B0%80%2C2%EC%A0%9C%EB%8F%84%EC%A0%95%EB%B6%80%27&btnG=Google+%EA%B2%80%EC%83%89&lr=참조.

77) 사회통일교육 지침서(서울: 통일부통일교육원, 2000), pp. 22~27.

78) 평양정부는 위의 내용을 1997년 7월 6일 '정부 비망록' 형식으로 재확인함. 노동신문(1997년 8월 20일) 참조.

고 존중하기로' 합의한 점이다.[79] 다른 면에서 평양은 여전히 '하나의 조선' 통일관에 초점을 두고 통일문제를 오직 '해방'과 '혁명' 논리에 두고 북한을 '전조선 혁명'을 위한 혁명기지이고 남한을 미제국주의자들의 강점 하에 있는 미(米) 해방지구로 인식하고 있는 점이다.[80] 이 분석은 평양의 통일노선이 '선 남조선혁명, 후 공산화통일'로 김정일 통일정책은 '남조선에 있어서의 민족해방 인민민주주의 혁명'이라고 볼 수 있겠다. 이러한 전략은 아래의 정상회담으로 연결되었다.

5. 제1차 남북정상 회담 '6.15남북공동선언' 이후 '낮은 단계의 연방제'와 제2차 남북정상회담(2000~2007년)

제1차 남북정상회담은 김대중 대통령이 6월 13일부터 15일까지 평양을 방문함으로써 분단 55년 만에 최초로 남북의 최고당국자들이 만나 ▲민족화해와 통일문제 ▲긴장완화와 평화정착문제 ▲남북 간 교류·협력 활성화 문제 ▲이산가족문제 등 4가지 과제를 김정일 국방위원장에게 제안하여 '6.15 남북공동선언'을 채택하였다.

남북공동선언의 5가지 조항은 다음과 같다. "① 남과 북은 나라의 통일 문제를 그 주인인 우리 민족끼리 서로 힘을 합쳐 자주적으로 해결해 나가기로 하였다. ② 남과 북은 나라의 통일을 위한 남측의 연합제 안과 북측의 낮은 단계의 연방제 안이 서로 공통성이 있다고 인정하고 앞으로 이 방향에서 통일을 지향시켜 나가기로 하였다. ③ 남과 북은 올해 8.15에 즈음하여 흩어진 가족, 친척 방문단을 교환하며 비전향장기수 문제를 해결하는 등 인도적 문제를 조속히 풀어 나가기로 하였다. ④ 남과 북은 경제협력을 통하여 민족경제를 균형적으로 발전시키고 사회·문화·체육·보건·환경 등 제

---

79) 기본합의서 제1조. 단 남북기본합의서가 3대 헌장에 포함되어 있지 않는 점을 주목할 필요가 있음.

80) 1965년 4월 14일, 인도네시아 알리아르함 사회과학원에 한 김일성의 강의 참조. 김일성, 조선민주주의 인민공화국에서 사회주의 건설과 남조선혁명에 대하여(평양: 조선노동당출판사, 1965), p. 36, p. 46.

그림 3-1	남북정상합의문 교환

서울=연합뉴스

반 분야의 협력과 교류를 활성화하여 서로의 신뢰를 다져 나가기로 하였다. ⑤ 남과 북은 이상과 같은 합의사항을 조속히 실천에 옮기기 위하여 빠른 시일 안에 당국 사이의 대화를 개최하기로 하였다." 이 외에도 김정일 국방위원장은 앞으로 적절한 시기에 서울을 답방한다고 명시하고 있다.[81]

첫째, 통일문제의 자주적 해결로서 통일문제는 한민족의 최대 중대사항으로 남북한이 당사자가 되어 대화를 통한 평화적인 원칙수용이 이미 7.4남북공동서의 통일 3원칙과 남북기본합의서 전문에도 명시된 점을 재확인한 것이다. 한반도문제의 핵심적인 통일문제는 대내외적인 이중성을 포함한 관계로 여기서 말하는 '자주'는 외세배격의 배타적인 의미가 아니라 국제사회의 지지와 협력을 근거로 한 남북한 지도자들의 공감대를 의미하며 '자주적 해결'은 평양이 줄곧 주장한 외세배격, 미군철수를 주장한 개념이 아니라 국제사회와의 적극적인 협조를 바탕으로 한 개념, 즉 서울과 평양이 주도권을 갖고 해결한다는 의미를 포함한다.

---

81) 2001 통일백서(서울: 통일부, 2001), pp. 42~43.

둘째, 남북 통일방안의 공통성 인정은 서울과 평양이 지난 58년간 각각 다른 통일방안을 주장하면서 공통점을 인정하지 않았다. 서울 통일방안은 1980년대 말 국회공청회와 국민의 폭넓은 의견수렴을 거쳐 '민족공동체 통일방안'을 제시하였고 점진적·단계적으로 추진하면서 남북 상호간의 체제 인정을 기초로 한 '남북연합'을 이루고 평화공존을 유지하며 완전한 통일국가를 이루어 나가는 방안이다. 소위 '남북연합' 제안은 통일을 준비과정으로 설정하고 제도화하는 차원에서 남북연합을 현존 그대로 2체제 2정부를 유지하면서 평화를 정착시키고 교류협력을 통하여 상호신뢰와 민족동질성을 증대하는 과정에서 1체제 1정부의 완전한 통일국가를 달성하는 기반을 닦자는 논리이다. 반면에 평양은 1980년에 주장한 '연방제' 안('고려민주연방공화국 창립방안')을 주장하면서 1국가 내 2체제를 두고 연방정부는 외교권·군사권을 갖고 지역정부가 자치권을 갖는 서울과 평양 사이에 완성된 연방제통일국가를 이루자는 방안이다. 북한은 서울과 평양의 통일방안의 공통점을 찾기 위해 통일가능성의 어려운 현실성을 인정하면서 남북이 현존하는 2체제 2정부를 유지하면서 단계적으로 통일을 지향하는 '낮은 단계의 연방제'를 제시한 것이다. 이 방안은 과거의 '연방제'와 차이가 있으며 평양의 연방제가 실현 가능성이 없다는 것을 인정한 결과로 분석이 된다. 여기서 남북한 통일방안의 공통점은 4가지로 분석된다. ① 통일의 결과(형태)는 양측이 원하지만 과정에서 전(前) 단계인 접근방법의 차이점을 내포하고 있는 점이다. ② 남북한이 2체제 2정부가 정치·군사·외교권을 유지하면서 두 정부 간의 협력기구 운영의 필요성을 인정하는 점이다. ③ 양측 정부는 단계적·점진적 접근 방식으로 교류·협력과 정치·군사·경제·사회 등 각 분야별 대화를 통한 통일의 기반을 확대하는 점을 인정하는 점이다. ④ 남북한 양측이 전제조건 없이 앞으로의 정상회담을 여는 점과 통일문제를 논의하는 데 제약을 두지 않은 점이다.[82] 이러한 공통점이 있음에도 불구하고 지난 10년 간 통일 논의는 양측에서 주장하지 않고 있는 실정이다.

셋째, 인도적 문제해결은 한국전으로 빚어진 이산가족문제를 한시적으

82) *Ibid.*, pp. 44~46.

로 해결하는 방법으로, 쉽게 이루어질 수 있는 이산가족의 생사 및 주소확
인, 면회소 설치, 비전향장기수 송환과 어려운 자유의사에 의한 재결합, 인
도적인 차원에서 국군포로와 납북자문제 등을 논의하여 현재까지 추진하고
있다. 2000년 쌍방 각기 100명씩 이산가족방문단을 두 차례 교환하고 2000
년 9월 2일 남한에 있던 비전향장기수 63명도 북한으로 보냈고 조총련동포
들의 고향방문사업 추진도 합의하여 남한에 고향을 둔 조총련동포들의 고향
방문도 있었으며, 2001년 2월 말 한 차례 더 교환하는 등 현재까지 고령자
들이 세상을 떠나기 전에 해결하기 위해 추진하고 있다. 그러나 국군포로와
납북자문제는 아직까지 해결되지 않은 상태이다.

넷째, 민족경제의 균형발전 및 제반 분야의 교류활성화는 남북경협사업
을 통하여 서울의 자본과 기술을 평양의 노동력과 결합시켜 남북 상호간의
경제이익을 창출하는 민족경제의 균형적인 발전을 도모함으로써 남한기업은
국제적 경쟁력을 갖게 되어 서울과 평양 모두에게 도움이 되는 사업을 의미
한다. 남북정상회담 이후 남북한은 대내적으로 경의선 철도와 개성-문산 간
도로를 연결하고 있으며, 임진강 수해방지사업, 개성공단 건설, 북측 어장
사용, 전력협력을 위한 공동조사 추진 등 남북한 간의 경제협력방안은 많은
성과를 거두어왔다. 특히 남북한 간의 사회·문화·체육·보건·환경 제 분
야의 교류협력은 상호간의 이해와 신뢰를 회복하게 되었으며 이를 계기로
군사적 긴장을 완화하는 계기를 마련하게 되고 민족동질성을 회복하는 단계
에 들어가게 되었다. 대외적으로 2000년 시드니 올림픽에서 남북한 공동입
장은 한민족의 단합과 저력을 해외에 알리고 한민족의 화해이미지를 향상시
키는 전기가 되었다.

다섯째, 남북 당국자 간 회담 개최와 정상회담 개최 후 약 한 달 뒤 남
북장관급회담을 개최하고 이 회담의 합의를 바탕으로 남북국방장관회담과
군사실무접촉, 남북적십자회담, 남북경협실무접촉 등을 통해 실천에 옮기고
있다. 단 김정일 국방위원장의 서울방문은 본인이 약속한 것으로 남북관계개
선 여하에 따라 이룰 수 있는 대목으로 지난 12년간 이루어지지 않고 있다.[83]

83) *Ibid.*, pp. 47~50.

이러한 '6.15공동선언'의 틀 안에서 평양의 '낮은 단계의 연방제'는 남측의 '연합' 제안과 북의 '낮은 단계의 연방' 제안이 서로 공통성이 있다고 인정하고 앞으로 이 방향에서 통일을 지향해 나가기로 합의한 바 있다. 그 후 평양은 '6.15공동선언'의 채택으로 연방제 통일 실현의 발판이 구축되고 연방제 통일의 전도가 유리하다고 주장하면서 그들의 연방제는 조선노동당의 정책이라고 강조하고 있다. 평양의 '낮은 단계의 연방제'의 정의는 2000년 10월 6일 안경호 조국평화통일위원회 서기장의 「고려민주연방공화국 창립방안 제시 20돌 기념 평양시 보고회」 보고에서 찾아볼 수 있다. 그의 보고서에서 "1민족 1국가, 2제도 2정부의 원칙에 기초하되 남북의 현정부가 정치·군사·외교권을 비롯한 현재의 기능과 권한을 그대로 보유한 채 그 위에 민족통일기구를 구성하는 것"이라고 최초로 규정하고 있다.[84]

〈낮은 단계 연방제〉
○ 남북 동수로 민족통일기구 창설 → 국방 + 외교 + 내정권을 갖는 2 지역 정부가 공존하는 연방국가 창출
▶ 민족통일기구: 최고정상회의 + 최고민족회의로 구성
▶ 최고정상회의: 남북한 수반이 결정사항을 합의도출
▶ 최고민족회의: 남북 동수 대표단 + 적정수의 해외동포로 구성 → 상설위원회, 공동사무국 설치

그 후 통일의 내용은 2000년 12월 15일자 노동신문 '6.15선언 6개월' 특집에서 재확인한 것이다.

이후 평양은 2001년 12월 9일자 노동신문과 2002년 1월 7일 평양방송을 통해 '6.15남북공동선언'이 연방제방식의 통일을 지향하는 것이라고 주장하면서 연방제통일의 당위성에 초점을 두는 변화를 보이고 있다. 그러나 이러한 해석이 논란을 불러오자 2002년 5월 30일자 노동신문 논평을 통해 "북과 남이 통일방안에 대해 완전히 합의했다는 의미가 아니라 서로의 통일방안의

84) 백병훈, "대국민 긴급보고서(3) '낮은 단계 연방제'의 정체," 2007년 6월 10일, 칼럼, KONAS.net. http://www.konas.net/article.asp?idx=11590. 참조.

공통점을 인식하는 데 기초하여 그것을 적극 살려 통일을 지향해 나가기로 했다는 의미라고 설명하고 있다."[85]

그러나 평양의 1민족 1국가, 2제도 2정부 원칙에 기초한 낮은 단계의 연방제 통일방안은 큰 틀의 전면적 연방제의 전제를 깔고 있으며 평양은 체제경쟁에서 유・불리에 따라 느슨한 형태에서 높은 단계의 연방으로 주장하는 형태를 갖고 있다. 또한 민족통일기구를 분석할 때 전제는 연방정부 구성에 기초하여 서울의 내정간섭 및 남남갈등을 유도할 수 있는 제도적 장점을 갖고 있다. 평양의 '민족통일협의회'는 ① 통일국가의 상부구조를 내오기 위한 구체적 문제들을 협의・결정하고, ② 통일국가의 상부구조가 마련될 때까지 남북대화를 비롯하여 남북관계에서 제기되는 문제들을 통일적으로 조절하는 기능을 수행하며, ③ '민족통일협의회' 안에 정치・군사・경제・사회・문화 분과위원회를 두자고 주장하고 있다. 이러한 주장은 새로운 것이 아니며, 1945년 이후 평양이 줄곧 주장해 온 '정치협상회의' 방식과 동일한 것이다.[86]

평양은 낮은 단계의 연방제를 주장하면서 남한의 정치・물리적 장벽 제거를 선결조건으로 제시하고 있으며 서울의 반북・반공 무력화를 자극하고 있다. 6.15공동선언에서 제시한 연합제는 2국가를 인정하면서 '연합'하자는 것인데 평양의 낮은 단계의 연방제 안은 1국가를 지향하면서 2개 지역정부의 기능을 인정하자는 것이다. 평양은 '민족공조, 우리끼리'의 전술적 용어를 사용하면서 연합제를 연방제의 초기단계에서 과도기적 전술단계로 사용할 가능성이 높다. 이 '낮은 단계의 연방제 = 민족공조, 우리끼리'의 과도적 전술은 '높은 단계 연방제 = 고려민주연방공화국 창립방안'에서 주장하는 미군철수, 국가보안법 철폐, 평화협정 체결, 공산당 합법화 등 선결조건은 주장하지 않고 남한국민들을 민족화해와 평화체제에 입각한 '민족공조와 우리끼리' 같은 초보적・감성적인 면을 자극하여 현혹시킬 수 있는 점을 무시할

---

85) 평화번영을 위한 대북정책 제2절 북한의 통일방안 http://www.google.com/search?q=1%EB%AF% BC%EC%A1%B11%EA%B5%AD%EA%B0%802%EC%A0%9C%EB%8F%842%EC%A0%95% EB%B6%80&hl=ko&lr=&start=10&sa=N 참조.

86) 송한호, "'통일협의기구' 설치 서둘러서는 안 돼," 조선일보(2007년 8월 17일), p. A35.

수 없다. 김만복 전 국가정보원장과 김양건 북측 통일전선부장이 2007년 8
월 5일 공동서명한 '8.28남북정상회담' 합의문에 의하면 노무현 대통령의 방
북에 관한 남북합의서에서 가장 눈에 띄는 것은 '우리 민족끼리'라는 용어
이다. 평양은 '우리 민족끼리'라는 웹사이트를 운영하면서 노동신문은 2006
년 6월 사설에서 "(6·15 정상회담 이후) 지난 6년간 온 삼천리 강토에 우리
민족끼리의 이념이 나래쳤다"면서 "우리 겨레는 6.15통일시대에 협력교류도
우리 민족끼리, 반전평화운동도 우리 민족끼리, 통일운동도 우리 민족끼리
했다"고 기술한 바 있다. 이러한 평양의 주장이 제2차 남북정상회담의 기
본정신으로 격상되어 남북관계의 핵심인 북핵문제를 어떻게 해결할지 불투
명해졌다고 분석된다.[87]

　　제2차 남북정상회담은 서울의 노무현 대통령과 평양의 김정일 국방위
원장의 합의에 의하여 노무현 대통령이 2007년 8월 28일부터 30일간 평양을
방문하면서 남북관계를 보다 높은 단계로 확대·발전시키고 한반도의 평화
와 민족공동의 번영, 조국통일의 새로운 국면을 열게 되었다. 그러나 2007년
8월 18일 김양건 통일전선부장을 통해 북한지역에 지난 8월 7~14일 평양
580㎜ 등 8월 평균 강수량의 3배에 이르는 폭우가 쏟아져 300여 명의 사상
자와 30여만 명의 이재민 관계로 10월 2~4일로 연기하기로 했다고 밝혔다.
10월 초를 전후한 시기는 9월 중 열릴 6자 본회담과 외무장관회담, 한·미
정상회담 등 잇따라 열리면서 한반도 정세 변화가능성이 높고 또한 한국 12
월 대선에 변수로 작용할 수 있는 시점이었다. 특히 9월 말~10월 초에 열릴
한·미정상회담은 9월 9일 오스트레일리아 시드니에서 열리는 APEC(아·태
경제협력체) 정상회의 때 열릴 가능성이 있는 시기였다.[88] 남북정상의 2차 상
봉에서 남북관계를 보다 높은 단계로 확대·발전시키는 점은 앞으로 지속적
이고 안정적인 발전을 기초로 다음 정부에서도 연속성을 유지하는 차원에서
기틀을 마련한다는 의미이다. 상봉내용은 '9.19공동성명'과 '2.13합의'가 실천
단계로 이행되는 시점에서 포괄적으로 한반도 평화문제를 다루는 직접 당사
자로서 남북이 주도권을 갖고 추진하며 선순환적 연결을 강화하는 남북경제

---

87) "합의서의 '우리 민족끼리'는 북 선전구호," 상동(2007년 8월 9일), p. A6.

88) "12월 대선 변수로," 상동(2007년 8월 20일), p. A1.

협력 방안을 논의하여 민족공동의 번영을 추진하고 나아가서 한반도통일의 새로운 계기를 마련한다는 뜻이다. 제1차 남북정상회담과 달리 북한은 핵보유국으로서 위상을 과시할 것이며 남한은 경제 중견국가로서 법적·제도적 틀 안에서 투명하게 추진, 국민통합에 역점을 두고 있다.[89] 다음 장에서 구체적으로 한반도 통일의 새로운 계기를 분석하고자 한다.

위의 북한 통일정책을 분석한 결과, 평양의 통일방안은 남조선혁명 논리와 대동소이한 것으로 보인다. 예컨대 연방정부의 구성방법이다. 연방정부와 지역정부 간의 관계설정 제안에 비현실적인 설명을 함으로써 논리적 취약성이 드러나고, 또한 북한의 통일방안은 규범적 당위성에 기초한 것으로 남북공통의 가치나 행동양식에 기반을 둔 합리적 통일방안이라고 볼 수 없다는 점을 지적할 수 있다.

평양의 통일방안은 논리적 차원에서 북한 중심적이며 그들의 주장을 보편적으로 적용시키려는 문제점이 있다. 소위 남북기본합의서의 기본취지에 양측의 현실을 인정한다는 초점과 차이가 있고 북한의 방안은 이율배반적 측면이 있다. 일면에서 남북의 사상·제도를 그대로 두고 하나의 연방국가를 형성해 통일한다고 주장하면서 다른 면에서 남한제도가 바뀌는 것을 선결조건으로 요구하는 논리적 일관성이 결여되어 있다. 앞으로 남북공통의 가치와 행동양식에 기반을 둔 합리적 통일방안을 추구하는 과제를 다음 장에서 분석하고자 한다.

Ⅱ. 한국의 통일정책

현재 한국이 추진하고 있는 통일방안은 제5공화국 하에서 형성된 것이

---

89) "제2차 남북정상회담의의 및 향후추진방향," 정책소식(2007. 8. 13), 통일부. http://us.f565.mail. yahoo.com/ym/ShowLetter?MsgId=3759_5289141_5944_1219_6400_0_176481_14789_3827767962&Idx= 18&YY=49472&y5beta=yes&y5beta=yes&inc=100&order=down&sort=date&pos=0&view=a&head= b&box=Inbox 참조.

다. 서울 통일방안은 1980년대 말 국회공청회와 국민의 폭넓은 의견수렴을 거쳐 '민족공동체 통일방안'을 제시한 것이다. 한국의 통일방안은 과거 경직된 남북한관계에 기초해서 통일을 이루는 비현실성을 탈피하여 점진적·단계적으로 추진하면서 남북 상호간의 체제인정을 기초로 한 '남북연합'을 통해 평화공존을 유지하여 완전한 통일국가를 이루어 나가는 방안이다. 소위 '남북연합' 제안은 통일의 준비과정으로 설정하고 제도화하는 차원에서 남북연합을 현존 그대로 2체제 2정부를 유지하면서 평화를 정착시키고 교류협력을 통하여 상호신뢰와 민족동질성을 증대하는 과정에서 1체제 1정부의 완전한 통일국가를 달성하는 기반을 닦자는 논리이다. 이 당시 전두환 전 대통령의 통일헌법안이 바로 서울 측의 공식적인 청사진인 것이다. 이것은 1982년 1월 22일에 있었던 전대통령의 국회연설에서 제기된 것으로서 고려민주연방공화국(DCRK) 안에 대한 대안이다.

이 제안은 그가 애초에 강조했던 '선 지속적 평화 후 통일'뿐만 아니라, 하나의 한국을 위한 구체적이고 실용적이며 또한 혁신적이고 이성적인 방법을 제시하고 있다. 그것은 1980년대에 있어서의 남한의 공식적 통일정책으로서 두 가지 내용으로 구성되어 있다. ① 통일민주공화국(UDRK)을 위한 전제로서 민족적 화해를 성취할 수 있는 남북한 간의 7가지 일시적이고 잠정적인 합의, ② 통일헌법을 기초하고 국민투표를 추진하는 '민족통일자문회의(CCNR)'를 통해 미래의 통일민주공화국 정치체제(통일의회·통일정부)를 도모하는 웅대한 구상이 그것이다. 첫 번째 부분은 한 국가 내에서 두 정부의 평화적 공존에 주안점을 두고 있는 반면에 두 번째 부분은 통일에 대한 보다 광범위한 틀을 제시하고 있다. 여기서 전제되고 있는 것은 화합정신이다.[90]

여기서 전두환 전 대통령의 제안을 이해하기 위해서는 그의 개인적 배경과 서울 측의 통일에 대한 접근방식, 그리고 남한의 현재의 통일방안을 분석해 보는 것이 유용하다.

---

90) *The Korea Herald*(January 23, 1982), pp. 4~5.

1. 전두환의 일반적 배경

전두환은 1931년 1월 18일, 경상남도의 내촌리 마을에서 농부의 9자녀 중 여섯째로 태어났다. 그는 대구에서 초등학교를 다녔고 같은 대구에서 1951년에 공업고등학교를 졸업했다. 한국전쟁 중에 그는 진해에서 육사에 입학했고, 1955년 가을에 11기로 육사를 졸업했다. 육사에 재학하는 동안 생도 중대장과 축구팀의 주장을 역임하면서 후일의 통치스타일인 조직 통솔력을 쌓아갔다. 그는 또한 미국의 웨스트포인트의 커리큘럼에 의거한 전 과정을 이수한 최초의 진정한 장교 중의 한 사람이라는 상징적인 지도력도 획득했다.[91]

전두환의 배경은 전임 박정희 대통령과 친밀한 관계를 맺은 25년의 군 생활경험(주로 조직적이고 강력한 지도력의 요소)과 제 5 공화국에서의 정치적 경험(주로 상징적이고 지각적인 지도력의 요소)으로 나누어 볼 수 있다. 미국식

그림 3-2   전두환 대통령 국가안보회의 주재(1984. 5. 15)

서울=연합뉴스

---

91) *Current Biography*(March 1981), pp. 6~7.

천문교육을 받은 공수부대 및 보병부대 지휘관으로서, 그는 1958년에 최전방의 25사단 72연대의 소총부대 중대장이 되었다. 3년 후에 그는 특전단의 작전지휘관으로 활동하게 되었다. 새로운 직책을 위한 그의 능력은 1959년의 4개월간의 군사영어교육과 1960년의 6개월간의 미국 보병학교에서의 수강을 통해 보완되었다.

그가 박대통령과 긴밀한 관계를 맺었다는 점은 조직적 지도력을 습득할 수 있는 좋은 기회를 제공했다. 사실상 그는 박대통령의 심복이었다. 1951년 육사에 입학할 때 전두환은 박정희로부터 도움을 받았다. 1961년부터 1962년까지, 전두환은 국가재건최고회의 의장의 내무비서관이었다. 그는 1963년에 중앙정보부 인사과장, 1964년에는 육군본부에서 인사참모장 대리를 거쳐 육군중령으로서 제 1 공수특전단의 행정관이 되었다. 1967년 수경사의 30대대 지휘관으로 발령받았고, 1970년 11월에 육군대령으로서 월남에 파병된 백마사단의 연대장으로 근무하였다. 그는 베트남에서 그가 제 5 공화국 시절에 언급했던 '선 지속적 평화, 후 통일'이라는 사상을 습득하게 된다. 전두환은 1972년에 준장으로 제 1 공수특전단 단장이 된다.[92] 그리고 그는 1975년에 차지철의 지휘 하에서 대통령경호실 차장보로 근무할 기회를 가지게 되었다. 따라서 전두환의 정치·군사적 경력은 박대통령과 긴밀한 관계를 유지해왔음을 뒷받침해 준다.

차지철의 추천을 통해서 전두환은 1978년에 대한민국육군 제 1 사단장에 부임과 동시에 소장이 되었다. 그가 1사단장으로 근무하는 동안에 그는 부하장교들과 사병들이 비무장지대 부근에서 남침용 땅굴을 발견했다. 이에 박대통령은 그를 소장으로 진급시켰고 1979년에는 보안사령관으로 중용됐다. 전두환과 박대통령과의 관계는 박대통령이 전두환을 아들처럼 여길 만큼 가까웠다. 전두환이 박정희의 암살에 직·간접적으로 연관된 인사에 대해 강력한 처벌을 요구한 사실은 조금도 이상하지 않은 것이다. 이반(離反)한 중앙정보부장 김재규와 그의 부하들에게 사형선고를 내리게 하는 데에는 전두환의 수사가 중요한 역할을 했다.[93]

---

92) 한국일보(1980년 4월 16일), p. 1.

93) Young Jeh Kim, "ROK's New Outlook: The End of Authoritarianism? *Asian Profile*, vol. 9,

전두환은 박대통령의 암살에 개입됐을 가능성이 있다는 이유에서 그의 선임 장성이자 군부 내에서 중립적 입장을 견지하던 육군참모총장 겸 계엄사령관인 정승화 대장에 대항하여 12.12쿠데타를 일으켰고, 이에 그의 군부 내에서의 조직적 지도력은 더욱 크게 확대되었다.[94] 여기서 핵심문제는 군부 내의 강경파와 온건파의 권력투쟁이었다. 12.12쿠데타는 전두환이 효과적으로 군부 내의 조직적 지도력을 행사하고 위기를 제압함으로써 정승화와 맞서 승리할 수 있었다는 점을 실증해 준 사건이다.

이리하여 전두환은 남한의 군사쿠데타 그룹에서 제1인자로 부상했다. 그는 사회정화운동, 가택연금, 학생시위의 조종 등을 통하여 차례로 차후의 대통령후보들을 제거해 나갔다. 그의 권력기반은 국보위상임위원장이라는 조직적 위치와 육군보안사령관이라는 직책에 있었다.[95] 아마도 전두환이 스스로 정치지도자가 될 수 있다고 믿게 했던 요인은 그의 군지휘관으로서의 배경이었을 것이다. 명백히 그는 장래의 제5공화국을 위한 사전계획들을 구상해 두고 있었음이 분명하다.

1981년 1월에 전두환은 민주정의당의 대통령후보 지명을 수락한 후에, "나는 (새 시대의) 정치인이 되었다"라고 선언했다. 그리고 그는 예편했다.[96] 1981년 3월 3일의 대통령취임연설에서 전두환은 정책의 상징적 성격과 관련된 그리고 정치지도자에게서 국민들이 찾고자 하는 단기적 정책과 관련된 네 가지의 국가적 정책목표를 발표했다. 그것은 ① '민주주의의 토착화' 달성, ② '복지국가'의 건설, ③ '정의사회' 구현, ④ '교육과 문화의 창조적' 개선 등이다.[97] 그 연설에는 덧붙여서 그의 행정부의 평화통일을 위한 장기적 목표가 포함되었다. 이들 목표의 전제는 국가생존이란 관점에서의 국가

no. 6(December, 1981), pp. 543~547.

94) *New York Times*(December 14, 1979), p. 1.

95) *Washington Post*(May 26, 1980), p. 1.

96) *Newsweek*(February 9, 1981), p. 48.

97) *U.S. Presidential Delegation to the Inauguration of the President of the Republic of Korea: A Report to the Committee on Foreign Relations United States Senate(June 1981)*(Washington, D.C.: U.S. Government Printing Office, 1981), pp. 1~11.

안보의 보전이다. 그는 이런 목표들을 성취하는 과정에서 중요한 점으로 경제적 성장과 정치적 성숙 그리고 '선 지속적 평화, 후 통일'을 강조했다. 전두환은 항구적 평화라는 개념을 전쟁예방과 전쟁공포의 소멸, 빈곤으로부터의 해방, 정치적 억압과 권력남용의 근절이란 관점과 그의 군생활 경험에서 파악했다. 그는 법질서문제를 제기하면서 제5공화국 대통령으로서 헌법에서 부여한 7년 임기 후에 국민적 화합을 위해 후임자에게 평화적으로 정권을 이양하겠다고 공헌했다.[98]

그는 군인이 아닌 민간인으로서 국제적 승인을 얻어내고 지역적 지도자가 됨으로써 정치적 지도력을 보여줬다. 그가 최초로 행한 외교적 실천은 1981년 1월에 미국 대통령 로널드 레이건을 방문한 것이었다. 이것은 상징적으로는 미국의 승인이라는 보상을 가져왔고 현실적으로도 5억 달러의 대한군사원조를 얻어내는 결과를 가져왔다. 그러나 그는 일본에 대해서는 상대적으로 완고한 자세를 취했다. 처음에는 60억 달러, 나중에는 40억 달러를 5개년 경제계획 기간 중에 원조해 달라고 요구한 것이다. 이러한 원조계획은 일본으로부터의 간접적 도움을 통해 한국경제를 개선하고 안보를 공고히 하려는 데 있었다. 그러나 양국 사이에는 몇 가지 장애물이 놓여 있었다.[99]

사실상 전두환 대통령은 일본과 동등한 위치에 있고자 시도한 최초의 정치지도자이다. 그의 재임 초기 2년 동안에 이 문제는 해결되지 않고 있었다. 거기에 관련된 움직임은 외무부장관 노신영을 일본전문가이자 주일대사를 역임한 이범석으로 교체하는 데서 비롯됐다. 이범석은 일본 측에 40억 달러의 차관제공이라는 '새로운 제안'을 했다.[100] 나카소네 야스히로는 1982년 11월에 수상이 된 후, 1983년 1월에 양국 간의 (특히 경제영역에서의) 협력관계를 지속시키기 위해 전두환 대통령을 방문했다. 그리고 일본의 한국침략사를 왜곡한 일본교과서 개정문제에 대한 서울 측의 반항에 대해서도 아울러 다뤄졌다. 당시 양국 간의 관계는 모든 영역에서 어느 정도 원만

---

98) *Ibid.*, pp. 11~12.

99) *The Wall Street Journal*(January 18, 1982), p. 19.

100) *New York Times*(June 3, 1983), p. A3 and *The Korea Herald*(June 23, 1982), p. 1.

했다.[101]

또 하나의 외교적 실적으로서 1981년 6월에서 7월에 걸친 아세안(Association of South-East Asian Nations) 5개국 순방의 성공적인 결과는 전두환 대통령에 대한 해외의 지지를 얻을 수 있었다. 그의 해외순방은 새로운 원료와 수출시장의 확보 그리고 태평양시대의 지도자로서의 그의 이미지를 증진시켰다는 의미에서 실질적인 성과를 거뒀다.[102] 그는 1982년 8월에 아프리카의 4개국(케냐, 나이지리아, 가봉, 세네갈)과 캐나다를 방문했다. 그는 여기서도 자연자원의 확보와 신흥개발지역에서 예측되는 건설붐 참여 그리고 남한의 상품 수출시장 확장이란 면에서 실질적인 이득을 얻어냈다. 캐나다로부터는 핵에너지 부문에서 양국 간의 쌍무적 경제협력을 기대할 수 있게 되었다.[103]

마지막으로, 전 대통령은 1986년의 아시안게임과 1988년의 서울올림픽 게임을 유치시켰다. 게다가 1986년의 아시안게임에서 한국은 금메달 93개, 은메달 55개, 동메달 76개를 따내어 종합 2위를 차지했다. 중국은 각각 94-82-46의 메달을 획득하여 종합 1위로서 아시아의 스포츠강국임을 과시했지만 한국과의 차이는 금메달 하나였던 것이다. 일본은 58-76-77로 종합 3위에 머물렀다. 1951년에 아시안게임이 시작된 이래로 서울이 종합 2위를 차지한 것은 처음이었다.[104] 한국은 탁구에서 중국을, 하키에서 파키스탄을 유도에서 일본을 각각 눌렀다. 많은 사람들이 이러한 순위를 놓고 '스포츠에서의 서울쿠데타'라고 입을 모았다.[105] 다른 자료에서는 '다윗이 골리앗을 죽였다'라고 표현하고 있다.[106] 마찬가지로 또 다른 이들은 이 일을 '88올림픽의 예행연습'이라고도 했고, '한국 선풍'이라고도 표현했다. 이러한 평가들은 한국의 스포츠 실력이 신장되었음을 증명해 주고 있는 것들이라 하겠다. 예

101) *The Korea Herald*(August 28, 1983), p. 1.

102) *The Wall Street Journal*(January 18, 1982), p. 19.

103) *The Korea Herald*(June 18, 1982), p. 1.

104) *The Korea Times Los Angeles Edition*(October 7, 1986), p. 12.

105) 한국일보(1986년 10월 1일), p. 2.

106) 상동(1986년 10월 5일), p. 26.

를 들어 일본의 유명한 코치인 후쿠야마 노부요시는 이렇게 말했다. "나는
놀랄 만한 성과를 거두고 아시아의 새로운 스포츠강국으로 부상한 남한의
선수들에게 모자를 벗고 큰절을 올리고자 합니다."[107]

88서울올림픽은 국민들의 의지들이 결집되어 이룩한 또 하나의 성공적
인 국제스포츠행사가 되었다. 스포츠가 한국을 앞서가는 나라로 꼽히게 하
는 데에 도움을 주었다. 북한 측의 방해에도 불구하고 이들 두 스포츠 행사
는 평화애호적인 서울정부의 이미지를 전세계에 알리는 계기가 되었고 아울
러 이데올로기와 정책체제의 상이함을 넘어서서 세계 모든 나라와의 상호접
촉을 통해 국제평화와 선의도모에 큰 도움을 주었다. 마침내 전 대통령은
태평양지역의 거래적(Transactional) 지도자로서 부상하게 되었다.[108] 그 위치는
실체적 요소와 상징적 요소의 결합으로 나타난 결과였다.

조직적 기반을 갖춘 실체적 지도력은 고유한 지위, 권위, 권력을 사용하
여 추종자들에게 실질적 보상을 제시하려 한다. 지도력의 이 개념은 인격,
역할, 스타일, 성격, 정치경력과 기술 그리고 정책결정양식을 포함한다. 정치
지도력은 이러한 의미에서 다소 전체적인 관점처럼 보일지라도 실질적으로
는 정책결정양식으로 제한된다. 지도력의 상징적 측면은 추종자들에게 무형
의 보상을 제공한다. 그것은 관료에게만 존재하는 것이 아니라 상징적 부호
를 주고받음으로써 조직과 무관한 추종자들도 이끌어간다. 이 측면은 상징
적 역할, 연출법 그리고 추종자들에 대한 상징적 보상 등을 내포한다. 예를
들어 윈스턴 처칠과 존 에프 케네디는 지도력의 상징적 성격을 강하게 보여
주고 있다.[109] (도표 3-1 거래적 지도력을 참조)

---

107) *The Korea Times Los Angeles Edition*(October 3, 1986), p. 12.

108) *100 Questions and Answers on the Seoul Olympiad 1988*(Seoul, Korea: Korean Overseas Information Service, 1981), pp. 1~32.

109) Ralph M. Stogdill, *Handbook of Leadership*(New York: The Free Press, 1974), pp. 7~141.

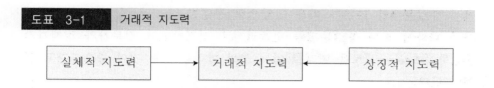

도표 3-1　거래적 지도력

요약하자면 전두환은 군부지도자(국군보안사령관과 국보위상임위원장)로서 효과적으로 조직적 기반의 지도력을 발휘했고, 특권적 권력을 사용했으며 위기(12.12쿠데타)를 헤치면서 절대권력자가 됨으로써 평화적 정권교체라는 역사적 전망을 가진 그의 행정부를 구성할 수 있었다. 그는 레이건 대통령으로부터 민선지도자로서의 승인과 적극적인 도움을 얻어내고 평화통일제안을 통해 국민적 합의의 지도자가 되었으며 또한 국무총리를 교체함으로써 지도력의 기반을 보호·확장했고 랑군 사태를 잘 처리함으로써 성공적으로 지도력을 구사해 나갔다.[110] 전두환 대통령은 또한 2억 5천만 달러에 달하는 장영자 사건을 효율적으로 정리하고 두 차례의 국제경기를 서울에 유치했다는 점에서 강권적 지도력의 발휘뿐만이 아니라 결연하고도 뛰어난 이미지를 정립했다.[111] 혹자는 전두환을 권위주의적 지도자가 되기 위해서 군사력을 거침없이 사용한 마키아벨리주의자라고 비판하는 것은 사실이다. 또한 그가 그의 대통령 재임기간 동안 온갖 부패의 온상이었다고 비판하는 것도 사실이다. 그러나 그는 실체적·상징적 지도력의 표본을 제공한 것만이 아니라 적어도 세 가지의 강력한 지도력과 다섯 가지의 지각적인 지도력의 요소를 결합시킨 거래적 지도자라는 사실도 인정해야 할 것이다. 통일문제를 다룸에 있어서 1980년대의 한국의 공식적 통일정책으로서의 헌법제정제안을 그가 했다는 점에 주목해야 한다.

이 시기를 전후해서 서울의 역대 대통령들은 통일문제를 민족의 최대과제로 생각하지 않고 자신의 임기 동안 국내외정책의 일환으로, 정권유지의 방편으로 다루면서 해결점을 찾지 못한 점을 지적하는 바이다. 비단 서울지도자들만이 아니라 평양지도자들도 앞에서 서술한 바와 같이 동일한 맥락

---

110) *New York Times*(May 1, 1982), p. 4.

111) *The Korea Herald*(June 25, 1982), p. 1.

에서 통일문제를 다루기 때문에 앞으로 통일한국을 건설할 수 있는 지도자가 나와야 하며 통일문제를 민족과제로 선정하면서 전문가와 정책가가 혼합하여(Fusion) 새로운 미래를 여는 틀의 인식을 갖는 것이 중요하다고 분석이 된다.

2. 한국의 통일방안

현재의 한국의 통일정책을 분석하기 전에 2차 대전 후의 한국의 환경과 서울의 통일정책 유형을 간단히 살펴볼 필요가 있다. 1948년 8월 15일, 한국정부는 유엔과 미국정부의 영향력 하에서 민주적 정치체제를 갖추고 독립했다. 한국은 한국전쟁기간(1950~1953년) 동안 무력통일방침에 따른 북한 측의 공격으로 고통을 겪었다.[112]

(1) 북진통일정책(제1 공화국: 1948~1960년)

제1 공화국 당시(1948~1960년)는 이승만 대통령의 북진통일론이 한반도 통일문제를 해결하기 위한 서울의 기본입장이었다. 그의 정책은 한국의 독자적 헌정질서와 주권 하에 남북한을 통일하는 것이었다. 북진통일은 평양정부에 대한 서울의 공식적 입장을 대변하는 것이었으나 이 정책은 감정적 고려에 기반하고 있었을 뿐이었고 실제로 영토의 통일을 달성할 가능성은 거의 가지지 못하고 있었다. 1953년 7월 27일 이전에는 서울의 정책결정자들은 북진통일론에 위배된다는 이유 때문에 휴전을 반대했다. 그러나 한국은 미국의 도움 없이는 북진통일을 달성할 수가 없었고 워싱턴 지도자는 이러한 군사적 통일방안에의 지원을 주저했다. 그 당시 미국과의 의견조정과정에서 워싱턴 측은 전쟁피해복구에 대한 군사적 · 경제적 원조를 제시했고 서울 측은 이를 수락할 수밖에 없었다. 결국 이것은 한국에 하나의 이득이 되었다.[113] 그 후 이승만은 선거에서의 부정과 부패한 행태 때문에 1960년 4

---

112) Young Jeh Kim, *Roads for Korea's Unification*, pp. 11~12.

113) 동아일보(1955년 6월 25일), p. 1.

월 26일에 대통령직을 사임할 수밖에 없었고 그 뒤로 제 2 공화국이(1960~
1961년) 이어졌다.[114]

(2) 중립화통일방안(제 2 공화국: 1960~1963년)

제 2 공화국의 의원내각제 하에서 장면 박사가 전권을 잡았다. 학생들과
진보적인 정치인들은 중립화를 표방하는 국내외의 주장들에 영향을 받은 것
같았다. 남한학생들은 4.19혁명의 주체세력이었는데 그들은 서울정부 측에
평양의 실체를 인정하는 '긍정적 정책'을 취하라고 요구했다. 그들의 요구사
항은 '자유로운 서신교환, 문화교류, 교역개시, 한반도문제에 관한 국제회의
추진, 미군철수와 한반도중립화' 등이었다.[115] 제 2 공화국 첫 해의 주요 논쟁
점은 한국인 스스로에 의한 중립화 통일문제였다. 국내의 중립화주의자들은
통일은 한반도 주위의 세 나라(중국, 일본, 소련)와 최근 한반도와 베트남에의
개입으로 말미암아 고려대상에서 제외될 수 없는 미국 등 네 나라의 압력과
갈등을 피할 수 있을 때에야 성취가 가능하다는 견해를 제시했다.

이 그룹의 전형적인 대표자는 세 명의 한국인이었다. 한 사람은 한반도
중립화위원회 회장이자 *The Korean Review*[116]라는 일본잡지의 편집인이었던
김삼규였고, 또 한 사람은 동경에 있는 한반도통일문제연구소 소장이었던
이영금이었다. 이들 두 사람은 한국은 워싱턴과 모스크바의 요구에 발맞추
어 통일정책을 조정해야만 하고 독립을 유지하기 위해서는 중립화되어야 한
다고 주장했다. 일단 한반도가 중립화하면 강대국들이 한국의 정치적 독립
과 영토적 안전을 보장할 수밖에 없다는 것이었다. 이들은 중립이 한반도통
일의 전제조건이라고 파악하였다. 그러나 실질적이고 실용적인 분석에 의하
면 통일이 중립의 조건이라고 파악된다. 세 번째 인물은 김용중이다. 그는
워싱턴에 있는 한국문제연구소 소장이었다. 이 연구소는 그에 의해 설립되
었고 미국에 거주하는 친북한인사들의 관점과 자신의 통일방안을 선전하는

---

114) 김석길, 민주중립화統韓의 신방안(서울: 국제정치경제센터, 1964), pp. 45~46.

115) Morton Abramowitz, *Moving the Glacier: The Two Koreas and the Powers Adelphi Papers
Number Eighty*(London, England: The International Institute for Strategic Studies, 1971), p. 14.

116) 김갑철, "한국의 중립화통일에 관한 비판," pp. 267~279.

『한국의 소리(The Voice of Korea)』라는 월간지를 발행했다. 김용중과 한국문제연구소는 북한정권과 입장을 같이하는 것으로 보였다.[117] 해외에 거주하는 한국인 중립화주의자들은 중립화와 그에 따른 통일이 미국과 소련이 그들의 국가이익을 일단 양보할 때 가능할 것이라고 판단했다. 그러나 실제로 그렇게 될 리가 없었다.

요약하자면 한국인 중립화주의자들에 의해 제기된 중립화방안은 서울 정부의 정책결정에 영향을 못미쳤다. 중립화방안의 강점은 통일에 대한 한국인의 자율적 노력과 한반도에 대한 외세의 영향력 감소라는 측면을 강조한다는 데에 있다. 반면에 결점은 그 방안이 현실적이지 못하다는 것이다. 학생들과 진보적 정치인들과는 달리 한국의 정책결정자들은 중립화에 반대했고 '유엔감시 하의 전한반도에서의 자유총선거'를 통한 통일방안을 지지했다.

(3) 선 경제성장 후 통일(제3 공화국: 1963~1972년)

'대령들의 반란(Revolt of Colonels)' 혹은 '군사혁명'이라고 불리는 사건이 1961년 5월 16일에 장면 정부에 대항하여 발생했다. 장면 정부는 경제제일주의를 내걸긴 했지만 이 정책을 추진할 만한 능력을 갖추지 못했다. 이후 3년 동안 이 혁명그룹은 남북협상을 추진하던 집단적 또는 개인적 차원의 공개된 정치토론을 억압했다. 새로운 군부지도자 박정희는 이승만의 정책을 따라 북한과의 상호관계를 거론하는 일체의 토론을 금지시켰다. 그러나 박정희는 이승만의 군사적 통일전략을 그대로 원용하지는 않았다. 그의 '개발주의'와 '반공주의' 계획은 정치적 안정을 기반으로 하여 경제성장을 우선적으로 달성해야만 한다는 것이다. 그런 후에야 북한과 협상을 할 수 있다는 것이다. 이 사실은 박정희 정권이 초기의 10년 동안 정치적 안정과 경제성장의 추진이라는 명목 하에 비록 강제적이긴 해도 목표로 세운 계획을 밀어붙이는 능력, 즉 우국충정이 있었던 것으로 평가된다. 그는 이 기간 동안 통일논의를 회피하려고 노력한 것으로 보인다.[118]

---

117) 김석길, *op. cit.*, pp. 119~120.

118) "우국충정'의 5·16세력 … 성공적인 농지개혁 요동치는 '진보'학계의 한국 현대사 평

1963년 가을에 군정이 끝나고 새로운 민선정부가 출범했다. 혁명위원회 지도자였던 박정희 장군이 제 3 공화국(1963~1972년)의 대통령이 된 것이다. 그의 당선은 그의 견실한 경제계획에 기인한 것이었다. 그는 한국이 북한에 비해 경제력의 우위를 점해야만 남북한 간의 친선을 도모할 수 있다고 확신했다. 그는 1970년대 후반에 이르면 통일이 성취될 수 있다고 기대했던 것 같다. 많은 학자와 박정권을 비판하는 사람들은 '독재'와 '경제개발' 과정에서 서민의 희생, 체제의 폭력적이고 권위주의적 방식에서 인권탄압을 들고 있지만 역사적인 관점에서 성숙된 민주화하는 과정에서 꼭 짚고 넘어가야 할 과정으로 평가하는 점이 필요하다고 저자는 보고 있다.[119]

(4) 대북친선정책과 준 냉전(제 4 공화국: 1972~1981년)

1 · 2차 경제개발 5개년계획을 통해 어느 정도의 경제성장을 이룩한 박정희 대통령은 통일문제에 대해 보다 적극적인 자세를 취했다. 남북한 간의 화해기간(1970~1974년) 동안에 한국은 북한에 대해 계속적으로 변화된 정책을 취했다. 이 정책은 적십자회담(1971년), 남북공동조절위원회(1972년), 평화통일외교정책선언(1973년), 남북불가침협정(1974년), 평화통일 3대 기본원칙(1974년) 등을 결과로 남겼다.

적십자회담 제안은 1971년 8월 12일에 남한적십자에 의해 시작됐다. 분단으로 야기된 수많은 이산가족문제를 해결하기 위해 추진되었던 것이다. 평양 측은 즉각 이 제안을 수락했다. 이 제안은 통일을 향한 하나의 걸음마였을 뿐 기본정책의 수정은 아니었다. 만 1년 동안에 25번의 예비회담과 16번의 실무접촉, 4번의 정식 적십자회담(서울과 평양에서 각각 2회)이 위의 목적을 실현하기 위해 열렸다.[120]

1972년에 남한 중앙정보부장 이후락과 북한 조직지도부장 김영주가 남북공동조절위원회를 개최했다. 이들 두 사람은 각각 남북한의 제 2 의 실력

가," 조선일보(2007년 8월 25일), p. D7.

119) Se-Jin Kim, *The Politics of Military Revolution in Korea*, pp. 115~116.

120) Kim Han-kyo(ed.), *Reunification of Korea*(Washington D.C.: Institute for Asian Studies, 1972), pp. 80~81.

자였다. 이들은 평화통일추구라는 원칙에 동의하면서 "이데올로기, 관념, 체제를 초월한다"고 천명했다. 남북한은 서로에 대한 중상을 중지하고 무력충돌을 배제하며 또한 직통전화를 가설하기로 한 것이다. 그들은 7.4공동성명에는 원칙적으로 찬성했다. 그러나 실제로는 문제해결방식에 있어서의 의견차이 때문에 별로 달라진 것이 없었다.[121] 평양이 정치·군사문제(정책의 전면적 변화)부터 풀기를 주장한 반면에 서울은 실용적 문제(정책의 전진적 변화)부터 해결하자고 주장했기 때문이다. 즉 문제를 풀어나가는 방식이 정반대였던 것이다. 대화는 더 이상 진척되지 못했다.

1973년 6월 23일에 박정희 대통령은 일곱 가지의 새롭고 광범위한 외교정책기준을 제시했다. 그 내용은 평화통일달성, 대외평화달성, 남북공동성명추진, 유엔과 국제기구에 북한이 가입하는 것을 반대하지 않음, 공산국가에 대한 문호개방, 대외친선외교 등이다. 이 내용들은 통일의 관점에서 이전까지의 정책들을 수정한 것이다. 이들 중 가장 중요한 것은 평양정부에 대한 서울 측 태도의 긍정적 변화라는 점이다.[122] 그 변화된 태도는 정책변화로 결과됐던 것이다.

1974년 1월 18일, 박정희 대통령은 다음과 같은 내용을 포괄하는 남북한불가침협정체결을 제안했다. ① 남북한 불가침, ② 상호내정 불간섭, ③ 휴전협정의 준수 등이 그것이다. 이 제안은 7.4남북공동성명과 6.23외교정책을 바탕으로 성립된 것이다.[123] 불가침협정은 남북한 간의 냉전기간 동안에는 군사력의 현상유지를 도모하는 데 도움을 줄 것이다. 평양 측은 통일문제는 정치적 측면의 선결조건을 처리하는 가운데 풀려야 한다는 이유로 서울 측의 제안을 무시했다. 이것은 양측의 점진적 또는 전면적 정책변화의 방식이 서로를 다른 길로 이끌고 있다는 점을 나타내준다.

1974년 8월 15일, 박대통령은 평화통일 3대원칙을 발표했다. 이 방식은

---

121) Edwin O. Reischauer and Gregory Henderson, "The Legacy of That Other War in Asia: There's Danger in Korea Still," *New York Times Magazine*(May 20, 1973), pp. 42~43.

122) Park Chung Hee, *Toward Peaceful Unification: Selected Speeches*(Seoul, Korea: Kwangmyong Publishing Co., 1976), pp. 76~79.

123) 박동현, "평화통일의 대장정: 평화통일3대 기본원칙에 담겨 있는 우리의 의지," 국토통일, 4권, 5호(10월, 11월, 12월, 1974), pp. 88~89.

실용적이고 합리적인 것이었다. 그것은 우선 남북한 간의 상호불가침협정의
비준을 통해 항구적 평화를 달성하자는 것이었다. 두 번째는 다양한 협상과
교역을 통한 남북한 간의 신뢰회복이었다. 서울 측은 비정치적 문제로부터
정치적 문제로 옮아가는 점진적 방식을 선호했다. 평양 측은 정치적 문제로
부터 시작하는 급격한 변화 또는 전환을 주장했다. 그 세 번째는 한반도 전
역에서의 자유·보통선거의 실시였다. 서울의 지도자들이 뜻하고 있던 바는
국민의 기본권으로서의 자유·공정선거의 원칙을 소개하는 것이었다. 남북
한 양 지역에서의 자유·보통선거의 수락은 서울로서는 큰 양보였다.[124] 평
양은 박대통령의 제안에 재차 응하지 않았다.

　한국이 제안했던 모든 정책은 실제적으로 현상의 변화에는 큰 의미를
지니지 못하는 것이었다. 현재라도 서울의 지도자들은 그들의 존재위상이
크게 변하지 않기를 바라고 있다. 북한의 남침위협이라는 것이 그들의 권력
유지를 도와주고 서울을 강화시켜 주고 있으며 그들이 받아들일 수 있는 통
일의 방식은 한국이 경제적·군사적으로 성장한 후에 비로소 성취될 수 있
다는 것이다.[125] 박정권은 '선 건설, 후 통일'이라는 기본전제를 깔고 단순한
유화정책을 취했던 것뿐이었다. 따라서 평양에 대한 서울의 정책은 어떠한
실질적 효과도 가져올 수 없다는 것이었다. 1974년까지의 통일회담은 남북
한의 적대관계를 더욱 악화시켰다.

　남북한 간의 관계는 1975년 4월 초순에 베트남이 북베트남에 의해 통일
되면서 다시금 긴장상태로 접어들었다. 당시 서울의 정책결정자들은 워싱턴
의 방위공약의 신뢰도를 검토하기 시작했다. 그들에게 있어서 미국정부의
행동 여하는 상당히 중요한 문제였다. 만약 미국이 또 하나의 베트남과 같
은 상황에 직면하면 어떤 일이 벌어질까? 명백한 답은 베트남문제 처리과정
과 같을 것이라는 견해가 지배적이었다. 서울정부는 남베트남의 패배가 미
국정부의 방위공약이 없었던 데서 기인한 것이 아니라 미국 국민들이 인도
차이나 전쟁참전에 강력한 반대를 했기 때문이라는 점을 깨달은 것이다. 만
약 미국국민들과 의회가 주한미군의 철수를 요구한다면 그것은 바로 베트남

124) Park Dong Hyun, *op. cit.*, pp. 89~96.

125) Morton Abramowitz, *op. cit.*, pp. 15~16.

전의 상황과 같아지는 것이 아니냐는 것이었다.[126]

인도차이나에서의 상황을 관찰하면서 서울정부는 비록 워싱턴의 외교정책이 주로 행정부에 의해 주도되지만 그것은 국민과 의회의 영향을 받지 않을 수 없다는 점을 배웠다. 한국은 이러한 교훈에 입각하여 미국의회로부터의 도움을 얻어내기 위한 시도로 정부대행자를 파견했다. 이것이 바로 코리아 게이트의 시초였으며 국가안보라는 명목 하에서 서울정부의 인권과 정치적 자유에 대한 탄압이 정당화되기에 이르렀다. 한국정부는 그런 탄압이 긴 안목에서의 평화통일달성에 불가피하다고 믿었다. 내부적으로 그런 탄압을 정당화시킬 수 있었던 명분은 문세광에 의한 육영수 여사 저격사건, 비무장지대에서의 땅굴발견 그리고 김일성의 베이징방문 등에서 얻어졌다.

소위 '문세광 테러사건'은 한국정부에게 북한이 전 한반도의 공산화계획을 포기하지 않았다는 점을 확신시켜주었다. 문세광이라는 당시 22세의 재일교포가 1974년 8월 15일에 박 대통령의 부인을 살해했다. 이 상황에서 그가 평양의 고위인사로부터 교육과 자금을 받았을 것이라고 추측되었다. 서울정부는 한반도의 공산화를 막기 위해 단기적인 정치적 자유의 희생은 국민들이 감수해야 한다고 역설했다. 그러나 1974년 8월 23일에 서울정부는 네 개의 중요한 구속법령 중에서 두 개를 폐지했고 그럼으로써 제한했던 정치적 자유를 회복해 줌과 동시에 자신의 정치권력기반을 강화시키려 했다.[127]

서울정부는 평양의 적대적 행동을 고려하여 장기적 해결방식을 추구해야 되는 충분한 이유를 가지고 있었다. 1975년 3월 19일, 한국의 군정보부는 비무장지대 근처에서 차량과 무기를 휴대한 사단병력이 통과하기에 충분한 규모의 땅굴을 발견했다. 따라서 평양 측이 땅굴을 통해 기습을 감행할 의도를 지니고 있음이 확인된 것이었다. 최초의 땅굴은 1974년 11월에 발견되었다. 동아일보의 사설은 땅굴건설을 전쟁도발행위로 간주하고 서울정부에

---

126) Bong-sik Park, "Japan's Role for Peace and Unification in the Post-Indo China Period," *Unification Policy Quarterly*, vol. 1, no. 4(Winter 1975~1976), pp. 183~187.

127) B.C. Koh, "South Korea, North Korea, and Japan," *Pacific Community*, vol. 6, no. 2(January 1975), pp. 205~219.

즉각 방어행위를 취하라고 요구했다. 그런 와중에 1978년 10월 17일에는 판문점으로부터 1마일쯤 떨어진 곳에서 제3땅굴이 발견되었다.[128]

　1975년 4월 18일에서 4월 26일까지의 동안의 김일성의 베이징방문은 서울정부에게는 또 하나의 사건으로 고려되기에 충분했다. 이 공식방문은 마오쩌둥(毛澤東)이 인도차이나를 성공적으로 공산화한 혁명전략가란 점을 고려할 때 중요성을 띠는 것이다. 분명히 인도차이나 공산화의 성공적 결과들은 김일성으로 하여금 베이징지도자들이 한국에서의 유사한 노력에 도움을 주도록 설득하려는 시도를 고무시킨 것이었다. 그는 서울을 상대로 혁명전쟁을 수행하게 될 때 특별히 중국의 지원을 원했다. 그러나 베이징 측의 생각은 달랐다. 동아일보에 따르면 이런 사태의 진전은 서울정부를 두 가지 선택으로 몰고 갔다는 것이다. 그것은 휴전을 평화적 상황으로 바꾸거나 아니면 한반도에서 인도차이나와 같은 전쟁을 겪든가 하는 것이었다.[129]

　베이징에서 돌아온 후 김일성은 공식적으로 서울 내의 혁명세력에 대해 지원할 것임을 선언함과 동시에 비무장지대 가까이에 군사력을 집중시킴으로써 두 번째 안을 채택한 것 같았다. 한국은 북한 측의 움직임에 대해 심리적으로 민감하게 대응하여 이에 대해 즉시 방어자세를 취했다. 1975년 4월 29일, 박대통령은 다음과 같이 평양에 경고를 발했다. "만약 북한이 남침한다면 그것은 엄청난 결과를 야기할 것이다. 남한정부는 물론이고 국민들도 공격을 좌시하지는 않을 것이다. 상당한 대가를 치르더라도 서울을 사수할 것이다."[130] 다음날 박대통령은 야당지도자들을 만나서 여야를 막론하고 인도차이나의 교훈을 되새기고 국가안보를 위해 단결해야 한다고 강조했다.[131] 박대통령의 전략은 외부상황을 이용함으로써 자신의 권력기반을 강화하고자 하는 것이었다.

　그러나 워싱턴의 입장은 한국이 미국의 정책을 잘못 이해하고 있다는 것이었다. 이것을 시정하기 위해서 포드 대통령은 서울을 방문하여 맹방으

---

128) 동아일보(1975년 3월 21일), p. 1.

129) 상동(1975년 4월 19일), p. 2.

130) 상동(1975년 4월 29일), p. 1.

131) 상동(1975년 4월 30일), p. 1.

로서의 한국의 중요성을 재강조하기로 결정하였다.[132]

전체적으로 보아 서울의 통일정책은 제 1 공화국의 북진통일, 제 2 공화국의 중립화통일, 군정의 통일운동 억압, 유화국면 때의 선 경제성장정책, 그리고 제 3, 4 공화국의 준 냉전상황 등으로 국내외적 상황과 결부되어 여러 모습으로 변화해 왔다. 서울정부는 정책수립과 조정을 반복만할 뿐이었는데 그 이유는 정연하고도 일반적으로 받아들일 수 있는 정책목표가 부재했기 때문이었다. 더욱이 현재의 통일정책도 과거 정책들의 변용에 불과한 실정이다.[133]

3. 한국의 「민족화합 · 민주통일방안」(제 5 공화국: 1981~1988년)

이 통일 방안은 분단 이후 최초로 종합적이고 체계적인 통일방안을 제시한 것이 특징이다. 이제 서울정부가 내걸고 있는 일곱 가지의 평화조건들을 분석해보자. 이 평화조건의 전제는 우선 고위층의 예비회담을 위한 대화의 문이 열려야 하고 그리고 실무자 수준에서 그것들이 실행될 수 있어야 한다는 것이다. 일곱 가지의 예비조항들은 평화라는 원칙 위에 기초되어 있고 폭력적 요소와 통일 민주공화국(UDRK)을 실현하기 위한 다른 장애들을 근절함으로써 김일성 또는 김정일과 전두환 전 대통령이 쌍무적으로 현상을 유지할 수 있도록 해줄 것이라고 주장되었다. 그것은 남북한을 각각 민족국가행위자로 간주하면서 아울러서 호혜성과 평등성의 원칙을 포함하고 있다. 전쟁방지를 위한 상호불가침, 상호내정 불간섭, 군사정전협정에 기초한 평화적 상호공존, 통신 · 체육 · 교역부문에서의 상호교류와 협력, 양 정부 간의 외교적 연락창구교환[134] 등의 이러한 일곱 가지의 전제조건들은 과도기적 상황에서의 실용적이고 합리적인 제안들이다.

통일민주공화국(UDRK) 안은 서울 측의 '후 통일'정책과 관련되어 있는

---

132) U.S. News and World Report(April 21, 1975), p. 82.

133) Young Jeh Kim, Roads for Korea's Future Unification, p. 26.

134) South-North Dialogue in Korea, pp. 15~16.

데 이는 민족자결, 평화적 절차의 원칙에 입각하고 있다. 이 통일민주공화국은 헌법을 제정하기 위해 남북한 공동의 조직구조로서 민족재통일을 위한 자문회의(CCNR)를 요구한다. 민족재통일자문회의의 구성원은 남북한 양측의 지역과 주민을 대표하는 것으로 되어 있다. 헌법제정과 관련하여 전두환 대통령의 방식은 타협과 교섭이라는 유연성을 보여준다. 민족재통일자문회의는 전문화된 노동의 분화, 공시적 규칙, 남북한 정부의 공식적 관점의 규제, 위계적 구조, 민족주의적 관점에서의 구성원선출 그리고 적성과 능력 등을 고려하고 있다는 것이다. 따라서 헌법을 제정하는 일에 있어서 실제적인 효율성이 제고될 수 있다는 것이다.

민족재통일자문회의가 조직된 후에 회의가 진행되면서 양측을 대표하는 위원들은 합의된 헌법에 도달하기 위해서 이의가 있는 의견들을 조정할 수 있을 것이다. 위원회의 구성원은 통일국가의 국명과 정치체제의 형태, 공공정책 그리고 보편선거 등을 결정할 것인데 거기에는 많은 교섭과 유연성이 필요할 것이다. 민족재통일자문회의의 활동에 앞서서 통일헌법 초안이 국민투표에 의해 공식적인 헌법으로 인정받게 되며 통일의회를 포함하는 통일된 정치체제가 민주보편선거 후에 새로운 헌법에 의거하여 조직될 것이다. 새 정부의 주요 행위자는 한국국민들이며 결코 외부세력은 아닐 것이다. 따라서 한국인들은 그들의 운명을 스스로 결정할 것이다. 통일헌법의 내용은 통일된 목표의 종합체를 포괄해야만 하고[135] 앞으로 얘기될 통일방식의 종합체도 마찬가지로 포함해야만 한다.

통일민주공화국의 맥락에서 전(前) 통일원장관이자 평화통일자문회의 사무총장이었던 손재식 씨는 일곱 가지의 잠정적 합의를 즉각적이고 현실적으로 추진하기 위해 1982년 2월 1일에 20개 시범사업계획을 제의했다. 그의 계획은 민족화합과 민주적 통일을 성취하기에 무리가 없는 것이었다. 그것은 앞서 언급한 호혜성과 평등성, 상호불가침, 상호불간섭, 평화적 상호공존, 상호교류와 협력 등의 복잡한 정치적 문제를 제외한 잠정적 합의들의 세부적인 추진계획이었다.[136]

---

135) *Ibid.*, pp. 12~17.

136) *Ibid.*, pp. 69~72.

요약하자면 전 대통령의 통일정책은 한반도통일이라는 복잡한 문제를 유연하게 풀어나갈 수 있는 혁신적이고 창조적인 사고에 기초된 것이다. 그의 통일헌법제정제안은 통일방식의 새로운 명제가 도출되기 전까지 남한의 공식적 입장으로 위치할 것이다. 불행하게도 북한의 부주석이자 조국통일특별위원장인 김일은 전 대통령의 제안을 거부하면서 다음과 같이 얘기했다. "그것은 어떠한 긍정적인 중요성을 함축하고 있지 못하다."[137] 그도 역시 여섯 가지 조건의 선결문제에 집착한 것이다.

4. 「한민족공동체통일방안」(제6공화국: 노태우 정부 1988~1993년)

이 방안은 민족화합 민주통일방안을 보완하고 '민족공동체'라는 통일의 틀과 '남북연합'이라는 중간과정을 제시한 통일방안이다. 한민족공동체통일방안은 1987년 개정 헌법에서 최초로 분단상황을 인정하고 통일은 평화적으로 달성한다는 원칙을 준수했다. 1988년 2월 25일 출범한 제6공화국은 새로운 차원에서 남북관계의 정립을 위해 노력한 결과가 '민족자존과 통일번영을 위한 특별선언'(7.7선언)과 1989년 9월 11일 '한민족공동체 통일방안'으로 구체화된 방안을 제시했다. 소위 7.7선언에서 서울은 평양을 대결의 상대가 아닌 '선의의 동반자'로 간주했고 남북한이 번영을 이룩하는 민족공동체 관계를 발전시키는 것이 통일한국을 달성하는 지름길이라는 방향을 제시한 정책선언이다. 이 선언에서 민족공동체 형성을 위한 남북한 간의 인적·물적 교류·협력의 기본적 정책방향을 제시하여 양국 간의 공식적인 교류·협력이 시작되었고 대표적 조치 중 하나가 '남북교류에 관한 법률'(1990. 8. 1. 공포시행)이다. 한민족공동체통일방안은 노태우 전 대통령이 국회에서 1989년 9월 11일 특별선언으로 발표되었다.

한민족공동체통일방안은 7.7선언의 계승과 남북한 간의 이질적 체제대립을 인정하는 것만으로는 통일을 달성하는 데 어렵다는 전제를 하고 있으며 완전한 통일한국을 달성하는 과정에서 남북한 간의 교류와 협력을 통한

---

137) *The Korea Herald*(January 27, 1982), p. 1.

민족공동체를 회복시키는 과정에 역점을 두고 있다. 이를 바탕으로 장기적으로 정치적 통일이 이루어지는 상태를 만들어 간다는 방안이다. 이 방안의 내용을 분석해 보면 통일원칙으로 '자주·평화·민주'를 제시하고 통일한국 국가의 미래상으로 '자유·인권·행복'이 보장되는 민주국가를 표방하고 있다.[138] 통일한국의 수립절차과정에서 남북한 대화의 추진으로 신뢰회복을 하고 정상회담을 통해 '민족공동체헌장' 채택을 제시하고 있다. 이 과정에서 남북의 공존·공영과 민족사회의 동질화와 민족공동생활권의 형성을 추구하기 위하여 과도적 통일체제인 '남북연합(The Korean Commonwealth)'을 거쳐 민족공동체헌장의 합의에 따라 남북정상회의, 남북각료회의, 남북평의회, 남북공동사무처를 두게 되어 있다.[139] 또한 장기적으로 통일헌법의 규정에 따라 통일국회와 통일정부를 구성하여 완전한 통일국가인 통일민주공화국을 수립한다는 청사진이다.[140]

여기서 한민족공동체의 뜻은 한민족이 집단적으로 경계 지어진 사회체계(물리적 공동체) 내에서 언어, 경제생활 및 문화의 공통성(심리상태의 공통성)을 영위하는 혼합공동체(물리적+심리적) 수립을 의미한다. 제6공화국 출범 이래 노태우 전 대통령은 국민의 여망을 수렴하여 1989년 9월에 발표한 통일방안으로서 자유화와 민주화의 과감한 추진과 함께 평화통일로 향한 남북관계 개선이 가능하다는 발상 위에 북한이 이제 우리의 적이 아니라 민족공동체 건설을 위한 동반자로 대결에서 협력으로 전환하는 점을 뜻한다.

이 모델은 마치 '1가구 단독주택'을 건설하는 가설이 아니라 한반도에 2개의 정치체제가 공존하는 '콘도미니엄'을 공사하는 잠정적인 단계를 말한다. 이 개념은 각 측의 자치권을 유지하고, 양측 간의 긴장을 완화할 것이

---

138) 대통령비서실, 노태우 대통령 연설문집1(1990), pp. 176~179.

139) 남북연합개념은 한반도에 두 개의 다른 체제가 있다는 현실인정을 바탕으로 상호 공존·공영하면서 민족사회의 동질화와 통합을 촉진해가는 정치적 결합체로서 남북관계가 민족내부의 '특수관계'임을 그 전제로 하고 이 개념의 근거는 남북기본합의서 전문의 "쌍방 사이의 관계가 아니라 나라와 나라 사이의 관계가 아닌 통일을 지향하는 과정에서 형성되는 특수관계"라는 문구에 명시되어 있음.

140) 통일문제 이해 2003(서울: 통일부 통일교육원 연구개발과, 2003), p. 62.

| 그림 3-3 | 북측 연형묵 총리가 노태우 대통령을 면담 |

서울=연합뉴스

며, 기대치 않던 전쟁이나 분쟁은 피하고 예방하는 데 의의가 있다. 이 개념은 역사적인 추세로 볼 때 통일된 미래를 성취하기 전에 꼭 짚고 넘어가야 할 단계로 보는 점이다. 다시 말해서 남북한이 분단 67년간 누적된 불신과 대결, 적대관계를 그대로 두고 통일을 이룩할 수 없는 상태에서 민족의 공통성 회복을 위한 중간단계로서 서울과 평양은 서로 상이한 두 체제가 평화 공존하면서 민족사회의 동질성 회복과 결합을 달성하는 단계를 말한다.

한민족공동체를 통한 통일은 중간과정을 제도화하면서 '서울'과 '평양'에 과도적 연합체제를 설치하는 것을 말한다. 이 연합체제는 '서울정부'와 '평양정부'를 민족공동체 틀 안에서 국가 간의 관계가 아닌 민족 내부의 특수관계로 설정하고 대내외적 문제를 해결하면서 민족의 이익만을 추구하는 과정을 의미한다.

김일성 주석은 1991년 처음으로 지난 80년 제시한 '고려민주연방공화국 창립방안' 중 "중앙정부의 권한을 점차 지방정부로 이관시켜 나가는 방향을 토의해 볼 수 있다"고 밝혀 평양 측이 주장해 온 연방제가 1989년 노태우 전 대통령이 제안한 '한민족공동체통일방안' 중 '남북연합'과 비슷한 형태의 과도체제도 수렴될 수 있다는 가능성을 시사했었다. 다시 말해서 북한의 기존 논리(연방제 안)의 수정가능성이 엿보였다. 1991년 5월 20~22일의 제 3 차 북한·일본 수교교섭에서 평양 측이 처음으로 "관할권이 한반도 절반에 미친다"고 표현한 점은 평화공존 내지 연방제 수정 또는 과도체제 수렴의 가능성을 표현한 것으로 분석된다.

중간과정인 '남북연합'은 서울과 평양이 각자의 외교·군사권 등을 보유한 주권국가 역할을 하면서 평화공존 제 1, 2 단계(분단상태)를 통해 완전한 단일국가로 통일을 추구하는 잠정적 결합형태라고 하겠다. 신문보도에 의하면 노태우 전 대통령이 1991년 7월 2~3일간 미국 방문 중에 통일의 미래상을 이야기하는 자리에서 "2천년대 한국의 GNP는 영국 수준이 되며, 통일한 국의 인구는 영국, 프랑스보다 1천만이 많고, 통일독일보다 1천만이 적다"라는 점을 여러 차례 주지시켰다고 한다. 이것은 독일 통일과정에서 서독정부가 취한 태도와는 약간 대조적인 점으로 한민족의 통일국가 형성에서 주변 국가의 세력균형 변화도 동시에 지적한 점으로 평가된다.

미래 통일국가의 정치이념, 국호, 국가형태, 대내외 정책의 기본방향, 통일정책과 국회의 구성을 위한 절차와 방법 등은 7천만 민족성원 모두가 주인이 된 민족구성원 전체의 자유의사가 반영된 통일헌법에 의하여 결정되어야 한다.

여기서 어떻게 통일을 이루어 나갈 것인가에 대해서 7가지로 분석하고자 한다.

첫째로, 남북한 간의 이념과 체제의 차이에서 오는 남북한 간의 대결, 적대구조를 개선하기 위해서 '코리아 단일탁구팀'과 지난 6월 포르투갈 세계청소년축구대회에 참가했던 '코리아 단일축구팀'이 보여준 "뭉치면 이기고 흩어지면 진다"는 교훈을 스포츠 한 분야에서 군사·정치 분야로까지 확산시켜 나가야 한다. 북한이 제 4 차 남북고위급회담을 8월 27일 평양에서 열고자 제의함에 맞춰 노태우 전 대통령은 7월 12일 민주평화통일자문회의 제 5 기 출범식에서 여러 가지 대북 제의를 내놓았다. 실효성 있는 불가침선언 채택, 휴전체제의 평화체제로의 전환, 텔레비전과 라디오방송 교류, 민족문화공동위원회 구성, 8.15광복절 경축행사 공동주관, 통일대행진 등의 제의는 '코리아 단일 군비통제', '코리아 단일문화'를 뜻하는 것으로 남북총리들이 각 분야에서 냉전체제를 종식시키는 작업의 방향을 제시하고 있다. 해외에 있는 교포들은 가급적 많이 북한을 방문하여 '우리식대로 살자'가 절대적인 생각이 아니고 좀더 생각해 볼 여지가 있다고 느끼게 하는 것도 간접적으로 도움이 된다.

둘째로 '한민족공동체' 개념은 사상, 이념, 체제를 초월하여 남북의 모든 7천만 민족구성원이 수용할 수 있는 기본틀로 우선 국내에서 해외교포들을 보는 오해의 색안경을 벗어버리고 같은 배달민족의 동질성이 스며든 투명한 유리안경으로 바꿔 끼어 이들을 올바로 이해하고 포용하는 단계로부터 시작해야 한다. '통일한국' 이전에 7천만 민족구성원이 남·북·해외의 삼각점에서 일심동체가 되어 앞으로 닥칠 태산과 같은 문제를 해결해야 된다고 분석된다. 모국이 잘살아서가 아니라, 오래전에 해외에 가서 배워 놓은 지식을 가지고 돌아오려는 지식인을 수용하여 통일한국을 세우는 과정에 참여하도록 문호개방을 해야 한다.

셋째로 서울이 평양의 제의를 수용하여 앞으로 '남북연합' 내의 모든 기구(남북정상회의, 남북각료회의, 남북평의회, 공동사무처, 상주연락대표)를 남북이 동등한 대표성에 기초하여 구성한다고 했으므로 서울에서 '남북연합'의 모든 기구 중 현실에 적합한 기구(공동사무처, 상주연락대표)부터 조직·운영해야 한다. 이상의 실질적 진전이 있을 때 남북한 관계는 적대관계로부터 자연히 선린·우호관계로, 대결에서 협력으로 옮겨 발전하게 될 것이다. 이 중간과정을 제도화할 때 서울과 평양 간에 제1의 정치적 신뢰회복이 될 것으로 분석된다.

넷째로 서울은 평양의 UN 동시가입과 핵사찰 수용이 대립과 대결의 냉전시대를 청산하고 화해와 대화로 일본과의 수교협상을 촉진시키기 위해서인지, 미국과의 관계개선을 촉진하기 위해서인지, 아니면 대내적으로 필요하다고 생각해서인지, 그 속셈이야 정확히 알 수 없지만 먼저 북한의 개방을 유도하되 서서히 자극하지는 않으며, 시와 비를 분명하게 가리되 받아들일 것은 받아들여서 평양 측의 흡수통일에 대한 공포를 잠재울 수 있는 남북대화 자세를 견지해야 한다. 성급하게 생각하지 말고 대화의 본 줄인 남북 총

리회담을 꾸준히 추진하여 유엔 동시가입시대에 걸맞는 결실을 맺어 나가야
한다.

다섯째로 독일통일의 교훈에서 보여준 것 같이 서울은 '통일한국'을 2
천년대에 달성한다는 목표 아래, 또 평양이 4~5년 내에 급속한 개방과 변화
를 가져온다는 가정 하에 휴전선에 '평화시' 건설작업과 같은 '한민족공동
체'를 이루기 위한 실질적인 준비작업부터 시작해야 한다.

민족통일연구원에서 빠른 시일 내에 '통일백서'를 국민합의에 의하여
만들어 온 국민의 여망을 다시 수렴받은 후 장기적 통일준비방안으로 '통일
세' 등과 같은 준비를 해야 한다고 본다. 이 세금은 2천만 북한 민족성원의
보다 나은 의식주 내지 교통·통신시설 확충 등 필요한 준비작업을 하는 데
조달되어야 한다. 특히 서울에서 통일 후의 경제적인 위기를 극복, 성장을
지속시키는 데 중점을 두는 점진적 통일준비정책을 적어도 10년 내에 완성
해야 한다. 저자가 1991년 9월 13일 '91 한민족 통일문제 대토론회'에 참가
하여 "'한민족공동체' 형성을 통한 통일, 어떻게 이루어 나갈 것인가?" 발제
문에서 제시한 '통일세'가 현재 '남북교류협력기금'의 모태가 된 점을 지적
하고자 한다.

여섯째로 한반도 주변은 맹렬한 기세로 탈냉전의 새로운 변화를 추구하
고 있으며 국제정세도 숨가쁘게 변해가고 있다. 질서 재편 움직임은 동유럽
과 서유럽을 거쳐 중동지역으로 이동해왔고, 걸프전 이후로는 지구상의 마
지막 냉전지역인 한반도와 그 주변 동북아지역으로 옮겨왔다. 특히, 아·태
지역은 21세기의 주도세력으로 부상할 수 있는 무한한 잠재력을 갖고 있다.
미·소·일·중 등 정치·경제의 강대국들의 이해가 상충하고 있지만 다행
스럽게 서울이 이 지역 신질서 태동의 주요 역할자로서 일찍이 그 위치를
굳혀가고 있는 추세는 노대통령이 6월 29일 서울을 떠나 미국과 캐나다 순
방일정을 마치고 7월 7일 서울로 돌아온 데서 입증한다. 노태우 전 대통령
과 부시 전 미 대통령 간의 한·미정상회담은 현재뿐만 아니라 21세기를 예
비할 수 있도록 양국관계의 기본틀을 마련했다는 미래지향적 의미를 갖고
있으며 긍정적 평가를 받기에 충분하다. 한반도지역에서는 '포스트 냉전' 시
대의 신질서 구축에 능동적으로 대처하여 지난 4월의 제주도 한·소정상회

담, 지난 7월 워싱턴의 한·미정상회담 및 한·캐나다 회담 등을 성과 있게 치렀다고 여겨진다. 4강의 대 한반도정책 변화는 불가피하며 한 가지 분명한 것은 북한의 유엔 동시가입, 핵사찰 수용결정이 소련, 중국 등 주변 강대국의 정책변화이자 대 한반도정책 변화의 산물이며 변화를 예고하는 중요 신호라는 사실이다. 이런 주위환경 하에 평양은 고려민주연방제통일방안 등 일부의 대남정책을 주변사정에 따라 조금씩 바꾸어가고 있기 때문에 서울은 유엔 동시가입 후 적극적으로 유엔무대와 남북 총리 등을 통해 평양이 원하는 체제존립을 인정하면서 대미평화협정 체결 → 미 핵 철수 → 주한미군 철수문제에 단기·중기·장기적인 측면에서 자신감을 갖고 대응해 나가는 것이 남북관계 개선의 돌파구 내지 남북평화공존에 도움이 된다고 분석된다. 다시 말해서, 한반도통일은 독일의 경우처럼 주변 강대국의 게임에 의한 것이 아닌 남북한 당사자들의 직접 대화에 의해 이루어져야 한다는 전제 하에 근본적 문제를 해결하기 위해서는 뿌리부터 바로잡아야 한다는 점이다.

일곱째는 신사고를 가진 '한민족 정책수립자'(새로 거듭난 자)가 철학적인 측면에서 한반도통일의 뿌리부터 바로잡는 작업을 시작해야 한다. 상호 불신과 오해문제를 제거하고, 신국제질서와 새로운 대내여건에 따른 논리적 딜레마를 극복하며, 정치·군사면의 신뢰회복을 실천하는 과정에서 서울과 평양 간에 통일정책 내지 남북한관계를 현명하게 수정·보완해 나갈 때, 남북관계 개선은 물론 '한민족공동체'를 달성하는 기간은 단축될 수 있다고 본다. 신사고를 가진 '한민족 정책수립자'는 자신의 정치적 이해관계를 떠나서 순수하게 역사적 사명인 통일한국을 달성하는 데 초점을 맞추어야 한다. 이 같은 목표가 달성될 때에 한반도 평화통일뿐만 아니라 신아시아 질서를 창조하는 데 공헌하여 제2의 노벨 평화상의 후보가 될 것으로 예상된다.

결론적으로 이상 일곱 가지 "어떻게 '한민족공동체' 형성을 통한 통일을 이루어 나갈 것인가"를 심사숙고하여 모두 실천하든지 아니면, 이 중 가능한 것부터 국내외에서 실천한다면 한반도통일은 2천년대에 가능하다고 본다. 그 이유는 한반도를 둘러싼 주위환경의 변화와 독일의 통일교훈에 있다. 좀더 나가서 2천년대의 한반도통일은 우리의 꿈이 아니라 7천만 한민족성원에게 주어진 천부의 권한이다. 신사고를 가진 '한민족 정책수립자'가 북한의 체제존립을 일방적으로 선언해서 흡수통일의 공포를 잠재우고 통일 후에도 김일성·김정일·김정은 왕가의 체면을 세워주기 위해서 우스개스러운 이야기인 것 같지만 '김정은 재벌' 정도로 명칭하여 존립하도록 돕는 경우 2천년대에 한반도에 '한민족공동체' 형성을 통한 통일이 달성될 것으로 전망된다.[141]

5. 「민족공동체 통일방안」(문민정부: 1993~1998년)

민족공동체 통일방안이 나오기 전 남북한 신뢰회복과 교류·협력 활성화방안을 대내외적 환경조성과 핵문제와 남북한 관계로 들여다볼 필요가 있다. 이후에 민족공동체 통일방안을 다루고자 한다.

1993년 한반도는 민족통일의 과정에 있어서 역사적으로 중요한 전환점에 처해 있었다. 당시 중국의 지하 핵실험, 러시아의 보수파에 대한 유혈진압, 서울정부의 긴급장관회의, 에커먼 미 하원 아·태소위원장의 방북, 유엔총회가 북한에 대한 국제원자력기구(IAEA)의 핵사찰 수용을 촉구하는 140대 1의 결의안을 채택한 것은 한반도를 둘러싸고 진행되는 끝없는 변화를 보여주는 증거였다. 서울은 문민정부 출범 이후 신한국창조를 위해 변혁의 틀을 설정하고 통일한국을 21세기 전에 달성한다는 목표를 세우고 새로운 탈냉전적 국제질서 조류를 주변 4강과 관계를 유지 및 수립함으로써 민족통일의 대내적 기반조성에 노력하고 있었다. 반면에 평양은 경제문제와 대내적 고립에서 오는 체제위기를 해결하기 위하여 핵확산금지조약협정 탈퇴소동 등 핵개발 카드를 사용하고 기존의 남북대화통로를 봉쇄하면서 여전히 냉전시대 의식을 가지고 김일성·김정일 계승, 핵무기개발로 변혁의 틀이 없이 체제유지에 급급하고 있었다.

남북한 관계상황을 총괄적 측면에서 보면, 한반도 질서를 우리 민족의

---

141) 김용제, "'한민족공동체'형성을 통한 통일, 어떻게 이루어 나갈 것인가?," 21세기를 향한 한민족공동체의 나아갈 길(서울: 민족통일중앙협의회, 1991), pp. 133~139.

의지와 무관하게 피동적으로 규정했던 시대는 완전히 지나가고 민족주의와 시장경제체제를 근간으로 하는 새로운 탈냉전적 국제질서 속에서 한반도문제는 동서 간의 대결에서 민족 내부의 문제로 바뀌어 한반도의 통일은 한민족이 해결해야 할 시대적 당위성으로 받아들일 때가 왔다. 1992년 2월 19일에 남북한 간에는 기본합의서가 발효되어 상호간에 정치적으로 화해하고 군사적으로 침범하지 않으며, 경제·사회·문화적으로 교류·협력하도록 분단 이후 최초로 책임 있는 쌍방당국이 공식적으로 선언했다. 이 합의서는 한반도 분단사 중 통일로 가는 과정에서 유리한 제도적 환경설정에 큰 획를 그은 것이라고 볼 수 있겠다.

　　구체적으로 여기서 한민족주의와 남북한관계 틀에서 대내외적 요인인 정치·군사 신뢰회복 방안과 경제·사회·문화적 교류·협력 활성화 방안을 3가지 가정 하에 정의, 문제점, 해결방안, 7개 정책건의안을, 결론에서 단기·중기·장기적 측면에서 다루고자 한다. 이 문제를 다루는 데 있어서 7천만 민족구성원인 남·북·해외교포의 삼각점에서 일심공동체가 되어 국민합의(남·북)에서 민족합의(남·북·해외)를 거쳐 3가지 가정 하에 논의하고자 한다. ① 남북한 간 신뢰회복과 교류협력 활성화 방안은 기본합의서에 근거를 두어야 한다. 이유는 이것이 남북한 간에 상이점을 제거하고 공통분모를 찾아 최초로 합의한 제도적 장치이기 때문이다. ② 북한을 논의할 때 북한 정부와 주민을 구분하고 앞으로 있을 방안은 주민에 초점을 맞추어 정책개발을 하는 것이다. 정책결정자인 김일성·김정일·김정은 3대가 없는 북한은 존재할 수 있어도 주민이 인정하지 않는 정부결정자는 존재할 수 없는 것이다. ③ 북한이 좋든 싫든 간에 우리 민족의 일원이기 때문에 그동안 축적되어 온 사고방식을 하루아침에 바꾸는 것을 기대지 말라는 점이다. 바꾸어 말하면, 서울은 평양의 이념적 경직성을 포용하고 평양은 서울의 문화적 다양성을 이해해야 한다. 한민족 테두리 안에서 경제적 우세와 문화적 다양화 및 정치적 안정성을 확보하고 있는 서울이 능동적으로 대북한정책을 수정하라는 것이다.

　　여기서 간단히 민족주의의 정의와 남북한에서 보는 민족주의 차이점, 신뢰회복과 교류·협력의 정의, 문제점과 해결방안을 분석하고 7개의 정책건의안을 단기·중기·장기적 측면에서 다루고 결론으로 매듭짓고자 한다.

민족주의 개념은 민족(국민)이 정치적 충정의 기본적 바탕이며 국가사회에 의거하여 자치국가를 가지는 데 중요한 요소로 믿는 생각을 의미한다. 즉 민족주의는 민족국가와 동일한 뜻으로 문화적(유산)·역사적(시간)·지역적(공간)으로 유사한 공동운명체 의식을 느끼는 국민과 정치적인 자치권과 영토, 국가조직 및 국가인정을 포함한다. 이 민족주의 개념에는 능동적인 면과 수동적인 면이 있다. 능동적인 측면에서는 민주주의 증진, 자치권 장려, 제국주의 저지, 경제개발 증진, 다양화와 실험을 보호하는 데 있다. 수동적 측면에서 다른 민족국가에 대해서 우월감을 가지며, 타민족국가와 고립하고, 피동적인 자치권으로 인한 강대국으로부터 침략을 받는 점을 뜻한다.[142]

김영삼 대통령은 1993년 2월 25일 그의 취임사에서 "새로운 한국이란… 갈라진 민족이 하나가 되어 평화롭게 사는 통일된 조국"임을 천명하고, "어느 동맹국도 민족보다 더 나을 수 없으며 어떤 이념이나 사상도 민족보다

| 그림 3-4 | 김영삼 대통령 신년사 |

서울=연합뉴스

---

142) John T. Rourke, *International Politics on the World Stage*(4/d)(Guilford, Connecticut: The Dushking Group, 1993), pp. 159~191.

더 큰 행복을 가져다주지 못한다"는 점과 아울러 "금세기 안에 통일이 이루어져야 한다"고 주장했다. 김영삼 대통령의 '민족우선주의' 또는 '열린 민족주의 가치'는 능동적인 측면에서 민족주의 특히 민주주의 장려, 경제발전 증진, 다양화와 실험을 보호하는(국제주의와 병존하는 인류보편의 가치, 세계와 호흡하는 가치) 점을 뜻한다.[143]

반면에, 김일성 주석은 1993년 4월 7일 최고인민회의 제9기 제5차에서 "민족의 운명을 걱정하는 사람이라면 북에 있건, 남에 있건, 해외에 있건, 공산주의자이건, 민족주의자건, 무산자이건, 유산자이건, 무신론자이건, 유신론자이건 모든 차이를 초월하여 하나의 민족으로 단결해야 하며 조국통일의 길을 함께 걸어가야 한다"고 그의 가치관을 주장했다. 그의 민족관은 수동적 측면의 민족주의를 특히 타민족에 대한 우월감과 국수적인 '닫힌 민족주의 가치(국제주의와 인류보편가치와 무관)'를 내포하고 있다.[144]

김영삼 대통령과 김일성 주석의 민족에 대한 공통점은 '열린'과 '닫힌' 점을 제외하고 한민족에 초점을 두고 있는 점과 분단사에서 통일한국으로 가는 틀에 동의한 점이다. 한민족통일은 민족국가의 완성을 의미한다. 이 경우 통일한국은 민족이 주체가 되어 평화적인 방법으로 이루는 것이며 정치적으로는 특정계급이나 집단이 지배하지 않고 온 민족이 참여하는 자유민족주의체제를 이루고 경제적으로는 개인의 창의와 자율을 근거로 해서 시장경제체제를 21세기 조류에 따라서 이루는 것이다.

신뢰구축의 정의는 원래 유럽군비통제회담인 1975년의 헬싱키최종합의서에서 시작되었으며 목적은 유럽에서의 긴장완화에 두고 있다.[145] 이 정의를 남북한 간 신뢰구축에 적용하면 정치적으로 화합하고 군사적으로 침범하지 않는 불신제거와 긴장완화를 뜻한다. 이 정의를 기본합의서에 근거해서 분석할 때, 2년이 지난 후 남북합의 체제가 파행적으로 운영되고 그 실

143) 김영삼 대통령 취임사(1993. 2. 25).

144) "최고 인민회의 제9기 제5차 회의 진행: 조국 통일을 위한 전 민족 대 단결 10대 강령"(평양: 1993. 4. 7).

145) 김용제, "유럽 재래식 군사협상 사례연구," 국방학술논총 제6집(서울: 한국국방연구원, 1992), p. 323.

천적 협의도 답보상태에 빠져 있으며 불신과 대결의 원점인 긴장상태로 환원되고 있다. 일부에서 북한의 대결적인 대남 전복전략의 변화가 없는 상황에서 기본합의서 발효는 성급한 것이며 결과적으로 남북한 간에 진전은 없다고 평가한다. 또 한편으로는 기본합의서 발효 이후 남한이 핵문제 등 현안문제 해결에 너무 집착함으로써 기본합의서 실천 등 남북관계의 발전 속도가 너무 느리다는 평가도 있다. 이 두 가지 평가 중에 뚜렷한 사실은 현재까지 남북한 간에는 핵문제 해결지연 등 현안문제 걸림돌로 교착상태에 있다는 점이다.

이러한 교착상태에 빠지게 된 것은 다음과 같은 3가지 문제점에서 기인한 것이고 이에 대한 해결책 또한 3가지로 나누어 살펴볼 수 있다. ① 남북한 쌍방 모두 상대방으로부터 체제붕괴(북한으로부터 핵위협, 남한으로부터 흡수통일)에 대한 명백하고도 존재하는 위협이 앞으로 없어진다는 신뢰구축이 전제되어야 한다. 체제붕괴의식은 정치적 신뢰문제로 단기적으로 서울과 평양 지도자에게 위협을 주는 요소로 작용하고 있지만 장기적·민족적 차원에서 민족통일한국을 세우는 데는 도움이 되지 않는다. 단기적 측면에서 체제붕괴의식의 반대는 평화체제의식이다. 기본합의서에서 평화체제의 실현방안이나 군비축소 같은 문제는 빠져 있어 남북지도자들은 불안해 하고 있다. 첫째, 북한 핵위협에 대해서 분석하는 내용이 서울의 매파(강경파), 비둘기파(온건파), 민족주의파에 따라서 해석이 달라진다.

강경파는 북한이 핵무기를 개발, 보유한다면 일본의 핵무기 보유를 정당화시킬 중요한 이유라고 분석한다. 북한이 핵무기를 현재 외교적 카드로 쓰고 있지만 평양의 권력구조상 군의 위치가 막강하여 핵무기 보유는 '어린아이에게 칼을 쥐어주는 격'이라고 경고하고 있다. 온건파는 소련이 핵무기가 없어서 망한 것이 아니라 빵이 없어서 붕괴된, 예를 들어 평양의 경제문제는 핵무기 못지않게 중요하다고 분석한다. 서울이 경제교류를 통해 평양의 숨통을 열어주는 대가로 북한은 핵무기 개발을 포기하는 양보를 얻어내라고 주장한다. 평양이 끝까지 핵무기 개발을 고수하면 유엔 안보리를 통해 강력한 제제수단을 강구하라고 제시하고 있다. 민족주의파는 일본이 핵무장을 하는 것은 통일 전의 한민족에게 심각한 문제가 될 것으로 보고 또 통일

후에도 중국, 러시아, 미국 및 일본은 핵보유국인데 오로지 통일한국만 제외된다는 것은 선진대국에 끼지 못한다고 보는 점이다. 나아가 서울은 유도의 원칙을 적용하여 평양 핵문제는 워싱턴과 평양이 해결하도록 하고 서울은 남북한의 핵기술 발전가능성에 대한 정책연구와 그 대안을 연구하여 먼 장래 통일한국을 보라고 암시하고 있다. 이는 핵원료 국산화를 남북한이 이루어 핵원료 수출국이 되는 것을 뜻하고 있다.

둘째, 평양에서 느끼는 흡수통일 걱정은 평화체제의 부재에서 온 것이다. 흡수통일 용어는 독일통일에서 온 것으로 남북 정책가들은 "우리의 통일은 독일식 흡수통일이 아니다"라는 말을 쓰고 있다. 독일식 흡수통일은 독일통일과정을 잘못 이해하는 데서 온 것이다. 독일통일은 선 교류·협력, 후 통일 내지 신뢰구축이다. 한국은 선 신뢰구축 후 교류·협력이 다른 점이다. 독일의 경우 처음부터 흡수하려고 시작한 것이 아니라 교류·협력을 하는 과정에서 동독이 서독의 체제 및 실생활이 더 낫다고 판단하면서 동독이 1990년 3월 18일에 민주적인 방법으로 동독 자유총선거를 통해서 서독체제를 채택한 것이다. 중요한 점은 독일은 분단은 되어 있지만 통일된 효과는 누려야 한다는 원칙을 세워놓고 교류·협력을 시작하면서 동서독 간에 축구경기를 하고 단일팀도 만들고 자매결연과 학생들 간에 수학여행도 오가면서 특히 연금수혜대상, 이산가족교류를 실시하면서 이룬 통일이라는 점이다. 동독주민들이 선거를 통해서 기독교민주당을 지지했는데 이때 서독의 집권당인 기독교민주당 자매정당인 동독의 기독교민주당이 다시 승리했으니 결론적으로 온 독일민족이 원하는 선택이 된 셈이다.

장기적 측면에서 1991년 말 기준으로 남한의 4천 3백만, 북한은 2천 2백만, 해외동포는 5백만으로 인구의 자연증가율을 생각할 때, 통일한국이 될 2000년대의 남북한인구는 8천 5백만 명에 해외동포 6백만을 합친 숫자는 9천 1백만 명이 될 것이다. 이 인구규모는 중국, 인도, 러시아, 미국, 유럽공동체를 제외하고 일본·독일과 같은 나라와 동등한 숫자이며 세계 8위 대국이 될 수 있다는 점이다. 세계은행 통계로 보면 현재 남북한을 합친 전체의 경제생산력만도 세계 12위가 되고, 이는 G7 경제대국, 중국, 스페인, 브라질, 그리고 러시아를 제외한 것으로 통일한국에서 창출되는 이익이 분단에서 창

출되는 것보다도 많다고 보는 점이다.[146] 인구적으로 세계 8위와 경제생산력
으로 세계무역 G9는 한민족이 앞으로 발전할 수 있다는 증거이며 초점을
체제붕괴 의식에서 바꾸어야 할 논리인 것이다.

신뢰구축의 해결책은 민족적 합의 차원에서 평양으로부터 핵위협, 서울
로부터 흡수통일 콤플렉스에서 벗어나는 것이다. 특히 해외동포 측면에서
보면 평양이 '어린아이에게 칼을 쥐어준 격'인 핵을 가지고 있는 것도 원하
지 않고, 또 통일한국이 될 때 현 남북지도자의 실책으로 핵 4강에 둘러싸
여 한민족만 비핵국가가 되어 선진국 대열에 끼지 못하는 것도 원하지 않는
다. 속히 핵위협 콤플렉스에서 벗어나 서울은 민족적 비전을 가지고 통일
후 핵원료를 국산화해서 평화적으로 사용하는 핵원료 수출국이 되는 것이
바람직할 것으로 분석된다. 평양 역시 흡수통일 콤플렉스 의식에서 벗어날
때가 되었고 또 체제붕괴 콤플렉스에서 벗어나 남북한 간에 근본적인 현안
문제를 해결해야 한다. 현 단계에서 뒤늦은 감이 있으나 1992년 2월 19일
발효된 '남북합의서'와 1992년 9월 17일 발효된 남북기본합의서 분야별 '부
속합의서'를 남북한이 국민적 합의를 거치는 과정을 꼭 짚고 넘어가야 할
단계이며 이 기본·부속 합의서에 부족한 군사 신뢰구도도 수정·보완하는
것이 중요하다고 본다.[147]

② 남북한 정부의 언행이 일치되고 화전(和戰)의 양면전략을 지양하는
것이다. 남북기본합의서 제 5 조에 남북한은 현 정전상태를 '남북 사이의'
공고한 평화상태로 전환시키기 위해 공동노력하기로 활약하고도 평양은 그
동안 적대시한 워싱턴과 '북한·미국평화협정' 체결 주장을 집요하게 고수
하고 있다. 김일성 주석은 남북합의서 채택을 1991년 12월 13일에 하고 5
일이 지난 후인 12월 18일 평양을 방문한 미국의 전 하원외교위 아·태소
위원장 솔라즈와 만나 2시간에 걸쳐 '북·미 평화협정' 체결을 주장하여 그
의 본심(本心)인 남북합의서를 '빈 종잇장'처럼 무의미하게 만들었다. 평양
은 1993년 5월 17일과 21일 두 차례에 걸쳐 북·미 고위회담을 위한 예비

---

146) 김성윤, "통일 이후 한국의 위상," 통일한국 제112호(1993. 4), pp. 70~71.

147) "부속합의서 발효 1주년 관련 성명발표," 남북대화 제58호(서울: 통일원, 1993), pp.
67~70.

접촉을 가졌고, 6월 2일부터 11일까지 뉴욕에서 제 1 차, 제네바에서 7월 14 일부터 19일간 제 2 차 회담을 가지면서 워싱턴과 현안문제 및 핵문제를 해 결하려고 했으나 평양 외교역량의 한계로 제 3 차 회담을 개최하지 못하고 있는 형편이다.

문제점은 평양의 언행의 불일치점과 평양이 서울을 동반자로 인식하기 보다는 자국이익을 극대화하기 위한 하위수단으로만 인식하는 데 있다. 평 양은 1993년 5월 25일 정상회담 개최를 논의하기 위해 한완상 부총리급을 특사로 하는 특사교환을 제의했다. 진정으로 '남북 사이를' 공고한 평화상태 로 전환하기 위한 것이 아니라 제 1 차 북·미고위급회담을 일주일 앞두고 남북한 간에 가시적 효과를 도출하고 한부총리를 평양에 불러들여 김일성 주석의 위상을 높이려는 점과 남북대화의 이니셔티브를 가지는 데 있었다. 특사교환도 북·미고위급회담에서 유리한 고지를 점유하기 위한 화전의 양 면전략에서 전술적 보조수단으로 이용하려 했던 것으로 분석된다.

그들의 화전의 양면전략은 '북·미관계'가 발전할 수 있다는 확신 하에 서울과 관계개선을 제 2 차적 문제로 인식한 점, 소련과 동구권 몰락 후 4~5 년간 체제를 유지해 온 자신감과 최악의 경우 전쟁도 불사한다는 배수진 대 응책에 기인한다. 평양의 대화가 긍정과 부정, 약속과 파기의 양극을 오가는 형태의 양면전략을 취하는 것은 이율배반적 모순이며 남북합의서 채택·발 효도 결국 '남조선혁명'을 위한 협상전략에 속하는 것이다. 평양은 남북대화 의 목표를 민족적 평화통일에 두지 않고 대외관계 개선을 위한 지렛대로만 사용할 경우, 서울을 완전히 무시하지 않을 것으로 예상되므로 8개월 만에 재개된 남북한 실무접촉(10월 5일과 15일)에서 창구를 열어놓고 회담을 계속 할 것으로 보인다. 평양이 워싱턴과의 제 3 단계회담 실현을 위한 촉진용으 로 남북대화를 활용하거나 대남정치공세의 방편으로 사용할 경우 한민족의 지탄을 받게 될 것이다.[148] 이러한 의미에서 평양은 핵문제와 관련한 문제들 로 인해 단기적 난관은 있겠지만 특사교환 등을 비롯해서 남북대화는 계속 될 전망이다.

---

148) 한국일보(1993년 10월 6일), p. C3.

서울 역시 문민정부(1993~1988년) 시대가 열리면서 개혁과 신한국창조에 초점을 두고 있다. 우선 내실부터 공고히 하면서 핵문제와 현안문제를 실질적 차원의 국제공조체제를 취하면서 해결하고자 함으로써 남북기본합의서 이행은 뒷전으로 미루고 있는 것 같다. 서울도 현 정전상태를 '남북 사이의' 공고한 평화상태로 전환시키기 위해, 군사적 정전상태를 정치적인 평화상태로 전환시키기는 공동 노력을 약속할 것 같다.

군사적 정전상태를 정치적인 평화상태로 전환시키는 해결책은 남북한의 공통분모점인 민족적 평화통일 달성에 목표를 두고 대외관계 내지 외교정책을 위한 지렛대로 사용하지 말라는 것이다. 한민족 평화통일은 한민족 모두가 잘사는 선진국과 경제공동체 통일국가가 된다는 목표가 뚜렷하기 때문에 남북한에서 보는 외교정책의 목표인 국가이익에 초점을 두지 말아야 한다. 반세기 동안 한반도가 통일문제를 자국 위주의 외교관계를 위한 지렛대로 사용했던 것은 이해되지만 앞으로 평양과 서울 중에서 경제적 우세와 문화적 다양화 및 정치적 안정성을 확보한 서울부터라도 초점을 국가이익에서 민족이익으로 전환하여 그에 수반된 정책을 이행하는 것이 중요하다고 분석된다.

③ 통일한국의 철학이 7천만 한민족에게 정확히 전달되어 신뢰회복과정에서의 요구사항을 남·북·해외의 삼각관계에서 실행해야 한다. 통일한국은 한민족이 국제경쟁사회에서 어떻게 이겨 나갈 것인가 하는 중요한 문제인데도 우리는 아직까지 통일에 접근조차 못하고 있다. 이는 민족적 차원에서 매우 부끄러운 일이다.

통일문제는 7천만 한민족 모두의 자손만대에 걸쳐 운명이 걸려 있는 대전제가 있기에 전자모바일통일 모델을 사용하여 진정 민족을 위한 '남·북·해외 공동통일정책'을 만들어 한민족의 폭넓은 의견을 수렴하여 한치의 시행착오도 없이 풀어나가야 한다. 여기에 통일철학이 있어야 한다. 통일철학이 전무한 가운데 정치·군사신뢰구축은 기대하기 어려운 일이다. 통일철학은 무력통일을 배제하고 평화통일에 목표를 두고 어떠한 통일안을 앞으로 채택하든 반드시 '자유·민주주의·시장경제' 원칙이 엄격히 적용되고 남북한 인구비례와 해외교포의 자유의사가 정확히 반영되는 결과로서의 통일한

국이 된다는 원칙이 포함됨을 뜻한다. 혹자는 자유·민주주의·시장경제원
칙에 의한 통일한국은 북한의 사회주의를 전혀 짐작하지 않는 일방적인 것
이라고 반박할 수 있겠다. 21세기 통일한국 미래상을 현시점에서 볼 때 국
제정치 측면에 흐르는 조류를 참조해야 한다. 물론 지난 67년간 분단 경험
을 살려 한민족 이익에 초점을 두면서 민주주의와 사회주의의 장점을 혼용
할 때 우선 남·북·해외 통일학자가 만나서 회의를 열어야 한다. 과거 남
아프리카에서 헌법개정을 통하여 1인 1투표권원칙에 의한 것 같이 앞으로
한반도도 남북한 인구비례와 해외교포의 자유의사가 반영된 통일한국이 되
어야 정통성을 갖게 된다.

　　남북한 사이의 교류·협력은 통일한국을 형성하는 필수적 과정이며 또
한 수단이 된다. 여기서 교류·협력은 주로 경제, 사회 및 자유왕래, 교통,
우편, 통신을 포함한 각 분야에서 남북한 간에 주고받는 형태를 의미한다.
교류와 협력은 남북고위회담 내에 남북한 경제교류협력 분과위원회를 설
치·운영코자 1992년 9월 18일 부속합의서에서 기구구성 → 사업계획 → 사업
실행 등 제도적 장치가 마련된 상태다. 기본합의서 15조부터 23조까지 자연
의 공동개발, 민족 내부교류로서의 물자교류, 합작투자(15조), 과학, 기술, 교
육, 문학, 예술, 보건, 체육, 환경과 출판, 보도(16조), 남북한 간 자유왕래·
접촉(17조), 이산가족의 서신거래, 재결합과 방문(18조), 남북간의 끊어진 철
도·도로, 우편·전기통신의 설치·연결(19조), 우편통신의 비밀보장(20조),
국제무대에서의 다각적인 협력과 대외 공동진출(21조), 남북한 교류협력분과
위원회 설치(23조)를 포함하고 있다. 경제·사회·문화·인적·물적 교류협
력방안은 이미 평화공존 5원칙 중 4번째인 평등과 상호이익보장에 기초를
두고 경제교류 협력분과위원회, 남북연락사무소, 남북문화교류협력 공동위원
회가 1992년 5월 19일 설치·운영하도록 다 준비된 상태다.[149]

　　교류·협력이 안 되는 이유는 제도적 장치가 없어서가 아니라 남북한
정책자의 실천의지가 서로 맞지 않은 데서 오며 또 기본합의서를 보는 방법
론 차이에서 온다고 보겠다. 첫째, 문제를 너무 성급하게 생각하여 남북한에

---

149) "부속합의서 발효 1주년 관련 성명발표," pp. 67~70.

서 가장 필요한 공통분모점인 문제를 찾지 못하는 데 있다. 둘째, 문제는 아직까지 문서상으로는 평등과 상호 간 이익에 보장을 두고 있지만 실질상으로 자국의 이익이 민족의 이익보다 앞서 있기 때문이다. 셋째, 단기적 현안 문제 미해결이 장기적 통일한국 건설과업에 지장을 보이는 점이다. 이하에서 문제와 해결책을 자세히 분석하고자 한다.

첫째, 우선 너무 성급하게 생각하여 남북한에 가장 필요한 공통분모점을 찾지 못한 점은 동·서독이 1972년 기본조약을 체결한 이후 20여 년간에 걸친 교류·협력관계의 업적 위에 통일이 된 점을 감안할 때 적어도 앞으로 몇 년간 서서히 공통분모점이 있는 교류·협력의 문제점을 찾아 실천해야 할 점이다.

이 전제조건 위에서 한꺼번에 기본합의서 15조부터 23조까지 실현하는 것은 기대하지 말고 단기·중기·장기적으로 공통분모점에 의해서 15조(물자교류, 경협투자)와 18조(이산가족의 서신거래, 재결합과 방문)는 단기로 실천하면서 민족동질성 회복과 발전의 공통분모 점을 찾아야 한다. 21조(국제무대에서의 다각적인 협력과 대외 공동 진출)와 16조(사회문화교육환경과 출판물을 비롯한 출판·보도)는 중기로 추진하면서 이질적 요소 극복에 목표를 두고 상호인정 평화공존을 유지하는 것이다. 17조(남북한간 자유왕래·접촉)와 19조(남북간의 끊어진 철도·도로, 우편·전기 통신의 설치·연결)는 장기적 측면에서 상호보완·발전도모를 하면 통일한국 건설에 공헌할 것이다.

다시 말해서, 독일 경우는 주로 냉전시대(아날로그)에서 20년간에 걸쳐 통일이 됐지만 한반도의 경우 탈냉전시대(디지털)인 정보컴퓨터시대에서 몇 년간 더 평화공존(느슨한 제 2 단계)[150] 단계를 거치면서 남북한 간에 공통분모점이 있는 교류·협력의 문제점을 찾아 통일철학을 반영하면서 단·중·장기로 쉬운 것부터 해결하는 점을 의미한다. 평양이 원하는 물자교류와 경제합작투자(두만강개발)와 서울이 원하는 이산가족방문을 패키지로 묶어(실리적인 경제와 상징적인 교령의 이산가족 방문 병행) 단기적 과제로 2011년부터 2012년에 해야 할 것으로 분석된다. 단기적 기초 위에 남북이 협력하여 정보화시대에 대응하기 위하여 대외 공동진출을 하면서 대내적 사회·문화·교

---

150) 김용제, 한반도 통일론: 이론과 실제(서울: 박영사, 1990).

육·환경과 출판물을 비롯한 출판·보도를 교환하여 좋은 점은 서로 알리고 좋지 않은 점은 자국 내에서 수정·보완하도록 여유를 두는 시기를 2013년부터 2014년으로 중기로 택할 수 있겠다. 중기적 기초 위에서 그동안 끊어진 철도·도로, 우편·전기통신의 설치·연결과 텔레비전 교환을 하면서 인적교환을 본격적으로 하는 것을 장기적 해결책이라고 보겠다. 장기적 해결책 기간은 2015년부터 2016년으로 정하고 동시에 통일철학 홍보도 하고 이에 수반된 교류·협력도 할 수 있겠다.

둘째, 이론상 기본합의서에서 평등과 상호 간의 이익보장을 두고 있지만 실질적으로는 자국의 국가이익이 민족의 이익보다 앞서 있는 점이다. 현재 평양은 경제난에 봉착하고 있으며 이데올로기 중심의 '우리식 사회주의'를 고수하는 것이 기본합의서의 실천보다 더욱 중요한 과제로 남아 있다. 평양이 체제붕괴의 콤플렉스에서 벗어나고 국내외적인 상황을 올바로 인식하면서 기본합의서의 중요성을 재인식할 때 현재 권력체제에 큰 위협이 되지 않는 범위 내에서 점진적으로 '신통일전선론'(북한연방제 실현, '민족해방'과 '계급해방'을 목표로 1993년 4월에 발표한 전민족 대단결 10대 강령)을 포기하면서 경제·사회·문화교류·협력을 확대해 나갈 수 있겠다. 서울도 국내에서의 개혁과 사정과정에서 드러난 각종 비리를 속히 척결하고 빠른 시일 내에 경제적 재활약과 민주화 개혁을 이룩하며 통일성취의 경제적 토대를 구축하느라고 기본합의서 실천이 뒤진 감이 있다. 평양과 서울에서 남북합의서를 2년 전에 채택·발효하도록 결정하고 난 후 단기적이고 시급한 현안에 몰두하다가 보니 기본합의서 실천이 늦어지고 있는 것이다.

여기서의 해결책은 서론의 세 번째 가정에서 지적하였듯이 현실적 상황을 평화공존으로 인정하고 통일문제에 접근하기 위하여 쉬운 것(경제교류·협력)부터 시작하되 단기적으로 쌍방에서 손해를 보더라도 장기적 민족적 이익을 위해서 손해를 감수를 하는 고통분담의식이 선행적으로 정립되어야 한다.[151] 예를 들면 그동안 정치적·군사적 남북관계는 긴장과 긴장완화의 국면을 되풀이하여 왔으나 80년대 후반기 이래 남북한 간의 경제교류

---

151) "95년 통일원년 주장의 허와 실," 내외통신 종합판(46)(1992.7.2~12. 31), pp. 600~605.

는 꾸준히 확대되어 왔다. 경제교류가 정치군사 신뢰구축보다 앞서가고 있는 것이다.

남북한 간의 상품교역의 경우 1989년의 남북한 간 상품 반출입액 합계가 통관기준으로 1천 8백 7십만 달러였던 것이 1992년에는 1억 7천 3백 4십만 달러로 거의 10배 증가했다. 이 중에서 90% 이상은 남한기업에 의한 북한상품의 반입실적이며 1993년 3월부터 북한의 핵문제를 둘러싼 긴장국면이 전개된 3~6월간 북한으로부터의 상품 반입액은 1992년 같은 기간에 비해 계속 증가하고 있다. 예컨대 1992년 3월 상품 반출입액 합계가 1천 4백 9십만 달러에서 동년 6월에 1천 6백 7십만 달러로 상승한 것이 1993년 같은 기간에 1천 3백 4십만 달러에서 1천 6백 7십만 달러로 긴장국면에서도 상승을 보이고 있다. 이 경제교류는 표면에 나타나지 않고 조용히 교류협력에 공헌하고 있는 것이다.[152] 평양이 남한기업에 대한 정책적 탄력성을 보이고 서울도 북한주민을 돕기 위한 민간인투자를 위한 제도적 장치를 마련한다면 북한지역의 자유무역지대에 대한 남한기업의 직접투자는 상당한 진전을 보일 전망이다.

셋째, 단기적 현안문제 미해결이 장기적 통일한국 건설과업에 지연을 보이는 점은 현안문제를 자국의 이익에 초점을 맞추다 보니 통일한국은 요원한 것 같이 느끼게 되고 남북한 간에 사회적·문화적·경제적 측면에서 이질화 현상을 실감하게 된다. 통일문제만 하더라도 평양에서는 1995년 분단 50주년을 통일의 원년으로 보고 서울은 2000년대에 통일이 될 수 있다고 보면서 단기적 현안문제 미해결로 앞으로 있을 통일한국을 제대로 준비하지 못하는 점을 의미한다.

앞으로 있을 통일한국을 위한 해결책은 시간에 짜맞추는 것보다도 남북 당사자 간에 통일문제를 민족 내부의 문제로 보고 통일철학, 통일원칙, 통일백서의 합의, 남북한 간 '선 교류·협력, 후 신뢰회복'의 대안을 실현하는 조건과 한반도 주변환경을 좋은 조건으로 전환하는 것이 중요하다고 본다. 이질성에 잠겨 있는 두 체제를 동질성으로 바꾸기 위해 남북한은 법률상·

---

152) "연도별 반 출입 통관 현황(1988~1993)," 남북교류협력동향, 1993. 9. 1~9. 30(서울: 통일원 교류협력국, 1993), p. 10.

교육상 문제도 과감하게 개혁정신을 살려 정비해야 한다. 끝으로 남북교역 활성화를 위하여 남북기업 간의 대북교역의 과다한 경쟁을 막으면서 정부 → 기업 → 기업 3각관계에 체제를 제도화하는 것도 필요하다고 본다.

남북한 간 신뢰회복과 교류・협력 활성화 방안을 7개의 정책건의안으로 제의한다.

첫째, 남북한은 현재 분단과 제2단계 평화공존을 하고 있지만 통일된 효과를 누리지 말라는 원칙이 없는 한 독일에서 성취한 '선 교류・후 신뢰회복'을 추구하자는 것이다. 물론 기본합의서에서는 동시에 신뢰구축과 교류・협력을 추진하는 점이 포함되어 있다. 긍정적이기는 하나 지금까지 선 신뢰구축, 후 교류・협력을 추진하면서 이루어진 것이 없는 상태에서 평양이 원하는 선 교류・협력을 하면서 서론의 제2가정을 고려하여 서서히 북한주민에게 스스로 느껴지는 후 신뢰구축을 시도하자는 점이다. 예를 들면 일본이 제2차 대전 패망 후 미국에 보이지 않는 경제침략을 한 것과 같은 것이다. 이 예는 국제사회에서의 국가 간 경쟁이지만 한반도의 경우 한민족의 복리를 위해서 하는 선의의 경쟁이다.

둘째, 남북한 지도자는 현 단계에서 뒤늦은 감이 있는 1992년 2월 19일 발표된 '남북합의서'를 남북한이 국민을 대표하는 국회와 최고인민회의의 비준・동의를 거쳐야 한다. 이 과정은 실질적 국민합의를 거치는 것이며, 남북기본합의서에 부족한 평화협정 대체 재래식 핵 군비통제도 수정・보완하는 것으로 이미 제도화된 남북한 공통분모를 강화할 수 있다.

셋째, 걸림돌이 되고 있는 평양의 투명성을 미국과 북한 사이에 해결하는 경로나 남북한관계 개선경로로 단시일에 해결해야 한다. 일괄협상방식은 북한의 핵사찰 수용과 미국의 대 북한 관계개선을 하나로 묶어 일괄타결하는 방법으로 평양이 지금까지 주장해왔다. 미국은 북한에 '선 사찰수용, 후 관계개선'을 요구했으나 평양이 끈질긴 반대로 질질 끌려가는 인상만 받던 중 미강경파에 의한 대북제재까지 나오게 되었다. 서울과 동경 지도자들은 외교적 해결이 아닌 대북제재조치는 평양의 군사적 도발가능성 때문에 일단 피하고 싶어 하는 시나리오다. 서울과 동경이 대 북한제재를 꺼림으로써 워싱턴은 선택의 여지가 줄어들어 미・북한 협상만 남은 상태다.[153] APEC회담 전야인 11월 17일 저녁 NBC뉴스를 통하여 미국무장관 워랜 크리스토퍼는 북한이 협상을 통해 북한 핵문제를 해결하라고 촉구했다. 조만간 한·미정상회담에서 일괄협상(Package Deal)에 합의를 볼 것으로 예상된다. 바라건대 남북한 지도자가 통일철학, 민족이익 우선, 민족자결원칙에서 외세에 의존함이 없이 아무 조건없이 만나 민족 내부의 문제로 간주하여 일방선언 등을 통하여 해결하는 길을 제의한다. 보기에 따라서 핵투명성은 국내·국제문제인 고로 이 문제해결은 신뢰구축 교류·협력을 동시에 이행할 수 있는 제도적 장치가 이미 된 상태에서는 쉬운 정책대안이다. 이 문제해결은 마치 1993년 노벨 평화상이 넬슨 만델라 아프리카민족회의(ANC) 의장과 프레드릭 테클레르크 남아공대통령에게 10월 26일에 흑백화합 공헌으로 주어진 것 같이 남북한 지도자들도 앞으로 핵문제를 해결할 경우 노벨평화상 후보가 될 수 있겠다.[154] 좀더 나아가서 장기적·민족적 차원에서 민족주의 하의 핵 정책대안도 개발하여 2000년대 한반도는 핵원료 수출국으로 부상하도록 1991년 노태우 전 대통령이 선포한 '한반도비핵화선언'도 수정·검토해야 하며 남북한 간에 핵 엔지니어와 기술자를 교환하여 통일한국을 준비해야 한다.[155]

넷째, 남북한 지도자는 민족적·장기적 안목을 가지고 갑자기 기적같이 올 수 있는 통일한국을 위하여 준비해야 하는데, 이 모든 개념은 민족적 이익의 틀 안에 놓는 것이다. 혹자는 통일이 당장에 기적같이 와도 안 된다고 하는 신중론자도 있고 또 독일이 그랬듯이 통일은 갑자기 올 수도 있다는 통일기적론자도 있다. 신중론자는 2000년 후, 통일기적론자는 2000년 전으로 시간과 통일비용을 대조해 가면서 논리를 펴 가고 있다. 시간문제보다는 통

---

153) 한국일보(1993년 11월 9일), p. C7.

154) 상동(1993년 11월 4일), p. C11.

155) Young Jeh Kim, "North Korea's Nuclear Program and Its Impact on Neighboring Countries," *Korea & World Affairs*, vol. 17, no. 3(Fall, 1993) 참조와 한국일보(1993년 10월 9일), p. 1 참조. 이 제안은 김시중 과기처장관이 10월 9일 국회경과위 과기처 감사답변에서 "평화적 목적이라면 원자력 발전소에서 나온 사용 후 핵원료의 재처리는 필요하다고 본다"며 89년 노태우 전대통령이 선포한 '한반도 비핵화선언' 중 "재처리시설 포기 조항에 대한 수정을 대통령에게 강력히 건의하겠다"고 밝힌 점.

일비용 내지 이에 수반되는 조건해결이 중요하다고 사료된다. 여기서 문제
는 통일비용을 어떻게 관리하느냐에 달려 있다. 지난 1993년 9월 28일자 통
일원이 국회외무통일위에 제출한 '통일비용의 산출근거'에 관한 국정감사
자료에 의하면 '한반도 독일식 통일시, 비용 70~85% 남한부담'으로 주로 북
한의 경제체제를 시장경제로 전환, 북한의 경제 수준을 남한에 접근시키는
것이며, 또 과도기 동안 북한주민의 생계비 지원·행정지원을 포함하고 있
다.[156] 이 비용은 분단상황에서 소비하는 비용보다도 통일비용이 싼 것으로
북한사회 간접투자비용, 교육·행정·사법통합에 따르는 민족이익에 필요한
돈이기 때문이다. 만약 통일이 왔을 때 북한주민이 대거 이동해 남한으로
왔을 때 비용은 많이 소모되나 원주민 위주 국가재산 사유화 분배 등 통일
동기 원칙을 홍보해서 북한주민이 본 거주지에 있을 경우 잠정 기간 소득격
차나 문제는 있을 수 있지만 많은 통일비용도 줄일 수 있도록 해야 한다.
통일이 갑자기 오면 비용 핑계로 통일을 안 할 수 없는 문제이기 때문에 늘
준비를 해야 한다.

다섯째, 남북한 지도자는 통일철학, 통일원칙, 통일동기, 통일비용 대안
연구, 통일토양 준비에 앞서 완전한 '통일백서'를 남·북·해외통일학자들이
10여 일간 2012년 아니면 2013년에 금강산이나 제주도에서 외부와 단절하여
만들도록 주선할 것을 제의한다. 이 모임이 있기 전에 각국에서 20여명의
통일전문학자를(도합 60명-적어도 박사논문이 통일분야 포함) 발굴하고 그들에
게 20쪽의 입장논문(Position Paper)을 준비하게 하고 그들의 통일철학을 각각
다른 분야에서 다루게 해야 한다. 이 모임에서 그들의 논문을 발표하고 토
론하면서 통일백서를 만들어 정책책임자에게 방향제시하여 각국의 국민적
합의를 보는 것이 정도라고 분석된다. 예를 들면 농과전문가들이 채소 중
배추와 무씨를 혼합 배용해서, 배추와 무에서 한 글자씩 사용하여 '무추'라
는 이름으로 만들어 전국민에게 제공하는 것과 같은 논리이다.

여섯째, 남북한 지도자는 기본합의서에서 정치적으로 화해하고 군사적
으로 침범하지 않는다고 합의하고도 아직까지 한반도는 냉전시대의 긴장상

---

156) 한국일보(1993년 9월 29일), p. C2.

태에 놓여 있다. 이 위기상태를 타개하기 위하여 또 원하지 않는 제 2 의 한국전을 막기 위하여 남북정책자들은 '남북공동위기관리소'를 설치하여 단기·중기·장기 위기관리와 앞으로 필요한 재래식 내지 핵 군비통제 시나리오를 남북군사전문가들이 판문점에 설치하여 운영할 것을 제의한다. 1993년 9월 26일자 워싱턴 포스트지도 "북한의 실권자―미친 것인가 아니면 교활한 것인가"라는 제목의 1면 주요 기사에서 김정일의 성격형성과정, 기벽, 김일성 사후의 전망을 여러 면으로 심층 분석했다. 미 국방관리에 의하면 김정일 지도체제는 불확실하고 핵문제의 처리방식에 관해 "향후 3년 내에 남북통일이 되든가 아니면 전면전쟁이 일어날 가능성이 있다"고 분석했다.[157] 어떠한 일이 있어도 한민족통일국가 장래를 위하여 제 2 의 한국전은 피해야 한다.

일곱째, 남북한 지도자는 말로만 해외교민까지 합쳐서 7천만 동포 내지 한민족이라고 하지 말고 실제로 정책수립자를 전문직에 의해서 발탁할 경우 해외교포들도 참여할 수 있는 기회를 달라고 제의한다. 오래전 모국을 떠나 해외에서 배우고 넓힌 견문을 모국발전에 기여하도록 기회를 주는 것이 남북한 신뢰구축과 교류·협력 활성화 방안의 하나라고 본다. 중국·일본·러시아 및 미주지역 등에 거주하는 해외교포 수는 5백만 명이며 해외동포사회는 상대적으로 제 3 의 입장을 가지면서 남북한 간의 불신의 벽과 적대감을 해소시킬 수 있는 중개적 역할을 담당할 수 있다. 해외동포가 모국 국가발전에 미치는 영향은 지대한 것이다. 서울의 문민정부가 상해임시정부의 전통을 계승한 민족의 정부임을 인정받으려는 것도 1920년과 1930년대에 해외동포의 항일정신이 민족정기임을 인정한 것이다. 재일동포가 한국에 경제적 기술적 도움을 준 점, 1988년 서울올림픽에 1백20억 엔을 후원한 점, 서울에 신한은행계열이 재계에 공헌한 점, 롯데재벌이 남한에 공헌한 점은 해외재일교포 공헌의 예이다.

결론에서는 앞의 7개 정책건의안을 단기·중기·장기적 측면에서 민족적인 틀 안에서 분석하고자 한다. 단기적 민족 틀 안에서는 ① 선 교류 후

---

157) R. Jeffrey Smith, "N. Korean Strongman: 'Crazy' or 'Canny'," *The Washington Post*(September 26, 1993), p. 1.

신뢰회복구축, ② 남북합의서의 국민대표기구에서의 비준·동의 및 이 문서의 수정·보완, ⑥ 남북 공동위기관리소 설치가 중요하다고 본다. 현재 혹자는 남북한 간에 제도적 장치가 없어서 신뢰구축이 안 되고 교류협력이 안 되는 것이 아니며 또한 선·후 순서가 맞지 않아서 이행되는 것이 아니고 남북 공동위기관리소 등이 없어서가 아니라고 반론할 수 있겠다. 문제는 남북지도자가 자국의 남북관계 개선을 한민족 통일국가에 목표를 두지 않고 자국의 외교·안보정책에 목표를 두고 있기 때문이다. 선 민족 후 국가이익에 대한 서울과 평양지도자의 의식이 미흡한 데서 오는 것이다. 2011년부터 2012년까지 이상의 단기정책대안은 민족의 틀 안에서 이행 추진하는 것이 바람직하다고 본다.

중기적 민족 틀 안에서는 ④ 통일한국 준비, ⑤ 통일백서, ⑦ 해외교포의 모국발전에 기여 제안은 남북한 관계개선 문제가 이미 동서문제에서 내부민족문제로 전환한 시점에 통일학자·전문가가 남·북·해외 삼각관계의 측면을 한반도문제의 한국화와 통일철학 등을 민족적 합의 틀에 설정하여 남북 정책결정자에게 2013년부터 2014년에 방향을 제시하는 것이다.

장기적·민족적 틀 안에서 ③ 핵문제는 국내·국제적 현안문제로 대두될 수 있는 점을 감안하여 또 앞으로 전개될 21세기 핵군비 통제시대에 대비하여 남북한 정책결정자들은 남북한 공동 핵원자로 관리를 2015년부터 2016년에 준비하는 것이다. 1993년 10월 20일에 러시아정부가 핵잠수함에서 나온 핵폐기물을 동해에 버린 것은 앞으로 있을 핵시대의 문제를 예고해 주는 증거다. 통일한국이 성취될 2000년대에 주변국가는 핵을 소유하고 통일한국만 없다는 것은 미리 약점을 갖게 하는 논리다. 민족주의파의 논리를 재고할 때다.

한민족이 통일한국을 준비하면서 막연히 2000년대에 선진국이 되고 잘사는 나라가 되기를 감상적으로 생각할 때는 지났다. 좀더 과학적이고 체계적으로 남북한 관계정책, 통일정책을 서울과 평양 사이에 공통점과 좋은 점을 민족의 틀 안에서 놓고 찾아, 제2, 3의 기본합의서를 2000년대에 도출하여 완전무결한 통일한국을 달성해야 한다. 먼 장래 통일을 위해서 현재 서울·평양지도자들은 새로 태어나는 각오와 민족합의 앞에 대내외정책을 회생시킬 수 있는 의지와 전환이 전제되기를 촉구한다. 새로운 의식을 가지고 남북 지도자가 위의 7개 정책대안을 재고하면서 행동으로 옮길 때 남북관계 개선이 생각보다 빨리 다가올 것이며 온 한민족이 통일한국의 기쁨을 나눌 수 있을 것이다.[158]

평양의 핵문제는 서울, 주변 4강 내지 전세계에 뜨거운 감자문제로 대두되고 있다. 한반도는 극동에서 냉전의 마지막 산물이다. 한반도에 관심을 갖는 많은 사람들은 절반으로 두 동강이 난 북한이 초강대국인 미국과 4년 반 이상 핵문제로 줄다리기를 하는 매력은 무엇인가 의심을 하고 있다. 북한 핵무기 개발은 일반적으로 전쟁이냐 평화냐 하는 양극 틀에서 남북한 관계와 극동지역에서 수수께끼 같은 영향을 가져왔다. 북한 핵개발과 남북한 관계에서 한반도에 전개되는 긴장감은 전쟁 극한에 가까이 가고 있다.

난국의 중요 요소는 1994년 5월 국제원자력기구 사찰 팀의 활동을 평양이 중단시킨 데 있다. 1994년 6월 한스 블릭스 IAEA 사무총장에 의하면 국제원자력기구 사찰 팀이 영변원자로 연료가 핵무기를 만드는 데 변경 여부를 결정할 수 없다고 언급했다. 지난 16개월간 국제원자력기구와 북한 간에 평양핵개발의 검증을 하도록 방안을 조치해왔다. 평양은 처음 국제원자력기구 사찰팀의 영변원자로를 조사하도록 초청하고 또 이들에게 제재를 가한 후 일정 한도의 영역만 허용해왔다. 사찰팀은 북한이 연료봉 교체를 급속히 진행, IAEA는 플루토늄 추출량이나 플루토늄이 비평화적 목적으로 사용됐는지 여부를 더 이상 확인할 수 없을 정도로 혼돈하고 있었다.[159]

빌 클린턴은 우방국과 기초적인 일을 시작하기 전 평양을 제재하는 국제 연립을 시작한다고 언급을 했다. 그러나 그는 실패했다.[160] 워싱턴, 서울과 동경 협의 하에 유엔제재안을 시작했다. 평양은 어떠한 제재안도 전쟁행위라고 반박하고 나섰다.[161] 평양의 제재안은 각국의 국가이익, 전쟁위협, 즉

158) 김용제, "남북한 신뢰구축과 교류·협력 활성화방안," pp. 181~201.

159) Art Pine, "U.S. to press U.N. for Sanction on North Korea," *Los Angeles Times*(June 3, 1994), p. 1.

160) *Los Angeles Times*(June 25, 1994), p. A12.

161) 한국일보(1994년 6월 3일), p. 1.

각적 지구촌의 통신, 국제협력 때문에 실패로 끝났다.

평양제재의 차선책을 구하던 중 클린턴은 지미 카터 카드를 사용했다. 카터 카드는 북한 핵문제에 대한 빌 클린턴 행정부의 마지막 카드였다. 만약 카터 개인외교나 비둘기파가 평양의 위기를 해결하지 못했다면 북한에 대한 강경책으로 제재를 가할 수밖에 없었다.[162] 카터의 임무는 평양의 의혹적인 핵개발에 대한 1년 반 동안 곤경에 돌파구를 찾는 긍정적인 영향을 미쳤다.

여기서 평양의 핵개발의 현재 상태와 남북한관계의 장래에 미칠 영향을 자세히 분석하고자 한다. 이 분석을 위해 저자는 북한 핵개발의 이론적 근거와 실질적인 문제, 남북한관계의 미래전망에 초점을 맞추고 단기·중기·장기적인 측면에서 평양과 서울이 전쟁은 피하고 평화를 추구하는 적절한 정책이 무엇인가를 논의하고자 한다. 21세기의 국제화를 준비하는 과정에서 남북한은 탈냉전시대에 핵전쟁이 날 경우 살아남기 위해서 평양 핵문제가 선결되어야 하며 이를 위하여 6가지 정책 추천을 제시하고자 한다.

평양 핵문제의 이론과 실제는 다음의 3가지 질문과 관련이 있다. 북한의 핵무기 개발의 뜻은 무엇인가? 북한은 그들의 핵개발을 유지하기 위해서 전쟁을 일으킬 것인가?와 북한은 서방국과의 관계개선과 경제원조를 받기 위해서 핵개발을 포기할 준비가 되어 있나?이다.

첫 번째 질문에 대해서, 평양지도자들을 핵문제를 주체철학이라는 미명하에 그들 국가이익에 제일 중요한 가치관으로 정의하고 있다. 김일성 전 주석은 북한의 핵개발의 가능성을 국제사회의 외교승인, 경제원조, 주체(자주, 상호의존의 뜻은 제외)철학 하에 노벨 평화상을 겨냥한 유형·무형의 보상을 워싱턴으로 외교적 양보를 받도록 이용하고 있다. 김주석은 사망 전에 핵문제를 평양에서 7월 25~27일 간 남북정상회담을 열도록 이용해왔다. 정상회담은 남북관계에서 후에 분석하고자 한다.

1994년 4월 3일 윌리엄 페리 미국방장관은 NBC-TV에서 평양은 이미 1개 또는 2개의 원자탄을 보유하고 있을지 모른다고 했다. 페리 장관에 의하

---

162) *Los Angeles Times*(June 14, 1994), p. 1.

면 워싱턴은 평양의 핵무기 개발을 현 수준으로 동결하고 만약 평양이 핵무기를 소유할 경우 소급해서 북한의 핵 보유를 막겠다고 말했다.[163] 페리 미국방장관의 성명은 1993년 11월에 발표한 미국의 대 북한 핵무기 불허라는 미대통령 빌 클린턴 말과 일치되지 않는다. 이 뜻은 북한이 단 하나의 핵무기를 개발하는 것도 허용할 수 없다는 것이다. 대신 워싱턴은 평양의 한 두 개 핵 노하우의 노출은 어쩔 수 없다고 인정하는 쪽으로 가면서 더 이상 핵무기의 개발을 허용하지 않도록 동결하는 데 초점을 두는 것 같다.[164] 핵무기 개발의 기술적 용어는 한반도와 동북아지역 세력균형 변화 촉진을 뜻하고 있다.

북한 핵문제의 숨은 배경은 무엇인가? 이 배경은 1992년 1월로 40년 만에 처음 열리는 북·미고위회담장인 미국 유엔대표부로 소급할 수 있겠다. 아놀드 켄터, 미국 전 부시 대통령의 대표는 북한대표인 김영성에게 평양의 핵 욕심을 포기하라고 제시했다. 김영성이 켄터에게 워싱턴과 평양이 극동의 위협인 동경에 대해서 연합전을 벌이자고 대답하면서 켄터에게 평양을 방문토록 초청했다. 켄터는 평양이 핵 욕심을 포기하지 않는다는 이유로 평양방문을 거절했다. 잘못된 인식과 의사소통으로 고위급회담은 중단되었다. 평양이 부시 행정부 하의 중심무대를 차지하지 못했다.

셀리그 해리손, 국제평화카네기재단의 한국 전문가에 의하면, 평양의 핵문제는 1991년 12월에 북한지도자에 의하여 외부 투자와 군사비 삭감을 하는 데 실패한 데서 기인한다. 평양은 평화적인 경로로 서방국가도 얼마나 큰 보상을 받을 수 있나에 대한 강경파와 온건파의 중간점에 도달했다. 그러나 워싱턴이 평양에 줄 수 있는 보상이 명확하지 않았기 때문에 오래 기다린 워싱턴과 평양의 화해는 결실을 맺지 못했다.

클린턴 행정부는 북한 핵문제를 부시행정부로 계승했고 국제원자력기구를 통하여 평양이 뒤로 후퇴하기를 기대했다. 이러한 와중에 국제원자력기구 사찰팀은 평양이 1989년 플루토늄을 비밀리 전용했고, 좀더 세밀한 사찰을 요구하면서 핵확산금지조약(Nuclear Non-Proliferation Treaty) 탈퇴에 직면했

---

163) 한국일보(1994년 4월 15일), p. C5.

164) 상동(1994년 4월 17일), p. C6.

었다. 빌 클린턴은 북한의 핵보유를 막아 궁극적으로 여타 지역으로의 핵확산을 방지하는 것이 그의 행정부의 외교정책에 목적이며 민주당의 최우선책이었던 것이다. 클린턴 팀은 1993년 6월에 평양의 핵확산금지조약에서 탈퇴를 방지하고 핵무기를 만들 수 있고 플루토늄을 만들지 못하게 하는 긴박한 대북한 정책이 갑자기 필요하게 되었다. 워싱턴과 서울은 핵외교에 맞추어 평양의 일괄타결책에 대한 철저한 대책으로 대응하게 됐다. 전자는 후자가 핵무기 개발을 중단한다면 경제원조와 외교관계 개선을 제공할 것이다. 그럼에도 불구하고 서울 지도자들은 명확치 않은 정의의 철저한 대책은 그리 달갑게 생각하지 않고 철저하고 광범위한 대책에 동의했다.

1994년 3월 1989년 북한이 영변 5MW 실험용 원자로의 가동을 잠시 중단시키면서 국제원자력기구 사찰팀이 제거했던 폐연료봉의 군사적 이용 가능성을 아는 측도를 확인치 못하게 막았다. 빌 클린턴은 평양에 대해서 양면정책, 즉 평양이 핵개발을 포기하도록 국제제재를 가한 측면과 지미 카터를 이용하여 평양의 반응도 알지 못한 채 위기탈출을 위한 외교카드를 쓰고 있다.[165]

두 번째 질문인 "북한은 핵개발프로그램을 달성하기 위해서 싸울 준비가 되어 있나?"에 대한 대답은 "아니오"이다. 평양은 서울과 워싱턴과 군사대결을 하지 않을 것이다. 김일성은 제2차 대전과 중국의 1964년 핵개발을 통해서 핵무기의 위력을 알고 있다. 김일성은 평양이 포화로 서울을 파괴할 수 있는 위협이 있는 것 같이 미국군이 군사력으로 북한을 위협하는 것도 두려워하고 있었다. 북한은 영변원자로 재처리공장을 파괴할 수 있는 미국과 서울에 핵위협을 느끼고 있다. 만약 양쪽이 핵전쟁에 휘말리게 되면 많은 한민족의 희생과 더불어 평양은 패배할 것이다. 북한은 평양정치체제의 안정을 목적으로 달성하기 위해 핵프로그램을 수단으로 생각하고 있다.

평양은 1년 반 동안 2가지 핵전략을 워싱턴과 서울을 향해 써왔다. 하나는 삼손의 선택(Samson's Option)이다. 평양이 요구하는 조건이 충족되지 않을 때 삼손처럼 사원을 밀어 넘어뜨려 모든 사람들(국제사회)과 동반죽음을

---

165) Robert S. Greenberger, "Now U.S., North Korea went from Promise to Peril in Two Years," *The Wall Street Journal*(June 8, 1994), p. 1.

맞는 극단적 최후수단을 쓰겠다고 위협하는 것이다. 구약성서에서 보듯이 삼손에게 약점이 있다. 북한도 마지막 카드로 제한된 선택이 있는 법이다.[166] 다시 말해서 북한의 핵문제는 핵개발 자체 또는 평양의 국가이익을 위해서 마지막 카드로 쓸 정도로 중요하지는 않다고 본다.

살라미 전략(Salami Tactics)은 또 하나의 북한의 핵전략이다. 이 전략은 핵 협상과정에서 줄 것은 아주 작게 주면서 새로운 조건을 계속 첨가하여 상대방으로부터 보다 많은 것을 받아내는 외교전략이다. 평양은 살라미 전략을 써서 5MW 원자로에서 나온 핵연료를 약간 제거하는 대신 ① 워싱턴, 동경, 서울로부터 외교승인, ② 일본, 한국과 유럽국가로부터 경수로 원자 기술로 영변시설을 대치, ③ 북한 핵 종결로 미국이 북한에서 핵무기 배치 및 선제 불사용으로 북한 안전보장의 조건을 받아내는 것이나, 제 3 단계 북·미고위급회담이 1994년 7월 8일에 열렸다.[167]

마지막 질문인 "북한은 서방국과 국교정상화와 경제원조를 받기 위해 핵개발을 포기할 준비가 되어 있나?"에 대한 대답은 "예"이다. 이미 서술한 대로 북한은 외교승인, 새로운 경수로 핵기술, 아시아 발전은행으로부터 차관이 평양의 핵프로그램과 바꾸는 데 충분한 조건으로 간주하고 있다. 김정일과 김정은 지도자 밑에 북한체제를 유지하는 것이 북한의 중요한 목적이다. 핵카드를 사용하는 길은 김정일과 김정은에게 간접·직접 보상을 받는 수단이다. 간단히 말해서, 평양의 핵문제의 이론과 실제는 서방세계와 서울로부터 많은 관심을 한반도에 돌리고 워싱턴의 북한에 대한 당근과 채찍 정책에서 워싱턴의 당근, 평양의 채찍으로 변했다.

남북한관계의 현재와 장래에 대해서 중요한 변수는 1994년 7월 8일 김일성이 82세로 심근경색증으로 사망한 시점이다. 김일성은 공산주의 국가 지도자 중 가장 오랜 독재자로서 통치해왔던 인물이며 그의 죽음은 김영삼 전 대통령과 핵긴장과 장기적인 한반도통일을 위해서 열리는 남북정상회담 몇 주 전에 사망한 점이다. 당시 김일성은 미 전 대통령 지미 카터와 만나

---

166) 한국일보(1994년 6월 3일), p. C9.

167) Jim Mann, "U.S. Hopes Swiss Talks will Bare N. Korea's Intent," *Los Angeles Times*(July 8, 1994), p. A4.

평양 핵문제를 동결하고 제네바에서 제 3 단계 북·미고위급회담을 재개하며 김영삼 대통령과 첫 정상회담을 열기로 예정했다. 김일성 사망소식은 남북 한관계를 예정표에서 알 수 없는 미래로 바꾸어 놓았다.[168]

　　평양 핵문제 및 미사일문제와 남북한관계를 개선하기 위해서, 남북한 지도자에게 5가지의 정책을 추천한다. 첫째, 김정은은 평양의 핵과 미사일 카드가 워싱턴으로부터 경제실리 원조와 국교정상화에 필요한 도움에도 한 계가 있음을 알아야 한다. 살라미 전략과 삼손의 선택은 김일성과 김정일 지도 하에서 가장 유효한 정책이었다. 하나 김정은 체제 하에 김일성과 김 정일의 정책을 수정 내지 완화하면서 핵문제를 당장 해결해야 하는 처지이 다. 김일성과 김정일 정책을 따르면서 김정은은 자기 두 발로 서기 위해서 북한주민의 요구, 기대와 지지를 받을 수 있도록 순응해야 한다. 첨가해서 일본 국방백서는 평양의 핵개발은 극동안보에 위협을 주는 요소라고 경고하 고 있다.[169]

　　둘째, 남북한 정책수립자들은 그들의 남북한관계를 냉전개념인 적에서 '제 2 의 한민족공동체'의 동지로 바꾸어야 한다. 21세기에 시대는 변화하고 있는데 옛 냉전적인 사고방식으로 새 시대를 이끌어 나간다면 남북한관계는 물론 통일한국문제는 먼 강 건너 문제가 될 수 있다. 과거와는 달리 현재는 공동의 가치관과 전인류적 형제관에 초점을 두어야 한다. 공통분모점을 찾 기 위해 남북한 정책수립자들은 살라미 전략과 삼손의 선택을 피하고 국가 이익을 초월해서 한민족 발전에 치중해야 한다. 남북한 사이에 국가이익에 중점을 두는 것은 수준이 낮은 정치이며 미래 통일한국에 한민족공동체에 중점을 두는 것이 수준 높은 정치인 것이다. 어떻게 인간다운 생을 영위하 며 자유 내지 소유권을 하느님께서 주신 권리로 산다는 것은 7천만 남·북 ·해외 한민족에게 주어진 인권이 남북한관계에 첫 번째 목적이 되어야 한다는 것이다. 남북한 지도자들은 21세기 새 이념에 맞추어 '통일된 한국문 화'를 창출하여 앞으로 제 3 의 남북정상회담이 열릴 수 있도록 기회를 마련 해야 한다. 소위 '통일된 한국문화'는 위기로 보는 기대치 않는 결과들을 잘

---

168) "Kim Il Sung, N. Korea's Long time Leader, Dies," *Los Angeles Times*(July 9, 1994), p. 1.

169) *Los Angeles Times*(June 16, 1994), p. A10.

처리하기 위해 새롭게 준비작업을 하는 것이 중요하다고 본다.[170]

셋째, 서울 지도자는 김정일의 아들 김정은이 통치하는 북한의 존재를 그대로 받아들여 핵과 미사일 군사문제와 남북한관계를 재점검해야 한다. 한 가지 분명한 것은 김정일은 김일성의 후계자로 등장하기 위해 지난 20년간 준비해온 점과 북한이 구소련, 중국, 동유럽국과 지정학적・역사적・이념적 측면에서 다르다는 점을 그대로 인정하고 문제의 핵심으로 파고 들어가서 해결점을 찾아야 한다. 김정일은 제2세대로 젊은 층으로부터 지지를 받고 있고 개방적이고 혁신적이면서 현실주의자임을 명심해야 한다. 2011년 12월 17일 김정일 국방위원장 사망 이후 처음으로 북한 조선중앙통신은 26일 김정은을 '우리 당과 국가, 군대의 영명한 지도자'로 표현하여 모든 국가권력을 장악하고 있음을 대내외적으로 과시해 체제안정을 기하고 있다. 같은 날 노동신문도 '경애하는 김정은 동지를 수반으로 하는 당 중앙위원회를 목숨으로 사수하자'는 구호를 강조하여 김정은이 당 총비서와 당권을 이미 장악하고 있으며, 24일자 노동신문 또한 '김정은 동지를 우리의 최고사령관으로 우리의 장군으로 높이 부르며'라고 군 통수권자로 지칭하면서 그가 조문 기간에 군권과 당권을 빠른 속도로 장악하고 있음을 과시하였다. 또한 북한 매체들은 25일부터 김일성 주석과 김정일 위원장에게만 붙이던 '태양'과 '어버이'라는 수식을 김정은에게 김정일 사망 직후 나흘만에 사용함으로써 김정은의 권력 장악이 불확실한 시점에서 조기에 체제 안정을 가져오기 위한 전략에 앞장서고 있다.[171] 평양의 지도자들은 김일성의 기본정책을 따르되 서서히 변혁과 수정을 가할 것으로 보인다.

넷째, 서울의 지도자들은 남북한 관계를 개선하기 위해 그들의 역할을 수정해야 한다. 지난 8년간 평양의 핵과 미사일카드 내지 자료부족으로 서울은 평양 핵게임에서 후견인 역할을 하는 것 외에는 별다른 방도가 없었다. 박정희 대통령 하에 남한은 핵개발을 추구했으나 미국의 압력으로 포기했다. 만약 북한이 핵무기를 개발하고 제2의 한국전을 시작한다면 결과는 1950년 한국전보다도 더 비참한 결과를 가져올 것이다. 서울은 평양의 핵개

170) 김용제, "통일 한국 머지않다," 주간시민의 신문(1994년 7월 9일), p. 4.

171) "北, 김정은에 '당・국가・군대의 영도자'," 한국일보(2011년 12월 28일), p. C6.

발을 용납해서는 안 된다. 원칙적으로 한국은 일괄타결책으로 북한 핵과 미사일을 해결하는 데 당사자로 역할을 해야 한다. 북한이 핵문제에 협조한다면 서울은 경제원조, 외교승인과 점진적 통일과정을 위해서 다른 분야에 도움을 줄 수 있겠다. 실질적인 측면에서 지난 8년간 서울은 후견인의 역할만 해왔다. 서울은 동시에 경제원조를 평양에 주고 핵 투명성도 받는 일괄타결책을 써야 한다. 한국은 남한의 단기적 국가이익보다도 전 한민족의 이익을 줄 수 있는 기회를 가지고 있다.

다섯째, 남북한은 21세기 새로운 시대에 맞게 한반도에 적절한 통일패러다임이나 통일백서를 만들어야 한다. 통일패러다임은 새로운 천년에 맞게 4가지 원칙에 근거를 두어야 한다. ① 새천년에 맞게 준 전시상태(1953년 휴전부터 현시점) 환경에서 평화환경의 틀로 전환, ② 남·북·해외 7천만 한민족이 통일문제를 해결할 수 있다고 주변 4강에 보여줄 수 있는 자신감을 가짐, ③ 남북한의 국가이익보다는 한민족공동체에 이익을 우선시하는 점, ④ 온 한민족의 요구, 지지와 기대를 포함하여 새롭게 통일한국정책 초안을 만들어 한민족의 합의서를 만드는 것이 중요하다. 다시 말해서, 평양의 체제가 바뀜에 따라서 서울의 단기적 남북한관계, 장기적 통일정책이 변천하는 추세 틀에 따라서 공통분모점을 찾으면서 변해야 한다. 서울정책은 북한 정치제도와 북한주민의 이익을 지지 내지 도우면서 평양의 쇄신과 개방정책을 유도해야 한다. 평양은 폐쇄된 강경노선을 피하고 서울에 대한 유화정책을 쓸 때가 왔다. 남북한 지도자들은 남북한관계를 증진시킬 의무와 합리적인 통일과정을 만족시킬 의무도 동시에 지니고 있다.

한반도 내 남북관계는 극단적인 전쟁분위기에서 극단적인 평화분위기로 빠르게 바뀌고 있다. 이 변경은 시계의 추와도 같다. 시계추는 정지할 수 없으며 계속 움직이고 있다. 현재 시계추가 중간점인 전환기에 와 있다. 한반도가 전쟁과 평화에서 어느 쪽으로 가느냐는 남북한 지도자들의 역량에 달려 있다. 이상적으로 남북한 지도자들은 역사적 관점에서 평양의 핵과 미사일 문제를 풀어가면서 대화를 속개해야 한다. 대내외적 압력에 의하면 김정은 정권은 서울과 서방국가에 경제원조를 받는 길밖에 다른 방법이 없다.

장차 통일한국은 멀지 않다. 남북한 지도자들은 모든 차선책을 내놓고

서 기대치 않은 결과는 피하고 총선거를 통해서 한민족이 원하는 통일국가를 결정해야 한다. 만약 남북의 지도자들이 이상 6가지의 정책추천을 따른다고 하면 새천년에 통일한국과정은 많이 단축될 것이다.

이상의 남북한 신뢰회복과 교류·협력 활성화 방안을 대내외적 환경조성과 핵문제와 남북한관계를 분석한 배경을 중심으로 민족공동체통일방안에 대하여 논의하고자 한다. 1994년 8월 15일 김영삼 전 대통령이 광복절 경축사에서 제시한 민족공동체통일방안은 한민족공동체통일방안의 틀을 기본적으로 계승하면서 1992년 2월 19일에 남북기본합의서와 한반도비핵화공동선언이 발효된 점을 반영하고 위의 합의사항을 이행하기 위한 화해·협력단계를 통일 과정상의 첫 단계로 설정한 특징이 있다. 다시 말해서 화해·협력-남북연합-완전통일의 과정을 제시한 서울의 통일방안이다. 김영삼 전 대통령은 통일은 자유민주주의를 바탕으로 하는 통일의 기본철학, 통일의 원칙, 통일조국 미래상을 포함하여야 한다고 주장했다. 반면에 그는 평양이 대남혁명전략을 포기하면서 개혁·개방을 하라고 촉구한 바 있다.[172]

민족공동체통일방안 중 통일의 기본철학은 ① 통일철학으로서 자유민주주의와 ② 통일의 접근시각으로서 민족공동체의 건설이 있다. 전자는 (i) 구성원 각자의 권리·자유보장, (ii) 사회적 배제의 배격, (iii) 남북의 다양성을 위한 관용 등이 포함되어 있으며 통일로 가는 과정과 절차 및 통일국가에서 일관성 있게 추구하는 가치관이 포함되어 있다.[173] 후자의 개념은 특정한 역사적 맥락에서의 공동선의 관점에서 공유된 정치원리와 공론에 기초한 의미이며 통일의 접근시각으로서 제시한 점이다. 소위 '집합적 기억'(Collective Memory)의 역사를 간직한 민족공동체는 과거의 투쟁과 공유된 역사적 사건에 대한 사실적 회고에 근거를 두고 있으며 이러한 역사적 사건을 과거로부터의 유산으로 간직한 정체성과 기억의 공동체를 통해서 이해한다는 논리이다. 민족공동체통일방안에서 제시된 '민족공동체'는 동일한 혈연을 가진 한민족 구성원 전체의 운명적 결합과 공동 생활양태 및 권역을 포괄하는 개념으로서 민족을 하나로 묶는 뿌리이고, 민족 재결합의 당위성 내

---

172) 통일문제 이해 2003, pp. 63~64.

173) 김영삼 대통령, 제49주년 광복절 경축사, 1994. 8. 15.

지 통일의 가능성을 힘의 원천으로 보는 시각이다. 여기에 민족공동체 통합 개념은 남북한이 같은 민족으로서 경제·사회·문화공동체를 회복·발전시켜 장기적으로 정치적 통합인 1민족 1국가, 1체제 1정부의 통일국가를 달성한다는 전제가 담겨 있다. 다시 말해서, 서울의 민족공동체 개념은 어떻게 우리 민족이 함께 살아가느냐에 초점을 맞춘 것이며 평양의 연방제는 통일을 특정집단 또는 계급의 문제로 보거나 어떻게 권력을 배분하느냐에 초점을 맞춘 데 차이가 있다고 분석이 된다.[174]

민족공동체통일방안 중 통일의 원칙은 '자주·평화·민주'를 제시하고 있으며 자주는 우리 민족의 역량으로 분단은 막지 못했지만 통일은 우리 민족의 뜻과 역량에 의해 '자주적'으로 이루어져야 한다는 원칙이 깔려 있다. 평화는 전쟁이나 상대방의 전복을 떠나 '평화적'으로 이룬다는 원칙이다. 민주는 통일로 가는 과정 역시 민주적인 원칙과 절차를 설명하고 있다. 오랫동안 상이한 체제와 이념 하에 생긴 반목과 불신을 넘어 통일을 이루는 과정은 점진적이고 단계적인 민주적 원칙과 절차가 하나의 민족공동체를 건설하는 목표로 가야 한다는 논리이다. 이 과정에서 단기적으로 화해협력단계, 중기적으로 남북연합단계를 거쳐야 하며, 장기적으로 1민족 1국가의 통일국가를 달성한다는 로드맵이 설정된 것이다. 단기적 차원에서 남북한은 분야별로 교류와 협력을 활성화하되 '남북기본합의서'를 규범으로 하여 남북이 2체제 2정부를 현상유지하면서 분단상태를 평화적으로 관리하는 상태를 의미한다. 중기적 차원에서 남북연합단계는 중간과정으로 남북이 서로 다른 체제와 정부 하에서 통일지향적인 협력관계를 통해 통일기반을 조성하고 통합과정으로 관리하는 단계로 '과도적 통일체제'를 의미한다. 여기서도 남북연합은 현존하는 2체제 2정부를 유지·관리하면서 '남북정상회의', '남북각료회의', '남북평의회', '공동사무처' 등의 남북정부 간 협력기구를 구성·운영하는 체계이자 과정을 포괄적으로 다루는 개념이다. 이 개념은 국가연합이나 연방국가의 성격을 갖고 있지 않으며 기능적인 측면에서 정치통합을 지향하는 '유럽공동체'나 '노르딕연합체'와 유사한 성격을 지니고 있다. 장기

174) 통일원, 8.15 대통령 경축사 해설자료, 1994.

적인 차원에서 1민족 1국가의 통일국가 완성단계는 전 단계인 남북연합단계에서 제정한 통일헌법에 따라 남북총선거를 실시해야 하며 통일국회를 구성해야 하는 조건이 포함되어야 한다. 이 단계에서 모든 문제가 해결된다는 의미는 아니고 그동안 쌓인 후작용도 생길 수 있다는 전제가 있으며 민족구성원이 하나의 공동체를 통합하는 데 초점을 둔다는 데 의의가 있다.[175]

제1차 남북정상회담 '6.15남북공동선언' 이후 2000년 한반도 역사는 아무도 브레이크를 걸 수 없는 거대한 물결이 되어 새천년으로 들어갔다. 파란 많은 20세기를 다 보내고 한민족은 새천년을 갈망하는 철학과 방향을 재조명하는 시점에 와 있다. 21세기를 맞이하면서 통일시대를 준비하기 위한 한민족과제는 그동안 이루지 못했던 과제인 '분단의 극복'과 '통일한국'이다. 이러한 큰 틀 속에서 분단극복과 통일한국을 생각하는 것은 긍정적인 면이 있으며 이러한 면은 도전의 정신을 갖게 한다.

긍정적인 면에서 새 세기의 정신은 화해와 화합을 통해 탈냉전시대의 연속선상에 있는 전쟁이나 분쟁을 멀리하고 양보와 대화의 기회를 갖는 것이 큰 흐름이라는 점이다. 동북아에서는 이 지역의 평화와 안정에 초점을 맞추어 한반도의 '분단극복'과 '통일한국'을 이루어야 한다는 과제가 있다. 한반도의 분단은 한민족에게 고통을 안겨 주었을 뿐만 아니라 '민족시간'과 '세계시간'의 차이를 벌어지게 했다. 새천년에 분단을 해결하지 못한다면, 한민족은 지구촌의 일류국가의 서열에 들어서기 어렵다고 분석된다. 그 이유는 분단의식, 분단사회, 분단체제의 극복만이 새천년에 있어 갈등을 해소하며, 통일한국의 현실이라는 한민족 과제를 이룩할 수 있기 때문이다.

통일한국은 어느 누구도 막을 수 없는 한민족 최대의 과업으로서 꼭 풀어야 하는 숙제이다. 21세기 국제경쟁에서 낙오를 면하기 위해서는 거시적으로 통일한국을 이루어 주변 4강의 역할을 줄여주어야 하며, 한반도 안정을 위해서 언제까지나 미국의 군사방어에만 의존할 수 없다. 주변 4강도 한반도가 통일이 될 수 있도록 통일 환경을 도와주는 일만 남아 있다.[176] 그렇

---

175) 통일문제 이해 2003, pp. 65~67.

176) "The complete text of the unclassified version of former US Defense Secretary William Perry's review of United States Policy toward the DPRK," http://www.state.gov/regions/

다고 4강에게 한반도 분단의 책임이 제거되는 것은 아니며 간접적으로 조력(助力)하여 그들 미래의 책임인 분단의 극복을 완수해야 한다.

이러한 측면은 21세기 통일시대를 위한 한민족의 과제를 안겨 주면서 도전의 기회를 제공하고 있다고 분석된다. 한 가지 분명한 점은 준비 없는 통일한국은 당대 또는 후세에게 시행착오를 가져오게 하여 많은 시간과 경비를 부담하게 한다는 것이다.

여기서 이러한 경비를 줄이기 위해서, 새롭게 전개될 21세기의 통일환경에서 ① "21세기 통일시대를 준비하기 위한 한민족의 과제는 무엇이며" ② "이 과제를 온 민족구성원의 합의와 지지 속에서 추진될 수 있는 방안은 무엇이냐"에 대한 해답을 찾는 데에 있다. 이 해답을 찾기 전에, 우선 추구하는 통일한국의 뜻을 이론의 틀에서 가장 이상적이면서도 가능한 통일방안 또는 패러다임은 무엇이며, 실질적인 측면에서 실현가능한 과제들은 어떠한 것이 있는가를 검토하고자 한다. 여기에서 기저(其底)에 깔려 있는 가장 중요한 가정은 한민족 모두가 각각 통일한국이라는 목적이 달성될 때까지 통일에 대한 열망과 명분을 유지하면서 통일환경 조성에 주어진 책임을 다하는 자세변화를 가져야 한다는 점이다.

한민족이 분단을 극복하고 통일한국을 준비하면서 새천년에 선진국가 대열에 들어서서 부강한 나라가 되기를 감상적으로 생각할 때는 지났다. 현재 한반도의 주변 4강에 대한 공통적으로 추구하는 공동목표는 한반도의 '현상 안전유지'라고 볼 수 있다. 전세계적으로 사회주의권의 몰락과 북한의 심화된 경제위기를 볼 때 한반도 통일은 더 이상 소망이 아니라 현실의 영역으로 들어서고 있다. 많은 국내외 학자들은 통일한국은 더 이상 가능성의 문제가 아니라, '언제, 어떻게, 어떤 결과로' 일어날 것인가의 문제로 보고 있다. 앞으로 새로 펼쳐지는 21세기에는 탈냉전시대로 화해와 협력의 정보화・지식화 시대에 부응하는 '새로운 통일한국의 청사진 또는 패러다임'을 만들어야 한다.

21세기 통일시대를 준비하기 위한 한민족의 과제에 선행되는 것은 그

---

eap/991012_northkorea_rpt.htl, p. 9.

동안 제시되어 온 이론의 '틀'을 재정의하고 구분해야 한다는 것이다. 이 개념들은 남북한 간에 현실적인 문제를 이해하는 데 있어 정신적인 지도의 역할을 하고 한민족의 인식을 확인하고 동의하는 역할을 할 것이며 앞으로 통일한국 패러다임을 만드는 데 도움이 될 것이다.

통일과 이상적인 통일한국에 대해서, 서울과 평양의 정책결정자들이 한반도에 하나의 통일된 정치적 체제를 창출하려고 할 때, 통일은 그 실용적인 방법이 무엇인지를 명백히 하는 과정으로 정의된다.[177] 상식적인 의미에서 혹자는 통일한국이라는 개념을 사고방식과 가치가 흐려진다는 의미에서의 '자체변화'라는 과정을 통하여 두 개의 한국이 단일한국으로 결합한 상태를 의미하기도 한다.[178] 이 결합된 국가라는 상태는 현재수준의 법률적 측면을 적용한다면 독일통일과 같이 낙관적인 뜻을 포함한다. 이 '결합'의 다른 측면은 베트남통일에서 보여준 비관적인 견해인 무력행사를 포함한다. 따라서 통일한국은 남북한 간의 현상유지를 인정하면서 오랜 기간 동안의 협상을 통하여 이루어진다고 가정할 수 있다.

한민족이 추구하는 이상적인 통일한국은 남한과 북한이 전쟁을 피하면서 평화적으로 자국의 주도권 하에 이미 이질화된 정치·경제·사회·문화의 측면에서 동질화하는 과정과 그 이행의 방법을 의미한다. 통일국가의 목적은 민족적 이익을 극대화하는 선진국으로 도약하여 한민족경제공동체를 달성하는 것이다. 이미 경제적 우세와 문화적 다양화 및 정치적 안정성을 확보한 한국이 솔선해서 국가이익에서 한민족이익으로 전환하는 모습을 실제적으로 보여주어야 한다.

이를 위해서는 남·북·해외의 한민족은 통일철학과 통일문화를 가져야 한다. 통일철학이 전무한 가운데 정치·군사적 신뢰구축은 기대하기 어려운 일이다. 통일철학은 무력통일을 배제하고 평화통일에 목표를 두고 어떠한 통일안을 채택하건 반드시 '자유·민주주의 시장경제원칙'이 엄격히 적용되고 남북한 인구비례와 해외동포의 자유의사가 정확히 반영되는 통일한국을

---

177) Young Jeh Kim, *The Political Unification of Korea in the 1990's: Key to the World Peace*, (Lewiston, New York: The Edwin Mellon Press, 1989), pp. 29~43.

178) *Ibid.*, pp. 29~43.

이룩한다는 원칙이 포함됨을 뜻한다.[179]

　과거 정부가 이룩한 긍정적인 점은 역사적 타당성에 근거해서 일시적으로 분단을 유지하는 것이 적실하다고 본 것이다. 다시 말해서 그것은 남북이 분단 67여 년간 누적된 대결·적대관계를 그대로 두고 통일을 이룩할 수 없는 상태에서 민족의 공통성 회복을 위한 중간단계로서 남과 북은 서로 상이한 두 체제가 평화적으로 공존하면서 해외동포까지 포함하여 동질성 회복과 통합을 달성하는 단계를 말한다.[180]

　소위 열린 민족주의는 한민족을 일본의 식민지 속박에서 벗어나게 하고 해방을 맞아 자유와 독립 및 생존의 방향을 제시하는 통일한국의 이념적 기반이며, 추진력의 동인이자, 미래지향적인 방향파이다. 한민족공동체의 개념은 무조건적 자유화를 주장하는 패쇄적 민족주의와는 완연히 다른 뜻이다.[181]

　한민족공동체는 남·북·해외의 민족이 같은 언어와 전통문화에 기반하고 있고 반세기 동안에 쌓인 증오·불화·반목에 기반한 이질적인 체제의 정치는 20세기의 유산으로 21세기에는 그 시대의 큰 흐름인 화해·화합·공존의 '틀'로 대체되어야 한다.

　통일한국은 대내적인 문제가 아니라 국제화된 문제로 주변 4강의 도움과 그들의 국가이익과 일치되어야 하는데, 과거 역사를 돌아볼 때 일치보다는 불일치 횟수가 더 많으며 통일한국은 독립변수, 종속변수, 돌변변수와 타이밍(Timing) 등 여러 가지가 조화를 이루어야 성사될 수 있는 민족대사업이다.

　앞으로 바람직한 통일방식은 현재 남북한이 주장하는 포용정책 내지 철벽정책이나 고려연방제는 정보화시대 특히 통일환경이 바뀐 시대에는 적용하기 어렵지만 기초적인 '틀'은 제공할 수 있다고 생각된다. 즉 남북한의 이질적인 정치체제를 바탕으로 공통점을 찾고 이 공통점들을 통해 '새로운 남

179) 김용제, "남북한 신뢰구축과 교류협력 활성화 방안," 통일한국(1994년 1월), pp. 26~30.

180) 김용제, "한민족공동체 형성을 통한 통일, 어떻게 이루어 나갈 것인가?," 91한민족 통일문제 대 토론회에서 주제 발표(1991년 9월 13일) 통일연수원, pp. 67~68.

181) 민주평통(1999년 10월 30일), p. 2.

북연합방식'을 추구해야 한다.

저자는 21세기 정보화시대에 '새로운 남북연합(New Commonwealth) 방식'이 가능하다고 본다. 구체적으로는 남북의 두 체제가 분단의 고정화가 아니라 민족 동질성을 추구하고 '제 2 의 한민족공동체'를 만들어 가는 과정에서 1민족 2체제의 연합체를 만들어서 남북한이 상대방 체제를 인정하고 모든 분야에서 인적·물적 교류를 강화하면서 신뢰를 회복하는 것이다.

다음으로 1민족 2국가로서 한민족공동체를 형성하여 남한과 북한이 주권을 행사하고 국제적으로는 개별적인 주권국가로 존재하되 완전한 통일한국을 달성할 때까지 상호관계를 국제관계가 아닌 민족 내부의 특수관계로서 완전한 통일한국을 달성할 때까지 두 개의 서로 다른 체제 간의 유기적 관계를 유지한다. 이러한 '새로운 남북연합'은 실현가능성이 높고 남·북한에 공통적으로 이익이 된다고 분석된다. 이러한 기초공사 위에 제 3 차 남북정상회담을 개최하여 한민족의 숙원을 풀어야 한다.

이상의 이론의 틀에 기반해서 새천년에는 '분단의 종식'을 위해 제 2의 한민족공동체나 새로운 남북연합을 장기적인 목표로 설정한다고 가정하면, 한민족은 내부적으로는 동질성을 추구하고 대외적으로는 배타적인 패쇄적 민족주의의 복원이 아니라 21세기 국제환경에 맞는 다양성 속에서 통일한국을 지향하는 다원주의를 지향해야 한다. '제 2 의 한민족공동체'는 대외적으로 민족공존·공영의 지향점에 근거해서 지방적·종교적·토착문화적 정체성을 인정하고 그 위에 21세기의 시대정신인 화해와 화합에 초점을 맞추어 자유롭고 평등한 시민공동체를 한민족공동체로 전환하는 것이다.

다시 말해서 남북한은 21세기에 목표로 하는 '통일한국의 패러다임'은 한반도뿐만 아니라 동북아시아 지역의 평화를 안착시키고, 경제를 통합시키며, 사회적·문화적 교류를 증대시키며, 주변 4강들 간의 불화와 반목의 원천을 제고하는 것이 아니라 그들 간의 문제를 해결해 주는 중개자가 되어야 한다.[182)]

실질적인 측면에서는 새천년을 앞둔 시점에 통일시대를 위한 한민족의

---

182) 상동(1999년 9월 7일), p. 3.

과제를 북한, 남한, 해외동포와 4강의 과제로 압축해서 분석하고자 한다. 새 시대의 흐름에 따라서 먼저 ① 평양의 과제는 핵포기 약속의 이행, 미사일 개발과 사용의 포기, 대남도발의 중단이다. ② 서울의 과제는 한국 내부의 지역·계층·시대 간 갈등해소, 남북교류협력의 활성화, 북한에 대한 체제안 전 보장, 경제회복과 발전이다. ③ 해외동포의 과제는 21세기 통일한국을 달 성하기 위하여 북한사회 개혁·개방을 추구하는 국제적 환경조성과 민간외 교 사절적(使節的) 영역을 확보하고, 통일한국을 남·북·해외동포가 추구하 는 공동의 가치로서 인식하며, 평화통일운동으로 승화시키는 사명감을 갖추 는 것이다. 해외동포는 좋든 싫든 간에 세계화의 전초지대에서 세계의 흐름 을 남북한에 있는 한민족보다 빠른 정보로 습득하고 세계 언어와 문화를 이 해하는 '한민족세계시민'이므로 한민족 모두의 공동이익과 번영에 초점을 두고 각처에 있는 해외에서 '통일한국' 건설에 중심목표를 두고 민간외교사 절적 역할을 할 의무가 있다.

끝으로 ④ 4강의 과제는 분단과 전쟁의 책임을 인정하고 통일한국을 이 룰 때까지 그 의무를 다해야 하며 자국의 이익보다는 동북아와 한반도의 평 화정착에 초점을 맞추어야 하는 것이다. 그리고 정보화와 문화사회에서 국 경을 초월한 경쟁이 펼쳐지고 시간의 개념이 다른 세계에서 통일한국에 대 한 당위성을 인정하고 또한 한반도의 지도자들을 인정해야 한다.

평양의 과제는 ① 핵포기 약속의 이행 ② 미사일 개발과 사용의 포기 ③ 대남도발의 중단이다. 북한의 3가지 과제에는 주로 군사적인 측면에서 대남 무력정책의 가능성을 염두에 둔 것이다. 이 과제는 최근 미국과 러시 아의 지도자와 일반 국민의 북한의 대내외정책에 대한 설문조사가 잘 반영 해 주고 있다. 이 설문조사에서 미국과 러시아는 한반도에서 평화와 안정 은 반드시 지켜져야 하므로 평양의 핵, 미사일, 재래식 무기에 대해서 우려 하고 있다. 그들의 생각은 평양이 군사적으로 약한 나라지만 군사강국인 미국과 대치하고 있는 상황에서 체제유지방편으로 핵, 미사일, 재래식 무기 에 의존하고 있으며 평양의 군사증강은 오히려 21세기 미국의 패권주의를 방지하는 데 도움이 된다고 생각하는 사람도 일부 있다. 일반적으로 러시 아 지도자들은 미국의 대북정책을 긍정적으로 평가하면서 약간의 의문점도

갖고 있다.[183]

위의 가정은 평양이 21세기에 변화하지 않는다는 전제에 의거한 것이다. 그러나 평양은 명분을 찾으면서 경제와 국제관계 및 남북관계에서 변화하고 있으며 과거의 정책을 수정·보완하여 북한체제의 유지에 부응하도록 만들고 있다. 또한 그들은 지난 67여 년간 유지해 온 노하우를 활용할 것으로 예상된다. 북한 지도자들은 구소련이 경제력이 약해서 망한 것도 잘 알고 있는데, 너무 약화된 평양의 경제복구를 위해서 전력을 다하는 자체가 북한의 변화를 말해 주고 있다. 예를 들면 중국이 사회주의 체제를 유지하면서 시장경제를 채택하는 점은 마치 '호떡집 간판'을 걸고 햄버거를 파는 격이고 북한의 경우 평양의 사회주의 체제를 유지하면서 시장경제를 가미하는 것은 '냉면집 간판'을 걸고 스파게티를 파는 격이기 때문에 중국이나 북한이 냉전 이후 세계의 환경변화에 발맞추어 경제적으로 변화하고 있다고 할 수 있다.[184]

특히 북한은 유럽에서 공산주의가 10년 전에 종말을 고한 후 동구라파 진영의 체코슬로바키아, 유고슬라비아, 폴란드가 민주화와 시장경제를 받아들여 동구라파에서 현재 부강한 국가로 발전하는 점도 이해하는 면에서 국제관계 또한 변화를 추구하여 '벼랑 끝 외교'에서 '다양화 외교'로 전환하면서 1999년 9월 43명의 외교관을 유럽국가, 필리핀, 오스트리아에까지 해외로 내보내면서 식량을 확보하고 있다. 북한 지도자들은 안정을 유지하면서 미국과 관계개선을 도모하고 있으며 이 관계가 국교정상화까지 연계되면 북한의 '핵 또는 미사일 외교'는 지탱하기 어렵다고 본다.[185]

현대 금강산관광사업, 한반도 에너지개발기구, 햇볕정책, 서해안 꽃게 분쟁, 비무장지대 등 갈등요소는 상존했지만 현실적인 남북교류와 협력 측면에서 북한은 변화하고 있다. 평양은 북한식의 잣대와 북한의 주권의 요구

---

183) Northeast Asia Peace and Security Network Special Report, "Differing US/Russian Views about the DPRK," The DPRK Report, No. 20(September~October 1999), pp. 1~2.

184) 중앙일보(1999년 11월 10일), p. 5.

185) Shin Yong-bae, "North Korea Changes Diplomatic Tactics As Relations with U.S. Improve," The Korea Herald(November 12, 1999), p. 1.

에 따라 변화하고 있다.[186] 북한의 변화는 일방적으로 강요할 수 없는 문제이며 평양을 상대하는 한국, 미국, 일본, 중국, 러시아 또한 변화해야 한다. 이 변화는 탈냉전에서 비롯된 의식을 21세기 탈냉전구조에 따라서 바꾸어야 한다는 논리이다.

서울의 과제는 ① 한국 내부의 지역·계층·세대 간 갈등해소 ② 남북교류협력의 활성화 ③ 북한에 체제 안전보장 ④ 경제회복과 발전이다. 서울의 과제는 한국의 국내문제를 한민족 차원에서 해결하면서 새천년을 맞이하는 점을 강조하고 있다. 한국사회는 지난 67년 동안 분단구조 속에서 다원화되어 가면서 각 지역 간의 불균형과 사회계층의 모순 또는 세대 간의 갈등이 표출되면서 각기 다른 문화를 만들어왔다. 이에 따라 통일을 이룬 후 남북 주민들이 동질감을 회복하는 데에는 많은 시간과 무제한 노력이 요구될 것이다. 통일을 이루는 일도 중요하지만 통일 이후 겪게 될 혼란과 갈등을 잘 극복하고 속히 조화와 안전을 이룩하는 일 또한 중요한 과제다. 한국 자체의 대내적 갈등해소 없이 더군다나 북한과의 통일은 전혀 기대할 수 없는 문제이다.

다시 말해서, 전국민의 단결과 혜택이 필요한 일부 국민들에게 통일로 인한 최악의 후유증을 완화시키는 '사회복지체계'가 필요하다는 뜻이다. 특히 남북한의 경우 전쟁의 경험으로 인하여 적대적 감정의 골이 매우 깊고 이를 해소할 수 있는 방법은 한반도 통일에 대한 꿈이 악몽이 되지 않게 하기 위해서는 올바른 민주시민교육 과정을 통해 통일 이후를 구체적으로 준비해야 한다. 한반도의 미래를 위해서는 화해와 협력, 그리고 통일이 생존과 관련된 가장 중요한 문제라는 인식을 바탕으로 민주시민교육을 통일한국의 중점과제로 삼아야 한다.

민주시민교육은 통일정책과 평화정책으로 구분하여 이루어져야 한다고 본다. 통일 후 수세기가 지나도 양쪽의 사람들이 서로 낯설고 서로 경쟁대상 내지 적대관계로까지 악화된다면 통일은 실패라고 볼 수 있다. 사회 내 모든 관계에 있어 연계세력을 강화하는 특별한 방법이 바로 민주시민교육이며 그것은 양쪽의 상이한 역사의 발전과정을 복구하는 지렛대 역할을 할 것

---

186) John Feffer and Karin Lee, "Change in North Korea," Policy Forum Online PFO 99-07F: (October 19, 1999), pp. 1~7.

이다. 민주시민교육은 적대적 감정의 골을 메우는 역할을 함과 동시에 사회 전체가 일신(日新)하고 현대화되는 긍정적인 결과를 가져올 것이다. 통일한 국은 북한주민에게 50~60년간 벌어진 격차를 만회하도록 기여해야 하며 비록 그들이 독일모델의 흡수통일을 원치 않는다 할지라도 평양은 서울을 따라갈 수밖에 없을 것이다.[187]

남북교류협력의 활성화는 현단계에서 계속 전개되고 있으며 21세기에도 계속 이어질 것이다. 평양은 현대로부터 받은 달러와 시장경제에 매력을 느낀 이상 남북교류협력을 중단하지 않고 유지시킬 것이다. 1999년 1월부터 9월까지 금강산관광사업과 남북교역은 2억 5,796달러로 1999년의 총계를 볼 때 3억 달러로 예상되며 남북한 간 인적·물적 교류는 꾸준히 증가추세를 보여 사회문화교류도 또한 활성화되리라고 분석된다.[188]

북한이 2000년 9월 헌법개정을 계기로 4년이나 지속되던 '준 전시상태'를 마감하고 금강산개발과 같은 대외개방문제에 주의를 돌리기 시작한 점은 21세기 남북교류협력 추세의 단면을 보여주고 있다. 한국정부는 직접적으로 국가안보에 관련된 분야만 제외하고 기업들의 대북 접촉이나 투자에 대한 제한을 대폭 완화해야 하며 투자나 무역에 관한 기업의 결정권을 철저히 존중해야 한다.

또한 기업들은 정부의 특혜나 보장을 바라지 말고 철저하게 위험과 이익을 자신들이 부담한다는 점을 전제로 남북경협을 자주적으로 추진해야 한다. 금강산관광은 민간차원의 협력이기는 하지만 이 사업(연간 1억 5천만 달러에 달하는 입장료를 북한에 제공)이 성사되기까지는 눈에 보이지 않는 정부의 지원이 있었다. 조선 아·태평화위는 1999년 10월 27일 베이징에서 "금강산 관광지역의 모든 현대 투자에 대해 앞으로 30년간 현대가 사용하도록 보장한다"는 각서를 현대 정몽헌 회장에게 보냈다.[189] 어떻든 금강산관광사업의

---

187) 게하르트 미켈스, "민주시민교육 정신적·사회적 통일에 기여한다," 통일한국(1999년 3월), pp. 46~49.

188) 양영식 통일부장관, "대북 정책 추진현황 및 남북관계 전망," 민주평화통일자문회의사무처 신규자문위원연찬회 자료(1999. 11), pp. 7~8.

189) 중앙일보(1999년 10월 30일), p. 1.

성사는 단순히 남한국민들이 북한 명승지에 가본다는 의미보다 남북경제협력의 돌파구를 열게 되었다는 측면에서 역사적인 사업이며 남북관계의 발전에 한 획을 긋는 중요한 전환점이다.

일반적으로 국제관계에 있어서도 경제문제를 정치적으로 완전히 분리할 수는 없으며, 특히 남북한관계에 있어서는 정치적인 요소를 도외시하기란 사실상 불가능하다. 다시 말해서, 정경분리는 일시적으로 채택될 수 있는 원칙이지 무한정 계속될 수 없다. 앞으로 경협이 확대됨에 따라 남북한 간 법적·제도적 장치의 필요성이 점증(漸增)할 것이며 이 문제는 당국 간 대화를 전제로 한다.

북한체제의 안전을 보장하는 문제는 평양이 핵폐기 약속의 준수, 미사일 개발과 사용의 포기 및 대남도발을 중지한다는 약속 뒤에 미국정부와 한국정부가 북한이 원하는 체제 안전보장, 경제의 회복과 발전 및 국제사회 진출을 보장해야 한다고 페리보고서와 김 전 대통령의 10월 5일 제9기 민주평화통일자문회의 개회사에서 밝혀진 바 있다. 이 보장은 평양으로 하여금 명분을 가지고 자체적으로 변화할 수 있는 계기를 제공했다.

서울의 경제회복과 발전은 국내적으로 국제통화기금(IMF: International Monetary Fund) 관리 위기체제 극복으로 나타났으며 서울의 경제력은 빠른 속도로 한국의 국력신장으로 이어져 통일한국을 달성하는 데 가장 중요한 원동력이 된다. 앞으로 한국의 경제는 계속 회복되면서 21세기를 전개할 것이다.

해외동포의 과제는 21세기 통일한국의 미래상인 민주주의 국가와 시장경제체제 하에 한민족의 번영·발전을 추구하는 복지국가를 건설하는 것으로 이해하고 그것을 실천에 옮기는 것이다. 해외동포들은 북한사회의 변화 지원 및 개혁·개방을 위한 국제적 환경조성과 민간 외교사절적 영역을 확보하고 역할도 동시에 강화해야 한다. 해외동포는 다가올 21세기는 민족분단의 고통을 해소하면서 이를 극복하여 통일한국을 달성하는 것을 역사적·민족적 소명으로 생각하고 통일한국을 남·북·해외동포가 추구하는 공동의 가치로서 인식하며 평화통일운동으로 승화시키는 사명감을 스스로 갖추는 것이 중요하다.

해외동포는 좋든 싫든 간에 세계화의 전초지대에서 남·북한에 있는 한민족보다 빠른 정보로 세계 언어와 문화의 흐름을 이해하는 '한민족 세계시민'이므로 장점을 살려 미래를 중시하고 넓은 세계를 지향하는 동포로서 한민족 모두의 공동이익과 번영에 중점을 두고 각기 처해 있는 해외에서 '통일한국' 건설에 중심목표를 두고 민간 외교사적 역할을 할 의무가 있다.

4강의 과제는 ① 분단과 전쟁의 책임을 인정하고 통일한국이 이루어질 때까지 의무를 완수하고 ② 자국의 이익보다 동북아와 한반도에 평화정착에 초점을 맞추며 ③ 정보화와 문화사회에서 국경 없는 경쟁이 펼쳐지고 시간의 개념이 다른 세계에서 통일한국에 대한 당위성을 인정하고 한반도의 지도자들을 인정하는 것이다.

비록 평양은 서울과 직접적인 접촉을 회피하고 있지만 북한정치의 새로운 개방의 일환으로 워싱턴과 접촉하고 협조하고 있다. 워싱턴과 교통함으로써 앞으로 대화의 장이 열리고 또 남북한이 직접 참여할 가능성도 유도할 수 있을 것이다.

미국 이외에도 일본, 중국, 러시아도 한반도의 평화와 안보에 대해서 많은 관심을 갖고 있다. 한반도를 둘러싼 4강은 한반도에 정치·경제적 이익을 갖고 있다. 이 4강은 한반도에서 평화와 안정을 원하며 그들 4강 사이에 평온함을 유지하기 위하여 그들의 국가이익과 영향력의 균형을 모색하고 있다. 이 강대국들은 남북한 관계와 통일한국이 그들의 장래 목적을 달성하는 데 기여할 것으로 인정하고 있다. 이러한 상황 하에서 그들은 자신들의 행위가 한반도통일에 장애가 되지 않게끔 신뢰와 확신을 심어주는 데 주력하고 있는 것 같다.

냉전의 종식은 통일의 가능성을 열어주고 있다. 남북한은 핵전쟁의 위급한 성격을 띤 경쟁적 이념은 더 이상 가지고 있지 않다. 좀더 국제적인 개방과 협동정신이 두려움, 긴장, 과거에 대한 공포심을 대체하고 있다. 남북한의 분단은 냉전환경을 반영하고 냉전의 직접적인 결과의 산물이다. 그러나 냉전이념과 간단한 자본주의와 공산주의의 언술이 한국정치의 신념을 억제하지는 않는다. 남북한은 통일한국에 가장 중요한 장애물을 제거하면서 한반도에서 서로 다른 정치·경제체제를 유지하고 평화적으로 공존하여 살 수 있다고 믿고 있다.

이러한 과제는 남북한의 지도자가 분단한국을 통일한국으로 이끄는 정치적 지혜와 창조적인 지도력에 달려 있다고 분석된다. 한민족이 남북한과 해외에서 결집력과 지도력을 발휘하면서 삼각지점에서 동시에 실행으로 옮길 때 어느 4강도 방해자 역할은 명분상 삼갈 것이다. 4강의 지도자들은 통일한국에 대한 당위성을 인정하고 한반도의 지도자들을 인정해야 한다.

6. 제1차 남북정상회담 '6.15남북공동선언' 이후 '낮은 단계의 남북연합'과 제2차 남북 정상회담[(국민의 정부: 1998~2003년)와 (참여정부: 2003~2008년)]

2000년에 접어들어 남북관계는 남북경제공동체 건설, 베를린선언 등을 통해 평화정착에 신중을 기하게 되었다. 특히 평양은 당국 간의 남북경협을 통한 북한경제회복 지원, 냉전종식과 평화정착, 이산가족 문제해결, 남북당국 간 대화추진 등을 제안한 '베를린선언' 이후 남북정상회담 개최용의를 표명해옴으로써 남북정상회담합의가 가능해졌다. 제1차 남북정상회담은 2000년 6월 13일부터 15일간 서울의 김대중 전 대통령과 김정일 국방위원장이 평양에서 만나 '6.15남북공동선언'을 채택한 회담이었다. 이 회담은 역사적으로는 55년 분단사의 새로운 출발점을 알리는 남북 최고당국자 간의 만남으로서 적대관계에서 화해협력의 새시대를 여는 전환점을 마련한 것이고, 구조적 차원에서는 한반도평화를 위한 기본구도를 복원시켰다는 점에서 의의가 있다고 분석된다. 이후 이산가족상봉, 금강산관광, 북한의 남한주최 스포츠 경기 참가 등 민간교류사업이 본격적으로 시행되면서 국민의 정부(1998~2003년) 햇볕정책을 통해 한반도 평화증진를 시킨 공로로 김대중 전 대통령이 2000년 노벨평화상을 받았다.[190]

기능적 측면에서는 남북화해협력과 신뢰구축을 위한 중요한 계기가 작용했다고 볼 수 있겠다. 남북정상회담의 성과는 6.15공동선언 5개항으로 남

---

190) 2000년 남북정상회담 위키백과-우리 모두의 백과사전, http://ko.wikipedia.org/wiki/%EC%A0%
9C1%EC%B0%A8_%EB%82%A8%EB%B6%81%EC%A0%95%EC%83%81%ED%9A%8C%EB%
8B%B4 참조.

북의 최고당국자가 합의 서명한 문건으로 분단 역사상 처음으로 상호간의 이해 증진, 남북관계의 발전, 평화통일을 실현하는 데 초석을 놓는 역할을 했다. 특히 제 2 항 남측의 연합제안과 북측의 낮은 단계의 연방제 안은 상호 공통성이 있음을 인정하고 앞으로 이 공통성에서 방향을 찾아 통일을 지향한다는 점이다. 이 뜻은 현 단계에서 남북한이 법률상 통일(de jure Unification)을 실현하는 것이 아니라 서로 현 정치체제를 인정하고 평화공존을 하면서 교류협력을 통해 점진적·단계적으로 사실상의 통일(de facto Unification)을 구현하는 데 합의한 점이다. 이 두 통일이 이루어질 때 높은 단계의 통일에 도달한다는 의미이다.

남북한의 통일방안의 5가지 공통점이 있다. 첫째, 미래의 어려운 법적통일(de jure Unification)보다 현재 사실상의 통일(de facto Unification)에 우선순위를 둔 점이다. 이 공통점은 통일의 모습이 아니라 통일과 통합을 준비하는 과정으로 접근방법을 의미한다. 둘째, 무력통일을 배제하고 평화통일을 전제로 하는 점이다. 남북한은 평화공존을 현재대로 인정하고 유지하면서 과도적 단계와 느슨한 결합을 추구하는 데 있다. 셋째, 남북한 정부 간에 교류협력의 체제가 필요하다고 믿고 양국 간의 대화를 통한 통일추구에 합의한 점이다. 넷째, 선 경제·사회 교류협력, 후 정치·군사 등 각 분야별 대화를 통한 통일기반 확산의 공통점이 있다. 다섯째, 남북한 양측이 전제조건을 배제하고 있는 점이다.

이러한 남북한 간의 공통점이 있음에도 불구하고, 서울의 연합제는 '한민족공동체통일방안'에서 제시한 과도적(중간과정) 통일체제를 계승한 것이다. 반면에 평양의 낮은 단계의 연방제는 1민족 1국가, 2제도 2정부의 원칙에 기초하여 남북한의 현 정부가 정치·군사·외교권을 비롯한 현재의 기능과 권한을 유지한 채 민족통일기구를 구성하자는 것이다. 양국의 통일방안은 상호간의 다른 통일방안과 공통점을 인식하고 그것을 적극 살려 앞으로 공통의 통일방안을 창출하는 데 합의를 본 것이라고 분석된다. 새로운 통일방안은 장기적인 관점에서 남북한 간의 다른 통일방안 사이에 접점을 한민족(남·북·해외동포) 합의에 기초하여 찾아 추진하여야 한다. 한민족 합의는 고정된 개념이 아니라 남북 해외의 삼각지대에서 시공을 떠나 '샘물처럼 살

그림 3-5	이응노 화백의 통일무

아 움직이는' 민족의 마음의 새로운 개념이다.[191] 남북한이 통일되어 한민족이 기뻐하는 모습은 한민족 합의의 미래상으로 이응노 화백이 1988년에 불란서에서 세상을 떠나기 전에 그린 통일무에서 볼 수 있다(그림 3-5 이응노 화백의 통일무). 이 기쁨은 남한의 2002년 월드컵 축구에서 4강과 남아프리카에서 개최된 2010년 월드컵 16강에 오를 때와 동일한 기쁨을 가져오는 역사적인 사건으로 미래에 기록될 것이다.

단기적인 차원에서 제1차 남북정상회담 이후 서울정부는 평화통일의 기반인 평화정착을 위하여 대북 화해협력정책을 추진하여 4개의 목적을 달성하였다. 첫째, 남북한 간의 긴장이 완화되어 9.11테러사건 이후 국제적 긴장 속에서도 한반도에서 전쟁에 대한 우려가 많이 감소된 점이다. 둘째, 2000년 남북정상회담을 통해 남북한 간 교류·협력이 활성화되어 남북장관급 및 특사회담 등 정치분야 회담(총 13회), 남북국방장관회담 및 군사실무회

191) 조선일보(2007년 11월 7일), p. A34.

담 등 군사분야 회담(총 17회), 남북경제협력추진위원회 및 실무협의회 등 경제분야 회담(총 21회), 남북적십자회담 및 아시아경기대회 참가 등 사회분야 회담(총 9회) 등의 분야별 남북회담을 개최한 바 있다. 여기서 괄목할 점은 경제 분야가 다른 분야에 비하여 많은 비중을 가진 점이다. 또한 6차례의 이산가족방문단 교환과 1만 2천여 명 이상의 이산가족 생사 및 주소확인 및 이산가족면회소 설치·운영에 합의하여 제도적 해결의 기반을 마련한 점과 남북경제공동체 건설에 필요한 경의선 철도·도로 연결사업, 개성공단 조성사업 등 인프라 구축 및 제도화의 추진과 남북경협의 법적·제도적 장치 마련한 점이다. 셋째, 남북한 간의 교류·협력의 활성화로 안보와 화해협력의 대상인 북한에 대한 인식의 변화와 국민적 공감대가 확산되어 사실상의 통일의 초석을 이룬 점이다. 넷째, 6자회담을 통해 한반도 평화문제에 대한 국제협력을 위해 미·일 등 우방국과 공조체제를 유지하고 대북정책에 대한 국제적 지지를 확보하는 데 노력하고 중·러의 지지를 확보하여 한반도 긴장완화에 북핵 폐기로 기초적인 초석을 쌓은 점이다. 이 기초 위에 종전선언과 평화구축의 초석을 쌓은 점이다.

위의 4가지 요소의 공통점은 한반도 통일은 갑자기 실현되는 것이 아니라, 점진적·단계적 과정과 평화공존의 교류협력을 통하여 분단상황을 평화체제구축으로 전환하도록 관리하고, 당면 과제에 대해 서로 화해하고 군비통제를 실현하여 불가침을 보장하는 데 초점을 맞추는 것이다.[192] 여기서 주목할 점은 서울의 통일방안은 점진적 접근방안에서 '선 평화정착 후 평화통일'의 전제조건을 기능주의적 시각에 맞추어 체계화한 방안이다. 분단상황에서 서울은 상호불신을 화해협력으로 해소하고 과도적 중간단계에서 남북연합을 설정하여 자유민주주의를 통일국가의 미래상으로 제시한 점이다.

제2차 정상회담으로 들어가기 전에 6.15공동선언의 주역인 김대중 전 대통령의 개인적인 '3단계통일방안'과 한국정부의 통일방안의 차이점을 이해하는 것이 중요하다. 김대중전 대통령은 1995년 남북연합(1단계) → 연방제 (2단계) → 완전통일단계(3단계)를 제시했고 이 구상을 2000년 '6.15남북공동선

---

192) 통일문제 이해 2003, pp. 69~73.

언'으로 이어지게 했다. 그의 1단계 남북연합은 상호 2체제, 2정부를 인정하고 그 기초 위에서 전쟁방지, 긴장완화, 군비통제로 분단 상황의 안전적 관리를 하여 불신해소, 신뢰구축, 공동번영의 통일지향적 협력관계를 발전시키고 동시에 적대적 제도 정비, 협력제도 수립을 지향하여 10년간의 남북통합을 거치는 과정을 제시하고 있고, 최고의사결정 기구로 '남북정상회의', 대의기구로 '남북연합회의'를 설치하는 1민족 1국가, 2정부 2체제를 지향하고 있다. 2단계에서는 실질적 통일단계로 통일헌법을 제정하여 연방대통령 선출, 연방의회 구성으로 1민족, 1연방정부, 2자치정부수립을 포함한다. 3단계는 법적인 완전통일을 구상하고 있다. 김 전 대통령은 2000년 6월 16일 남북정상회담을 마치고 돌아온 후 국무회의에서 '6.15공동선언' 제 2 항에 대해 설명하면서 남측의 '연합제안'은 자신의 '3단계통일론'에서 나온 것임을 밝힌 바 있지만 비판의 소리가 나온 후 '연합제안'이 노태우 대통령 당시 '남북연합'이라고 주장한 바 있다. 여기서 지적할 사항은 김 전 대통령의 개인적 통일론과 국민합의과정을 거치지 않은 '6.15공동선언'은 국민의사가 배제된 점이라는 차이를 이해하는 것이다.

한국정부의 통일방안은 1단계 남북화해협력 → 2단계 남북연합 → 3단계 완전통일의 3단계론으로 '한민족공동체통일방안' → '민족공동체통일방안'과정을 통하여 국민적 합의를 도출한 방안이다. 이 방안은 자주·평화·민주의 통일원칙 하에 인간 중심의 자유민주주의를 통일철학으로 삼고 있으며 먼저 민족공동체 건설을 실천한 다음 국가통일을 달성한다는 구상을 세워놓고 있다. 구체적으로, 1단계에서 남북기본합의서와 한반도비핵화공동선언 이행 및 현실인정, 상호 공존·공영모색, 다각적 교류협력, 군사적 긴장완화를 통한 신뢰구축을 실천하는 것이다. 2단계에서 남북연합으로 진입하여 상호신뢰와 평화정착을 기반으로 과도적 연합을 통해 통합과정의 안정적 관리를 남북 각각 외교·국방·내정의 주권행사 및 사회·문화·경제공동체 건설, 남북의회 대표가 통일헌법 제정, 최고의사 결정기구로 '남북정상회의' 설치, 남북국회의원으로 '남북평의회' 구성을 하는 과정을 의미한다. 이 단계에서 1민족, 2국가, 2정부, 2체제를 지향하고 있다.

김대중 정부의 통일방안을 계승한 노무현 대통령의 국가연합은 2004년

2월 24일 '방송기자클럽' 회견에서 잘 나타나고 있다. 그는 "통일은 독일처럼 흡수통일이 아니라 오랫동안 일종의 국가연합체제로 갈 것이다. 이 체제는 끝을 기약할 수 없이 멀리 갈 것이다. 정치적 통합단계에서 통일수도는 연합국가의 의회사무국이 위치하는 상당히 상징적으로 만들어질 것이고 실질적 권한은 지방정부가 갖는다"고 지적한 바 있다. 그는 또 통일수도는 "판문점이나 개성 일대에 서울이나 평양보다 규모가 작게 만들어질 것"이라고 말했다. 그의 '연합제'는 김대중의 '3단계 통일론'의 '국가연합'과 유사한 개념이다. 노무현 전 대통령의 '국가연합'은 국가 간의 수평적 관계를 의미하고, '연방제'는 한 국가 안에서 중앙정부와 지방정부 간의 수직적 관계 속에서 지방정부 간에 관계를 맺는 점을 의미하기 때문에 표현은 '연합제'이지만 내용은 '연방제'를 염두에 둔 거라고 분석된다.

국가연합은 두 개의 국가가 정식조약에 의해 결합되고 경제·외교 등 국가기능을 공통기관을 통하여 행사하는 국가결합을 의미한다. 이런 개념에서 노무현 대통령이 표현한 '국가연합'은 평양을 정식국가로 인정한 것이고 '지방정부'라는 표현은 평양이 주장한 '연방제'와 동일한 개념이라고 볼 수 있겠다.[193] 이러한 두 대통령의 인식은 특히 서울의 정통 보수층에게 2003년 9월 26일 대법원이 김대중 전 대통령이 정상회담을 위해 북한에 비공식적으로 제공한 5억 달러를 불법이라고 판결한 것이 '6.15공동선언'을 돈 주고 산 불법행위이고 남과 북의 평화적·제도적 통일을 가로막고 "대한민국의 해체와 소멸을 겨냥한 점에서 반통일·반민족적·반국가적 허술(許述)에 불과하다"는 평가를 받고 있다.[194]

제 2 차 남북정상회담은 우여곡절 끝에 2007년 10월 2일부터 4일간 평양에서 노무현 전 대통령과 김정일 국방위원장 간에 이루어졌다.

---

193) 백병훈, "대국민 긴급보고서(2)<6.15남북공동선언>의 반통일, 반국가, 반민족성," http://www.konas.net/article_print.asp?idx=11589 참조.

194) 상동 참조.

| 그림 3-6 | 남북정상 기념촬영 |

서울=연합뉴스

1차 회담과 달리 2차 회담에서는 평양-개성고속도로를 통한 육로방문
으로 합의되었고 10월 2일 8시 5분 노무현 전 대통령은 국가원수로 최초로
도보로 군사분계선을 넘었고 김정일 위원장은 4시 25분 문화회관 앞에서
평양으로 들어온 노무현 대통령을 맞이하는 상징적 접대를 베풀었다. 일정
둘째 날인 10월 3일 오전과 오후 남북 양측 정상은 소수의 배석자를 대동
하고 회담을 가졌고[195] 마지막 날인 10월 4일 양측은 남북의 '평화와 번영'
을 목표로 한 '2007남북정상선언문'을 채택했다. 8개 기본조항과 별개 2항
은 다음과 같다.

1. 6.15공동선언을 적극 구현
   - 우리민족끼리 정신에 따라 통일문제를 자주적 해결
   - 6.15공동선언 이행의지를 반영하여 6월 15일을 기념하는 방안 강구
2. 상호 존중과 신뢰의 남북관계로 확고히 전환

---

195) "남북정상, 7년 만에 '반갑습니다'," 조선일보(2007년 10월 3일), p. 1.

- 상호 내정 불간섭과 제반 문제를 화해와 협력, 통일에 부합되게 해결
- 각기 법률적·제도적 장치들을 통일 지향적으로 정비
- 의회 등 각 분야 대화와 접촉을 적극 추진

3. 군사적 긴장완화 추진
   - 한반도에서의 전쟁에 반대하며 불가침 의무를 확고히 준수
   - 공동어로구역 지정과 평화구역 설정, 각종 협력사업에 대한 군사적 보장 등 군사적 신뢰구축 조치 추진
   - 11월 중 평양에서 국방장관 회담 개최

4. 항구적 평화체제 구축과 핵문제 해결노력
   - 직접 관련된 3자 또는 4자 정상들이 한반도에서 만나 종전을 선언하는 문제 추진을 위해 협력
   - '9.19공동성명', '2.13합의'의 순조로운 이행을 위해 공동노력

5. 남북경협의 확대·발전, 서해평화협력특별지대 설치
   - 투자 장려, 기반시설 확충, 자원개발, 우대조건과 특혜우선 부여
   - 해주지역과 주변해역을 포괄하는 '서해평화협력특별지대'를 설치
     △ 공동어로구역과 평화수역 설정
     △ 경제특구 건설과 해주항 활용
     △ 민간선박의 해주직항로 통과
     △ 한강하구 공동이용 등을 적극 추진
   - 개성공단 1단계 조속 완공 및 2단계 개발 착수, 문산-봉동 간 철도 화물수송시작, 통행·통신·통관 문제해결
     △ 개성-신의주 철도, 개성-평양고속도로의 공공이용
     △ 안변·남포 조선협력단지 건설
     △ 농업·보건의료·환경 분야 등 협력
   - 부총리급 '남북경제협력공동위원회' 설치

6. 역사·언어·교육·과학기술·문화예술·체육 등 사회문화 분야 교류협력 발전
   - 서울-백두산 직항로 개설 및 백두산관광 실시

- 2008 북경올림픽 남북응원단, 경의선 열차 이용참가
7. 인도주의 협력사업추진
  - 이산가족 상봉확대 및 영상편지 교환사업 추진, 금강산면회소에 쌍방대표 상주 및 이산가족 상시 상봉 진행
  - 자연재해 등 재난발생시 적극협력
8. 국제무대에서 민족의 이익과 해외동포들의 권익을 위한 협력 강화
9. 남북정상선언을 위한 총리회담을 11월 중 서울에서 개최
10. 남북관계 발전을 위해 남북정상이 수시로 만나 현안문제 협의[196]

위의 내용은 구체적 합의와 포괄적 합의로 나눌 수 있다.

구체적 합의는

◎ 공동어로수역 ·································· 서해 NLL수역에서 우발 충돌 방지, 군사적 보장 위해 11월 중 국방장관 회담
◎ 서해평화협력특별지대(해주공단) ····· 해주 일대 경제특구, 해주항 활용, 민간 선박 해주직항로 통과, 한강 하구 공동이용
◎ 백두산관광 ··································· 백두산-서울 직항로 개설
◎ 베이징올림픽 ······························· 경의선 철도 이용
◎ 개성공단 2단계 개발 ····················· 문산-봉동 철도화물 수송시작, 통행·통신·통관 등 제도적 보장 완비
◎ 안변과 남포에 조선협력단지
◎ 이산가족 영상편지 교환 ················ 금강산 면회소에 쌍방 대표상주
◎ 개성-신의주 철도, 개성-평양 고속도로 공동이용 ········· 개·보수문제 협의

196) "2007 남북정상회담 결과 홍보 책자(가칭: 더불어)"(서울: 통일부, 2007), pp. 18~19.

포괄적 합의는

◎ 북핵 ································· 6자회담의 '9.19공동성명'과 '2.13
합의'가 이행되도록 공동노력

◎ 평화체제 ························· 직접 관련된 3자 또는 4자 정상
들이 한반도지역에서 만나 종전
을 선언

◎ 국가보안법, 노동당규약 ··········· 남북관계 통일지향적으로 발전시
키기 위해 법률적·제도적 장치
정비

◎ 정상선언 이행 ···················· 11월에 남북총리 회담

◎ 남북경제협력공동위원회 ··········· 기존의 남북경제협력추진위원회를
부총리급으로 격상[197]

을 포함한다.

이번 2007년 10.4선언의 내용은 1991년 기본합의서와 동일한 점이 많고 1991년에 포함된 긴장완화조치에 대한 언급은 없는 점이며 2000년 6.15선언보다는 대북지원사업이 구체적으로 명시된 점이 특징이다. 이상 내용을 지도로 보면 2007년 10.4남북합의는 다음과 같다.

서울정부는 위의 공동선언 해설자료를 통해 "군사적 신뢰구축과 평화를 제도화하는 틀을 제공했다"고 했지만 남북기본합의서와 부속합의문에서는 이미 군사공동위 구성과 절차, 참여하는 양측 구성원을 합의하고 서명한 점이 유사하다. 또한 1개월 후인 2007년 11월에 '국방장관회담 개최'도 의미있다고 하지만 기본합의서에서도 '군사분과위원회'를 1개월 이내에 설치한다고 합의한 바 있고 6.15공동선언 결과로 2000년 9월에 국방장관회담이 열렸던 적이 있다. 특히 기본합의서에서 '군사당국자 간 직통전화 설치', '부대이동과 군사연습의 통보', '군인사 교류 및 정보교환', '단계적 군축실현' 등을 추진하기로 합의한 바 있으나 평양의 소극적 태도로 실현되지 못했다. 이번 합의서는 군

197) "2007 남북정상선언 주요내용," 조선일보(2007년 10월 5일), p. 1.

도표 3-2	지도로 본 2007년 10.4 남북 합의내용

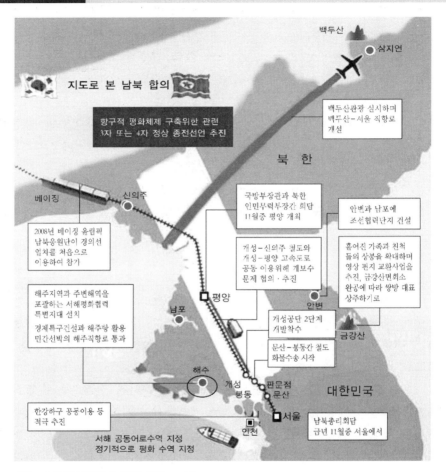

자료: 조선일보(2007년 10월 5일), p. A3.

사적 긴장완화의 구체적 내용이 없는 점이 특징이다. 기본합의서에서 이산가
족문제에 대해서 자유로운 서신거래, 자유왕래·상봉과 자유의사에 의한 재결
합까지 추진하기로 했으나 이번에는 영상편지 교환과 금강산 상봉을 추진하
는 수준에 그쳤다. 기본합의서에 내용과 거의 같은 내용은 '상호 내정 불간섭
과 체제인정', '무력 불사용과 불가침약속', '국제무대에서의 상호협력' 등 남

북관계에 대한 기본원칙 부분을 포함한다. 또한 제1차와 제2차 회담의 공통점은 북한이 외교적 고립에서 벗어나는 시기로 제1차에서는 서울의 햇볕정책과 미·북관계의 진전이 있었고 제2차에서는 북핵 실험 후 핵폐기 협상 진행중에 일어난 점을 지적할 수 있다. 제1차의 경우, 평양은 동북아지역의 외세적 진전에 관련을 무시할 수 없는 입장에서 서구유럽국가, 동남아연합국가와 외교관계를 맺으면서 미·북관계는 완화되는 시기였다. 이러한 시기에 남북정상은 6.15공동선언을 발표하게 되었고 후속조치로 여러 분야에서 남북실무자회담이 열려 북한을 보통국가로 승격시키는 역할을 한 점이다. 제2차 회담의 경우, 정치적인 조건이 유사하게 조성된 점으로 6자회담 과정의 (평양이 영변원자로를 동결하고 2월 합의문에 의하여 첫째 후원 패키지를 받는) 첫 번째 결과를 낳고, 북한에 국제원자력기구가 돌아오고, 미·북관계가 한 달 안에 급격하게 변화된 시대적 배경이 있었다. 이러한 외부적 조건이 남북한관계의 내부적 다이내믹스를 이끌어 제2차 회담을 성사시킨 결과이다.[198]

　　이번 합의서에서 특이한 점은 '경제협력' 조항이 기본합의서보다 구체적으로 명시되어 있는 부분이다. 구체적으로 개성공업지구 2단계 개발이나, 해주공단, 철도-고속도로 개·보수, 조선(造船)협력단지 건설, 백두산관광 등으로 대대적인 대북지원이 명시된 점이다. 혹자는 대북 마샬플랜의 성격에 가까운 노무현 정부에서 지원을 미리 약속하고 차기 정권에서 이행하는 차원의 지원이라고 지적하고 있다. 이번 경제협력 합의사항을 이행하는 데는 얼마의 예산이 필요한지 추산조차 불가능할 정도이며 재원조달도 큰 문제로 지적되고 있다. 노무현 정부의 임기가 대선까지 2개월 남은 상황에서 합의서 이행착수도 어려운 문제로 남아 있다. 이행 여부는 차기 정부가 합의사항을 어떻게 평가하느냐에 달려 있다.[199] 두 번째 특징은 이번 합의문에서는 지난 몇 년 동안 논란이 있었던 '낮은 단계의 연방제'도 명시되어 있지 않다. 다만 국가보안법 철폐 약속은 들어 있지 않고 "남북관계를 통일지향적으로 발전시켜 나가기 위해 각기 법률적·제도적 장치들을 정비해 나가기로

198) Eric J. Ballbach, "Summit Spirit on the Korean Peninsula," *Policy Forum Online, 07-071A* (September 20th, 2007), pp. 1~6. http://nautilus.org/fora/security/07071Ballbach.html. 참조.

199) "종전선언 추진 … 서해 공동어로·백두산 관광도," 조선일보(2007년 10월 5일), p. 1.

도표 3-3	2007남북정상선언과 6.15공동선언, 남북기본합의서 비교		
	2007남북정상선언	6.15공동선언	남북기본합의서
성 격	정치적 합의문	정치적 선언문	조약 형식의 신사협정
형 식	전문 + 8개항	전문 + 5개항	전문 + 25개 조문
서명 주체	남북 정상	남북 정상	남북 총리
합의시기	2007년 10월 4일	2000년 6월 15일	1991년 12월 13일
의 미	정상 간 남북협력사항 합의	최초의 남북 정상 간 직접 합의	최초의 종합적 기본관계 합의서
시대적 비경	북 핵실험 후 핵폐기 협상 진행 중	햇볕정책과 미북관계 진전	동서독 통일·소련 붕괴 후 북한 위기

자료: 조선일보(2007년 10월 5일), p. A3.

했다"고만 표현했다(도표 3-3 참조).

전체적 측면과 법적 성격으로 분석할 때, 아래 세 가지 합의는 법률이나 조약이 아니라 정치적 선언 또는 신사협정으로 실천을 하지 않아도 법적 책임과 강제성이 없다고 볼 수 있다. 1991년 남북기본합의서는 조약형식의 신사협정으로 동년 한반도비핵화공동선언과 함께 남북관계의 '헌법'과 같은 신사협정이었지만 평양은 동구(東歐) 붕괴의 위기를 넘긴 다음 간단하게 휴지로 만든 경험이 있다. 그 후 평양은 핵을 개발하고 무장공비를 침투시켰으며(1996) 연평도(1999)와 서해교전(2002)을 일으켰다. 2000년 6.15공동선언은 정치적 선언문으로 분단 55년사에 처음으로 남북의 최고 통수권자가 마주앉는 역사적이고 상징적인 의미로 '선언' 자체로 역사적 소명이 있었다. 그러나 6년 후 북핵실험이라는 결과로 온세계를 놀라게 한 선례를 남겼다. 2007년 남북정상선언은 정치적 선언문으로 구체적·포괄적 합의를 담은 선언문이다. 여기서 북한을 평화와 개혁·개방의 길로 이끌 수 없다는 측면에서 정치적 선언문이라고 분석된다. 다만 위의 합의문이 실행되지 않을 때 도덕적 책임을 물어 좋지 않은 선례를 남길 수 있다고 본다.[200] '남북관계 발전에

---

200) "이번엔 '선언'만으로 안 되는 이유," 상동(2007년 10월 4일), p. A5.

관한 법률'에 따라 대통령이 비준하고 국회동의를 거치는 과정을 통할 경우 법률과 같은 효력을 가질 수는 있지만 이 합의문들이 대부분 '추진한다', '하기로 했다'는 추상적인 표현들로 되어있어 권리·의무를 명확하게 규정하는 법으로서의 기본 요건은 담고 있지 않다[201](도표 3-4 참조).

또한 2007년 남북정상선언에서 중요시할 과제는 평양의 선군정치의 변화이다. 평양의 실권자인 김정일 위원장이 선군정치에 기반한 제한적 협력을 어떻게 넘어 개혁·개방에 기반한 본격적인 협력을 할 수 있나에 달려 있다. 이번에 구체적인합의 내용의 근간은 평화정착과 경협확대인데 평양 지도자들의 '개혁과 개방'에 대한 불신감과 거부감을 바꾸지 않는 한 거의 불가능하다고 볼 수 있다. 이명박 정부에서 평양에 대한 경협확대에 대한 남북한 간의 상호주의원칙에 의하여 북한의 개혁·개방의 기반이 변화하도록 유도하는 것도 한 가지 방법이다.[202]

도표 3-4	2007남북정상합의와 남북기본합의서의 유사점
2007남북정상합의	**남북기본합의서**
내부문제불간섭	내부문제불간섭
서로 적대시하지 않기	체제 인정·존중, 파괴·전복행위 금지
분쟁문제의 대화와 협상 통한 해결	상호간 분쟁의 평화적 해결
전쟁반대와 상호불가침	무력불사용과 불가침약속
정전체제 종식 후 평화체제 구축	정전상태의 평화상태 전환
국제무대에서 협력 강화	국제무대에서 공동노력
경력협력사업의 확대 발전	경제교류와 협력 실시
총리·국방장관 회담 1개월 뒤 개최	1개월 내 정치·군사·교류협력위 설치
이산가족 상봉의 상시적 진행	자유로운 서신거래·왕래·상봉·방문
	자유의사에 의한 재결합 실현

자료: 조선일보(2007년 10월 5일), p. A3.

---

201) "10.4선언 내용은 91년 기본합의서와 비슷," 상동(2007년 10월 5일), p. A3.

202) "'10.4공동선언'이 남긴 두 가지 숙제," 상동(2007년 10월 5일), p. A38.

남북경협은 일방적 지원이 아니라 장기적 프로그램 아래 상생의 협력관계를 만들어 서로의 이익을 증진하고 함께 경제공동체를 형성해 나가야 되기 때문이다. 서울정부가 원칙 없이 대북정책을 추진하는 과정에서 베이징은 북한 광물을 '싹쓸이'하도록 만드는 것은 장기적인 차원에서 잘못된 정책이다. 중국은 2005년 2월 중국 지린성(吉林省) 상무청이 북한 최대 철광인 함경북도 '무산철광'에 대한 채굴권을 70억 위안(약 8750억 원)에 50년간 갖는 계약을 맺어 연간 1,000만t의 철광석을 가져가고 있다. 이어 2005년 10월 중국 최대 광물자원 수입회사인 '우광그룹'은 50년간 '용등탄광'에 대한 채굴권을 갖기로 하여 개발에 착수한 것으로 알려지고 있다. 이 탄광에서 연간 생산량의 300만t이 나오는 북한 최대 규모의 무연탄광산이다. 중국의 '대황금주식유한공사'는 2006년 1월에 북한의 최대 구리광인 양강도 '혜산 동광'의 운영권을 25년간 북한과 50 대 50으로 나누는 계약을 중국측 투자금액 800만 유로(약 110억 원)에 맺었다. 이 외에도 베이징은 평양시 부근의 몰리브덴광산과 서해유전 공동개발도 추진중인 것으로 알려져 중국의 북한 내 광물자원 싹쓸이 현상이 나타나고 있다. 반면에 서울은 2006년 황해도 정촌 흑연광산 개발에 510만 달러(약 47억 원)를 투자하여 참여하는 소극적인 상황이다. 이유는 서울의 북핵문제와 채굴의 경제성을 따지며 주춤하는 사이 베이징의 북한 지하자원 선점현상이 심각한 상태라는 점이다.

대한상공회의소가 11월 21일 발표한 '북한 지하자원 공동개발전략 보고서'에 의하면 중국은 2000년 대북투자의 70%를 자원개발에 집중하면서 2억 7,453만 달러의 광물자원에 도입한 반면에 한국의 도입액은 5,973만 달러로 중국의 21.8%이다. 여기서 주목할 사안은 북한의 국토 80%에 걸쳐 광물자원이 분포되어 잠재가치가 서울의 24배인 2,287조 원으로 추산된 점이다. 서울의 내수에 필요한 광물의 4분의 1만 평양에서 들여와도 앞으로 800년을 쓸 수 있다는 귀중한 자원이 베이징으로 헐값에 팔려가는 실정은 당장 입에 풀칠하기도 바쁜 북한으로서 제값을 따지기 어려운 상황이기 때문이다. 통일한국 건설에 필요한 귀중한 자원이 중국에 팔려 나가는 것은 남북경협 차원에서 막아야 된다고 분석된다. 중국은 지하자원뿐만 아니라 나진항 3·4 부두를 중·신설한 후 50년간 사용권을 갖기로 하고 두만강유역에서 나진항까지 중국 수출상품을 수송하는 도로사용권도 챙긴 것으로 알려지고 있다. 베이징은 여기서 좀더 나아가 압록강에 수력발전소 2개를 지은 후 전력을 가져가기로 했고 원산 앞바다 조업권도 확보하면서 북한을 중국의 만주경제권 '동북4성'에 편입시킬 정도로 실질적인 국가이익을 추구하는 상황이다.[203] 이러한 현상황에서 제철산업의 원료인 마그네사이트의 경우, 서울은 전혀 없어 전량 수입하고 있지만 평양은 매장량이 30~40억t에 이르고, 서울이 매년 2조 3,000억 원을 소비하는 철광석의 경우, 국내 자급률이 0.4%이지만 평양의 철광석 보유 규모는 74조 원이다. 평양이 당장 채굴 가능한 광물은 우라늄으로 총 매장량 2,600만t 중 400만t으로 최근 우라늄 가격은 세계적인 원자력발전소 건설 붐으로 4년 사이 가격이 10배로 뛰었다.[204]

7. 이명박 정부의 대북정책(이명박 정부: 2008~2013년)

이명박 정부는 2007년 10.4남북정상선언을 다시 검토해서 국기(國基)를 흔들 수 있거나 국민에 감당 못할 부담을 지우는 조항에 대해서 국민에게 헌법과 법률에 따른 철저한 심의를 통해 실행 여부를 물어 결정해야 할 것이다. 이명박 정부는 제6공화국의 다섯 번째 정부로 2008년 2월 25일에 출범하면서 주 목표를 경제살리기에 초점을 두고 이명박 대통령의 의견으로 '실용정부' 또는 '이명박 정부'라고 칭한다. 이명박 정부의 대북정책은 대통령당선 후 신년기자회담에서 '비핵・개방 3000 구상'을 발표하면서 평양이 핵을 포기하고 개방에 나서면 대북투자를 통해 북한의 1인당 국민소득을 10년 후 3,000달러로 올리고 400억 달러 규모의 국제협력기금조성에 나서기로 한 것은 평양에게 핵 포기시 응분의 대가를 지불한다는 정책이다. 이 대북정책은 김대중 정부와 노무현 정부와의 대북정책 차별화에 초점을 두었지만 구체적인 평양의 대응책과 해법이 결여되어 있다. 분단에서 통일로 가는 과

---

203) "차례차례 중국 손에 떨어지는 북의 자원・도로・항만," 상동(2007년 11월 23일), p. A35.

204) "우리가 머뭇거릴 때… 중, 북한 광물 '싹쓸이'," 상동(2007년 11월 22일), A2.

정에 과거 정책의 장점은 살리고 단점을 보완하는 차원이 결여되어 기대치 않은 결과로 남북한 간의 긴장과 대결상태를 재생산하는 점은 시행착오라고 평가할 수 있다.[205] 이 구상은 주로 선 비핵화, 선 개방을 전제로 북한을 일방적 지원 대상으로 평양으로부터 강한 반발을 불러왔고 한국사회 내부에서도 평양을 비핵과 개방을 이끌어 내는 방법론이 결여되어 선거용 구호이지 정책은 될 수 없다는 비판이 있었다.

이러한 측면에서 지난 2008년 7월 11일 18대 국회개원 연설에서 이명박 대통령은 '상생과 공영'의 대북정책을 거시적인 비전으로 제시하고 대북정책의 목표를 지난 10년 동안 국민적 합의 없이 추진된 '햇볕정책'의 부작용을 치유하고 경직된 북한체제를 변화시키는 데 초점을 맞추면서 서울이 남북관계의 주도권을 갖는 것을 제시한 바 있다. 그는 이 연설에서 7.4공동성명, 남북기본합의서, 비핵화공동선언, 6.15, 10.4선언을 적시하며 "이행문제를 북측과 진지하게 협의할 용의가 있다"고 남북당국 간의 전면적 대화를 제시한 것이다. 이 뜻은 평양이 요구한 6.15, 10.4선언뿐만 아니라 과거의 정상급 또는 총리급 합의에 대한 포괄적인 범위의 이행을 하자는 역제안 성격이다. 이명박 정부가 대북정책의 새로운 기조로 내세운 '상생과 공영'은 '선 대북지원, 후 남북현안 협의·해결' 기조로 가지 않고 북한의 비핵화를 최우선으로 하여 향후 핵 검증 및 북핵 협상의 진전에 따라 보다 전향적인 정책으로 발전하는 이상적인 대북 제의이다.[206] 평양은 이 제의의 성사는 평양이 어떻게 받아들이느냐와 금강산관광객에 대한 북한군의 총격사건에 대한 처리과정과 국민감정이 앞으로의 돌출변수로 남아 있다.

앞으로 이명박 정부는 북한에 대한 '무시전략'에서 출발하여 시행착오를 일으킨 점을 교훈삼아 지난 정부가 깔아놓은 대화의 틀을 잘못 사용, 단절된 남북한 당국 간의 대화를 속히 회복하는 점과 국민에게 평양의 실상을 있는 그대로 알리고 남북관계변화 필요성과 현정부의 대북정책의 목표, 원칙, 전략을 더 적극 홍보해 국민적 합의와 이해를 돕는 것이 중·장기 차원

205) 이명박정부위키백과-우리모두의 백과사전, http://ko.wikipedia.org/wiki/%EC%9D%B4%EB%AA%85% EB%B0%95_%EC%A0%95%EB%B6%80 참조.

206) "빛바랜 이대통령 대북 제의," 한국일보(2008년 7월 12일), p. C4.

에서 필요하다.[207] 즉, 대북정책의 문제점과 해결점을 큰 틀에서 재정립하여 과거 정부가 이룬 남북관계의 개선책은 계승하고 실책은 지양하면서 정치적 이해관계에서 벗어나 민족적 이해 차원에서 이행하는 대북정책을 재정립하는 자세를 가져야 한다. 이런 차원에서 이명박 대통령은 2008년 8월 15일 광복절 경축사를 통해 외교안보 현안에 대해 깜짝 메시지 없이 원론적 언급만 했다. 그는 우선 "6자회담과 국제협력 진전에 따라 실질적인 대북 경제협력 프로그램을 본격 추진해 한반도 경제공동체를 실현해 나가겠다"며 "남북한이 통일되면 부산에서 화물을 싣고 대륙횡단철도를 따라 중앙아시아, 서유럽까지 갈 수 있다"고 지적하고 북한이 협조하여 국제사회에 일원이 되기를 희망하는 언급을 하고 어떻게 그런 상황을 이룰 것인지 방법론은 제시하지 않았다. 그는 이어서 2008년 7월에 발생한 박왕자 씨 피격 사망사건 진상규명과 남북관계 전반을 분리 대응하는 차원에서 "유감스러운 금강산 피격사건에도 불구하고 북한이 전면적 대화와 경제협력에 나서기를 기대한다"고 밝혀 남북관계를 풀겠다는 의지를 분명히 했다.[208] 또 다른 예를 들면, 북한의 지하자원 개발을 경협차원에서 단기적인 손익계산보다는 장기적인 안목으로 접근하되, 미래의 자원부족에 대처하는 장기적인 청사진을 마련하고, 남북경제협력공동위원회에서 남북경제공동체 건설의 목적을 두고 정부가 인프라 건설을 지원하고 민간기업이 개발권을 갖는 방식으로 진행하되, 국민의 공감대를 먼저 이루며, 다른 강대국들이 북한 지하지원에 관심을 갖고 실행하기 전에 서울이 평양의 자원 개발에 대한 주도권을 확보하도록 이명박 정부에서 상생의 원칙을 가지는 것도 중요하다.

2010년 집권 2년을 맞이한 이명박 정부의 대북정책을 들여다봤을 때 아쉬운 점이 있다. 특히 '비핵·개방·3000구상'의 정책 입안자인 현인택 통일부 장관 임명에 대해 평양은 '우리와 계속 엇서(대립)나가겠다는 것을 선언한 노골적인 도발'이라고 비판하면서 로동신문을 통해 이명박 대통령을 '역도'로 표현하며, 해상 미사일발사, 개성공단 남한 당국자 추방 등으로 그들

---

207) [이명박정부 출범 3개월] <4>안팎 도전받는 "창조적 실용외교," http://www.donga.com/fbin/output?n=200805270105 참조.

208) "금강산 사건불구 북과 전면적 대화 기대," 한국일보(2008년 8월 16일), p. C6.

의 불편한 심정을 나타내고 야당인 민주당도 '전혀 실효성이 없는 정책'이라고 비판하여 애초 북한의 변화를 이끌어 내겠다는 목적과는 달리 그 성과는 미미했다. 이러한 구상이 실현되려면 상대방의 공통점과 국민합의를 이끌어 내야 한다고 분석된다. 더군다나 평양의 개혁·개방 및 핵 폐기를 주장하는 이명박 정부의 '그랜드바켄'도 북한의 입장에서 그들의 국가이익과 배치되는 차원에서 강력히 반대하고 있는 정책이다.[209] 이명박 정부 출범 후 긴장 고조로 일관하던 평양이 최근 대화공세(유화국면)에서 대결(긴장고조)로 겹치는 현상으로 봤을 때 남북관계의 변화 전망은 2010년 후반기 까지 불투명한 상황이다.

　　여기서 지적하고 싶은 점은 유능한 보수이든 정의로운 진보든, 그들 자신의 판단과 선택을 언제나 최선의 것으로 오인할 수 있다는 점이다. 말하자면 정책입안자들이 국가를 위한 최선의 선택을 독점한다는 착각에 빠지는 위험을 초래하는 것이다. 이 경우 독선은 시야와 판단을 흐리는 독약으로 변하며 그들만의 세계에 갇히는 순간 깨지게 돼 있음은 역사의 상식이다. 좀더 민족의 이익을 장기적으로 생각하는 자세와 당근과 채찍을 현명하게 사용하여 통일한국의 큰 그림을 생각하는 자세가 필요하다.

　　이명박 정부에서 추진중인 '세계로 향하는 글로벌 코리아를 위하여'의 실용외교를 평가하기에는 아직 이른 감이 있지만 임기 반환점을 앞에 남겨둔 현재 외교·북핵과 남북관계·안보 분야에서 긍정적인 평가를 받을 만도 하다. 2009년 9월 미국 피츠버그에서 국제적 위상측면에서 세계 금융위기를 극복하기 위한 새로운 국제협력 틀인 G20 정상회의가 열렸다. 제3차 G20 정상회의였던 본 회의에서, 한국은 만장일치로 2010년 11월 서울개최지로 선정됐다. 서울이 이 정상회담의 좌장역할을 부여받은 점은 단군 이래 최대 규모의 국제외교 이벤트이다. G20 정상회의는 20개국 정상들이 한자리에 모여 공통의 아젠다에 대해 머리를 맞대고 의견을 나누고 입장을 조율하는 회의이다. 서울이 G20 정상회의 개최지로 결정된 것은 변방의 조그마한 나라였던 한국의 위상이 글로벌 경제위기를 가장 빠르게 극복한 나라로 이 회의

---

209) 이명박 정부 위키백과-우리 모두의 백과사전, http://ko.wikipedia.org/wiki/%EC%9D%B4%EB%AA%85%EB%B0%95_%EC%A0%95%EB%B6%80 참조.

를 통해 국가 브랜드와 글로벌 리더십을 크게 제고 할 수 있는 기회를 가지는 점에서 의의를 가진다.[210] 서울은 2009년 11월 프랑스 파리 경제협력개발기구(OECD)본부에서 개최된 개발원조사무국(DAC)에서 회원국 전원합의로 24번째 회원국에 이름을 올렸다. 개발원사무국(DAC)가입은 전세계 원조의 90% 이상을 제고하고 있는 선진 공여국들의 모임으로 ‘원조를 받던 나라’ 중에서는 처음으로 ‘원조하는 나라’로 전환됐다는 점은 국제사회에서 대한민국이 첫 성공사례로 분석된다. 나아가 서울은 2010년을 공적 개발원조(ODA) 선진화 원년을 선포하여 대외원조를 통한 기여외교를 강화함과 동시에 원조 규모를 2009년 국민소득 대비 약 0.11%에서 2015년까지 0.25%로 증가할 계획이다. 국제평화유지활동(PKO)도 참여법을 제정하여 기여 외교의 토대를 구축한 성과 또한 좋은 평가를 받을 만하다. 이명박 정부와 코드가 다른 워싱턴의 진보 성향의 오바마 행정부가 들어서면서 불일치에 따른 한미관계 갈등 심화를 씻은 것도 긍정적인 평가로 볼 수 있다. 또한 2009년 말 약 400억 달러 규모의 아랍에미리트 원자력 발전소 사업자로 선정된 것은 이명박 정부가 지속적으로 추진해 온 자원외교의 성과이다. 이렇듯 과거 10년간 진보성향의 정부에서 북핵문제에 발목이 잡혀 대북포용정책에 초점을 두고 서울외교가 ‘한반도와 동북아시아’의 틀 안에서 유지한 전략을 현 서울정부에서 21세기 세계화 시대, 즉 ‘세계로 미래로’의 틀로 전환한 것은 이명박 정부의 외교·안보분야의 실적이다. 이 새로운 패러다임 안에서 서울은 새로운 인재와 제도를 확충하여 ‘성숙한 세계국가’로 나아가야 할 단계에 임박해 있다.[211]

특히 이명박 정부의 대미관계는 서울 좌파정권(노무현)이 시작한 FTA를 워싱턴 진보정권(오바마)이 마무리하면서 안보 경제 동맹으로 한 단계 진전된 한·미동맹을 구축하였다. 한·미 정상회담을 하루 앞둔 2011년 10월 12일 미 하원과 상원이 차례로 한·미 자유무역협정(FTA) 이행법안을 처리하였다. 2007년 6월 30일 양국 정부가 협정에 공식서명한 지 4년 3개월 만에 워싱턴의 비준절차가 끝나고 서울 정부가 10월 말까지 FTA 비준안을 처리

210) “진정한 선진국이 되려면,” 한국일보(2010년 7월 28일), p. A16.

211) “이명박 정부 2주년의 성과,” 상동(2010년 3월 2일), p. A20.

하면 60일이 경과한 후 2012년 1월 1일부터 한 · 미 FTA가 발효된다.[212] 이명박 대통령과 오바마 대통령은 10월 13일 정상회담에서 "한 · 미동맹이 한국에게는 '안보의 제1의 축'이며 미국에게는 '태평양 지역 안보를 위한 초석'임을 재확인하고 앞으로 평화와 번영을 위한 '태평양 파트너십'을 공고히 해나가면서 한 · 미동맹을 테러리즘, 대량살상무기 확산, 경제위기 등 국제사회가 당면한 도전에 적극 대처하는 '다원적 전략동맹'을 발전시키는 데 합의를 한 점"은 긍정적으로 평가할 수 있다.[213] 이 대통령은 13일 미 연방 의회 상 · 하원 합동연설에서 우리말로 계획했던 30분보다 훨씬 늘어난 45분간 연설하면서 5차례 기립박수를 포함한 45차례 박수를 받았다. 이 연설에서 그는 자기 임기 안에 통일한국의 초석을 놓는 남북통일의 필요성을 역설한 바 있다. 그는 이어 "통일한국은 어느 국가에도 위협이 되지 않을 것이고 동아시아의 안정과 세계평화에도 크게 기여할 것"이라고 강조하고 평양에 대해서 '이(통일)를 위해서 우선 한반도 비핵화라는 목표가 달성돼야 할 것'을 강조하여 그가 할 수 있는 분야에 최선을 다하는 모습을 보여준 바 있다.[214]

Ⅲ. 통일방안의 새로운 종합

남북한 통일정책이 미래지향적인 통일방안으로 서로가 이해할 수 있도록 종합될 수 없을까? 그 해답은 역사적 전례에서가 아니라 창조적이고 지각 있는 연구에 의해서만 찾을 수 있다. 종합적인 방안은 반드시 민족공동체통일방안과 고려민주연방공화국 안의 공통분모를 규정한 후에야 가능하다. 여기에 전제되어야 할 점은 장래에 있어서의 통일이란 내부적 요인(한국

---

212) "한국 좌파정권이 시작한 FTA, 美 진보정권서 마무리," 조선일보(2011년 10월 14일), p. A2.

213) "안보 경제 동맹으로 한 계단 더 올라선 韓美 동맹," 상동(2011년 10월 15일), p. A39.

214) "오바마 '중동형 민주화 시위, 北에서도 언제든 일어날 수 있어'," 상동(2011년 10월 15일), p. A4.

인끼리의 협상과 타협)과 외부적 요인(휴전협정을 평화조약으로 변경시키는 데 작용할 초강대국과 아시아세력의 영향력)을 고려하여 국제적인 화합을 통해 공고히 해야 한다는 것이다.

1. 내부적 요인(Internal Factors)

서울은 내부적 변수들이 통일을 성취하는 데 있어서 가장 중요한 요소라고 여기고 있다. 게다가 서울은 통일의 과정을 여러 단계를 거치는 장기적인 것으로 간주하고 있다. 평양도 내부적 변수의 중요성을 인정하고 있기는 하지만 통일이 성취되려면 급격한 변화가 필요하다고 주장하고 있다. 이러한 내부적 변수들을 연구하는 것은 남북한 이해관계의 역사성을 추적하는 동시에 최근의 양분된 의견을 이해하는 데 많은 도움을 줄 것이다.

만약 남북한의 정책결정자들이 합리적인 사고를 가지고 있고 현재의 한반도 상황에 대해 확실한 정보를 가지고 있으며 또한 그것을 예민하게 처리하고 있다고 가정한다면, 그들은 통일한국의 목표를 향해 한국합중국(United States of Korea)과 같은 이상적인 정치체제를 건설하고 수도를 결정하며(판문점) 최고 국법으로서의 통일헌법을 제정하는 일을 간과할 수 없을 것이다. 한국합중국, 판문점, 통일헌법 등의 세부적 목표들을 통해 내부적 변수와 외부적 변수의 관련성을 분석할 수 있을 것이다.

(1) 경제적 측면

한반도의 인위적 분단은 경제성장의 속도를 더디게 만들었다. 남북한은 경제적으로 많은 성장을 했지만 만약 통일된 상태라면 이보다 더한 모습을 보였을 것이다.[215] 사실상 남한의 경제성장 속도는 동아시아에서 두 번째일 것이다. 경제성장은 가까운 장래에 있어서의 평화통일달성에 매우 중요한 요소 중의 하나가 된다. 따라서 남북한의 경제체제의 유사성과 차이점을 다

---

215) Gregory Henderson, Richard Ned Below, and John G. Stroessinger, *Divided Nations In a Divided World*(New York: David Mckay Co., Inc., 1974), pp. 55~60.

음에서 분석해 보기로 하자.

　　한　국　　현재 서울은 '동아시아에서의 경제기적' 중 가장 최근의 모습을 보여준다. 그것은 일본과 대만의 경우에 비교되고 있다. 서울은 시장 경제적 발전전략을 기초로 정부가 국민경제의 나아갈 방향을 적극 유도하는 정책을 추진하면서 민간기업들을 성장시켜 왔다. 서울의 경제적 조직은 기본적으로 경제기획원에 의해 통괄되는데 경제기획원은 성장목표를 달성하는 데 있어서 중요한 역할을 수행하고 있다.[216] 한국은 세계시장의 변화에 의존하면서 무역에 있어서의 비교우위를 점하여 소위 '종속과 상호의존이라는 발전전략'을 채택했다. 게다가 서울은 방위비를 절감하여 산업자본에 투자하면서 수출주도형 시장자본주의를 발전시켰다.[217] 다시 말하여 서울은 이 당시 위기경제 관리를 벗어나 태평양경제공동체의 지도국으로 부상하고 있는 것이다. 물론 일본이 선두이지만 한국과 다른 작은 호랑이인 대만, 홍콩, 싱가포르 등이 일본의 뒤를 추적하고 있는 것이다. 남한은 5개년 계획을 통하여 1980년대에 있어서 '제2의 도약'을 성취하여 정의로운 복지사회를 건설해 나가고 있다.[218]

　　통계청이 2008년 8월 14일 '통계로 본 대한민국 60년의 경제·사회상의 변화'에 의하면 일제 식민지와 한국전의 폐허에서 맨주먹으로 이뤄낸 한국의 경제성적표는 기적이라고 분석된다. 예컨대 한국전이 끝난 1953년 한국의 1인당 국민소득은 67달러, 국내총생산(GDP)은 13억 달러에서 2007년 1인당 소득은 2만 45달러 국내 총생산은 9,699억 달러로 54년간 각각 299배와 746배로 늘어난 숫자로 원, 달러 모두 경상가격기준으로 한 통계이다. 경제성장의 견인차는 수출이었다. 한국의 경제정책에서 민간기업들의 수출활동은 1948년 2,200만 달러 수출에서 2007년 3,714억 9,000만 달러로 무려 1만

216) Young Whan Kihl, *Politics and Policies in Divided Korea: Regimes in Contest*(Boulder and London: Westview Press, 1984), pp. 130~133.

217) *Ibid.*, pp. 133~145.

218) *A Comparative Study of the South and North Korean Economics*(Seoul, Korea: National Unification Board, 1980), pp. 84~86.

6,886배로 늘어난 결과를 가져왔다. 무역규모 역시 1948년 2억 3,000만 달러에서 2007년 7,238억 3,500만 달러(3,167배)로 급성장했다. 같은 기간 수입도 1,716배로 늘어나고 수출은 1만 6,886배로 늘어났다. 세계무역점유비중도 1960년 수출 0.03%, 수입은 0.27%에서 2007년 수출 2.7%, 수입 2.5%로 확대된 점이 한국경제의 현황이다. 이외에도, 철강과 자동차, 선박, 반도체 등 주요제조업생산량은 최근 30~40년 새 각각 396배, 2,270배, 1,482배, 181배로 늘어난 수치이다. 여기서 경제활동의 중요한 인구는 1949년 2,019만 명에서 2007년 4,846만 명으로 2.4배 증가를 보였고 경제활동 참가율은 1963년 56.6%에서 2007년 61.7%로 늘어났으며, 여성취업자 비중도 같은 기간 34.8%에서 41.9%로 늘어난 점이 특징이다. 끝으로, 간척사업에 따른 국토면적도 1949년 9만 3,634㎢에서 2007년 9만 9,720km²로 6,086㎢(6.5%) 늘어나 제주도의 3.3배, 여의도의 725배의 땅이 국토로 추가되어 경제활동에 기여했다.[219]

서울의 급격한 경제성장은 한국적인 유교문화 유산(다시 말하면 숙련교육을 받은 노동력과 고도의 전문가들), 통찰력 있는 국제경제전략, 박정희·전두환 행정부 하의 상대적인 정치안정, 미국의 방위공약 그리고 정부의 효율적인 통화재정정책에 의해 이루어진 것이다.[220] 경제성장 5개년 계획을 통해 한국은 농업국에서 모범적인 산업국으로 변화할 수 있는 방법을 제시해 주었다.[221] 한국은 이 당시 개발도상국과 고도의 기술·산업국가들 중에서 중간규모의 경제를 갖춘 나라가 되었다.

서울은 1962년 경제개발 5개년 계획 이후 1인당 GNP는 1960년대 $79, 1970년대 고도 성장기를 맞고, 1980년대 $1,592, 2003년 $12,646(북한은 $818로 1.5배의 격차), 2007년 말 $20,000이었으며, 이 중 제조업 분야의 GNP가 차지하는 비율은 1962년 14.3%에서 1995년 27.2%로 확대되었고 같은 기간 동안 한국상품 무역규모는 5억 달러에서 1,660억 달러로 증가했으며 2007년

---

219) 배극인, "통계로 본 60년 변화상," 동아일보(2008년 8월 15일) donga.com(뉴스) http://www.donga.com/fbin/output?f=b0s&n=200808150065&main=1 참조.

220) John T. Bennett, "Korea Fuels Its Economic Lift-Off," *A Forbes Advertising Supplement* (September 13, 1982), p. 2.

221) 한국일보(1987년 1월 13일), p. 3.

현재 한국의 교역규모는 세계 12위, 경제규모는 세계 13위다. 조선·자동차·전자·철강 등 주요산업은 세계 1~5위에 올랐다. 외환보유액은 세계 4위, 에너지수입 세계 3위, 고속인터넷 가입자 세계 1위, 연구개발인력 세계 7위, 증권시장 규모 세계 15위로 국내 인구가 2007년 11월 20일자로 5,000만이 넘어 유엔 회원국 194개국 중 24번째 규모로 발전했다. 이러한 경제발전에 세계 각국은 지난 40여 년 간의 고도성장을 높이 평가하면서 한국을 신흥공업국으로 불렀지만, 1997년 11월 IMF 발생 이후 한국경제는 외부적인 이라크 전쟁과 사스 등 경제정체성까지 맞물려 현재 최악의 성장률을 보이면서 구조적 취약성을 보이고 있다.

현재 한국경제는 전 세계에서 가장 빠른 속도로 금융위기에서 벗어나고 있다. 2010년 GDP 성장률이 상반기 6~7%에 달해 간신히 플러스로 돌아선 미국과는 차이가 있다. 서울경제가 좋아진 이유는 반도체 경기호조 등에 힘입어 수출과 투자가 크게 확대되면서 1/4분기 경제성장률은 2009년 동기와 대비해서 7년 만에 가장 큰 폭으로 증가하고 있다.[222] 서울정부는 2010년 잠재성장률을 상회하는 성장이 예상되지만(상반기의 7%성장에서 하반기 3%대로 경기흐름), 남유럽의 재정문제, 선진국의 경제 불안 등을 감안해야 하며 2014년 균형재정을 목표로 2011년 예산안의 편성과 실천에 차질 없는 목표달성 노력을 하며, 재정지출, 국가채무 등 재정지표에 대한 구체적인 목표수치설정과 세원을 넓히고 예산지출에 대한 관리도 신경을 써야 할 부분이다.[223] 그러나 한국은 자타가 인정하는 강소국(强小國)에서 강중국(强中國)으로 넘어가야 할 시점에 놓여 있다. 21세기는 지식정보화와 경제통합시대이기 때문에 과거 금리나 물가와 같은 거시경제지표의 안정을 경쟁의 잣대로 삼는 것은 지양하고 좀더 미시적인 하부구조의 경쟁력을 확보하면서 우위를 유지하는 것이 무한경쟁시대에서 국민의 삶과 질을 올리는 데 중요한 요건이다.[224]

---

222) "두 개의 한국," 상동(2010년 7월 28일), p. A16.

223) 황인성 연구위원 外, "2010년 하반기 세계경제 및 한국경제 전망,"(2010년 5월 13일), SERI Economic Outlook or http://www.kefcc.com/htm/customer/sub_03_view.asp?number=214&cur_page=1 참조.

224) "인구 5000만 대한민국이 걸어갈 '强中國한'의 길을 논의하라," 조선일보(2007년 11월 20일), p. A 35. 한국경제의 현황과 향후전망 리포트 http://mybox.happycampus.com/ljpcw17/

북   한   평양은 스탈린주의적 중앙집권적 경제계획을 수립하면서 자력갱생체제 건설을 목표로 경제성장과 군사력 강화를 급진적으로 성장시켜 왔다. 해방 후 67년이 지난 현재 평양경제는 사회주의권 붕괴 이후 1990년대 말까지 마이너스 성장을 하면서 몰락의 길을 걷고 있으며 외부세계로부터 각종 지원과 남북경협을 통해 체제를 근근이 버티고 있다. 북한경제가 이처럼 침체기를 벗어나지 못한 이유는 평양의 경제구조가 아직까지 전근대적 경제구조에서 탈피하지 못한 것이 원인이라고 분석된다. 특히 북한경제의 현황과 발전가능성을 볼 때 1960년 평양의 GNI가 137달러, 서울은 94달러, 1964년 평양은 194달러 서울은 107달러로 거의 두 배 정도 높았지만 1972년에는 남북의 GNI가 318달러로 동일하게 되어 평양이 서울경제를 앞선 상태였다. 그러나 중공업과 국방건설에 집중한 나머지 자원분배구조가 크게 왜곡되면서 경제성장이 정체현상으로 나타나기 시작한 것이다.[225]

여기서 경제성장에 있어서의 시기구분을 해보면 다음과 같다. ① 조선민주주의인민공화국 수립 전후 시기(1945~1950년), ② 3개년 재건계획 시기(1954~1956년), ③ 5개년 계획 시기(1957~1961년). ④ 7개년 계획 시기(1961~1970년), ⑤ 6개년 계획 시기(1971~1975년), ⑥ 완충시기(1976~1977년), ⑦ 제2차 7개년 계획 시기(1978~1984년), ⑧ 제3차 8개년 계획 이후 현재시기(1985년~현재)를 포함한다.

평양은 ①, ②의 사회주의 건설시기에 있어서 공장을 재건하고 집단화를 도모하여 서울보다 더 빠른 경제성장의 모습을 보여주었다.[226] 그러나 세번째 시기부터 현재까지의 평양의 경제성장은 점점 미약해지고 있다. 평양경제는 중공업, 경공업, 농업 사이의 불균형을 보여주었고 그런 점은 목표성장률이 낮아지고 있음을 알 수 있다.[227] 평양의 1985년 국민총생산은 151억

1766576 참조.

225) 노재완, "8.15특집 ② 남북경제격차," http://blog.joins.com/media/folderlistslide.asp?uid=sd118&folder=10&listid=9906726 참조.

226) Rudolph, Philip, *North Korea's Political and Economic Structure*, pp. 52~53.

227) *Recent North Korean Facts*(Seoul, Korea: Secretariat of the Advisory Council on Peaceful Unification Policy, 1981), p. 46.

달러로 1984년에 비해 4억 달러가 증가했다. 1인당 국민소득은 1984년에 비해 3달러가 증가한 765달러였다. 평양의 경제성장률은 1985년에 2.9%(경제성장이 부진함을 나타낸다)였고, 총무역량은 307만 달러(상품수출 135만 달러, 수입 172만 달러)였다. 평양은 국민총생산의 23%를 방위비로 지출한다.[228] 분명히 평양은 경제성장에서 남한에 뒤지고 있다.

통일원 통계자료에 의하면 서울의 국민총생산은 1953년 13.5억 달러에서 1993년 3,287억 달러(243배가 증가), 2003년 6,061억 달러로 급증하는 반면, 평양의 경우 같은 기간인 1953년 4.4억 달러에서 1993년 205억 달러(추정) (약 43배 증가), 2003년 184억 달러 수준에 머물렀으며, 1인당 국민소득은 남한의 경우 12,646달러, 북한은 818달러로 15.5배 격차를 보이고 있다. 특히 서울은 1953년 개인의 GDP는 67달러로 세계 최빈국에서 2007년 말 2만 달러를 넘어 54년 만에 298배로 늘어나서 남북한의 경제 차이점을 분명히 보여주고 있다.[229]

그러나 북한의 경제는 국가계획위원회의 주도 하에 치밀하게 계획되며 중앙에 집중되어 있는 국가경제구조를 갖고 있다. 국가계획위원회는 북한의 경제성장목표를 달성하는 데에 있어서 에너지와 자원을 효율적으로 관리하는 능력이 있는 정부조직이다. 1980년의 6차 당대회에서 강조된 점은 '주체 철학의 지도 하에 근대화와 과학화를 이룩하여 자주적 민족경제를 건설하자'는 것이었다. 북한은 국가경제의 복잡성에 대해 일종의 두려움을 갖고 있으며 따라서 소비에트체제인 상호경제협력협의체, 즉 코메콘 가입을 사양하고 있는 것이다.[230] 그 점은 다음과 같은 네 가지의 중요한 문제를 제기한다. 즉 중공업과 경공업 간의 적절한 균형유지, 집단적 소유와 관리의 수준유지, 중국식의 유연한 가격체제와 제한된 시장허용이라는 실험, 대외무역의 문제

---

228) *The Korea Times Los Angeles Edition*(January 15, 1987), p. 12.

229) "인구 5000만 대한민국이 걸어갈 '强中國'의 길을 논의하라," 조선일보, 박재용, "통계로 본 남북한(2003년 기준)," *KBS News*(2004년 12월 9일), http://news.co.kr/exec/print.php?id= 1090953 참조.

230) Gordon White, "North Korean Juche: The Political Economy of the Self-Reliance," in Manfred Bienefeld and Martin Godfrey(eds.), *The Struggle for Development: National Strategies in an International Context*(New York: John Wiley and Sons, 1982), pp. 332~336.

가 그것이다.[231] 북한은 군사적 변수만큼 경제력도 중요하게 평가해왔다. 그리고 북한은 그들의 경제가 자원과 기본바탕의 상대적 우위에도 불구하고 남한에 비해 뒤떨어진다는 점을 인식하고 있다. 북한경제의 정체현상은 사유재산제와 이윤제의 부재, 이데올로기적 교조에 대한 지나친 강조, 외국과의 교역 또는 경제적 협력관계의 중요성 등을 무시한 결과이다.[232]

평양은 1990년대 초 사회주의권이 붕괴되고 시장경제체제로 탈바꿈했지만 주체경제, 자립경제 슬로건을 내걸어 점점 더 침체의 길로 들어서게 됐다. 특히 1990년대 이후 평양의 대부분 산업설비가 노후화했고 에너지난까지 겹쳐 정상적인 운영이 어려워졌고 무역이 전체 경제 중 차지하는 비중은 10%였다. 또한 먹는 문제도 해결하지 못하고 외부사회의 지원에 의존하는 평양경제난의 원인은 평양당국의 체제유지를 위한 정치와 군사우선정책에서 찾아볼 수 있다. 평양은 경제회복전략을 수립하고 산업생산력 회복을 위해 2002년 경제개혁조치인 7.1경제관리개선조치를 발표하고 2005년까지 개혁조치를 점진적으로 확대했으나 현재까지 특별한 효과가 없는 상태이다. 이유는 경제관리개선조치가 경제성장에 긍정적인 영향을 미치기 위해서는 이론적으로 가격의 현실화가 수요와 공급을 조절하면서 수시로 이루어져야 하나 현실적으로 제대로 운영되지 못한 점과 노동의 동기부여가 제대로 주어진 상태에서 성과에 따른 분배가 정확히 이루어지지 못한 점이다. 여기에 평양은 폐쇄적인 경제체제를 운영하면서 에너지를 비롯한 공급이 원활히 이루어지지 못한 점도 추가 이유로 분석된다. 평양은 2007년 신년공동사설에서 경제강국 건설에 필요한 요구로 경공업혁명을 강조했고 2008년 신년공동사설에서는 '인민생활 제일주의'를 강조한 바 있다. 그러나 평양이 경공업 위주의 인민생활을 활성화하기 위해서는 해외자본을 끌어들여야 하지만 아직까지 북핵문제가 해결되지 않은 상태에서 대외경제협력도 기대하기 어렵고, 북한경제의 시장화는 북한 당국이 폐쇄적인 경제체제를 개방화하지 않는 한

231) Fredrica M. Bunge(ed.), *North Korea: A Country Study*(Washington, D.C.: U.S. Government Printing Office, 1981), pp. 109~110.

232) *A Comparative Study of the South and North Korean Economies*(Seoul, Korea: National Unification Board, 1984), pp. 74~77.

가속화하기는 어려운 점이 도사리고 있다.[233] 다시 말해서, 평양은 계획경제를 채택하고 있으나 노동력과 관료조직을 실용적으로 활용하기보다는 김일성사상에 보다 경도됨으로써 서울경제에 비해 뒤떨어지고 있다. 반대로 서울의 노동력은 교육도가 높고 광범위한 숙련 기회를 제공받고 있다.

북한은 미국의 계속된 봉쇄정책과 기업 간의 신용성 부족, 인플레이션의 증가로 경제난은 계속해서 가중되고 있다. 평양의 경제난은 북한의 가장 취약한 약점으로 1993년 공식적으로 통제경제의 실패를 자인한 바 있다. 평양은 이러한 경제난의 해결책으로 2009년 11월 30일 17년 만에 구 100원을 신 1원으로 바꾸는 화폐개혁을 단행한 바 있다. 이 화폐개혁의 목적은 임금과 물가를 현실화한 2002년 7·1 경제관리개선조치 이후 화폐 가치가 하락하여 생긴 인플레이션을 잡는 것과 북한 주민들이 보유한 암거래 시장에서 유통되는 지하 자금을 끌어내는 데 있으나 화폐 교환조건을 제대로 정하지 못한 실책에서 북한주민의 극심한 반발로 인해 실패한 것으로 알려지고 있다.[234]

요약하자면 남북한은 서로 다른 구조의 경제체제를 유지하고 있다. 한국전쟁과 냉전 그리고 데탕트라는 환경을 거치면서 남북한은 경제성장에 있어서 서로 다른 길을 걸어온 것이다. 만약 남북한이 그들의 경제를 통합시킨다고 가정하면 2006년 기준년 가격기준으로 국민총생산이 9,129억 달러(남한 = 8,873억 달러, 북한 = 256억 달러, 합계 9,129억 달러)[235]에 이른다. 다른 개발도상국들과 비교했을 때 통일한국은 경제적으로 세계 10위권의 강중국으로 부상하게 될 것이다. 또한 통일된 한국은 인구수에 있어서도 북한인구(2,300만 명)와 남한인구(5,000만 명)를 합치면 7,300만 명으로 세계 유엔회원국 194개국 중 18위가 된다.[236] 이런 점들이야말로 모든 한국인이 통일을 갈망하는

---

233) 노재완, "8.15특집②- 남북경제격차" 참조.

234) 조선민주주의인민공화국 위키백과-우리 모두의 백과사전, http://ko.wikipedia.org/wiki/%EC%A1%B0%EC%84%A0%EB%AF%BC%EC%A3%BC%EC%A3%BC%EC%9D%98%EC%9D%B8%EB%AF% BC%EA%B3%B5%ED%99%94%EA%B5%AD 참조.

235) "남북한의 주요경제지표 비교," 한국은행(2007년 1월 28일), http://www.bok.or.kr/template/main/print/print_pop.jsp 참조.

236) "인구 5000만 대한민국이 걸어갈 '강중국'의 길을 논의하라," 조선일보, p. A35.

보다 더 경험적인 증거들일 것이다.

　　공통적 요소　　　남북한 사이의 차이는 상호 교류계획을 통해서 충분히 개선되어질 수 있다. 그 계획에는 '금강산공동개발', '판문점(장차의 수도지로 적합한 천혜의 자원공원)공동개발', '부산과 신의주를 연결하는 직통고속도로의 공동건설', '황해와 동해에서의 공동조업', '비무장지대 근처에 댐 공동건설계획', '지하자원 공동개발', 그리고 '남북한 간의 상품과 원료의 교환' 등이 포함되어 있다. 이러한 상호 교류계획은 남북한의 대화개선과 경제체제의 차이점들을 연결시킬 수 있는 가장 좋은 방법이라고 여겨진다.[237] 이 방법은 1980년대 말 이 책에서 지적한 방법이 2007년 제 2 차 남북정상회담에서 구체화한 방안으로 나타났다. 이러한 남북한 공통적 요소는 '남북경제공동체' 건설이라는 명분 하에 정상회담 주요 합의내용인 5개 남북경협의 확대·발전, 서해평화협력특별지대 설치에

　　－ 투자 장려, 기반시설확충, 자원개발, 우대조건과 특혜우선 부여
　　－ 해주지역과 주변해역을 포괄하는 '서해평화협력특별지대'를 설치
　　　▲ 공동어로구역과 평화수역 설정
　　　▲ 경제특구 건설과 해주 항 활용
　　　▲ 민간선박의 해주직항로 통과
　　　▲ 한강하구 공동이용 등을 적극 추진
　　－ 개성공단 1단계 조속완공 및 2단계 개발 착수, 문산－봉두 간 철도 화물수송 시작, 통행·통신·통관 문제 해결
　　　▲ 개성－신의주철도, 개성－평양고속도로의 공동이용
　　　▲ 안변·남포 조선협력단지 건설
　　　▲ 농업·보건의료·환경 분야 등 협력
　　－ 부총리급 '남북경제협력공동위원회' 설치를 합의하여

남북한의 특수관계를 한반도차원의 공동번영의 새로운 토대를 만들었다고 분석된다.

---

237) 동서독과 남북한(서울: 동아일보사, 1973), pp. 499~505.

위의 공통적 요소는 '남북경제공동체'를 건설한다는 목표를 두고 경제적 측면을 평화를 달성하는 선순환의 관계로 설정하여 상생의 남북한 경제의 실현을 달성함으로써 평화와 번영을 동북아시대로 확산하고, 내부적으로 남북경협을 한 단계 높인 공통적 요소인 개성공단 건설의 장애요인을 제거하고 이 사업에 확장을 위한 군사측면의 보장에도 합의하여 새로운 단계의 발전요인을 만들었다고 본다.

그동안 서울의 '퍼주기식 대북지원'이 남북경제공동체 건설의 주도적 역할을 하여 다른 국가보다 앞서 조선협력단지 건설 등 (▲ 개성–신의주철도, 개성–평양고속도로의 공동이용 및 개보수 문제협의·추진 ▲ 농업·보건의료·환경 분야 등) 여러 협력사업 진행에도 적극적으로 관여하여 서울이 새로운 투자의 기회를 갖게 되고 평양측은 경제발전의 기회를 갖게 된다고 분석이 된다.[238] 노무현 정부에서 서해평화협력특별지대를 설정한 이유는 서해를 평화와 협력의 바다로 바꿀 수 있다는 생각의 전환 측면에서 냉전시대에 있었던 '군사적 대치'에서 탈냉전시대·화해협력시대의 '경제협력' 접근이라는 평화번영의 벨트로 전환한다는 접근방법이라고 분석된다. 과거 서해 접경지역에서 군사·안보 불안요소를 경제 화해협력차원에서 평화를 추구하는 서해평화협력특별지대 개발로 해주지역과 주변해역의 평화와 번영을 포괄적으로 추진하여 남북한 간 군사적 긴장을 완화하여 탈냉전시대에 부응한다는 발상이다. 서해평화협력특별지대 주요 사업은 ▲ 공동어로구역과 평화수역 설정, ▲ 경제특구 건설, ▲ 해주항 활용, ▲ 민간선박의 해주항로 통과, ▲ 한강하구 공동이용이 포함되고 있다.

서해평화협력특별지대 개발은 평화번영의 경제협력 프로젝트의 모델로 남북한의 어민과 서울 기업에게 수익차원에서 직접적으로 참여하는 기회를 제공하고 개성 및 인천과 연계하여 경제적 시너지효과를 이룬다는 논리이다. 이 개발지대는 한반도 종횡의 교차점에 위치하여 한반도 통합경제권의 중심지로 환서해경제권을 형성하고 남북경제공동체 형성을 달성하는 실험장 역할을 한다는 계획이다.[239] 그러나 이 지대는 지난 10년간 나온 햇볕주의자

238) "2007 남북정상회담 결과 홍보 책자(가칭: 더불어)," pp. 18~19, pp. 24~25.

239) 상동, pp. 22~23.

들이 만든 프로젝트로 많은 경제적인 부담때문에 이명박 정부에서는 "남북합의사항을 따져보겠다"는 입장이다.

이명박 정부는 과거 대북정책이 무슨 정책인지 따져보아 상호주의를 대북정책의 근간으로 정립한다는 것이다. 평양은 이런 변화에 적응해야 하며 보수정권이라고 해서 '하나를 주면 하나를 받는' 엄격한 대칭적 상호주의가 아니라 큰 틀에서 원칙을 지켜나가되 이명박 정부의 남북한 교류협력은 시혜(施惠)가 아닌 거래로 보고 일정한 규범의 준수를 요구할 것을 미리 준비할 필요가 있다. 예컨대 상호주의의 기본적 요소는 기본적으로 인간에 대한 예의에서 시작한다는 입장이고 이쪽이 호의를 베풀면 저쪽도 최소한의 성의 표시는 해야 하며 가난한 북한도 줄 게 없으면 국군포로나 납북피해자 몇 사람도 돌려보낼 수 있다는 점이다. 이명박 정부는 정통성이나 국력 차원에서 우위를 차지하는 입장에서 평양의 기분 내지 감상적인 차원이 아닌 이성적 차원의 현실에서 평양을 냉철하게 비록 햇볕정책에서 이룬 합리적인 정책은 추진하고 잘못된 정책은 과감하게 수정·보완하는 진정성을 가지고 새로운 대북정책을 정권차별화와 정권유지 차원에서 벗어나 국내외 한반도통일전문가의 고견을 참조하여 참된 남북 화해와 협력을 이루어 나가야 통일의 여정을 단축할 수 있다고 본다.[240]

이러한 경제교류협력 과정을 통하여 남북한은 사실상의 통일을 경제적인 통합차원에서 이루고 장기적인 정치통합 내지 법률상의 평화통일이라는 장기적 목표를 달성하는 데 초석이 될 수 있는 단기적인 기술적 문제를 경제적 공통분모에서 해결해야 한다.

(2) 군사적 측면

만약 남북한이 합쳐진다고 해도 면적은 미국의 미네소타 주보다 작고 인구는 이탈리아, 영국, 프랑스 등보다 적다. 그러나 군사력의 측면에서 보면 남북한의 1990년도 초 기준으로 상비군을 합치면 152만 명에 이르며(북한 87만 명, 남한 65만 명) 이것은 세계 5위에 해당한다. 더구나 북한은 96,000명

240) 이재호, "북, 남의 새 정권과 살아가려면," 동아일보(2007년 12월 11일), p. A38.

의 특공대 그리고 한국은 4,100,000명의 준군사력을 가지고 있다.[241] 남북한
은 극도로 심각한 군비경쟁을 벌여 왔는데 이 점은 무기와 군수공장의 건설
에서 그대로 나타나고 있다.

　　남북한 간의 군사력을 비교하기 전에 군사정책, 남북한 협력의 정의를
다루는 것이 중요하다고 본다. 군사정책은 육군과 해군, 공군의 군대와 관
련된 정부활동을 포함한 실질적인 운영방안을 뜻한다. 군사정책은 전략과
구조로 분리된다. 전자는 외교측면에서 계획지급(예컨대, 군사력 구성과 준비
그리고 숫자, 무기의 유형)과 용도지급(예컨대, 전개, 수행, 군사력고용(雇傭), 동
맹, 전쟁계획, 전쟁선언과 군대이전)을 포함한다. 후자는 국내 측면에서 예산
및 인력 조달과 기구적인 분대를 포함한다.[242] 분석적으로 볼 때, 전략과
구조의 구분은 가능하다. 실제적인 면에서 이상의 구분은 군사정책결정을
할 때 늘 가능하지 않다. 여기서 전략과 국조(國調)를 통괄적으로 포함하고
있다.

　　남북한 협력의 개념은 냉전시대에 남북한 간의 지리적인 경계선을 넘
어 교환되는 인적·이념적·물질적인 의미를 말한다. 이상의 전통적 국민
개념은 긴장환화시대에서 지리학(예컨대, 영토와 군사력)에서 경제·정치와
민주화적인 새로운 측면을 의미한다. 예를 들면, 1991년 서울의 1인당 소득
액은 5,500달러, 1992년은 6,200달러가 되었다. 1990년 중반기에 이르러, 이
상의 소득액은 7,000달러가 되었다. 서울의 일방적인 경제발전은 상당한 진
전을 거두어 평양으로부터 군사적 위협에 도전할 수 있게 될 것이다. 탈냉전
시대에 남북한 협력의 개념은 정치적인 측면에서, 경제발전과 더불어 민주화
성숙을 완수할 수 있게 되었다. 민주화 성열(盛熱)은 평양의 실용주의 집단체
제 지도자를 이루는 또는 평양 정책수립자의 정치권력을 강화하는 데 영향
력을 행사할 것이다. 평양지도자의 행동은 북한사회를 개방하는 데 도움이

---

241) *The Military Balance 1986~1987*(London, England: The International Institute for Strategic
　　Studies, 1987), pp. 160~161. See also "South Korea Release White Paper on North Korea
　　Military," *The Korea Times Los Angeles Edition*(February 11, 1989), p. 11.

242) Samuel P. Huntington, "Military Policy," in David L. Sills (ed.,) *International Encyclopedia
　　of the Social Sciences* Vol. 10 (New York: The Macmillan Co., and the Free Press, 1968),
　　pp. 319~324.

될 것이다.[243]

1945년 이래, 남북한 간의 군사력 협력은 전혀 없었다. 저자는 긴장완화 시대에 남북한 협력의 군사측면이 정치적 통합을 이루는 데 가장 중요한 역할을 한다고 본다. 이상 두 개념은 긴장완화시대에 군사정책의 전략과 구조, 남북 상호협력의 새로운 정의를 적용하면서 남북 양국 간의 군사력을 비교하는 데 도움이 될 것이다.

비교적인 면에서, 두 개의 한국을 합친다고 해도 앞에서 지적한 대로 작은 넓이(지리적으로 미네소타 주와 동등)와 적은 인구를 포함한다(이탈리아, 영국 또는 프랑스 다음). 하지만 만약 군사력을 합친다고 하면, 전세계 상비군 중 5위를 차지하는 150만의 훈련된 군대를 포함하게 된다.[244] 남북한은 무기와 군수품을 증가하는 군비경쟁을 해오고 있다. 그러면 계획지급, 용도지급과 미래 남북한 군사협력에 도움이 될 공통점을 찾을 수 있는 남북한 간 군비축소문제를 분석하자.

한 국   한국군대의 편제와 역할 및 조직은 지난 50여 년 동안 유엔군과 미군의 편제와 병합되어서 운용되어 왔다. 1949년 6월부터 1950년 6월까지의 짧은 기간을 제외하고는 미 육군장성과 해군장성의 보좌를 받는 미국의 4성 장군이 한국의 65만 병력의 작전지휘권을 2007년까지 계속 보유하고 있다. 그리고 미국은 자국의 국가이익의 보존을 위해 한국의 국방예산에 24억 달러를 제공해왔다.[245]

1978년 당시 루이스 메네트리(Louis C. Menetrey) 장군이 한미연합사령부 사령관이었다. 1978년의 자료에 따르면, 전시의 작전지휘권에 있어서 그는

---

243) Young Jeh Kim presented "Prospects for Inter-Korean Relations and Korean Unification Direction in the 1990's" for the KAUPA Conference on "Forty Years of Korea-U.S. Relations, 1948~1988: A Reappraisal"(December 2~4, 1988), Rotex Plaza Hotel, Los Angeles, Ca. pp. 3~10.

244) *The Military Balance 1986~1987*(London, Great Britain: The International Institute for Strategic Studies, 1987), pp. 160~161.

245) Gregory Henderson, "Korea: Militarist or Unification Policies?" in William J. Barnds(ed.), *The Two Koreas in East Asian Affairs*(New York: New York University Press, 1976), pp. 142~144. See also "South Korea Release White Paper on North Korea Military," p. 11.

미 육군 2사단 14만 명, 7만 3천명의 공군 314사단 그리고 한국군 65만 명을 통합적인 지휘구조 하에서 책임지고 있었다.[246] 소위 작전지휘권은 1978년부터(미군대장에 의해 이끌어지던) 한국주둔 유엔사령부의 손에서 한미연합사령부로 이전되었다(도표 3-5 한미연합사령부조직을 참조). 1981년 중반에 미군장성이 한미연합사령부의 작전지휘자로 부임하고 한국군 장성이 그의 휘하에 부사령관으로 부임했다. 공군사령부에서도 마찬가지로 미 공군중장이 사령관이었고 한국 공군장성은 그의 대리로 부임했다.[247]

메네트리 장군은 1980년 6월 1일부터 1987년 6월까지 한국에 있었던 윌리엄 립시(William J. Livsey) 장군을 대신하여 부임하였다. 메네트리 장군은 한국에 오기 전에 텍사스의 샘 휴스턴에 있는 제5군에서 중장의 계급으로 사령관 임무를 수행했었다. 그는 레이건 대통령에 의해 대장에 임명되고 주한미군사령관으로 부임하게 됐다. 그는 주한미군사령관, 유엔군사령관, 한미연합군사령관, 미8군사령관직을 겸임하도록 되었다.[248]

제5공화국 헌법에 따르면 이 당시 조직계보에서는 국군통수권자인 전두환 전 대통령이 국가안전보장회의 자문을 얻어 군사정책을 결정하도록 되어 있다. 국가안전보장회의는 국무총리, 부총리, 국방장관, 외무장관, 내무장관, 재무장관, 국가안전기획부장 등과 대통령이 지명하는 그 외의 인사들로 구성되어 있다. 대통령의 오른팔은 육·해·공군과 향토예비군을 통괄하는 국방장관이다. 그는 합참의장에게서 조언을 구한다. 대통령의 왼팔은 나머지 행정장관들이다.[249] 작전권과 군대편제와의 이중성 때문에 평양은 서울을 워싱턴의 괴뢰정부라고 비난하고 있다. 반면에, 서울은 미군사력의 보호막 때문에 평양보다 군사비지출을 줄일 수 있어서 높은 수준의 경제발전을 이룰 수 있었다고 말할 수 있다. 다시 말해 1986년의 자료에 의하면, 서울의 군

246) *The Washington Post*(January 9, 1977), p. A20 and The Korea Herald(August 1, 1982), p. 3.

247) Frederica M. Bunge(ed.), *South Korea: A Country Study*(Washington, D.C.: U.S. Government Printing Office, 1982), pp. 220~224.

248) *The Korea Times Los Angeles Edition*(February 28, 1987), p. 12.

249) Frederica M. Bunge(ed.), *South Korea: A Country Study*, p. 220.

| 그림 3-7 | 한미연합사령부 조직 |

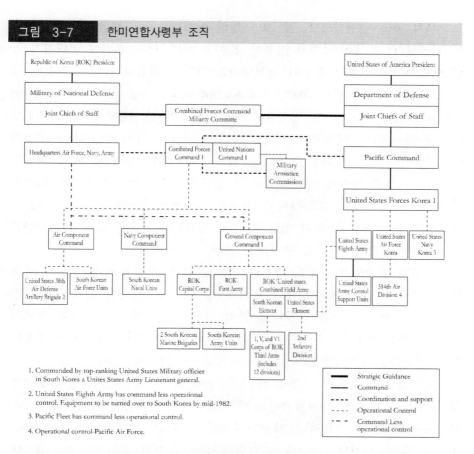

자료: Frederica M. Bunge(ed.), *South Korea: A Country Study*(Washington, D.C.: U.S. Government Printing Office, 1982), p. 223.

사비지출은 국민총생산 대비 5.1%이고 평양은 22.7%이다.[250] 즉 서울에 있어서 작전권과 군편제의 이원성은 결과적으로 이점으로 작용하고 있는 것이다.

　한국군대와 미군의 조직구조를 강화하기 위해서 1976년부터 방어훈련으로 시작한 한미합동군사훈련인 '팀스피리트 87'이 1987년 2월 19일부터 5월

250) *A Comparative Study of the South and North Korean Economies*(Seoul, Korea: National Unification Board, 1988), p. 34.

초순까지 계속 진행되었다. 약 20만 명의 한미연합군이 훈련에 참가하였다. 이 팀스피리트는 1993년까지 이루어 졌으나 1992년에는 훈련이 이뤄지지 않았고 1994~1996년에도 훈련이 계획됐지만 평양과 핵협상 와중에 취소된 적도 있다. 이 훈련은 이후 2007년까지 RSOI(Reception, Staging, Onward Movement and Integration of Forces)로 명칭을 바꿔었다가 2008년 3월부터 키 리졸브로 대체된 바 있다.[251] 평양의 관점에서 본다면 이것은 '대북 핵전쟁 준비'이거나 '격렬한 전쟁의 도화선'을 당기는 대규모의 '군대동원상태' 또는 '북침훈련'이다. 북한은 해마다 '팀스피리트'를 중단시키려고 했지만 그들의 목적을 성취하지는 못했다.[252] 요약하자면, 서울은 워싱턴의 군사적 보호를 통해 경제성장의 좋은 조건을 갖고 있는 것이다. 작전권을 보유한 미국의 핵우산은 심리적으로 대북억지효과를 발휘하고 있다.

　　서울의 군사조직은 많은 경비를 필요로 한다. 영국국제전략연구소 발표에 의하면, 한국은 1986년 48억 달러에 상당한 국방예산을 배정했다.[253] 이 숫자에서 1988년 한국은 국방비를 76억 달러로 인상했다.[254] 인상된 군비지출, 외부원조, 영국국제전략연구소 자료와 1987년 한국의 국방백서를 인용하여, 한국군대를 분량 상(上), 성질 상(上)으로 분석하고자 한다.

　　숫자상으로, 서울의 군대 65만 명은 숫자적으로 북한 87만 명을 능가하지 못한다. 서울은 19보병사단, 7특수전투여단, 그 기계화된 보병사단, 2AA(Anti-Air Craft) 포병여단, Honest John을 포함한 2SSM(Surface to Surface Missile) 지대지미사일, 3Hawk 포병대대(24)를 포함한 2SAM(Surface to Air Missile) 지대공미사일 여단과 2Nike Hercules(지대공유도탄) 부대를 보유하고 있다. 서울은 1,500대의 전차, 1,550대의 장갑차, 300척의 해군함정과 1,170대의 군용기를 가지고 있다. 한국의 공군은 33,000명과 전투항공기 462기를 보

251) 팀 스피리트 위키백과-우리 모두의 백과사전, http://ko.wikipedia.org/wiki/%ED%8C%80%EC%8A%A4%ED%94%BC%EB%A6%AC%ED%8A%B8 참조.

252) *The Korea Herald Los Angeles Edition*(February 20, 1987), p. 12.

253) *The Military Balance 1986~1987*, p. 160.

254) Myung-O Bae presented a paper entitled "Prospects of Inter-Korean Military Relations," at International Conference on "Inter-Korean Relations After the Seoul Olympics"(July 1~3, 1988), Crystal Gateway Mariott Hotel, Virginia.

유하고 있다. 한국의 해군은 25,000명과 9구축함, 5코르벳함(대공 · 대잠수함장
치를 갖춘 소형 쾌속호위함), 11고속함(포함) FAC, 136초계정(대형)과 1소해정을
가지고 있다. 이상의 분량은 평양의 35,000명, 25잠수함, 2순양함, 32고속정
(포함) FAC-(G), 136고속정(어뢰정) FAC(T), 167고속정(다목적) 1987 FAC와 35
초계정(대형)보다 더 적은 융통성과 화력을 갖추고 있음을 증명한다. 서울은
1987년 23,000명의 해병대를 보유하고 있다.[255] 질적으로, 한국 군장비는 표
준 이하다. 표준 이하는 세계 2차 대전과 1950년 전쟁으로 소급한다. 이유인
즉 4가지로 나눌 수 있겠다.

(1) 미국 군사보호 하에 한국은 국민 총생산에 6퍼센트를 국방비에 소
모했다.

(2) 한국전은 서울정부에 구식장비를 넘겨주게 되었다.

(3) 한국은 구 장비를 유지하기 위하여 국방비의 80%를 사용한다.

(4) 미국은 한국정부에게 방어용 무기만 제공했다.

이는 한국정부가 공격용 무기를 보유하여 북한을 공격할 것을 두려워했
기 때문이다. 베트남 전쟁 후 워싱턴 정부는 한국군대의 근대화에 관심을
갖기 시작했다. 하지만 서울과 평양 사이에 군사불균형이 존재하고 있었
다.[256] 냉전시대에 사실상 한국은 경제발전을 달성하는 데 군사조직의 작전
역할과 조직구분이 도움이 되어왔다.

그럼에도 불구하고, 긴장완화시대에 한국의 군사 측면은 변화될 것으로
예상됐다. 1989년 3월 13일자 한국일보에 의하면 서울은 43,000 주한미군의
1988년 비용면에서 미국과 함께 16.4% 인상된 22.1억 달러를 담당키로 했다.
22.1억 달러의 국방비용은 4분야로 나눌 수 있겠다. 13.6억 달러의 땅과 기
타 부동산의 공제비, 3억 5,270만 달러의 인사보상금, 2억 7,740만 달러의 병
참지원과 1억 7,420만 달러의 공제 내지 삭제된 세금을 포함한다. 인상의 중
요 원인을 1988년 이래 한화가치의 급상이다.[257] 2007년 서울이 부담하는

---

255) *The Military Balance 1986~1987*, pp. 160~161. See also "South Korea Release White Paper
on North Korea Military," p. 11.

256) Young Jeh Kim, *Toward a Unified Korea: History and Alternatives*, p. 135.

257) 한국일보(1989년 3월 14일), p. 1.

한·미방위비 분담금은 서울의 전체 국방예산의 2.94%인 7,255억 원 규모로 인건비를 제외한 주한미군 운영경영비의 42%를 분담하고 있다.[258] 서울 지도 자들이 주장하기를, 한국은 다른 북대서양조약국이나 일본보다 국방비를 더 많이 지불하고 있고 장기적으로 방위비 분담금을 현재의 현금 위주에서 현물 위주로 바꿔야 하며 한국의 적극적인 노력은 군사분야에서 자주적 역할로 인정 내지 측정을 해야 된다고 한다.

한국과 미국 군사조직체제를 강화하기 위하여(예컨대, 동맹과 공약), 소위 '팀스피리트 89', 즉 연례적인 한미군사합동훈련을 1989년 3월 14일부터 3월 23일에 실시했다. 미국 제8군에 의하면, 한국과 미국에서 200,000명이 안보 동맹 하에 합동훈련에 참석했다. 200,000 병력 중에 70,000명은 미군이었다. 43,000명은 한국에 주둔하고 있고 27,000명은 하와이, 오키나와와 미국 본토에서 참가했다. 합동훈련의 목적은 가상적인 평양의 공격을 방어하는 합동작전을 통하여 방어준비에 완벽을 기하는 양국군의 훈련을 하는 것이다.[259] 89년 팀스피리트는 1988년과 같은 규모였다. 이 훈련은 미국군의 해외파견, 상륙, 전개와 재전개를 포함했다.[260]

평양은 '팀스피리트 89'를 북한에 대한 핵 공격을 준비하는 '범죄행위'라고 비난하면서 1986년과 같이 남북대화를 중단하겠다고 위협했다. 평양지도자들은 매년 '팀스피리트' 중단노력에 실패해왔다. 예년과 같이, 서울과 워싱턴 지도자들은 한국에 경제적 이익관계로(10일간 공동훈련 중 전체 금액의 1/3인 1,600만 달러를 지불했다. 만약 한국이 똑같은 훈련을 혼자 부담한다고 하면, 서울은 2,900만 달러를 지불해야 한다) 계속하기로 결정했다. 첨가해서, 서울은 군사작전에도 도움을 받는다(예컨대, 서울은 최근 군사작전, 무기조직, 기밀탐지기술과 전투훈련).[261] 간단히 말해서 한국군사 측면은 미국 핵우산 하에 국가방

258) 주한미군위키백과-우리모두의 백과사전, http://ko.wikipedia.org/wiki/%EC%A3%BC%ED%95%9C%EB%AF%B8%EA%B5%B0#.EB.8C.80.ED.95.9C.EB.AF.BC.EA.B5.AD.EA.B5.B0.EA.B3.BC.EC.9D.98_.EA.B4.80.EA.B3.84 참조. "한·미 방위비 분담 입장차이 못 좁혀," 조선일보(2008년 8월 30일) p. A2.

259) *The Korea Times Los Angeles Edition*(March 8, 1989), p. 12.

260) *Ibid.*(March 14, 1989), p. 12.

261) *Ibid.*(March 17, 1989), p. 12.

위와 경제발전에 이바지고 있다. 이상 작전역할은 평양에 대한 물리적·심리적 방어에 기여했다.[262]

2000년대 들어서서 한국의 한미군사동맹관계는 전 김대중 대통령의 국민의 정부 전 김동신 국방장관의 2001년 6월 23일 미국 헤리티지재단 "21세기 한미동맹의 비전" 연설에서 현재와 미래의 한미군사관계를 찾아볼 수 있다. 김동신 전 국방장관은 현재 한·미동맹 유지가 어느 다른 나라들과의 군사관계도 대체할 수 없는 유일한 대안이라고 전제한 후 지난 반세기 동안 워싱턴은 서울의 자유수호와 경제발전을 위해 우호적 정책을 유지하고 있으며 한국국민은 워싱턴을 동북아에서 영토적 야심이 없는 국가로 간주하고 민주주의와 인권 등 인류보편의 가치를 공유할 수 있는 전략적 동반자로 믿고 있다고 밝혔다. 그는 21세기 한·미동맹의 비전에는 통일한국이 이루어지는 점을 감안해서 전략적 공동이익이 있다고 믿고 통일 이후 한·미동맹은 통일한국의 안보를 보장하고 미·일동맹과 함께 동북아지역의 평화와 안정에 기여하는 안전핀 역할을 한다고 내다보고 있다. 그는 과거의 의존적 관계에서 현재의 상호보완적 관계를 지나 공동이익을 창출하는 데 초점을 두면서 현재의 동맹이 평양의 군사위협에 대처하기 위한 '평화를 지키는 동맹'에서 미래의 변화를 유도하고 위협을 감소하는 '평화를 만들어 나가는 동맹'으로 발전해야 한다고 강조하고 있다. 그는 한·미 양국이 6자회담을 통해 북핵 해결을 찾아가는 과정에서 평양의 위협이 해소될 때까지 한·미동맹의 확고한 군사대비태세를 유지하는 점과 평양의 변화를 긍정적인 방향으로 유도하는 한·미 간의 긴밀한 지혜가 필요한 점을 지적했다.[263]

김동신 전 국방장관은 미국의 도널드 럼즈펠드 국방장관과 2001년 6월 21일 미 국방부에서 가진 공동기자회견에서 워싱턴의 서울 대북포용정책 지지와 평양의 재래식 군사위협에 관해 한·미 간 긴밀한 협의를 통해 미래청

---

262) 김용제, "남북한 교류협력의 군사적 측면," 민족공동체와 통일문제(서울: 국토통일원, 1989), pp. 131~132.

263) "김국방, 한미동맹 유지가 유일한 대안," 한겨레신문(2001년 6월 22일), http://www.hani.co.kr/section-003000000/2001/06/003000000200106221318625.html 참조.

사진을 만들어 가기로 하고 지난 92년 남북기본합의서를(92년 발효된 남북기
본합의서 제2장(남북불가침) 12조는 불가침의 이행과 보장을 위해 3개월 안에 남북
군사공동위원회를 구성·운영하고, 여기에서 대량 살상무기의 공격능력 제거를 비롯
한 단계적 군축실현 및 검증 등 군사적 신뢰조성과 군축실현을 위한 문제들을 협
의·추진토록 명시) 재가동하고 서울이 '재래 전력협상'에서 주도적 역할을 하
기로 했다고 밝혔다. 두 장관은 양국의 공동이익과 한반도의 평화와 안전을
위해 주한미군의 지속적인 주둔의 필요성과 변화하는 동북아의 안보환경에
적응하는 한·미동맹의 발전방안을 추구하는 데 합의한 바 있다. 특히 럼즈
펠드 장관은 부시 행정부 출범 이후 추진 중인 '디펜스리뷰'(국방정책 재검토)
와 달리, 주한미군 규모, 배치 및 유사시 증원전력 전개 등 워싱턴의 대한방
위공약에는 어떤 변화도 없을 것이라고 천명한 바 있다. 두 장관은 북핵에
대한 국제원자력기구(IAEA)의 조기사찰 등 94년 미·북 제네바합의의 성공
적 이행에 대한 필요성과 검증가능한 조치를 포함한 북한의 미사일개발 문
제가 조속히 해결되는 데 의견을 같이한 바 있고, 평양의 재래식 군사위협
에 우려를 표명하고 강력한 한·미연합방위태세가 남북의 화해·협력의 뒷
받침이 되고 평양의 군사력의 대처하는 지렛대 역할의 중요성에 공감을 표
명하고 있다.[264]

양 장관은 한반도와 주변국가 내에 변화하는 2000년대 한·미국방환경
을 정비하였다. 서울의 진보성향의 김대중 정부의 전 국방장관은 큰 틀에서
안보정책의 변화를 제시했고 그의 대를 이은 노무현정부에 들어서서 자주국
방정책 차원에서 서울과 워싱턴은 2012년에 전시작전권(전작권)을 전환하기
로 결정했다.

이명박 정부의 이상희 국방장관은 한국국방정책의 전환기에서 한국이
세계최고 군사위협에 노출되어 있다고 2008년 6월 31일 싱가포르에서 열린
제7차 안보회의(일명 '샹그리라 대회')에 참석하여 기조연설에서 역설한 바
있다. 그에 의하면, 평양은 "재래식 군사 이외에 핵·화생무기·미사일 등
대량살상무기를 지속적으로 개발하고 있어 한반도는 물론 지역안정에도 심

---

264) "한미 '재래전략협상 한국주도' 합의," 상동(2001년 6월 22일), http://www.hani.co.kr/section-
003000000/2001/06/003000000200106220638050.html 참조.

각한 위협이 되고 있다"고 하면서 대량살상무기확산방지구상(PSI)에 대해 제한적으로 참여하고 있고 "추가적인 (참여)부분도 시기와 적절한 수위를 검토해 나갈 것"이라고 말했다. 여기에 평양은 2008년 3월 28일에 이어 6월 30일 낮 서해상에서 함대함 단거리미사일 3발(구 소련제 스틱스미사일(사정거리 46~50㎞))을 발사한 바 있다.[265)]

이러한 북한의 위협에 대응하는 차원에서, 2008년 이명박 정부는 2012년의 전작권의 전환에 대비하여 1975년부터 2007년까지 한미연합사령관이 주관하여 온 을지포커스렌즈(UFL) 연습을 을지프리덤가디언(Ulchi Freedom Guardian)으로 명칭을 바꾸고 2008년부터 한국군이 주도하고 미군이 지원하는 임무로 전환하는 한·미연합군사훈련을 2008년 8월 19일부터 22일간 실시했다.[266)]

이명박 대통령은 2008년 8월 21일 취임 이후 처음으로 북한의 남침에 대비한 방어연습(을지프리덤가디언 연습)이 진행중인 'B1 벙커'와 'CP 탱고'를 들려 이상희 국방부장관, 김태영 합참의장과 월터 샤프 한미연합사령관을 만나 을지프리덤가디언(UFG)의 진행과정을 보고받았다. 'B1 벙커'는 수도방위사령부가 관리하는 한국군 합동군사령부(JFC) 지휘소이며 'CP 탱고'는 한·미연합사가 관리하는 미군 한국사령부(US-KORCOM) 지휘소로 첨단지휘통제시설이 서울 남쪽지역의 산속 지하에 위치하고 있다. 한국군 합동군사령부와 미군 한국사령부의 협조를 위해 동맹군사협조본부(AMCC)가 구성되었으며 이 모든 일을 2007년까지 한·미연합사가 주관한 바 있다. 이대통령은 이 자리에서 "이번 을지연습의 목적은 한·미 군사협력을 통해 전쟁억지력을 갖추는 데 있다"며 "다시는 이 땅에 전쟁이 없어야 하지만, 만에 하나 전쟁이 발발한다면 그날 밤에라도 전쟁을 끝낼 수 있는 대비태세를 항상 갖춰야 한다. 이런 각오와 자세를 가져야만 실질적으로 전쟁을 막을 수 있고 우리가 바라는 평화도 지킬 수 있다"고 말했다. 그는 비상시 국민이 어떻게 행동해야 하는지를 정부가 국민의 생명과 안전을 지키는 차원에서 알리는

265) "한국, 세계최고 군사위협에 노출," 조선일보(2008년 7월 2일), p. A2.

266) "전쟁나면 하룻밤에 끝낼 테세 갖춰야," 중앙일보(2008년 8월 21일), http://article.joins.com/article/article.asp?total_id=3269588 참조.

것이 중요하다고 강조했다. 끝으로 2012년에 있을 전시작전통제권(전작권) 전환으로 한·미 군사협력이 보다 효율적으로 이뤄질 수 있는 믿음을 줘야 한다고 강조한 바 있다.[267]

이번 을지프리덤가디언(UFG) 훈련은 4가지 목표를 포함하고 있다. 첫째, 처음으로 한국군이 미군지원 하에 전쟁을 주도하는 것이다. 2007년까지 연합훈련에서 서울은 주도자가 아닌 참가자 위치에 있었기 때문에 2012년 전작권 전환 후 한국군이 대규모 전쟁을 주도하고 미군이 지원하여 전쟁을 수행할 수 있는지 백선엽 예비역 대장 등 예비역 장성과 군 원로 830명이 점검하는 것이다. 둘째, 한국과 미군 합동의 일사불란한 작전이 가능하고 임무분담 등 절차가 마련되지 않아 작전효율성이 떨어지는 점을 감안하여 한국군과 미군 간 협조 현황을 점검하는 것이다. 이번 훈련에서 예상되는 양국군 합동작전에 등장할 장애물을 점검하고 협조체제를 강화하기 위해 동맹군사협조본부(AMCC)를 임시 가동하여 훈련기간 중 24시간 내내 한국군 합동군사령부(JFC) 곁에서 활동한 바 있다. 셋째, 국방부를 포함한 정부와 합참의 전시역할을 구분하는 것이다. 2007년까지 연합사가 전략적 판단과 작전수행 등 모든 기능을 수행했으나 2008년은 합참은 순수 작전임무를 맡고 국방부는 작전 외의 전략적 판단과 지원을 연습한 바 있다. 마지막 목표는 이번 훈련 '4일 방어작전' 결과를 평가하고 한국군이 독자적 작전계획을 작성하는 것이다. 이번 훈련이 한국군 단독 작전계획이 마련되지 않은 상황에서 끝난 것을 교훈삼아 앞으로 한국군이 독자적 작전계획을 세워나가야 한다.[268]

서울의 전환기에 처한 국방안보 환경에 대해서 월터·샤프 주한미군사령관은 "주한 미군기지 이전사업 일정을 재조명하고 있다"고 미군 전문지인 성조기가 2008년 8월 26일 보도한 바 있다. 이 보도에 의하면 샤프 사령관이 8월 25일 경기도 동두천시 캠프 케이시 방문시 기술팀에게 기지확장(이전) 완료에 대한 시간표를 요청하고 '재조정'을 언급한 것은 2012년까지 마

---

267) 상동 참조.

268) 중앙 sunday focus(2008년 8월 24일) 제76호, http://sunday.joins.com/article/view.asp?aid=8588 참조.

치도록 돼 있는 기지 이전사업을 의미하며 2008년 초 미군 이전사업을 담당
하는 종합사업관리용역업체(PMC) 보고서에서 지적한 사업완료 시점을 2012
년에서 2015~2016년으로 3~4년 연기될 수 있다는 점이다. 원래 한·미는
2004년에 2008년 말까지 주한미군기지들을 평택으로 이전하기로 했으나
2012년으로 연기한 바 있다.[269] 이 뜻은 미군기지 이전이 늦춰질 수 있으며
전작권 이전도 신중을 기하면서 한국이 자체적으로 미국을 보조하는 차원에
서 북한의 위협을 방어하는 자세를 갖겠다는 의미를 포함한다.

　　워싱턴은 한국군에 대한 전시작전권 이양에 대해서 "한국군이 세계에서
가장 우수한 군대 중에 하나라는 것을 인정하는 것"이라고 존 힐 국방부 동
아시아 담당 선임국장이 2008년 5월 14일 한·미문제연구소(ICAS) 세미나에
참석하여 밝힌 바 있다. 그는 "전시 작전권이양은 한국군의 능력이라는 현
실에 부응하는 것"이라면서 그동안 군사훈련을 통해 한국군은 독자적으로
작전을 수행할 능력을 충분히 갖고 있음을 입증해왔다며 오는 2012년 4월
작전권 이양을 기정사실화한 점이다. 그는 전시작전권 이양이 장기적 차원
에서 한국군이 자주적 결정권을 갖는 점을 한국국민이 인식할 경우 한·미
동맹에도 정치적으로 큰 의미를 갖는다고 지적하면서 지난 50여 년 간 워싱
턴은 서울과 동경 간에 군사동맹관계를 잘 유지해 왔으며 이제는 전환기를
맞고 있다고 밝혔다.[270]

　　전시작전통제권(Wartime Operational Control)은 전쟁 발생 시 군대의 작전
을 총괄 지휘하고 통제하는 권한을 의미하며 한국은 1994년부터 평시작전통
제권을 행사하고 있으나 전시작전권은 한·미연합사령부(ROK-US CFC)에 이
양해 둔 상태를 의미한다. 다시 말해서 서울은 전시상황에서 한국군 중
한·미연합작전통제권에 들어 있는 부대들의 전시 작전권은 한·미연합사령
부가 행사하고 평시 작전권은 한국 합동참모본부가 갖는 것으로 되어 있다.
특히 평시 작전권인 데프콘4의 경우 한국군이 지휘하며 유사시 방어준비태
시인 '데프콘3부터 1'까지는 주한미군사령관 겸 한·미연합사령관에게 전시

---

269) "미군기지 이전 2012년 이후로 늦춰질 듯," 한국일보(2008년 8월 27일), p. C2.

270) 미국방관리 "작전권 이양, 한국군 우수성 인정하는 것," 조선일보(2008년 5월 15일),
　　http://news.chosun.com/site/data/html_dir/2008/05/15/2008051500194.html 참조.

작전권이 넘어가게 된다. 단지 수도권과 후방의 방어를 담당하는 수도방위 사령부 및 2군사령부 등에 대한 전시작전권은 이양 대상에서 제외된다. 앞에서 지적했듯이 전작권 전환 합의는 동맹 재조정과 대미자주를 내세운 노무현정부의 요구를 부시행정부의 국방변환 정책과 연계해 2007년에 전작권 전환에 합의한 것이다. 그러나 이 전환에는 안보상황 변화(북한의 2차 핵실험, 천안함 침몰사건, 한국군의 정보 획득과 전술지휘통신체제 및 정밀타격 능력 확보 미비)와 평양의 2012년 강성대국 달성과 서울과 워싱턴 및 베이징의 지도부 교체시기가 맞물린 한반도 주변의 정치적 불안정 상황이 작용한 것으로 분석된다.[271]

2010년 6월 27일 이명박 대통령과 미국 오바마 대통령은 G20(주요 20개국) 정상회의가 열리는 캐나다 토론토에서 한·미정상회담을 갖고 전시작전통제권의 한국군 이양 시점을 당초 2012년 4월 17일에서 2015년 12월 1일로 3년 7개월 늦추기로 합의 했다.[272] 한·미군사동맹관계는 앞으로 계속해서 유지하는 방향으로 간다고 분석이 된다. 이유는 통일한국 전후로 양국 간의 공동이익이 존재하고 21세기 부상하는 중국의 영향권을 견제하는 차원에서 한·미 간의 긴밀한 관계가 필요하기 때문이다.

북 한　　　북한의 군사조직은 소련이나 중국으로부터의 직접적 간섭이 없는 독립적인 편제로 구성되어 있다.[273]

북한의 군사편제는 조선인민군과 준군사조직으로 역할을 분리해서 분석해 볼 수 있다. 소위 조선인민군은 1948년 2월 8일에 창설되었다. 인민군은 처음에 6만 명의 병력으로 출발하여 1950년 6월에는 20만 명으로 증대되었다. 인민군은 중국과 러시아(구 소련)의 도움을 받아 한국전쟁의 피해를 복구해 나가면서 1953년부터 1958년 사이에 재편되었다. 이 기간 동안 평양은

271) "전작권 전환 연기 이후 과제도 많다," 한국일보(2010년 6월 28일), p. C19.

272) "전작권 전환 3년7개월 늦춘다," 상동(2010년 6월28일), p. C1.

273) Ki Won Lee, "North Korean Military Affairs." *The Korean Journal of International Studies*, Vol. 7, No. 1(1975/1976), p. 76. Recent North Korea Facts(Seoul, Korea: Secretariat of the Advisory Council on Peaceful Unification Policy, 1981), p. 46.

베이징의 군사적 원조에 크게 의존했다. 1981년 이후로 북한은 우호·협력·상호원조의 협정 하에서 중국, 소련과 간접적인 관계를 맺고 있다. 인민군은 당과 영토와 혁명의 보전에 있어서 중요한 역할을 하고 있다. 인민군은 중앙인민위원회와 하부조직인 국가방위위원회의 중요한 기구이다. 인민군의 일반적인 역할은 미제국주의자와 한국에 맞서서 당과 혁명과 국토를 방어하는 것이다. 그 외의 특수임무는 김일성 사상을 받들어 한국 민중의 혁명투쟁을 지원하고 통일을 달성하는 데 봉사하는 것이다. 따라서 군대는 '북한사회에서 당 권력 기반의 중요한 요소'가 되고 있다.[274] 군축제안에도 불구하고 평양은 여전히 군사적으로 강하다(도표 3-5 남북한 군사력과 군사장비 비교를 참조).

도표 3-5	남북한 군사력과 군사장비 비교			
분 류		남 한	북 한	비율(남한이 1)
군병력	정규군 제8 특별부대 (Commandos)	650,000	870,000	1:1.3
군장비	전자 전투기 해군함정	1,500 1,170 300	3,000 1,590 610	1:2.3 1:1.3 1:20

자료: 북한군사에 대한 백서, p. 11.

1980년 10월의 제6차당대회에 따르면, 김일성은 군사조직상 조선노동당 군사위원회와 국방위원회의 위원장이다. 김일성 밑에는 총참모장이 16명의 구성원을 책임지고 있다. 여기에는 군사작전, 정찰, 전투훈련, 모병, 내부 그리고 군수산업을 담당하는 관료들이 있다. 군 장교들은 당 중앙위원회의 정치관료(정치국원)를 겸직할 수 있다는 의미에서 당과 군조직을 모두 장악

---

274) Nena Vreeland, Peter Just, Kenneth W. Martindale, Philip W. Moeller, and Rin-sup Shin, *Area Handbook for North Korea*(Washington, D.C.: U.S. Government Printing Office, 1976), p. 316.

하고 있는 셈이다.[275) 1986년에 평양에서 열린 제8차 최고인민회의 제1차 회의에서 김일성은 4년의 임기로 국가주석에 재선되었다. 그는 부주석으로 박성철, 임춘추, 이종옥, 그리고 수상으로 이근모를 지명했다. 중앙인민위원회의 서기장에는 지창익이 선출되었다. 그 구성원은 오진우, 박성철, 임춘추, 이종옥, 이근모, 홍성남, 서윤석, 현무광, 강희원, 조세웅, 윤기보, 지창익, 김병률 그리고 백범수이다[276)(도표 3-6 북한의 군사조직체계 참조).

따라서 김일성은 독자적으로 현상유지 또는 대남침공에 대한 군사정책을 결정할 수 있는 것이다.

| 도표 3-6 | 북한의 군사조직체계 |

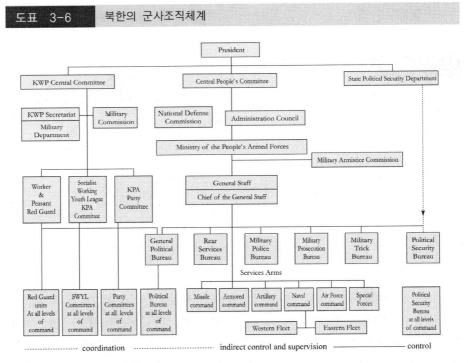

자료: 북한전서; 1945~1980(극동문제연구소, 1980), pp. 421, 439, 444.

275) Frederica M. Bunge(ed.), *North Korea A Country Study*(Washington, D.C.: U.S. Government Printing Office, 1981), pp. 220~229.

276) *The People's Korea*(January 17, 1987), p.1.

1990년대 양적인 면에서 북한의 군사력이 남한보다 우월하다. 그러나 한국군과 미군은 서울에 대한 고의적·비고의적 침략계획을 격퇴시킬 수 있을 만큼 질적으로 우월하다. '팀스피리트 87'은 한국에 대해 돌발적인 공격행위를 가하지 못하게 북한과 소련의 지도자에게 군사력을 과시하는 데 목적이 있었다. 반면에 북한은 '팀스피리트 87'을 '전쟁 도발행위'라고 생각하고 있다.[277]

평양의 군사력 우위는 부분적으로 북한의 지출에서 설명할 수 있겠다. 평양은 국가 예산액 중 1988년 국방비로 152.5억 달러를 책정했다. 1989년 총 예산의 12%는 국방비로서 1988년의 13.2%에 비교해서 낮은 결과로 볼 때 100,000명을 삭감할 것이다.[278] 이상의 감군은 남북한 간 잠정적 화해의 영향이라고 예측된다. 평양의 국방비 증액 또는 감소는 남북한관계의 긴장완화와 관련되어 있다.

북한 군사력을 분량상·성질상으로 분석하자. 분량상으로, 평양의 군대는 870,000명으로 남한 650,000명보다 많다. 조선인민군은 750,000명, 24보병사단, 25특수작전여단, 3기계화된 보병사단, 7장비를 갖춘 군단, 2예비사단, 그리고 2AA사단을 포함한다. 평양은 134병기공장, 990,000톤의 탄약, 3,500대 탱크, 1,960대 장갑차를 가지고 있다.[279] 평양의 공군과 해군은 서울보다 숫자적으로 우세하다. 북한의 공군은 55,000명과 854전투기를 보유하고 있다. 평양의 해군은 35,000명, 25잠수함, 35초계정(대형), 서울보다 더 융통성과 화력을 가지고 있다. 북한은 3,000,000 노동적위대, 700,000 붉은청년근위대를 보유하고 있다.[280]

질적으로 북한군대는 러시아제 무기장비를 잘 갖추고 있다. 북한산 경전차 62/63형, 보병전투 장갑차 BMP-1, 자동추진력을 가진 보병, 탱크 및 포

---

277) *The Korea Times Los Angeles Edition*(February 20, 1987), p. 12. 한국일보(1987년 3월 28일), p. 1.

278) *Ibid.*(April 20, 1989), p. 11.

279) *The Military Balance* 1986-1987, pp. 160~161. See also "South Korea Release White Paper on North Korea Military," p. 11.

280) *The Military Balance 1986-1987*, pp. 160~161.

병중포병작전은 러시아로부터 수입된 무기로 지상군을 강화했다.

공군은 300㎞에서 적중할 수 있는 MIG23 전술기, SCUD-B, SSM SA-3 대공미사일로 러시아제 공격용 무기를 장비하고 있다. 1988년 4월 29일자 미국 국방성 보고에 의하면, 평양의 공군방위능력은 SA-5 Gammon SAM과 2SU-23-4 자동추진비 공중포병의 능력을 가진 모스크바의 군사원조로 상당한 증진을 하고 있다.[281] 이상의 군사능력의 향상은 1980년대 남북한 간의 화해시대에 시작되었다.

평양의 군사조직은 모스크바나 베이징의 직접적인 관여 없이 독립체제로 운영하고 있다.[282] 평양의 군사조직은 조선인민군과 군사조직의 역할로 분석할 수 있겠다. 조선인민군은 1948년 2월 8일에 창설되었다. 그 당시 60,000명의 군대로 시작했고 1950년 6월에 200,000명으로 증가되었다. 조선인민군은 중국과 소련의 군사보호 하에 한국전 패배로 인하여 1953년부터 1958년 사이에 재조직 내지 재증가되었다. 이 기간 동안, 평양은 중국의 군사지원에 상당히 의존해왔다. 1981년 이후 평양은 우호, 내지 상호원조조약 하에 베이징과 모스크바와 간접적인 연맹을 맺어오고 있다.

조선인민군의 일반적 역할은 미 제국주의와 한국으로부터 위협을 막으면서 당, 혁명과 국가영토를 방위하는 데 있다. 구체적인 역할은 김일성 일원주의를 지지하고 분단국을 통일하며 한국국민의 혁명투쟁을 고무하는 데 있다. 조선인민군의 일반적 또는 구체적인 역할은 긴장완화시대에서 변화되지 않고 있다. 북한군사력은 "북한사회에서 조선공산당 권력기반에 가장 중요한 일부분이다." [283] 군비축소회담에도 불구하고 북한의 군사력은 우세하다.

1980년 10월 제 6 차 공산당 의회에 의하면, 김일성은 조선공산당 군사위원회 의장과 군사조직의 국가방위위원회 의장을 겸하고 있었다. 김일성

---

281) See Myung-O Bae presented a paper entitled "Prospects of Inter-Korean Military Balance," 참조.

282) Ki Won Lee, "North Korean Military Affairs," p. 46.

283) Nena Vreland, Peter Just. Kennech W. Martindale, Philip W. Moeller, and Rin-Sup Shin, p. 316.

밑에 군사참모장은 18개국을(예컨대 군사작전, 정찰대, 전투훈련, 군사동원, 국가와 군사공업국) 장악하고 있다. 군사장교는 당과 군사조직의 특히 조선노동당 중앙위원회 정치국의 정회원 내지 준회원들이다.[284] 1986년 12월 평양에서 제8차 대인민의회의 첫 번 회기에서 김일성은 4년 임기의 국가원수에 다시 당선되었다. 김일성은 박성철, 임춘추, 이종옥을 부주석에, 이근모를 행정부수상에 임명했다. 이 회기에서 지창익은 군사기구의 최고인 중앙인민회의 서기로 임명됐다. 이 중앙인민회의의 회원은 오진우, 박성철, 임춘추, 이종옥, 이근모, 홍성남, 서윤석, 현무광, 강희원, 조세웅, 윤기복, 지창익, 김병열 그리고 백범수를 포함한다.[285] 김일성은 현상유지나 남침할 수 있는 독자적 군사결정권을 가지고 있다. 김일성 사후, 평양의 최고 군사지도기관은 국방위원회이며 김정일은 국방위원장 겸 최고사령관으로서 북한의 일체의 무력을 지휘·통솔하며 전쟁 및 중요한 국방사업 전반에 대한 결정권한을 갖고 있다. 국방위원회는 1972년 사회주의 헌법 채택시 중앙인민위원회의 사업을 돕는 부문별 위원회로 신설되었다가 1992년 4월 헌법 개정에서 1991년 12월 최고사령관으로 추대된 김정일의 군권장악을 제도화하기 위해 중앙인민위원회로부터 분리하면서 국가주권의 최고군사지도기관으로 승격시켜 국가주석이 행사하는 일체의 무력 지휘·통솔권을 국방위원장이 행사하기 시작했다.[286]

1990년대 북한은 숫자상으로 한국보다 우세한 군사력을 지니고 있다. 그러나 질적인 면에서 한·미합동군사력은 북한으로부터 의도적 내지 비의도적 남침음모를 분쇄하기에 충분하다. '팀스피리트 90'은 서울에 대해서 기대치 않은 침략행위를 방지하기 위하여, 평양과 모스크바 지도자들에게 한국의 군사력을 과시하는 데 사용한 것이다.[287] 루이스 메네트리 장군은 1989년 4월 19일 미상원 군사위원회에서 북한은 한국보다 300,000명이나 많은

284) Frederica M. Bunge(ed.), *North Korea A Country Study*, pp. 220~229.

285) *The People's Korea*(January 17, 1987), p. 1.

286) 2000 북한개요(서울: 통일부, 1999), pp. 143~151.

287) *The Korea Times Los Angeles Edition* (February 20, 1987), p. 12. See also Hankook Ilbo (March 28, 1987), p. 1.

정규군과 80,000명의 특공대, 그리고 서울보다 2.5:1 비율의 전차를 보유하고 있다고 증언했다. 군사균형은 아직까지 평양으로 기울고 있다. 메네트리 장군은 서울에서 과격노동분쟁, 반정부·반미국 데모에도 불구하고, 평양지도자들은 한국에 대해서 오산하거나 침략을 해서 안 된다고 경고했다.[288]

그 후에, 평양은 계속하여 군사력을 강화한 바 있다. 케리 럭 전 주한미군사령관은 북한 핵이 '1백만과 1조(兆)짜리 문제'라고 경고했다. 만약 북한 핵문제가 잘못될 경우, 한반도에서 제2의 전쟁이 난다고 하면, 1백만 명이 죽고 1조 달러에 달하는 손실을 입게 된다는 논리로 한반도는 아직까지 위태로운 지역임을 상기시키는 점이다.[289] 북한은 영변 핵시설을 1994년 제네바합의에 따라 중유와 경수로 건설을 지원받기 위해 가동을 중단한 바 있었다. 그러나 평양은 그 후 비밀리에 핵무기용 고농축 우라늄을 만들 수 있는 장비를 사들였고, 파키스탄의 고농축 우라늄 핵실험을 참관한 바 있다. 2002년 10월 평양에 간 켈리 미 국무부 차관보가 위의 사실을 상기시키자 평양은 반발하면서 영변원자로를 재가동한 바 있다.[290]

그 후 5년 사이, 평양은 핵폭탄 6~7개를 만들 수 있는 플루토늄을 추출한 것으로 추정되고 있다. 다시 말해서, 북한 영변의 5MW 원자로가 2003년 2월 26일 재가동된 후 4년 5개월 만에 멈춰 섰다. 2006년 10월에 북한은 핵실험까지 한 상태에서 13년 전에 했던 핵시설 가동중단으로 되돌아간 것이다. 이 상황 하에서 6자회담 국가들은 북한이 핵을 포기하도록 영향권을 행사하고 있다. 1994년과는 달리, 이제 영변원자로는 고철덩어리에 불과하고 영변원자로가 가동을 멈췄다고 해서 평양이 핵을 포기한 것으로 보기 어려운 상황이다. 완전히 김정일이 핵을 포기하는 시점은 '핵물질 신고와 핵 불능화' 단계일 것이다. 6자회담 회의를 통해서 북핵 폐기를 위한 2.13합의의 '행동 대 행동'이 구현된 것이다.[291]

여기서 중요한 점은 북한은 이미 핵무기 보유국가로 군사적 측면에서

288) *Hankook Ilbo*(April 21, 1989), p. 5.

289) 조선일보(2007년 9월 15~16일), p. D2.

290) 상동(2007년 7월 16일,) p. A35.

291) 상동(2007년 7월 16일), p. A6.

한국과 비교가 되지 않으며 동북아의 군사적 균형이 깨지는 상태에서 북한은 반드시 핵무기를 포기하여 정상국가로 북한주민을 굶주림에서 벗어나게 해야 한다. 평양은 핵과 생물·화학무기 외에 단·중·장거리 미사일, 특수부대, 장사정포로 특화해 군사력을 건설하고 있다. 북한은 전인구의 약 5% 인 117만 명이 현역군인인 군사국가이며 유사시 휴전선 넘어 북한군 정사포 1,000문이 시간당 최고 2만 5,000발의 포탄을 발사할 수 있는 나라이다. 이 모두가 서울에 치명적인 위험요소를 안고 있다. 장사정포는 짧은 시간 동안 수도권에 막대한 피해를 입힐 수 있고 미사일은 원자력발전소를 비롯해 한국 내 주요 군사·민간시설에 동시다발적으로 공격을 퍼부울 수 있다고 분석이 된다. 북한 특수부대는 '가장 큰 위협'으로, 현재까지 주한미군이 이 위협에 광범위한 정보력과 정밀한 타격력으로 대응해왔다. 노무현 정권 하에 한·미연합사 해체를 밀어붙인 결과 주한미군이 이 임무도 한국군이 떠맡게 됐다. 서울 일각에서 한국군이 우수한 장비배치로 북한의 재래식 군사력은 더 이상 위협이 아니라고 주장하는 사람들이 있다.[292] 그러나 평양의 핵과 생물·화학무기는 서울에 치명적인 위험요소임에 틀림이 없다. 또한 2006년 9월 북한 핵실험 성공 이후엔 전통적 남북 간 군사력 비교 자체가 의미가 없어진 상태이며 주한미군은 후방으로 옮겨가고 있고 미군이 갖고 있던 전시작전통제권도 2015년에는 한국군으로 넘어가는 상황이다. 앞으로 한국군이 어떤 전략으로 군사작전을 주도하고 미국은 무슨 지원체계를 갖출 것인지에 해답이 필요하고 대비책을 만들어야 한다. 김정일 사망은 단순한 가상시나리오가 아니기 때문에 현실에서 평양과 베이징이 맺은 1961년 우호조약에 의하여 "조약을 체결한 일방이 전쟁상태에 처할 경우 상대방은 모든 힘을 다해 지체 없이 군사적 원조와 기타 원조를 제공한다"고 명시된 점에 대한 대비책을 만들어야 한다. 통일과 통일 이후 상황까지 내다보면서 대외적으로 동경이 조기경보기에 정찰위성을 갖추고 있고 베이징은 위성공경용 미사일 실험에다 최첨단 스텔스기도 개발하는 점과 대내적으로 평양의 급변 상황을 아우르는 미래 과제로 총채적인 위기관리대비책을 만

---

292) "북이 쏜 미사일은 서울 이남 도시 겨냥," 조선일보(2007년 7월 3일), p. A35.

들어야 한다.[293]

공통적 요소　　　미래의 평화통일을 향한 군사적 요인들을 관찰하면서
남북한은 공히 또 다른 전쟁을 예방하기 위해서 자기가 군사력의 우위를 점
해야 한다고 생각하고 있다는 점을 명심해야 한다. 평양이 재래식 전투에서
우월하고 핵무기 생산을 준비하기 때문에[294] 서울은 방어용 핵무기 부분에서
워싱턴과 제휴하고 있다. 미국은 한반도에서 군사력의 문제를 다룰 때 냉전
시대에 동아시아에서의 러시아 군사력 팽창의 억지라는 관점과 탈냉전시대에
중국의 군사력 영향권의 확대에 대한 억지 차원에서 태평양함대의 재조직(서
부사령부를 폐쇄하고 명령체계를 일원화하기 위해 하와이와 일본에 주둔하는 군대를
통합했다)과 미 8 군의 자율권 행사를 찾아볼 수 있다.[295] 평양은 제 2 의 한국
전을 방지하기 위하여, 모스크바의 핵 군사보호를 적극적으로 추구하고 베이
징과의 군사력동맹관계를 강화하고 있다. 다시 말해서, 군사경쟁은 두 개의
한국과 세 개의 강대국 사이에 자국의 국가이익을 추구하면서 존재하고 있다.

　　이상의 분석에서 볼 때, 한반도에서 질적·양적으로 군사 불균형이 도
사리고 있다. 평양은 1967년부터 1971년 사이에 국방예산을 30%에서 1989년
에 국가예산의 12%로 삭감하면서도 서울보다 군사력에서 우위를 차지하고
있는 것 같다.[296] 북한은 이미 군사목적을 달성했고 기타 다른 분야에 대해
서 일하고 있다. 반대로, 서울은 한국의 국방예산을 퍼센트에서 줄이면서
계속 평양을 앞지르기 위해서 군사분야에 개선을 하고 있다. 한국은 1990
년대 중반에 군사장비의 근대화를 추구하면서 북한을 능가한 것이다. 그러
나 북한의 핵무기 개발로 2000년대 군사 불균형은 평양의 우위로 간주된
다. 앞으로 주변 4강과 남북한이 참여하는 6자회담 국가의 평양 핵포기 성

---

293) "건군 60년, 군은 대한민국 오늘과 내일에 만반대비를," 상동(2008년 10월 1일), p. A35.

294) 한국일보(1989년 4월 22일), p. 1. According to James Ford, European Parliamentary member
from Great Britain, North Korea has a nuclear waste plant in Young Byun. This was
included in a written report at the Foreign Minister meeting in European Community on
April 20, 1989.

295) 상동(1987년 3월 28일), p. 1.

296) *The Korea Times Los Angeles Edition*(April 20, 1989), p. 11.

과에 따라서 남북한 군사적 교환과 협력의 새로운 돌파구를 찾을 수 있을 것이다.[297]

평양의 핵무기 보유는 비판받아 마땅하지만 동북아 냉전체제의 유산이며, 냉전시대의 군사주의를 해결하지 않은 채 새로운 군사정책으로 나아가는 동북아 국가질서가 가진 모순의 극점에 북한의 선군정치가 위치한다고 보는 시각이 타당하다. 한반도의 안보상황은 균형된 인식을 절대적으로 요구하고 있으며 어느 일방을 편들기보다 '군사력 시위'를 벌이는 북·미 양자를 대화의 장으로 견인하는 것이 중요하다고 분석된다. 서울은 동북아의 탈군사화에 역점을 두고 정치적·군사적으로 독립적인 역할을 수행하여 미·일과 중·러의 정책을 변화시킬 공통점을 지니고 있다.[298]

이명박 정부에서 북핵 우선해결이라는 전제가 다른 변화를 유도할 능동적인 정치·군사적 수단들의 사용을 동결시키는 요인으로 작용해서는 안 된다고 분석된다. 군사적인 요인으로 서울이 워싱턴과의 동맹관계 속에서 지속적으로 유지·강화해 나가고 있는 군비확장의 큰 방향을 선회하는 문제를 특히 전시작전통제권 환수 이후의 한국의 군사력 형성과 작전계획이 어떻게 북한과의 긴장을 완화시킬 수 있을지에 대한 적극적 모색을 생각해야 한다. 전시작전통제권을 환수한 서울은 평양과 군사적 문제를 논의할 주체로서의 분명한 근거를 확보한 후 남북한의 군사적 신뢰구축과 비핵군축에 있어 주도권을 발휘할 수 있는 모멘텀을 서울이 스스로(워싱턴과 독립적으로) 만들어 나가야 한다. 북핵문제는 다자간협의 틀에서 논의하고 서울은 재래식 군사력 감축 등으로 한반도 평화에 주도적 역할을 해야 한다. 현재의 한·미 간 유사계획(Contingency Plan: 작전계획 5027, 개념계획 5029)이 평양 혹은 베이징을 긴장시켜 상황(예컨대 군사정책)을 더욱 악화시킬 수 있는 점을 주목하여 평화적 원칙과 방법을 대안으로 만들 필요가 있다.[299] 이러한 대안의 가능성

---

297) 한국일보(1987년 3월 28일), p. 1; 김용제, "남북한 교류협력의 군사적 측면," 민족공동체와 통일문제(국토통일원, 1989), p. 136.

298) 이태호, "북한핵실험과 평화운동의 과제," 평화바닥, http://peaceground.org/zeroboard/view.php?id=bag&page=1&page_num=20&select_arrange=headnum&desc=&sn=off&ss=on&sc=on&keyword=&category=&no=161 참조.

299) 상동.

은 정부와 국회, 그리고 국군통수권자인 대통령의 강력한 의지와 리더십에 달려 있다. 한국군은 1948년 9월 일본군이 두고 간 99식 소총으로 무장한 조선경비대 5만 명으로 창설하여 2008년 10월 1일 현재 병력 68만, 국방비 세계 9위 군대로 성장하면서 이지스함 보유국으로는 세계 5번째 국가로 포 탑(砲塔)이 물속에 잠겨도 성능에 이상이 없는 최첨단 전차를 자체기술로 개 발하는 수준의 나라로 바뀌었다.[300]

(3) 사회 · 문화적 측면

상치되는 이념들이 5천년에 이르는 동일한 전통과 한민족의 문화를 침 식시키는 문제를 야기시키고 있다. 문화단절이라는 문제를 분석하기 위해서, '사회 · 문화적 교류'를 사람들의 일상적인 사회적 상호작용이라는 차원으로 한정지어야 한다. 이 분석은 사회적 환경(구조와 사회적 통제를 포함하는)과 문 화적 가치들(생활양식과 정치 · 사회화 과정을 포함한다)이 강조된 것이다. 사 회 · 문화적 측면에서 미래의 평화통일에 기여할 수 있는 보편규범과 가치들 을 발견하려고 시도하는 것이다.[301]

한 국   서울의 사회적 환경은 한국을 지방적인 농업사회로부터 도 시적인 산업사회로 변화시킨 개방적이고 다원적인 원칙들과 역사적 가치들 그리고 전통들로 구성되어 있다. 1960년대와 1970년대를 통해서 지방인구의 20%가 보다 나은 생활에 대한 기대 때문에 도시로 이주한 사실에서 근대화 의 과정은 가시화됐다.[302] 현존하는 농업사회적 배경은 사회적 조직과 가치 들의 이중적 체계를 유지하고 있다. 첫 번째 체계는 '혈연 중심적이고 위계 적이며 형식적 그리고 유교적 전통 중심적'이다. 그 다음의 사회체계는 '공 동체 중심적인 평등하고 비형식적인 관계'이며 그것은 의미 있는 변화를 강

---

300) "건군 60년, 군은 대한민국 오늘과 내일에 만반대비를," 상동.

301) *Socio-Cultural Comparison Between South and North Korea*(Seoul, Korea: Research Center for Peace and Unification, 1975), pp. 3~11.

302) Nena Vreeland *et. al.*, *Area Handbook for South Korea*(Washington, D.C.: U.S. Government Printing Office, 1975), pp. 77~98.

조한다. 다소 역설적이지만 대부분의 농촌사람들은 그 양자를 모두 받아들이고 있다.[303]

한국 사람들은 보편적 인본주의에 기초한 근대적 가치체계를 수립하는데 있어서 전통적 문화적 가치를 회복하는 것에 관심이 있다. 그들은 개인들이 한국사회에서 꼭 필요한 인물들이 되어야 한다고 생각하며 '사물'보다는 '정신'에 더 우선점을 둔다.[304] 그들은 과거의 가족생활, 사회생활, 종교적 지도력 그리고 교육생활 등을 통한 정치·사회화 과정으로부터 위와 같은 문화적 가치들을 획득했다.[305]

사실상 사회적 환경은 토착적인 것(유교사상)과 외래(일본, 서구)의 영향이 혼합된 결과를 반영한다. 한국인은 위와 같은 사회적 가치들로 인해서 고등교육을 받은 사람들에 대한 존경심이 대단하다. 소위 새로운 사회적 지도층에는 기술적으로 교육받은 전문가들뿐만 아니라 거대하고 복잡한 조직의 관리자들이 포함되는데, 거기에는 군부, 사업가 그리고 역사적 가치와 근대적인 과학적·기술적 원칙들을 동화시켜온 정치인들이 위치한다.[306] 한국일보와 서울대학교 부설 사회과학연구소의 공동조사에 따르면, 한국사람들은 경제적 측면에서는 만족스런 입장을 나타내고 있는 반면에 정치·사회적 측면에는 불만족스런 입장을 보이고 있다고 한다. 이 결과는 1987년 2월에 필자가 쓴 "전환기에 직면한 1987년의 선택"에도 나타나 있다. 이것은 새로운 사회지도층의 생각과는 달리 일반국민들도 사회체제 내의 상황에 대해 정확한 정보를 가지고 있다는 의미이다. 그들은 성공적인 경제성장에 대해선 긍정적이고 정치·사회적 발전의 실패에 대해선 부정적이다. 사실상, 한국사람들은 개인적으로는 뛰어나지만 화합과 사회적 문제의 조정 면에서는 집단적으로 동일한 사고가 부족하다.[307] 지도자와 추종자 간의 간격은 반드시 좁혀져야만 한다.

---

303) *Ibid.,* pp. 99~100.

304) *Socio-Cultural Comparison Between South and North Korea,* pp. 124~125.

305) Young Jeh Kim, *Korea's Future and East Asian Politic*s, pp. 124~125.

306) Frederica M. Bunge, *South Korea A Country Study,* pp. 49~80.

307) 한국일보(1987년 3월 4일), p. 5.

  이유는 남남갈등의 요인이 존재하기 때문이다. 한국 내에는 폐쇄된 정치가 각 정당 내의 비민주화와 패거리정치 및 지역패권구도정치에 뿌리를 내리고 있지만 앞으로는 창조적이고 민주적인 리더십이 21세기 정보화·세계화 시대의 정치흐름에 맞게 대의제 민주주의를 수행해온 역할에 변화를 가져와야 한다. 과거 지도자는 한국사회의 산업시대의 틀 속에서 만들어진 정치구조에서 역할을 해왔다. 21세기 정보화시대에 맞는 지도자는 정보와 경제가 글로벌화된 세계에서 적합하게 역할을 해야 하며 과거의 일방에서 쌍방향 연계를 통한 확장으로 변화시켜야 한다. 21세기 변화는 '급변'이라는 표현으로 묘사되고 이 시대에 조율하는 리더십 역시 다른 내용으로 변화되어야 한다. 다른 내용의 리더십은 동서고금을 막론하고 항상 지도자와 추종자의 관계에서 찾을 수 있는 현상이며 이 양자 간 역동적으로 상호작용하는 역할은 환경에 영향을 받는다는 점이다. 여기서 환경은 물리적 틀인 제도와 심리적인 틀인 문화의 요소를 포함한다. 한국 리더십의 특성은 권위주의적 카리스마의 리더십으로 유교적 전통과 일제 식민경험 그리고 남북분단의 과정을 겪어 정치적 카리스마로 이어져왔다. 정치적 카리스마의 지배는 긍정과 부정적인 측면이 있다. 전자는 사회의 저력을 활성화시키면서 집합시키는 면이 있고 후자는 독단을 행사하여 독재로 귀결하는 면도 있다. 그러나 이 지배는 합리적인 사고와 행정의 발전을 저해했고 전문성이 결여된 사회를 조성하면서 적당주의와 무책임을 가져왔다. 특히 추종자와의 관계에서 전문성이나 능력에 상관없이 개인적이고도 감성적 관계를 형성하여 측근들에게 논공행상식으로 자리를 마련해 주고 충성을 맹세하는 변칙적 충원과 인사를 한 결과를 가져와 한편으로는 극도의 아부근성과 다른 한편으로 업무능력과 전문적인 지식에 상관없이 사회출세에서 연줄의 중요성을 가져오는 정치현상을 만연하게 했다. 지도자와 추종자 간의 간격을 줄여 새로운 민주적 시스템이나 정치 시스템에 한 사람 한 사람이 정치에 참여할 수 있는 기회를 증가시키며 기술혁신과 상호관계를 증대해야 남남갈등을 해소할 수 있고 크게는 남북통일을 가져올 수 있다고 분석된다.[308]

---

308) 이정희, "역대 정치지도자의 리더십 평가와 새로운 선택," 국사찾기협의회(2007년 5월) 세미나 http://www.baedalguk.com/bbs/zboard.php?id=qna&page=1&sn1=&divpage=1&sn=off&ss=

북 한　　　한국과는 전혀 달리, 평양의 사회적 환경은 마르크스-레닌주의 이론가와 흐루시초프 이전 시기의 국제공산주의에 의해 유지되고 있다. 북한의 지도자들은 공산당의 권위와 특권에 큰 위협이 된다는 이유에서 전통적 문화유산에 대해 부정적 태도를 취하고 있다. 그들은 전쟁과 혁명이 불가피하다는 전통적 이론을 따르고 있고 흐루시초프의 평화적 상호공존개념은 수정주의자의 의견으로 생각한다.[309]

북한주민들은 대가족을 배제하고 핵가족으로 조직화되고 있으며 전통적 문화가치를 근절시키는 전체적인 공산주의생활양식을 강요받고 있다. 개인들은 하루에 2시간씩 김일성사상을 학습함으로써 김일성과 그의 아들인 김정일과 김정은에 대한 충성과 복종을 나타내도록 되어 있다. 그 개인들은 가족생활, 사회생활, 당의 지도 그리고 학교 등에서 위와 같은 문화적 가치들을 획득하고 있다.[310] 이것은 김일성의 가족들의 충성이 전체로서 민족에 대한 충성으로 대치됨을 의미한다. 민족주의는 주체사상(즉 민족적·문화적 자립 그리고 독립)을 토대로 한다. 프롤레타리아 국제주의와 단결성처럼 소위 사회주의적 논지는 김일성과 김정일·김정은 그리고 민족에 대한 충성심의 근본조건으로 작용하고 있다. 이론적으로 북한사회는 모든 국민의 평등이라는 관점에서 사회주의적 구조로 조직되고 있고 공산주의의 선진적 단계를 향해 움직이고 있다. 그러나 실질적으로는 조선노동당과 비당원 사이에는 지위와 권력에 있어서 불평등이 존재하고 있고 또한 도시노동자와 농촌사람들 사이에도 불평등이 존재하고 있다.[311]

이러한 이론과 실천 사이의 불일치의 결과로 과학자와 경제인, 군부지도자 그리고 관료집단을 포함한 사회지도층은 북한주민들에게 '핵심요소', 그리고 '관찰되어야 될 요소'로 보여지고 있다. 이것은 북한이 아직 선진적 공산주의에 이르지 못했다는 점과 북한의 기능적인 사회·정치적 계급들이

---

on&sc=on&select_arrange=name&desc=desc&no=23 참조.

309) *Socio-Cultural Comparison Between South and North Korea*, pp. 6~8.

310) 남북한주민의 가족생활, 사회생활, 교회리더십, 학교, 정당리더십에 관한 상세한 분석은 저자의 *Korea's Future and East Asian Politics* 참조.

311) *The Korea Times Los Angeles Edition*(December 19, 1986), p. 11.

위계적 구조를 지니고 있다는 것을 증명해 주고 있다.[312]

그러나 북한은 김정일과 김정은을 정당화하기 위해서 사회적 환경의 잠재적 요소로서 족보(전통적 계보)와 가족과 혈연관계의 전통적 중요성은 유지시키고 있다. 1987년 2월 15일, 45회 생일을 맞은 김정일은 '경애하는 지도자동지'로 불리고 있고 그의 발언에는 중요성이 부여되고 있다. 그는 아버지의 사상을 이어나갈 것으로 묘사되고 있다.[313] 북한주민들은 북한정치체제의 사회적 측면들을 통해서 이들 세 사람의 권력승계를 인정하는 차원으로 이끌려가고 있다.

1990년대에 들어서면서 평양은 경제난이 심화되는 과정에서 아사자·영아사망률이 증가하고 여성들의 출산기피 현상이 나타나기 시작했다. 또한 여성뿐만 아니라 1994년 7월 8일 김일성 주석이 사망했을 당시 김주석을 욕하는 북한주민들은 없었으나 90년 중반 이후 수십만 명이 굶어죽는 등 식량난이 현재까지 계속되면서 김정일 위원장이 뇌혈관 계통 이상으로 수술을 받은 것으로 알려진 2008년 9월에 김위원장이나 체제에 대한 불만이 공개적으로 표출되고 있다. 탈북자와 첩보에 의하면, 어려워지는 북한경제사정 때문에 북한군인들의 충성도도 점차 떨어지고 있다고 한다.[314] 1996년 향후 노동력 확보차원에서 '산아제한규정'을 변경하여 출산을 장려하게 됐으며 다산여성들과 유아들에 국가가 혜택을 제공하고 낙태수술을 금지하게 됐다. 1998년에는 37년만에 '제2차 전국어머니대회'를 열어 다산운동을 독려했다.[315] 북한여성의 가치관의 변화는 숙명여자대학교 통일문제연구소가 1997년 통일문제학술대회에서 임순희의 "남북한 여성가치관" 논문에 잘 설명되고 있다. 이 논문에 의하면, 북한여성의 가치관은 북한당국이 지향하는 바와 같이 '집단중심의 사회지향적인 가치관에서 자아중심의 개인주의적인 가치관'으로 변화하고 있으며 '사상위주의 가치관에서 물질위주의 가치관'으로, '당과 수령중심의 전체주의적 가치관에서 가족본위의 가치관'으로 변화한다

---

312) Frederica M. Bunge, *North Korea A Country Study*, pp. 74~81.

313) *The Korea Times Los Angeles Edition*(February 28, 1987), p. 11.

314) "김정일 건강 예측불허… 체제위기도 커져," 조선일보(2008년 9월 16일), p. A4.

315) 2000 북한개요, pp. 46~49.

고 주장하고 있다.[316] 예컨대, 북한 국가안전보위부 소속 남파간첩 원정화 (1974년 1월 29일생)는 2008년 9월 10일 수원지방법원 첫 공판에서 탈북자 출신사업가로 261가지 증거물을 다 인정하고 북한에서 태어날 때부터 우상화와 주체사상만 배워 강한 훈련을 받아 "장군님이 최고인 줄 알고 먹고 살겠다고 두만강, 압록강을 목숨 걸고 중국으로 건너온 탈북자들을 무자비하게 잡아 보냈고 당의 방침, 장군님의 방침이 하늘인 줄 알고, 조국에 돌아가면 명예와 혜택을 얻을 수 있다는 긍지와 자부심을 가지고 일해 왔다"고 진술하고 자신이 대역 죄인이라고 진술하면서 북한여성의 일면을 보인 점이다. 그는 자필로 작성한 2통의 전향서에서 중국에서 임신해 한국에서 낳은 7살짜리 딸과 "이 한 목숨 다시 태어나게 해주시면 자유대한민국에서 제 딸과 행복하게 살겠다"고 선처를 비는 대목이 위의 북한여성의 가치관이 변하는 점을 대변해 주는 점이라고 분석된다.[317] 이러한 주장은 사회주의 단일체제인 선군정치의 통제 하에서도 인간의 기존적인 가치관은 퇴색시킬 수 없다는 것이 남북한의 정치·사회체제는 달라도 변할 수 없다는 점을 시사하는 점이다.

공통적 요소 남북한은 지난 67여 년 동안 분단상태에서 불신과 적대관계를 유지해 오면서 현실로 닥친 막중한 민족적 숙원이며 당위적이고 필연적인 한반도 통일문제를 통일대비책으로 생각할 때가 왔다. 사회·문화적 측면에서 제기되고 있는 문제점은 의식구조 내지 가치관으로부터 언어에 이르는 영역에서 남북한의 이질화 실태를 찾아내야 하며 통일과정에서나 통일 후 남북한의 내면적 통합에서 중요한 부분을 차지하고 있다. 한반도통일은 정치·경제 및 군사·외교적인 통합(물리적 통합)만 의미하는 것이 아니라 사회·문화적 통합(정신적 통합)에서 찾아야 비로소 이루어진다. 이 통합을 이루기 위해서 상호 이질적인 문화에 대한 이해와 포용, 그리고 문화적 동

---

316) 임순희, "남북한 여성의 가치관," 숙명여자대학교 통일문제연구소 통일문제 학술세미나 (1997년 11월 6일), 발표자료, http://www.women.or.kr/unification/scholarship/value05.html 참조.

317) "女간첩의 눈물: 원정화 첫공판… 범죄사실 모두 시인, 전향서에선 '7살 딸과 함께 살게 해달라'," 조선일보(2008년 9월 11일), p. A11.

질성 회복을 통한 남북한 간 상호불신 내지 적대감이 해소하는 것이 분단의 벽 내지 심리적 장벽을 허무는 것이기 때문이다.[318]

남북한의 사회·문화적 갈래가 거의 대립되고 있다는 사실에도 불구하고 거기에는 공통적 요소가 남아 있다. 즉 남북한은 같은 언어를 쓰고 동일한 전통적 가족가치를 가지고 있다는 것이다. 이러한 공통적 배경은 장래에 있어서 평화통일이 성취될 수 있다는 희망을 준다. 남북한은 다 같은 배달겨레이며 남북한의 언어는 배달말로서 인간의 내면적·정신적인 활동을 가능하게 하는 원동력이다. 여기서 중요시할 점은 진정한 민족통일은 국토통일이 아니라 정신적인 통일이 되어야 하기 때문이다. 한반도 통일문제를 눈앞에 둔 상황에서 남북한은 언어의 이질성과 더불어 동질성을 정확하고 균형적인 감각을 가지고 이 분야를 넓혀 나가는 데 힘써야 한다.[319]

언어 이외에도 분단독일이 통일 전후로 하여 사회적·문화적 측면에서 내면적 통합의 문제가 시사하는 점은 남북한이 배워야 할 교훈이다. 1990년 10월 3일은 독일국민에게 그 당시까지 불가능하리라 믿었던 정치적 통합이 이루어진 날로서 영원히 기억될 날이다. 이 독일통일은 동독주민들의 자발적인 선택에 의하여 독일연방공화국(서독)으로 동독이 '신연방주'의 형태로 흡수되는 결과로 나타난 점과 서독의 경제력과 외교역량의 힘도 컸겠지만 서독시민의 정치교육(Political Education)도 뒷받침되어 체제경쟁에서 승리한 것이다. 그렇지만 통일된 독일은 20여 년이 지난 오늘에도 양 지역 시민들 간의 심리적 장벽은 여전히 남아 있다. 통일 후 독일은 많은 후유증을 앓고 있다. 이 후유증은 외형적으로 동독인이 서독의 정치·경제제도에 적응하고 있는 것처럼 보이지만 아직 민주주의적 기본가치나 시장경제적인 성향이 신념으로 정착되어 있지 않은 것은 저자가 동독 Dresden에 2004년 7월 24일 여행시 직접 느낀 바 있다. 저자의 느낌으로 동독인의 실망감 내지 후유증은 동독인의 통일의 기대가 물질주의에서 기인하였고 통일 후 그들의 기대와는 달리 자신들의 능력으로 물질적 충족을 누리기에

---

318) 임순희, "남북한 여성의 가치관," 상동.

319) 북한의 말과 글(학습자료) http://my.dreamwiz.com/pinggoo/%B1%B9%BE%EE(%C7%CF)2-3.%20%BA%CF%C7%D1% C0%C7%20%B8%BB%B0%FA%20%B1%DB.htm 참조.

제 3 장 통일의 실제적 제 측면 • **313**

한계를 느끼는 데서 오는 서독지역의 상대적 박탈감이 급격히 이루어진 흡수통일의 후유증으로 나타난 점이다. 그들은 통일독일에 대해서 만족감 대신 지난날에 대한 향수에 젖어 있으면서 미래에 독일에 대해서 부정적인 가치관을 갖고 있음을 방문객이 느낄 정도로 나타나고 있었다. 동독인은 폐쇄적인 전체주의 체제에서 교조주의적인 교육을 받은 결과이고 통독 이후 시장경제와 자유민주주의 정치체제에 적응을 하지 못하고 일탈행동을 하는 것으로 분석이 된다.

이 문제해결은 독일정부의 공권력의 한계가 있고 장기적인 차원에서 정치교육 프로그램에 의한 지속적인 관심과 지원이 필요한 것이 독일통일이 주는 교훈이다. 양 독일 간의 사회통합을 저해하는 이데올로기와 체제의 차이를 극복하는 데 정치교육에 의한 재정치사회화가 중요한 역할을 한 점이다. 정치교육의 성공은 내적 국민통합을 이루는 중요한 요소는 틀림이 없다.

정치교육의 개념은 사회과학적인 측면에서, 정치과정의 참여에 필요한 지식과 기술·태도를 획득하는 과정을 의미하고, '참여형 정치문화'(Participant Political Culture)를 형성하는 기초가 됨을 의미하며, 스스로 책임을 인식함과 동시에 상응하는 행동을 할 수 있는 개인을 만드는 데 목적을 두고 있음을 의미한다. 이러한 정치교육개념은 한 사회의 정치문화(Political Culture) 수준 및 정치·사회화(Political Socialization) 과정과 밀접한 관계를 가지고 있다. 독일의 정치교육은 서독시민을 민주시민으로 육성하여 통일의 주역을 만들었고 통일 이후 동독주민들을 그 많은 후유증이 있음에도 불구하고 서독의 자유민주주의적 다원주의체제로 동화시키는 데 큰 역할을 하여 동·서독 주민 간의 심리적 갈등을 해소하면서 통일기반의 조성하는 데 주도적 역할을 한 점이다.[320] 남북한은 독일정치교육을 모범삼아 남북한 공통적 요소 분야인 과학적인 정치교육 시스템을 구축하여 통일 이전에 한국시민의 민주시민의식을 함양시키고 통일 이후 북한시민을 세계화에 맞는 민주시민으로 재사회화시키는 역할을 해야 하는 과제를 안고 있다.

---

320) 오일환, "통일 전후의 독일의 정치교육을 통한 시민사회 통합에 관한 연구," 한국통일안보학회논총 제 2 호(1999), http://kr.search.yahoo.com/search?fr=kr-front_sb&KEY=&p=%B3%B2%BA%CF%C7%D1+%B3%BB%B8%E9%C0%FB+%B0%F8%C5%EB%C1%A1 참조.

(4) 정치적 측면

두 개의 한국은 완전히 다른 정치체제를 발전시켜 왔다. 그러나 양측은 모두 통일을 원하고 있다. 북한은 냉전기간 동안에 무력에 의한 통일을 달성하려고 시도했었다. 한국은 데탕트의 초기에 있어서 상호교섭의 창구를 개방하려고 했다. 남북한의 지도자들은 정치적 통일을 장기적 과정의 목표로 간주하고 있고 그것을 성취하기 위한 바람직한 조건들을 탐색하고 있다.

한 국   1980년대 한국의 정치체계는 '전시(戰時)민주주의'에 기초하고 있었다. 서울신문의 발행인인 문태갑과 편집주간인 이우세가 1980년 11월 21일에 행한 인터뷰에서 전임 전두환 대통령은 '민주주의의 증진'이야말로 당면한 국가적 목표 중의 하나라고 언급했다.[321]

여기서 의미했던 민주주의의 증진은 '전시민주주의'를 뜻한다. 그는 한국이 잠정적인 평화상태에 놓여 있다고 보았다. 즉 남북한은 둘 다 평화협정에 조인하지 않았기 때문에 전쟁은 어느 순간 비무장지대 근처의 어디서나 돌발적으로 발생할 수 있다는 것이다. 남북한은 겨우 30마일의 거리에서 대치하고 있어서 사실상 준전시상태에 놓여 있는 셈이다. 한국은 국가안보를 위해 노력하고 있다. 이러한 적대적 환경에서 한국의 민주주의는 미국, 일본, 서유럽국가들의 것과 다를 수밖에 없다는 것이다.[322] '전시민주주의'는 모든 국민의 동질성과 사기를 진작시키기 위한 중요한 개념이다.

전두환 전 대통령은 제5공화국 헌정질서 하에서 7년 임기를 마치고 퇴임하는 것이 한국적 토양에서 민주주의를 육성시키는 데에 도움을 줄 것이라고 믿었다. 한국의 정치지도자들은 과거에 자신들의 개인적 정치권력의 획득을 위해 정상적인 정치발전을 저해하는 방법으로 헌정질서를 뒤엎는 일들을 많이 보여주었다. 많은 한국사람들은 전두환 전 대통령의 단임이 민주적 정치발전의 새로운 지평을 열 것이라고 기대했다. 그래서 전두환 전 대통령은 한국국민들로부터의 요구에 부응하여 헌법 개정의 문제를 다루어야

---

321) *An Interview with President Chun Doo Hwan November 21, 1980*(Seoul, Korea: Korean Overseas Information Service, 1980), p. 16.

322) 미주한국(1980년 7월 16일), p. 2.

할 입장에 놓이게 되었다.[323] 헌법 개정문제는 한국의 여당과 야당으로부터 나오는 두 가지 상반된 관점에 초점이 맞춰져 있었다.

　　여당(민주정의당)이 의원내각제 안을 제시한 반면에 야당(신한민주당)은 대통령중심제를 주장했다. 민주정의당 대표위원 노태우는 1987년 '다원주의와 민주적 발전을 위한 신헌법'이란 주제의 세미나석상의 축하연설에서 대통령중심제에 반하여 의원내각제를 지지하는 이유로 다음과 같이 세 가지를 들었다. ① 1인독재의 부활을 예방한다, ② 행정부의 권력을 분산한다, ③ 전체 국민의 다원적 성격을 대표하는 내각체제를 구성한다는 것이다. 노태우의 기본논지는 의원내각제가 자유경쟁과 복지민주주의를 촉진시킬 것이라는 것이다. 이것은 전대통령의 '전시민주주의'와는 다르다. 노태우의 민주주의 개념은 자유·공정경쟁이라는 다원주의적 성격에 기초한 것이다. 노태우도 단임제에 의한 전두환의 평화적 정권교체가 과거에 있었던 1인통치의 유산을 불식시키고 복지민주주의에 있어서의 새로운 지평을 제공할 것이라고 주장했다.[324] 그의 복지민주주의는 전두환의 전시민주주의에서 도출된 것이다. 민주정의당 총재를 겸했던 전두환 전 대통령은 1987년 3월 26일에 노태우 대표에게 전권을 위임하여 야당과의 헌법개정 협상에서 재량권을 발휘하도록 하였다. 전두환 대통령의 이러한 행동은 차기정부의 후계자로서 그의 육사동기 중의 한 명을 공식적으로 지명했다는 뜻으로 해석된다.[325] 노태우는 전두환 대통령의 후계자로서는 알맞은 선두주자로 여겨졌다.

　　다른 한편으로 신한민주당은 의원내각제보다는 대통령 직접선출방식으로 당의 입장을 바꿈으로써 대통령제의 헌법을 만들어야 한다고 주장하고 나섰다. 그들은 대통령직선제가 국민들로부터 전폭적인 지지를 받을 것으로 여겼다. 그러나 대통령 직접선출방식에서 야당이 꼭 승리할 것이라고 예측하기는 힘들다. 왜냐하면 어느 당도 국민의 깊은 신뢰를 받지 못하고 있었

323) "President Chun's Sixth Anniversary," *Prosperity*, Vol. 5(March 1987)(Seoul, Korea: The Democratic Justice Party, 1987), p. 3.

324) Roh Tae Woo, "Congratulatory Address" at the Seminar on "New Constitution for Pluralism and Democratic Development," January 27, 1987(Seoul, Korea: National Policy Institute, 1987), pp. 1~5.

325) *The Korea Times Los Angeles Edition*(March 27, 1987), p. 12.

기 때문이다. 게다가 신한민주당은 내부적으로 권력갈등의 문제를 지니고 있었다. 신한민주당은 트로이카(김대중, 김영삼, 이민우)에 의해 이끌어지고 있었다. 양 김은 신한민주당 내에서 실질적인 권력을 지니고 있었으며 이민우는 양 김에 의해 전면에 추대된 신민당 총재였다. 그러나 이민우는 양 김으로부터 어느 정도 독립된 행동양태를 보여주고 있었다. 1987년 3월 31일, 내각제에 찬성하는 이철승 의원과 이택희 의원을 축출하자는 모임이 새로운 문제의 발단이 되었다. 이것은 야당 내에서도 헌법 개정방법에 대한 견해차이가 존재하고 있다는 사실을 의미한다.

이철승 의원은 "지난 40년 동안 야당은 1인독재를 유발하는 대통령중심제의 대안으로서 의원내각제를 요구했었다"라고 주장했다. 그의 제안은 위의 사실들에 근거한 것이었다. 양 김은 이철승의 제안을 '당내 쿠데타'로 간주하고 이것은 당의 공식적 정책을 비판함으로써 그들의 개인적 야망을 이루기 위한 것이라고 비판했다. 그들은 양 김에게 충성을 서명한 70명의 당내의원(당시 총의원수는 90명)으로부터 지지를 받아냈다. 양 김은 당의 공식적 지도력을 무시하면서 양측을 대표하는 6인의 당무집행위원회를 조직했다.[326] 이철승은 양 김이 자신을 당에서 몰아내기 위해서 '인민재판전술'을 사용하고 있다고 비난하고 그들을 명예훼손죄로 고소했다.[327] 이에 신한민주당은 인맥관계에 따라 분열되어 갔고 둘 또는 그 이상의 당으로 분리될 위험성을 갖게 되었다. 신한민주당이 만약 당내문제를 조속히 정리하지 않는다면 당내의 논쟁은 곧바로 당의 위기로 연결될 것이라는 점은 쉽게 예측할 수 있었다.[328] 마침내 양 김은 신한민주당을 탈당하고 신당을 창당하는 데에 합의하였다.

앞에서 지적했듯이 신한민주당이 붕괴된 데는 세 가지 이유가 있었다. ① 1986년 12월, 이민우 총재는 7가지 선결조건이 받아들여진다면 민주정의당의 의원내각제를 인정할 수 있음을 시사했다. 그는 정부가 온건한 방식을 취해 정치적 자유를 증진시킬 수밖에 없을 것이라고 생각했던 것이다. 간단

---

326) *Ibid.*(March 25, 1987), p. 12.

327) *Ibid.*(April1, 1987), p. 12.

328) *New York Times*(April 5, 1987), p. 10.

하게 말하자면, 양 김과 이민우 사이에는 이념적·정치적 차별성보다는 인격적 충돌이 있었던 것이다. ② 양 김은 공공연하게 내각제 지지발언을 하는 이철승, 이택희 같은 '불순요소'를 당내의 반란군으로 파악하였다. 그들은 "양 김이 당내에서 전권을 행사하고 있다"고 비난한 두 의원을 축출할 수가 없었고 따라서 양 김은 당내에서 '무기력한 상태'에 놓이게 되었다. 이것은 신민당 내에 헌법 개정문제에 대한 통일된 전략이 부재했음을 나타낸다. ③ 분열의 결정적 시기는 약 200명의 이철승, 이택희 의원의 지지자들이 그들의 목적을 이루기 위해 폭력적 방법으로 중앙당사를 점검한 사건이 1987년 4월 4일에 있었다.[329] 이는 양 김에 대해서 그들의 권위적 행태를 비판한 것이었다. 현홍주에 따르면 "그 스트라이크는 양 김이 내부적 불일치를 크게 문제삼은 것에서 동기를 부여받은 것이라 하겠다. 아마도 '권위주의적'이라는 단어를 사용한 것은 고의적인 빈정거림의 뜻이 내포되어 있었던 것으로 보아야 할 것이다. 그들은 만약 권력에 접근할 수 있는 기회가 주어진다면 그들도 독재자가 될 수 있다는 징후를 충분히 보여줬다. 이것은 그들이 어떤 사람들인가를 보여주는 것이다." [330]

이러한 정치적 상황에서 김수환 추기경은 1986년 10월 20일에 있었던 로마에서의 AP통신사와의 회견을 통해, 정치인들은 당면한 정치적 문제를 극복해야 한다고 조언했다. 그는 전두환 전 대통령과 김대중, 김영삼 등 세 사람에게 개인의 정치적 야망을 버리고 전환기의 정치적 문제를 해결하고 민주주의를 수호해야 한다고 제시했다. 개인적 야망이란, 전두환에게는 대통령퇴임 후에도 당 총재로서 민정당을 장악하려는 것이고, 양 김에 있어서는 1987년 혹은 1988년에 있을 신헌법 하에서의 대통령후보로의 출마였다. 전 대통령은 만약 그가 평화적으로 정권을 이양한다면 한국의 드골이 될 수 있는 것이었다. 양 김의 경우도 다음 세대의 정치가들의 전도를 밝힐 수 있는 진정한 개혁적인 정치지도자가 될 수 있는 것이었다.[331]

그러나 양 김은 그들을 따르는 의원들을 이끌고 신한민주당을 탈당했고

---

329) *Ibid*.(April 9, 1987), p. 7.

330) *Ibid*.(April 9, 1987), p. 3.

331) 한국일보(1986년 10월 12일), p. 1.

그러한 새로운 정치적 불안정 요인은 전대통령으로 하여금 대통령간선제 채택의 결단을 내리게 했다. 1987년 4월 13일에 있었던 전국적인 라디오와 텔레비전 방송연설을 통해, 전대통령은 그의 승계자가 1987년에 선출될 수 있는 방법에 대한 논의를 일방적으로 중지시키는 결정을 발표했다. 그는 자신은 1988년 2월 25일 이후엔 대통령직을 사임할 것이며 현행 헌법에 따라서 간접선거를 통해 차기대통령이 선출될 것이라고 단언했다. 전두환은 아울러 출판의 자유와 지방자치제를 통해 지방의 역할을 증대시킴으로써 지역적 자립을 도모할 것이라고 했다. 그는 신민당의 파벌싸움과 그로 인한 당 분열사태를 이용해 차기대통령을 선출할 수 있는 권한과 1988올림픽의 개최권을 확보하는 일방적인 결정을 내린 것이다. 위의 두 가지 시급한 과제를 해결하고 난 후에, 차기대통령이 충분한 시간적 여유를 가지고 헌법개정안에 임할 수 있다는 것이었다.[332]

자연적으로 전두환의 결정은 양 김과 학생들 그리고 종교지도자들에 의한 즉각적 반대에 부딪쳤다. 정부와 민주정의당의 행동은 한국에서의 끊임없는 시위를 야기했다. 학생들과 청년들은 정부가 개헌문제를 처리한 방식에 대해 시위를 통해 강력하게 문제제기했던 것이다. 시위는 도깨비불처럼 전국적으로 확산되어 나갔다. 특히 1987년 6월 10일부터는 연일 시위가 일어났다.

마침내 1987년 6월 29일, 노태우 민정당 대통령후보는 야당 측의 요구를 수용한 8가지 항목의 계획을 발표했다. 이것이 소위 '6.29선언'이다. 이것은 한국에서 민주적 정치절차의 희망을 갖게 했다. 전두환 대통령은 노태우의 제안을 받아들이고 그의 당 총재직을 노태우에게 넘겨주었다. 단임에 대한 전두환의 약속은 믿을 수 있게 되었다. 민주정의당과 통일민주당은 양당 간의 8인위원회를 통해 개헌문제를 논의하기 시작했다.

드디어 1987년 10월 12일, 새로 개정된 대통령직선제의 헌법이 국회를 통과했고(찬성 254, 반대 4), 10월 27일의 국민투표를 거쳐 확정되었다.[333] 투표

---

332) *The Korea Times Los Angeles Edition*(April 15, 1987), p. 12.

333) "Assembly Passes Constitution Revision Bill for Direct Presidential Election," *Korea Newsreview*, vol. 16, no. 42(October 17, 1987), pp. 4~5.

자의 93%가 찬성투표를 한 것이다.[334]

새로운 헌법에 따른 대통령선거가 12월 16일에 있었다. 그 선거에는 4명이 주요 후보로 등장했다. 55살의 노태우는 민정당 후보, 59살의 김영삼은 통일민주당 후보, 62살의 김대중은 평화민주당 후보, 61살의 김종필은 신민주공화당 후보였다. 또한 다른 군소후보들도 있었다.[335] 노태우와 나머지 적대적 경선자인 김영삼·김대중 등의 지지자들은 폭력과 돌과 화염병으로 얼룩진 선거운동을 했으나 30일간의 공식적인 선거운동기간을 통해서는 선두주자를 예측하기가 힘들었다. 왜냐하면 노태우와 노련한 두 야당지도자인 김영삼과 김대중 3인의 경쟁은 우열을 가리기가 힘들었기 때문이다.

한국국민들에게 있어서 대통령직접선거는 1971년 이후로는 처음으로 실시하는 것이었다. 이 선거에서 노태우는 28%의 지지를 획득한 김영삼 후보와 27%를 획득한 김대중, 8%의 김종필 후보를 누르고 37%의 지지율로 승리했다. 노태우는 "민주주의의 역사를 여는 새로운 장에서 최선을 다한 국민들에게 경의를 표한다"고 말했다. 그는 아울러 기자회견에서 "나는 평화와 안정을 약속한다. 나의 임무는 선거운동을 통해 나타난 아픈 상처를 치유하고 민족화합을 성취한 것이다"라고 얘기했다.[336] 주요 논점은 민주주의, 안정, 민족화합이었다.

반면에 야당후보들은 그들의 패배가 정부와 민정당이 획책한 부정수단, 뇌물, 1인 다 투표, 무기명 허위투표 등에 의한 것이었다고 비난했다. 그들은 패배가 김영삼과 김대중의 후보단일화 실패에서 비롯되었다는 점을 직시했어야 했다. 만약 그들이 단일후보로 출마했다면 55%의 지지율로 노태우의 37%를 능가하는 결과를 낳았을 것이다. 야당은 선거에서 광범위한 부정이 행해졌다는 증거를 제시할 수 없었다. 한국국민의 대다수는 노태우의 승리를 인정했던 것이다.

---

334) "New Constitution Approved by Overwhelming Majority in National Referendum," *op. cit.*, vol. 16, no. 44(October 31, 1987), pp. 4~5.

335) "Split of Opposition Camp Likely to Cause Serious Impact on Election Outcome," *op. cit.*, vol. 16, no. 45(November 7, 1987), pp. 6~7.

336) *Natchez Democrat*(December 20, 1987), p. 6A.

대통령선거의 경험으로부터 한국의 민주주의를 8가지로 분석해 볼 수도 있다. ① 한국국민은 일본이나 미국의 경우와는 달리 한국의 독특한 정치문화에 기반한 대통령직선제를 요구했다. 한국은 경제성장에 걸맞는 정치발전을 위해 노력했다. ② 한국에는 지난 16년간 정치적인 진공상태가 존재했고 이것이 원만한 선거운동을 불가능하게 했다. 1993년의 대통령선거 때는 선거운동을 대중집회, 텔레비전토론 그리고 관훈클럽토론 정도로 한정지어야 할지도 모르는 것이다. ③ 지역감정, 분파주의 그리고 폭력은 다음의 대통령선거 때는 근절되어야 한다. 상처를 드러내는 것은 쉬운 일이나 국민들 간의 분열을 치유하기는 힘들다. ④ 대통령 선출방법(직접선거에 의한)은 과반수 이하의 득표자가 당선되는 것을 방지하도록 개선되어야 한다. 차기대통령은 적어도 단독으로 과반수(즉 51%)를 득표해야 한다. ⑤ 야당과 야당지도자들은 자신들의 지위에 따르는 서로의 강점과 약점을 직시해야 하고 거부심리를 선거에 직접 적용하기보다는 참여해서 반대하는 방법의 강점을 터득해야 한다. 거부심리는 상대편의 권리와 입장을 거부하고 오로지 한 측면에만 집착하는 것을 뜻한다. 자존심 또한 어떤 때는 큰 죄가 된다. 선거로부터 5일이 지난 후에 김대중 총재는 자신의 실수를 인정하고 야당을 분열시키고 그로 인해 후보단일화를 달성시키지 못했다는 점에 대해 국민에게 사과를 구하는 글을 서울신문 1면에 실었다. 그의 행동에 대해 용서를 구한 것은 현명한 판단이었다. 그러나 그는 부정선거규탄의 목소리를 낮추지 않고 1988년 2월에 있을 노태우의 대통령취임을 거부하는 비폭력적 투쟁을 요구했다. 그는 또 다른 실책을 범한 것이다. 그는 더 늦기 전에 국민과 노태우 당선자에게 축하메시지를 전함으로써 그의 패배를 인정하는 겸손과 정치적 수완을 보였어야 했다. 물론 야당지도자들의 패배는 김영삼 총재에게도 책임이 돌아가야 한다.[337] ⑥ 대통령후보들은 정치지도자들에 대한 국민들의 역설적인 기대감을 명심해야만 한다. 그들은 자신들의 언행일치, 성실성, 이미지 연출법, 인격, 후보로서의 정견 등에 주의를 기울여야 한다. ⑦ 한국에서의 민주주의는 필리핀이나 아이티의 경우와 다르다. 왜냐하면 한국인들은 '하면

337) *Ibid.*(December 22, 1987), p. 10A.

된다'는 정신을 가지고 있고 정치적 기적을 이룰 만한 능력을 보유하고 있기 때문이다. ⑧ 정치지도자들은 과거의 실수로부터 교훈을 얻어서 1992년의 선거에서는 같은 실수를 되풀이해서는 안 된다. 그들은 젊고 능동적인 새로운 정치지도자를 추대하고 패배를 수긍하는 방법을 배워야 한다.

위의 8가지 점에 근거하여 다음과 같이 분석할 수 있다. 한국은 일단 정권 정통성에 대한 여타의 문제제기 없이 1988년의 서울올림픽을 개최하기 위한 방향으로 나아갈 수 있었다는 것이다. 1987년 12월 16일의 대통령선거 결과는 외국과 북한에도 영향을 미쳤다. 마침 미국, 소련, 중국, 일본 등은 바람직한 외부환경을 만들 수 있는 데탕트의 시기에 재돌입했다. 주변 강국들은 한국의 민주화과정을 보면서 서울의 정치발전을 재평가하고 있었다. 1987년 12월에 워싱턴에서 개최된 레이건과 고르바초프의 정상회담은 436기의 중거리핵미사일을 해체하고 1,575개의 단거리핵탄두를 없애는 데에 합의함으로써 성공적인 것으로 평가받았고 아울러 그 자리에서는 지역적·국제적인 정치문제와 인권문제에 대한 총체적인 토론이 이뤄졌다.[338] 두 지도자는 대한항공 858기와 1988년의 서울올림픽을 아시아지역에서의 중요한 문제로 다뤘으리라고 추측되었다. 두 강대국의 시각으로부터 유추하자면 한국은 한반도에서의 경제적 및 스포츠 경쟁에서 북한을 앞지르고 있는 것으로 평가되었다. 한국이 동서진영 내의 개발도상국들의 모범이 되고 있다는 사실은 명백하다.

덧붙이자면 북한의 지도자들은 잘못 계산된 그들의 대한항공 858기 폭파사건 때문에 국제사회로부터 고립되어 있다는 점을 깨닫고 있다. 그것은 반동을 야기했고 한국으로 하여금 올림픽공동개최와 체육회담을 취소하게 했다. 그리고 그것은 확실히 국제사회에서 북한의 체면을 추락시켰다. 대한항공 858기 폭파혐의자인 26세의 김현희는 1987년 12월 15일에 바레인으로부터 서울로 송환되었다. 정황적 증거로 보아 그녀가 그 비행기와 관련되어 있다는 사실은 명백하다. 수사팀은 랑군 동남방 130마일쯤의 버마해안에서 고무로 된 구명정을 찾아냈다. 한국은 북한이 고의적으로 대통령선거와

---

338) Strobe Talbott, "The Road to Zero," *Time*, vol. 130, no. 24(December 14, 1987), pp. 18~30.

1988년의 서울올림픽을 방해하려 했다고 비난했다. 북한은 김현희의 송환을 대북비방선전이라고 비난하면서 서울의 고발을 반박했다.[339] 중요한 점은 북한지도자들이 잘못된 결정을 내렸다는 것이다.

노태우 전 대통령의 뒤를 이어 제6공화국의 두 번째 정부인 문민정부(1993~1998년)가 3당 합당의 결과(1990년 1월 22일)로 김영삼 정부의 이름으로 1993년 2월 25일 출범했다. 김영삼 전 대통령은 집권 초기 개혁과 부패 일신의 정책을 실행하는 과정에서 제5공화국의 전직 대통령들을 구속 수감(1996년)시켰고 집권 말기에는 그의 아들 김현철의 권력형 비리(1997년 2월)가 노출되면서 경제사정이 악화되어 국제통화기금의 원조(1997년 12월 5일)를 받는 수모를 겪었다.[340]

소위 국민의 정부(1998~2003년)는 제6공화국의 세 번째 김대중 정부로 새정치국민회의와 자유민주연합이 단일후보로 내세운 김대중이 제15대 대통령 선거에 승리하여 사상 최초로 여야 정권을 교체시킨 특징을 안고 1998년 2월 25일 출범했다. 그의 대북정책은 조선민주주의인민공화국 국방위원장과 평양에서 2000년 6월 13일에서 6월 15일까지 제1차 남북정상회담을 진행하고 그 결과를 6.15남북공동선언으로 발표한 것이다.[341] 소위 김대중의 햇볕정책을 실행하는 과정에서 북한에 퍼주기정책(지난 10년간 북한에 지원한 재정·민자 자금 3조 5천억 원)[342]의 비난을 듣기도 했지만 남북한 간의 교류협력을 활성화시키고 긴장을 완화시킨 점은 노벨 평화상을 받기에 충분하다고 분석된다.

진보성향을 띤 국민의 정부를 이어 참여정부(2003~2008년)는 제6공화국의 네 번째 노무현 정부의 다른 이름으로 제16대 대통령 선거에 당선된 노무현의 취임과 함께 2003년 2월 25일 출범하여 2008년 2월 24일 임기를 마

---

339) *The Korea Times Los Angeles Edition*(December 16, 1987), p. 12.

340) 문민정부위키백과-우리모두의 백과사전, http://ko.wikipedia.org/wiki/%EA%B9%80%EC%98%81%EC%82%BC_%EC%A0%95%EB%B6%80 참조.

341) 국민의정부위키백과-우리모두의 백과사전, http://ko.wikipedia.org/wiki/%EA%B5%AD%EB%AF%BC%EC%9D%98_%EC%A0%95%EB%B6%80 참조.

342) "지난 10년간 지원액의 5배… 1인당 32만원꼴," 조선일보(2008년 9월 18일), p. A6.

쳤다. 그의 대북정책은 전임 대통령 김대중의 햇볕정책을 근간으로 하여 한반도의 통일을 이루기 위해서는 남북한 간의 긴장을 완화하고 평양을 자극하지 않으면서 경제적 지원을 통해 경제발전을 꾀하고 북한의 붕괴를 막는 정책을 시도한 점이다. 반면에 노무현의 대북정책을 반대하는 사람들은 자연스런 북한의 붕괴를 막고 북한주민에게 고통을 심화시킨 정책이라고 비난하기도 한 바 있다. 참여정부 출범은 제2차 북핵위기 직후에 발생하여 평양과의 관계는 진전을 보지 못하고 오히려 2006년 7월과 10월 평양이 장거리미사일 발사와 핵실험을 실행한 바 있으며 이를 해결하기 위하여 6자회담을 시작하여 북핵 폐기를 위한 국제사회에 도움을 받고 있다. 6자회담에서 2007년 2월에 2.13합의가 있었고, 2007년 10월 2일 도보로 군사분계선을 넘어 10월 4일까지 북한을 방문하여 제2차 남북정상회담을 가진 후 8개 조항의 공동선언문을 발표한 바 있다.[343] 2007년 남북정상회담 이행비용은 앞으로 14조 3,000여 억 원 정도가 들 것이라고 통일부가 국회제출 자료에서 밝혀 국민 한 사람이 32만 원 정도 부담해야 할 돈이라고 공개한 것이다.[344] 이 막대한 비용 금액은 이명박 정부의 10.4선언 전면 이행을 약속하는 것을 주저하게 만든 이유 중 하나이다.

진보성향 10년에 지친 국민은 보수성향의 이명박 정부(2008~2013년) 또는 실용정부를 2008년 2월 25일 선택하여 제6공화국의 다섯 번째 정부로 출범했다. 이명박 대통령의 선거공약의 주 목표는 경제 살리기로 정하고 'MB노믹스(Myung Bak nomics)'의 슬로건으로 '줄·푸·세 타고 747'로 정했다. 이 뜻은 세금은 줄이고, 간섭과 규제는 풀고, 법치주의는 세워서 7% 성장, 4만 달러 소득, 세계 7위 경제를 이루자는 의미이다. 이 목적을 달성하기 위해 우선 성장정책과 투자 활성화와 각종 감세정책을 적극 추진할 전망이다. 그의 대기업 프랜들리 성장전략을 실행하는 과정에서 감세위주의 정책의 불만과 양극화 문제도 심화되고, 미국의 서브프라임 모기지(비우량주택담보대출) 부실사태의 여파로 2008년 9월 17일 158년 역사

---

343) 참여정부위키백과-우리모두의 백과사전, http://ko.wikipedia.org/wiki/%EC%B0%B8%EC%97%AC%EC%A0%95%EB%B6%80 참조.

344) "지난 10년간 지원액의 5배… 1인당 32만원꼴," 상동.

세계 4위 은행인 리먼브러더스(Lehman Brothers)가 도산하며 시작된 월스트
리트 발 '금융 허리케인'을 맞아 어떻게 대응할 수 있는지 의문을 가지는
사람들도 있다.[345]

그의 대북정책은 전임 두 대통령과 차별화에서 실용주의를 표방하여
한·미동맹 강화와 북한 개혁·개방을 최우선으로 추구하면서 평양이 핵을
폐기해야만 본격적인 남북 경제교류가 시작될 수 있다고 당선 후 신년 기자
회견에서 밝힌 바 있다. 정치인 출신 김대중 전 대통령의 햇볕정책과 6.15공
동선언, 노무현 전 대통령의 햇볕계승정책의 10.4선언은 10년 동안 매년 7억
달러의 대북지원을 함으로써 남북관계를 정치적 상징성의 프레임 속에서
역사적 평가 내지 정상회담의 빅 이벤트(Big Event) 결과물이다. 반면에 기업
인 출신 이명박 대통령은 남북관계를 경제협력 틀 속에서 남(南)은 주는 쪽
이고 북(北)은 받는 쪽이니 후자가 전자에게 매달리는 것이 당연한 논리로
보는 '비핵·개방·3000'을 대선공약으로 본 것이다.[346] 이상적인 차원에서
과거 정부와의 차별화만 강조하고 잘된 정책은 계승하지 못한 점에서 남북
한 경색을 불러오는 결과를 가져왔다. 그의 '비핵·개방 3000 구상'은 평양
이 핵을 포기하고 개방에 나서면 대북투자를 통해 북한의 1인당 국민소득을
10년 후 3,000달러로 끌어올린다고 한 점이며 이를 구체화하는 차원에서
400억 달러 규모의 국제협력기금을 조성한다고 주장한 것이다. 평양은 이
주장을 '반(反)통일 선언'이라고 걸어차면서 이명박 대통령을 '역도'로 표현
하면서 서해 미사일발사, 개성공단 남한 당국자 추방으로 대응했지만 워싱
턴의 지원정책 변화에 맞추어서는 냉각탑 폭파를 보이는 등 서울의 대북지
원정책을 거부한 바 있다. 이후 금강산피살사건이 발생하고 서울은 2008년
7월 아세안지역안보포럼(ARF) 의장성명에 금강산 피살사건 문제를 포함시키
고 평양이 제안한 10.4선언을 제외하려다 반대로 북한이 이 성명을 삽입하
는 데 성공하자 결국 둘 모두 의장성명에 제외되는 결과를 초래해 국제적인
망신을 산 결과를 가져오기도 했다. 이후 이명박 정부가 지나치게 이 대북
정책 입장을 견지하면서 (천안함 폭침과 연평도 피격 등) 두 번의 도발을 당하

345) "월스트리트발 '금융 허리케인'의 진로," 조선일보(2008년 9월 17일), p. A31.

346) "내년 달력 들춰보며 버티는 金正日," 상동(2011년 4월 20일), p. A34.

고 한반도가 위험을 느끼는 상황이다.[347] 현재 남북한관계가 냉랭해지면서 서울의 모호한 대북정책이 평양의 불신을 키우고 북핵 등 한반도 문제의 주도권을 잃어버릴 수 있는 상황에 처해 있다.[348] 따라서 강력하고 훌륭한 지도자는 위기를 기회로 삼고 단기·중기·장기적인 정책을 수립하여 구체적인 평화통일을 이루는 데 체계적인 시스템을 마련하는 것이 필요하다.

이상의 역대 대통령의 대북정책이 제시하는 점은 각 시대와 환경에 맞는 정책을 수립해 왔지만 장기적인 차원에서 바람직한 조건을 실행한 대통령은 이념과 상관없이 김대중과 노무현으로 이명박 대통령은 과거 잘 이루어진 정책은 계승하면서 잘못된 정책은 수정·보완하는 자세가 필요하다고 분석된다.

북 한   북한에서는 김일성과 김정일·김정은 그리고 그들의 추종자들이 2차 대전 종전 때부터 현재까지 절대적인 권력독점을 유지하고 있다. 김일성의 정치체제는 때때로 '권위적 과두정치' 혹은 '1인독재'라고 불려진다.[349] 그러나 그도 분명히 후계자지명에서 연고자 편중성을 보인다는 비난에 직면하고 있다. 1990년대 김일성의 나이는 77세였다. 그리고 그는 자신의 후계자로 48세가 된 그의 아들 김정일을 지명했다. 김정일은 새로운 경제적·기술적·교육적 그리고 문화적 환경에서 자라난 제2세대의 전문가를 대표한다. 1980년 10월에 열린 조선노동당 6차 당대회 이래로 김정일은 김일성의 후견적 보호 아래 사실상의 후계자로 인정받아왔다.[350] 북한에서 당의 통제를 받는 대내외통신에 따르면, 김정일이 그의 아버지를 승계하는 것은 그 당시 분명했다. 따라서 김일성의 이미지를 대신할 수 있는 새로운 권

---

347) "오세훈 '對北정책 상황별 유연성 필요," 상동(2011년 4월 21일), p. A4.

348) 이명박정부위키백과-우리모두의 백과사전, http://ko.wikipedia.org/wiki/%EC%9D%B4%EB%AA%85%EB%B0%95_%EC%A0%95%EB%B6%80 참조.

349) Ilpyong J. Kim, *Communist Politics in North Korea*(New York: Praeger Publishers, 1975), pp. 26~31. Chong-Sik Lee, "The 1972 Constitution and Top Communist Leaders," in Dae-sook Suh and Chae-jin Lee(eds.), *Political Leadership in Korea*(Seattle: University of Washington Press, 1976), pp. 192~196.

350) Frederica M. Bunge(ed.), *North Korea A Country Study*, pp. 164~165.

위를 창조하고 다음과 같은 네 가지의 변화를 도모하는 것이 그 당시 중요한 과제였다.

1) 김정일은 경직된 정책결정 과정과 문호개방이라는 이중적인 정책을 추구할 것이다.

2) 그는 제1세대의 충고와 혁명의 전통에서 떨어져나갈 것이다.

3) 그는 북한주민의 생활지표를 높이도록 노력할 것이며 따라서 갈등을 일으킬 소지가 있는 다양한 생활방법을 허용할 것이다.

4) 그는 남한에서 혁명적 상황이 발생할 경우에 대비하여 게릴라부대와 낙하산부대의 투입준비를 항상 갖추고 있을 것이다.[351]

이러한 과제는 부분적으로 환경의 변화에 따라 적용되면서 김정일은 자타가 인정하는 북한 제일의 실권자로 부상하게 되었다.

1986년에 열린 8차 최고인민회의 제1차 회의에서 김일성은 주석으로 재선출되었다. 김정일은 아직 정부요직을 차지하지는 못했으나 기구적 편제를 초월해서 김일성을 계승할 위치에 있는 것이 확실하다.[352] 북한은 소위 '기술관료'들로부터의 반발 때문에 후계자문제가 여전히 불확실한 상태로 남아 있다. 동구에서 교육을 받아서 과학적 세계관에 입각한 제2세대의 기술관료들은 북한에 어떤 변화를 가져올 수도 있을 것이다.

김정일(金正日, Kim Jong-Il 1942년 2월 16일생)은 조선민주주의인민공화국(북한)의 국방위원장이며 조선노동당의 총 책임자로 1994년 아버지 김일성 주석이 사망하자 권력을 계승받아 '절대군주'로 비유될 정도로 절대권력을 행사하고 있다. 그 후 그는 300만의 사망자가 발생한 북한의 식량난과 지속되는 외부 영향에 대한 폐쇄성을 유지하면서, 국제사회의 반대에도 불구하고 핵실험을 단행하여 실책을 범했다는 평가를 받고 있다. 김정일은 1970년대 말부터 3대 붉은기쟁취운동을 벌인 바 있고, 근로자의 노동능률을 높이는 데 초점을 맞추고, 1998년 이후에는 중국의 경제특구제를 도입하여 4개의 경제특구를 지정한 바 있다. 그는 1990년대 경제난 해소 차원에서 서울과 개성공단지구 등 자유로운 경제활동을 허가했지만 시장경제에 대한 완전한 수

---

351) 한국일보(1986년 12월 19일), p. 4.

352) *The People's Korea*(January 17, 1987), p. 1.

용이 결여된 상태에서 한국과 완전한 교류는 불가능했다. 김대중 정부가
들어선 이후 1998년부터 김정일 위원장은 정주영 현대그룹 회장과 정몽헌
회장을 만나 대화를 통해 금강산관광사업을 활발하게 진행했고 개성공단
사업도 활발하게 진행했으나 이명박 정부가 들어선 현재 경색국면을 맞게
됐다.

　사상적인 측면에서 김정일은 김일성 당시 국가주석 밑에서 주체사상을
지도하는 데 관여하면서 주체사상의 최종적인 해석권은 수령과 그 계승자에
있다는 정치적 특권을 강조하여 평양의 현 제도를 이론적으로 확립한 장본
인이라는 점을 강조하고 있다. 그의 대표적인 정치적 결정은 2000년 6월 15
일 김대중 한국 대통령과 함께 남북공동선언을 발표한 것으로 분단 67년 동
안 서로 대립·경쟁 국면에서 긴장완화와 남북 경제교류 활성화와 한반도
평화를 위한 시금석으로 전환한 점이다. 그는 2007년 10월 4일 제 2 차 남북
정상회담을 개최하여 남북한 공존의 특수상황을 재인정하는 계기를 갖기도
했다. 이 상황은 남북한 간의 특별한 관계의 개선과정으로 되돌릴 수 없는
관계로 봐야 하며 평화통일의 장기적인 목표를 향해 나아갈 과정이라고 분
석된다. 반면에 그의 실책으로는 김대중 전 대통령이 추천한 미국의 빌 클
린턴 대통령과의 상봉을 지키지 않은 점, 2002년 핵확산금지조약의 탈퇴선
언, 베이징의 압력에 의한 신의주경제특구계획 실패, 1995년 평양의 국제사
회에 식량원조를 요청하면서 부각된 식량난과 경제난, 2006년 들어서 대포
동 2호 미사일 발사사건과 동년 10월 국제사회의 심각한 우려 속에서 한반
도 역사상 처음으로 핵실험을 감행한 것을 포함한다. 그의 건강이상설은
2008년 9월 9일 북한 60주년 기념행사에 참가하지 않아 증폭되고 있으며 조
사결과 김정일은 8월 15일 전후로 뇌졸중과 뇌일혈 증세를 일으킨 것으로
밝혀져 북한정권의 앞날이 우려되고 있다.[353] 이유는 김정일 이후 일어날 수
있는 북한체제 안정을 기대하기 어렵고 지배층 간의 내부투쟁이 시작될 것
이라는 점이다. 69세인 김정일의 건강이 좋지 않은 것은 사실이고 그의 사
망은 그리 멀지 않은 일로 탈김(脫金)시대에 평양지도부 구성, 북한이 취할

---

353) 김정일위키백과-우리모두의 백과사전, http://ko.wikipedia.org/wiki/%EA%B9%80%EC%A0%
95%EC%9D%BC 참조.

정책에 가설을 세워 이 난관을 대처해야 하기 때문이다.[354]

미 행정부의 한반도 문제 책임자인 커트 켐벨(Campbell) 국무부 동아시아태평양 담당 차관보가 방한 중이던 2010년 3월 3일 비공개 간담회에서 김정일 국방위원장의 수명에 대해 "모든 의학적 정보를 종합할 때(김정일 수명은) 3년 정도로 생각 한다"고 밝힌 바 있다.[355] 뇌졸중으로 쓰러졌던 김정일의 지난 1년간 사진을 분석해 보면 유달리 검어진 손과 비정상적으로 손톱이 하얗게 변한 점으로 보아 신장 이상설(만성 신부전증)이 사실로 밝혀지고 있다. 서울정부 고위당국자는 최근 김정은으로 알려진 후계 구도와 관련하여 "(김정일이)뇌졸중으로 쓰러진 후 믿을 건 피붙이라는 관점에서 초기에는 (후계 작업을) 가속화했다"며 "하지만 하늘에 태양이 2개 있는 게 이상하고 김정은의 인사 개입문제도 나타나 2009년 6월 이후 조금 물밑으로 내려온 분위기"라고 전한 바 있다.[356]

여기서 평양은 3대 세습을 굳혀가는 주인공인 김정일 국방위원장의 3남인 김정은(29)으로 후계체제의 구축을 진행하고 있다. 김정은(金正恩, Kim Jong-un)의 프로필은 1982년 1월 8일생(대외적으로는 1983년 1월 8일로 발표) 평양 출생으로 김정일과 세 번째 부인 고영희(2004년 사망) 사이의 삼남으로 현재 김정일의 후계자이다. 김정은은 키가 168cm 안팎, 체중은 운동 부족 등으로 인해 87kg(예상)으로 살이 찐 상태이고, 고혈압과 당뇨가 상당히 심한 것으로 알려져 있으며 그의 얼굴 사진은 2010년 9월 30일 북한 관영매체를 통해 최초로 공개됐다.[357] 볼 살이 두툼한 30세의 후계자는 짙은 색 인민복(북한에서 '쯔메르 양복')을 입고 아버지와 그 충신들 사이에 앉아 있었다. 김정은은 아버지 김정일도 닮았지만 할아버지 김일성을 더 닮았다. 턱 아래 처진 살, 이중 턱, 아래로 향한 입, 뒤로 넘긴 머리스타일이 북한의 가족왕조 창시자 김일성을 빼닮았다. 디지털 시대에 맞게 전격적으로 그의 사진

---

354) 안드레이 란코프, "김정일 이후," 조선일보(2008년 9월 22일), p. A35.

355) "켐벨 '김정일 수명, 3년 남은 듯'," 상동(2010년 3월 17일), p. A4.

356) "김정일, 격주로 신장 투석," 상동(2010년 3월 25일), p. A5.

357) "北, 김정은 얼굴 전격 공개," 상동(2010년 10월 1일), p. A1.과 "29세 어린 후계자 … 나라 이끌 능력 있나," 한국일보(2011년 12월 21일), p. A3.

을 공개한 것은 서울로 치면 군복무를 마친 사회초년생 정도의 어린 나이에
내세울 경력이나 업적이 없는 김정은을 2010년 9월 28일 '대장' 칭호 부여,
29일 '당 중앙군사위 부위원장' 선임을 하면서 할아버지를 닮았다는 소리
를 들으려는 계산으로 그를 우상화 하기 위한 목적이 있다고 분석된다.[358]

　김정은의 학력과 경력은 스위스 리베펠트-스타인 힐츨리 공립학교(98년
8월~2000년 가을까지 재학), 김일성 군사종합대학 특설반(2002~2007년 4월)을 졸
업했으며 2009년 1월 이후 국방위원회 근무, 2010년 9월 28일 인민군 대장
칭호 부여, 2010년 9월 29일 '당 중앙군사위 부위원장' 선임이다. 김정은의
특이사항은 강한 리더십과 승부욕을 지닌 것으로 알려져 있으며 김정일 위
원장의 성격을 빼닮았을 뿐 아니라 세 아들 중 김정일의 사랑을 독차지했고
김정일 위원장의 '선군정치' 찬양과 계승을 외치는 정치 행보를 들 수 있
다.[359] 그의 성격은 불같이 난폭한 면이 있고 최근 이복형인 김정남(중국정부
선호)을 암살하려다 베이징정부의 방해로 실패한 적이 있다고 알려졌다. 김
정남(39)은 김정일과 성혜림(2002년 사망) 사이에서 태어난 장남으로 사실상
무직자로 베이징과 마카오에 세 여인과 세 자녀를 두고 아파트에도, 아지트
에도, 별장에도 안 나타나며 제 3 국에 머물고 있는 것으로 추정된다.[360] 김정
은은 북한 내부에서 너무 연소하고('경험 없는 애송이'), 경험과 경력도 짧아
김정일 국방위원장이 당장 2~3년 안에 사망할 경우, 평양의 최고 통치자로
전망은 밝지 않다는 분석도 있다.[361]

　김정은이 2010년 10월 10일 북한 노동당 창건 65주년 기념일에 김정일
후계자로 등장한 후 일 년이 지난 2011년 10월의 상황을 봤을 때 그는 국내
정책에서 실패하고 있다. 지난 1년 동안 평양의 물가는 100배 올랐고, 2012
년까지 완성하기로 한 평양의 10만 세대는 1만 세대도 완성하지 못했고, 북

---

358) "혼자 살찐 평양의 황태자," 조선일보(2010년 10월 1일), p. A1.

359) "김정일은 누구인가" 상동(2010년 9월 29일), p. A4.

360) "사라진 장남 김정남, 어디로 갔나," 상동(2010년 10월 4일), p. A1.

361) 김정은(1983년) 위키백과-우리 모두의 백과사전, http://ko.wikipedia.org/wiki/ %EA%B9%
　　80%EC%A0%95%EC%9D%80_(1983%EB%85%84)과 "29세 어린 후계자… 나라 이끌 능력
　　있나," 한국일보(2011년 12월 21일), p. A3.

한 내에 확산되는 한류(韓流)를 차단하기 위해 집집마다 찾아다니며 컴퓨터
의 CD와 USB 구멍을 폐쇄하고, 탈북자 내지 반동분자의 공개처형 빈도도
세 배 증가했으며 그의 원성은 일반 주민뿐 아니라 고위층까지 확산되는 추
세이다. 반면에 그의 업적은 서울에 대한 공격으로 2009년 7·7 DDOS 사이
버테러, 2010년 3월 천안함 공격에 이어 11월 연평도 포격, 2011년 농협 서
버공격의 성공을 들 수 있다.[362] <그림 3-8> 김정은 사진 참조.

| 그림 3-8 | 라오스 대통령과 기념촬영하는 김정일, 김정은 |

서울=연합뉴스

　　북한정부의 3대 세습은 조선왕조 500년과 한국의 재벌에서 보듯이 어떻
게 왕권과 권력을 교체하느냐가 문제인데 1대가 창업(創業)이고, 2대가 수성
(守成)이라면 3대는 경장(更張)이라고 한다. 여기서 창업은 사전적 의미에서
나라를 처음 세움으로 북한은 주석을 내각수반으로 하는 주석제 국가로 김
일성의 카리스마(김일성주석=주체사상)를 의미한다. 그의 주체사상은 '미국 공
포증'으로부터 시작되었다. 1950년 한국전 당시 인민군이 낙동강 전선에서

362) "등장 1년 만에 조롱거리 된 김정은," 조선일보(2011년 10월 17일), p. A39.

미국공군의 융단폭격과 미군과 한국군이 평양탈환 당시 미군의 폭격을 만나 평양을 탈출하여 평안북도 고산진에 피신한 경험으로부터 그는 주한 미군의 철수에 강한 의지와 주체사상을 주장하였다.[363] 북한은 2010년 9월 28일 열린 제3차 노동당 대표자회의에서 그동안 표방해 온 공화국에서 '김일성 조선'으로 노동당 규약을 개정하면서 서문(序文)에 이런 내용을 명기하여 헌법보다 상위규범에 포함시켰다.[364] 북한은 2009년 4월 개정한 헌법 서문에서 '영생불멸의 주체사상을 창시한 김일성이 조선의 창시자이고 조선의 시조(始祖)'라며 '수령(首領) 김일성을 공화국의 영원한 주석(主席)으로 모시고…'라고 명시하여 영생불멸의 시조신(始祖神) 김일성을 숭배하는 사교(邪敎)집단이 건설한 왕국이다.[365] 수성은 사전적 의미에서 조상들이 이룬 일을 이어 지키는 것이다. 즉 김일성 사후에 김정일은 선군정치를 내세우며 주석제를 폐지하고 최고 권력기관을 국방위원회로 두고 위원장에 취임하면서 김정일의 성실함과 논리(김정일 국방위원장=선군사상)에 기초하겠다고 밝혔다. 김정일은 선군사상은 후계자 수업 중이던 70년대 중반 무렵 경제에 새 기술, 새 방법을 도입해 생산성을 높이겠다는 '3대 혁명'운동을 이끌다 오히려 경제를 후퇴시킨 '경제 문제 피해가기'에서 시작되었다.[366] 김정일은 김일성교(金日成敎)의 2대 교주이다. 경장은 사전적의미로 사회적·정치적으로 묵은 제도를 고쳐 새롭게 만드는 것으로, 후계자 김정은을 당(黨)중앙군사위원회에 등장시키는 것을 의미한다. 김정은은 할아버지의 젊을 때 머리 모양까지 흉내내며 장래 지도자의 지위를 높이려는 공조 노력으로 권력의 계단에 막 오른 3대 교주이다.[367] 당(黨)중앙군사위원회는 북한의 최고 영도기관인 노동당의 최고 군사지휘기관으로 당의 군사 정책 수행방법을 토의하며 인민군을 포함한 북한의 군사력 강화와 군수산업 발전에 관한 사업을 조직·지도하는 기관이다. 김정일 위원장은 김정은을 당 중앙군사위원회 부위원장에 임명하여 '선군정

363) "김정일 아들 정보를 일본 요리사 입에만 기대서야," 상동(2010년 10월 9일), p. A30.

364) "노동당 규약 '김일성 조선'명문화 北 '김씨 왕조' 노골화," 상동(2010년 10월 2일), p. A1.

365) "김일성敎 3대 교주 김정은의 할아버지 흉내내기," 상동(2010년 10월 2일), p. A31.

366) "김정일 아들 정보를 일본 요리사 입에만 기대서야," p. A30.

367) "김일성의 환생: A reincarnation of Kim Il-Sung," 상동(2010년 10월 8일), p. A33.

치'에서 앞으로 '당 중심'으로 이동하도록 길을 열어 준 것으로 분석된다.[368] 다시 말해서 김정은의 경장은 이론적으로 1대의 카리스마와 2대의 성실함을 두루 갖춘 '쌍권총'의 소유자를 의미한다. 과연 김정은이 실질적으로 '쌍권총'의 소유자인지는 두고 볼 일이지만 전망은 그리 밝지 않은 것으로 본다. 사교왕국에선 교주인 절대권을 둘러싼 노동당과 군 간부(사교 성직자)집단 들이 2,400만 북한 주민(신도)들에게 굶주림과 공개 처형의 억압과 착취를 가하고 있다. 사교 교주들의 대물림한 거짓을 영원히 가려줄 '어둠의 장막'은 없다고 분석된다. 북한 주민(신도)들에게 '핵(核)을 먹고 살라'고 강요할 수 없으며 '이밥(쌀밥)에 고깃국'을 제공하지 못하는 교주들의 행동은 시대역행과 인권을 유린하는 행위로 오래가지 못하기 때문이다. 평양의 교주들이 통치를 잘한다면 서울로의 탈북동포가 2000년 한해 312명에서 2010년 10월 말경 2만명에 이러거나 중국·동남아를 떠도는 탈북동포가 10만명에 달할 수가 없다. 이 탈북자들은 단순한 난민이 아니라 한민족이고 통일의 날을 기약(期約)하는 전령(傳令)들이고 통일시대를 앞당기는 힘을 가진 동포들이다. 자신의 신도를 관리하지 못하는 교주는 오래가기 어렵다.[369] 또한 정당한 신흥종교에서도 3대 교주가 제대로 들어서야만 그 종교가 오래가지만 3대에서는 실패가능성이 높은 이유도 있다.[370]

이처럼 김정은이 아직은 미약한 관계로 평양에서 김정일이 행하고 있는 정권이양 과정을 보면, 본인의 당(堂)(정치국 정위원) 장악=권력 장악을 아들 김정은에게 군(軍)(군사위 부위원장) 장악=권력 장악으로 안전판을 짜면서 이양하고 있다고 분석된다. 김정일의 경우 1964년 당에 입당하여 1972년 당 중앙위원, 1973년 당 조직비서·선전비서·조직지도부장·선전선동부장을 거친 뒤 1974년 당 정치국 정위원이 되면서 후계자로 확정되었다. 김정은은 갑자기 북한군 대장(大將)부터 임명되었고 기존에 없던 '중앙군사위위 부위원장'(위원장 김정일)의 직책을 주면서 군부 이인자로 급부상시켰다. 이번 당대표자회의에서 노동당 규약(27조)을 개정해 '중앙군사위가 군대를 지휘한다'고

---

368) "북한의 당중앙군사위와 국방위는 어떤 차이가 있나?" 상동(2010년 10월 5일), p. A33.

369) "역사적 민족적 사명감으로 탈북동포 대책 세우라," 상동(2010년 8일), p. A35.

370) "3대 세습," 상동(2010년 10월 4일), p. A34.

명시하여 김정은의 군 장악을 돕고 있고 일선 사령관들과 권력실세들은 중
앙군사위에 포진하고 있다. 특히 당 최고위직인 정치국 상무위원에 오른 리
영호(68) 총참모장이 중앙군사위 부위원장, 김영춘(74) 인민무력부장(국방장관)
과 '신군부' 대표주자인 김정각(69) 총정치국 제 1 부장도 중앙군사위원이 되
어 김정은을 보좌할 전망이다. 일선 사령관으로는 김원홍 보위사령관, 정명
도 해군사령관, 이병철 공군사령관, 김영철 정찰총국장 등 실제 무력을 동원
할 수 있는 이들 역시 중앙군사위에 포진되었고 민간인 중에는 장성택(64)
국방위 부위원장 겸 당 행정부장, 최룡해(60) 신임 당 비서, 김경옥 조직지도
부 제 1 부부장 등 '권력실세'도 포함하고 있다.³⁷¹⁾ 군의 실세는 리영호로 군
경험이 없는 김정은의 군 장악과정에서 방패막 역할을 할 것이며 김정일 유
사시 민간인인 북한 권력서열 2위 김정일의 매제 장성택(64)과 김정일의 여
동생 김경희 대장이 수렴청정을 할 가능성도 농후하다고 분석된다.³⁷²⁾

　　장성택의 과제는 김정일 국방위원장의 3남인 김정은으로 후계 이전을
본격화하는 것과 동시에 체제강화이다. 그러나 군인과 군대는 국경을 지킬
수 있을지 몰라도 체제를 지키기는 어렵다. 이는 군사력에만 의지했던 많은
체제의 말로가 증명한다. 김정일은 2010년 6월 7일 개최된 최고인민회의회
의 제12기 3차 회의에서 매제인 장성택(노동당 행정부장 겸직)을 최고 권력기
구인 국방위원회 부위원장에 선임하여 그의 전폭적인 지원 아래 당, 군부,
내각을 중심으로 체제를 더욱 강화하고 남북 및 북미 등 대외관계도 강화하
면서 김정은 후계구도에서 김정은이 곧바로 권좌를 물려받기보다는 김위원
장처럼 단계를 밟는 수순을 거친 것이다. 장성택은 2009년 4월 최고인민회
의 제12차 1기 회의 때 국방위원에 임명된 이래 1년 2개월 만에 국방위 부
위원장에 승진하였다. 그는 북한의 2인자로 부상한 것이다.³⁷³⁾ 장성택은 1946
년 1월 22일 함북 청진시 출생으로 김일성종합대학 경제학과 졸업했고 주로
노동당 리더로서 역할을 해 왔으며 1986년 최고인민회의 대의원에 임명된

371) "김정일은 당부터- 군력장악과정 큰 차이-김정은은 군부터," 상동(2010년 9월 30일), p.
　　A4.

372) "고모의 수렴청정? 김정일 사후 '김경희 변수'," 상동(2010년 9월 20일), p. A6.

373) "北 장성택 2인자로 부상," 한국일보(2010년 6월 8일), p. C1.

후 89년 당 청년 및 3대혁명소조 위원장, 92년 당중앙위 위원, 95년 당조직 지도부 제1부부장을 역임한 바 있다. 그러나 그는 2004년 '권력욕에 의한 분파 행위를 했다'는 이유로 업무정지 처벌을 받아 실각했다가 다시금 2006 년에 노동당 제1부부장으로 복귀한 경력을 갖고 있다. 국방위 서열상 김위 원장 밑에 조명록(82세) 제1부원장이 자리잡고 있지만 지병으로 몇 년 전부 터 거의 활동을 하지 못하고 있고 김영춘, C 등의 강경파 부위원장들과 리 용무 부위원장이 국방위를 이끌 것으로 추정된다. 장 부위원장은 고 김일성 주석의 사위이자 김 위원장의 여동생 김경희(김정일이 2010년 9월 28일 '대장' 칭호 부여)의 남편이고 김정일의 세 아들인 정남, 정철, 정은의 후견인 역할 을 해온 것으로 알려져 있다.[374] 장성택은 중국 복수의 정부 소식통에 의하 면 2011년 5월 28~29일 북중 변경도시인 단둥을 방문한 자리에서 황금평을 중국에 50년(임대) + 50년(중국이 원할 경우 추가 임대) 형식으로 개발권을 양도 하는 국가 간 협정을 체결할 것으로 알려졌다. 평양은 2010년 '황금평 특구 법'을 마련하고 중국의 단둥화상(華商)해외투자유한공사와 50년 임대 조건으 로 개발권 양도 계약을 체결한 것을 실행 단계에 옮기는 작업을 진행하고 있는 중이다. 베이징은 황금평 개발권을 양도받은 후 압록강 신대교 접점인 단둥신구 궈먼만(國門灣)의 개발 속도를 맞춰 이 섬을 물류·관광·임가공단 지로 개발할 것으로 알려졌다. 이 섬의 면적은 11.45km²로 압록강의 퇴적물 (堆積物)이 쌓여 형성된 신의주 최대의 비옥한 곡창지대이며, 이곳이 중국으 로 양도될 경우 평양경제의 의존도는 심화될 것이며, 홍수가 발생할 경우 큰 피해를 입을 수 있는 변수도 지니고 있다. 문제는 평양의 경제 악화로 경제대국인 중국에 흡수되는 경우를 서울이 방치하여 통일한국 후를 준비하 지 못하는 점이다.[375] 김정일은 1980년 후계자 지목 후 1994년 김일성 주석 사망으로 권력을 승계할 때까지 14년의 세월을 기다린 경우이다. 그러나 김 정은은 2009년 1월 후계자로 내정된 이후 1년 9개월 만에 김정일의 건강문

374) "장성택 고공승진 … 강경파 김영춘·오극렬과 '라인업'," 상동(2010년 6월 8일), p. C3. 과 "'대장군복 입은 장성택' 의미는," 한국일보(2011년 12월 26일), p. C3.

375) "北 장성택 내달말 단둥에 … '황금평 개발권' 中에 양도," 조선일보(2011년 4월 30일), p. A1.

제, 북한의 경제난, 국제사회의 대북 제재 등의 문제로 짧은 시간으로 압축하여 공식화한 것이다. 이 과정에서 김정일 패밀리와 군은 김정은의 보호막으로 등장하였다. 평양은 사실상 왕조국가라는 점에서 2012년 김일성 탄생 100주년 전에 북한 노동자 대표자회의를 통해 김정은 후계체제를 안정적으로 구축하며 김정은 시대를 연 것이다.[376)]

'김정은 시대' 북한군 실력자로 리영호 총참모장(남한 참모총장)이 부상하였다. 북한 최고권력기관인 국방위원회는 2010년 9월 28일 "인민군 총참모장인 리영호 대장을 차수로 승진 발령했으며 그가 '김일성·김정일 시대'를 대표하던 70~80대 인물들이 사라지는 가운데 50~60대 '신군부'의 대표주자로 부상하였다. 앞날의 '험로'를 예상해 보면 김정일 패밀리와 군의 역할이 김정은 시대에 버팀목 역할을 할 것으로 보인다.[377)] 다시 말해서 김정일은 1980년 사진이 공개된 이후 본격적으로 북한을 통치하기 시작한 것처럼 김정은도 후계 수업 단계를 넘어서 죽이 되든 밥이 되든 '직할통치'를 시작할 시기이다. 그의 과제는 아버지 김정일의 선군정치를 당분간 계승하는 것으로 분석된다. 그의 역량의 척도는 군대(김정일 측근)를 안배·관리하며, 자신이 꾸린 인력을 활용하여 김정일 체제의 지속과 혁신을 어떻게 이루어나갈 것인가에 달려 있다. 즉 이 과제는 김정은의 역량과 김정일 병세에 달려 있다. 우선 김정은의 역량은 단기적으로 남북관계 개선, 중기적으로는 북핵문제와 북한 개혁·개방문제, 장기적으로는 어떻게 통일문제에 접근하느냐에 달려 있다. 그리고 김정일의 병세는 예측하기 어려운 상황이고 또한 이는 북한체제 유지와 관련되어 있기에 서울 정부도 새로운 김정은 시대를 현실로 인정하고 새로운 대북정책의 그림을 크게 그리면서 정책을 추진해야 한다. 2011년 12월 17일 김정일 국방위원장의 급서 후 김정은은 24일 군지휘권부터 접수하고 이후 26일부터 당으로 장악력을 확대하고 있다. 권력은 총구에서 나오는 관계로 3대 세습 성패는 군 장악에 달려 있다. 2011년 12월 24일 북한 매체는 일제히 여러 극존칭과 함께 김정은을 최고사령관

---

376) "北 장성택 부상 이후 2012년까지 후계작업 진행 대외적 강경 모드 지속할 듯," 한국일보(2010년 6월 9일), p. C12.

377) "'김정은 시대' 군 최고실세 리영호," 조선일보(2010년 9월 29일), p. A3.

으로 발표하고 김정은 권력 승계와 실질적 장악에 박차를 가하고 있다. 노동신문과 조선중앙통신, 조선중앙TV 등은 김정은 부위원장이 '대장'만으로는 군 지위권을 완전히 행사하는 데 한계를 느끼고 12월 24일부터 김 부위원장에 대해 '최고 사령관', '혁명무력의 최고 영도자' 등의 표현을 사용하기 시작했다. 나아가 노동신문은 25일 김일성 주석과 김정일 위원장에게만 사용하던 '태양'이나 '어버이'란 극존칭을 김정은에게도 사용하여 '21세기의 태양 김정은 동지의 영원한 혁명동지가 되자'고 독려했고 조선중앙통신도 24일 '인민들은 또 한 분의 자애로운 어버이를 우리당과 군대와 인민의 걸출한 영도자로 높이 모신 감격에…'라고 표현하였다. 또한 북한 조선중앙TV에 의하면 25일 김정은 부위원장이 금수산기념궁전을 참배하는 장면에 대장 계급장을 단 군복 차림의 장성택의 모습을 처음 공개하여 김정일 위원장의 사후 권력 공백을 막기 위해 북한 내부에서 서둘러 그에게 대장 칭호를 부여한 것으로 분석되고 있다. 앞에서 지적하였듯이 장성택 국방위 부위원장과 그의 부인 김경희는 김정은 체제의 핵심적인 후견인 및 섭정 역할을 할 것으로 관측되고 있다. 특히 김경희 당 경공업부장도 2010년 9.28 당 대표자 회의를 앞두고 대장 칭호를 받은 바 있어 이들 부부의 섭정 가능성이 군부 고위인사를 축으로 하는 집단 지도체제를 구축해 비상상황을 돌파할 것으로 예상된다. 이 경우 북한은 1948년 이후 일인 독제체제를 2011년까지 유지하다가 위기상황을 돌파하는 차원에서 잠정적으로 집단 지도체제에 의존할 가능성이 크다.[378]

북한지도층의 통일정책은 그들이 1980년 10월 10일에 제안한 '고려민주연방공화국 안'에 입각해 있다. 이 제안은 단순히 이전의 연방제 안에 새로운 이름을 붙인 것에 지나지 않는 임시적인 대책이라고 여겨진다. 궁극적인 목표는 '고려민주연방공화국'을 이용하여 '전한반도의 공산화로 가는 초석'을 마련하는 데에 있다.[379] 평양의 고려민주연방공화국 안은 현재는 단일국가인 남한과 북한(Unitary State South Korea v. Unitary State North Korea)을 유지

---

378) "김정은 '軍지휘권'부터 접수… 당으로 장악력 확대할 듯," 상동(2011년 12월 26일), p. C3.

379) *The Korea Herald*(November 24, 1981), p. 5.

하고 중기적(점진적)인 단계에서는 낮은 단계의 고려연방(Soft Federation Korea)
으로 약한 결속력의 연방국가를 주장하는 점이다. 장기적인 단계는 통일을
완성(Federation Korea)하는 시기로 완성된 형태의 연방국가를 의미한다. 이 안
은 1973년 4월 16일 김일성이 고려연방제로 처음 사용하면서 제안한 것으
로 내용은 남북한 간의 군사적 대치상태의 해소와 긴장상태 완화, 양국 간
의 다방면적인 합작과 교류의 실현, 남북한 간의 각계각층의 인민들과 각
정당·사회단체 대표로 구성되는 대민족회의 소집, 고려연방공화국을 국호
로 하는 남북연방제의 실시와 이 단일국호에 의한 유엔 가입을 포함하고
있다. 앞에서 지적하듯이, 김일성이 1980년 10월 10일 조선노동당 제 6 차
대회에서 고려민주연방공화국 창립방안을 제의하여 기존의 고려연방제통일
방안을 발전시켜 완결하는 것으로 남한이 선결조건을 이행해야 하고, 이
새로운 정부의 성격과 구성을 제시하고, 이 정부수립 이후 시행할 10대 시
정방침을 제시한 바 있다. 이 10대 시정방침은 이미 이 책에서 제시한 바
있다.[380)

　이 방안은 과거 1960년대와 1970년대의 연방제와 비교할 때 6가지 특징
과 문제점을 포함하고 있다. 첫째, 통일방안의 명칭을 '고려연방공화국'이라
는 구호에 '민주'라는 용어를 삽입하여 민주국가의 이미지의 선전을 극대화
한 점과 이 방안의 구성의 형식과 내용에 있어 비교적 구체적으로 제시한
점이다. 둘째, 과거에 사용한 '과도적 대책'이나 '당분간'이라는 통일의 중간
과정의 단계적 조치의 용어를 완전히 배제한 완성형 통일국가를 상정한 점
이다. 셋째, 남북한의 사상과 제도의 상이점을 용납하는 원칙에서 연방 상설
위원회가 정치·외교·군사권을 통일적으로 행사한다고 제시하여 사실상 지
역정부의 독립적 제도와 주권을 무의미하게 만들었고 남한의 선결조건(반공
자유민주주의정권의 퇴진, 주한미군의 철수)을 주장하여 사상과 제도인정이라는
연방국가 창설원칙과 모순된 내용을 지니고 있다. 다섯째, 평양은 10대 시정
방침을 연방제로 통일된 이후에 실시할 방침으로 통일방안과 함께 제시(연방

380) 남북한의 통일방안위키백과-우리모두의 백과사전, http://ko.wikipedia.org/wiki/%EB%82%A8%EB%
B6%81%ED%95%9C%EC%9D%98_%ED%86%B5%EC%9D%BC%EB%B0%A9%EC%95%88
참조.

제 방안이 구체적이고 통일의 미래상)하고 선전함으로써 국내 통일논의과정에 논쟁의 대상으로 삼는 의도가 분명한 점이다. 여섯째, '연방'의 단어가 국문 (국문 표기로 '연방,' 내용상으로 연방형 통합형태) 연방정부와 외국어(Democratic Confederal Republic of Koryo- 국가연합 개념)의 표기에서 차이가 나는 점을 활용하여 이 방안의 이중성을 이용하는 점이다. 외국어의 미국연방(Federation)과 위의 국가연합(Confederation)의 차이는 미국정부 수립 당시에 보여주듯이 많은 차이점을 내포하고 있다. 따라서 이 방안의 숨겨진 전략적 관심은 '선 선결조건의 관철, 후 합작공산화의 실현'으로 평양이 아직까지도 '남조선혁 명전략'을 포기하지 않는 데 있다.[381]

1990년대에 들어서서 평양은 '1민족 1국가, 2제도 2정부 연방제 방안'을 1991년 1월 김일성 신년사에서 전술적 변화를 보였다. 김일성은 이 신년사의 내용은 평양이 종래의 완성형 연방제 통일방안에서 다시 잠정적·단계적인 연방제로 선회하고 있음을 포함하고 있다. 김일성은 1990년 동·서독이 서독 주도 하에 자유민주주의 체제로 통일을 이룬 데 충격을 받아 국력이 약한 북한이 남한에 흡수될 수밖에 없을 것이라는 인식 하에 단계적 연방제론을 통해 북한체제 생존전략을 충족시키고 정세변화를 관망하려는 차원에서 방어적 태도로 방향전환을 한 것으로 분석된다. 다시 말해서, 평양은 제도통일을 흡수통일로 간주하고 이 통일의 위험성을 강조하면서 제도통일 후 대론을 펼치기 시작하면서 지역자치정부의 권한을 다시 강화(외교권·군사권·내치권)하기 시작한 것이다.

김일성 사후, 김정일은 1997년 8. 4 "위대한 수령 김일성 동지의 조국통일 유훈을 철저히 관철하자"라는 제목의 논문을 통해 조국통일 3대 헌장을 '조국통일 3대 원칙', '전민족 대단결 10대 강령', '고려민주연방공화국 창립 방안'으로 규정하고 1민족 1국가, 2제도 2정부 형태의 연방제 통일방안을 현재까지 주장하고 있다.[382] 이 뜻은 '하나의 민족, 하나의 국가, 두 개의 제도, 두 개의 정부'에 기초한 '고려민주연방공화국'을 창설하여 통일을 이루는 것으로 통일국가의 형태는 남북 두 지역 정부가 동등하게 참여하는 연방국가,

---

381) 2000 북한개요(서울: 통일부, 1999), pp. 598~599.

382) 상동, pp. 599~601.

제도통일은 후대에 일임한다는 점이다. 김정일은 연방제 실현과정에서 '자주
적 평화통일을 위한 선결조건'과 '조국의 자주적 평화통일을 위한 전 민족
대단결 10대 강령'을 채택 및 주장하면서 서울정부에 대해 ① 외세의존 정
책의 포기, ② 미군철수 의지표명, ③ 외국군대와 합동군사연습의 영구 중
지, ④ 미국의 핵우산 탈피 등을 요구하고 있다.

그는 통일원칙으로 7.4공동성명의 통일 3원칙으로 위의 미군철수와 미
국간섭 배제로, 평화원칙으로 한국의 군사력 현대화와 군사연습 중지로, 민
족대단결원칙을 국가보안법 폐지와 공산당의 합법화로 자의적으로 해석하고
있다. 여기서 김정일은 통일이념을 북한의 주체사상과 공산주의로 내세우면
서 통일의 주체를 '인민'이라고 주장하고 과도기구나 통일국가 수립절차에
필요한 통일과정을 무시하고 다만 통일국가의 기구로서 최고민족연방회의와
연방상설위원회를 제시하는 과정에서 막연히 '민족통일 정치협상회의 개최
→ 통일방안 협의 결정 →고려민주연방공화국 선포' 등을 제시하고 있다. 김
정일의 통일정책은 고려연방제를 통일명분으로 서울과 적대관계를 적절히
활용하면서 1당독재와 북한체제 유지에 초점을 맞추고 있다고 분석된다. 이
정책의 양면성은 한편으로 남북의 사상·제도를 그대로 두고 하나의 연방
국가를 형성해 통일한다고 하면서 다른 한편으로는 남한제도가 바뀌는 것을
선결조건으로 요구하는 것은 논리적인 일관성 결여된 모순점을 내포하고 있
다고 분석된다.[383]

공통적 요소   남북한은 평화통일에 접근하는 방법을 다르게 제시했
다. 한국은 단순한 문제에서부터 복잡한 것으로 단계를 밟아가는 점진적인
방법(사회·문화 → 경제 → 군사 → 정치)을 주장하고 있고 북한은 큰 문제로부터
해결하는 방법(정치 → 사회·문화 → 군사 → 경제)을 주장하고 있다. 남북한 간
의 격차를 줄이기 위해서는 경제적 문제에서 출발하여 정치·군사문제로 진
행하고 최종적으로 사회·문화적 문제로 접근하는 실천적인 대안을 사용하
는 것이 바람직하다. 경제적 측면들로부터 시작하는 방법은 오늘날의 중국

---

383) 통일 2003: 통일문제 이해(서울: 통일부 통일교육원, 2003), pp. 83~88.

과 폴란드에서 보이는 것과 비슷한 공산주의체제의 변화를 이끌어낼 것이다. 한국은 경제적 기술을 북한과 공유하는 차원에서 그리고 북한에 민주적 개혁의 바람을 불러일으킬 수 있다는 차원에서 주도권을 쥐어야 할 것이다. 1987년 12월에 행해진 북한측의 용서할 수 없는 테러에도 불구하고 한국은 북한이 올림픽 이전에 체육대회에 응할 수 있도록 그 당시 유도했어야 했다.

이상의 분석에서 남북한 양측의 통일방안은 통일의 당위성·필요성·체제상의 차이점 등을 인정해야 하며 통일의 접근방법과 통일국가의 미래상에서도 큰 차이점을 나타내고 있다. 반면에, 양측의 공통적 요소는 양측은 현재의 상이한 체제를 유지하면서 전쟁은 피하고 남북한 간의 교류협력을 통해 평화를 유지한다는 원칙의 공통점을 찾아내는 것이다. 남북한은 이 공통점을 타협을 통해서 다시 제도화하는 과정을 모색하는 자세가 필요하다.

2. 외부적 요인(External Factors)

비록 한국이 과거보다는 더 자주적으로 행동해나 가겠지만 외부의 세력은 여전히 중요한 영향력을 행사할 것이다. 외부적 요인들을 고려하자면 고전적인 이원적 세력균형으로 진행된 동아시아에서의 냉전구조로부터 데탕트 구조로의 변화를 검토해야만 한다. 4강국(미국, 일본, 중국, 러시아)이 새로운 세력균형에 참여하고 있다. 일반적인 국제환경을 검토한 후에 다음 단계는 한국적인 통일문제에서 어떻게 하면 전쟁을 배제한 상태의 평화적인 방법이 모색될 수 있는가를 찾는 것이다. 외부적 요인들은 일반적 국제환경과 동아시아에서의 세력균형으로 나누어서 검토할 수 있다. 여기서 시도하고자 하는 점은 특히 탈냉전시대 현실에 맞는 변화추세를 미래지향적인 측면에서 변수와 공통점을 유출하는 데 있다. 이 공통점을 총체적인 관점에서 전자모바일통일을 이루는 데 한 측면으로 역할을 담당하는 것이다.

(1) 일반적인 국제환경

1950년대 동북아시아에서의 국제환경은 소련, 중국, 북한 등을 한쪽으로 하고 미국, 일본, 남한 등을 다른 한쪽으로 하는 이원적 세력균형구조였다. 미국과 소련은 세계적으로 대립하고 있는 공산주의와 비공산주의의 초강국 답게 여기서도 중요한 역할을 수행했다. 그들은 동북아시아에서 안정을 유지하기를 원했다. 그러나 미국은 대한항공 007기가 1983년 10월에 격추된 사건에서 볼 수 있듯이 소련이 동아시아의 평화를 위협하는 가장 큰 세력이라고 간주하여 왔다.[384] 이 지역에서의 항구적인 질서를 유지하기 위해서 미국은 주한미군에 대한 약속을 충실히 지켰다. 이원적 세력균형은 평화를 보전하거나 약속국가들의 주권을 보호하는 차원에서만 이루어지는 것이 아니라 두 강대국의 이익을 위해서 약소국들을 희생시키는 결과도 초래했다. 한반도의 분단이 바로 그러한 대표적인 경우라고 할 수 있다.[385]

1960년대와 1970년대에는 동북아시아에서 4강국에 의한 다원적 세력균형구조가 펼쳐지기 시작했다. 도이치(Deutsch)와 싱거(Singer)에 따르면 "체제가 이원적인 것에서 다원적인 것으로 변함에 따라 전쟁의 빈도와 가능성은 줄어들 것"이라고 한다. 그들은 다음과 같이 지적하면서 이 결론을 뒷받침했다. 즉 "단위국가들이 숫자가 늘어날수록 체제의 안정성이 증가한다는 양자의 관계는 대부분이 받아들이는 설득력 있는 내용이다." 그들은 안정된 체제의 예측가능한 특징으로 네 가지를 들었다. ① 체제는 자신의 모든 본질적 특징들을 유지하여 나갈 것이다. ② 어떤 나라도 단독으로 그 체제를 지배할 수는 없다. ③ 그 체제의 구성국가들 대부분은 계속 생존한다. ④ 그 체제 하에서 광범위한 규모의 전쟁은 발생할 수 없다. 일국적 관점에서 보면 체제의 안정성은 생존을 위한 전쟁에 연루됨이 없이 정치적 독립의 가능성을 증대시키고 영토적 통일성을 기하도록 도움을 주게 된다

384) Young Jeh Kim, "An Alternative Approach to the Deadlocked Korean Unification," Tae-hwan Kwak and others(eds.), *Korean Reunification: New Perspectives and Approaches*(Seoul, Korea: Kyungnam University Press, 1984), p. 359.

385) George Liska, *International Equilbrium*(Cambridge, Mass.: Harvard University Press, 1957), pp. 39~42.

는 것이다.[386] 복잡하고 다원적인 세력균형의 출현은 여러 가지 결과를 가져
왔다. 우선 중·소 분쟁이 나타났다. 그리고 미국이 아시아에서 했던 역할
을 감소시켰으며 중국과 미국 및 일본과 중국 사이의 관계양식을 변화시켰
다. 마지막으로 1970년대의 데탕트 시기에는 미·일관계의 악화, 80년대 초
에는 미국과 소련의 관계악화를 야기했다.[387] 데탕트는 앞에서 얘기했듯이
생존을 위한 전쟁에 연루됨이 없이 정치적 독립과 영토보전의 가능성을 증
대시킴으로써 안정성을 가져왔다.[388] 1980년대의 일반적 국제환경을 관찰해
볼 때 현재의 흐름은 재분활 또는 냉전의 재도래가 지배적임을 암시해 준다.
  냉전종식은 마가렛 대처 전 영국수상이 1988년 11월에 "냉전은 끝났다"
라고 선언함으로써 전 소련 대통령 미하일 고르바초프의 패배 인정을 계기
로 서구(민주정부와 자유시장경제)의 기본가치의 승리를 가져왔다. 고르바초프
는 처음으로 소련의 제한적인 정치·경제 개혁을 시작했고, 동유럽국가의
자유선거로 공산주의자를 퇴거하고 이들을 지지하지 않았다. 1년이 지난,
1989년 11월 독일의 베를린 장벽이 무너지고, 1990년 10월 동·서독이 통일
이 되었다. 냉전종식과 독일통일은 세 가지 요소가 중요한 역할을 했다. 첫
째, 고르바초프의 정치가로서 젊음, 활력, 노련함과 개혁에 대한 강한 의지
가 외부적인 요소로 작용했다. 둘째, 소련경제의 불경기를 들 수 있다. 셋째,
국제경계를 넘나드는 정보의 확장이 중요한 작용을 한 점이다.[389]
  냉전종식 이후 미국은 국제체제에서 일극을 상징하는 초강대국 역할을
하기 시작하여 현재에 이르고 있다. 워싱턴은 군사·외교·정치·경제측면
에서 전세계에서 일어날 수 있는 분쟁을 해결할 수 있는 유일한 단일국가로
등장하기 시작한 것이다.[390] 21세기 국제질서는 냉전시대의 양극체제에서 이

---

386) Karl W. Deutsch and J. David Singer, "Multipolar Power Systems and International Stability," *World Politics*, vol. 16, no. 3(April 1964), pp. 390~393.

387) Johan Galtung, *op. cit.*, p. 48.

388) Karl W. Deutsch and J. David Singer, *op. cit.*, pp. 390~393.

389) Bruce Russett, Harvey Starr, and David Kinsella, *World Politicds: The Menu for Choice(8th Edition)*(Belmont, CA: Wadsworth/Thomson Learning, 2006), pp. 5~7.

390) *Ibid.*, pp. 84~85.

시대의 종식으로 미국이 지배하는 단극체제로 전환했다고 보는 견해이다. 이 논리는 양극체제의 한 극이 몰락함으로써 자동적으로 단극이 되었다는 견해이다. 국제질서의 문제는 기본적으로 힘의 문제이며 단극(Unipolar), 양극(Bipolar), 또는 다극(Multipolar)으로 구분된다. 그러나 실질적인 측면에서 볼 때 미국이 국제사회를 마음대로 지배하고 있는가 하면 반드시 그렇지는 않다. 그러나 걸프전쟁에서 미국의 군사력은 세계 최강의 위치에 있으며 외교적으로도 상당한 주도권을 행사한 것은 사실이다. 반면에 체첸문제에서 보듯이 미국도 러시아에 대해 코스보에서처럼 군사적으로 개입할 수 없는 것이다. 클린턴 전 미국대통령이 러시아가 체첸을 계속 공격하면 '무거운 대가'를 치르게 된다는 경고는 군사적 대응이 아니라 경제협력을 하지 않는다는 의미이다. 이유는 미국의 무기는 경제이기 때문이다. 일본이나 한국 같이 중동석유에 의존하는 국가에서는 미국이 석유공급로를 일시 차단한다든지 제재를 가할 경우 이 양국의 경제는 흔들리는 것이 분명한 사실로 미국의 경제영향력을 무시할 수 없는 것이다. 단극화를 논의할 때, 경제를 보느냐 아니면 군사를 보는냐에 따라서 다른 해석이 나온다.

군사력 균형을 논할 때는 오늘의 국제질서는 미국의 단극화로 볼 수 있지만 경제력 균형에서 볼 때 다극적으로 북미, 중국, 유럽연합, 러시아, 일본이다. 그리고 세계적 규모의 군사력과 경제력을 가진 나라는 미국으로 패권을 행사한다고 말하고 있다. 2008년 금융위기 이후 미국에선 "미국의 세기는 끝나는가"의 질문에 답을 구하는 담론이 쏟아지는 과정에서 금융위기 직후 "진앙지는 미국인, 고로 미국의 시대는 끝났다"라고 조롱하던 국가들이 자기 발등에도 큰 불이 떨어진 걸 알고 워싱턴에 G7(선진공업 7개국)과 G20(주요 20개국) 재무장관이 모여 불을 끄느라 미국보다 더욱 바쁘게 뛰어다니는 모습은 미국은 여전히 센 나라이고 미국은 지금까지 오던 길을 멈추고 회항을 시작한다는 의미이다. 워싱턴은 2008년 10월 14일 정부가 7,000억 달러 구제금융 결정을 하여 부실은행의 주식을 직접 사들이는 '영국식 해법'을 공식 수용하면서 부실 은행을 사실상 국유화하는 정책을 받아들였다. 내부적으로 워싱턴은 국유화된 은행, 관치금융 아래 상당기간 수리·보수기간을 갖고 거품과 비용을 줄이는 반면, 외부적으로 이라크 전비(戰費)가 미국

경제에 주는 부담이 감당할 수 있는 수준 여부를 정밀하게 재평가하는 계기가 될 것이다. 이 미국의 회항은 오바마 정부에서도 변함없이 속도에 초점을 두고 갈 추세이다.[391] 요약해서 21세기 미래를 들여다보면 미국의 주도권은 조심스럽게 유지된다고 볼 수 있겠다. 미국은 너무 지나치게 일방주의(Unilateralism)로 나가지 않고 원칙 있는 외교로 지구촌에 세계화를 이끌어 나가야 한다. 이유는 미국의 패권주의도 한계가 있기 때문이다.[392] 한반도 전자모바일통일안은 한민족의 숙제이면서 국제적인 문제이다. 이 문제는 장기적으로 국내외 문제로 다루어야 하며 단기적으로 북한의 급변상황이 일어날 경우는 통일과정의 시작으로 간주하여 다루어야 할 명제로 준비하는 자세가 필요하다는 교훈을 인식해야 한다.

(2) 동북아시아의 특수상황

동북아시아에서의 세력균형, 즉 오늘날의 한반도를 둘러싼 국제정치는 양극적 세력균형체제가 다원적인 것으로 변함에 따라 구조적인 변화가 일어나고 있다. 아시아 국제정치의 미래의 질서는 4강국(미국, 러시아, 일본, 중국)의 상호관계에 기반하여 아뤄질 것이다. 4강국의 이해는 항상 한반도 통일문제와 결부되어 있다. 특히 지리적 접근성 때문에 일본과 중국이 더욱 깊게 관련되어 있다.[393] 4강국의 간섭에도 불구하고 남북한은 평화와 세력균형이 유지되는 한 스스로 운신할 공간을 가지고 있다. 4강국은 틀림없이 현상황의 변화를 기꺼이 받아들일 것이다.[394] 4강의 과제는 ① 분단과 전쟁의 책임을 인정하고 통일한국이 이루어질 때까지 의무를 완수하고 ② 자국의 이익보다 동북아와 한반도에 평화정착에 초점을 맞추며 ③ 정보화와 문화사회에서 국경 없는 경쟁이 펼쳐지고 시간의 개념이 다른 세계에

391) "미국의 회항," 조선일보(2008년 10월 15일), p. A34.

392) Bruce Russett, Harvey Starr, and David Kinsella, *World Politicds: The Menu for Choice(8th Edition)*, pp. 86~97.

393) *The Korea Herald*(March 12, 1983), p. 7.

394) Joon-Kyu Park, "The Vicissitudes of International Relations and Unification Policy, *The Journal of Unification Studies*, vol. 2, no. 1(October 1971), pp. 167~171.

서 통일한국에 대한 당위성을 인정하고 한반도의 지도자들을 인정하는 것이
다. 한반도를 둘러싼 4강은 한반도에 정치·경제적 이익을 갖고 있다. 이 4
강은 한반도에서 평화와 안정을 원하며 그들 4강 사이에 평온함을 유지하기
위하여 그들의 국가이익과 영향력의 균형을 모색하고 있다. 이 강대국들은
남북한관계와 통일한국이 그들의 장래 목적을 달성하는 데 기여할 것으로
인정하고 있다. 이러한 상황 하에서 그들은 자신들의 행위가 한반도통일에
장애가 되지 않게 신뢰와 확신을 심어주는 데 주력하고 있는 것 같다.[395] 여
기서 한반도 통일문제에 대한 4강국의 입장을 간략하게 살펴보기로 한다.

미 국   1980년대 말 레이건 대통령의 중요한 외교정책목표는 동북
아시아에서 소련의 영향력을 제한하고 봉쇄하는 것이었다.[396] 이러한 외교정
책의 틀 아래에서 소위 '레이건 독트린'이 탄생했다. 그것은 ① 반 소련동맹
전선, ② 신 개입정책, ③ 힘의 재강조였다. 반 소련동맹전선에 참여하는 나
라는 일본, 중국, 동남아 5국 그리고 한국이다. 신 개입정책은 소련과 그
동맹국가들로부터 곤경을 겪는 국가에 대한 지원이라고 볼 수 있다. 마지막
으로 힘의 재강조는 레이건 대통령의 외교정책의 바탕을 이루는 주된 철학
이다. 일본은 미국으로부터 방위예산을 증가시키고 해군함정을 460척에서
700척으로 늘림으로써 방위해역을 확장하도록 요구받고 있다[397] 레이건 독트
린은 워싱턴이 서울에서 철수할 의도가 없으며 동북아시아에서 공산주의 세
력을 봉쇄하는 데에 미국의 이해가 달려 있음을 보여주고 있다.

레이건 당시 10년간 미국은 한반도통일문제에 대해 애매한 태도를 취해
왔다. 워싱턴의 정책결정자들은 그 문제가 한국국민들이 스스로 해결해야
하는 내부적인 문제라고 생각했던 것이다. 그러나 그들은 새로운 전쟁의 가
능성 때문에 북한의 호전성을 인식하고 있다.[398] 미국은 오로지 '무력사용이

---

395) 김용제, "21세기 통일시대 준비를 위한 한민족의 과제," '99 통일문제 국제 Seminar 재
일본대한민국민단 중앙본부회관(서울: 민주평화통일자문회의, 1999, 12.1~2), pp. 37~52.

396) *The Christian Science Monitor*(March 13, 1981), p. 1.

397) 한국일보(1981년 8월 8일), p. 11.

398) Morton Abramowitz, *Moving the Glacier: The Two Koreas and the Powers*, Adephi Papers

아니고 평화적인 방법에 의할 때만' 통일에 대해 지원해왔다.[399] 그러나 이
정책은 몇 가지 결점을 지니고 있다. 그것은 한반도 내의 무기경쟁을 가속
화시켰고 북한의 공격이라는 위험의 가능성을 증대시킴은 물론 일본에게 좋
지 않은 인상을 풍겼다. 위와 같은 결점들 때문에 워싱턴은 서울을 안보·
경제·무역 등의 부문에서 독립성을 지닌 가까운 파트너로 생각하기 시작했
다. 또한 그러한 결점들은 2차 국가이익(the Secondary National Interest) 측면에
서 1차적인 생존 국가이익(the First Vital National Interest)과 결부되는 중요한
것으로 간주하게끔 미국의 태도를 변화시켰다. 1983년 11월 17일, 서울을 떠
나기에 앞서 레이건 대통령은 "남한의 안보는 동아시아에서의 평화와 안정
에 있어서 '주축'이며 아울러 미국의 안보에도 깊은 연관을 가지고 있다"라
고 강조했다.[400] 따라서 워싱턴의 지도자들은 서울의 안보에 전보다 더 주의
를 집중시키고 있다고 보겠다. 미국국무부 동아시아·태평양담당 차관보이
자 워싱턴 시의 조지워싱턴 대학에서 국제정세를 담당하고 있는 개스턴 시
거(Gaston J. Sigur, Jr.)는 1987년 2월 6일 뉴욕시의 월드로프 애스토리아 호텔
에서 가진 오찬연설에서 한·미관계에 대해 다음과 같이 말했다.

"남한은 그들의 성실한 노동을 통해 경제체제를 서서히 발전시켜 왔다.
그들은 같은 방법으로 정치체제를 성립시킬 것이다. 미국은 남한의 내
정에는 간섭하지 말고 경제부문에서의 노력을 힘닿는 데까지 뒷받침해
줘야 한다. …국가의 내부적인 정치성숙도와 안보가 근본적으로 연계되
어 있다는 사실은 모든 사람들이 주지하는 바이다. 두 가지 요소는 서
로 의지할 수밖에 없다. 한국의 안보는 강력한 군사력은 물론 국민들의
기대를 충족시켜 주는 정치제도에도 달려 있는 것이다."[401]

Number Eighty, pp. 51~52.

399) Brenard K. Gorden, "Korea in the Changing East Asia Policy of the U.S.," in Young C.
Kim(ed.), *Major Powers and Korea*(Silver Spring: Research Institute on Korean Affairs,
1973), pp. 51~52.

400) *The Korea Herald*(November 17, 1983), p. 2.

401) *Ibid.*(February 9~10, 1987), p. 7.

이러한 분석들은 미국의 정책결정자들이 장기적인 통일문제보다는 단기적인 안보문제에 더 관심을 가지고 있음을 의미한다.

탈 냉전시대의 미국의 외교목표에 대해서, 큰 틀 측면에서 1990년대 이후 국제사회는 탈냉전의 새로운 시대를 연출로 냉전시대의 적이냐 동지냐의 단순논리에서 벗어나 다양한 이해관계에 따라 예측불허의 다변적 변화논리에 초점을 두게 된 것이다. 이러한 국제사회의 큰 틀에서 미국은 민주주의의 확산, 자유무역주의의 확대, 대량살상무기의 확산방지, 인권의 고양 등 외교목표를 추구하고 있다.

미국의 외교목표의 방향을 선거공약과 외교안보팀의 성향에서 추리해 볼 수 있겠다. 선거공약에서 외교·안보정책은 민주·공화 양당 모두 미국의 세계 지도력과 국가이익을 강조하고 있다. 캠페인 기간 동안의 발언이나 공화당전당대회에서 채택된 정강들을 종합해 보면 부시의 성향은 미사일방어(Missile Defence)시스템 추진에 대한 열정, 중국을 협력상대가 아니라 경계해야 할 상대로 규정하고 타이완에 대한 무기판매 확대 약속, 그리고 미군의 해외파병에 대한 거부감 등에 잘 나타나 있다.

부시 외교안보팀의 성향으로 부시는 일단 공직경험이라고는 선출직인 텍사스 주지사를 역임한 게 전부다. 부시의 인사스타일은 능력 있는 사람을 발탁하고 그들에게 과감하게 많은 권한을 주는 것이다. 자신은 사회보장 개혁, 세금감면, 교육 등 국내적으로 중요한 몇 가지 분야만 집중하고 외교·국방 등 나머지는 다른 사람에게 과감히 맡길 것으로 보인다.

부시 행정부의 내각인선은 이미 윤곽을 드러냈다. 안보분야를 보면 콜린 파월 전 합참의장이 국무장관, 안보담당 보좌관에 콘돌리사 라이스 스텐퍼드대 정치학과 교수가 양대 축을 이룬다. 라이스 교수는 그 당시 45세로 러시아 전공, 힘의 우위를 바탕으로 한 안보관을 갖고 있다. 국방장관에는 본인은 고사중이나 보수성향을 가진 민주당원 샘 넌 전 조지아주 상원의원이 유력, 폴 월포위츠 전 부시 행정부 국방장관이 경합중이고 월포위츠는 국방장관이 되지 않더라도 다른 직책에서 안보분야에 관여할 것이 확실하다.

딕 체니 부통령은 전 부시 행정부 때 국방장관으로 사막의 폭풍작전을

총 지휘한 인물로 강한 미국에 대한 신념이 투철한 사람으로 미국 보수주의
의 화신으로 통하는 인물이다. 부통령이라는 한계를 벗고 안보분야에서는
대통령에 버금가는 영향력을 미칠 것으로 전망된다. 이 안보팀 성격으로 보
면 일단 한반도정책에서는 한미방위공약을 확실히 이행하고 북한에 대해서
도 힘을 바탕으로 한 대북정책이 펼쳐질 가능성을 배제할 수는 없다.

2001년 미국 새 정부의 한반도정책은 그동안 클린턴 행정부가 이루어
놓은 북한과의 합의를 계속 지켜나가야 할 것이므로, 워싱턴의 전반적인 외
교에는 큰 변화가 없을 것이다. 그러나 새로운 대통령의 성격과 지도력에
따라 협상전략이라든가, 우선순위가 달라질 수 있으므로 다소의 차이가 발
생될 수 있다. 따라서 부시 행정부의 한반도정책을 대 평양과 대 서울 정책
으로 나누어 살펴볼 수 있다.

대 평양정책으로 핵 및 미사일 문제, 경제제재 해제문제와 미군유해 반
환문제를 들 수 있다. 미국의 새 정부도 북한의 핵 및 미사일 개발에 대하
여 강력한 제동을 걸게 될 것으로 예상된다. 핵 및 미사일 문제는 태평양
지역의 안보뿐만 아니라 전세계의 평화를 위협할 수 있는 가공할 문제이므
로 북한의 핵무기 및 미사일 개발을 저지하려는 미국의 자세는 매우 확고하
다. 부시 대통령의 측근들은 그의 아버지가 대통령이었을 때, 함께 봉사한
체니(Dick Cheney)나 파월(Colin Powell) 같은 보수적 인물들로 구성되어 있어
그들의 성향에 따라 신속한 결과를 요구하는 강력한 형태가 될 수 있다. 부
시대통령의 아버지가 걸프전쟁을 감행한 대통령이었다는 사실을 정치·사회
화과정으로 본다면, 아들인 부시 대통령의 외교전략도 어렴풋이나마 짐작할
수 있을 것이다.[402)]

부시 행정부에서 보는 북한 핵문제는 평양이 주로 핵무기를 개발하면서
야기된 문제로 북한도 핵무기의 보유를 주장하고 있다. 평양은 로동 1호, 대
포동 1호, 대포동 2호(미국 영토인 알래스카를 공격가능) 같은 중장거리 미사일
을 보유하고 있다고 주장하면서 핵개발에 치중하여 스스로 세계에서 9번째
핵무기 보유국임을 주장하고 있다. 평양은 2006년 핵실험을 실시한 바 있으

402) 김용제, "남북협력과 평화정착을 위한 미국의 역할의 토론," 2000년도 국내·외 학자 초
청 통일문제세미나 결과보고서(서울: 민주평화통일자문회의, 2000. 12), pp. 30~38.

며 몇 개의 플루토늄 핵폭탄을 보유하고 있는 것으로 추정되며 핵폭탄을 항공기에 실어 나를 수는 있으나 미사일에 탑재할 기술은 아직 없는 것으로 예측된다. 미국은 국제사회의 핵폐기 요구를 대응하기 위해서 한반도 주변 국가를 중심으로 6자회담을 진행하였으며 이 절차가 아래 순서대로 진행되면 평양은 조만간 핵시설을 불능화시킬 수도 있다. 여기서 기존의 핵무기에 대한 처리는 결정되지 않아 문제가 더 복잡할 수도 있다.[403]

북한은 핵확산금지조약에 1985년 가입했으나 완전한 사찰을 거부함으로써 핵개발의혹을 샀다. 1993년 평양은 핵확산금지조약을 탈퇴할 것이라고 위협한 것이 소위 1차 북핵위기이다. 이 위기는 1994년 북·미간의 제네바 합의가 체결되면서 해소됐다. 그러나 평양이 2003년 핵확산금지조약에서 탈퇴함으로써 한반도와 주변국가에 중대한 안보문제를 야기시킨 바 있다. 평양은 워싱턴이 제네바합의(Agreed Framework between the USA and DPRK)를 실행하지 못했다고 주장한 것이 제2차 북핵위기이다. 이 합의는 1994년 미국과 북한이 합의한 것으로 평양의 핵 야망을 제한하고, 워싱턴과 평양의 국가 수교와 경수로 제공 등 에너지 지원을 하는 내용을 담고 있다. 2006년 10월 9일 평양은 핵실험이 성공했다고 공식 발표했고 워싱턴 지질조사국과 동경지진 당국은 리히터 진도 4.2의 지진을 검출하여 평양의 주장을 인정한 바 있다. 2007년 2월 13일 6자회담이 진행되어 '2.13합의'가 맺어 북한의 핵시설 폐쇄와 불능화, 핵사찰 수용, 중유지원 100만 톤 상당의 경제적 지원 등을 담고 있다.[404] 이러한 북한 핵문제에 대해서 우려되는 점은 2008년 9월 김정일 신변 이상과 맞물려 평양의 군부가 주도권을 쥐고 핵협상을 원점으로 되돌리려는 사실이다.

이 시나리오가 사실화될 경우, 6자회담의 파탄을 불러올 수 있다고 분석된다. 워싱턴은 현단계에서 북한지역에서 샘플 채취와 미신고시설 방문권한을 요구하고 있고 평양은 미국의 요구를 거부하고 있는 상황이다. 샘플을

403) 조선민주주의인민공화국위키백과-우리모두의 백과사전, http://ko.wikipedia.org/wiki/%EC%A1%B0%EC%84%A0%EB%AF%BC%EC%A3%BC%EC%A3%BC%EC%9D%98%EC%9D%B8%EB%AF%BC%EA%B3%B5%ED%99%94%EA% B5%AD 참조.

404) 조선민주주의인민공화국의 대량살상무기문제위키백과-우리모두의 백과사전, http://ko.wikipedia.org/wiki/%EB%B6%81%ED%95%9C_%ED%95%B5%EB%AC%B8% EC%A0%9C 참조.

채취해야 평양이 신고한 핵물질 양이 정확한지 알 수 있고 미신고시설을 방문할 수 있어야 북한이 숨겨 놓은 것이 없는지 확인할 수 있다는 논리이다. 여기서 북한의 의도를 의심하는 점은 리비아 경우 일단 핵 포기 결단을 내린 후 검증에 대한 어떤 제한도 두지 않은 점과 다른 점이다. 이 북핵문제는 미국의 대선과 맞물려 평양은 지연작전을 쓰고 있어 부시 행정부에서 종결될 것인지는 불명확한 상태이다.[405)]

부시 행정부의 경제제재 해제문제에 대하여, 평양이 미사일의 개발과 수출을 중단하면, 워싱턴은 북한에 대한 경제제재를 완화하여 평양에 대한 투자를 확대하고, 미국시장에 대한 북한물품의 수출을 허용하려는 방안을 가지고 있다. 앞에서 지적한 바와 같이, 6자회담에서 북한 핵문제와 대량살상무기를 폐기하는 문제에 대해서 미국은 한국, 러시아, 일본, 북한, 중국과 평양의 핵문제 해결을 위해 2003년 8월 27일부터 29일 베이징에서 처음 열린 한반도 주변 6개국의 회담을 개최한 바 있다. 제2차 회담도 2004년 2월 15일부터 28일까지 베이징에서, 제3차 회담은 2004년 6월 23일부터 26일 베이징에서 열린 바 있다. 소위 제4차 회담은 7월 26일부터 9월 19일까지 베이징에서 제1단계 회담 휴회를 8월 7일, 제2단계 회담 재개로 9월 13일 베이징에서, 9월 19일 공동성명 발표 및 회담을 종료했다. 제5차 회담은 2005년 11월 9일부터 시작하여 2007년 2월 13일에 종료한 바 있다. 제5차 회담 내에 1단계 회담은 2005년 11월 9일부터 11월 11일에 종료됐고, 2단계 회담은 2006년 12월 18일에 열린 바 있으며, 3단계회담은 2007년 2월 8일부터 13일에 열리면서 소위 '2.13합의'를 본 바 있다. 이 합의가 이루어져 일단 문제해결의 실마리가 잡히기 시작했으며 합의의 주 내용은 북한의 핵시설 폐쇄와 불능화, 핵사찰 수용, 중유지원 100만 톤 상당의 경제적 지원 등을 포함하고 있다.[406)]

아직까지 북핵문제가 해결되지 않은 상황에서 평양의 경제지원과 투자는 불투명한 상태이며 미국도 당초 합의와 달리 핵 검증문제를 테러지원국

---

405) "김정일 신변 이상 속 평양 가는 힐 차관보," 조선일보(2008년 9월 29일), p. A31.

406) 육자회담위키백과-우리모두의 백과사전, http://ko.wikipedia.org/wiki/%EC%9C%A1%EC%9E%90_%ED%9A%8C%EB%8B%B4 참조.

지정 해제와 연결시켜 문제를 더 복잡하게 이끌어 가고 있다. 워싱턴 일각에서는 '현단계에서 플루토늄 검증에만 집중하자'는 단계검증론을 제기하고 있다. 이 방식을 수용하면 협상의 여지는 더 넓어질 수 있고 위의 문제가 쉽게 풀어나갈 수도 있다. 미국 뉴욕타임스(NYT)는 "어려움에 처한 대북협상"이라는 제목의 사설에서 2008년 9월 29일 "미국이 제시한 북핵 검증계획은 북한의 모든 장소와 서류, 인물, 물질 샘플에 접근할 수 있는 권리를 요구하고 있다"고 밝히고 이러한 검증요구는 단지 패전국만이 받아들일 수 있을 법한 내용이고 평양에 대한 '스파이 면허'(a license to spy)를 달라는 것과 동일하다고 주장하고 있다.[407] 이 뜻은 미국이 이 북핵문제를 해결하는 데 아직까지 지렛대를 갖고 있다고 분석된다.

이러한 미국 여론의 영향 하에 워싱턴은 2008년 10월 11일 평양을 미국의 테러지원국 명단에서 20년 만에 삭제했다. 평양은 1987년 11월 29일 115명(한국인 93명 포함)이 탑승한 대한항공 858 여객기를 공중 폭파시킨 이듬해인 북한을 1988년 1월 테러지원국으로 지정한 지 20년 9개월 만이다.[408] 여기서 지적하는 점은 평양은 서울정부에 한국인 93명의 죽음에 대한 사과를 표명했어야 한다. 이로 인하여 지난 6월 말 이후 중단됐던 6자회담도 10월 안에 재개되어 '거꾸로' 가던 북핵 폐기 프로세스가 다시 정상화 궤도에 오를 것으로 전망된다. 미국의 '북한 테러지원국' 해제는 미·북 평양합의(2008년 10월 1~3일) → 검증의정서 잠정합의 → 미, 테러지원국 명단에서 북한 삭제(2008년 10월 11일) 과정을 거쳐 발표했고, 부시 행정부의 임기 중 비핵화 프로세스 1단계(영변시설 폐쇄)와 2단계(영변시설 불능화와 핵프로그램 신고)까지 마무리짓고, 검증과 3단계(핵무기 등 완전폐기) 논의를 차기 정부로 넘기게 된 점에서 의미가 있다. 이 프로세스는 아래 자료에서 이미 북한과 한·미 등 5개국의 실행된 의무와 미이행으로 구분할 수 있다. 이번 북 테러지원국 해제에서 평양은 3쪽 분량으로 압축된 검증의정서에서 문구 하나하나에 트집을 잡고 이행을 미루며 추가보상을 얻어내는 협상전략을 실행하여

---

407) "The Troubled North Korea Deal" *New York Times Editorial*(September 28. 2008), http://www.nytimes.com/2008/09/29/opinion/29mon1.html?_r=1&th&emc=th&oref=slogin 참조.

408) "북한 테러지원국 해재 이후의 북핵 행방," 조선일보(2008년 10월 13일), p. A31.

도표 3-7	북핵폐기 단계별 이행조치와 진행상황

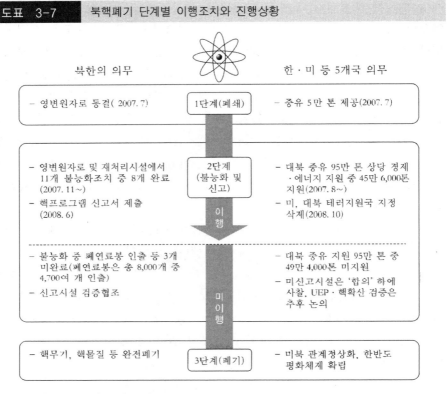

북한의 의무 | 한·미 등 5개국 의무

- 영변원자로 동결(2007. 7) | 1단계(폐쇄) | - 중유 5만 톤 제공(2007. 7)

2단계
(불능화 및
신고)
이행

- 영변원자로 및 재처리시설에서
  11개 불능화조치 중 8개 완료
  (2007. 11~)
- 핵프로그램 신고서 제출
  (2008. 6)

- 대북 중유 95만 톤 상당 경제
  ·에너지 지원 중 45만 6,000톤
  지원(2007. 8~)
- 미, 대북 테러지원국 지정
  삭제(2008. 10)

미이행

- 불능화 중 폐연료봉 인출 등 3개
  미완료(폐연료봉은 총 8,000개 중
  4,700여 개 인출)
- 신고시설 검증협조

- 대북 중유 지원 95만 톤 중
  49만 4,000톤 미지원
- 미신고시설은 '합의' 하에
  사찰, UEP·핵확산 검증은
  추후 논의

- 핵무기, 핵물질 등 완전폐기 | 3단계(폐기) | - 미북 관계정상화, 한반도
  평화체제 확립

자료: 조선일보(2008년 10월 13일) p. A4.

수많은 난관에 봉착할 수도 있다. 워싱턴 역시 2008년 11월 4일 대통령선거
에 당선된 오바마 정부에서 부시 행정부가 평양과 합의한 검증방안에서 '순
차적으로 접근한다'는 의미는 먼저 북한의 신고서를 중심으로 검증작업을
하고 이어서 우라늄 농축프로그램(Uranium Enrichment Program) 등 핵심 현안
인 미신고시설의 사찰과 관련한 난제를 껴안을 가능성이 많다.[409] 부시 행정
부에서 북한 테러지원국 해제는 본인의 임기 내 외교성과와 평양의 제2의
핵실험의도와 관련이 있는 것으로 분석된다.

　　2007년 11월 4일 오바마 미국 대통령 당선자는 대선후보로서 선거 유세

---

409) "미 다음정부에 떠넘긴 '북핵뇌관'," 상동, p. A4.

기간 동안 "미·북 고위급 직접대화를 통한 북핵문제를 해결한다"는 생각을 여러 차례 밝힌 바 있다. 그러나 국방장관 물망에 오른 척 헤이글(Hegel, 62 공화당 상원의원) 또는 '오바마칸(Obama+Republican, 오바마를 지지하는 공화당원)은 2008년 11월 5일 러셀 빌딩 사무실에서 인터뷰를 통해 오바마 행정부에서 북핵문제와 김정일 북한 국방위원장과 버락 오바마 대통령 당선자와의 대화 가능성도 6자회담의 구조 내에서 결정될 것이라고 전망했다.[410] 이 방안이 새로운 대안이 아닌 이유는 2006년부터 부시행정부에서 방향을 전환한 점이고 오바마 정부가 미·북 직접대화를 추진한다고 해도 만능적 해결책이 아니고 서울의 입지가 위협을 받는 것도 아니다. 물론 미·북 직접대화가 본격화될 경우, 꽉 막혀 있는 남북대화의 불균형문제가 일어날 수도 있다. 그러나 미국과 주변강대국은 북핵문제를 해결하는 데 서울의 최종적 협력과 지원 없이는 불가능한 점을 감안해서 정책을 결정해야 한다.[411] 서울정부는 미국대선을 통하여 새롭게 조성되는 외교·안보환경에 잘 적응하는 것도 중요하다.

미군유해 반환문제에 대하여 부시 행정부는 현재 수준인 유해 1구당 3만 달러에 달하는 경제적 보상을 북한에 주면서 유해발굴작업을 좀더 빠른 속도로 진행할 수 있도록 요구할 것이다. '미국의 소리' 방송에 의하면 2007년 4월 8일부터 11일까지 빌 리처드슨 뉴멕시코주 주지사와 공화당인 앤서니 프린시피 전 보훈처장관이 이끄는 미국 민간대표단이 평양의 초청을 받아 한국전 당시 실종된 미군의 유해를 반환받을 것이라고 밝혔다. 유엔군사령부는 4월 11일 빌 리처드슨 주지사가 판문점을 통해 서울로 들어올 때 미군의 유해 일부가 같이 송환될 것이고 유엔군사령부는 이를 위한 장의절차를 마련했다고 밝혔다. 한국전쟁 중에 한반도에서 실종된 미군은 8,100명 정도로 알려져 있으며 1996년부터 2006년 사이에 유해발굴사업을 통해 200구의 유해가 미국으로 송환된 것으로 알려져 있다.[412] 워싱턴 정부는 이번 미군 유해반환은 정전협정 내용에 따라 평양이 미군의 유해의 본국 송환에 협

---

410) "국방장관 물망 척 헤이글 인터뷰," 상동(2008년 11월 7일), p. A5.

411) "오바마와 북핵," 상동(2008년 11월 7일), p. A31.

412) [인터뷰–백승주박사] 미군유해반환, 미-북신뢰회복에 도움 04/10/2007, http://www.voanews.com/Korean/archive/2007-04/2007-04-10-voa4.cfm 참조.

조한 것이라고 밝히면서 이 문제는 인도주의적인 측면이 있으며 평양의 성의 있는 조치에 따라서 북한에 대한 미국의 신뢰도 증가 여부가 결정되는 변수라고 보는 점이다. 전체적 측면에서 볼 때 유해발굴사업도 6자회담의 2.13합의 초기 이행조치와 북핵문제와 간접적인 관계를 갖고 있다.

부시 행정부의 대 서울정책으로 미군주둔문제, 무역압력문제로 나누어 분석할 수 있다. 미군주둔문제에 대하여 미국은 2001년 당시 한국에 37,000명, 일본에 42,000명의 군대를 주둔시키고 있다. 이러한 미군의 주둔은 아시아, 태평양 지역에서 미국의 영향력을 유지시키는 데 매우 효과적인 것이라고 간주하고 있고 장차 중국이 경제발전의 진행에 따른 어떠한 방향으로 대외정책을 전개하게 될 것인가 미지수이고 러시아와 일본의 존재에 대응책으로 판단하고 있다. 따라서 워싱턴은 현재로서는 한국이 통일된 후에도, 한반도에 미군을 계속 주둔시키려는 의도를 가지고 있다. 서울은 미군주둔문제에 대해 먼저 의사를 표시하지 않으면서 이 문제에 대해서는 항상 미국정부와 협의할 것이라는 의사표시를 충분히 하고 정중을 기해야 한다. 특히 미국의 보수파 의원과 미국언론에 오해가 없도록 근본적인 문제나 환경조성에 신경을 써야 한다는 논리이다. 따라서 서울은 미군의 주둔문제를 워싱턴 정부와 협의할 때 평양의 의견까지 대변하고 있다는 자세를 유도해야 할 것이다. 미국은 한반도가 통일된 이후에도 미군의 주둔을 계속하겠다는 의사표시를 하고 있는 점도 신중을 기하도록 워싱턴 정부의 이해를 구해야 한다. 이것은 한반도의 주변상황의 변화에 따라서 결정될 문제이므로 현시점에서 미리 왈가왈부할 필요가 없는 일이다. 결국 한반도의 미군주둔문제는 워싱턴과 평양의 의견을 청취한 후, 시간을 두고 천천히 생각해 가면서 의사표시를 하는 것이 현명한 일이다.[413] 부시 대통령은 2008년 8월 6일 서울을 방문하여 이명박 대통령과 정상회담을 갖고 이 자리에서 한·미연합방위력 강화를 추진하고 전시작전통제권 전환 및 주한미군 기지이전·재배치에 관한 합의를 지속적으로 이행하기로 합의를 본 바 있다. 이 내용은 한·미정상회담 공동성명에 전략적·미래지향적 구조로 발전시킨다는 뜻을 포함하고 있

---

413) 김용제, "남북협력과 평화정착을 위한 미국의 역할의 토론," p. 39.

다. 부시 대통령은 원래 한달 전인 7월 초에 방한하여 이명박 대통령의 4월 방미에 대한 답방형식을 갖추어 공동선언을 할 것으로 예상했으나 미국산 쇠고기 수입반대를 외치는 촛불시위에 막혀 방한을 연기했고 이번 방문결과로 공동성명을 발표했다.[414]

무역압력문제에 대해서 부시행정부는 한국의 대미 무역흑자를 감소시키기 위하여 자유무역주의의 원칙하에 자동차나 기계 등 미국 물품에 대한 한국시장의 개방을 요구하는 반면, 미국의 용역과 물품이 한국시장에 더 많이 진출할 수 있도록 경제적 압력을 추진하게 된 것이다. 워싱턴은 서울과의 무역역조를 완화시키기 위하여 한국시장의 개방을 향한 자동차, 철강, 섬유, 신발 등 많은 분야에서 무역압력을 꾸준히 행사해왔다. 미국에 의한 무역압력은 한국의 상품이 미국시장에 더 많이 수출되기 때문에 발생한 것인바, 미국의 압력을 부당한 것으로 인정하고 무시해 버릴 수 없는 측면이 있어 한국은 우선 미국의 무역대표부가 겨냥하는 목표에 대하여 항상 세밀히 파악하고 미국의 무역압력에 대한 적절한 대책을 효과적으로 강구해야 한다. 가장 효율적인 대응방안은 무역압력문제만을 전적으로 담당할 특별기구를 창설하여 매일매일의 생활과 관련된 경제문제와 복잡한 문제를 연구하고 대안을 분석하는 전문적인 기관을 강구할 필요가 있는 것이다. 그렇게 함으로써 미국의 무역압력에 대해서도 효과적이면서도 합리적인 대책을 적절히 강구할 수 있을 것이다.[415]

이러한 무역압력문제를 해결하는 차원에서 워싱턴은 서울과 자유무역협정 FTA(Free Trade Agreement)를 맺어 위의 문제를 해결하고자 노력한 바 있으나 아직까지 진행형으로 이 조약은 오바마 행정부에서 다루어 질 전망이다. 자유무역협정은 둘 또는 그 이상의 나라들이 상호 간에 수출입관세와 시장점유율 제한 등의 무역장벽을 제거하기로 약정하는 조약이다. 이 조약은 국가 간의 자유로운 무역을 위해 무역장벽, 즉 관세 등의 여러 보호장벽을 철폐하는 경제통합의 두 번째 단계로 알려져 있다. 이 조약은 좀더 자유로운 상품거래와 교류가 가능하다는 장점이 있으나 자국의 취약산업 등의 붕괴 우려

414) "북 인권개선 진전 이뤄져야," 한국일보(2008년 8월 7일), p. 1.

415) 김용제, "남북협력과 평화정착을 위한 미국의 역할의 토론," pp. 38~39.

및 많은 자본을 보유한 국가가 상대 나라의 문화에까지 좌지우지하는 단점도 포함하고 있다. 관세동맹과 차이점은 상호 간에 관세는 폐지하지만 협정국 외의 다른 나라에 대한 관세를 동일하게 설정할 필요는 없는 점이다.

　　서울은 현재 칠레, 싱가포르, 유럽자유무역연합(European Free Trade Association)과 FTA협약을 맺었으며, 미국과는 2007년 4월 2일 한·미 FTA(KORUS FTA)협약을 체결했다. 소위 한·미 FTA는 2005년 10월에 한·미 FTA 4대 선결조건인 약값 재평가 제도 개정중단 선언으로 시작하여, 11월에 한·미 4대 선결조건인 배출가스 강화기준 수입차 적용유예안을 발표하였다. 1년이 지난 2006년 1월 한·미 FTA 4대 선결조건인 미국산 쇠고기 금수조치 해제, 스크린쿼터를 146일에서 73일로 축소하게 되었고, 2월에 한·미 FTA에 관한 첫 협상이 선언됐다. 2006년 5월에 한·미 FTA 1차 협상이 워싱턴에서 개최되었고, 동년 7월에 한·미 FTA 2차 협상이 서울에서 개최되었다. 이어서 2006년 9월에 한·미 FTA 3차 협상이 시애틀에서 개최된 바 있고, 10월에 한·미 FTA 4차 협상이 한국 제주도에서 열렸고, 12월 4일부터 8일간 한·미 FTA 5차 협상이 미국 몬태나주에서 열렸다. 한·미 FTA 6차 협상은 서울에서 2007년 1월 15일부터 19일간 열렸고, 제7차 한·미 FTA 협상은 워싱턴에서 열렸고, 한·미 FTA 8차 협상은 서울에서 열려 4월 2일 협상타결을 봤다. 2007년 5월 25일 한·미 FTA 협정문을 공개했고 2007년 6월 양국 협상 서명 및 발효를 한 점이 간단한 한·미 FTA의 과정이다.[416] 그 후 한·미 FTA는 추가협상과 재협상의 고비를 넘어 4년 3개월 만인 2011년 10월 12일에 워싱턴에서 먼저 미 하원과 상원의 비준으로 절차를 차례로 마무리 했다. 서울 국회는 2011년 10월 말까지 한·미 FTA 비준안을 처리하면 60일이 경과한 후 2012년 1월 1일부터 발효가 된다.[417] 이 와중에서 오바마는 처음에 FTA를 선뜻 내켜 하지 않았지만 미국 실업자 문제가 심각해지자 한국 자동차 기업이 미국 현지 생산을 늘리거나 미국 자동차 기업이 한국

416) 자유무역협정위키백과-우리모두의 백과사전 http://ko.wikipedia.org/wiki/%EC%9E%90%EC%9C%A0_%EB%AC%B4%EC%97%AD_%ED%98%91%EC%A0%95 참조.

417) "한·미 FTA, 대통령이 온 힘 쏟아 국회 협조 구하라," 조선일보(2011년 10월 14일), p. A39.

시장을 추가적으로 확보해 미국 실업자를 줄이는 차원에서 지지하게 되었고 이명박 대통령은 노무현 전 대통령이 시작한 FTA을 물려받아 '촛불 서리'를 맞으면서 선진국 대열에 서기 위해서 FTA을 강력히 추진한 것이다.[418] 이 협정의 정치적 측면의 장점은 한·미동맹관계의 개선 점이 많은 분야이다. 경제적 측면에서는 워싱턴에 수출하는 양이 절대적으로 많은 상황에서 이 협상이 체결된 후에는 수출에 청신호가 켜지고 다음 단계는 국내 경제성장률도 그만큼 증가한다는 논리이다. 국내의 경우, 해외자본 투자증가 및 산업 활성화가 그 뒤를 이으면서 일자리가 증가한다는 관점이다. 반대로 한·미 FTA는 북미자유무역협정(NAFTA: North American Free Trade Agreement)의 경우에서 얻어진 교훈으로 NAFTA로 혜택을 본 나라는 미국뿐이고 캐나다 경우는 원래 복지정책을 실현하려던 계획의 차질과 실업자 증가현상이 나타난 점이다. 멕시코 경우는 국민 대다수는 극빈층 내지 저소득으로 전락하면서 소수의 부자만 그 혜택을 누린 결과이다. 여기서 서울은 워싱턴이 주장하는 선결조건(스크린쿼터 축소 혹은 폐지, 미국산 쇠고기 수입재개, 약가 재조정 중지, 자동차 배기가스 규제완화)을 따를 경우 문화분야의 종속화와 공공서비스와 사회기반의 불안정 요소를 우려하는 점이다.[419]

워싱턴은 서울의 이명박 정부가 들어서면서 2008년 4월 15일 대통령의 미국방문기간 때 양국관계를 기존의 '전통적 우호관계'에서 '21세기 전략동맹'으로 격상시킨 것에 대해서 보람 있는 사건으로 보고 있다. 이명박 대통령 부부는 한국대통령으로선 처음으로 미국대통령의 별장인 캠프 데이비드에서 부시 대통령 부부와 1박 2일을 함께 지낸 대통령으로, 한국은 미국과 국제사회 원조에 의해 탄생·성장하여 60년 만에 세계 10위로 올라서서 미국과 21세기 문명의 공동 대처를 하는 국가가 된 점이다. 부시 대통령과 이명박 대통령은 지난 10년 동안 '손상되고', '왜곡된' 한·미동맹관계를 복원시켜 한 단계 더 발전시키는 디딤돌을 놓았다고 보고 있다. 양국 대통령이 제시한 21세기 한·미전략동맹은 가치동맹(자유주의와 시장경제 가치공유), 신

---

418) "한·미 FTA 낳은 情과 기른 情," 상동(2011년 10월 15일), p. A38.

419) 자유무역협정위키백과-우리모두의 백과사전, http://ko.wikipedia.org/wiki/%EC%9E%90%EC%9C%A0_%EB%AC%B4%EC%97%AD_%ED%98%91%EC%A0%95 참조.

뢰동맹(군사, 정치외교, 경제, 사회, 문화 등 공유이익 확대)과 평화구축동맹(동아시아의 군사적 투명성, 다자안보네트워크 구축 앞장)의 3대 축을 포함하고 있다.[420] 이 중 가치동맹과 신뢰동맹은 지난 수년 간 동맹의 기본이 이념과 정치논리에 의해 왜곡된 점을 보완하는 점을 인정하고 평화구축동맹에 좀더 긴밀하게 논의할 것으로 예상된다. 이유는 양국 간에 북핵문제는 여전히 진행형이고 이 문제해결 전후로 한반도통일 이후까지를 포함하는 군사동맹의 청사진이 필요하기 때문이다. 이명박 대통령은 전 정부와 달리 미국의 대량살상무기확산방지구상(Weapons of Mass Destruction Proliferation Security Initiative)과 미사일방어(Missile Defense) 계획에도 적극 참여해야 한다는 입장을 갖고 있는 것으로 알려졌다.

　　미국은 2008년 11월 대통령선거를 통해서 버락 후세인 오바마 2세(영어: Barack Hussein Obama II, 1961년 8월 4일 ~, 미국 하와이 주 호놀룰루 출생)가 미국 최초로 아프리카계 미국인 출신으로 제44대 대통령으로 당선되어 2009년 1월 20일부터 임기를 시작하였다. 그의 대한반도 정책은 2008년 2월 11일 미국 연방 상원 외교위원회에서 '남북한 정부에 보내는 메시지' 발표문에서 북한 핵 문제는 부시 전 대통령의 불안한 접근 방식으로 핵무기 보유를 확대한 결과를 초래했다고 비판하고 '북한에 어떠한 환상도 갖고 있지 않은' 단호하고 지속적인 '한반도 비핵화'를 계속 추진할 것이라고 공언했다. 그는 서울정부에 대해서 한·미자유무역협정 비준체결 시 미국 근로자에게 매우 불리한 협정이 될 것이라며 비준 반대 및 재협상 입장을 밝히면서 특히 상호호혜주의에 입각해서 서울이 워싱턴에 자동차를 파는 만큼 워싱턴도 서울에 자동차를 팔 수 있어야 한다고 지적한 바 있다.[421]

　　오바마 행정부의 북핵 문제는 멀리서부터 포위작전으로 체계화하는 전략으로 분석된다. 오바마 대통령은 2009년 4월 5일 체코의 프라하를 방문해 '핵무기 없는 세상'(Nuclear-free World)을 만들겠다는 이상을 주장(또는 오바마 독트린)하여 현존하는 핵무기의 감축, 핵확산금지조약(NPT) 강화와 핵보유국 증가

420) "이대통령 한미동맹, 새 단계로 도약하고 있다," 조선일보(2008년 4월 17일), p. A4.

421) 버락 오바마 위키백과-우리 모두의 백과사전, http://ko.wikipedia.org/wiki/%EB%B2%84%EB%9D%BD_%EC%98%A4%EB%B0%94%EB%A7%88 참조.

차단, 테러세력의 핵무기·핵물질 획득 방지의 필요성을 역설했다. 그는 핵확산의 책임을 외부로 돌리지 않고 워싱턴이 앞장서서 핵군축(核軍縮) 등 솔선수범에 나설 것임을 강조하여 노벨상 위원회가 오바마에게 노벨평화상을 수여하여 힘을 실어준 바 있다. 오바마 대통령의 이상(오바마 독트린)은 1년 뒤인 2010년 4월 8일 체코 프라하에서 드미트리 메드베데프(Medvedev) 러시아 대통령과의 정상회담에서 美·러 간 새 협정 합의를 통해 전략 핵 무기를 각각 1,550기로 제한하는 데 있어서 구체적인 성과가 나타났다. 새 협정은 1991년 체결돼 2009년 12월 5일 만료된 전략무기감축협정(START-1)을 대체하는 후속협정으로 골자는 현행 2,200여 개인 전략핵탄두를 1,550개로, 대륙간탄도미사일(ICBM)과 전략폭격기·잠수함 등 핵탄두의 운반 수단은 현행 최대 1,600여 기에서 800기로 각각 줄이되 ICBM과 전략폭격기를 합쳐 700기를 넘지 않기로 하고 핵탄두와 운반 수단 감축은 앞으로 7년간 이루어지기로 합의한 바 있다.[422]

미 국방부도 핵테세검토보고서(NPR: Nuclear Posture Review)에서 북한을 '핵 확산국'으로 명시하고 그동안 동북아 안보차원에서 우려했던 북핵문제를 오바마 정부에서는 핵 물질을 전 세계에 퍼뜨려서 워싱턴과 다른 국가의 국민을 대량살상시킬 수 있는 측면, 한반도의 '비핵화(非核化)' 차원에서뿐만 아니라 국제적인 핵 테러와 연관된 '비확산(比擴散)'의 차원에서 미국 핵전략의 핵심 목표로 '소극적 안전보장(Negative Security Assurance)이 명분화된 것으로 밝히고 있다.[423] 이 핵테세검토보고서(NPR)는 오바마 독트린의 경전(經典)으로 총 4차례에 걸쳐 평양이 핵확산을 추구하거나 핵확산금지조약(NPT)을 위반했다고 지적하고 압박수순을 따를 것이라고 경고하고 있다. 미국은 "핵확산금지조약(NPT)에 가입한 비핵(非核)국가들이 미국에 생·화학무기로 공격하는 경우에도 핵무기로 보복공격을 하지 않겠다"는 내용을 NPR에 발표했다.[424] 여기서 지적하고 싶은 점은 워싱턴이 평양 핵문제를 다루는 과정에서 비핵화보다 비확산에 초점을 맞출 경우 미국이 평양을 핵 보유국으로 인정하지는 않겠지만, 북한을 인도와 파키스탄 같은 '비공인 핵무기 보유국'으로

---

422) "전략核무기 감축 美·러 새협정 합의," 조선일보(2010년 3월 26일), p. A20.

423) "核물질 4년 내 안전하게 통제⋯ 합의문 채택될 것," 상동(2010년 4월 12일), p. A14.

424) "'핵 없는 세상' 47개국 정상회의 北核 쐐기 박아야," 상동(2010년 4월 12일), p. A31.

만들 수 있다는 점이다. 이 경우 서울의 안보에 부정적으로 작용할 수 있는 점도 기억해야 한다.[425]

오바마 대통령은 2010년 4월 12, 13일 미국 워싱턴에서 세계 각국 정상과 주요 국제기구의 수장 등 47명과 제1회 핵안보 정상회의를 주재하고 2010년 5월 3~28일 뉴욕 유엔본부에서 제8차 핵확산금지조약(NPT: Nuclear Non-Proliferation Treaty)평가회의에 참여하였다. 제1회 핵안보 정상회의는 오바마 대통령의 제안인 '핵무기 없는 세상'을 주장하여 탄생되었고 핵물질 암거래 차단 등 핵 테러리즘 대처가 목적이며, 핵물질 방호협약, 핵테러억제협약 등 각종 협약지침 이행방안 논의, 성명발표가 주요 안건이다. 냉전시대에 핵무기 보유가 워싱턴과 모스크바 두 체제 간 전쟁을 억제하는 데 초점을 두었다면, 탈냉전시대의 테러시대에는 핵무기의 존재는 '언제 불량배 손에 쥐어질지 모르는 권총'처럼 위험하다는 발상에서 정상회의에서 서약이나 성명 발표 형식으로 전 세계적인 우려와 협조약속을 담는 데 기울인 점이다.[426] 이번 핵안보정상회는 오바마 대통령이 연출하고 주연한, 그의 '원맨쇼'로 핵무기 감축 및 사용억제를 핵심으로 하는 NPR 발표와 러시아와 핵무기 감축협정 갱신으로 '핵 드라이브'를 건 후 이번 회의를 개최한 것이 특징이고 일괄적이고 체계적인 그의 오바마 독트린의 과정으로 분석된다.[427] 이 과정에서 오바마는 핵위협의 심각성을 개별 국가수준이 아닌 세계적 차원에서 당면한 문제이자 국제사회의 보편적인 인식으로 부각시킨 점이다.

오바마는 그의 독트린을 추진하는 과정에서 제8차 NPT 평가회의는 '핵무기 없는 세상'으로 가는 가장 중요한 길목 역할을 하는 것으로 평가된다. 이 회의는 현재 189개국이 가입한 회의로 1970년 핵확산금지조약 발효 후 5년마다 개최하면서 탄생하였고 핵무기 보유국의 핵군축, 핵비보유국의 비확산 의무를 점검하는 데 목적을 두고 있다. 중요 안건으로 핵보유국과 비핵국가의 대립 문제 해결 → 미국과 러시아 전략무기감축협정 타결, 미 의회의 포괄적핵실험금지조약(CTBT: Comprehensive Test Ban Treaty) 비준 등이

---

425) "오바마 '北核 다시보기'," 상동(2010년 4월 13일), p. A10.

426) "核무기 없는 세상' 오바마의 약속 지켜질까," 한국일보(2010년 1월 11일), p. C11.

427) "47개국 정상을 움직인 '오바마의 설득'," 조선일보(2010년 4월 14일), p. A3.

전제되어야 가시적인 성과를 가져올 수 있다. 이 회의의 한계는 핵무기 보유국들은 일부 비핵보유국의 핵무기 개발을 비난해 왔고, 반면에 비핵국가들은 핵보유국들이 핵 폐기 약속을 지키지 않는다고 맞서는 점이다.[428] 다시 말해서 오바마는 핵안보정상회담을 핵확산 방지역할을 해 왔던 NPT체제를 평가하는 회의로 체계적인 접근을 통해 핵문제와 관련된 가능한 모든 논의와 대안(代案) 마련에 기승전결(起承轉結)적인 흐름을 완성시킨 점이다. 북한 핵문제와 관련하여 오바마의 지난 1년간의 핵외교 정책을 분석해보면 평양의 핵 행동반경을 아주 멀리서부터 포위망을 좁혀오는 전략을 쓰고 있는 것이다. 이 결과로 평양은 6자회담 복귀에 대한 새로운 압박과 딜레마에 빠지게 되었고 실제로 모호한 입장을 취해왔던 베이징도 적지 않은 부담을 껴안게 되었다.[429]

오바마의 서울정책은, 워싱턴 포스트 신문의 웹사이트에서 수집한 2010년 Korea Times 분석에 의하면, 그의 342 대중연설에서 한국을 36번 인용하여 서울의 성공사례를 들고 있다. 서울의 성공사례는 주로 아시아의 4대 경제 중견국가로 경제와 교육 분야에서 찾아 볼 수 있다.[430] 그는 특히 경제 분야 중 지난 3년 전 체결된 한·미자유무역협정(FTA)의 수정을 제시하고 있다. 오바마 대통령은 2010년 6월 26일 캐나다 토론토에서 한·미 FTA 비준추진을 밝힌 이래 2010년 11월 G20 정상회담 참석 전에 자동차와 쇠고기 업계가 이해할 수 있는 협정을 론 커크(Ron Kirk) 미 무역대표부(USTR: United States Trade Representative) 대표가 추진하고, 미 의회 의원들도 가세하고 있다. 2010년 8월 5일 공개된 청문회 발언록에서 론 커크 대표는 기아자동차 사례를 들면서 2009년 기준으로 미국 내에서 기아차가 79만대나 팔렸지만 한국에서 팔린 미국차는 모두 합쳐서 7,000대를 넘지 못한 것은 용납할 수 없는 일로, 한국시장의 높은 개방을 요구한 바 있다. 그는 월령 30개월 이상 쇠고기수출을 비롯하여 미국산쇠고기에 대한 전면적인 시장개방을 요구하고 있다. 그는 중요한 사안은 협상 테이블에 한국이 나와 해결하자고 주장한 바 있다. 이 실무 협상이 끝나 '우리가 그들에게 부여한 것과

428) "'核무기 없는 세상' 오바마의 약속 지켜질까," p. C11.

429) "멀리서부터 북핵 포위해가는 오바마," 조선일보(2010년 4월 14일), p. A39.

430) "'Korea' a large part of Obama's vocabulary," The Korea Times, (August 9, 2010), p. B25.

똑같은 권리를 우리에게도 줘야 하며… 우리가 이런 일을 해내면 미국과 의회 내 정치 환경이 보다 좋은 쪽으로 극적인 변화를 보일 것'이라고 덧붙였다.[431]

또한 미 연방하원 101명은 2010년 8월 3일 오바마 대통령의 한·미 FTA 비준추진을 지지하는 서한을 보냈다. 이들 101명은 민주당 50명, 공화당 51명으로 한·미 FTA가 지닌 경제적, 전략적 효과를 강조하고 의회비준을 위해 긴밀히 협조할 것을 약속한 것이다. 이에 반해 7월 22일 민주당 하원의원 109명은 오바마 대통령에게 한·미 FTA 우려사항에 대한 토론을 제의한 바 있다. 앞서 2010년 7월 20일 민주당 거물급 상원의원 10명이 한·미 FTA의 조기비준을 촉구한 바 있어 미 의회에서도 능동적으로 정치 환경을 조성하고 있다고 분석된다.[432] 미국의 한국정책은 경제뿐만 아니라 안보분야에서도 강도 높은 동맹으로 전환하여 길게는 중국의 영향권을 줄이는 데 한국을 지렛대로 활용하고 있다고 분석이 된다.

특히 천안함 사건 이후 워싱턴의 서울정책은 한·미·일 3국이 단결하여 중국과 북한을 견제하는 강경정책을 쓰고 있다. 워싱턴은 한·미동맹사상 처음으로 외교·국방장관이 함께 모여 '2+2 회의'을 개최하고 함께 실시된 대대적인 한·미 해상기동훈련도 베이징이 잇달아 반대성명을 내놨는 데도 불구하고 강행한 바 있다. 워싱턴은 다음 수순으로 클린턴의 하노이선언을 발표하여 국제해상교통의 주요수로인 남중국해를 독점하려는 베이징정부에 도전장을 냈다. 그 다음 수순으로 워싱턴은 8월 초부터 시작되는 2차 한미해상기동훈련과 관련해 핵추진 항공모함 조지워싱턴호가 서해에 진항하는 계획을 가지고 있는 점이다.[433]

미국 월스트리트저널은 '(천안함)침몰의 교훈'이라는 제목의 2010년 5월 21일자 사설에서 "미국정부는 '통일한국(a United and Democratic Korea)'을 한반도의 미래비전으로 공식 선언하고, 중국이 반대하더라도 한·미·일 3국이 단결해 장기적으로 중국을 설득하라"고 주문한 바 있다.[434] 앞으로 20~30

---

431) "美 '한국FTA 협상 테이블에 나와라'," 한국일보 (2010년 8월 7일), p. C2.

432) "오바마, 노조 지도부 만나 'FTA 논의'," 상동(2010년 8월 5일), p. C2.

433) "공세의 미국, 무엇을 말하나," 상동(2010년 8월 2일), p. A17.

434) "WSJ '美는 北포용정책 버려야'… NYT '中은 즉각 北 비난하라'," 조선일보(2010년 5월

년 안에 통일한국까지 대비해야 하는 서울의 입장에서 마지막 순간까지 서
울에 힘이 돼줄 국가는 오로지 미국이기 때문이다. 누가 차기 대통령이 되건
워싱턴은 지금처럼 한국의 견해와 입장을 중시할 것이며 양국은 동맹국다운
협력을 한·미 간 피로 맺어진 관계를 앞으로 유지해야 한다. 결론에서 유출
할 변수인 미국의 21세기 전략동맹은 통일한국에 중요한 변수임을 미리 지
적하는 바이다. 북핵문제 외에도 양 정상은 동아시아의 군사적 변수에 따른
변화와 국제평화에 기여하는 문제와 한·미 FTA문제 등을 논의한 바 있다.[435]

  일 본   한국과 일본이 수교한 해는 1965년이며 일본 학계에서는 한
일국교 정상화부터 1997년까지의 한일관계를 '65년 체제'라 하고, 한·일 파
트너십 선언 이후로는 '98년 체제'로 분류하고 있다. 일본인들은 한반도통일
에 대해 비판적이다. 일본은 현재와 가까운 장래에 있어서의 한반도통일에
대한 기대를 거의 하지 않고 있다. 그들은 한국의 안보를 그들의 경제적·
정치적·군사적 이해와 결부시켜 생각한다. 현재 비록 일본이 서울의 방위
부담을 경감시키는 것에 대해선 협조를 거부하고 있지만 서울과 동경은 상
호관계를 개선시키려고 노력하고 있다. 동경은 자유·평화·번영에 있어서
서울을 가까운 이웃이자 진정한 동반자로 바라보고 있는 것이다.[436] 다시 말
하면 동경은 이웃에 있는 서울의 안정과 평화가 21세기에 있어서의 일본의
생존에 중요한 변수라고 생각하고 있는 것이다.[437] 따라서 그들은 그들의 애
매한 태도를 변화시켜서 한국과의 관계를 필수불가결한 것으로 규정하고 있
다. 일본 수상 나카소네 야스히로와 전두환 대통령 간의 외교적 접촉은 이
러한 이유에서 진전될 수 있었던 것이다.[438]

  일본의 지도자들은 한일관계에 있어서 동반자정신에 입각하여 주목할
만한 선린정책을 진행해왔다고 주장한다. 그들은 서울의 외교와 체육정책을

    22일), p. A12.

435) "한·미 '21세기 전략동맹'의 길," 상동(2008년 4월 21일), p. A35.

436) *The Korea Herald*(September 10, 1981), p. 1. and p. 4.

437) *Ibid.*(March 12, 1983), p. 7.

438) *Ibid.*(January 10, 1984), p. 1.

공식적으로 지원하고 있다. 나카소네 야스히로는 1986년 9월에 개최된 제 10회 아시아게임 개막식에 참석하여 전두환 대통령과 더불어 양국 간의 차이를 좁혀놓았다. 정상회담기간 동안 나카소네는 "일본은 서울올림픽의 성공적 개최를 위해 최선을 다할 것이다"라고 약속했다. 일본은 가능한 한 많은 나라들이 1988년의 서울올림픽에 참가하도록 외교적 창구를 통해 노력할 것을 다짐했던 것이다. 그 외에도 몇 가지 장애가 되는 문제들이 정상회담에서 토론되었다. 나카소네는 일본의 한국 식민지배 36년간에 대한 후지오 마사유키의 발언을 언급하면서 '심심한 사과'를 표명했다. 그는 또한 재일한국인 60만 명에 대한 지문날인제도의 법적 개정문제에 대해서도 논의했다. 지문날인은 그 전까지는 5년마다 새로 해야 했었지만 그것을 개선하여 거주허가증을 발급받을 때의 1회로 끝낸다고 공약했다. 그는 또한 일본인이나 재일한국인들이 88서울올림픽을 돕기 위해 모금한 기부금에 대해서는 면세조치를 법적으로 고려하고 있다고도 밝혔다.[439]

다른 한편으로 일본은 북한에 대해 애매한 태도를 취해왔다. 물론 양국 간의 공식적인 외교관계는 없다. 그러나 정경분리정책에 의한 비공식적인 교역관계가 양국 간에 행해지고 있다. 동경의 경제인, 통신원, 노동조합원들이 평양에 파견되어 있다. 이런 비공식적인 관계가 한반도에서 평화와 안정을 추구하려는 일본의 두 개의 한국정책을 증명해 주고 있다. 사실상 서울 측의 차관제공 요구를 거절한 이유는 일본 내의 친북한 인사와 북한정부를 회유하기 위한 의도 때문이었다.[440] 동경은 평양과의 관계개선에도 흥미를 지니고 있다. 일본은 평양 측이 지불불능을 선고한 후에도 자국 내의 수출보험회사에 약 300억 엔(약 2억 달러)에 상당하는 손실액을 대신 지불했다. 평양은 일본에 대해 7백억 엔의 채무를 지고 있으나 1976년에서 1982년 사이에 겨우 50억 엔을 돌려줬을 뿐이다.[441]

동경의 서울은 외교적으로 '가깝고도 먼 나라'로 표현된다. 김영삼 대통령 시절 한·일관계는 동경 측의 일방적인 한·일어업협정 폐기로 인해 출

---

439) *The Korea Times Los Angeles Edition*(September 25, 1986), p. 15.

440) *The Korea Herald*(August 22, 1981), p. 5.

441) *The Korea Times Los Angeles Edition*(October 4, 1986), p. 11.

렁거린 후, 김영삼 대통령이 기자회견에서 "일본의 버르장머리를 고쳐 놓겠다"고 함으로써 최악으로 치달은 바 있다. 그 후 동경은 일본 금융기관들의 만기가 돌아온 한국채권에 만기연장을 거부하고 서울은 경제위기를 맞아 IMF 관리체제로 전락하게 되었다. 김영삼 대통령을 계승한 김대중 정부는 1998년 10월 일본을 방문하여 오부치 게이조(小淵惠三) 일본 내각총리대신과 회담을 갖고, '21세기 새로운 한·일 파트너십'을 구축한다는 공동선언을 발표하여 한·일관계를 복원한 바 있다. 이 공동선언에는 가해자는 일본이고 피해자는 한국이었다고 명시되어 있고 오부치 총리대신은 "일본이 과거 한때 식민지 지배로 인하여 한국국민에게 커다란 손해와 고통을 안겨주었다는 역사적 사실을 겸허하게 받아들이면서, 이에 대하여 통절한 반성과 마음으로부터의 사죄를 하였다"는 문구가 포함되어 있다. 서울은 가깝고도 먼 일본이 1인당 GDP가 3만 5,000달러 선에 이르는 세계 2위의 경제대국이라는 점을 인정해 주어야 하고 동경 역시 서울이 2002년 한·일월드컵을 아시아에서 최초로 공동개최한 경험이 있고 이 두 나라는 동북아의 핵심국가이며 시장경제와 자유민주주의를 공유하고 똑같이 미국의 동맹국이라는 공통적 가치를 갖고 있는 점을 상호 인정해야 한다. 특히 냉전시대의 대다수 일본인의 두려움은 평양에 의해 한반도가 공산화되어 부산에 공산주의를 상징하는 적기가 휘날리는 '부산적기론'이다. 탈냉전시대에 일본인은 덜 적대적인 통일한국이 일본의 국가이익에 도움이 된다고 보는 가치관의 변화는 일본이 한국 주도의 통일을 방해할 것이라는 고정관념을 버리는 원인이라고 분석된다. 여기서 중요한 점은 서울이 동경을 친구로 보는 시각이 확산될수록 동경도 서울을 친구로 볼 수 있는 확률은 높다는 점이다.[442] 양국 간의 친구 사이를 유지하려면 동경은 '오만'을 서울은 '편견'을 버리면서 서로를 신뢰하는 자세와 서로가 '무엇을 해야 하나'보다 '무엇을 하지 말아야 하나'를 생각하면서 실천하는 것이 중요하다.[443]

　　노무현 정부 하의 한일관계는 고이즈미 준이치의 우경화 추세와 맞물려

442) 이정훈, "'교과서' 넘고 '월드컵' 거쳐 '02년 신체제'로," 동아일보 신동아(2002년5월호) http://www.donga.com/docs/magazine/new_donga/200205/nd2002050150.html 참조.

443) "한·일 '2010년 문제'의 해법은," 한국일보(2008년 1월 21일), p. C19.

악화일로를 걸었다. 노무현 대통령은 2004년 3.1절 치사에서 A급 전범의 위패가 안치된 야스쿠니 신사참배와 동경 지도자를 강하게 비판하여 신사참배에 대한 국민감정을 대변하려는 측면도 있었지만 보수언론과 야당으로부터 감정적인 대응이라고 비판을 받기도 했다. 그 후 2005년 야치 쇼타로(谷內正太郞) 일본 외무성 사무차관이 서울의 야당의원들과의 대담에서 북핵과 관련하여 서울의 대북유화정책에 대한 비판을 하여 김만수 청와대 대변인이 외교적 결례로 공식 항의한 적도 있고, 2006년 동경이 일본 시마네 현을 '다케시마의 날'로 제정하는 등 독도문제에 관해 긴장이 높아지면서 4월 25일 특별담화를 발표하여 동경에 강하게 경고한 적이 있다. 2006년 아베 정권 출범 이후로도 우경화는 계속되었고 11월 APEC 정상회의와는 별도로 열린 아베 총리와의 양자회담에서 동해를 '평화의 바다' 또는 '우의의 바다'로 부르자고 제안했다고 청와대가 확인한 바 있다. 이 제안과 관련된 파문이 커지자 이를 처음 보도한 '세계일보'에 책임을 전가한 적도 있다.[444]

이명박 정부가 들어선 이후 한·일관계는 '일본교과서의 독도명기사건'이 발생하자 서울정부가 강경하게 대응하면서 한·일관계는 긴장이 고조되었다. 미국지명위원회(United States Board on Geographic Names)에서 독도를 주권 미지정 지역 '리앙쿠르' 섬으로 일본의 끈질긴 로비활동에 의해 명시한 상황이 밝혀졌지만 일주일 만에 부시 행정부에서 한국령으로 독도지위를 원상복귀한 바 있다. 이 문제는 잠정적으로 해결되었지만 '독도는 분쟁지역'이라는 국제사회의 인식에는 큰 변화가 없는 것으로 알려져 있다. 동경에서 독도를 분쟁지역화하려는 의도가 일본 방위성이 발행한 2008년판 방위백서에 독도영유권과 관련된 일본 측 표기가 있고 서울에서 국방부는 5일 2008년 방위백서 발행은 한·일관계의 미래지향적 발전을 가로막는 행위로 간주하고 한국주재 일본 국방무관을 불러 항의한 바 있다. 일본은 현재까지 일본 방위청은 방위백서를 4년 연속 '독도는 일본 땅'으로 명시하여 이 문제는 앞으로 분쟁의 소지가 있다.[445]

444) 노무현 위키백과-우리모두의 백과사전, http://ko.wikipedia.org/wiki/%EB%85%B8%EB%AC%B4%ED%98%84 참조.

445) 이명박정부 위키백과-우리모두의 백과사전, http://ko.wikipedia.org/wiki/%EC%9D%B4%EB%AA%

두 개의 한국을 유지하면서 한반도에서 평화와 안정을 추구하려는 정책은 일본의 국가이익과 밀접히 연결되어 있다. 대부분의 일본인들은 문제의 복잡성과 동아시아지역의 국제환경의 무질서 때문에 평화적인 통일이 불가능하다고 생각한다. 그들은 한반도통일은 오로지 폭력(베트남에서의 경우와 같이 평양에 의한 서울의 병합)을 통해서만 가능하며 평화적 통일을 위한 유일한 희망은 남북대화의 재개에 의지할 수밖에 없다고 보고 있다.[446] 여기서 지적하는 초점은 아소다로가 2008년 9월 22일 일본 자민당 총재가 돼 24일 이후 일본국회에서 총리가 됐다. 앞으로, 한일관계의 독도와 왜곡 역사교과서 악재가 존재하지만 장기적인 차원에서 한·미·일과의 공통점인 대북경제문제, 시장경제와 자유민주주의를 공유하고 똑같이 미국의 동맹국이라는 공통적 가치를 살려 대승적인 차원에서 통일외교를 활용하는 것이 중요하다. 그는 2003년 자민당 정조회장 시절 "일제 때 창씨개명은 당시 조선인들이 원해서 이뤄진 것"이란 망언을 해 한국인에게 잘 알려진 인물이며 "(일본) 천황도 야스쿠니 신사를 참배해야 한다", "(야스쿠니 신사의) A급 전범이란 굴레는 점령군(미군)이 씌운 것으로 일본법으로 하면 위법", "일본도 핵폭탄 보유 여부를 논의할 수 있다" 등의 많은 문제를 제기해 논란을 일으킨 인물이다. 그러나 그는 2006년 외상이 된 후 망언을 삼가고 총리를 준비하면서 자제하는 모습을 보여주고 있다.[447]

장기적인 차원에서 일본은 한·미·일 삼각관계의 한 축이며, 미국입장에서 보면 서울보다 더 중요한 축인 것도 엄연한 현실이다. 현재 북핵 해결과정에서 궁극적인 해결에 드는 돈을 댈 수 있는 나라는 한국을 빼고는 일본밖에 없는 것이 현실이다. 서울은 미국을 통해서라도 싫어도 일본과 손을 잡아야 할 나라이다. 통일외교는 지난 10년간의 경험에서 얻어진 교훈으로 그래봤자 별 소용이 없다는 것으로 통일외교의 혼란은 국내적 혼란을 가중시킬 수 있으며 평양에 나쁜 시그널을 줄 수 있고 한·미·일동맹도 다시

85%EB%B0%95_%EC%A0%95 EB%B6%80 참조.

446) Nathan White, "Japan's Security Interests in Korea," *Asian Survey*, vol. 16, no. 4(April 1976), pp. 299~318.

447) "아소다로 새 일본 총리의 등장을 보며," 조선일보(2008년 9월 23일), p. A35.

흔들릴 수 있기 때문이다. 이명박 정부에서 통일외교을 신중하게 대비하고 대처하여 친구 잃고 욕 먹고 뺨 맞는 꼴은 피해야 하며 단기·중기·장기적인 차원에서 주도권을 갖고 4강 외교에서 조정자 역할을 자처하면서 외교력을 발휘하여 한반도통일의 보다 나은 환경조성을 하는 것이 중요하다. 21세기 큰 흐름에서 서울지도자들은 '신복합동맹론'을 창출하여 서울과 워싱턴은 지구, 동북아, 한반도 차원에서 서로상대방에게 원하는 것이 무엇이며, 어떻게 주고 받을 수 있는가를 대비·대처해야 하며 일본과는 상호 모순관계의 이분법적 사고가 아니라 상호 보안관계로 보는 그물망 사고의 전환을 갖고 통일외교를 추진하는 것이 바람직하다고 분석된다.[448] 이 동맹관계에서 한·미·일관계에서 조정자 역할을 유지하면서 외교에 관한 확실한 실리를 획득하기 위해서 이상 이념, 도덕, 과거로 자승자박하지 말고 외교의 유연성을 확보하면서 경제적 실리, 균형잡힌 실용, 미래의 목표를 지향해야 한다고 분석된다.

하토야마(鳩山) 총리와 함께 민주당 새 정부를 이끌어온 간 나오토(일본어: 菅 直人(かん なおと), 문화어: 간 나오토, 1946년 10월 10일~) 부총리는 2010년 6월 4일 일본의 다수당인 민주당의 대표로 선출되어 제94대 총리로 지명되었다. 그는 하토야마 전 총리와 함께 1996년 민주당을 창당하여 공동대표를 지낸 민주당 창당 주역으로 하토야마 정권의 정책을 대부분 계승할 전망이다. 그는 6월 11일 국회연설에서 "아시아 각국과 동아시아공동체를 구상해 갈 것이며" 서울과는 미래지향의 파트너십을 구축하고 평양과는 납치, 핵, 미사일 등의 현안을 포괄적으로 해결하면서 과거사를 청산해 국교정상화로 나아가겠다고 밝혔다. 그의 서울 정책은 천안함 사태와 관련해서 '용납하기 어렵고 한국을 전면적으로 지지한다'며 '국제사회도 분명하게 대처할 필요가 있다'고 강조한 바 있다.[449] 간 나오토 총리는 2010년 8월 10일 '한·일강제병합 100년' 담화 발표에서 2010년은 100년전 8월 한·일병합조약이 체결되고, 36년에 걸친 식민지 지배가 정치·군사적 배경 하에 시작되었고 3·1 독립운동 등의 격렬한 저항으로 국가와 문화를 빼앗기고 민족의 자긍심에 깊은 상처를 입힌 점을 '다시금 통철한 반성과 진심으로 사죄를 표명

---

448) "새 국회는 외교안보 숙제부터 끝내라," 상동(2008년 4월 12일), p. A34.

449) "한국과 미래지향 파트너십 구축," 한국일보(2010년 6월 12일), p. C2.

한다'고 발표하였다.[450] 법적 시인은 아니더라도 일본 총리의 정치적인 합병
조약의 불법성 언급과 '3·1 독립운동 등의 격렬한 저항'을 예로 들어 정
치·군사적 배경 아래 대한제국의 주권자(현대적 주권재민)의 뜻에 반하여 이
뤄진 식민지 지배로 국가와 문화가 깊은 상처를 받은 점을 사죄·반성하는
담화는 한국인으로 반길 만하다.[451] 구체적으로 그는 '식민지 지배로 많은 손
해와 고통을 안긴 데 대해 통절한 반성과 진심으로 사죄의 뜻을 표명'한다
는 무라야마 담화를 반복하고('통철한 반성과 마음으로부터의 사죄') 사할린 잔
류 한국인에 대한 지원과 한반도 출신자의 유골 반환 등의 인도적인 협력을
계속할 것과 '한반도에서 가져온 도서를 인도하겠다'(조선왕실의궤를 돌려준다)
고 밝혔다. 미래 지향적 파트너십의 일환으로 문화재 반환으로 동경의 성의
를 표시 한 점이다.[452] 이를 계기로 이명박 대통령은 8·15 경축사에서 한국
인의 입장을 표명하면서 서울과 일본 요코하마에서 열리는 주요 20개국 정
상회의와 아시아·태평양경제협력체 회의를 통해 양국관계와 글로벌 주요
이슈 협력 부분에 진일보를 보여야 한다.[453]

　　반면에 그의 평양정책은 북한의 일본인 납치 피해자 전원 송환, 북한
핵 문제해결, 일·북 국교정상화, 경제지원을 별도로 하는 것이 아니라 새로
운 발상으로 해결하는 차원에서 패키지로 병행 처리하는 정책을 추진하고
있다. 그리고 그가 총리로 지명되기 전 니시무라 신고의 지원유세를 할 때,
'후세인이나 스탈린의 동상이 무너진 역사 속에서 북한의 저 큰 동상도 무
너지는 날도 올 것이라고 확신합니다'라는 소신을 드러내면서 동경은 결국
김정일 시스템이 무너져야 납치와 핵 문제가 해결될지 모른다는 인식을 표
명한 것으로 분석된다.[454] 이러한 간 나오토 총리의 인식과 태도는 일본 정
치인의 두 개의 한국정책을 나타낸 점으로, 원칙 있는 통일외교를 염두에

---

450) "일본 총리담화 요약," 상동(2010년 8월 11일), p. C3.

451) "일 총리 사죄·반성 담화 반길 만하다," 상동(2010년 8월 11일), p. C19.

452) "무라야마 담화 반복… 전후보상 문제거론 없어," 상동(2010년 8월10일), p. C11.

453) "독도문제 등 불씨 잠복… 日 후속조치 주목," 상동(2010년 8월 11일), p. C3.

454) 간 나오토 위키백과-우리 모두의 백과사전, http://ko.wikipedia.org/wiki/%EA%B0%84_%EB%
82%98%EC%98%A4%ED%86%A0 참조.

두고 앞으로 동경을 '신복합동맹론'하에서 통일한국을 성취하는 데 초점을 맞추고 있다. 그러나 취임 1년을 맞은 간 나오토 일본 총리는 지진복구 수습을 전제로 6월에 사퇴를 선언하고 도호쿠(東北)대지진과 후쿠시마(福島) 제1 원전 사고를 제대로 수습하지 못했다는 이유로 8월 27일 공식 사임했다. 그의 사임은 지진과 원전복구 작업에 리더십을 발휘하지 못한 것도 있지만 근본적으로 일본정치 시스템의 한계 탓도 있다. 일본 정치 시스템은 역대 일본총리의 지지율이 30%를 밑도는 상황이면 불신임안이 제출되기 전에 사임하여 1년마다 총리가 바뀌고 있다. 일본식 정치 시스템은 1990년 버블 붕괴 이후 20년 불황의 원인도 있다. 이 시스템이 개혁 정책의 필수요건이지만 나눠 먹기식으로 총리를 정하는 제도적 시스템인 관계로 선진국 중 최고 수준의 국가부채, 국가 자체를 붕괴시킬 수 있는 저출산, 고령화와 인구감소, 폐쇄적인 산업시스템 등 당면한 국가적 당면 문제를 다루지 못한 문제를 안고 있다. 이러한 경기침체 문제를 극복하기 위해 인기 없는 구조조정의 새로운 도약 기틀이 필요한 것이다. 간 총리도 20년 불황을 극복하기 위해서 '제3 의 개국'을 선언하고 FTA 추진, 국가부채 감축을 위한 소비세 인상과 연금 개혁을 천명했지만 FTA는 농민들이, 연금 개혁은 고령층이, 소비세 인상은 중산층이 반대하여 1970~1980년대에 벌어놓은 막대한 국부(國富)를 서서히 까먹으면서 고통을 당하고 있다.[455]

그의 대를 이어 노다 요시히코(일본어: 野田 佳彦(のだ よしひこ), 1957년 5월 20일~)가 2011년 8월 30일 차기 총리를 뽑는 일본 중의원 본회의 선거 결과 민주당 신임대표로 제95대 총리로 선출되었다. 노다 요시히코 신임 대표는 민주당 출범 이후 세 번째 총리이며 이토 히로부미 초대 총리 이후 62번째 총리이기도 하다. 그는 지바 현 의회 의원, 민주당 국회대책위원장, 간 나오토 개조내각의 재무성 대신 등을 지냈다.[456] 그의 정치 성향은 야스쿠니 신사 참배에 찬성하는 등 민주당 내 우익으로 역사의식에 문제점이 있으나 간 나오토 내각 출신이란 점에서 기존의 대외정책에 대한 큰 틀의 변화 없

455) "1년마다 총리 바꾸는 일본," 조선일보(2011년 6월 7일), p. A34.

456) 노다 요시히코 위키백과, 우리 모두의 백과사전, http://ko.wikipedia.org/wiki/%EB%85%B8%EB%8B%A4_%EC%9A%94%EC%8B%9C%ED%9E%88%EC%BD%94 참조.

이 '미래지향적 성숙한 동반자 관계'란 한·일 외교관계의 정책적인 연속성을 유지할 것으로 분석된다.[457]

중 국   베이징이 갖고 있는 한반도에 대한 태도는 중·러분쟁, 동경과의 관계개선 요구, 워싱턴과의 관계증진 등의 요인 때문에 역시 애매하다. 중국은 러시아, 일본, 미국 등과 복합적인 관계를 맺고 있지만 1950년대 이래로 한반도의 안보가 중국의 안보와 밀접하게 연관되어 왔기 때문에 북한을 무시할 수가 없다. 1960년대에는 베이징이 평양의 통일정책을 지지했다. 그러나 1970년대 들어와서 자신의 국가이익이 변했음을 인지함에 따라 베이징은 평양에 대한 입장을 변화시키기 시작했다.[458] 1980년대 초반에 베이징의 지도자가 바뀌었다. 첫 번째의 중요한 변화는 타이완 정부와의 통일을 위한 계획을 수립한 것이다. 1981년 6월 28일 화궈펑(華國鋒)이 5년간의 권좌에서 물러나고 중국에서 가장 강력한 실권자인 덩샤오핑(鄧小平)의 심복인 후야오방(胡耀邦)이 수상의 자리에 올랐다. 당주석의 교체는 마오쩌둥(毛澤東)의 사회개혁실험이 종식되고 덩샤오핑의 실용주의적 근대화노선이 시작됨을 뜻하는 것이었다.[459]

재임 4개월 만인 1981년 10월에 당주석인 후야오방은 타이완에 대해 통일에 대한 몇 가지 제안을 했다. 그것은 다음과 같다. ① 타이완은 중국의 한 지역으로서 정치적 자율성을 보유한다. ② 중국정부는 타이완의 사회·경제적 체제에 간섭하지 않고 타이완에 독자적 군대를 가질 권리를 준다. ③ 타이완의 지도자들은 중앙정부의 선거에 참여할 수 있다. 그러나 타이완은 후야오방의 제안을 거부하고 역으로 중국이 공산주의체제를 포기하라고 제안했다.[460] 여기서 유념해야 할 점은 1980년대의 중국지도자들은 국외정세(한반도의 통일문제)보다 국내적인 요인(중국의 통일)과 그들의 경제성장속도에 더 관심을 쏟고 있다는 사실이다. 만약 베이징이 한반도에 대해 더 깊은 관심을 가지게 된다면 평양으로 하여금 무력통일의 시도를 포기하게 함으로써

---

457) "지난 8·15 때 야스쿠니 전범에 '범죄자 아니다'," 한국일보(2011년 8월 30일), p. C2.

458) *The Japan Times Weekly*(January 8, 1977), p. 12.

459) *New York Times*(June 29, 1981), p. 2.

460) *The Wall Street Journal*(October 21, 1981), p. 26.

한반도에서의 평화정착에 기여할 수 있을 것이다.[461]

다시 말하면 베이징의 실용주의적 지도자들은 평양으로 하여금 무력통일의 기도를 버리게 하는 '대부' 역할[462]과 외교적으로 '산파' 역할을 동시에 수행할 수 있다는 것이다.[463] 중국은 일본, 러시아, 미국과 영향력 다툼을 벌이고 있지만 타이완문제를 놓고 미국과 협상할 때 유리한 점수를 따기 위해서 평양과 문화적 친근감을 유지하고 있다.[464] 일본과 마찬가지로 중국도 한국의 교차승인에 관심이 있다. 이 관심은 1983년에 공중 납치된 중국민항기와 승객이 송환된 것, 1983년에 중국에서 개최된 유엔주최의 회의에 남한 공식대표의 참가를 허락한 점,[465] 그리고 1986년에 개최된 제10회 아시안게임에 대규모의 선수단을 파견한 사실 등에 의하여 극적으로 표현되고 있다. 전임 수상 겸 당주석이었던 자오쯔양(赵紫阳)은 한반도에서 어느 일방에 의한 통일의 가능성을 받아들일 수 없다고 발언했다. 자오쯔양의 입장은 평양 측의 통일정책에 대한 지원을 유화시키고 서울의 독자적인 경제력을 염두에 두고 있는, 즉 한반도 내의 두 정부를 인정하는 현실주의적인 접근법이다.[466] 베이징의 한반도 통일정책의 패턴은 이중성을 띠고 있다. 일면으로 1992년 8월 24일 한·중 양국 외무장관 간에 서명된 '외교관계 수립에 관한 공동성명'에서 중국정부는 공식적으로 "한반도가 조기에 평화적으로 통일되는 것이 한민족의 염원임을 존중하고 한반도가 한민족에 의해 평화적으로 통일되는 것을 지지한다"[467]고 밝혀 한반도통일이 평화적·자주적 방향에서 이루어져 통일한국과 외교적 관계를 수립하는 점을 강조하고 있다. 다른 면으로

---

461) 한국일보(1987년 2월 18일), p. 4.

462) "South Urged to Adapt to PRC-North Situation," *FBIS Daily Report: Asia and Pacific,* vol. IV, no. 11(January 17, 1984), p. E9.

463) "Improving South Korea-China Relations Noted," *FBIS Daily Report: Asia and Pacific*, vol. IV, no. 252(December 22, 1984), pp. E1~E3.

464) *The Korea Herald*(January 22, 1984), p. 3.

465) *Ibid.*(January 15, 1984), p. 1.

466) *Ibid,*(February 15, 1984), p. 2.

467) 한·중 수교 공동성명 제 5 조 참조

베이징은 비공식적인 차원에서 현실주의정책을 추구하면서 분단을 전제로 한 한반도를 현상유지시키기 위해 서울과 평양을 교차승인하여 베이징의 국익에 기여하는 방향으로 나가는 것을 제시하고 있다.

베이징의 평양정책은 과거 혁명과 이념적 연계성을 기초로 군사동맹적 특수관계를 유지해 왔으나 1980년대 이후 베이징의 개혁·개방정책의 진전과 국가이익과 상호주의로 방향을 설정하여 성격 변화과정을 겪어왔다. 이 성격 변화의 과정은 1992년 한·중 수교로 나타났고, 경제영역에서 서울과 점차 비경제영역으로 확대, 전방위적 관계로 발전시키면서 대북한관계의 성격조정을 하게 됐다. 2000년과 2001년 두 차례에 걸친 김정일의 방중과 2001년 장쩌민(江澤民)의 방북으로 92년 한·중 수교와 김일성 사망으로 단절된 중·북한 간 정상외교가 회복되고 양국관계가 전면 제한적으로 복원됐다. 이들 간의 상호 교환방문으로 이루어진 상호관계의 복원은 국가이익과 상호주의에 입각한 정상적 관계로 재정립되어 탈이념, 탈진영, 특수관계 탈피로 수면 위로 표출된 것이다. 후진타오(胡錦濤) 체제가 추구하는 큰 틀의 대외정책은 경제의 지속적 발전과 개혁을 위한 주변환경의 구축인 평화로운 주변환경의 확보와 저비용의 안정에서 북한의 핵문제나 평화정착문제를 6자회담을 통해서 적극적으로 참여하고 있다. 베이징은 평양의 핵개발로 새로운 전쟁이 발발할 경우, 중국의 국가이익이나 정책방향과 일치하지 않는 외교적 어려움에 당면할 방향으로 전개될 가능성을 배제할 수 없다고 간주하고, 6자회담과정에서 중개자 역할을 자처하고 있다. 이유는 북한이 주장하는 9번째 핵보유국은 중국의 안보나 국가이익에 미치는 직접적 위협의 성격이 있기 때문이다. 베이징은 평양의 핵보유가 동북아에 핵확산으로 연결될 경우, 핵개발 도미노현상이 일어나고 베이징이 핵보유국에 의해 포위되는 사태로 발전할 가능성을 인식하고 있다고 분석이 된다. 평양의 핵보유는 워싱턴의 동맹 강화와 미사일방어(MD: Missile Defense) 체제 구축을 정당화하며 한국형 미사일방어(Korea Air and Missile Defense)체제 구축 계획과 주한미군 재배치나 전력강화는 결과적으로 대중 포위전략으로 연결되기 때문이다.[468]

---

468) 박두복, "중국의 대한반도 정책과 우리의 통일외교전략," 특별정책연구과제(2003년 12월 15일) 외교안보연구원 pp. 18~25. http://www.bricsinfo.org/bricsinfo/research/download2.jsp?seq=

　반면에, 베이징의 대 한국정책은 동북아 평화유지, 탈냉전 이후 동북아 신질서 구축과 지역협력에 서울과 상호 협력을 해야 하는 지정학적·지경제학적 필요성에 의하여 양자관계를 경제영역에서 정치·안보 영역으로 확대, 전방위적 관계로 확대하여 지역다자협력관계로 나가는 단계에서 국가이익 차원에서 필요한 국가로 부상한 것으로 보고 있는 점이다. 1992년 8월 24일 양국이 수교한 이후, 베이징과 서울은 양적 내지 질적으로 비약적인 성장을 보였고 구조적으로도 많은 변화를 이룩해왔다. 예컨대, 경제적 측면에서 양국은 상호 3대 교역국으로 성장하여 2002년 말 약 440억 달러의 교역량을 기록했고 베이징은 서울의 두 번째 투자대상국이 되어 1992년 9만 명에 불과한 인적 교류는 2002년에 200만 명으로 증대하는 결과를 가져왔다. 이 변화는 군사·안보분야로 확대되어 1999년 8월 조성태 국방장관의 방중, 2000년 1월 츠하오톈(遲浩田) 중국 국방부장 방한 및 동년 8월 한국 합참의장 방중, 2001년 10월 한국 해군함이 상해를 방문, 2002년 4월 중국함대가 한국을 방문하면서 포괄적 동반자관계로 발전하는 계기를 만들었다.

　이 양국 간의 관계는 1998년 11월 김대중 대통령의 베이징 국빈방문 결과로 양국의 선린우호관계가 '21세기의 협력동반자' 관계로 격상되어 부분적 협력에 머물면서 불균형 구조의 성격에서 균형적이며 포괄적인 협력의 새로운 단계로 진입하게 되었다. 그 후 2001년 주룽지(朱鎔基) 총리의 방한을 계기로 '21세기의 협력동반자' 관계가 한 차원 높은 전면적 협력관계로 발전하면서 상호 교류의 영역의 범위가 정치·군사안보 영역으로 확대되었다. 2003년 7월 노무현 대통령이 베이징을 방문하여 후진타오 중국 국가주석과 정상회담을 갖고 '전면적 협력동반자' 관계로 발전시키기로 합의함으로써 한·중관계는 한 단계 격상되었다.[469]

　2008년 8월 25일, 한·중관계는 '전략적 협력동반자' 관계로 추진하여 주로 경제적 협력과 남북한 관계발전을 토대로 이명박 대통령과 후진타오(胡錦濤) 주석과의 한·중 정상회담을 통해서 채택했다. 이 '전략적 협력동반

---

469) 박두복, "중국의 대한반도정책과 우리의 통일외교 전략," 상동, pp. 20~24. http://www.bricsinfo.org/bricsinfo/research/download2.jsp?seq=1175 참조.

자' 관계는 한·중자유무역협정(FTA) 체결을 상호 이익의 원칙에 따라 적극 검토하고, 북핵문제와 관련 두 정상은 6자회담 틀 내에서 협의·협력을 강화하고, 조기에 비핵화 2단계 조치의 전면적이고 균형 있는 이행 촉구를 하면서 이명박 대통령은 서울과 평양 간 화해와 협력을 통한 상생·공영의 남북관계를 발전시키는 방안을 표명했고, 후 주석은 남북한이 화해·협력하고 남북한관계를 개선해 궁극적으로 평화통일을 실현하는 것을 지지하는 원론적인 입장이 포함됐다.[470] 그러나 중국이 이명박 정부의 한·미동맹 강화정책에 노골적인 불만이 있어 양국 간의 불만의 불씨는 남아 있는 상태이다. 베이징은 이명박 정부의 한·미·한·일관계 강화가 대 중국 포위망 또는 타이완해협 위기 대응협력체제로 작동할 수 있다고 보고 있다. 여기서 주목할 점은 뜻하지 않은 부작용(한·중관계 격상에 자극된 북·중), 베이징의 어정쩡한 태도 등을 중국의 변수로 고려해야 하는 점이다. 탈 냉전시대에 맞는 제로섬 게임이 아닌 점에서 이명박 정부의 외교목표의 한·중관계 격상은 당연한 성적표이나 목표치와 성적표의 괴리가 커질 개연성은 큰 틀에서 앞으로 실용외교와 현실에 적합한가를 생각해야 한다.[471]

이러한 중국의 대 한반도정책의 이중성의 정책은 대내적으로 중공 16대 전대회(全大會) 이후 2~3년 혹은 17 전대회에 걸쳐 중국 신지도체제에 대한 장쩌민의 균형자 혹은 방향타적 위치로 지속된 결과로 후진타오를 중심으로 한 베이징의 신지도체제가 2007년 중공 17 전대회에서 군력개편이 이루어진 데 있다. 소위 제 5 세대는 1980년대 개혁·개방 이후 정치적 다원주의와 시장경제체제 하에서 배출되었고 제 4 세대가 인재보충에 한계를 느끼면서 제 3 세대의 퇴진에 따른 다양한 공백을 메우면서 중국지도체제의 성격에 질적인 변화를 가져왔다. 이 뜻은 후진타오 체제가 마오쩌둥 굴레에서 벗어나 자유롭게 발전과 변혁을 주도하는 행동반경을 가졌다는 의미이다. 대외적으로 탈냉전 이후 한반도를 중심으로 한 정세는 미·중·일 신삼각관계의 출현으로 과거의 분명한 대립요인에서 '동반자' 내지 '전략적 동반자' 관계로 발전

470) "韓·中 '전략적 협력동반자 관계' 전면 추진"(2008년 8월 26일), 글로벌 비즈니스 뉴스 리더 http://kr.ibtimes.com/article/news/20080826/4045651.htm 참조.

471) 이영섭, "한중관계 격상'의 앞과 뒤," 한국일보(2008년 3월 17일), p. C19.

시켜 대결이나 충돌보다는 협력과 발전을 기초로 하는 점이다. 이 전략적 변화는 후진타오 체제의 출범 이후 국제적·지역적 문제에 대한 기존의 수세적·소극적 자세(韜光養晦)를 기본적으로 계승하면서도 북핵문제와 같은 베이징의 국가이익과 관련된 주변지역문제에 대한 역할과 책임을 적극 모색하는 '유소작위(有所作爲)'의 원칙을 채택한 것으로 보인다.

이 신삼각관계는 각국이 추구하는 이익구조가 정치·경제·안보 등 여러 분야에서 현격한 차이가 있으므로 이들 3국 간에 공동이익과 충돌이익이 상호 교차하기 때문에 어느 한 각을 출발점으로 하는 두 개의 양자관계를 대립적으로 보기보다 협조적으로 보아 어느 일국이 다른 두 국가 중에서 양자택일하는 상호 대립적이고 배타적이 아닌 상호 촉진적 관계로 가는 점을 강조하고 있다. 이와 상응해서 미·일관계가 '재정의'되고 남북한에 대한 4강 교차승인이 시작되어 한국과 중국, 한국과 러시아는 교차 승인이 시작되었고 북한은 아직까지 미국과 일본과 교차승인이 되지 않은 점이다.

워싱턴과 동경은 반세기에 걸쳐 긴밀한 협력을 바탕으로 상호 신뢰의 동맹관계를 유지하고 있으며 미국은 일본을 보호하는 대신 일본은 미군의 안정적 전지기지를 제공하면서 일본의 군사대국화를 억제하는 역할을 하고 있다. 이 양국 간의 관계는 냉전종식 이후 소련이라는 주적개념의 소멸로 상당히 흔들렸으나 10만 미군의 전진배치를 중심으로 한 미국의 새로운 동아시아전략(New East Asian Strategic Report)이 발표되고 미·일 新 안보선언이 천명되면서 새로운 기초 위에서 전면적으로 회복·강화되었다.

워싱턴과 베이징 관계는 소련의 냉전체제의 붕괴로 연대기반이 와해되었고 1989년 천안문사태로 양국의 갈등요인이 부상한 적도 있다. 그러나 최근 양국은 적대적 대립·갈등 요소를 청산하고 '전략적 동반자' 관계로 전환하여 신 삼각관계에 중요한 영향을 1998년 6월 클린턴 대통령의 방중 기간 중 미·중 양국이 핵미사일의 상대 조준해제에 관한 합의문에 서명한 것은 화해와 평화에 기초한 '전략적 동반자' 관계로 진입한 점으로 평가할 수 있다.

베이징의 대 한반도정책은 중국 지도체제가 마오쩌둥 유산을 완전히 청산할 수 없는 과도기적 성격을 띤 덩샤오핑 체제의 연속적 성격을 띠었던 장쩌민 체제에 비해 마오쩌둥의 중·북한 간의 특수관계의 청산이 가능해져서 정책결정과정에서 국가이익과 상호주의 원칙의 중요성을 강조하게 됐다.
다시 말해서 베이징은 계급정당으로부터 탈피할 수 있었고 계급적·이념적
성격이 모호화되어감에 따라 베이징과 평양의 연대감도 급격히 약화되었고
사상적·체제적 완충지대로서의 평양의 중요성도 약화현상을 가져와 한반도
냉전구조 청산과 평화체제 구축, 북핵문제의 해결에 중국의 행동반경이 넓
어져 경우에 따라 중국이 견지해온 피동적·우회적 자세에서 탈피, 보다 적
극적인 정책선택이 가능해지고 있다는 분석이다. 대외적 요인의 초점은 냉
전을 청산하고 동북아의 새로운 국제질서를 베이징의 국가이익에 맞추어 가
는 데 있다.[472]

베이징은 2008년 베이징 올림픽을 성공적으로 끝낸 후[473] 2010년을 계기
로 워싱턴과 주요 2개국(G2) 시대가 열렸다고 보고 중국의 부상이 국제질서
를 이끄는 강대국으로 새로운 '게임의 룰'을 세우기 위해서 기존의 대응전
략을 바꿔서라도 (미국에) 더 이상 물러서지 않는 '눈에는 눈, 이에는 이'(이
옌환엔 이야환야 以眼還眼,以牙還牙)로 맞서겠다는 강수를 쓰면서 자신감에 차
있다.[474] 베이징의 G2 부상은 워싱턴이 구축해온 세계화 물결에서 기대치 않
은 결과로 나타난 새로운 국제체제이다. 지난 10년 동안 미국과 중국은 투
자와 무역면에서 역동적인 교류를 유지하고 있다. 이 과정에서 베이징은 냉
전 후 워싱턴이 유지한 단극체제 하에서 수출주도형 경제를 통해 대미 흑자
를 통한 막대한 달러 축적과 대미 수출로 벌어들인 달러를 워싱턴의 재무부
채권을 매입하는 데 쓰고 있다. 베이징의 미채권 보유는 2008년~09년 23.6%,
20.9%로서 동경과 함께 최대를 차지하고 있다. 중국 경제는 2010년 8월 일
본을 제치고 세계 2위 경제대국 자리에 오르며 세계 1위인 미국을 사정권에
두고 있다. 동경은 42년 만에 3위로 밀려났다. 국제통화기금(IMF)이 2010년
8월 16일 발표한 자료에 의하면, 베이징의 2009년 GDP는 동경의 5조 4,000

---

472) 박두복, "중국의 대한반도정책과 우리의 통일외교전략," 상동, pp. 1~19. http://www.bricsinfo.org/
     bricsinfo/research/download2.jsp?seq=1175 참조.

473) "세계 흔드는 중국의 부상," 한국일보(2010년 8월 16일), p. A16.

474) "中 '눈에는 눈·이에는 이' … 美 "정권의 명운이 걸린 문제," 상동(2010년 2월 10일),
     p. C3.

달러에 뒤쳐진 4조 9,000달러였으나 2010년에는 5조 4,000억 달러에 달해 동경의 4조 9,000억 달러를 제칠 것으로 전망되고 있으며 이런 추세라면 중국이 2025년쯤 세계 1위인 미국의 자리를 추월할 것으로 전망된다.[475] 워싱턴은 과거에는 기축통화국가의 장점을 기반으로 세계의 소비자 역할을 수행했으나 현재는 재정적자와 무역적자에 허덕임과 동시에 베이징의 본격적인 세계경제 편입으로 더 어려움을 겪으면서 베이징과 갈등을 야기시키고 있다. 중국과 미국의 갈등은 무역과 투자분야를 넘어서 군사적으로 진전하고 있다. 특히 미국의 부시 행정부 때 약속했던 타이완으로의 최신무기 판매와 천안함 사건 이후 한반도에서의 한·미군사훈련에서 갈등이 두드러지고 있다.

위의 사례가 보여주듯이 G2라는 새로운 체제는 국제관계에서 위험한 상황으로 확대될 수 있다. 특히 전세계가 경제곤란을 극복하고 새로운 통화체제를 만드는 과정에서 베이징과 워싱턴의 협력은 기본이며 만약 이 양국이 갈등문제를 관리하지 못하면 당사자는 물론 전세계에 재앙을 불러올 수 있다. 문제는 G2 협력만으로는 세계불황을 막을 수 없으며 G7 또한 G2와 함께 세계적 불황을 이겨내는 데 목표를 두고 보호주의를 배격하고 내수시장 개발을 위해 정책공조에 준비를 해야 한다. 특히 한국은 2010년 11월 개최하는 G20 정상회의에서 위의 정책협력을 제시할 의무가 있다.[476]

2010년 중국의 대 한반도 정책은 두 개의 코리아정책으로 북한과는 60년 혈맹관계, 남한과는 18년 한·중 수교 전략적 동반자관계를 유지하고 있다. 중국의 한반도 문제의 최대목표는 '안정'과 '현상유지'로 분석된다. 평양에 대한 그들의 정책은 특수관계(혈맹관계)로 북핵문제와 북한문제로 구분할 수 있다. 북핵문제는 평양의 불안정성을 원하지 않지만 1·2차 북한 핵 실험 당시 유엔 안보리의 대북 제재를 승인한 바 있다. 평양은 지난 1년 8개월간 북핵 6자회담을 외면해오고 있다.[477] 특히 천안함 침몰사건에서도 확실

475) "중국, 일본 제치고 경제 2위국 '우뚝'," 상동(2010년 8월 17일), p. D2.

476) 강명세, "G2 세계의 현실과 갈등" 정세와 정책(2010년 3월호) pp. 9~12. 또는 http://www.sejong.org/Pub_ci/PUB_CI_DATA/k2010-03_3.PDF 참조.

477) "중국, 천안함 火藥 냄세 속에 대북지원 약속할 건가,"조선일보(2010년 5월 4일), p.

한 증거가 나오면 핵실험 경우 때와 마찬가지로 북한문제와 분리해서 움직일 것으로 암시한 바 있어 워싱턴과 겨루는 G2의 '정상국가' 이미지를 지키려는 행위를 보여 주고 있다. 북한문제는 내부적으로 '연간 12만 건 이상의 집단 폭동과 시위 등이 일어날 만큼 경제·사회적으로 불안정'한데 평양까지 경제난과 천안함 파도에 휩쓸려 좌초(坐礁)하는 상황은 중국의 입장에서는 안보 위협으로 여겨지고 있다. 베이징은 아직까지 평양을 버릴 이유가 없으므로 앞으로 미·북 간 북핵협상 및 한반도 평화체제 논의 과정에서 평양의 힘을 빌려 베이징의 목적인 한·미동맹 약화, 주한미군 철수, 한반도 비핵화 등을 이룰 수 있다고 보는 '한반도 지렛대 전략'을 추구하고 있다.[478]

한·중 수교 18년을 맞이한 베이징의 서울정책을 보면 2008년 5월 한·중(韓中) 정상회담에서 경제문제와 군사·안보분야의 협력 대상으로 인정되는 '전략적 동반자 관계'를 선언했고, 천안함 사건 이후 2010년 4월 30일 한·중 정상회담에서 '(한국이)과학적이고 객관적으로 조사하고 있다고 평가한다'한 후에 김정일 위원장의 중국방문을 환대하였으며 이제는 동북아 안보를 최우선시 하면서 '한·미동맹'대 '북·중동맹'을 재현시키고 있다. 다시 말해서 베이징은 서울을 경제·문화적으로 좀더 중요해지는 우방이지만, 정치·군사적으로는 잠재적 위협이라는 모순된 존재로 인식하고 있다. 예컨대 한·중 친선협회와 중국공산당 대외연락부의 초청으로 최근 베이징을 방문한 서울 국회의원들 면전에서 중국공산당의 한 고위관리는 '미국의 항공모함 조지 워싱턴호가 서해에 들어올 경우 더 큰 충돌을 야기할 수 있다'며 한국에 대해 거침없는 모습을 보인 점을 봤을 때 한국의 외교력은 전략적 대응과 베이징이 가지고 있는 혐한(嫌韓)감정을 치유하는 데 중점을 두어야 한다고 분석된다.[479]

여기서 베이징이 천안함 사건을 통해 보여준 교훈은 '현상 유지'를 강조하다보면 '중국은 오늘날 어떤 강대국보다 더 한반도 통일에 저항하는 세

A35.

478) "南과의 '교역'보다 北과의 '血盟' 중요 천안함은 중국의 안보 문제 돼버렸다," 상동 (2010년 5월 5일), p. A4.

479) "중국과 친구되기,"한국일보(2010년 8월 16일), p. C19.

력이다'로 낙인찍을 수 있다는 것이다. 과거 몇 년간 베이징은 워싱턴과 동경을 은밀하게 한반도 통일에 반대한다고 주장하였다. 하지만 최근 한·미 양국 정상의 공동 선언문은 미래의 자유로운 통일한국에 대해 분명히 언급한 바 있고 동경도 평양의 핵무장이 서울 주도의 통일한국보다 더 위협적이라고 주장한 바 있다. 이런 중국을 서울이 현실을 잘 활용하여 중국을 설득시키는 전략에 초점을 두고 역으로 베이징을 서울 편으로 오도록 혐한감정을 풀어야 한다. 베이징의 서울 교역량(연 1,800억 달러)은 대북(對北) 교역량(18억 달러)의 100배에 이른다. 서울은 G20 정상회의와 핵 정상회의를 유치하고 있는 데 반하여, 평양은 고립되어 베이징에게 탈북자 문제와 급변사태 문제로 걱정거리를 안겨주고 있다.[480] 베이징은 김정일 정권의 한계를 이미 파악하고 있고 한반도의 통일은 서울에 의해 이뤄질 수밖에 없다는 현실을 잘 알고 있다고 분석된다. 서울 정책자들은 베이징의 혐한감정을 우호감정으로 바꾸는 통일 주체가 한국이라는 인식을 갖도록 유도해야 한다. 1990년대 중반 북한에서 대량 아사 사태로 인하여 북한 주민 수만 명이 중국으로 탈출하고 옌지(延吉) 기차역에서 북한 꽃제비들로 우글거리고 중국의 고민이 깊어갈 무렵 서울정부가 나서서 굶주림으로 탈출한 북한 주민을 모두 책임진다고 제의했다면 중국은 반대할 명분도 없고 통일주체로 한국을 인정하는 계기가 되었을 것이다. 앞으로 서울은 북한급변사태에 대비해서 통일비용의 지출 차원에서 탈북자 문제를 고민하고 중국의 인식을 바꾸는 전략적 대응책을 강구해야 한다.[481] 이명박 대통령의 2010년 8월 15일 경축사에서 밝힌 '통일세' 제안은 앞으로 있을 통일한국의 주체가 서울이라는 점을 전세계에 부각시켰다고 평가할 수 있겠다.[482]

러 시 아　　　다른 강국들과 마찬가지로 한반도에 대한 러시아의 입장도 불분명하다. 1990년 초에는 러시아의 대 한반도정책은 일반적인 동아시아정책의 일환이라고 여겨진다. 만약 소련이 데탕트의 지속을 원하고 일본

480) "중국의 냉전 사고가 진짜 문제다," 조선일보(2010년 5월 25일), p. A34.

481) "중국은 중국편이다," 상동(2010년 5월 8일), p. A26.

482) "李대통령 '통일세 준비할 때 됐다,'" 한국일보(2010년 8월 16일), p. C1.

과 미국으로부터의 차관과 기술제공을 원한다면 북한의 군사적 도발을 지원할 수는 없을 것이다.[483] 또한 소련은 일본의 재무장을 원하지 않고, 이미 일본과 평화조약을 체결했다. 소련은 1969년에 발생했던 우수리강 유역에서의 국경충돌 때문에 중국을 하나의 적으로 간주하고 있다. 소련의 주된 관심사는 중국을 막는 데에 있다.[484]

모스크바의 정책결정자들은 한반도통일문제를 미·러 간의 평화적인 상호공존이란 중요한 문제에 따르는 부차적인 것으로 파악하고 있다. 이것은 러시아가 공식적으로는 '평화적' 통일방안을 지지하고 유사시에는 기꺼이 미국에 대하여 전쟁을 불사한다고 표명하고 있지만 사실상 두 개의 한국정책을 취하고 있다는 사실을 의미한다.[485] 동시에 모스크바는 평양에 대한 중국의 영향력 확대를 감시하면서 서울과의 교류증진을 도모하고 있다. 그러나 한반도의 통일이 그들의 진정한 목적이 아니다. 러시아가 그러한 행동을 취하는 것은 베이징의 영향력을 견제하려는 선전적인 취지에서이다. 한반도에서 찾을 수 있는 러시아의 국가이익은 오로지 '평화와 안정'이다. 게다가 러시아는 한반도문제를 미·러관계의 부차적 측면으로 파악하기 때문에 남북한에 대한 태도를 거의 변화시키지 않고 있다. 미·러 간에 세계전쟁을 유발시킬 수도 있는 한반도에서의 전쟁을 예방하는 것이 러시아가 한반도에서 가지는 우선적 목표이다. 두 번째 목표는 평양이 베이징 쪽으로 편향되는 것을 방지하여 남북한 간 현상유지를 도모하는 것이다.[486] 모스크바는 서울의 빠른 경제성장과 1983년의 국제의원연맹총회(성공적으로 개최된), 86년 아시안게임, 88서울올림픽 등을 개최한 능력들을 주의 깊게 관찰하고 있다. 모스크바는 평양의 통일정책을 실천력이 있는 것으로서 지지하는 것이 아니

---

483) I. Latystev, "Economic Ties are Growing Stronger," *Pravda*(February 9, 1975), p. 5. in *The Current Digest of the Soviet Press*, vol. 27, no. 6(March 5, 1975), p. 18: Donald F. Lach and Edmond S. Vehrle, *International Politics in East Asia Since World War II*(New York: Praeger Publishers, 1975), p. 294.

484) Young Choi, "Sino-Soviet Relations and the Korean Peninsula," *Unification Policy Quarterly*, vol. 1, no. 4(Winter 1975~1976), pp. 210~233.

485) Young Jeh Kim, *Korea's Future and East Asian Politics*, pp. 143~144.

486) *The Korea Herald*(July 26, 1983), p. 1.

다.[487] 그러나 상호의존의 관점과 동북아시아 4강국의 변화된 태도가 한반도에서 평화적 과정의 기간을 단축시키고 새로운 차원을 여는 데에 어느 정도 기여할지도 모른다. 앞으로도 모스크바는 한반도통일에 대해 모호한 입장을 계속 견지할 것이라고 여겨진다. 러시아는 평양이 친 중국노선으로 선회하지 못하도록 강력한 압력을 가하기보다는 대신에 남북대화의 추진에 노력할 것으로 보여진다.[488]

1990년대부터 현재까지 탈 냉전시대의 러시아의 한반도통일정책을 분석하는 데 먼저 러시아와 옛 소련의 명칭을 구분하고, 모스크바의 동북아 정책과 이중적 대 한반도통일정책을 분석하는 것이 중요하다. 소련은 원래 소비에트사회주의공화국연방(USSR: Union of Soviet Socialist Republic)을 줄여서 소련(蘇聯, 러시아어: Советский Союз 소베츠키 소유스)이라고 부르며 1922년부터 1991년까지 유라시아 대륙 북부에 존재하였던 사회주의연방국가이다. 이 소련은 세계 최대의 다민족국가를 이루었으며, 러시아연방의 전신국(前身國)이기도 하다. 러시아는 소련이 1991년 12월 25일 해체된 후 러시아 SFSR, 우크라이나 SSR, 벨로루시 SSR이 독립국가연합(CIS: Commonwealth of Independent States)의 창설에 합의한 국가이다. 다시 말해서, 소련은 1922년부터 1991년까지를 의미하며, 러시아는 1991년부터 현재까지 전신 소련을 대신하는 명칭이다.[489]

냉전종식 이후 러시아의 동북아정책과 이중적 대 한반도통일정책은 다음과 같다. 러시아의 동북아정책은 세 가지 요인으로 첫째, 모스크바는 냉전 당시 동북아시아를 사실상 군사전략적 이해관계로 초점을 둔 소련연방의 해체로 인해 탈냉전시대의 흐름에 따라 21세기 경제를 주도할 수 있는 지역으로 의식전환을 하고 있는 점이다. 과거 옛 소련은 늘 유럽을 바라보면서 동북아시아에 등을 돌렸으나 러시아는 발트해와 흑해의 주요 항구를 상실하면

---

487) *Ibid.*(October 26, 1982), p. 1.

488) Charles B. Mcclane, "Korea in Russia's East Asian Policy," in Young C. Kim (ed.), *Major Powers and Korea*, pp. 12~14. Jane p. Shapiro, "Soviet Policy Towards North Korea and Korean Unification,"Pacific Affairs, vol. 48, no. 3(Fall 1975), pp. 335~352.

489) 소비에트연방위키백과-우리모두의 백과사전(소련에서 넘어옴), http://ko.wikipedia.org/wiki/%EC%86%8C%EB%A0%A8 참조.

서 태평양을 끼고 있는 극동아시아 지역의 중요성을 재발견한 점이다. 둘째, 모스크바는 러시아의 지역적 발전에 초점을 맞추고 있는 정책이다. 러시아의 경제지역은 크게 서시베리아, 동시베리아, 극동으로 나눌 수 있으며 아시아지역이 러시아 영토의 74.8%를 차지하고 이곳에 전체 인구의 22%가 살고 있어 미래 경제발전의 초점이 다시 동북아시아로 전환하고 있는 점이다. 과거 우랄산맥 동쪽지역은 유럽과 러시아를 위한 원료 공급지로 기능을 발휘했으나 시장개혁 이후 이 지역이 물류비용이 급상승하여 경제적 연계성이 약화된 점이다. 셋째, 모스크바는 동북아시아지역을 안보적 차원에서 중대한 국가이익지대로 보고 있는 점이다. 모스크바는 워싱턴이 이 지역에서 그동안 병력을 부분적으로 철수했음에도 불구하고 강력한 군사적 영향력을 유지한다고 보고 있다. 러시아는 일본이 핵국가는 아니지만 경제대국으로서 국제정치적 위상을 강화하고 있다고 보고 있고 중국은 급속한 경제성장을 바탕으로 이 지역에서 영향력을 강화한다고 보면서 이 영향력이 모스크바의 안보에 위협도 증가한다고 보는 점이다. 예컨대 북한 핵문제, 타이완에 대한 중국의 무력시위, 난사군도(南沙群島) 영유권문제 등은 기대치 않은 여러 분쟁의 가능성을 충분히 가지고 있고 그에 따른 군비경쟁의 움직임도 있어 모스크바는 동북아시아정책에서 기존의 외교노선인 대서양주의에서 유라시아주로 변화하고 있는 점이다. 과거 옐친 대통령은 1992년 11월 서울을 방문한 자리에서 "러시아 외교정책의 우선순위가 서유럽과 미국에서 아시아·태평양지역으로 옮겨가고 있다"라는 비유에서 러시아의 동북아시아를 보는 시각을 읽을 수 있다.[490]

　이러한 러시아의 동북아시아정책 하에, 모스크바의 이중적 대 한반도정책은 그들의 국가이익과 직결되어 실행하고 있다. 모스크바에서 보는 한반도문제는 남북한 양측 간의 평화적 대화를 중심으로 하는 다국적 협의를 통해서 해결한다는 정책이 일관된 입장이다. 먼저, 러시아의 평양과 냉전기간의 관계는 정치적으로 '사회주의 형제국' 또는 '친선협조관계'로, 경제적으로

---

490) 문윤홍, "러시아의 동아시아 정책과 한국의 대러 전략," 아시아투데이(2008년 10월 5일), http://kr.news.yahoo.com/service/news/shellview.htm?linkid=4&articleid=20081005162900497j3& newssetid=1352 참조.

는 '사회주의 우호가격에 의한 구상무역의 협력관계'로, 군사적으로는 1961년 7월에 체결된 '북·러 우호협력 및 상호원조조약'[491]에 기초한 군사동맹관계로 규정할 수 있다. 여기서 주목되는 점은 모스크바와 평양 간의 관계는 사회주의적 경제교류 및 협력을 강조하는 공통점을 가지고 있으나 강대국과 약소국 간의 전형적인 종속 의존상태를 유지하는 친분적·보호적 동맹관계(Protecto-rate Alliance)로 유지하고 있는 점이다. 탈냉전시대가 시작된 러시아 출범(1991. 12) 이후, 전반적인 측면에서 북·러관계는 악화일로를 걸어왔다. 이유는 모스크바의 대 한반도 등거리외교와 평양의 실리추구외교에서 재정립된 점이다. 러시아와 평양 간 관계를 1990년 이후 현재까지 구분하면 악화기(1990년 초반기~1994년 중반기), 관계 재정립 모색기(1994 후반기~1996년 후반기), 정체기(1997년 전반기~1998년 후반기), 관계 재정립기(1999년 전반기~현재)로 설명할 수 있다. 예를 들면 평양은 한·소관계(1990. 9. 30)를 "달러로 사회주의 연대를 팔아먹었다"고 비난한 바 있고, 1995년 9월 모스크바는 '북·러 우호협력 및 상호원조조약' 폐기 의사를 통보하였고, 1996년 9월 10일 연장 요청을 거부하면서 양국관계는 소원해진 점을 들 수 있다. 이러한 과정을 거쳐 모스크바 일부에서 한반도에서 북한경시로 오는 러시아의 영향력 감소 우려의 목소리를 잠재우고 자국의 힘을 강화시키는 차원에서, 2000년 2월 9일 '북·러 친선선린 및 협조조약'을 체결하고, 2000년 7월 푸틴 대통령이 평양을 방문하여 '북·러 공동선언'(신 조약체결), 즉 친선 선린 및 다방면적인 협조에 관한 조약을 체결하여 북한과의 관계복원 및 개선을 추진하였다.

반면에 김정일 국방위원장은 2001년 8월 모스크바를 방문하여 푸틴 대통령과 제2차 정상회담을 개최하고 '북·러 공동선언'을 발표하여 정치적 정통성을 강화하고 대미 공동대응방안을 모색함으로써 정치적으로 '정치강

---

491) 북·러 우호 친선 및 협력에 관한 조약으로 북한과 구 소련이 체결(1961. 7)한 '우호협력 및 상호원조조약'이 폐기된 바 있다. 2000년 2월 9일 러시아 외무부장관이 방북하여 양국 외무상 간 신조약을 공식 체결하여 '우호협조 및 상호원조약'을 '우호친선 및 협력에 관한 조약'으로 명칭을 변경하고, 종전 '원조를 받는 입장에서 일반적 협력관계로' 변경하였으며, '무력침공시 즉각적 개입 및 원조제공조항'을 '지체없이 상호접촉'으로 개정하는 '군사적 동맹관계'에서 '일반적 국가 간 협력관계'로 변경한 바 있다.

국' 위상을 제고, 경제적으로 경제협력 확대와 기업소(특히 전력분야) 재건을 통한 '경제강국' 건설을 추구하고, 군사적으로 미사일계획의 평화적 목적과 주한미군 철수문제을 제기하여 '군사강국' 강화를 추구한 바 있다.[492] 김정일 국방위원장은 2011년 8월 20일부터 전격 러시아를 방문하여 메드베데프 대통령과 정상회담을 9년 만에 개최하고 중국을 거쳐 귀국하면서 그의 건강을 과시했다. 그의 러시아 방문의 목적은 그간 소원하게 지냈던 모스크바와의 관계를 정상화 하고, 러시아와의 경제 협력을 통해서 베이징을 견제하며, 경제적 이득을 챙기면서 전략적 · 외교적 협상력을 강화하여 서울과 워싱턴의 압박에 대응하는 데 있다.[493] 이론적으로 이러한 외교 공동선언이 양국의 북 · 러관계를 냉전시기의 관계로 복원시킨 것은 아니며 양국의 이해관계가 변하면서 부차적으로 양국이 취할 수 있는 최선의 선택을 한 것으로 분석된다.

다음으로 모스크바와 서울 간의 관계는 교차승인의 결과로 1990년 9월 30일 한 · 소 수교로 국교정상화가 되었다. 이 국교정상화는 모스크바의 경제적 이해와 서울의 정치적 이해가 접목되어 나타난 산물로 이 양국의 이해는 소련붕괴 후 옐친 정부에서 한국과 경제협력 증진을 위해 평양과 일정한 거리를 두면서 서울에 대해서 호의적인 자세에서 시작되었다. 1992년 11월 옐친 대통령이 서울을 방문하여 '한 · 러 기본관계조약'[494]을 체결한 바 있고 이 정상회담에서 양 정상은 평화와 공동번영을 위한 역내국가 간 협력증대와 남북한 대화를 통한 평화적인 한반도통일, 한반도의 핵투명성 보장 등에 합의를 본 바 있다. 이 당시 모스크바는 나홋카 자유경제지역에 한국기업공단의 설치와 시베리아와 극동, 사할린 등에 매장된 천연자원의 탐사 및 개발을 포함한 23개의 대규모 프로젝트를 씨앗으로 서울에 제시하여 2008년

---

492) 문윤홍, "러시아의 동아시아 정책과 한국의 대러 전략," 아시아투데이(2008년 10월 5일) 상동.

493) "김정일의 러시아 방문과 북 · 러 정상회담," 고대신문(2011년 8월 30일), http://www.kukey.com/news/articleView.html?idxno=16734# 참조.

494) 92년 6월 29일 한 · 러 양국 외무장관회담에서 확정, 92년 11월 19일 옐친 대통령 방한 시 직접 서명된 양국 간 '기본관계에 관한 조약'이다. 전문과 본문 14조로 구성되어 있으며, 주요 내용은 ① 우방국으로서의 우호협력관계 발전 명시 ② 양국 간 무력위협과 무력행사 금지, 분쟁의 평화적 해결 규정 ③ 산업 · 무역 · 투자 · 과학기술 · 문화 등 제 분야에서의 협력 추진 ④ 러시아의 한국전쟁 참전 공식확인을 포함하고 있다.

이명박 정부에서 공식적으로 채택한 것으로 분석된다. 평양의 핵문제가 부
상된 1994년 6월 모스크바에서 열린 한·러 정상회담에서 양측은 '건설적이
고 상호보완적인 동반자관계'로 전환하면서 다차원 측면에서 교류를 장려하
기로 합의한 바 있다. 이 당시 옐친 러시아 대통령은 평양의 NPT체제[495]로
복귀와 IAEA[496]의 협정이행을 촉구하는 반면, 김영삼 대통령은 모스크바의
다자간 회담을 긍정적으로 지지한 바 있다. 그러나 이 회담의 기대치 않은
결과는 모스크바의 대 남한편향 외교정책으로 평양과의 관계는 러시아의 북
한에 대한 영향력이 현저하게 줄어들었고 서울에서 모스크바의의 정치전략
적인 중요성(한국과 구 소련과의 수교시 약속했던 30억 달러의 대소경협차관에 관
한 이자 지급문제와 차관 재개문제)을 경시하는 경향이 나타나기 시작했다. 이
후 서울과 모스크바가 1997년과 1998년 각각 경제위기 상황을 겪으면서 경
제협력에 차질을 갖게 되었고 1998년 7월 외교관 맞추방사건을 거치면서 정
치·외교 측면에서도 총체적인 침체국면을 경험한 바 있다.

그 후 푸틴 대통령은 한·러 수교 이후 10년 만인 2001년 2월 26~28일
간 김대중 대통령 초청으로 서울을 국빈 방문하여 한·러 공동성명을 발표
한 바 있다. 이 공동성명에서 양국은 동반자관계를 지속적으로 발전할 것과
북·미 제네바합의서[497]를 충실히 이행할 것, 양자·다자 간 협력강화(6자회담

---

495) 핵확산금지조약(NPT: Nuclear Non-Proliferation Treaty). 정식명칭은 '핵무기의 불확산에
    관한 조약'. 70년 3월 3일 발효했고 유효기간은 25년. 전문, 본문 11개조로 되어 있으며
    핵보유국의 핵무기, 기폭장치 및 그 관리의 제3자에의 이양 금지, 비핵보유국의 그러
    한 무기의 수령 금지, 자주개발의 금지, 원자력시설에 대한 국제사찰의 인정, 체약국에
    의한 핵군축·전면완전군축조약에 관한 교섭을 성실히 행할 것 등을 규정함.

496) 국제원자력기구(國際原子力機構 IAEA International Atomic Energy Agency). 원자력의 평
    화적 이용을 위하여 창설된 국제기구. 1955년 워싱턴에서 기초한 헌장을 유엔본부의 국
    제회의에서 채택하고 1957년에 발족하였다. 집행기관은 35개국으로 구성된 이사회이며
    본부는 오스트리아의 빈에 있다. 서울은 1956년 IAEA 창립총회에 참석, 서명함으로써
    창설회원국으로 가입함. 평양은 1974년 가입.

497) 북·미 제네바기본합의. 북한이 1993년 핵확산금지조약(NPT)을 전격 탈퇴해 한반도에
    핵위기가 고조되던 1994년 10월 17일 당시 미국 핵담당 대사 로버트 갈루치와 북한 외
    교부 강석주 제1부부장이 북한의 핵개발 활동과 관련해 스위스 제네바에서 맺은 포괄
    적 합의를 의미한다. 핵심내용은 국제사회가 북한에 경수로를 지어주는 대신 북한은 국
    제원자력기구의 특별사찰을 받는 것을 포함한 핵안전조치 의무를 전면 이행하는 것이
    다. 지미 카터 전 미대통령이 한반도가 전쟁위기로 치닫던 그 해 9월 북한을 전격 방문
    해 북미대결을 중재한 뒤 성사됐다. 구체적 내용을 보면 북한은 NPT복귀, 원자로 가동

포함) 등 7개 항의 성명이 포함되어 있다. 이 당시 서울의 안보외교정책의 기본목표는 단기적으로 주변 4강 등 우방국들의 지지를 바탕으로 대북포용 정책을 지속적으로 추진하는 것이고 중·장기적으로 남북한 평화통일에 유리한 안보환경 조성에 맞춰 있었다. 이 뜻은 한·미 동맹관계의 기조 위에 한·미·일 공조를 통해 대북 포괄적 접근을 시도하고 중·러는 협력적 보조 동반자관계를 발전시킨다는 전략이었다. 이 공동성명의 중요한 부분은 러시아가 잠재적으로 생각하는 한반도의 궁극적 통일에 대한 태도를 드러낸 점으로 모스크바가 희구하는 한반도 통일역학에서 러시아를 포함한 주변 강대국 간 균형적 역할을 추구하는 점이다. 러시아는 한반도에서의 긴장완화와 평화정책에 (제1차 남북정상회담과 후속조치를 긍정적으로 평가) 계속 기여하고자 하는 용의와 의지를 표명하면서도 1년 전 북·러선언에서 주장한 '자주적 통일'이나 '외세의 간섭불허' 내용은 2001년 2월 한·러 공동성명에서 찾아볼 수 없는 점이다. 여기서 아이러니는 한반도 평화정착에 대하여 모스크바는 한편으로 평양과 외세의 간섭 없는 한반도 자주통일을 지지하면서 다른 한편으로 서울과는 자국의 참여와 역할을 부각시키면서 한반도문제에 대한 현재 주도권이 미국에 있는 것을 견제하려는 의도가 있는 점이라고 분석된다.[498]

이명박 정부가 들어선 2008년 9월 29일 드미트리 메드베데프 러시아 대통령을 방문하여 정상회담을 갖고 경제를 넘어 우주·군사로 협력을 확대하였고, 1999년 김대중 전 대통령이 러시아 방문 때 맺은 '상호보완적인 건설적 동반자관계'에서 '전략적 협력 동반자관계'로 격상시켰다. 이번 방문은 한·러 수교 이후 18년 만에 한편으로는 최대 외형적 성과이지만 다른 한편으로는 동북러시아의 자원확보 차원에서 러시아의 재발견이라고 분석된다. 러시아는 '자원 차르(황제)'로 천연가스·산림·석유·석탄·기초과학 및 남

과 건설 등 핵활동 동결과, IAEA의 특별핵사찰 수용, 핵재처리 실험실 폐쇄, 한반도 비핵화 공동선언 이행 및 남북대화 재개 등을 약속했고 미국은 그 대가로 북한에 대체에너지인 중유(重油) 공급, 국제컨소시엄을 구성해 200메가와트(MW) 규모 경수로 2기 건설을 약속한 바 있다.

498) 문윤홍, "러시아의 동아시아 정책과 한국의 대러 전략," 아시아투데이(2008년 10월 5일) 상동.

한 면적의 3분의 1이 넘는 바이칼호의 세계 담수호가 있는 나라로 지하자원
이 풍부하다.[499] 서울 입장에서 동경은 과거이고 워싱턴은 현재라면 모스크
바는 미래라고 할 수 있는 상황에 놓여 있다. 특히 러시아의 시베리아 연해
주 지역이 미래 중심지역으로 부상할 가능성을 지니고 있는 이유는 한반도
의 남쪽 끝은 태평양이고 북쪽 끝은 러시아 대륙이라는 차원에서 의식전환
을 좁은 '반도의식'에서 '대양·대륙의식'으로 확장하는 것이 생존경쟁에서
이길 수 있고 여기에 러시아의 협력이 필수조건으로 대두된 점이다.[500] 이
두 정상은 경제적 측면에서 서울이 동시베리아 가스전에서 생산된 천연가스
를 블라디보스토크와 북한을 경유하는 가스배관을 통해 2015년부터 연 750
만t씩 30년간 수입하기로 합의하는 등 21세기 국가생존에 필요한 에너지자
원 확보를 한 점이다. 두 정상은 나노기술·정보화·원자력에너지·우주개
발 등 첨단기술 분야와 극지연구 등 과학·기술 분야에서 협정·약정·양해
각서·금융협력·계약 등 각종 협정이 26개 체결을 지원하기로 했다. 이제
러시아는 남북한 화해와 통일, 동북아시아의 평화와 안정에 기여하는 중심
자리에 설 가능성이 커진 나라로 이 양국 정상은 앞으로 아세안지역안보포
럼(ASEAN Regional Forum), 아시아태평양경제협력체(APEC) 등 지역기구에서의
협력확대와 대량살상무기(Weapons of Mass Destruction) 등에 공동 대응, 한반도
종단철도(Trans-Korea Railway)와 시베리아횡단철도(Trans-Siberian Railway) 연결
등 비전을 공유하고 장기적으로 한반도정세에 긍정적인 요인으로 작용할 미
래발전적 지향점을 가진 점이다.[501]

　　그 후 러시아와 한국 간에는 실행 없는 선언만 있었기 때문에 모스크바
는 적극성을 보이지 않고 앞으로도 진전될 가능성이 보이지 않는다. 이유인
즉 이명박 정부가 추진하고 있는 외교노선은 한·미·일 동맹 중시인데 여
기서 파생되는 기대치 않은 결과로 모스크바를 자극하였기 때문이라고 분석
된다. 러시아는 한반도 대치국면에 있는 남북한 사이에 중개인 내지 중도적

---

499) "'미래 동반자' 對러시아 전략필요," 세계일보(2008년 10월 1일). http://kr.news.yahoo.com/
　　　service/news/shellview.htm?linkid=12&articleid=2008100122181483747 &newssetid=82 참조.

500) 문윤홍, "러시아의 동아시아 정책과 한국의 對러전략," 상동.

501) "동북러시아 자원확보, 이번만은 성공시켜야," 조선일보(2008년 9월 30일), p. A 5, A35.

해법을 찾을 수 있는 국가이다. 외교에서 명분과 실리는 중요하다. 남북한
대치국면에서 직접 대면이 부담스러우면 중개인을 통원해 우회적으로 접근
하는 방법을 사용해야 하는 데 모스크바가 중도적 해법의 최적임 국가임을
인식해야 한다. 모스크바는 베이징을 제외하고 평양지도부와 대화가 가능한
유일한 국가임을 이해해야 하고 남북한과 러시아는 경제적 이익(철도-가스관)
을 공유할 수 있는 영역을 지니고 있어 앞으로 서울정부는 전략적 통일외교
차원에서 러시아를 활용하는 것이 매우 중요하다고 분석된다.[502]

공통적 요소　　　4강국의 정책에서 현재까지 관철되고 있는 점은 동북
아시아에서 어느 일국에 의한 배타적이고 독점적인 헤게모니(Hegemony) 수
립을 방지하는 것이다.[503] 4강국은 동북아시아에서 점차 서로에 대해 우호적
으로 대하고 있다. 각국의 국가이익은 공통적으로 평화의 영속성을 유지하
는 것이다. 가까운 장래에 4강국은 그들 사이에 복합적으로 작용하고 있는
북한 핵 위험요소를 줄이기 위해 일단 한반도에서의 긴장을 완화하기 위해
6자회담을 통해 노력할 것이다. 다시 말하면 비아시아강국인 미국과 러시아
는 원격조정과 유사한 간접적 영향력을 행사하려 할 것이지만 일본과 중국
두 나라는 한국의 국제환경에 있어서 긴밀하고도 협조적인 역할을 수행할
것으로 보인다. 6자회담은 북한 핵폐기를 목적으로 여러 단계를 거쳐 계속
노력할 것으로 보이며 일단 북핵문제가 해결되면 다음단계인 평화구축을 위
해서 노력할 것으로 예상된다.[504]

　　그러나 앞에 러시아에서 지적한 대로 과거는 일본, 현재는 미국과 중국,
미래는 러시아라는 측면에서 의식을 전환하여 통일한국을 이루는 데 한국은
러시아와 미국(비아시아 강국)을 간접영향권에서 직접영향권으로 유입하도록
통일외교를 이끌어가는 변수로 설정하는 것이 중요하다고 분석된다. 서울은

---

502) 허만섭, "한반도 통일과 러시아 역할론," 신동아(2009년 8월 1일), 통권 599, pp. 162~169 또는
　　http://shindonga.donga.com/docs/magazine/shin/2009/08/01/200908010500001/200908010500001_
　　1.html 참조.

503) Young Jeh Kim, *Korea's Future and East Asian Politics*, p. 135.

504) George O. Totten III and Young Jeh Kim, "What Kind of a Peace Regime Could Be
　　Constructed in Northeast Asia?" *Korea Observer*, vol. 36, no. 4(Winter 2005).

통일한국의 주도권을 국력신장을 기초하여 잡고 동경과 베이징은 동일문화와 취향을 가진(공통점) 선린외교관계를 유지하고 이들 국가와 같이 살아가는 것은 한민족의 운명이며 미래이기도 하다. 워싱턴과 모스크바는 비아시아국가로 통일한국의 영토적 야심이 없고 그들의 영향권을 확대하는 차원에서 그들이 원하는 한반도에서 평화와 지속적인 영향권을 유지할 수 있도록 제도적인 장치를 구축하는 것이 필요하다. 이러한 4강의 직접영향권의 유입하에 4강대국 속에서 통일한국을 이루는 과정에서 서울정부는 강소국으로 살아가는 법과 원칙을 지키는 것이 중요하다. 반대로 글로벌시대의 한국국민의 자질이 미신적·비합리적인 경우, 멸시받을 것이다.[505] 스위스가 영토적으로 작은 국가이지만 강대국으로 둘러싸여 있으면서도 존속할 수 있었는데, 여기에서 배울 수 있는 교훈은 스위스가 세계에서 가장 법과 원칙이 확고히 선 나라라는 것이다.

여기서 4강국의 공통적 요소에 첨가할 사항은 러시아 부분에서 거론된 '남·북·러 철도연결과 천연가스의 한반도 공급'은 정치적 폭발력을 지닌 부분으로 앞으로 한반도 통일의 주체국인 한국이 계속 추진해야 할 사업이다. 윤성학 대외경제정책연구원 연구위원은 모스크바가 희망하는 사업으로 위의 철도연결과 천연가스연결을 주장한 바 있다. 모스크바가 평양과 철도연결에 2억 2,000만 달러를 투자하면 러시아는 매년 5,000만 달러의 수익을 볼 수 있고 동해를 따라 부산에서 북한을 거쳐 유럽까지 철도가 연결될 경우 물류·관광 등 다양한 성장 동력이 파생될 수 있다고 보인다. 러시아는 2007년 사할린 1가스전에서 바다를 건너 연해주 인근 하바로프스크까지 502km 천연가스 파이프라인을 완성한 바 있고 북한을 거쳐 최대 소비국인 서울까지 공급할 경우 남한은 에너지의 안정적 확보, 저렴한 수송비용 등의 이익을 창출할 수 있으며 북한은 철도통행료와 가스관의 통관료로 수익을 올릴 수 있다. 즉 남한과 북한, 러시아(극동 시베리아)가 국제 경제공동체를 구성하여 도시·항만 건설, 자원개발 등 다양한 개발프로젝트를 통해 3국간의 고용 창출로 공통적인 경제이익을 추구할 경우 어느 한 국가가 임의로

---

505) "김정일 복귀설과 북핵 국면 급변," 조선일보(2008년 10월 6일), p. A35.

국제 경제공동체를 이탈하기가 어렵게 되고 궁극적으로 남북 경제의 동반성장, 교류협력의 상설화 및 일체화로 이명박 대통령이 제안한 2단계의 남북경제공동체에 공헌할 수 있다고 분석된다. 이러한 남북경제공동체와 국제경제공동체의 공통의 물적 기반은 앞으로 닥칠 북한 급변사태 발생 시 한민족 중심의 한반도 안정화에 기여할 수 있는 효과를 기대할 수 있다. 위의 공동체가 안정단계로 진입할 경우 모스크바는 한반도 통일을 지지하거나 최소한 반대하지 않을 가능성이 높다고 분석된다. 한반도 통일의 주체국인 서울은 4강국의 이해관계를 조정하는 차원에서 혈맹국인 워싱턴과 우방국인 동경의 지지를 기반으로 모스크바의 지지를 끌어내어 통일의 전기(轉機)를 마련하여 베이징을 설득하는 통일전략외교를 마련해야 한다.[506]

간추려서 21세기 국제정세 속 4강 사이에 한반도통일의 변수는 3가지로 요약할 수 있다. 첫째, 한반도 전자모바일통일안은 한민족의 내부적인 숙제이면서 외부적으로는 21세기의 국제적인 문제이다. 한반도 전자모바일통일 과정에서 평양이 내부 모순으로 붕괴할 경우, 당장의 통일한국은 독일통일에서 보듯이 경제적 비용과 사회적 혼란의 극대화를 초래할 가능성이 있기 때문에 북한을 잠정적으로 독립된 정부로 존치시키면서 개혁·개방으로 평양이 고도성장을 가져오도록, 점진적으로 2,300만 북한주민이 결정하도록, 6자회담 내의 국제적 공동관리를 하는 제도를 만드는 것이 중요하다.[507] 이런 변수에 대해서 서울정부는 전담부처를 통일부에 두어 철저한 대비책을 강구해야 한다. 둘째, 탈냉전 이후, 한반도를 중심으로 4강 사이에 연결될 수 있는 공통점은 미·중·일 신삼각관계의 출현이다. 이 출현은 과거의 대립요인인 대결이나 충돌에서 서로 간의 협력과 발전을 기초로 한 '동반자' 내지 '전략적 동반자' 관계로 발전시키는 차원에서 남북한 통일을 바라보는 시각이다. 이 신삼각관계는 각국이 추구하는 이익구조가 정치·경제·안보 분야에서 차이가 있음을 인정하고, 또한 이들 3국 간에 공동이익과 이익충돌이 상호 교차하는 점도 인정하면서, 두 개의 양자관계를 대립적으로보다도 협조적으로 보면서 나머지 일국이 다른 두 국가 중에서 양자택일하는 대립적

---

506) 허만섭, "한반도 통일과 러시아 역할론," 신동아(2009. 08. 01) 통권 599호 pp. 162~169.

507) "한반도 평화를 위한 대전략," 한국일보(2010년 8월 26일), p. A17,

내지 배타적이지 않은 상호 촉진적 관계를 강조하는 태도전환을 의미한다. 외교통상부 내에 이 변수를 담당하는 부처를 설정하고 대비책을 강구해야 한다. 셋째, 국제적 측면에서 통일한국을 바라보는 변수는 21세기 큰 흐름에서 '신복합동맹론'으로 기존의 동맹관계에 새로운 요소를 첨가하여 창출하는 점을 의미한다. 특히 통일한국에 한하여 남북한 독자로 이룰 수 없는 상황 하에서 주변 4강의 영향력을 유효적절하게 활용하면서 통일외교관계를 설정하고, 필요에 따라서 적용시키는 기법을 포함하고 있다. 두 번째 변수와 세 번째가 일치하는 큰 틀에서 그리고 동북아 안보의 작은 틀에서 통일한국을 위하여 국정원, 통일부, 외교통상부와 민간학술단체가 공동으로 연구하는 제도적 장치 내지 계속성을 가지고 장기적인 차원에서 위의 변수들을 연구하는 것이 중요하다고 분석된다. 예컨대 서울과 워싱턴은 기존의 '미국의 21세기 전략동맹'으로 지구, 동북아, 한반도 차원에서 상대방이 원하는 것과 줄 수 있는 것을 구분하여 대비·대처하면서 워싱턴과 평양 내지 동경과 평양이 교차승인을 하도록 조정자 역할을 하는 것이다. 이상의 국제정세의 3가지 변수는 전자모바일통일방안을 창출하는 데 한 축으로 중요한 역할을 할 것으로 예상된다.

3. 내부요인과 외부요인 간의 연동(The Linkage between Internal and External Factors)

연동(Linkage)의 정의는, 연동정치의 저자 제임스 로스노(James N. Rosenau)에 의하면, 분석의 기본 요소로 한 체제에서 나온 행위의 재현결과와 다른 체제와 반작용하는 관계를 의미한다.[508] 여기서 인용할 수 있는 점은 내부요인과 외부요인을 연동시켜 나온 결과를 분석하는 것이다.

지금까지 서울 측의 민족공동체 통일방안과 평양 측의 '고려민주연방공화국 안'이라는 양 당사자의 통일정책을 검토하면서 한반도의 내부적 요인

---

508) James N. Rosenau, ed. *Linkage Politics*(New York: The Free Press, 1969), p. 45. Rosenau uses a linkage as "our basic unit of analysis, defining it as any recurrent sequence of behavior that originates in one system and is reacted to in another."

들과 국제적 환경 등과의 연동관계를 분석해 보았다. 전자는 단일국가형태로 두 개의 지역정부를 통괄하는 주권을 갖고 있으나 후자에는 그러한 요소가 없다. 고려민주연방공화국은 '보다 완전한 정치적 통일'과 중립으로 가는 과도기적인 방안으로 이해된다.[509]

이들 외에 새로운 통일방식을 제기하려면 그것은 창조적이고 구상력이 풍부한 성격의 것이어야 한다. 이런 의미에서 국내외적인 요인들의 연동은 좋은 출발점이 된다. 가장 중요한 전제는 미래의 통일은 협상과 타협을 통해서 반드시 한국인들에 의해 성취되어야 한다는 점이다. 서울과 평양의 지도자는 합리적인 정책을 취해야 하고 그런 의미에서 한반도에서의 잠정적인 협정에 대해 충분한 정보를 갖고 예민하게 반응해야 한다.

위와 같은 상황을 고려함으로써 통일한국의 정책목표의 통합체를 조망하고 정치체제의 이상적 전형을 건설하면 새로운 수도를 지정하고 남북한 사이에 통합 또는 혼합된 헌법을 제정할 가능성을 발견할 수 있을 것이다. 상세한 절차상의 문제는 내부적 요인과 국제적인 요인들의 연결선상에서 해결해 나갈 수 있다. 통일한국의 목표의 총체는 민족주의 = 자주, 민주 그리고 동질성 = 민주적 단결 등으로 나타난다. 북한측의 제안(연방제)과는 달리 잠정적인 한국합중국(United States of Korea)은 일시적으로 권력이 남북한으로 분할된 형태의 정부체제를 상징한다. 양 정부는 두 개의 상이한 단계에서 이뤄지는 두 개의 다소 느슨한 결합에 기반하여 평화적으로 공존하는 모델이다. 여기서 두 개의 다소 느슨한 결합(Loose Coupling/Loosely Coupled/Loosely Coupling)에 기초한 평화공존의 정의는 상호작용하는 둘 이상의 조직 간에 일방의 어떠한 행위가 다른 타방에 영향을 덜 미치는 느슨한 상태의 결합을 뜻한다. 이러한 느슨한 결합상태에서 서로에게 영향을 미치지 않는 이유로 유연하게 대처하고 수정할 수 있는 가능성을 전제하거나 확보할 수 있는 장점을 지니고 있다.[510]

---

509) Jack C. Plano and Milton Greenberg, *The American Political Dictionary*, 3rd ed.(Hinsdale: The Dryden Press, Inc., 1972), pp. 33~34.

510) "Loose coupling," From Wikipedia, the free encyclopedia http://en.wikipedia.org/wiki/ Loose_ coupling.

처음 단계에서는 남북한 주연 사이에서만 협정이 맺어지는 것이 아니라 남북한과 각각의 후원자 내지 조연 사이에도 비슷한 결합이 맺어지게 된다. 미국은 여전히 독점적 영향력 행사를 예방하는 아시아·태평양 세력으로 남는 매우 중요한 조연이다. 두 개로 나눠진 한반도는 평화적으로 공존한다. 남북한 주연의 자주성과 새로운 국제환경 내지 국제질서는 남북한을 동시에 포함하는 자유공개선거를 통해 정치적 통일을 배태할 것이다. 이 통일한국은 장기적으로 이뤄질 수 있는 목표이다. 그 전에 남북한은 '좋은 이웃나라'로 존재하고 서로가 정치적 단일성을 유지하면서 미국과 캐나다 간에 성립된 방식과 같이 자유로운 인적 교류와 통신교환을 통해 자유의 원칙을 공유해야 한다. 그리고 남북한 주연은 일본과 중국 조연의 직접 개입을 견제하기 위해서 미국과 러시아 조연에도 일련의 관계를 맺는다.[511] 단기적 차원에서 한국합중국이 발전하는 초기의 단계에서 중앙정부는 국내문제를 관할하게 될 것이다.

두 번째이자 마지막 단계는 주권민족국가의 수립이다. 여기서 모든 한국인은 한국 내에서 거주이전의 자유를 누리고 단일헌법을 가지고 단일한 군대를 보유하게 된다. 한국합중국은 현재 한반도의 어려운 난관들을 극복하게 될 것이고 국내적 요인뿐만 아니라 강대국들과 남북한 사이의 서로 중첩된 교섭을 원만히 수행할 것이다.

협상의 시작에는 남북한 간의 전향적 자세의 지속성이 요구된다. 아울러 남북한의 평화적 공존과 평화적 상황의 지속에 대한 강대국들의 입장에 대한 인식이 필요하며 한국합중국이라는 제도에 대해 남북한 정치체제의 독자적 권위의 자발적 복종이 필요하다. 한국합중국은 다음과 같은 일을 다룰 것이다. ① 지방정부 간의 협정, ② 대중들 간의 계약, ③ 국제적 수준 또는 남북한 정부수준의 회의를 통한 새로운 단일정부의 수립이 그것이다. 한국합중국에게 요구되는 최소한의 것들은 근린성(지리적 접근)과 기능에 대한 고려(정치체제의 중층적 작동들)이다.[512]

이 모델에 대한 이론적 해석은 다음과 같은·전제에 근거하고 있다. 미

---

511) Young Jeh Kim, *Roads for Korea's Future Unification*, pp. 60~61.

512) Young Jeh Kim, "The Future Alternative of South Korea's Unification Policy," pp. 150~152.

국은 주한미군 철수라는 고민을 갖고 있고 러시아는 한반도에 대한 영향력 감소를 원하지 않기 때문에 양국은 이 해결책을 받아들이게 된다는 것이다. 남북한은 자발적으로 미국·러시아와 교류하게 되고 가까운 장래에 미국은 북한과 교차승인하게 된다는 것이다. 결국 수혜자(남북한) 또는 주연들과 후원자(미·러) 조연들은 그들의 공통적 정치이념에 의해 이어져 있다. 그러나 정치이념은 국경을 초월할 수도 있고 유연한 상호 협력관계에서 공존할 수도 있다.[513] 그러는 사이에 후원자 또는 조연의 나라에 적대적인 수혜자 또는 주연을 포용할 수 있는 공간이 만들어질 것이다. 그러나 역시 일시적 포용보다는 정치이념에 더 주안점이 두어질 것이다. 워싱턴은 서울을 동북아시아에서 미국정치체제를 받아들여 한·미동맹 내지 혈맹관계를 유지하면서 자유민주주의와 시장경제에 모델국가로 성장하여 중동에서 이스라엘과 같은 나라로 인정하는 점이 있고 평양도 정치이념과 체제차원에서 역시 모스크바를 부인할 수 없는 사회주의 종주국으로 인정하는 관계를 유지하고 있다.

두 개의 다소 느슨한 결합에 기초한 상호공존의 실천에는 많은 조건들이 필요하다. 우선 남북한 쌍방에 의한 북·미 상호 간의 외교적 교차승인과 양 당사자 간의 적대적 행위의 중단이 요구된다. 그리고 그들을 묶어낼 수 있는 높은 수준에서의 일정 정도의 정치적 공동체와 개인적·민족적 차원에서 정치구조에 대한 위협을 배제하고 국민들의 이전자유와 북한 인권문제를 보장할 수 있는 남북한 간의 긴밀한 협력이 요구된다.

그러나 위 모델의 실행에는 한 가지 장애가 있다. 만약 미국과 러시아가 위의 방안에 동의한다면, 일본과 중국이 현재 보유한 영향력이 손실을 입게 된다. 자연적으로 일본과 중국 두 나라는 이것을 원치 않을 것이다. 이러한 새로운 현상을 해소하기 위해서는 서울이 주연국가로서 조연국가 간의 갈등요소들을 유연하게 대처하고 수정할 수 있는 가능성을 잘 활용하는 통일한국의 외교역량을 발휘해야 한다.

---

513) Jack C. Plano and Roy Olton, *The International Relations Dictionary*(New York: Holt, Rinehart and Winston, Inc., 1969), p. 276.

　　두 번째 단계에서 원래의 목적을 달성한 후에 미·러(조연) 간의 협정
은 종결될 것이고 두 개의 한국은 재통일될 것이다. 얼마나 빨리 두 번째
단계가 도래하는가 하는 것은 남북한(주연)이 그들의 대내외적 차이점을 얼
마나 효과적으로 상쇄시키는가 하는 것에 달려 있다. 현재의 주어진 상황
에서 가까운 장래에 앞의 모델이 완전히 실현되는 것을 기대할 수 없다.
한반도에 있어서 요구되는 모든 조건들은 아직 만족스럽지 못한 상황이다.
(전제조건에 대한 자세한 내용은 주석을 참조할 것).[514] 남북한 정책결정자들은 두
번째 단계에서는 마땅히 포기해야 할 그들의 이념을 지금도 고집하고 있
다. 남북한 간의 정치적 합의가 없이는 완전한 통일에의 전망이 그리 밝지

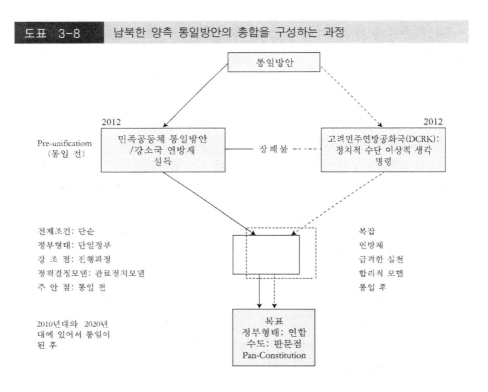

| 도표 3-8 | 남북한 양측 통일방안의 총합을 구성하는 과정 |

---

514) Young Jeh Kim, *Roads for Korea's Future Unification*, pp. 48~62. 10개항 전제조건은 근
　　린성, 동질성, 기능적 이해, 과거의 통합경험, 거래관계, 상호이해, 공동체적 '특성' 혹은
　　사회적 동기, 구조적 틀, 주권·종속지위 그리고 정부의 효율성을 포함한다.

만은 않다. 그러나 만약에 느슨한 협정에 의거한 상호공존이 성립되고 한 국국민들이 순차적인 계획을 따를 것임을 결정한다면 실행 가능한 결과가 도출될 것이다.[515]

현재 상황에서 바람직한 수도는 서울과 평양의 중간에 위치한 판문점이 다. 판문점은 비무장지대 내에 천혜의 공원을 갖춘 이상적인 수도의 모습을 보여줄 것이다. 새롭게 건설되는 수도는 '비극에서 축복으로'의 전환을 상징 하고 아울러 '죽음에서 삶으로', '유혈충동에서 평화적 통일'로의 전망을 밝 혀주게 될 것이다.[516] 한국 내에서 종종 생기는 신도시를 참조할 때 실현가 능한 제안이라고 분석된다. 통일헌법은 상세한 절차를 밝힌 한국 측의 제안 을 토대로 북한 측의 보충안을 통해 제정될 수 있다(도표 3-9 남북한 양측 통 일방안의 총합을 구성하는 과정을 참조).

다시 말해서 혹자는 그 총합 또는 연동이 통일 후의 시기에 있어서는 연방정부 형태일 것이라고 주장할 수 있다. 통일이란 문제와 민족공동체 통일방안, 고려민주연방공화국 안을 분석한 후에 국내외의 학자들은 미래 지향적으로 더 창조적인 모델을 탐구해야만 할 것이다. 현재 제기된 통일 방식은 분단된 두 개의 한국을 통일시키는 길로 원만히 작동하지 못하고 있다.

앞의 전제들을 바탕으로 남북한의 정책결정자들로서는 2020년대에 있어 서 실행가능한 통일방안을 모색하는 데 적극적으로 두뇌집단에게 자문을 구 해야 한다. 21세기는 인터넷과 모바일 그에 따른 기술로 예측치 않은 문명 을 가져올 것이며 인류의 비극은 어느 정도 감소한다고 생각할 수 있겠다. 2020년을 현재에서 예측하기는 어려우나 인간의 운명이나 국가도 미리 정해 진 것이 아니기 때문에 3가지 가능한 미래를 예측할 수 있겠다. 첫째, 장기 적인 흐름을 큰 틀에서 점검하는 것이다. 특히 시나리오는 여러 조건이나 변수들이 미래에 영향을 줄 수 있는 점을 예측하는 것이다. 둘째, 미래는 알 수 없지만 그릴 수 있기 때문에 여러 가능성 있는 대안을 미리 점검할 수 있다. 셋째, 세계를 지역별로 중요한 흐름, 시나리오, 문화, 사회, 정치의 내

---

515) *Ibid.*, p. 62.

516) Young Jeh Kim, "The Future Alternative of South Korea's Unification Policy," pp. 150~152.

용을 중심으로 한 정보에 의하여 점검하는 것이다.[517] 이러한 탐사에 근거해서 한반도에서는 천연자원의 부족에도 불구하고 한국인들의 창조적인 인적자원을 기반으로 경제기적(세계 10위)이 가능했던 것이다. 앞으로 있을 통일한국(전자모바일통일)도, 평화통일도 현존하는 정치적 환경들을 인식하고 한국인들의 창조적인 능력을 이용함으로써 성취될 수 있다고 본다.

---

517) Allen Hammond, *Which World? Scenario For the 21st Century*(Washington D.C.: Island Press/Shearwater Books, 1998), pp. 3~12.

제 4 장

통일에 대한 장래의 전망

통일에 대한 장래의 전망

    2008년 한국은 경제적으로는 세계에서 경제 13위국으로 계속 발전하여 경제강국 7국으로 진입하느냐 아니면 퇴진하느냐? 정치적으로는 평양이 주장하는 세계 9위의 핵보유국의 핵문제와 남북한 간 경색문제를 경협과 교류 문제차원에서 어떻게 풀어갈 것인가? 국제적으로는 6자회담의 주연 역할과 북 핵 프로세스 종료 후 한반도 평화구축과 통일한국과정에서 로드맵을 어떻게 만들어 주연, 조역 및 단역들의 역할을 효과적으로 수행하면서 통일한국의 앞날을 좌우할 것인가?를 결정해야 하는 중요한 시점이다. 특히 2008년 11월 4일 오바마 민주당후보가 2009년 1월 20일, 1776년 미국 독립 이후 233년 만에 첫 흑인 대통령으로 취임한 것은 한반도 통일정책 변화에 중요한 요인으로 작용할 것이다. 미국 대선결과는 미국을 바꾼 역사적 선거로 미국 흑인들은 17~18세기 아프리카에서 백인의 노예로 미국대륙으로 끌려온 뒤 링컨 대통령의 노예해방령으로 자유인이 된 지 145년 만에 대통령을 배출한 결과이다. 미국의 많은 정치 전문가들은 흑인대통령이 탄생하기는 시기적으로 이르다는 생각을 바꾼 의식의 전환을 가져온 선거결과이다. 저자는 미국에 유학했던 1965년 '투표권법'이 통과되기 이전까지 미국 흑인들은 투표 자체가 힘들었던 이류국민이었던 현장을 목격한 바 있었다. 이 이류국민이 이번 선거를 통해 '국민의 정부', '국민에 의한 정부', '국민을 위한 정부'로 다시 탄생한 역사적인 사건이다. 오바마 대통령당선자는 미국에서 시

작되어 전세계로 번진 금융위기 수습을 주도하는 역할과 수렁 속을 헤매고
있는 이라크에서 철군과 평화를 동시 일궈내야 하는 힘든 도전에 직면하고
있다. 그는 한국에도 새로운 도전에 직면하여 2007년 7월 TV토론에서 "임기
첫 해에 김정일 북한 국방위원장 등과 조건 없이 만날 용의가 있다"고 한
점과 2008년 들어서는 "북한에 대해 어떤 환상도 갖고 있지 않다"고 하면서
"북한이 미국과의 합의를 이행하지 않으면 즉각 응분의 대가를 치를 것"이
라는 경고는 북핵 해법에서 미·북 직접대화를 주요한 수단으로 여긴다고
볼 수 있다.[1]

　그 후 2010년 한국은 경제적으로 OECD회원국가 중 신속히 세계 경제
침체에서 회복된 나라들 중 하나이다. 한국경제는 2008년 후반의 극심한 글
로벌 금융위기 초기에 급격한 수출 및 생산 감소로 심각한 타격을 입었다.
한국의 경기침체는 위험 프리미엄 확대와 은행대출의 경색 등 금융시장의
혼란을 가져왔고 동시에 대규모의 자본 유출은 주식가격과 원화 가치의 하
락을 불러온 경험을 갖고 있다. 그러나 2008년 8월부터 6개월간 25% 하락한
실효 원화가치는 역으로 베이징으로부터 강한 수요와 수출 주도의 회복을
가져오는 기반을 조성하였다. 서울은 2008년 세계 12위 수출대국에서 2009
년 9위 2011년 세계 7위[2] 국가가 되었고 경상수지 흑자는 GDP의 5%까지
상승하였다. 서울의 강한 경제회복은 2010년 G20 의장국 수임과 함께 국제
사회에서 한국의 위상을 크게 높였다.[3]

　2010년 한국은 정치적으로 천안함 사건 이후 과거 김대중 정부와 노무
현정부의 대북 정책인 '햇볕정책'에서 대북 '철벽정책'으로 변화하면서 남북
한 간의 경색국면을 유지하고 있다. 서울은 평양의 박왕자 사건과 천안함
사건의 사과를 요구하고 있고 평양은 서울의 조건을 무시하고 없었던 일로
간주하고 넘어가려는 전략으로 서로 상충되고 있는 상황이다. 북한은 핵보

---

1) "오바마의 미국, 오바마와 세계," 조선일보(2008년 11월 6일), p. A35.

2) "63년전엔 영국의 0.3%였던 한국수출, 영국 제치고 세계 7위로," 상동(2011년 12월 2일),
　p. A2.

3) "2010년 OECD한국경제보고서," OECD, p. 5. 또는 http://www.mosf.go.kr/upload/bbs/62/attach/
　Korean_version_of_Overview.pdf 참조.

유국임을 자처하면서 디지털 시대의 흐름에 역주행하는 왕건시대 때나 있었던 3대 세습을 김일성 → 김정일 → 김정은으로 후계체제를 다지고 있다. 세계에서 유례가 없는 3대 세습 후계자 김정은의 공식 무대 데뷔쇼는 3단계였다. 2010년 9월 28일 '대장' 칭호 부여, 29일 '당 중앙군사위 부위원장' 선임, 피날레는 30일 김정은 '사진'공개였다.[4] 평양이 3대 세습을 공식화한 다음 국제사회에 던진 일성(一聲)은 '핵(核)'이었다. 유엔 총회에 참석 중인 박길연 북한 외무성 부상은 9월 29일 총회연설에서 핵은 결코 포기할 수 없다고 말하면서 핵협상보다는 핵 강화에 초점을 맞췄다.[5] 평양은 시대의 흐름을 따라 개혁·개방도 추진하고 북한 핵무기도 포기하는 결단을 내려야 포스트 김정일 시대에서 김정은이 살아남을 수 있을 것이다. 현재 북한의 정치 행동을 보면 한국국민으로서 체면이 서지 않는 3대 세습 행동을 평양은 천연덕스럽게 자행하고 있다. 2012년 한반도는 '통일'이냐 '신 냉전'이냐의 역사적 갈림길에 서 있다. 이유인즉 김정일 국방위원장의 2011년 12월 17일 사망 이후 김정은 시대의 등장으로 평양의 체제와 리더십의 위기, 냉전종식으로 인한 동북아의 신(新)국제 질서형성이 근원적 요건이다. 통일은 한국이 주체가 되어 탈냉전시대의 조류에 맞게 한민족이 단합하여 통일정신, 통일사상, 통일교육을 통하여 이루어야 하는 민족적 과제이다. 통일한국은 한민족 도약의 기회이고 통일회피는 신 분단과 신 냉전을 가져오는 불행한 사건임을 온 국민에게 알려야 한다. 통일비용이라는 문제보다는 통일이익과 가치가 수천 배 더 크고, 분단비용이 수백 배 더 크고, 나아가서 통일비용은 소비가 아니라 민족 미래를 위한 투자임도 알려야 한다.[6] 신 냉전은 역사흐름에 역주행이고 남북한이 원하지 않는 역사적인 사건임에 틀림없다.

2010년 11월 11일 한국은 국제적으로 G20(주요 20개국) 서울회의를 유치하여 세계 경제 분야 최고위급 회의를 열었다. 한국무역협회 국제무역연구원은 2010년 10월 7일 서울 G20 정상회의 개최로 총 31조 2,747억원의 경제적 효과가 있다고 밝혔다. 즉 행사로 인한 직접수입은 2,667억원, 외국인 방

4) "혼자 살찐 평양의 황태자," 조선일보(2010년 10월 1일), p. A1.
5) "北, 核개발 핵심 인물 승진 배치," 상동(2010년 10월 1일), p. A4.
6) "'통일시대' 어떻게 성공시킬까," 상동(2010년 9월 3일), p. A34.

문객 지출 523억원, 이에 따른 부가가치 창출 효과 446억원, 외국 언론 노출에 따른 국가와 기업의 광고비 절감 효과 1,698억원, 수출확대 20조 1,427억원, 부가가치·취업 유발 효과 등 수출 확대 10조 5,749억원, 국가신용도 1등급 상승시 외자차입비 절감 2,904억원 등과 같이 간접효과 비용을 총 31조 90억원으로 분석한 것이다.[7] 그리고 2012년 2차 안보 분야 최고위급 핵안보 정상회의를 한국에서 열기로 미국워싱턴에서 2010년 4월 12일부터 14일간 열린 '핵 안보 정상회의'에서 결정했다. 핵 안보 정상회의는 오바마 대통령이 발의(發議)한 '핵 없는 세상'을 목표로 삼고 있다.

2012년은 한반도 안보와 관련해서 의미심장한 해다. 평양은 2012년 4월 15일 김일성 탄생 100주년에 맞춰 '강성대국 원년(元年)'을 선포한 바 있고 2011년 12월 17일 김정일 사후 김정은의 등장으로 3대 세습을 이어가는 과정에서 일어날 수 있는 불확실한 환경, 서울은 2차 핵 안보 정상회의의 개최시기를 2012년 11~12월로 정해진 워싱턴과 서울의 대선일정을 감안하여 상반기 3월 26~27일에 열기로 했다.[8] 서울과 평양의 예상되는 움직임을 감안하면 2012년 상반기는 한반도 안보의 결정적인 국면이 될 수 있는 시기에 핵 안보정상회가 열릴 예정이다. 서울의 2010년 핵안보정상회의 유치 배경은 한국이 모범적인 원자력 발전국가, 미국의 굳건한 글로벌 파트너, 핵확산 중인 북한에 대한 경고로 한국은 국제사회에서 위상이 기하급수로 상승하고 평양은 국제사회에서 시대에 역주행하는 3대 세습, 경제빈궁국가, 인권유린 국가로 고립을 자초하는 국가로 전락할 것으로 예상된다.[9]

앞으로 어떻게 미래가 전개될지는 정확하지 않다. 이러한 불확실한 환경에서 통일에 대한 장래의 전망을 한다는 것은 쉬운 일이 아니다. 어려운 이유는 앞으로 진행될 통일의 과정과 유형이 유동적이며, 남북한 통일에 관련된 국제환경이 변화하는 점이고 미래라는 일반적 특성이 불확실한 점에서

---

7) "내달 서울 G20 정상회의 개최로 총 31조2747억원 경제효과 기대," 상동(2010년 10월 8일), p. B5.

8) 전성훈, "서울 핵안보정상회의 성공을 위한 의제설정: '3S'와 북핵문제를 중심으로," 「국가전략」(2011년 제17원 4호), p. 8.

9) "북핵문제, 한국이 앞장서서 풀어 나간다," 조선일보(2010년 4월 14일), p. A 3과 "핵 안보 정상회의가 열리는 2012년 한반도," 상동(2010년 4월 14일) p. A39.

이다. 하지만 지금 불확실한 현실에서 자신감을 가지려면 미래에 대한 확신이 중요하다.

이러한 어려운 이유에도 불구하고, 통일한국의 미래상을 고찰하는 3가지 전제가 있다. 첫째는 탐색의 근거는 보편적 가치와 한반도의 특수한 현실을 고려해야 하며, 둘째는 통일은 미래적·창조적·발전적 의미가 전제하는 점이다. 셋째는 다양한 관점에서 볼 수 있으나 이념적 좌표중심 고찰이 필요하다. 예컨대 자주적 민족국가는 통일한국 민족국가 완성에서 출발하여 열린 민족주의를 추구하는 점이며, 자유로운 민주국가는 민주적 제도와 절차가 존중되는 사회적 풍토가 조성되어야 하며, 남북한 모두 민주적인 사회로 이행되어야 가능한 점이다. 정의로운 복지국가는 공정한 기회균등과 형평성을 보장하는 복지국가를 의미하며, 사익과 공익이 증진되는 공동체적 시장경제추구를 전제하고 있다. 끝으로 풍요로운 문화국가는 왜곡되고 이질화된 민족문화 재창조, 계승발전 추구와 21세기는 주체적인 문화가 국가의 생존전략이라고 전제하고 있는 점이다. 그러면 이 장에서 미래상 예측의 방법은 두 가지로, 첫째 미래에 대한 예측은 이성적 통찰과 분석이다. 둘째 미래에 대한 예측은 과거에서 이어온 현실을 기초로 분석할 수 있겠다.[10] 이 두 방법 역시 미래에 대한 확신을 가지는 데 도움이 된다.

이러한 분석 틀에서, 최근 '미국정권 레임덕(Lameduck: 임기 말 권력누수),' '김정일 건강이상설', '국제금융위기,' '천안함 침몰사건,' '중국의 G2 등장,' '김정은의 3대 세습'이 동시에 복합적으로 작용하고 있어 당분간 한반도 주변정세가 위기국면까지는 않더라도 상당한 혼란을 겪게 될 것으로 전망된다. 이러한 혼란기간 동안에 일어날 수 있는 점은 평양의 무정부 상태 또는 '급변사태'이다. 예상치 않은 급변사태가 발생한다는 것은 통일과정이 실질적으로 시작한다는 것이고 통일이 벼락처럼 올 수도 있다는 점에서 대비하는 것은 이론적 문제가 아니고 실질적인 현실문제이다. 여기서 남북한 간에 현상유지를 계속하는 상황을 배제하는 것은 아니다.

북한이 급변할 사태의 경우의 변수 3가지와 대응방안은 4가지 예상되는

---

10) 제1차 통일 교육지침토론회 검토내용에 대한 김용제 교수의 의견(2002년 3월 22일 종합정부청사 대회의실).

혼란과 단기 대응, 중·장기 대응인 남북통합을 예측할 수 있다. 평양의 급변사태의 첫 번째 경우는 김정일 유고시 군부 쿠데타로 핵무기를 끌어안고 미국과 대결하는 극단적 모험을 하는 경우와 개혁적 쿠데타 경우로 구분할 수 있다. 두 번째 경우는 민중봉기로 식량난과 인권탄압이 계속 악화되어 주민의 분노가 폭발하는 사태이다. 김일성이 사망한 1994년과 김정일의 건강이상설이 있는 2008년 북한주민들의 충성도는 비교가 안 될 정도로 낮다고 보는 점에서 북한주민의 분노폭발 가능성이 있다. 세 번째 경우는 내부 권력투쟁으로 정권붕괴와 체제붕괴로 이어지는 시나리오로 배급체제가 완전히 끊기고 군과 주민이 동요해 무정부상태로 빠지는 상태를 의미한다. 위의 3가지 급변사태의 경우는 미래 한반도 특수상황에서 일어날 수 있는 가능한 시나리오임에 틀림없다.

위의 3가지 급변사태 중 하나의 시나리오는 4가지 예상되는 혼란을 야기시킬 것으로 추측할 수 있고, 단기대응책을 구상할 수 있겠다. 첫 번째 예상되는 혼란의 경우는 대량탈북으로 준비가 안 된 상태에서 이 사건이 일어난다면 먼저 휴전선과 해상부터 봉쇄해야 하는 문제가 야기된다. 여기에 설상가상으로 기근 등 다른 요인까지 겹칠 경우, 급변 2개월간 추정되는 30만 명의 탈북 러시가 일어날 수 있겠다. 이 수치는 1989년 베를린 장벽 붕괴 때 2개월간 18만 명의 동독주민이 서독으로 탈출한 경우에서 유출할 수 있겠다. 이 대량 탈북의 국내적 단기대응책은 군대휴양소, 폐교, 체육관, 종교시설 등을 수용소로 활용할 수 있고, 해상으로 오는 경우 외딴섬으로 격리 수용책을 마련하는 대책이다. 국제적으로는 인접국가인 중국, 러시아, 일본과 유엔이 '북한난민구제회의'(가칭)를 구성하여 수용시설과 비용문제를 총괄하는 대비책을 마련할 수 있겠다. 이 문제의 심각성은 커서 대내외적·잠정적으로 대응책을 마련하는 데 있다. 두 번째 경우는 핵·화학무기 등 대량살상무기 유출로 국제안보상의 위기상황으로 변하여 미국의 최대 관심사로 대두되면서 한·미연합군에 의한 예방적 자위권행사 가능성이 예상되는 혼란이다. 워싱턴은 미국의 2차 국가이익(Secondary National Interest) 차원에서 핵심적인 이익(Vital National Interest)으로 간주할 수 있는 계기의 변화를 맞게 된다는 점이다. 여기서 단기대응책은 워싱턴과 베이징이 타이완문제 해결차원에서 협조 내지 협상의 가능성도 있지만 상당히 민감한 문제로 한·미는 중국의 군사적 개입 빌미는 막아야 하는 대책이 필요하다. 6자회담 당사국들과 사전협의와 협조체제를 구축하여 정교한 외교안보상의 대비가 요구되는 대목이다. 세 번째 경우는 급변사태시 내전이나 군대·주민 간 유혈충돌 사태가 예상되는 혼란이다. 북한은 700만 군대의 병영국가로 제한된 식량이나 물자를 놓고 주민 간의 유혈사태나 아사(餓死) 등 인도적 문제가 일어날 수 있기 때문에 이에 대한 단기대응책은 유엔평화유지군을 북한에 보낼 수 있는 경우이다. 마지막 예상되는 무정부상태가 발생하는 경우는 중국 단독 개입으로 베이징은 난민대처나 '평양의 요청이 있었다'는 명분으로 평양에 군대를 기습 투입해 '친중정권 수립'에 나설 수 있다는 시나리오이다. 미국 랜드(Rand) 연구소의 브루스 베넷(Bruce Bennett) 박사는 2008년 10월 21일 육군본부가 서울 용산 전쟁기념관에서 주최한 "한국 육군의 미래 발전을 위한 제안"이란 주제발표문에서 북한 붕괴시 중국군 개입을 대비해야 한다고 경고했다. 그는 만약 베이징이 북한 붕괴 후 평양에 개입하기로 결정한다면, 중국군은 한국군에 앞서서 평양에 도달할 것이라고 분석하고, 또한 만약 양군 사이에 교전이 벌어진다면, 중국군은 병력에서 2~3배의 우위를 점한다고 예측하고 있다. 이 경우 한·미동맹 지속을 통한 미국의 기술적 지원이 관건이며 중국군이 개입할 때 선양과 베이징군부에서 병력 45만 명과 전차 2,200여 대, 야포 2,600문을 동원할 것이고 이때 한국군은 공중 타격부대와 신속 전개부대 등 6개 사단으로 북한에 들어온 중국군을 대비해야 한다고 내다봤다.[11] 이 경우, 단기대응책으로 서울과 워싱턴은 다국적군으로 평양을 관리하고 북한영토에 관심이 없는 미국과 민주국가인 일본과 공동 대응하는 방안을 마련해야 한다.

　　이러한 4가지 단기대응책 중 하나로 4가지 중·장기 남북통합 내지 통일에 대한 대책을 마련할 수 있겠다. 첫 번째 중·장기 대응책은 북한 안정화로 한민족의 지상 최대과제인 통일한국을 위하여 서울은 외세가 단독 개입하거나 간섭하지 않도록 평양에 대한 한국의 정당한 권한과 남북관계의

---

11) "북 붕괴시 중국군 개입 대비해야," 조선일보(2008년 10월 22일), p. A12.

특수성을 일방적으로 선언하여 북한의 안정화를 서둘러야 한다. 이를 위해
서 평양에서 비상통치를 담당할 '북한자유화행정본부'(가칭) 기구를 설치하고
북한군 무장해제와 군 통합작업을 시작하고, 비행기를 이용한 북한주민 생
존을 위한 식량과 의약품 등을 신속히 공급하는 방안을 준비할 필요가 있
다. 두 번째 중·장기 남북통합 내지 통일의 대응책은 경제통합으로 서울의
36분의 1 규모의 경제를 감당하는 차원에서 단기적으로 통일비용을 위한
'통일세 신설'과 중기적으로 경제개발 5개년계획과 장기적으로 '북한판 마샬
플랜'(2차 대전 이후 미국의 서유럽 경제부흥계획)을 갖는 것이 필요하다. 이명박
대통령은 2010년 8·15 광복절 경축사에서 '남북관계의 새로운 패러다임이
요구된다'면서 '분단관리를 넘어 평화통일을 목표로 삼아야 한다'고 주장하
면서 3단계 통일방안을 제시했다. 또한 '통일은 반드시 온다. 그날을 대비해
이제 통일세를 준비할 때가 됐다'고 말했다. 이명박 대통령의 '통일세' 도입
발언을 두고 장기적인 통일준비 차원에서 지금부터 준비한다는 데는 대찬성
이지만 이 통일세도 안보와 직결해서 현재 상황을 잘 관리하고 미래를 준비
하는 데 역점을 둠과 동시에 세금을 거두는 과정에서 국민적 합의를 도출할
필요가 있다. 현재 평양은 김정은으로의 권력승계 과정에서 나타날 내부 불
만을 해소하고 결집을 다지는 목적 하에 대남 도발을 감행할 소지가 있기 때
문에 안보기반부터 튼튼히 다지면서 서울 경제의 파이를 동시에 키워나가는
것이 급선무이다.[12] 세 번째 중·장기 남북통합 내지 통일의 대응책은 사회통
합으로 평소 대북방송 등을 활용하여 북한 지도층과 주민들에게 통일이 되어
도 그들에게 불이익을 받지 않는다는 통일필요성의 메시지를 전달하고 한민
족 정체성과 한국주도의 통일의 필요성을 알리는 작업이 필요한 요건이다.
이 단계에서 저자가 주장하는 전자모바일통일방안을 북한주민과 한국주민
및 해외동포에게 알려 남남·남북 사회 통합방안을 강구해야 한다. 특히 남한
내 의견수렴은 통일비용 등 국론이 분열되는 것을 막기 위해 꼭 필요하다.
    마지막 중·장기 남북 통합 내지 통일의 대응책은 통일한국외교로 독일
통일과정에서 미국이 보여준 전폭적인 도움으로 영국, 프랑스 등 국가가 반

---

12) "MB 통일세 신설 발언," 주간한국(2010년 8월 28일), pp. 4~6.

대할 수 없었던 교훈으로 현재 국제질서 주도국인 미국과 동맹을 바탕으로 6자회담국인 일본과 러시아의 협력을 얻어내야 한다. 또한 중국에 대해서 한반도통일이 중국 안보와 내정에 해가 되지 않는 점을 민·관 채널을 통해 부각시켜야 할 점이다.[13] 중국 내 유력한 미국통(미국 조지워싱턴대 박사학위 취득자)인 칭화대(淸華大) 공공관리학원 산하의 국제전략발전연구소 소장인 추슈롱 교수는 2011년 10월 17일 서울 프레스센터에서 개최한 제2차 니어·칭화 한·중 안보전략 대회에서 평양이 서울이나 워싱턴의 공격을 받아도 베이징은 군사적인 행동 없이 외교적 해결을 촉구할 것으로 보고 "대부분의 중국인은 미국이 미래에 계속 미군이나 미군 기지를 한반도에 주둔시킨다고 해도 통일한국이 중국에 맞설 것이라고 생각하지 않는다"며 "중국은 한반도의 통일, 특히 남한이 주도하는 통일조차도 받아들일 수 있다"[14]고 밝힌 점은 통일한국외교에 가능성을 보여 준 사례이다.

　　이러한 미래를 예측하면서 생각할 점은 통일한국은 외세에 의해서 이루어지는 것이 아니고 한민족이 이루어야 할 장기적인 과제이기 때문에 앞에서 지적한 예상가능한 시나리오와 기대치 않은 결과로 올 수 있는 통일문제를 미리 준비하되 장·단점을 고려하여 준비하는 것이 타당하다. 통일과정의 수순은 정해진 것이 없이 다른 경로로도 올 수 있는 점을 다각적인 측면에서 이성적 통찰과 과거에서 이어온 현실의 입장에서 다루어야 한다. 이명박 정부가 들어서서 정부의 모호한 대북정책이 평양에 불신을 키우고 북핵 등 한반도문제에서 주도권을 잃어버리는 결과를 초래해서 북한은 통미봉남을 사용하도록 유도한 결과를 가져왔다. 단기적인 정치적인 이해관계 차원을 넘어서 장기적인 통일한국 대비를 위해서 우선권과 행정적 인간모델을 참조하는 것이 중요하다.

　　우선권(Priority)이란 용어를 정치학에 적용할 경우, 그것은 정책결정자들이 다른 이슈나 정책들에 비해 특정의 어떤 이슈 혹은 정책에 우선권을 부여한다는 것을 의미한다. 그들은 국내외학자들로 구성된 두뇌집단들의

---

13) "핵 유출 막고 통합 이루려면 4강과 공조강화," 상동(2008년 9월 26일), p. A6.

14) "북한이 美·한국 공격 받아도 中, 군사적으로 지원 안할 것" 상동(2011년 10월 18일), p. A6.

새로운 견해들을 활용해야 하며 문제들을 피상적으로 다룰 것이 아니라 행정적 인간모델(Administrative Man Model)을 적용해야 할 것이다. 서울의 지도자들은 국내외의 학자들로 이루어진 국내외 정책자문위원회(Advisory Council on Domestic and Foreign Policy)를 구성해야 한다. 이 자문위원회 구성원들은 서울의 정책결정자들을 위해서 여러 가지 다양한 정책분야들을 분석·탐구하며 평가하고 추천함으로써 선진조국 건설에 기여할 것이다. 미국에 거주하는 교포학자들은 그들의 전문적인 지식을 모국의 정치발전을 위해 사용하기를 원한다.[15] 그들은 '선 민주개혁·경제발전 후 통일'을 강조해야 할 것이다.

서울은 1987년 12월에 한국 민주화의 서장을 열었으며 1988년 9월에는 서울올림픽을 개최했다. 경제지수가 보여주는 바에 의하면 1988년도의 일본, 한국, 타이완, 홍콩 등의 동아시아국가들의 경제상황은 낙관적이었다. 1988년에 남한이 안고 있던 소위 3대 과제는 통일한국의 민주화, 올림픽의 성공적 수행 그리고 지속적인 평화를 성취하는 일이었다. 1988년은 한국이 선진국대열의 문턱에 들어서는 해이다. 일본은 1964년에 아시아에서는 최초로 동경올림픽을 개최함으로써 선진국 대열에 들어섰다.[16] 하지만 저자는 1988년의 서울올림픽을 성공적으로 수행함으로써 한국이 자동적으로 선진국이 될 수 있다고 주장하는 것은 아니다. 선진국이 되기 위해서는 국내 및 대외 정책 분야에 있어서의 개선을 동시에 요하는 것이다. 새로 출범한 노태우 대통령이 이끄는 제 6 공화국 기간 동안 서울의 정책결정자들은 지역 간의 균형을 유지하고 파벌주의와 학생들의 시위를 종식시켜야 하며 1993년 전에는 새로운 평화적 통일방안들을 마련했어야 한다.

이러한 공공요구에 부응하여, 노태우 정부에서 1980년대 말 1989년 9월 11일 '한민족공동체통일방안'을 발표하여 민족화합과 민주통일방안을 보완하여 '민족공동체'라는 통일의 틀과 '남북연합'이라는 중간과정을 제시한 바

---

15) 저자는 노스 캐롤라이나 대학에서 1988년 1월 14~16일에 열린 아시아학회 남동부 27차 연차회의에서 "The Two Koreas in World Politics: The 1988 Seoul Olympics and Democracy"라는 제목의 논문을 발표했다.

16) Richard Espy, *Politics of the Olympic Games*(Berkeley, California: University of California Press, 1981), pp. 76~93.

있다. 앞에 한국의 통일방안에서 지적하듯이 한민족공동체를 통한 통일은 중간과정을 제도화하면서 '서울'과 '평양'에 과도적 연합체제를 설치하는 것을 말한다. 이 연합체제는 '서울정부'와 '평양정부'를 민족공동체 틀 안에서 국가 간의 관계가 아닌 민족 내부의 특수관계로 설정하고 대내외적 문제를 해결하면서 민족의 이익만을 추구하는 과정을 의미한다.

노태우 정부를 이어받아 1994년 8월 15일 김영삼 전 대통령이 광복절 경축사에서 제시한 민족공동체 통일방안은 한민족공동체 통일방안의 틀을 기본적으로 계승하면서 1992년 2월 19일에 남북기본합의서와 한반도 비핵화 공동선언이 발효된 점을 반영하고 위의 합의사항을 이행하기 위한 화해·협력단계를 통일과정상의 첫 단계로 설정한 특징이 있다. 다시 말해서, 화해·협력 - 남북연합 - 완전통일의 과정을 제시한 서울의 통일방안이다. 김영삼 전 대통령은 통일은 자유민주주의를 바탕으로 하는 통일의 기본철학, 통일의 원칙, 통일조국 미래상을 포함하여야 한다고 주장했다. 반면에 그는 평양이 대남혁명전략을 포기하면서 개혁·개방을 하라고 촉구한 바 있다.[17] 이 단계에서 모든 문제가 해결된다는 의미는 아니고 그동안 쌓인 후작용도 생길 수 있다는 전제가 있으며 민족구성원이 하나의 공동체를 통합하는 데 초점을 둔다는 데 의의가 있다.

2000년대 들어서서 제1차 남북정상회담은 2000년 6월 13일부터 15일간 서울의 김대중 전 대통령과 김정일 국방위원장이 평양에서 만나 '6.15남북공동선언'을 채택한 회담이었다. 이 회담은 역사적으로는 55년 분단사의 새로운 출발점을 알리는 남북 최고당국자 간의 만남으로서 적대관계에서 화해협력의 새시대를 여는 전환점을 마련한 것이고, 구조적 차원에서는 한반도평화를 위한 기본구도를 복원시켰다는 점에서 의의가 있다고 분석이 된다. 이후 이산가족상봉, 금강산관광, 북한의 남한 주최 스포츠경기 참가 등 민간교류사업이 본격적으로 실행되면서 국민의 정부 햇볕정책을 통해 한반도평화를 증진시킨 공로로 김대중 전 대통령이 2000년 노벨평화상을 받은 바 있고, 기능적 측면에서는 남북화해협력과 신뢰구축을 위한 중요한 계기가 작

---

17) 통일문제 이해, 2003, pp. 63~64.

용했다고 볼 수 있겠다. 남북정상회담의 성과는 6.15공동선언 5개 항으로 남북의 최고당국자가 합의·서명한 문건으로 분단역사상 처음으로 상호 간의 이해를 증진시키고, 남북관계를 발전시키고, 평화통일을 실현하는 데 초석을 놓는 역할을 한 바 있다.

김대중 전 대통령의 대북정책을 계승한 노무현 대통령의 제 2 차 남북정상회담은 우여곡절 끝에 2007년 10월 2일부터 4일간 평양에서 노무현 전 대통령과 김정일 국방위원장 간 두 번째 남북 정상회담을 가진 바 있다.

2008년 노무현 정부를 이은 이명박 현 정부는 2008년 7월 11일 18대 국회개원 연설에서 이명박 대통령은 '상생과 공영'의 대북정책을 거시적인 비전으로 제시했다. 그의 대북정책의 목표는 지난 10년 동안 국민적 합의 없이 추진된 '햇볕정책'의 부작용을 치유하고 경직된 북한체제를 변화시키는 데 초점을 맞추면서 서울이 남북관계의 주도권을 갖는 것을 제시한 바 있다. 그는 이 연설에서 7.4공동성명, 남북기본합의서, 비핵화 공동선언, 6.15, 10.4선언을 적시하며 "이행문제를 북측과 진지하게 협의할 용의가 있다"고 남북당국 간의 전면적 대화를 제시한 것이다. 이 뜻은 평양이 요구한 6.15, 10.4선언뿐만 아니라 과거의 정상급 또는 총리급 합의에 대한 포괄적인 범위의 이행을 하자는 역제안 성격이다. 이명박 정부의 대북정책의 새로운 기조로 내세운 '상생과 공영'은 '선 대북지원, 후 남북현안 협의·해결' 기조로 가지 않고 북한의 비핵화를 최우선으로 하여 향후 핵검증 및 북핵협상의 진전에 따라 보다 전향적인 정책으로 발전하는 이상적인 대북제의이다.

이러한 역대 정권의 통일방안의 변천과정의 일관성을 전제하건대, 한국의 통일에 대한 장래의 전망은 어떠한가? 어느 누구도 정확한 예언자로 자처할 수는 없다. 하지만 현재의 추세를 바탕으로 해서 미래를 예견할 수는 있을 것이다. 저자는 이것을 '점진적 미래전망'(the Incremental Future Prospect)이라고 부르고자 한다. 이는 우리가 분석적 틀을 이해하는 데 도움을 줄 것이며 여기에는 몇 단계 동향을 포함한다. 현재 및 단기적 동향(the Present and Short-term trend)에는 한국의 경우 이명박 정부의 기존의 민족공동체 통일정책(National Community/Unify Korea)과 서울이 처한 '일반적 환경-1'(ES(Environment of South

Korea)-1)이 포함되고, 북한의 경우에는 김정일 통치 하의 고려민주연방공화국(DCRK)의 통일정책과 북한이 처해 있는 '일반적 환경-1'(EN(Environment of North Korea)-1)이 포함된다. 한국과 북한의 한국통일정책에 대한 '핵심적 공통요소-1'(CCT-1)(Common Core Thread 1 of South and North Korean Unification Policy)이 또한 이 단계에 포함된다. 현재 및 단기적 동향단계는 점진적 미래전망에 있어서 그 토대를 형성한다. 다음 단계로 옮아가기 전에 한국과 북한의 각 통일정책은 '공통요소-1'에 의해 '종합-1'(S(Synthesis)-1)을 형성하게 된다. 시기적으로는 2008년부터 2014년까지가 이 단계에 해당된다. '종합-1'(S-1)은 두 개의 다소 느슨한 결합에 기초한 평화적 공존의 제1단계에 해당된다. 이 단계에서 고려되는 중요한 정치형태의 변화는 소위 강소국연방제모델(Powerful Small Federal Nation Model)로 개헌하고 기초적인 작업을 서울이 중심이 되어 시작한다는 논리이다.

이제 중기적 미래동향단계(Medium-range Future Trend)로 넘어가면, 다음의 것들, 즉 남한의 준(準)-민족공동체(Semi-UC/UK)통일정책과 '일반적 환경-2'(ES-2), 북한의 준(準)-고려민주연방공화국(Semi-DCRK) 정책과 '일반적 환경-2'(EN-2) 그리고 남북한통일정책의 '핵심적 공통요소-2'(CCT-2) 등이 이 단계에 포함된다. 두 번째 동향단계는 2010년대 초반(2013~2018년)에 '종합-2'(S-2)를 형성할 것이다. '종합-2'는 두 개의 느슨한 결합에 기초한 평화적 공존과 강소국 연방제모델의 2번째 단계이다.

그 다음으로 장기적 미래동향(Long-term Future Trend)의 단계로 넘어가면, 여기에는 한국의 준(準)-1 민족공동체통일정책과 '장기적 미래환경-3'(SKLTFE (South Korea Long Term Future Enviornment)-3), 북한의 준(準)-1 고려민주연방공화국정책과 '장기적 미래환경'(NKLTFE(North Korea Long-Term Future Enviornment)-3) 그리고 남북한 통일정책의 '핵심적 공통요소-3'(CCT-3) 등이 포함된다. 장기적 미래동향의 단계는 2010년대 말(2019~2024년)에 '종합-3'(S-3)을 형성할 것이다. '종합-3'(S-3)은 강소국 연방제모델(Powerful Small Federal Nation Model)이 될 것이다.

또다시 다음 단계로 넘어가게 되면 여기에는 한국의 준(準)-n 민족공동체통일정책의 실행과 '마지막 단계의 미래환경-n'(SKLFE(South Korea's Last

Future Enviornment)-n), 북한의 준(準)-n 고려민주공화국정책의 실행과 '마지막 단계의 미래환경-n'(NKLFE(North Korea's Last Future Enviornment)-n) 그리고 남북한통일정책의 '핵심적 공통요소-n'(CCT-n) 등이 포함된다. 다시 남북한의 준(準)-n 통일정책과 '공통요소-n'(CCT-n)은 그들이 2020년대를 맞이할 때쯤 '종합-n'(S-n)에 이를 것이다. 그때에 이르기까지 남북한의 정책결정자들은 하나의 동의가능한 통일정책을 창안해 낼 수 있는 올바른 시각을 갖게 될 것이다. 궁극적으로 가능한 통일정책이란 두 개의 다소 느슨한 결합에 기초한 평화적 공존으로부터 연합모델로 강소국 연방제과정을 거쳐 통일한국의 이상형으로의 기나긴 수정을 통한 점진적 과정의 결과로서 얻어지는 것이다.

남북한의 정책결정자들이 통일문제 해결에 합리적으로 응하기만 한다면 그들은 의심의 여지없이 두 개로 분단된 한국을 하나의 통일한국으로 만드는 하나의 통일정책에 도달할 수 있을 것이다. 4천년 역사를 통해 한국은 통일과 분단의 순환을 거듭해왔다. 대부분의 한국인들은 분단보다 통일이 더 이롭다고 생각하며 한국통일의 성취는 역사적 사명이다. 학자들은 정책결정자들이 미래의 통일한국의 길로 국민들을 이끌 수 있도록 그 방법을 제시해야 한다.

2020년대는 이미 다가왔다. 10~20년 후에는 소위 한국전쟁 전후에 태어난 세대(제 1 세대)는 물러가고 제 2 세대 내지 제 3 세대가 한반도정세를 이끌 것이다. 지난 10~20년간 그랬던 것처럼 앞으로 10~20년간에도 많은 일들이 일어날 것이다. 2008년을 기준으로 지난 10~20년 동안 변화된 현상들을 살펴보자. 10~20년 전의 과거와 현재를 비교하는 것은 미래의 변화를 예측하는 하나의 방법으로 실제로 다가올 미래와는 크게 다를 수도 있다. 여기에 수반되는 교훈은 과거 10~20년의 큰 변화를 이해하고 난 다음에는 향후 10~20년간 얼마나 큰 변화가 올 수 있는지 쉽게 짐작할 수 있겠다.[18]

1976년부터 '미국의 세기'는 저물기 시작했다. 석유수출국기구(OPEC: Organization of Petroleum Exporting Countries)는 국제정치에 커다란 영향력을 행사했다. 몇몇 미래학자들은 세계가 식량 및 필수품의 부족과 함께 영원한 에너지위기에 직면할 것이라고 주장했다. 그러나 그들의 예언은 맞지

---

18) 로버트 브래드포드 · 피터 던컨, 전략기획 노트, 비즈니스북스, p. 192.

않았다. 그 당시에는 정통파(구세대) 공산주의자들이 모스크바와 베이징을 움직이고 있었으나 오늘날은 수정주의(새로운 세대) 공산주의자들이 통치하고 있다. 워싱턴에서는 이상주의자 지미 카터(Jimmy Carter)가 새로운 민주당 시대의 막을 열었다. 이어 레이건(Ronald Wilson Reagan)은 현실주의자로서 보수주의적 공화당시대를 이끌어왔다. 미국은 부시(조지 H. W. 부시(George Herbert Walker Bush) 미국의 41대 대통령(1989년-1993년 아버지) 전 대통령과 클린턴 대통령을 거쳐 조지 부시(조지 W. 부시 (George Walker Bush) 미국의 43대 대통령 아들) 대통령의 8년을 거치면서 100년에 한 번 있을까 말까 하다는 경제위기로 9.11 이후 아프가니스탄전쟁과 이라크전쟁을 주도해온 '유일 초강대국' 미국에 대해 비판론과 지지론이 충돌하고 있는 가운데 200여 년 역사에 처음 보는 2008년 11월 4일 대통령선거의 정치격변이 겹쳐 소용돌이 정국에 있다. 앨런 그린스펀 전 FRB 의장(1987년부터 18년간 이끌어온 '경제대통령')은 2008년 10월 미국 의회 청문회에 출석해 지금의 경제위기를 "100년에 한 번 있을까 말까 한 신용 쓰나미(해일·海溢)"라며 "지난 40년 이상 경제이론이 아주 잘 들어맞고 있다는 많은 증거를 갖고 있었기 때문에 (최근의 사태에) 충격을 받았다"고 말한 바 있다.[19] 오바마가 최초의 흑인 대통령에 당선되었고 미국사회는 경제위기 외에 인종폭탄, 이념폭탄, 빈부격차폭탄까지 안게 될 것으로 예상된다. 위기의 진원지인 미국에 세계의 돈들이 들어와 곳간구멍을 메워주러 몰림으로써 워싱턴이 세계 자금의 도피처가 되고 있다는 말도 안 되는 모순으로 이것이 국제정치·경제의 현실이다.[20] 20년 전에는 어느 누구도 남한이 대통령 직접선거를 치르고 1988년 올림픽게임을 개최하게 될 것이라고 예측할 수 없었을 것이다. 한국에서 지난 10년간 진보세력의 두 대통령이 남북한 교류협력을 통해서 뒤로 되돌릴 수 없는 관계를 형성한 바 있다. 지난 10년간의 발자취는 짧은 기간 동안에도 많은 일이 일어난다는 것을 우리에게 시사해 준다.[21] 워싱턴과 모스크바는 약간의 반작용은 있겠으나 데탕트 정책을 수행해 나갈 것이다.

19) "대통령이 세계 경제 대해일에서 나라를 구하려면," 조선일보(2008년 10월 29일), p. A31.

20) "미국, 너나 잘하세요, 제발," 상동 p. A30,

21) *New York Times*(January 1, 1988), p. 16.

미국은 2차 대전 이후 지속돼 온 미국의 패권(hegemony)이 몰락하는 역사적 전환점에 왔다는 2008년 10월 금융위기로 힘 빠지는 미 슈퍼파워(Super Power)라는 국제정치담론이 부상하고 있다. 이 부상은 미국의 경제수장들이 현 경제위기에 대해 직격탄을 맞아 당황하는 상황에서 중국은 우주 유영을 하고 네오콘(신 보수주의자: Neocon) 내에서도 '다극화시대가 왔다'는 주장에서이다.

그러나 미국은 세계1위 부국으로 작년 말 GDP(국내총생산)가 13조 2,018억 달러이다. 일본은 2위, 3위는 독일, 4위는 중국, 5위는 영국, 6위는 프랑스의 GDP를 합친 것과 비슷한 규모로 그래도 21세기는 미국의 세기라는 반론도 있다. 프랑스 문명비평가 기 소르망(Guy Sorman)은 미국의 힘은 '제도화된 경쟁과 혁신'에서 나온다며 '통합된 유럽'이나 '떠오르는 중국'도 당분간 미국의 적수가 못된다고 2008년 10월 4일 주장했다. 그의 이론은 미국 경제활력의 요체는 파산법과 대기업의 경쟁력과 이윤 중심의 새로운 기업창출과 역동성, 정치와 경제의 분리, 낮은 세금, 유연한 노동시장, 높은 에너지효율과 생산성, 세계기축통화인 달러사용과 미국대학의 경쟁력의 엔진이다.[22] 동아시아국가들은 국제무역정책에서 중요한 역할을 담당할 것이다. 중국은 경제대국을 향해 매진해 나갈 것이며 개방주의정책을 실행할 것이며 한국은 일본을 따라잡거나 혹은 적어도 그 격차를 좁혀갈 것이다. 북한은 전반적인 데탕트정책 하에 남한에 대한 도발정책을 포기할 것이다. 김일성은 1997년 사망했으며 그의 아들 김정일이 북한을 이어받았다. 김정일의 병환으로 앞으로 불투명한 위치에 있으며 북한의 위기는 이미 시작된 상태이다. 김정일은 그의 병환으로 인해 피붙이밖에 믿을 수 없다는 신념에서 3대 세습을 그의 삼남 김정은에게 디지털 시대에 맞게 빠른 속도로 2010년 가을에 단행하였으나 아직 불안한 위기상황이다. 김정일 사후 김정은은 김경희·장성택 및 리영호 섭정 하에 집단체제로 조기 체제안정을 기하고 있다. 그러나 중장기적으로 보자면 아직까지 이러한 섭정 체제는 항상 돌변변수가 일어날 수 있는 불안한 위기 상황을 안고 있다. 1997년에 홍콩이 중국에 귀속된 후에는 소위 동아시아공동시장이 출현했다. 남북한은 궁극의 동의 가

22) "그래도 21세기는 미국의 세기," 조선일보(2008년 10월 5일), p. A35.

능한 종합으로 이르는 총괄적인 목표에 도달하지는 못하겠지만 현재의 통일
정책을 꾸준히 수정해 나갈 것이다. 남북한정책결정자들은 결국 한국을 하
나로 통일시키는 데 동의하게 될 것이다. 통일한국은 한국인에게 역사적인
필연인 것이다. 한국은 분단과 재통일의 과정을 되풀이해왔다.

　여기서 1998년부터 2008년까지의 변화를 되돌아볼 때 많은 변화도 추리
가 된다. 1998년 김대중 정부의 출범 이후 남북 교류협력과 대화가 본격화
된 지난 10년은 한반도의 전쟁종식과 평화를 위해 남북이 함께 주연이 되어
적극적 노력을 펼친 시기였다. 두 차례의 남북정상회담을 통해 한반도 운명
을 남북한이 주도적으로 이끌어가는 노력을 보인 점이다. 이 기간 동안 한
국은 남북관계에서 영향력 증대를 바탕으로 미국과 일본, 중국과의 외교를
펼쳐왔다. 이유인즉 2000년 남북정상회담은 분단 50년의 물줄기를 바꾼 사
건으로 많은 사람들이 주장하는 대로 평양에 대한 경제적 퍼주기와 무조건
적인 편들기보다도 50년이 지난 이후 남북한 상대방에 대한 인식과 남북한
특수관계의 패러다임이 변화를 잘 활용한 결과라고 분석된다. 김대중 전 대
통령은 통일에 대한 관심을 갖고, 화해·협력정책을 펼치면서 평양을 '전략
적 동반자'로 또한 '경제성장의 동력'으로 간주하여 특수한 남북관계를 적극
적으로 활용하여 국내외 환경을 호전시키는 전략을 실천에 옮긴 점이다. 예
컨대, 1998년 김대중 정부의 출범 당시 미국의 클린턴 2기 정부에서 북·미
제네바협의를 전면 재검토하라는 미 의회의 압력에 직면할 당시 평양은 대
륙 간 탄도미사일 발사를 감행했고 서울은 금강산관광을 북한의 미사일 발
사 80여일 후에 워싱턴의 반대에도 불구하고 승인하여 한·미동맹의 갈등을
불러오는 계기를 마련한 바 있다.

　역으로 위의 결과는 북·미관계 개선과 한반도 평화체제 구축을 담은
페리보고서를 만들게 됐다. 워싱턴의 대북제재는 방향을 바꾸게 되고 2000
년 1차 남북정상회담을 여는 데 반대하지 않았다. 남북한은 한반도 평화문
제에 대한 전략공조도 2002년 4월 부시행정부 출범과 9.11테러, 미국의 아프
간 공습과 '악의 축' 발언 등으로 한반도의 위기가 급증한 가운데 임동원
특사를 방북시켜 남북관계의 복원과 한반도전략으로 미국의 특사파견 제의,
일본인 납치자문제 시인 등을 권고한 바 있다. 평양은 이후 대내적으로 7.1

경제관리 개선조치와 경의선·동해선 연결공사 착공, 김정일 측근 실세로 구성된 경제사찰단 남한 방문, 신의주·개성·금강산 특구 지정, 대외적으로 미국의 특사를 수용하고 일본인 납치문제를 시인했다. 두 번째 남북한의 전략적 협력사례는 2005년 6월 정동영 특사의 김정일 위원장과의 담판에서 평양의 핵포기 의지확인과 교착상태에 있던 6자회담의 재개로 9.19공동성명의 초석을 마련한 예를 들 수 있다.

위의 질적인 성과에도 불구하고 큰 틀에서 지속돼온 지난 10년간 성과 못지않게 3가지 한계점도 노출된 바 있다. 첫 번째 한계성은 2000년 정상회담 추진과정에서 총선에 임박해 합의를 발표한 점과 정부가 절차상 법에 어긋나는 현대의 대북송금을 묵인하고 지원하는 남북관계 발전목적의 당위성과 수단의 당위성에 위반하는 과정의 정당성 결여이다. 여기서 인내를 가지고 원칙 있는 과정을 거치는 것이 순리임에 틀림이 없다. 둘째는 노무현 정부에서 차기 대통령선거를 불과 두 달 반 남겨놓은 상태에서 이루어진 2007 제2차 남북정상회담은 현 정권이 감당할 수 없는 협력사업을 약속함으로써 우려와 반작용을 초래하여 국민적 합의를 얻는 데 방해를 한 점이다. 정치적 논리에 의하여 너무 빠른 남북관계 추진과 지난 50년간 적대관계를 체험한 국민들의 정서와 요구 사이에 생기는 기대치 않은 반작용이다. 셋째는 국제환경이 뒷받침하지 않은 남북관계로 한·미 간의 대북인식과 접근법의 차이, 속도조절의 차이를 보임으로써 생기는 한·미 및 남북관계의 불협화음 노출이다. 이 3가지 한계성이 남북정상회담 이후 7년의 남북관계가 주는 교훈이다. 앞으로 남북관계 과정에서, 통일한국으로 가는 과정에서 인내, 국민적 합의, 그리고 주변국의 지원이 동시에 이루어져야 순항할 수 있다고 분석이 된다.[23]

이 장은 마치 한 여행자가 점진적 미래전망에 기초하여 통일한국의 약속된 땅에 도달하기 위해 어두 컴컴한 바다를 여행하는 것과 같다. 이 과정은 '미래를 읽는 기술'의 저자 피터 슈워츠가 아들에게 쓴 편지 '어떤 미래

---

23) 남북관계 60년, 진통 속의 희망 가꾸기 [기획특집] 대한민국 60년, 한반도의 좌표와 미래는? (1) 등록일자: 2008년 1월 02일 (수) 12:36, http://www.pressian.com/scripts/section/article.asp?article_num=40080102114033 참조.

도표 4-1	통일한국에 이르는 과정

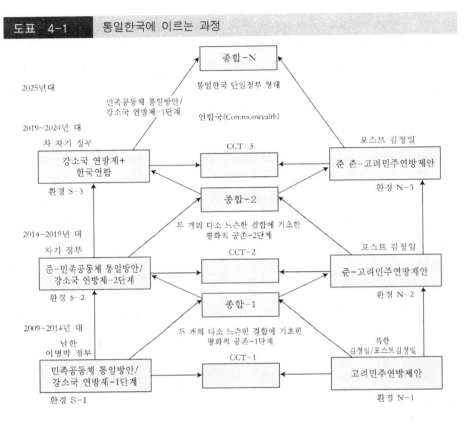

자료: 한민족공동체통일방안(1988년 9월 11일), 노태우 대통령 특별연설.

가 되든 철저한 준비를 해라. 그 상황의 노예가 되지 않으려면'이 우리의 이해를 도울 것이다.[24] (도표 4-1 통일한국에 이르는 과정 참조).

이 도표는 한국통일의 방안을 분석하기 위한 틀로 작용할 것이다. 이 장은 현재의 동향(제1단계)으로부터 시작하여 두 번째 동향(제2단계) 그리고 세 번째 동향(제3단계)으로 나아감으로써 또한 N동향(N단계)을 분석함으로써 정책결정자들이 단계적 방안들을 이해하고 통일문제를 해결하는 데 도움을 주려고 한다.

---

24) "토플러의 '앞으로 40년' 예측, 조선일보(2010년 10월 18일), p. A34.

현재의 단계(제1단계)로부터 시작하자. 이 현재의 동향 혹은 단계는 정권이 바뀔 때마다 새로운 정책결정자들에 의해 얼마든지 수정될 수 있다. 두 개의 한국의 기존의 통일정책은 민족공동체통일정책(National Community/Unify Korea)과 고려민주공화국(DCRK)정책으로 각각 불리는 것으로 노태우와 김일성에 의해 만들어진 것이다. 현 동향(제1단계)은 남한의 '환경-1'과 북한의 '환경-1', 그리고 '핵심적 공통요소-1'을 포함한다. 민족공동체통일정책과 고려민주연방국으로부터 시작하여 남북한의 환경 그리고 공통요소의 순서로 검토하는 것이 논리적일 것이다.

I. 현재의 동향(제 1 단계)

1. 한국의 통일방안(민족공동체통일정책)

현재 한국의 민족공동체 통일방안은 과거 전두환 전 대통령의 통일민주공화국으로 돌아가서 현재까지 분석할 필요가 있다. 전두환 전 대통령은 1982년 1월 22일 국회에서 행한 연두교서에서 통일민주공화국(Unified Democratic Republic of Korea)을 제시한 바 있다. 이것이 남한의 통일방안을 분석하는 데 있어 출발점이 된다.[25] 그의 통일정책의 가치관은 굳건한 국가 안보에 초점을 맞추고 있다. 통일민주공화국은 민족화합과 민주통일의 두 개의 주요 부분으로 되어 있다. ① 통일민주공화국을 위한 선행조건으로서 민족화합을 성취하기 위한 남북한 사이의 7개항의 혁신적인 잠정협정과, ② 통일헌법을 기초하고 국민투표를 실시하는 '민족통일협의회'(Consultative Conference for National Reunification)의 구성을 통해 미래의 통일민주공화국 정치체제를 구축하기 위한 장대한 방안이 그것이다. 두 개의 한국 사이에 기본적인 관계에 대한 7개항의 잠정협정은 다음과 같다.

  1) 상호평등과 호혜의 원칙 … 남북한은 통일 이전에 평등과 호혜에 기초한 사실상(de facto)의 남북한관계를 유지할 것이다.

---

25) *The Korea Herald*(January 23, 1982), pp. 4~5.

2) 상호불가침 … 남북한은 통일문제를 해결하기 위해 무력침략행위를 삼가고 평화적인 대화와 협상에 응할 것이다.

3) 상호승인과 불간섭 … 남북한은 상대방의 사실상의 정치체제를 인정하고 내부문제에 대해 간섭하지 않을 것이다.

4) 1953년에 체결된 휴전협정의 지지 … 남북한은 기존의 휴전협정을 고수하면서 군사적 충돌과 무기경쟁을 종식시키기 위한 대안을 마련할 것이다.

5) 상호교류와 협력 … 남북한은 다음과 같은 분야, 즉 여행, 이산가족의 재회, 무역, 하부구조, 방송 및 커뮤니케이션, 우편, 스포츠, 교육, 문화행사, 보건기술 그리고 환경보호와 같은 분야에서 상호협력할 것이다.

6) 기존 외교관계의 상호존중 … 남북한은 한국이 통일될 때까지 각자 외국과 맺은 상이한 조약과 협정을 유지해 나갈 것이다.

7) 서울과 평양에의 연락대표부 설치 … 남북한은 원활한 외교관계를 유지하기 위해 각료급 수준의 상주연락대표부를 파견할 것이다.[26]

남북한 간의 관계를 개선하기 위한 이상의 7개 항의 잠정조치는 3개의 범주로 집약된다. 첫 번째 범주는 평화적 공존의 원칙에 관한 것으로 1)항에서 4)항까지가 해당된다. 이는 두 개의 한국이 좋든 싫든 간에 같은 배를 타고 있다는 것을 의미한다. '법률상'(de jure) 남북한은 상대방을 승인하기를 거부한다. '사실상'(de facto)으로 남북한은 지난 67년간 별개의 상이한 정치체제로 공존해왔다.

두 번째 범주는 협력의 원칙에 관한 것으로 5)항과 7)항이 이에 해당된다. 두 번째 원칙은 합리적이고 실용적인 것으로 남북한이 긴장을 완화하고 신뢰를 회복하기 위해 가능한 방안들을 마련토록 할 것이다.

마지막 범주는 남북한의 외교정책에 관한 원칙이다. 당분간 남북한은

---

26) "Formula for National Reconciliation and Democratic Unification proposed by the former President Chun Doo Hwan in his New Year policy statement, January 22, 1982," *Korean Unification Source Materials With an Introduction* vol. Ⅳ(Seoul, Korea: Research Center for Peace and Unification of Korea, 1986), pp. 208~210.

각기 복합적인 외교정책을 자신의 고유한 방식대로 수행해 나갈 것이다. 마지막 범주는 남북한 각자의 대외문제에 관한 것이다. 소위 7개 항의 잠정조치는 한국통일의 방안을 개발하기 위한 출발점이다. 그것은 또한 과도기 동안 두 개의 한국 간의 대화를 개시하기 위해(고위급예비회담이나 정상회담의 개최를 시도함으로써) 한 국가 내의 두 정부 사이의 평화적 공존을 강조한다. 그것은 통일민주공화국 안을 성취하는 과정에서 남북한 지도자들이 폭력적인 방안을 사용하지 않도록 하는 것을 목표로 하고 있다.[27]

통일민주공화국 안의 두 번째 부분은 조직모델(Organizational Model)과 통일헌법을 기초하기 위한 민족자결, 민주적 절차 그리고 평화적인 방법의 제 원칙에 관한 것이다. 조직모델에 의하면 민족통일협의회의 구성이 요구된다. 민족통일협의회는 범 한국조직으로서 표준운용절차(Standard Operating Procedures)를 사용한다. 민족통일협의회는 헌법의 기초를 목표로 하고 있다. 표준운용절차에 의하면 남북한은 각기 민족주의, 민주적 절차, 평화적 목적 달성의 원칙에 따라 대표단을 파견하도록 되어 있다. 이는 평화적인 수단에 역점을 두면서 통일문제가 오직 한민족에 의해서만 해결될 수 있다는 것과 남북한 양측의 대표들에 의해 처리되어야 함을 의미한다. 제안된 기구로서의 민족통일협의회는 통일정부의 명칭, 기본적인 대내외적인 정책들, 총선거의 절차상의 문제들 등 통일민주공화국안의 성취를 위한 조건들을 논의할 것이다.

초안된 헌법은 국민투표를 거쳐 영토를 통치하는 법률이 될 것이다. 국민투표 후에 남북한은 통일정부를 구성하기 위해 민주적 총선거를 실시할 것이다. 통일한국은 민족주의 및 국민의 자유와 복지의 이상을 실현할 수 있도록 구상되어야 한다. 따라서 표준운용절차, 민족주의, 민주적 절차 그리고 평화적인 목적달성 등은 미래의 통일한국으로 향하는 구체적이고 합리적이며 또한 실용적인 절차들이다.[28] 통일민주공화국은 남한의 통일정책의 공

---

27) *South-North Korea Dialogue in Korea*(Seoul, Korea: International Cultural Society of Korea, 1982), pp. 7~22.

28) Tae Hwan Kwak, *In Search of Peace and Unification on the Korean Peninsula*(Seoul, Korea: Seoul Computer Press, 1986), pp. 40~47. *Korean Unification Source Materials with an Introduction* vol. Ⅲ, 같은 책, pp. 208~213.

식적인 청사진인 동시에 미래의 통일정책개발을 위한 출발점이다(도표 4-2 통일한국의 조직모델(3단계) 참조).

도표 4-2	통일한국의 조직모델(3단계)

Ⅰ. 7개 항 잠정조치

범주 1 … 평화적 공존
   1. 평등과 호혜
   2. 상호불가침
   3. 상호승인과 불간섭
   4. 1953년 휴전협정의 잠정적 지지
범주 2 … 협력
   5. 상호교류와 협력
   7. 서울과 평양에의 연락대표 설치
범주 3 … 외교정책
   6. 남북한 각자 외교정책의 현상유지

Ⅱ. 구체적 제안들

민족통일협의회…   구성

(민족적 자기결정)   통일헌법의
기능과 역할   기초마련
표준운용절차

민주적 절차의 원칙…
            통일헌법의 실행
국민투표

Ⅲ. 통일한국의 목표

민족주의, 민주주의, 국민의 자유와 복지 등에 의한 통일정치체제의 수립

간단히 말해, 통일민주공화국은 남북한 정책결정자들이 장차 점진적인 접근을 통해 통일문제를 협상할 수 있도록 그 여지를 마련해 주고 있다. 이 통일방안의 장점은 그것이 융통성을 가진다는 점이다. 그러나 평양 측의 지

지 부족과 부정적인 반응(북한의 부주석이며 평화통일위원회의장인 김일은 1982년
1월 26일에 통일민주공화국 방안에 대해 부정적인 반응을 표명하였다)은 분명히 단
점이 될 것이다. 김일은 통일민주공화국 방안이 '두 개의 국가'와 '두 개의
민족' 간의 통일문제를 해결하려고 하기 때문에 비현실적인 접근법이라고
주장했다.

　　그 후 앞에서 지적한 바와 같이, 노태우 전 대통령이 '한민족공동체통
일방안'을 발표하여 민족화합과 민주통일방안을 보완하여 '민족공동체'라는
통일의 틀과 '남북연합'이라는 중간과정을 제시했다. 이 방안은 중간과정을
제도화하면서 한국과 북한에 과도적 연합체제의 민족공동체를 국가 간의 관
계가 아니라 민족 내부의 특수관계로 설정해서 해결점을 찾는 데 목표를
두고 있다. 그의 통일정책의 가치관은 북방정책에 토대를 두고 있다. 노태
우 전 대통령을 계승한 김영삼 전 대통령의 민족공동체통일방안은 화해·
협력 – 남북연합 – 완전통일의 과정을 제시한 바 있다. 그의 통일한국의 가
치관은 세계화의 틀에서 나왔으며 민족구성원이 하나의 공동체를 통합하는
데 있다. 2000년대 들어서 김대중 전 대통령의 제1차 남북정상회담은 양국
의 남북관계를 적대관계에서 화해협력의 새 시대를 여는 전환점을 마련함과
구조적 차원에서 한반도평화를 위한 기본구도를 복원시켜 평화통일을 실현
하는 데 초석을 놓는 역할을 하였다. 그의 통일정책의 가치관은 햇볕정책이
었다. 2007년 노무현 전 대통령의 제2차 남북정상회담을 개최한 것은 그의
통일정책의 가치관의 반영으로 동북아 평화와 번영에 두고 표면적으로 국가
연합은 국가 간의 수평적 관계를 설정하여 연합제를 설명하면서 내용상으로
한 국가 안에서 중앙정부와 지방정부 간의 수직관계로 하는 연방제를 염두
에 둔 것이라고 분석된다.

　　2008년 노무현 정부를 이은 이명박 정부는 '상생과 공영'의 대북정책으
로 '선 대북지원, 후 남북현안 협의·해결'의 기조로 가지 않고 북한의 비핵
화를 최우선으로 하여 향후 핵검증 및 북핵협상의 진전에 전향적으로 통일
정책을 발전시키려 하고 있다. 여기서 지적하고자 하는 점은 남북한관계는
특수관계로 지난 10년간 유지된 정책을 외부적인 요인에 의하여 내부적인
통일정책을 펼쳐나가는 데 초점을 두어 그의 통일정책의 가치관이 뚜렷하지

않다는 점이다.

2. 한국의 과거와 현재 환경

한국의 과거와 현재 환경은 내부 및 외부 변수들을 포함한다. 내부적인 변수는 국가발전 특히 정치적 발전을 의미한다. 1987년 12월 16일의 대통령 선거 후에 한국정부는 대통령으로 당선된 노태우에게 평화적이고도 성공적으로 정권이 이양되었다. 개성 및 선거공약 등에서 전임 대통령과는 차이점을 보여주기 때문에 많은 한국인들은 제6공화국(노태우 정부: 1988~1993년)의 국내 및 대외정책에 대해 낙관적인 견해를 가지고 있다. 서울의 지도자들은 평양 측 지도자들과의 관계에서 뿐만 아니라 대통령선거 및 의회선거를 치르는 과정에서 마치 큰형처럼 행동했다.

노태우 전 대통령은 1988년 1월 5일에 자신의 입장을 다음과 같이 밝혔다. 즉 초당적인 입장에서 가장 유능한 인재들을 등용함으로써 1988년의 서울올림픽 후에 자신의 선거공약에 따라 국민들로부터 중간평가를 받음으로써 그리고 또한 공식적인 취임 전에 자신과 고위급 공무원들의 재산을 등록함으로써 국내정책을 수행하는 과정에서 '민주화합'을 실현하는 것을 자신의 정치적 골자로 삼는다는 것이다.[29] 이는 그가 지역적인 반감과 계층 간, 세대 간의 격차를 해소하기 위해 또한 결과적으로 진정한 민주주의를 실현하기 위해 국내정책에서 더 많은 융통성을 보여줄 것임을 나타낸 것이다.

평양, 베이징 및 모스크바에 대한 노대통령의 대외정책 역시 남북한 교차승인을 겨냥하고 있기 때문에 유연한 태도를 보여주고 있다. 1988년 1월 11일 평양정부는 만일 북한이 공동주최국이 되지 않는다면 서울올림픽을 보이콧할 것이라고 발표하였다. 평양 측의 KAL기 폭파행위와 올림픽의 보이콧성명에도 불구하고(모두 다른 나라들에게 겁을 주어서 올림픽게임에 참석하지 못하도록 방해하기 위해 의도된) 노대통령은 그가 평양의 테러행위를 관용할

---

29) "Roh pledges to seek Basic Relations Pact with North Korea," *Korea Newsreview*, vol. 17, no. 2(January 9, 1988), pp. 4~5.

만큼 융통적이며 따라서 1988년 5월 17일(IOC(국제올림픽위원회) 의장이 이 날
짜를 정하였다)[30]까지 북한 측에 문을 열어놓겠다고 밝혔다. 노대통령은 올림
픽 후에 무역 분야에서 중국, 소련과의 평화적인 관계를 획기적으로 확대해
나가기 위해서는 교차승인이 첫걸음이라는 것을 강조했다. 베이징과 모스크
바는 1988년의 서울올림픽게임에 참가할 것이라고 밝혔다. 서울은 무역분야
뿐만 아니라 일본 수상 노보루 다케시타의 중개를 통해 중국과 외교적인 유
대관계를 개선하는 데 관심을 가지고 있다. 노대통령은 1987년의 선거운동
기간 동안 중국과의 직교역 및 외교관계의 수립을 약속한 바 있다.[31] 소위
'환태평양시대'의 개막으로 남한은 중국과 경제적인 협력관계를 개선하지
않으면 안 될 입장에 있다. 서울의 입장에서 볼 때 중국은 중공업제품의 잠
재적 시장일 뿐만 아니라 자본과 기술협력 분야에서 경제적 파트너로 고려
될 수 있다. 서울은 또한 베이징으로부터 원유·석탄·농산물 등의 원자재
를 수입하는 데 관심이 있다.[32] 이에 대해 베이징은 동경의 중개사무소를 통
해 서울지도자들에게 우호적으로 답변하였다.[33]

서울지도자들은 중국과의 그간의 협력관계로 미루어 베이징으로부터의
긍정적인 반응을 확신하고 있다. 중국은 1986년 9월 20일부터 10월 5일까지
서울에서 열린 제10회 아시안게임에 참가하였다. 이 아시아게임에는 아시아
올림픽협회(Olympic Council of Asia)에 속하는 36개 국가 중의 27개국으로부
터 4,000명의 선수와 임원이 참가하였다.[34] 제10회 아시안게임을 통해 많은
나라들은 안보상의 이유로 서울이 올림픽게임의 적합한 장소가 될 수 없다
는 북한의 주장이 옳지 않다는 것이 입증되었다고 생각하게 되었다. 그들은
서울이 1988년의 올림픽게임을 치르기 위한 안전한 장소라고 확신하게 되었
다. 사회주의국가들은 이 국제경기에 각별히 큰 가치를 부여하였다. 그들은
소련과의 이데올로기적인 유대관계로 인해 소련의 체육정책을 지지해야

---

30) 한국일보(1988년 1월 20일), p. 5.

31) *The Korea Times Los Angeles Edition*(December 23, 1987), p. 12.

32) "Ties with China," *Korea Newsreview*, vol. 17, no. 3(January 16, 1988), p. 30.

33) 한국일보(1988년 2월 7일), p. 2.

34) *The Korea Times Los Angles Edition*(September 16, 1986), p. 12.

했기 때문에 1984년의 경기에는 참가할 기회를 갖지 못했다. 그런데 중화인민공화국은 다른 사회주의국가들로 하여금 그 뒤를 따르게 만든 선구적 역할을 하였다. 중화인민공화국은 남한과 외교관계를 가지고 있지 않았지만 1986년 아시안게임에 적극적으로 참여하였으며 또한 제11회 아시안게임을 베이징에서 개최했다. 사회주의국가들은 중국으로부터 모스크바의 이데올로기노선을 그대로 따를 것이 아니라 각 국가가 자국의 이익에 근거하여 국제올림픽경기에의 참가 여부를 스스로 결정해야 한다는 교훈을 얻었다.[35]

모스크바 지도자들도 베이징으로부터 새로운 교훈을 얻은 것처럼 보인다. 그리하여 그들은 1988년의 서울올림픽 경기에 참가하기로 결정하였다. 소련올림픽위원회위원장 그라모프(Marat Gramov)는 1988년 1월 11일의 성명을 통해 500명의 선수단이 12년 만에 처음으로 올림픽게임에 참가할 것이라고 밝혔다.[36] 그는 평양지도자들의 보이콧 압력에 상관하지 말고 각 나라가 스스로 게임에 참가 여부를 결정해야 한다고 주장했다. 모스크바의 경우에는 국가이익이 동맹관계보다 더 중요하다고 판단한 것 같다.

갤럽여론조사와 런던에서 발행되는 1987년 12월 31일자 *Daily Telegraph* 지에 의하면 한국인들은 1988년에 대해 낙관적인 입장을 가지고 있다고 했다. 즉 국민의 59%가 "1988년은 1987년에 비해 사정이 더 나아질 것"이라고 기대한다는 것이었다.[37] 한국국민들이 그 이상의 것을 기대한다 하더라도 놀라운 일은 아니다. 1987년은 혼란을 극복하고 민주주의를 추진해 나간 과도기로 생각된다. 1988년은 헌정사상 처음으로 정권이 평화적으로 이양되고 또한 161개국이 참가한 서울올림픽게임을 개최한 한국정치사상 획기적인 해였다. 소위 '정통성'의 문제가 1987년 12월 16일의 대통령선거 결과로 해결되었으며 1988년의 서울올림픽으로 인해 전 지구촌의 한국민들에게 우호적인 외부환경을 조성될 수 있었다. 그것은 결국 한반도의 긴장완화와 미래의

---

35) 한국일보(1986년 9월 30일), p. 7.

36) *The Korea Times Los Angeles Edition*(January 16, 1988), p. 11.

37) "The Korea Most Optimistic Nation in World: Gallop," *op. cit.*, vol. 17, no. 2(January 9, 1988), p. 7.

한국의 평화적 통일에 도움이 될 것으로 평가되었다. 따라서 한국은 서울 올림픽을 개최함으로써 진정한 민주개혁을 추진하고 실용주의적 국가이익을 위한 사회주의국가들과의 교차승인 및 문호개방의 황금기회를 얻게 된 셈이었다. 노태우 정부에서 얻어지는 과거 환경의 교훈은 그의 북방정책의 결정체인 교차승인의 시작과 정치를 잘 모르는 것으로 알려진 그가 한걸음 뒤로 비켜서 있고 학자출신과 전문가를 앞세워 국민들의 신뢰를 받은 점이다.

김영삼 전 대통령의 과거 환경은 주로 '국제화'에 초점을 맞추어 자기가 맡은 역사의 부분에 대한 자기의 역할에 충실한 대통령이다. 물론 외환위기를 초래하여 국가를 파탄으로 이끌고 간 무능한 정권이지만 그의 장점은 내부적인 측면에서 민주정권으로 가는 가교역할을 충분히 이행했고 당시 격렬하게 저항이 예상된 군부를 효과적으로 지배했으며 외부적으로 세계화, OECD 가입과 정보화 개념에 기본가치를 둔 것으로 평가된다.[38] 그의 교훈은 세계화 가치의 중요성을 일깨워 주어 현 정부의 미래환경을 준비하는 데 도움을 준 점이다. 다시 말해서 그는 괄목할 만한 업적을 남겼으나 국정운영이 총체적으로 실패한 대통령으로 평가된다.

그의 대를 이은 김대중 전 대통령은 개인적 리더십은 전문직 능력차원에서 갖추어져 있었으나 관료 내 정책 리더십이나 의회의 설득을 위한 리더십으로 국정과제와 개혁정책을 부진하게 만들었다는 평가를 받았다. 북한에 대한 햇볕정책으로 남북한의 특수관계를 효율적으로 활용한 점은 그의 업적으로 남을 것이다. 김대중 전 대통령의 바통을 이어받은 노무현 전 대통령은 미래과제에 대한 집착을 가졌으나 이를 실현하기 위한 통치전략은 부재하여 기득권층과 대립각을 세우면서 포퓰리즘적 스타일에 근거한 낭만주의의 오류를 범했고 비주류로서 극단적 선택을 하면서 일관된 체계를 이루지 못한 지도자로 평가받고 있다.[39] 그는 동북아의 평화와 번영에 가치관차원에

---

38) [대담] 김영삼 전 대통령: 김일영 성균관대 교수, 시대정신(2007년 겨울호), http://www.sdjs.co. kr/read.php?quarterId=SD200704&num=155 참조.

39) "노대통령, 통치전략 관심 놀라울 정도로 부재"(2007년 1월 29일), http://www.dailian.co.kr/ news/n_view.html?kind=menu_code&keys=3&id=55597 참조.

서 제2의 남북정상회담을 이루었으나 차기 정부에 부담을 주는 반작용의 근거를 마련한 실수도 범했다고 평가된다.

　이명박 정부의 현재 환경은 외부적으로 부시 행정부의 세계경영에서 군사력 위주의 일방적 전략을 구사했던 8년간 시기는 끝나고 2008년 11월 4일 대선의 결과로 차기 대통령은 탈 부시, 탈 제국, 탈 인종의 새로운 변화를 외교·경제·인권 등 다양한 정책의 결합(mix)으로 미국의 거대한 항공모함이 현재 방향전환 중에 있다. 이 변화 속에서 최근 금융위기에서 드러나듯 현재 세계는 기존 국제정치 G8(G7 + 러시아)체제에서 새로운 국제정치체제인 G20(주요 20개국)시대로 변화하고 있다. 이명박 정부는 이러한 외부적 환경에 김영삼 전 대통령의 교훈인 세계화 차원에서 새 국제체제의 주연 역할을 다른 아시아 국가와 공동 대응하면서 대비해야 한다.[40] 노무현 정부의 우방외교 실패로 파탄난 한·미동맹관계를 복원한 것은 성과 있는 정책이다. 서울과 워싱턴은 300억 달러 규모의 통화스와프협정을 2008년 10월 30일에 체결하여 한국은행이 미국 연방준비제도이사회(Federal Reserve Board)에 원화(貨)를 맡기고 대신 300억 달러 범위 내에서 수시로 필요한 정도의 달러를 끌어다 사용할 수 있는 협정으로 사실상 외환보유액이 늘어나 일종의 '통화동맹'이라고 볼 수 있다. 미국이 처음으로 그동안 유럽중앙은행과 일본·영국·스위스 등 10개 선진국 중앙은행하고만 통화스와프를 해오다가 처음으로 신흥시장국가로 넓히면서 한국과 멕시코·브라질·싱가포르를 포함시킨 것이다. 서울 청와대는 이명박 대통령 취임이후 복원된 한·미공조는 4가지 선물로 첫째는 2008년 5~6월 미국산 쇠고기 수입추가협상, 두 번째는 2008년 7월 말 미국 지명위원회(United States Board on Geographic Names)의 독도영유권 표기 원상회복, 세 번째 2008년 11월 중순 워싱턴 다자간회의(G20)에 한국 초정, 마지막으로 2008년 10월 30일 300억 달러 규모의 한·미 간 통화스와프협정 체결로 강조하고 있다.[41] 한국은 한·미동맹관계의 복원으로 신흥시장으로 부상하게 되었으며 새로운 국제정치체제에서 주연역할을 할 자세를 갖

40) "아시아, 21세기 도전 감당할 새 국제체제 만들어야," 조선일보(2008년 10월 31일), p. A8.

41) "통화스와프 협정은 4번째 선물 청와대 '한·미 공조효과' 강조," 상동(2008년 10월 31일), p. A5.

추어야 한다.[42] 이명박 정부는 대내적으로 북한의 급변도 닦아 온 점을 인식하고 과거 10년간 대북정책을 완전히 무시하고 새로운 정책에 추진만 시행할 것이 아니라 이 시대의 요구와 대내외적 환경에 맞는 정책을 취사선택하여 추진하는 것이 타당하다고 분석된다. 미국의 경우, 부시 대통령 초기에 클린턴 정책은 모조리 거부하는(ABC · Anything But Clinton) 실수를 범한 것을 서울정부는 염두에 두어야 한다. 예컨대 지난 1999년 만들어진 '개념계획 5029'는 북한의 김정일의 유고 · 쿠데타 등 무정부상황 또는 내전상황 등 5가지 북한급변사태의 대비책을 2008년 10월 17일 워싱턴에서 열린 제40차 한 · 미 연례안보협의회(ROK-US Security Consultative Meeting)에서 로버트 M 게이츠(Gates) 미 국방장관이 이상희 국방장관에게 작전계획화를 제안한 바 있다. 현재는 북한의 김정일 사망에서 대비책을 마련하는 것은 시대적 소명이라고 분석되는 환경에 처해 있다. 소위 '개념계획 5029'는 노무현 정부 시절 주권침해 가능성을 제기하여 구체화되지 않은 계획이다. 이명박 정부에서 북한의 급변사태에 완벽한 준비(급변시 경제적 파장, 북한 지원방안, 미국 · 중국 · 일본 · 러시아 등 주변 강국 및 유엔 등 국제기구와 협력방안)를 해야 하며 이런 상황을 극복하기 위해 통일 후에 과도기적 '1국 양제(一國兩制)'(1국 2체제)를 검토할 시기에 와 있다.[43]

2010년 3월 26일 북한의 천안함 폭침(爆沈) 사건, 평양의 3대 세습, 핵 · 미사일 도발과 북한 급변(急變)사태 가능성 등 한반도 안보의 불확실성을 키우는 대형 변수들 때문에 2010년 10월 8일 워싱턴 DC에서 열린 제42차 한미안보협의회(SCM: Security Consultative Meeting)에서 김태영 국방장관과 로버트 케이츠 미국 국방장관은 공동성명 이외에 '전략동맹 2015' '국방협력지침' '전략기획지침' 등 3개의 전략문서에 합의 · 서명했다. 천안함 사건 이후 처음 열린 SCM에서 양국 국방장관은 평양에 대한 천안함 사건 시인과 사과, 책임자 처벌 등을 촉구했고 북핵 위협 대응을 위해 핵관련 시설과 장거리미사일 발사 징후 등 특히 동향에 대한 감시활동을 강화하기로 한 바 있

---

42) "외환 우려 잠재운 300억 달러 한미 '통화동맹'," 상동(2008년 10월 31일), p. A31.

43) "한미 '5029논의' 북한상황 급변에 대비할 수 있어야," 상동(2008년 10월 30일), p. 31.와 "차기정부, 북, 급변 대비 1국 2체제 검토 필요," 상동(2008년 9월 21일), p. A2.

다. 이번 연례안보협의회 결과 중 가장 눈에 띄는 합의는 '확장억제 정책위원회'를 신설키로 한 대목으로 워싱턴이 동맹국과의 사이에 대량살상무기 억제를 내건 위원회를 만든 것은 북대서양조약기구(NATO)에 이어 두 번째다.[44] 확장억제란 워싱턴이 동맹국이나 우방이 핵 공격을 받을 경우 미국의 억제력을 이들 국가에 확장해 제공하는 개념으로 한국과 미국은 2009년 6월 정상회담에서 이 개념을 명문화했고 동년 10월 SCM에서 미국의 핵우산과 재래식 전력, 미사일방어체계(MD)를 확장억제 3대 수단으로 명시한 바 있다.[45] 양국은 평양이 핵을 포기하도록 설득하는 외교적 노력은 지속하지만 대안으로서 평양의 핵 도발에 대비하는 각종 군사적 차원의 대비책을 마련하기로 했다. 확장억제 정책위원회는 미국이 내 놓은 확장억제를 위한 야심작으로 양국 국장급을 위원장으로 ▲정보공유 확대와 확장억제 실현성 주기적 관찰·평가 ▲북한의 도발 억제와 핵·WMD 위협에 대한 정책 대안 마련 ▲미국 핵우산 제공 내용을 중점으로 하되 재래식 분야(비핵)도 논의 등의 기능을 수행하도록 되어 있다. 초기 단계에서 양국은 이 위원회를 독립기구로 운영하다가 중간 단계에서 SCM의 한 분과위원회로 격상하는 계획을 가지고 있다. 이 위원회는 연 2~3회 이상 열어 한반도 전략적 안보환경에 맞는 맞춤형 핵·WMD 억제 대응 정책전략을 만드는 데 초점을 두고 있다.

월터 샤프(Walter L. Sharp) 주한미군사령관 겸 한미연합사령관은 2010년 9월 9일 용산 미군기지 내에서 열린 기자 감담회에서 지난달 한·미연합 을지프리덤가이디언(UFG) 훈련 당시 북한급변사태에 대비한 북한안전화 연합작전을 훈련했다고 밝혔다. 이는 '개념계획 5029'를 '작전계획 5029'로 발전시켰다는 뜻이다. 소위 안정화 작전의 뜻은 평양이 내란 등으로 북한정권이 치안을 유지하기 어려운 상황이나, 북한의 전면전 도발이 발생할 경우 한·미 양국군이 반격을 취한 후 북한 후방지역에서 치안유지 작전을 사용할 때 이루어지는 것으로 지상군이 가장 중요한 역할을 담당하고 한·미 양군의 장점을 활용하여 안전화 작전을 실시하는 것을 의미한다.[46] 두말 할 것 없이

---

44) '한·미, 北 군부의 부상에 대응할 안보 태세 갖춰야,' 상동(2010년 10월 9일), p. A31.

45) '北 도발·급변사태에 즉각 대응,' 상동(2010년 10월 9일), p. A1.

46) '北안정화 연합작전 지난달에 훈련했다,' 상동(2010년 9월 10일), p. A1.

미국이 2015년 전작권 전환 이후에도 한국에 핵우산·전략정보 제공을 약속하는 든든한 준 안보 공약이다.[47] 이명박 정부는 급변하는 한반도 주변의 불안정한 안보태세를 시대의 흐름에 맞추어 대응·관리하는 방향으로 잘 수행하고 있는 것으로 분석된다.

이명박 대통령은 2010년 10월 22일 경주에서 열린 주요 20개국(G20) 재무장관·중앙은행총재 회의 개막식에서 ① 세계경제 불균형을 해소하고 강하고 지속적인 경제성장을 위해 피츠버그 정상회의에서 합의한 프레임워크(강하고 지속 가능한 균형성장을 위한 협력체계)를 이행하면서 G20을 중심으로 국제 공조의 틀을 유지하는 점, ② 개도국의 경제성장을 도와주는 것이 세계경제의 회복을 위한 새로운 수요를 창출하는 점, ③ G20의 신뢰를 제고하는 차원에서 국제통화기금(IMF)의 지분(쿼터) 조정을 약속기간에 성취하는 점을 강조하였다. 이 회의는 2010년 11월 11~12일 서울에서 열리는 G20 정상회의 밑그림을 그리는 자리이고 의장국의 주도적 역할을 자임하는 자리이기도 하였다. 부연하면 현재 세계경제의 회복세가 불안한 가운데 워싱턴과 베이징의 환율 공방으로 국제 협력체제가 흔들리는 상황까지 겹쳐 경주회의는 주목을 받고 있고 전망은 그리 밝지 않지만 의장국으로서 완전한 합의는 어렵다고 하더라도 국제 공조의 필요성을 재차 강조하고, 환율 갈등이 전면적인 통상 마찰로 가는 길을 차단하는 방어선을 치는 역할을 하면서 G20 공조체제가 최선의 방책임을 알리는 역할을 수행하는 자리였다.[48] 이 회의에서 당초 예상과 달리 ① 환율시장 개입 자제, ② 과다한 무역흑자 축소, ③ IMF 내 신흥국 위상 강화의 극적인 대타협을 이루어냈다. G20 재무장관들은 2010년 10월 23일 '보다 시장경제적인 환율제도로 이행하고 경쟁적인 통화절하를 자제' 하기로 합의함에 따라 워싱턴과 베이징 등 회원국들이 인위적으로 환율수준을 높게 유지하거나 끌어 올리는 것을 자제키로 한 것이다. 워싱턴은 무역수지 적자(赤字) 해소를 위해 무역 흑자국들을 견제하는 데 (환율전쟁=휴전) 성공하고 베이징은 영향력이 큰 글로벌 금융기구인 IMF(국제통화기금)에서 차지하는 지분율(현재 3.99%)을 6위에서 3위으로 늘려 세계 3대

---

47) '美, 전작권 전환 이후에도 핵우산·전략정보 제공 약속,' 상동(2010년 10월 9일), p. A5.

48) '李대통령이 G20 재무장관에게 전한 말,' 상동(2010년 10월 23일), p. A31.

경제국으로 인증(중국=IMF 지분취득)받았다. 서울은 G20 의장국으로서 '환율전쟁'억제를 위한 중재 역할을 잘 수행하면서 유럽국가들을 잘 설득하여 IMF지분 조정을 이끌어 내어 의장국의 역할을 잘 수행했다고 평가받았다. 즉 주요 20개국(G20) 재무장관과 중앙은행 총재들은 세계경제가 다시 위기의 수렁에 빠져드는 사태는 막아야 한다는 공감대를 바탕으로 워싱턴과 베이징, 유럽이 한 발씩 양보한 것과 서울의 경상수지 목표 관리라는 새로운 아이디어를 제안한 것이 결정적인 요소였다.

    반면에 이번 합의로 분쟁의 씨가 완전히 사라진 것은 아니었다. 즉 각국 정부 정책이 '시장 결정적'인지 아닌지 판단할 수 있는 기준 설정과 경상수지 관리에도 가이드라인 지표를 경상수지로 할지 아니면 무역수지로 할지, 적정 흑자나 적자는 어떻게 정해야 할지는 앞으로 논의해야 할 숙제이다. 반면에 G20에는 참가국들이 합의사항을 이행하지 않을 경우 제재할 마땅한 방법이 없는 것도 근본적인 한계이다. 이런 한계점도 서울 정상회의에서 해결하여 환율 분쟁을 종식시키고 세계경제가 지속가능한 성장의 길로 들어서는 분기점이 되도록 노력하는 것이 중요하다.[49] 다시 말해서 G20이 글로벌 금융위기와 글로벌 협력을 유지하기 위한 유일한 대안이다. G8(미국·일본·독일·영국·프랑스·이탈리아·케나다 + 러시아)이나 G192(192개 유엔회원국가)는 변화하는 디지털 시대에 글로벌 협력유지에 대안이 될 수 없고 새로운 세계질서의 중심축에 부상할 수 없다. 앞으로 G20을 성공적으로 계속 유지하기 위해서 2011년 프랑스, 2012년 멕시코 정상회담을 개최하고 G8의 협의 사항을 준수하는지 모니터링하는 실무그룹과 같은 G20 사무국설치와 제재를 포함한 대안을 제시하는 것도 중요하다.[50] 이명박 정부는 한국이 선진국 대열에 들어서는 중요한 시점에서 그에게 주어진 책무를 잘 수행해야 할 시기에 처해 있음을 인식해야 한다. 또한 이번 회의에서는 통일한국의 초석이 되는 경제성장에 중점을 두면서 서울의 의장국 위치를 잘 수행했다고 볼 수 있다.

---

49) 'G20 경주 합의가 세계 경제 희망 보여줬다,' 상동(2010년 10월 25일), p. A35.

50) 'G7도 유엔도 못한 일… G20이 유일한 대안,' 상동(2010년 10월 26일), p. A6.

3. 북한의 통일방안(고려민주연방공화국 안)

북한의 통일정책은 1980년 10월 10일에 발표되었다. 김일성의 '고려민
주연방공화국'(Democratic Confederal Republic of Koryo)은 선 중립화 후 한반도
공산화를 성취하기 위한 임시방안으로 간주된다.[51] 고려민주연방공화국 안은
두 개의 주요 부분, 즉 ① 최고민족연방회의와 ② 연방상설위원회로 구성되
어 있다. 김일성은 연설을 통해 위의 두 가지 기구의 구조와 고려민주연방
공화국 안의 10개항 정책에 대해 설명했다. 첫 번째 기구인 최고민족연방회
의는 남북한 동수의 대표들과 적절한 수의 해외교포 대표들로 구성된다. 최
고민족연방회의의 목적은 어떠한 정치적·군사적인 동맹이나 블록을 형성하
는 데 있지 않고 중립상태를 유지하는 데 있다.

고려민주연방공화국안의 두 번째 부분은 집행부로서의 연방상설위원회
의 조직에 관한 것이다. 연방상설위원회가 하는 일은 서울과 평양의 각 지
역정부가 연방국가의 법률을 잘 실행하도록 지도하는 일이다. 최고민족연방
회의는 입법부로서 하나의 중립적 연방국가의 형성이 그 임무에 속하지만
연방상설위원회는 영속적인 집행기구로서 연방국가의 모든 공적 업무를 실
행한다. 김일성이 구상한 고려민주연방공화국 안의 기구구조는 선 중립화
후 통일을 이루기 위한 임시방안이다.[52] 그가 동수의 대표 및 적절한 수의
대표라고 한 것에 유의해야 한다. 그는 남한의 인구가 북한 인구의 두 배라
는 것을 알면서도 남북한 대표의 적절한 비율을 전혀 고려하지 않았다. 민
족공동체통일방안(즉 새로 수립된 한국은 영토의 최고법에 의해 통치되어야 한다)
과는 달리 고려민주연방공화국 안은 김일성 자신의 생각(즉 그의 언명과 행위
가 법 위에 존재한다)과 편협한 인식에 기초하고 있다.

고려민주연방공화국은 임시방안으로서 다음의 10대 시정방침을 수행하

51) *The Korea Herald*(November 24, 1981), p. 5.

52) "Report by Kim Il Sung on the work of the Central Committee to the Sixth KWP Congress,
proposing a "Democratic Confederal Republic of Koryo"(DCRK) and a "Ten-Point Policy,
October 10, 1980," *Korean Unification Source Materials with an Introduction*, vol. III, *op.
cit.*, pp. 160~163.

도록 되어 있다.

1) 자주의 원칙—고려민주연방공화국은 외국의 간섭이나 외국군대에의 의존을 배제하고 대내외적 행동분야에서 자주적 주권국으로 행사할 것이다.

2) 민주주의—고려민주연방공화국은 연방국가 내에서 두 지역정부 간의 민족적인 일체감을 촉진하는 방향으로 통치할 것이다.

3) 상호협력과 교류의 원칙—고려민주연방공화국은 천연자원 및 공동시장 분야에서 경제적 협력과 교류를 추진할 것이다.

4) 교류와 협력의 원칙—고려민주연방공화국은 과학(기술), 문화(예술) 및 교육 등의 상이한 모든 분야에서 협력과 교류를 추진할 것이다.

5) 협력과 교류의 원칙—고려민주연방공화국은 두 지역정부 간의 교통 및 커뮤니케이션을 재개할 것이다.

6) 국민생계에 관한 원칙—고려민주연방공화국은 국민의 생계를 보호하고 그들의 복지를 증대해 나갈 것이다.

7) 군사정책—고려민주연방공화국은 두 지역정부 간의 군사적 충돌을 피하고 민족연합군을 창설할 것이며 외부침략으로부터 고려민주연방공화국을 방어하기 위해 민족연합군을 유지해 나갈 것이다.

8) 모든 해외동포들의 권익보호의 원칙—고려민주연방공화국은 해외동포들의 민족적 권익을 해외거주 한국인의 연장선상에서 방어·보호할 것이다.

9) 통일 이전에 수립된 기존의 외교관계에 대한 상호존중—고려민주연방공화국은 남북한이 각각 상이한 수준에서 외국과 맺은 조약이나 협정들을 유지시키고 연방국가 내의 두 지역정부의 외교정책을 조정해 나갈 것이다.

10) 외교정책에 관한 원칙— 고려민주연방공화국은 평화를 사랑하는(즉 영구평화지역과 비핵지대를 확장해 나가는) 국가로서 평화적인 외교정책을 추구할 것이다.[53]

---

53) *Ibid.*, pp. 160~163.

이상의 10개 항 정책은 통일 후 국가 혹은 과도기의 중립국가와 관련하여 세 가지 범주의 문제로 집약된다. 첫 번째 범주는 평화적 공존의 원칙에 관련된 것으로 1) 독립, 2) 민주주의, 6) 국민생계 그리고 8) 모든 해외동포들의 보호 등이 이에 해당된다. 평양지도자들은 두 개의 한국 간의 평화적 공존이란 개념을 거부하는 것처럼 보인다. 그들은 논리상 일관되게 두 개의 한국을 거부해왔다. 그러나 그들은 현실적 의미의 공존개념을 서서히 깨달아가고 있다. 두 개의 한국이 고려민주연방공화국 하에 있든 그렇지 않든 간에 남북한은 각각 그들 나름대로 독립, 민주주의, 번영 그리고 해외동포들의 보호 등을 향유해 나가고 있다. 민족공동체통일방안과 고려민주연방공화국의 유일한 차이점은 후자가 전자에 비해 절차상의 설명을 더 구체화하고 있다는 것이다.

두 번째 범주는 협력의 원칙으로서 3) 경제, 4) 과학(기술), 문화(예술) 및 교육 그리고 5) 교통과 커뮤니케이션 등이 이에 해당된다. 평양지도자들은 국제관계에서의 상호 의존관계를 깨달은 것 같다. 남북한 간의 상호협력과 교류의 부족은 북한의 경제발전에 방해가 된다. 남한은 동아시아의 발전된 경제대국으로 부상하는 데 있어 장해가 되는 많은 요인들을 극복하였다. 경기발전은 두 개로 분단된 한국을 통일하는 데 있어 중요한 계기로 작용할 수 있다.

마지막 범주는 남북한의 국방 및 외교정책에 관한 원칙이다. 남한과 마찬가지로 북한은 9) 연방국가 이전의 외교정책을 현상유지할 것과 함께 고려민주연방공화국의 역할에 대해 논의하면서 10) 평화적인 외교정책을 추진하는 평화를 사랑하는 국가로서 영구평화지역과 비핵지대를 확립해 나갈 것을 명시하고 있다. 평양지도자들은 문서에 '평화' 또는 '평화적인'이란 표현을 매우 즐겨 사용한다. 실제로는 목적을 달성하기 위해 그들은 공포전술 및 폭력수단을 사용한다. 그러면서 북한은 핵무기 보유국으로 발전하면서 논리적인 이중성을 내포하고 있다. 만일 그들이 평화를 사랑하는 나라로서 평화적인 외교정책을 추구한다면 그들은 1987년 11월 29일에 미얀마 국경부근에서 115명의 승객과 승무원을 태운 대한항공 858기를 폭파하지 않았어야 했으며, 1988년의 서울올림픽게임을 보이콧하지 말았어야 했다. 1962년에서 1967년 동안에 쿠바주재 북한 외무부관리였던 김원석의 딸인 26세의 김현희

는 비행기에 폭발물을 장치했다고 자백하였다. 그녀는 그 사건이 서울올림픽
게임에 외국나라들이 참가하지 못하도록 겁주기 위해 김정일에 의해 지시되
었다고 말했다.[54] 그럼에도 불구하고 1988년 1월 17일까지 161개국이 서울올
림픽에 참가할 것을 알려왔다. 평양은 쿠바와 함께 보이콧했다. 알바니아, 에
티오피아, 니카라과 및 세이셸은 경제적·정치적 및 사회적인 이유로 인해 국
제올림픽위원회(IOC: International Olympic Committee)의 초청에 응하지 않았다.[55]

　더욱이 김일성은 한국이 통일되기 위해서는 남한에서 미군이 철수해야
한다는 조건을 붙였다. 이러한 조건은 새로운 것이 아니며 워싱턴을 비난하기
위해서 자주 사용되어왔던 것이다. 고려민주연방공화국은 평양 측 통일정책
의 청사진이다. 고려민주연방공화국의 조직적인 측면을 살펴보면 고려민주연
방공화국을 이해하는 데 도움이 될 것이다(도표 4-3 고려민주연방공화국의 조직
모델 참조).

도표 4-3	고려민주연방공화국의 조직모델(3단계)
Ⅰ. 10개 항 잠정조치	
범주 1 ··· 평화적 공존 　1. 독립 　2. 민주주의 　6. 국민의 생계 　8. 해외교포들의 보호 범주 2 ··· 협력 　3. 경제분야 　4. 과학, 문화 및 교육 　5. 교통 및 커뮤니케이션 범주 3 ··· 국방 및 외교정책 　9. 현상유지 　10. 영구평화지역 및 비핵지대	

54) "North Korean Agents Blew Up KAL Plane," *Korea Newsreview* vol. 17, no. 4(January 23, 1988), pp. 4~6.

55) "IOC wantd NK, Cuba to attend Games," *op. cit.*, vol. 17, no. 4(January 23, 1988), pp. 19~22.

Ⅱ. 구체적 제안들		
최고민족연방회의:	구성 기능 및 역할 표준운용절차	연방국 또는 중립국의 수립
연방상설위원회:	구성 기능 및 역할 표준운용절차	두 지역정부의 감독 비회기 중의 최고민족연방회의 역할대행 민족연합군의 유지
Ⅲ. 고려민주연방국의 목표:		
대외정책분야, 즉 정치·군사적 동맹관계에 있어서 중립국을 형성하는 것		

요약하면 고려민주연방공화국은 평양 측이 제시하는 연방형태의 정치체제이다. 그것은 남한 측 정부로 하여금 북한 측의 구상에 맞추어 급격하게 변화할 것을 요구해왔다. 조직적 관점에서 볼 때, 평양의 정치구조는 연방형태로 편성되어 있기 때문에 연방정부로의 확대개편이 가능하다. 그들은 서울정부로 하여금 단일형태에서 연방형태로 바꾸어 나가도록 강요하고 있다. 소위 '선 연방 후 중립국가'라는 슬로건에 남한정부는 부정적인 반응을 나타내고 있다. 남한은 평화적 수단 및 전체 한국민의 합의에 기초한 독립되고 민주적인 그리고 근대화된 국가로서의 통일된 정치체제에 관심이 있다. 옛 고려왕국의 고유명칭을 사용하는 것은 장점에 속하지만 남한은 이에 대해 부정적인 반응을 명확히 나타내고 있다. 혹자는 고려민주연방공화국이 현시점에서 가능한 통일방식이 아니냐고 주장할 수도 있다.

그러나 1989년 말 동구 사회주의권이 붕괴와 1990년 독일통일의 교훈으로 김일성은 생존전략 차원에서 북한 체제유지를 위한 정책을 시작하였다. 그는 1991년 신년사에서 현재까지 유지해오던 고려민주연방제통일 안을 구체화하여 '1민족 1국가 2제도 2정부에 기초한 연방국가 창립방안'을 제시하면서 방어적 성격의 대남전략을 시도했다. 김일성의 새로운 연방국가 창립 방안은 서울로부터 흡수통일의 가능성을 배제하는 데 목적을 두고 있다. 김일성은 1993년 4월 발표한 '조국통일을 위한 전민족 대단결 10

대 강령'을 통해 '공존, 공영, 공리도모'와 '북침과 남침, 승공과 적화배제'
를 강조하면서 방어적 성격의 대남정책차원에서 그동안 반대해오던 남북
한 UN 동시가입 수용(1991. 9. 17), 남북고위급회담을 통한 '한반도 비핵화
공동선언'과 '남북사이의 화해와 불가침 및 교류협력에 관한 합의서 채
택·발효'(1992. 2. 19)를 함으로써 워싱턴으로부터 남한의 미국 핵무기 철
수와 함께 체제인정과 불가침을 보장받게 되었다. 그러나 김일성은 내부적
으로 '우리식 사회주의론'을 앞세워 내부동요를 막는 주민들의 사상통제를
강화하고 대외적으로 핵무기·미사일 등 대량살상무기 개발을 은밀히 시
작하였다.[56)]

　　김일성 사후 김정일은 김일성 유훈정치를 적극 활용하여 계속 김일성의
연방국가 창립방안을 유지하고 있다. 반세기 동안 북한을 통치해온 김일성
주석의 사망(1994년 7월)의 충격에도 불구하고, 김정일은 지난 11년간 내우외
환 속에서 북한체제를 안정 속에 김정일시대를 이끌어 오고 있다. 김일성이
사망했지만 김정일은 3년 3개월간 '유훈통치'를 실시하여 자신의 효성을 부
각시키면서 경제난 등 어려움을 돌파하면서 1997년 10월에 당 총비서에 올
랐다. 그는 1998년 9월 최고인민회의 제10기 1차 회의를 열어 주석제를 폐
지하고 국방위원장의 권한을 강화하는 헌법을 개정하여 1995년 이후 '김정
일시대'로 규정하면서 그의 시대는 선군정치와 선군사상과 동일하다고 주장
하고 있다. 소위 강성대국론은 김정일시대의 정책목표로 정하고 사상·정
치·군사·경제강국 건설이 최종적으로 북한체제 고수와 목적이라고 주장하
고 있다. 김정일은 대내적으로 국방력을 강화하고 체제안정과 경제개혁을
실행하며 대남·대외적으로 관계개선에 총력을 기울인 바 있다. 그는 대내
적인 국방력 강화가 대외적인 대미정책에 대항하는 차원이라고 생각하고 북
한체제를 고수하는 데 도움이 된다는 신념을 갖고 있다고 분석된다. 예컨대
1998년 8월 말 대포동 1호(북한은 최초 인공위성 '광명성 1호'라 주장) 발사,
2005년 핵무기 보유선언, 2006년 10월 지하 핵실험 단행은 김정일의 정책목
표에서 나왔다. 그의 경제개혁은 실리지향적 차원에서 2002년 기업의 경영

---

56) 2000 북한 개요(서울: 통일부, 1999), pp. 588~589.

자율권 확대, 물가 및 임금의 현실화 등 시장경제적 요소가 포함된 '7.1 경제관리 개선조치'가 포함된다. 그는 김일성의 통일방안을 계승하여 김일성 주석과 김영삼 대통령과의 정상회담 무산을 만회하는 차원에서 이뤄진 2000년 6월 첫 정상회담과 2007년 10월 2차 정상회담을 열어 화해와 교류의 큰 틀을 마련한 바 있다.[57]

그 후 2008년 9월 9일 북한정권 60주년 수립 기념식에 김정일이 나타나지 않아 그의 와병설이 확인되고 동년 10월 11일 미국의 전 조지 W. 부시 대통령이 평양을 테러 지원국에서 해제하였으나 6자회담에서 아무런 성과가 없어 언제든지 북한을 다시 테러지원국으로 지정할 수 있는 상황이다. 2008년 미국 대통령 선거에서 오바마가 당선되어 워싱턴과 평양은 화해의 길로 관계전환을 예상했으나, 2009년 4월 5일 이른바 광명성 2호 발사로 국제사회는 UN 안전보장 결의 1718호 위배로 2009년 6월에 15개 이사국의 만장일치로 UN 안보리 결의 1874호를 결의 한 바 있다.[58] 김정일의 뇌졸중 후유로 북한 통치체제가 흔들리는 가운데 김정은의 3대 세습으로 이어지는 상황에서 지금까지 평양은 통일정책에 있어 고려민주연방공화국안을 유지해 왔는데 이 정책에 대한 변화가 없이 현재 상태를 그대로 유지할 것으로 예상된다.

4. 북한의 과거와 현재 환경

북한의 과거환경은 내부적 및 외부적 변수들을 포함한다. 내부적 변수는 국가발전 특히 정치적 발전을 의미한다. 1988년 평양의 지도자는 김일성과 김정일이었다. 김일성은 스탈린 이상으로 자신의 권력기반을 확고히 하기 위해 국수주의(ethnocentrism)를 발전시켜 왔다. 김일성은 '자기도취적 사회

---

57) 〈김정일 65년〉 (1) 후계자에서 '선군시대'까지(연합뉴스), 통일교육문화원(2007년 2월 15일) http://newspaper.tongiledu.net/stories.php?story=07/02/15/9914713 참조.

58) 조선민주주의인민공화국위키백과-우리 모두의 백과사전, http://ko.wikipedia.mobi/ko/ %EC% A1%B0%EC%84%A0%EB%AF%BC%EC%A3%BC%EC%A3%BC%EC%9D%98%EC%9D%B8% EB%AF%BC%EA%B3%B5%ED%99%94%EA%B5%AD 참조.

주의국가'인 북한을 통치해 나가는 데 있어 신성한 권리를 부여받은 것처럼 행동한다.[59] 김일성의 인식 및 대인관계상의 요소들은 과거 1920년부터 1990년 중반에 이르기까지 그의 정치·사회화의 경험에 잘 반영되어 나타나고 있다. 그의 그릇된 인식은 남한과 외부세계에 대한 그릇된 이해에 기초하는데, 따라서 그는 1990년대 서울을 동등한 협상국으로 간주하려 하지 않는다. 그의 그릇된 인식 중에는 그의 아들이 그의 유일한 후계자로서 새로운 공산주의왕국을 건설해 나갈 것이라고 믿는 그의 신념도 포함되어 있다.[60]

김정일은 결국 김일성 사후에 후계자가 되었다. 그는 호전적이며 그의 아버지와 마찬가지로 서울과 외부세계에 대해 부정적인 시각을 갖고 있는 것 같다.[61] 김정일의 호전적인 성향을 드러내는 실증적인 증거로서 다음의 두 테러주의적 공격행위를 들 수 있다. ① 1983년 10월 9일 북한 테러주의자들이 저지른 미얀마 랑군 지역에서의 폭파사건으로 전두환 전 대통령을 수행하고 있었던 16명의 한국인들(4명의 장관 포함)이 사망했다. ② 1987년 11월 29일 대한항공 858기가 공중에서 폭파하여 탑승해 있던 115명이 사망했다.[62] 위와 같은 테러행위로 말미암아 김정일이 그의 아버지뿐만 아니라 평양의 다른 온건파 정치지도자들로부터 신임을 잃어가고 있다는 것을 쉽사리 추측할 수 있다. 그는 북한 안팎에서 남한에 대해 과격한 정책을 수행해 나감으로써 딜레마에 봉착해 있는 것 같다.

김일성은 서울, 동경 및 워싱턴 등에 대해서 융통성 있게 대외정책을 수행해 나가지 않고 정통파 공산주의적 방식 또는 보이콧 방법으로 서울을 공산화할 수 있다고 믿고 있다. 북한지도자들은 그들이 세계적으로 모범적인 사회주의국가로서 정통 마르크스·레닌주의를 고수하여 김일성주체사상을 신뢰한다는 환상을 갖고 있다. 그들은 남한에 대한 그들의 태도와 정책들을 바꾸지 않고 있다. 그들은 서울올림픽의 공동개최를 주장하고 남북한 간의 대화를 추진해 나가면서 다른 한편으로는 테러, 사보타지 및 파괴행위

---

59) *The Korea Herald*(November 2, 1982), p. 3.

60) *Ibid.*, p. 3.

61) 지구촌의 망나니(서울: 자유 평론사, 1983), pp. 35~44.

62) "Chronology of NK Terrorist Attacks," *Korea Newsreview*, vol. 17, no. 4(January 23, 1988), p. 9.

등의 잔악한 정책을 실행함으로써 줄곧 모순된 정책을 수행해왔다.[63] 앞에서 언급한 것처럼, 평양의 이러한 행태로 말미암아 그들은 국제올림픽계에서 고립되었으며 주요 동맹국들의 이념노선에서 이탈되었고 국제적인 세계공동체가 작성한 테러주의국가 명단에 오르게 되었다.[64] 이 모든 것에도 불구하고, 북한정권은 아직도 북한이 이상적인 정통파 공산주의국가로서 평양의 영향력 하에 전한반도를 공산화할 수 있다는 환상을 갖고 있다.

동경에 대한 북한지도자들의 시각은 부정적이다. 즉 일본 정부가 북한에 대해 제한적인 제재조치를 취한 후에(즉 대한항공기 참사와 관련하여 일본 외교관과 북한 관리들의 접촉을 제한한 것과 북한 관리들의 일본입국을 제한한 것들) 북한지도자들은 후지산마루 18호선의 선장과 선원들에 관한 협상을 취소하였다. 이 선원들은 1990년 초 당시 북한에서 스파이 혐의로 20년을 선고받아 복역중이다. 평양과 동경은 제 3 국을 통해 선원문제를 해결하기 위해 협상중이나 당분간 중단된 상태이다.[65] 평양은 다른 어떤 나라보다도 동경과 정상적인 관계를 회복해야 할 긴급한 상황에 처해 있다. 아마도 서울올림픽 후에 평양은 이데올로기를 떠나 그들의 국가이익을 추구하기 위해 동경에 대한 태도를 바꿀 것이다.

마지막으로 워싱턴에 대한 평양의 태도는 미 국무성이 테러주의국가 명단에 북한을 덧붙인 후에 악화되었다. 한국전쟁에서 사망하였으나 아직 발견되지 않은 8,200명의 미군 유해 중 일부의 송환문제와 관련하여 한국전쟁 중 가장 치열했던 전투에서 살아남은 자들의 모임 의장인 토마스 그레고리 (Thomas Gregory)와 북한 외무부장인 김영남 사이에 진행중이었던 협상도 시들어져갔다. 1985년 이래로 토마스 그레고리는 북한의 협조를 요청하기 위한 목적으로 평양을 여행하기 위해 북한관리들과 여섯 차례 만났다. 1988년 1월 25일, 평양은 미국 향군그룹과의 접촉을 중단한다고 일방적으로 발표하였다.[66] 동경, 워싱턴 등과의 평양 측 협상안건은 무역이나 명확한 이슈 등

---

63) "NK's Hand of Death," *op. cit.*, vol. 17, no. 4, p. 30.

64) *The Korea Times Los Angeles Edition*(September 16, 1986), p. 12.

65) *Ibid.*(February 3, 1988), p. 12.

66) *Ibid.*(February 2, 1988), p. 11.

의 실제적인 것이 아니라 비실제적인 인질문제나 전쟁포로문제 같은 상징적인 것들이다. 북한은 서방국가들과의 교차승인시대를 맞기 위해 실제적인 이슈를 필요로 한다. 평양의 지도자들이 베이징으로부터 배울 것은 정통공산주의입장의 고수가 아니라 경제적인 관심사나 근대화 추진 등이다.

평양은 현재 대외적·단기적으로 핵실험을 통해 핵무기 보유를 기정사실화하면서 핵전략을 한층 강화하고 대내적·중장기적으로 경제개혁을 통해 경제회생을 취하는 '자주(Self-reliance)'노선을 걷고 있는 상황이다. 평양은 북핵문제를 과거 숨겨놓은 핵, 현재의 핵, 미래의 핵으로 구분하여 과거의 핵은 부시 행정부에서 알고 있듯이 절대로 포기하지 않고 현재의 핵과 미래의 핵을 6자회담에서 2.13합의에 의하여 다루는 전략을 갖고 있다. 그러나 평양의 대규모 전쟁이나 대량살상무기를 통한 핵전략 협박공세는 국제사회로부터 경제원조나 정치적 양보를 얻는 '벼랑 끝 전술'에 한계가 있어 북한의 현실적 전략인 안보(체제안정)와 경제(경제희생)의 어려움을 동시에 갖고 있다. 북한의 이러한 환경을 헤쳐 나가는 데 필요한 전략적 선택은 3가지로 '전환(Transformation)', '절충(Compromise)', '편승(Bandwagoning)'을 포함한다. 전환의 경우는 평양이 '9.19공동성명'의 충실한 이행(핵프로그램과 핵전략의 포기)을 통해 체제안전 보장을 미국으로부터 받고 전면적인 개혁·개방정책을 통해 자본기술의 유입과 시장의 확보로 경제발전을 추구하는 장점과 평양의 통치체제를 전면적으로 변화시키는 불확실성과 체제붕괴의 위험이 단점이다. 절충의 경우, 평양이 완전한 핵포기 및 전면개방 압력을 거부하고 현재 북한의 노선을 부분적으로 수정하는 타협으로 평양의 자위를 위해 과거의 최소한의 핵무기 억제력 차원에서 보유하고 현재와 미래의 핵을 자제함으로써 미국과 타협하여 경제적 보상을 받고 제한적 개방경제를 추구하는 장점을 갖고 있으나 현재 북한체제가 안고 있는 군사적·경제적 모순을 인정하는 단점도 갖고 있어 실현가능성이 낮다고 분석된다. 마지막 편승의 경우, 평양은 동북아에서 강대국으로 부상하는 베이징에 북·중동맹을 강화하여 체제보장인 안보와 중국 동북 3성과의 연계발전을 통해 경제회생을 도모하는 방안이다. 이 방안은 체제보장을 위한 차선책의 장점은 있으나 북한 내의 민족주의 세력의 강력한 반발이 약점으로 부각된다.

위의 3가지 전략적 선택을 중심으로 비관적 시나리오와 낙관적 시나리오를 생각해 볼 수 있다. 전자의 경우 북한이 '2.13합의'에 따른 비핵화 초기단계의 이행에도 불구하고 평양이 최소한의 핵 억제력을 보유하고 제한적 개방의 '타협'을 시도하여 최종적으로 점진 와해로 가는 방안을 의미한다. 후자에 경우 평양이 '전환'을 선택하여 '2.13합의'를 완전히 이행하면서 한반도 비핵화를 실현하고 미국과 일본과 교차승인 절차를 밟아 미·북, 북·일 국교정상화를 통해 개혁·개방을 여는 방안이다. 북한의 입장에서 동시에 위의 두 시나리오를 추진할 수도 있다. 그러나 워싱턴은 1994년의 '제네바기본합의'나 2006년의 '9.19공동성명'의 경험을 통해 협상만으로 북핵의 평화적 해결이 어렵다고 보고 북한이 파키스탄 모델을 취할 경우 이를 방지하는 차원에서 유엔안보리의 대북결의안 1696와 1718호도 차선책으로 사용할 것으로 분석된다.[67] 2008년 11월 4일 새로 당선된 오바마 대통령당선자는 대화를 통해 북핵 해결책을 내놓을 것으로 예상된다. 2008년 11월 7일 북핵 검증문제 논의를 위해 뉴욕을 방문중인 북한 외무성 리근 미국국장과 오바마 진영의 프랭크 자누지(Jannuzi) 한반도 정책팀장은 전미주외교정책협의회에 참석하여 첫 회동을 가진 바 있다. 황준국 북핵 6자회담 한국 외교부 북핵 기획단장은 자누지와 면담하면서 "앞으로도 (한·미 간 북핵논의에) 급격한 변화가 있을 것으로 보지 않는다"고 밝힌 바 있다.[68] 앞으로 누가 주요직인 백악관과 내각인선에 임명되느냐에 따라 대북정책에 변화가 올지를 가늠할 수 있겠다. 2009년 1월 20일 출범하는 버락 오바마(Obama) 행정부에서 북핵문제가 첫째, 국제협력을 통한 경제위기 극복, 둘째, 이라크·아프가니스탄 전쟁 해결, 셋째, 핵 무장국가인 파키스탄의 관계 조정문제 다음으로 순위가 밀릴 것으로 예상하면서 평양은 미사일·핵실험으로 오바마 행정부를 시험할 가능성도 예측할 수 있겠다.[69] 그러나 분명한 현실은 평양이 전환의 정책선택을 심사숙고해야 할 시기에 접하고 있다는 점이다.

　김정일 정권은 대남정책 차원에서 이명박 정부에 대한 암시적인 '남북

67) 조성렬, "북한체제의 전환가능성과 한국의 대응방향," 제2마당 북한체제의 변화에 따른 동북아정세와 한국의 대응, 평화재단, pp. 90~119.

68) "오바바 북핵 전략 우리와 비슷해," 조선일보(2008년 11월 11일), p. A2.

69) "순위에서 밀린 '북핵' 또 꼬이나," 상동(2008년 11월 10일), p. A6.

경협'을 강조하고 장명선 주 이집트 북한대사를 통해 2008년 초 남북한 비무장지대(DMZ)에 자유지대(Free Zone)를 설치하여 공장을 건설하자고 제안한 바 있다. 그는 서울정부에 맞춰 대남전략을 수정하면서 대남창구도 전면 교체하고 있다. 평양은 지난 10년간 서울을 상대한 대남창구는 통일전선부(통전부)로 김대중 정부시 '조선아시아태평양평화위원회'(아·태평화위)로 상대하였고 노무현 정부 당시 통전부를 활용하였다. 그러나 이명박 정부 출범 전후로 김정일은 아·태평화위와 통전부의 위상을 저하시켰고 2007년 10.4 남북정상회담의 주역인 최승철 아·태평화위 및 통전부 부부장을 숙청시키면서 민경련(민족경제협력위원회) 간부들도 비리 혐의로 처벌한 바 있다. 대신 북한군부가 대남전략과 창구역할에 적극적으로 준비하고 있는 것으로 분석된다. 겉으로는 김정일 위원장이 통치권자의 위치에서 북한을 움직이고 있으나 내면적으로 군부가 북한주민들의 주거, 식량, 교통, 노동 등 실생활을 직접 통제하고 있다. 다시 말해서 김정일 그룹과 군부 사이에 견제와 협력 관계를 유지하면서 지난 10년간 남북관계의 변화를 추구한 바 있다. 이명박 정부를 대상으로 평양은 2007년 3~5월 사이에 국방위원회 참사였던 김양건을 통전부 부장으로, 북한 군부의 2인자였던 김영춘 전 참모총장을 국방위원회 부위원장으로 전임시키고 이명수 전 인민군 작전부장을 국방위로 전임시키면서 국방위의 권한을 대폭 강화시킨 바 있다.

평양은 서울정부의 '실용주의'와 '선 비핵화 후 경제지원'의 상호주의원칙에 입각한 '비핵개방 3000'에 대비하여 북핵문제는 6자회담에 맡기고 경제 중심의 교류를 확대하는 것을 분리하는 것이 남북통로가 차단되는 것을 방지하는 것이라고 주장하고 있다.

대외적으로 평양은 이명박 정부가 주장하는 '선 비핵화 후 경제지원'의 상호주의원칙을 주장할 경우 남북대화와 교류는 답보 내지 후퇴할 것으로 보고 북한의 대외 경제창구로 90년대 중반 나진·선봉과 북·중경협을 담당했던 '대경추(대외경제협력추진협의회)'를 북한군부 등 실세그룹의 전략적 판단에 따라 활용할 것으로 보인다.[70] 더 나아가 평양은, 북한을 대변하는 조총

---

70) 박종진, "확 달라진 북한의 대남라인," 주간한국(2008년 3월 6일), http://weekly.hankooki.com/lpage/politic/200803/wk2008030314190137050.htm 참조.

련기관지 조선신보 2008년 11월 10일자에 의하면, 북한 리근 외무성 미국국장이 오바마(Obama) 후보의 미국 대통령 당선이 결정된 날 뉴욕을 방문한 것은 "우연이 아니고 김정일 국방위원장이 통 큰 정치변혁의 흐름을 주도한 실적"이라고 주장하면서 워싱턴과 높은 차원의 대화를 원한다는 것을 시사하고 있다.[71]

　2010년 평양의 환경은 김정일의 건강악화로 북한체제유지의 위협을 느끼면서 디지털 시대 흐름에 부응하여 '김정일 시대'에서 '김정은 시대'로 옮기는 작업을 빠른 속도로 전개하고 있다. 김정일 국방위원장의 3남 김정은은 대외 무대에서 공식적으로 북한 인민군 대장 칭호를 부여받고 이어 당 중앙군사위원회 부위원장에 선임되었다. 노동신문은 김정은의 얼굴을 공개하여 그는 단 사흘 만에 초고속 데뷔전을 치렀다. 김정은의 데뷔는 김정일 위원장 시절 6년의 후계작업과는 크게 다르다.[72] 어린 나이에 북한체제를 계승한 김정은은 많은 대내외적 도전을 받고 있다. 미국 전략국제문제연구소(CSIS)의 찰스 프리먼(Freeman) 중국실장은 2010년 11월 18일 긴급 좌담회에서 '아시아에서는 부자가 3대 가기 어렵다는 말이 있다. 북한이 조만간 붕괴하는 사태가 발생해도 놀라지 않을 것이다'라고 밝히고, 마이클 그린(Green) 일본실장은 '세계에서 공산왕조가 3대 세습에 성공한 사례가 없다. 그 세습에 대한 내·외부의 반발과 압력은 상당할 것이다. 이는 마치 비행기에 균열이 생긴 후 9000m 상공을 나는 것과 같다'라고 우려를 표명한 바 있다.[73]

　2011년 12월 17일 김정일 사후 김정은의 대내적인 도전은 얼마나 북한체제를 김일성의 주체사상에 기반한 철권통치를 유지하느냐에 달려 있다. 그가 후계자로서 북한체제를 유지할 사상적 버팀목인 주체사상 이데올로기를 유지할 수밖에 없는 환경에서 개혁·개방론자는 자리를 잡을 수 없다고 분석된다. 개혁·개방 없이 북한은 빈민국의 오명을 벗어날 수 없으며 베이징에 의뢰하는 악순환을 따르게 됨으로써 불안정한 전제통치국가로 앞날의

---

71) "조선신보 '북, 미와 높은 차원의 대화 원해'," 조선일보(2008년 11월 11일), p. A2.

72) "북한 당대표자회 평가와 향후 전망," 평화재단(2010년 9월 30일) http://media.paran.com/sports/view.kth?dirnews=3035791&year=2010&dir=5&rtlog=MV&key=hit 참조.

73) "北, 9000m 상공 나는 균열 생긴 비행기와 같아," 조선일보(2010년 11월 18일), p. A8.

전망은 밝지 않다고 분석된다. 이유는 김정은이 개방의 의지를 가졌다고
해도 '김정은 시대'를 함께 할 후견인인 장성택이나 군부와 당 간부, 관료
들이 냉전시대 사고방식과 폐쇄성을 갖고 있어 변화를 기대하기 어렵기 때
문이다.[74]

　김정은의 대외적 도전은 이명박 정부의 대북 철벽정책, 급상하는 서울
의 G20회의 이후의 긍정적인 전망, 워싱턴의 2010년 중간선거 이후 추세가
오바마 정부의 대북정책에 어떠한 영향을 주느냐에 달려 있다. 이명박 정부
의 대북정책 핵심은 '비핵·개방·3000'이다. 북한이 핵을 거두고 개방에 나
서면 국민소득 3000달러를 올릴 수 있는 지원을 하겠다는 주장이다. 이 정
책은 평양의 무모한 핵개발에 대한 서울의 원론적이고 강력한 응징 표현으
로 혹자들은 이를 철벽정책이라고 부른다. 남북 간 긴장완화와 화해 협력을
위해 퍼주기 일변도였던 평양정책이 부메랑이 되어 되돌아온 것은 핵실험이
었기 때문에 북한과 성벽을 쌓고 쌍방향식 주고 받기를 해야 한다는 논리이
다. 이 과정에서 천안함 사건까지 겹쳐 대북·대중외교는 이러지도 못하고
저러지도 못하는 수렁에 빠지고 있다. 평양의 대안은 베이징과 한편이 돼
서울을 외면하고 멀어져 가는 게 한반도 현실이고 이는 남북문제에 어려움
을 미치고 있다. 여기서 과거 김대중 대북정책을 햇볕정책, 이명박 정부의
대북정책을 철벽정책이라고 하는 이유는 평양이 핵개발에 모든 가치를 우선
시하고 핵 없는 북한은 존재하기 어려운 환경에서 평양이 아무런 대가 없이
핵을 거두기는 어려운 상황이고 김정일 위원장이 상하이(上海)에서 천지개벽
한 중국 개방 현실에 입을 벌리고 놀랐다지만 권력 이양을 전후해서 개혁·
개방에 나서기는 어렵고 김정은의 측근을 돌아 볼 때 불가능한 일을 이룬다
는 것은 비현실적이고 비실용적 정책이라는 것이다. 김정은은 이러한 서울
의 대북정책을 어떻게 받아들이고 보완하여 '김정은 시대'를 이끌어 가야
하나를 고민하고 도전해야 한다.[75]

　김정은의 제 2 의 대남도전은 급부상하는 서울 G20 정상회의 이후 일어

74) "北 김정은 시대의 세 가지 딜레마," 노컷뉴스(2010년 10월 16일) http://kr.news.yahoo.com/service/
news/shellview.htm?linkid=4&articleid=2010101601231662470&newssetid=1352 참조.

75) "외교 시대에 외교가 없다?" 중앙일보(2010년 9월 1일), p. 35.

나는 환경을 어떻게 대응하느냐이다. '서울 G20 정상회의(2010 G-20 Seoul Summit)'는 G 20 공업화 국가의 정상들이 모이는 다섯 번째 모임으로 금융시장, 세계 경제에 관한 것을 다루면서 2010년 11월 11일~12일 서울에서 열리는 회의이다.[76] 리먼 사태로 촉발된 금융위기가 발생한지 2년 1개월이 지났지만 세계경제 상황은 심상치 않다. G20은 글로벌 금융위기 직후인 2008년 11월 15~16일 1차 미국 워싱턴 D.C. 회의와 2009년 4월 2~3일 2차 영국 런던 회의, 2009년 9월 24~25일 3차 미국 피츠버그 회의, 2010년 6월 26~27일 캐나다 토론토 회의 등 네 차례에 걸쳐 정상회의를 가졌지만 갈수록 국제공조의 틀은 약해지고 갈등이 노출되는 과정에서 한국이 G20 의장국을 맡았다. 즉 제 2 차 세계대전 이후 독립한 국가 중 세계에서 가장 빨리 그리고 성공적으로 '산업화'와 '민주화'과정을 이룩한 성과로 '세계경제의 파국을 막으라'는 '국제공조의 조율사' 임무가 주어진 것이었다. 2010년 10월 경주 G20 재무장관 · 중앙은행총재 회의에서 한국은 세계경제의 최대쟁점인 환율 갈등을 봉합하는 합의를 끌어내는 데 성공했고 세계경제의 중심축이 아시아로 옮겨오고 있는 상황을 잘 반영하여 신흥국의 발언권을 강화하는 'IMF(국제통화기금) 개혁'도 이루어낸 바 있다.[77] 서울에서 11월 11~12일간 열린 5차 G20 정상회의에서 의장국인 한국이 환율갈등 해소방안, 글로벌 금융 안전망 구축, 개발도상국 개발 지원 등을 담아 '서울 선언'을 발표했다. 이 회의의 5대 의제는 ① 전세계의 균형성장을 위한 각국별 정책대안 마련, ② 글로벌 금융규제 강화방안 확정, ③ IMF(국제통화기금)지분 개혁방안 확정, ④ 글로벌 금융안전망 구축(국가부도 위험에 몰리지 않도록 국제협력 시스템을 만드는 것)마련, ⑤ 개발도상국 지원이다. 이 중 글로벌 안전망 구축과 개발도상국 지원은 의장국인 한국이 주도해서 제기한 것으로 '코리아 이니셔티브 (Korea initiative)'(한국 선도의제)로 불린다.[78] 이 회의 핵심 쟁점은 경상수지(經

---

76) "2010년 서울 G20 정상회의" 위키백과-우리 모두의 백과사전, http://ko.wikipedia.org/wiki/ G20_%EC%84%9C%EC%9A%B8_%EC%A0%95%EC%83%81%ED%9A%8C%EC%9D%98 참조.

77) "IMF 개혁 · 금융규제 … 경제위기 이후 4차례 정상회의서 미룬 숙제 서울서 푼다," 조선경제 특집(2010년 11월 2일), p. C1.

78) "금융안전망 구축 · 개도국 지원 … '코리아 이니셔티브' 힘 받는다," 조선일보(2010년 11월 2일), p. C2.

常收支) 불균형문제(워싱턴 등의 대규모 적자와 베이징 등의 대규모 흑자)를 해소하기 위한 가이드라인(Guideline · 권고안)을 마련하여 경상수지 흑자나 적자폭을 '국내총생산(GDP) 대비 ±4%'라는 특정한 수치로 관리하는 방안이다. 이 방안에 오바마 미국 대통령과 후진타오 중국 주석은 찬성하였고 독일 메르켈 총리와 룰라 브라질 대통령은 반대하였다. 전자는 '미국의 경기 부양이 세계 경제 및 신흥국에 도움이 된다'는 논리로 G2(미국 · 중국) 협조를 공고히 한 이후 브라질 등 신흥국을 끌어안는 전략이다. 후자는 '무역흑자가 많은 것은 기업들의 경쟁력이 높기 때문'이라는 논리로 경상수지 흑자국인 중국 · 일본 등을 자신의 진영으로 포용하려는 의도를 가지고 있다. 이 회의의 두 번째 핵심쟁점은 G20을 상설 기구로 격상하기 위한 사무국 설치 문제로 찬성은 사르코지 프랑스 대통령과 이명박 대통령이, 암묵적 동의는 후진타오 중국 주석과 룰라 브라질 대통령, 반대는 간 일본 총리와 베를루스코니 이탈리아 총리이며 관망은 오바마 미국대통령과 메르켈 독일 총리로 공식적인 서울회의 전에는 공식 의제가 아니므로 공개적으로 반대 의사를 밝히지 않은 상황이다.[79] 삼성경제연구소의 2010년 9월 15일 보고서에 의하면 5차 서울 정상회의 개최의 파급효과는 최대 24조원으로 추정하였다. 직접적으로 회의 참가자 등 1만 5,000명이 한국을 방문하면서 발생하는 경제효과는 1,023억원으로 추정되었다. 삼성경제연구소는 G20 정상회의 외국인 참가자의 소비(490억원)와 그에 따른 부가가치 창출효과(533억원)로 보고 간접효과(21조 4,553억~24조 5,373억원)는 기업들의 홍보효과(1조 738억~1조 2,390억원)와 수출증대 효과(18조 9,587억~21조 8,755억원), 해외 자금조달비용 절감효과(1조 4,228억)가 크다고 예측했다. 이 파급효과는 현대자동차의 쏘나타 승용차 100만대, 30만t급 초대형 유조선 165척(1척당 1억 1,000만 달러)을 수출하는 것과 동일한 규모이다.[80] 이렇게 경제규모가 급상하는 서울을 과거 냉전적 사고로 서울을 대할 것인가 아니면 디지털시대의 흐름에 맞추어서 대응할 것인가는 '김정은 시대'의 중요한 과제이다. 김정은은 후계체제 안정을 위해서 남북관계의 적절한 개선과 함께 경제적 지원이 필요하다. 특히 김일성 주석 탄생 100주년

---

79) "환율 갈등, 오바마＋후진타오 對 메르켈＋룰라," 상동(2010년 11월 9일), p. A4.

80) "G20 정상회의 파급 효과 최대 24조원," 상동(2010년 9월16일), p. A8.

이 되는 2012년을 '강성대국원년'으로 선포한 점을 보건대 이명박 정부 후반기에 있어서 남북관계 개선이 필요한 시점에서 남북관계 해빙이 가능할 것으로 예측된다. 평양이 천안함 사건과 금강산 피살 사건에 관해 사과급에 해당하는 해명을 할 필요가 있고, 서울은 G20 정상회의 의장국 입장에서 북한을 도와주는 입장에서 새로운 남북관계 개선의 여지는 있다고 분석된다.[81]

김정은의 제 3 의 대외 도전은 미국 중간선거(Midterm Election) 이후의 오바마 정부 대북정책에 어떻게 대응하느냐이다. 워싱턴은 미국 중간선거 패배 이후 중국 포위작전(중국입장에서는 봉쇄정책) 차원에서 북·미관계 개선을 희망하고 평양이 서울을 통해서 워싱턴에 오라고 주문하고 있는 상황이다. 미국 중간선거는 4년마다 열리는 대통령 선거 2년 후 치러지며 상원의원(100석) 중 3분의 1, 하원의원 전체(435석), 주지사(50석) 중 일부(모두 연임 가능)를 뽑는다. 상원의원 임기는 6년으로 전체 100석(각 주(州)당 2석)을 3그룹으로 나눠 4년마다 치르는 중간선거마다 3분의 1(33명 혹은 34명)을 다시 선출하며 2010년 11월 2일 중간선거는 '3그룹(Class III)' 소속 34석과 힐러리 클린턴의 국무장관 취임(뉴욕)·조 바이든의 부통령 당선(델라웨어)·로버트 버드 의원 사망(웨스트버지니아) 등으로 공석이 된 3석을 합쳐 총 37석이 대상이었다. 공화당은 6석을 더 얻어 46석, 민주당은 6석을 잃어 59석에서 52석(2석은 미정)으로 줄었다. 하원의원 임기는 2년으로 전체 435명(각 주의 인구 비율로 할당)은 대선과 중간선거가 있을 때마다 매번 선거를 치르는데 이번 중간선거에서 2년 전 255석을 차지했던 민주당은 60석을 잃어 188석으로 다수당에서 소수당으로 공화당은 60석을 더해 239석을 얻어 과반수인 218석을 초과했다. 주지사의 임기는 통상 4년(일부 주2년)으로 대선이나 중간선거가 있는 짝수 해에 맞춰서 올해는 50개 주 중 37개 주에서 공화당 후보들이 9개 주에서 승리함으로써 29개 주에서 민주당 소속 주지사는 24주에서 15개로 줄었다. 공화당이 상·하원에서 선전하여 워싱턴의 한반도 정책은 '여소야대' 상황으로 펼쳐질 것으로 예상되며 오바마는 국정운영 변화가 불가피하고 2012년 재선의 길도 먹구름이 예상된다. 특히 평양의 김정은 시대가

81) "청와대 관계자 'G20뒤 상당한 변화' … 남북관계 해빙 가능" 내일신문(2010년 10월 15일) 또는 http://www.naeil.com/News/politics/ViewNews.asp?sid=E&tid=9&nnum=576534 참조.

공식화한 상황에서 공화당은 오바마 정부에게 강경한 대응을 요구할 가능성
이 커지고 평양을 테러 지원국으로 재지정하기 위한 입법을 추진할 가능성
이 농후해 졌다.[82] 이번 선거결과는 지난 2년간 오바마의 국정운영 방식에
문제가 있다는 데 대해서 미국인 다수가 공감한다는 것이지만 반드시 공화
당에 대한 적극적 지지를 의미한다고는 볼 수는 없다. 이번 중간선거 결과
를 두고 미국 대통령 선거를 예측하기는 아직 이르고 이 패배를 계기로 오
바마의 국정운영 방식이 국민의 공감을 얻는 방향으로 변화를 추구할 경우
얼마든지 재집권에 성공할 수 있다고 분석된다.[83]

오바마 정부의 베이징 포위작전은 오바마 대통령이 2010년 11월 5일 인
도·인도네시아·한국·일본을 10일간 방문하면서 시작되었다. 그의 동남아
와 동북아시아 방문은 중국의 급상하는 이 지역에 대한 영향력을 저지하는
데 있다. 오바마 대통령은 인도에서 만모한 싱 총리와 회담한 뒤 의회연설
에서 인도의 유엔 안전보장이사회 상임이사국 진출을 위한 유엔 개혁을 지
지한다고 하여 인도를 향한 최고의 선물을 제시하고 인도와 경제협력확대와
세계적 테러리즘에 공동 대처를 하겠다고 밝혔다. 이는 베이징을 겨냥하여
밀월을 한 것이다. 6세부터 어머니를 따라 4년간 인도네시아에서 지낸 오바
마 대통령은 11월 9일 인도네시아를 방문하여 세계 최대 인구의 무슬림 국
가이며 지리적으로 중국을 견제하는 해상물류가 동남아를 통해 중국으로 전
달되는 요충지로 미국의 중동 및 중국 해법을 위해 안보와 대테러 협력을
강화하는 한편, 무슬림 국가를 향해 무슬림과의 화해를 역설한 바 있다.[84]
중국이 주변국과 영토분쟁도 불사하며 급속히 세력을 확장하고 있는 가운데
미국이 아시아 주둔 미군 병력의 확대를 검토한다고 로버트 게이츠 미 국방
장관이 11월 7일 호주 순방길에 밝혔다. 그는 "양군이 호주 기지 및 항구에
대한 미군의 접근을 확대하고 합동군사훈련을 더 많이 실시하는 것을 검토

82) "가시밭길에 선 오바마," 조선일보(2010년 11월 2일), p. A5.

83) "중간선거 진 한·미 정권의 앞날," 상동(2010년 11월 9일), p. 34.

84) "오바마, 인도네시아 방문 … 中견제 외교 '시동'" 문화일보(2010년 11월 9일), 또는
http://media.daum.net/cplist/view.html?cateid=1007&cpid=15&newsid=20101109141111048&p=mu
nhwa 참조.

하고 있다"며 "이는 동남아 지역에 보다 많은 군함과 병력을 배치해 이 지역에서 미군의 존재를 확대하는 더 큰 전략의 일환"이라고 설명했다.[85]

오바마 대통령은 2010년 11월 11~12일간 G20서울 정상회의에 참석하여 6가지 주요 합의내용에 참여하면서 베이징의 급상하는 영향력을 저지 하고자 하였으나 역부족이었고 또한 서울과 FTA 협상을 시도했으나 결렬로 끝내고 일본 요코하먀 '아·태경제협력체(APEC)회의에 참석했다. 서울 G20 정상회의 6가지 합의 내용은 ① 균형성장을 위한 무역 불균형 해소 — (ⅰ) 시장 결정적(Market-determined) 환율제도는 외환 당국이 시장에 개입하지 않고, 환율이 시장에서 결정되도록 하는 환율제도를 뜻한다. 최근 각국이 수출을 늘리려고 인위적으로 외환시장에 개입해 환율을 유리한 방향으로 이끄는 경쟁이 벌어지자, 2010년 10월 경주 G20 재무장관·중앙은행총재 공동 선언문에서 이 제도를 실행하기로 의견을 모았고 이번 서울 정상회의에서 추인함으로 전환한다. — (ⅱ) 경상수지 예시적 가이드라인{(Indicative Guideline) 국내총생산(GDP)에 대비해서 어느 정도의 경상수지 흑자나 적자를 나타내는 것이 과도한 것인지 예를 들어 보여주기 위한 기준선을 가리키며 워싱턴이 만성적 무역적자 해소를 위해 사실상 중국·독일 등 흑자국을 겨냥해서 제시했다. 이번 서울 G20 정상회의에서는 합의를 이루어 내지 못했다. 미국은 'GDP 대비 4%' 범위에서 경상수지를 관리하자는 안을 내고 개발해 내년 상반기 중 경과를 논의한 바 있다. ② 국제통화기금(IMF) 개혁 — 지분 6% 이상을 선진국에서 신흥국으로 이전 — 이사직 2개를 유럽국가에서 신흥국으로 이전했다. ③ 글로벌 금융안전망 구축 — IMF가 외환위기를 겪는 나라들에게 동시에 한도 없는 대출을 한다. ④ 금융규제 개혁 — 세계적 영향력 있는 대형금융회사에 대한 감독을 강화한다. ⑤ 보호무역주의 배격 — 자유무역을 위한 도하개발어젠다(DDA)를 2011년 협상타결 추진한다. ⑥ 개발도상국 지원 — G20 이외 국가들에게 사회간접자본 지원 및 개발경험 전수가 포함됐다.[86]

버락 오바마 대통령이 서울 G20 정상회의에서 얻은 것은 ① 달러화 약세에 대한 다른 나라 반발을 억제하며 환율 국제공조를 위한 큰 틀의 합의

---

85) "게이츠 국방 '아시아 주둔 美병력 확대 검토," 조선일보(2010년 11월 9일), p. A18.

86) "'환율전쟁' 피했지만 '해법갈등'은 불씨로," 상동(2010년 11월 13일), p. A3.

도출과 ② IMF(국제통화기금)에서 유럽 영향력을 축소하고 신흥국 지지를 이끌어 낸 점이다. 반면 잃은 것은 ① 미국 대규모 무역적자 해소 위한 수치화된 경상수지 가이드라인(GDP 대비 4% 이내) 합의 실패와 ② 글로벌 금융위기 이후 국제경제 질서에서 미국 영향력이 약화됐음이 드러난 점이다. 또한 후진타오 중국 국가주석이 서울 G20 정상회의에서 얻은 것은 ① IMF 지분 순위 6위에서 3위로 상승, ② 투기자본 등 과도한 해외 자금의 유출입을 막을 근거확보이다. 반면 잃은 것은 ① 시장 결정적 환율제도로 전환하고 환율 유연성을 높일 것을 약속한 점과 ② 미국의 위안화 절상 압박을 피할 명분이 약해진 점이다.[87] 여기서 분명한 점은 미국의 영향력은 감소하고 중국은 급부상하는 점이다. 한·미 양국은 한·미 FTA 추가 협상을 서울 G20 정상회의 이전에 타결하기 위해 노력한다고 했던 것을 지키지 못하고 결렬되어 미국에서 협상재개를 계속했다.

이번 추가 협상에서 워싱턴은 3가지 잘못을 했다. 첫째, 서울이 워싱턴의 과거 보은에 대해서 도우려고 해도 무리하게 일방적 요구를 한 점이다. 두 나라가 협상할 때에는 국민들이 보는 앞에서 손익계산서를 두들기는데 '6:4'의 게임이 아니라 '9:1'로 추진하여 절충이 아니라 강탈식으로 요구한 점이다. 둘째, 'G20 정상회의 전(前)'이라는 시한으로 못 박아 놓은 것도 잘못이다. 셋째 '쇠고기 문제'로 (원래 FTA 협정문제에 들어 있지 않은) 서울을 협박한 것이다. 그런데도 워싱턴은 이번 협상에서 자동차와 함께 '30개월 연령 이상의 쇠고기 추가개방'을 들고 나왔다. 현재 한국국민은 미국 쇠고기를 많이 먹고 있고 앞으로 30개월 이상 쇠고기를 수입금지할 수 없다. 다만 대국답게 미국이 '주고 받을 것'을 원칙 있게 해야 할 것이다.[88] 그러나 오바마의 서울 G20 정상회의와 한·미 FTA 추가협상도 중국 '포위 전략' 차원에서 볼 때 결국 실패는 아니다. 오바마 대통령은 제18차 APEC(아시아태평양경제협력체) 회의를 위해 일본 요코하마에 11월 13일 참석하면서 동남아와 동북아시아 방문을 끝내고 워싱턴으로 돌아가면서 베이징의 '포위전략'을 수행했다.

---

87) "주요국 정상의 서울 G20 정상회의 손익계산서," 상동(2010년 11월 13일), p. A4.

88) "'쇠고기 카드', 대국답지 못한 미국," 상동(2010년 11월 15일), p. A35.

2008년 글로벌 금융위기가 닥치자 워싱턴과 베이징은 위기 극복에 호흡을 맞췄지만 2010년 베이징이 독일과 일본을 제치고 세계 2대 경제대국으로 급부상하자 양국관계가 틀어졌다. 워싱턴이 자국의 경제회복과 베이징의 G2 급부상을 견제하기 위해 중국 '포위 작전'을 쓰면서 양국관계는 신냉전시대로 변했다. 워싱턴은 경제적으로 ▲위안화 절상 압박 ▲무역 불균형 해소 ▲희토류 통제 완화를 중국에 재촉하고, 정치적으로 ▲류샤오보(2010년 노벨평화상 수상자) 석방요구 ▲남중국해 문제 개입 ▲인도·베트남 등 중국 주변국가들과의 관계를 개선하고, 군사적으로는 ▲한국 및 일본과의 군사동맹강화 ▲아시아 주둔 미군 증강을 추진하고 있다. 위에서 지적한 오바마 대통령은 11월 6일부터 14일간 인도와 인도네시아, 한국과 일본을 방문했고 힐러리 클린턴 국무장관은 최근 베트남·캄보디아·말레이시아·파푸아뉴기니·호주 등 7개국을 방문했다. 이는 홍콩경제일보에 의하면 동북아와 동남아를 거쳐 인도까지 'C자형'으로 베이징을 포위하려는 워싱턴의 의도가 분명하다.

반면에 베이징은 워싱턴과 맞서 9명의 당 정치국 상무위원 중 6명이 유럽과 신밀월(新蜜月)시대를 열면서 '유럽 카드'로 워싱턴의 포위망을 뚫으려는 중국의 '연구항미(聯歐杭美)·유럽(歐洲·구주)과 연합해 미국에 대항하는 전략'이 있다. 유럽의 이해관계가 일치한 '21세기형 실크로드'와 중국 현대국제관계연구소 가오주구이(高祖貴) 연구원에 의하면 과거 베이징외교는 '도광양회(韜光養晦·때를 기다리며 힘을 키운다)에 머물러 있었지만 현재는 도광양회와 '유소작위(有所作爲·문제가 생기면 적극 개입해 푼다)'를 병행하는 단계로 분석된다.[89]

이러한 새로운 국제질서 재편과정에서 김정은은 특히 이번 G20 서울 정상회의에 참석한 미국 오바마 대통령, 중국 후진타오 주석, 러시아 메드베테프 대통령이 이명박 대통령에게 보낸 메시지에 귀를 열어야 한다. 오바마 대통령은 '적절한 시기에 6자 회담을 다시 시작할 수 있는 시점이 올 것'이라며 '(6자회담이 열리려면) 북한이 (비핵화에 대한) 진지한 태도를 보여야 한다'고 말했고 후지타오 주석은 "우리는 남북관계 개선을 일관되게 지지하고

89) "中외교, '韜光養晦'서 이제 '有所作爲'로" 상동(2010년 11월 16일), p. A18.

있고, 북한 지도자가 중국을 방문했을 때 "남북관계 개선이 한반도 평화안정에 중요하다고"했다고 밝혔다. 메드베데프 대통령은 "앞으로 6자회담 재개를 위해 필요한 요건이 조성되도록 노력하겠다"고 말했다. 평양은 2009년 4월 이후 IAEA(국제원자력기구) 사찰단을 추방하면서 영변핵시설 봉인 장치를 뜯어내어 서울과 워싱턴의 불신을 쌓은 상태이고 2010년 8월 김정일이 후주석을 방문하여 '중국과 긴밀한 협력을 통해 6자회담이 조속히 재개되기를 희망하며 한반도 비핵화를 견지한다는 입장에는 변화가 없다'고 밝힌 바 있다. 그러나 김정은 후계를 공식화한 후 최근 함북 풍계리의 핵실험 시설과 영변의 핵 재처리 시설을 가동하려는 움직임을 보이고 있어 김정은의 진정한 비핵화 의지를 의문시하고 있다. 김정은은 후주석이 언급한 '남북관계 개선이 한반도 평화안정에 중요하다'는 말이 워싱턴의 '북한이 서울을 거치지 않고서는 워싱턴에 올 수 없다'는 미국 입장을 이해하고 실천에 옮겨야 한다. 평양이 진정으로 남북개선을 원한다고 하면 천안함 폭침 같은 도발행위에 대한 사과를 표시하고 시작하는 것이 그의 시대를 여는 데 도움이 될 것이다.[90]

5. 남북한통일정책의 핵심적 공통요소-1

서울과 평양의 지도자들은 그들이 각기 다른 방식으로 통일정책을 추구해 나가고 있다고 주장하지만 그럼에도 불구하고 공통된 요소들을 발견할 수 있다. 즉 그들은 세 가지 범주(평화적 공존협력 그리고 외교 및 국방정책과 같은)로 집약되는 임시방안들에서 똑같은 어휘를 사용하고 있다. 서울의 7개 항 잠정조치와 평양의 10개 항 정책은 구체적인 내용분야에서는 다르지만 전체적인 의미는 비슷하다. 그러나 민주주의 개념은 전적으로 다르게 해석되고 있다.

첫 번째 공통요소는 남한의 제1항 '상호평등 및 호혜'와 북한의 제1항 정책인 '독립'이다. 이는 두 개의 한국이 지금과 마찬가지로 장래에 있어

---

90) "北, 미·중·러 정상의 서울發 메시지에 귀 열어야," 상동(2010년 11월 12일), p. A39.

서는 평화적인 공존상태를 유지하는 데 관심이 있다는 것을 의미한다. 고려민주공화국 정책의 장점은 모든 해외교포들의 보호조항을 포함시킨 데 있다. 이 점은 민족공동체통일정책의 임시방안에 있어서는 가장 취약적인 점으로 고려될 수 있다. 그러나 이명박 정부에서 2007년 헌법재판소에 재외국민 참정권 제한을 위헌이라고 판결한 사실에 근거하여 300만 명 재외국민을 위해 2008년 9월 정기국회 내에 국민투표법, 주민투표법을 개정하여 국민투표, 대선, 총선, 지방자치단체장 선거 등 모든 선거에 재외국민 참정권을 주는 계획을 하고 있다.[91] 서울의 세계화 추세를 따르는 차원과 통일한국에 중요한 축을 이루는 해외동포의 포용정책은 미래에 중요한 역할을 한다고 본다.

두 번째 범주인 '협력'에 해당되는 공통요소는 남한의 7개 항 잠정조치 중의 제 5 항인 '상호교류와 협력'이다. 이 협력범주에는 북한의 10개 항 정책 중 제 3 항(경제), 제 4 항(과학, 문화 및 교육) 그리고 제 5 항(교통과 커뮤니케이션정책) 등이 포함된다. 다시 말해 민족공동체 통일정책은 광범위하고 포괄적인 데 반해 고려민주공화국은 구체적이고 세부적인 특징을 갖는다. 협력방안을 추진하기 위해 남북한에 연락대표부를 설치할 것을 제의한 것은 민족공동체 통일정책의 장점이다. 평양은 연락대표부 설치를 제의하지 않았는데 이것은 단점으로 고려될 수 있다. 과거 10년간 김대중 정부와 노무현 정부에서 이룬 남북한 교류협력사업은 남북한의 평화공존과 평양이 서울에 의존하는 차원에서 상생정책을 이룬 결과라고 분석할 수 있다. 그러나 금강산관광사업의 중단이나 더 이상 발전하지 못한 개성공단사업계획과 천안함 폭침 사건의 사과건은 앞으로 남북한 정치지도자들의 정치적 결단에 따라 민족공동체 달성과 민족적 이익차원에서 풀어야 할 과제이다.

외교 및 국방정책범주에서 공통된 요소는 남한의 제 6 방안인 현상유지조항과 북한의 제 9 항 정책인 현상유지조항이다. 이는 남북한이 각각 잠정조치로서 그리고 통일화과정에 있어서 현재의 외교 및 국방정책을 유지하는 데 관심이 있음을 의미한다. 고려연방제안은 마지막 항에서 영구평화지

---

91) "재외국민 300만명 투표권 부여 추진," 동아일보(2008년 8월 26일), http://www.donga.com/fbin/output?n=200808260084 참조.

역과 비핵지대정책을 제시하고 있는데, 이는 장점에 속한다. 그러나 평양은 북한 핵무기를 개발하여 비핵지대정책을 자체적으로 위반하여 국제사회로 부터 고립되었고 6자회담을 통해서 풀어가는 과정에 있다. 남한은 민족공 동체 통일정책의 잠정조치들이 평화지역과 비핵지대를 가정하고 구상되었 다는 입장을 취하고 있다. 내용상 고려연방제안의 마지막 정책조항은 평양 의 장점이자 서울의 약점으로 고려될 수 있다(도표 4-4 남북한통일정책의 핵 심적 공통요소-1 참조).

도표 4-4	남북한 통일정책의 핵심적 공통요소-1

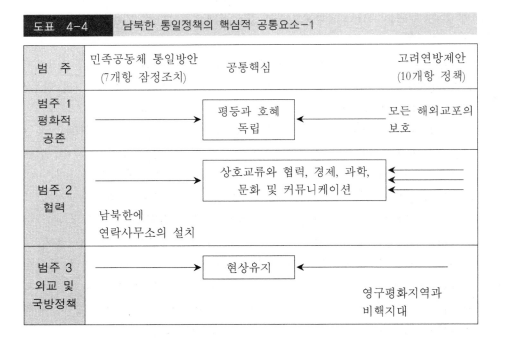

<도표 4-4>는 남북한 정책결정자들이 장래에 풀어 나가야 할 세 가지 범주의 문제들 안에 공통된 내용들이 들어 있음을 보여주고 있다. 핵심적인 문제는 잠정조치나 10개 항 정책 등이 아니라 통일화과정에 대한 남북한 정 책결정자들의 태도나 신념이라 하겠다. 현재 평양은 이명박 정부의 보수적 인 태도와 신념은 남북한대화의 교착상태를 가져왔다고 보고 있다. 반면에

서울은 평양 지도자들은 일방적 사고방식에서 쌍방향으로 벗어나지 않고 대남정책도 변화하지 않고 있다고 보는 견해이다. 한국의 통일정책을 연구하는 많은 국내외학자들은 미국 대선 이후에는 남북한 간의 대화가 재개될 것이라고 주장한다. 이러한 정책결정자들의 태도 및 신념의 변화가 성공의 유일한 조건이다.

두 번째 구체적 제안들에는 상이한 명칭의 기구들, 즉 민족공동체 통일정책의 민족통일협의회와 고려연방제의 최고민족연방회의와 연방상설위원회가 있다. 이는 남북한 정책결정자들이 통일헌법의 기초와 실행 또는 연방 중립국의 수립 및 두 지역정부에 대한 감독 등을 수행하는 데 필요한 기구들의 구상에 관심이 있다는 것을 의미한다. 남북한이 구상한 기구들의 공통요소는 표준운용절차와 기구들의 기능과 역할 등이다. 정책결정자들이 새로운 태도와 신념을 가지고 남북대화를 위해 상면한다면 그리고 그러한 경우에만 기구들이 통일의 목표를 수행하기 위한 도구로 사용될 수 있을 것이다.

마지막으로 민족공동체 통일정책과 고려연방제의 각각의 목표를 보면 통일된 정치체제의 수립이 남한의 궁극적 목표이며 일시적인(과도적인) 방안으로서의 중립국 형성이 북한이 목표하는 바이다. 다시 말해 남한은 통일된 정치체제의 수립을 위해 점진주의적 접근법(단계적)을 취하는 반면에 북한은 '선 중립국 후 통일한국'의 수립을 위해 포괄주의적 접근법을 취하고 있다. 여기서는 공통된 요소를 발견하기가 힘들다. 따라서 평양의 지도자들은 반드시 그들의 목표를 재고할 필요가 있다. 평양의 지도자들은 습관적으로 목표를 먼저 정해놓고 그 과정을 수행해 나간다. 그러나 늪으로 된(미지의) 호수를 헤엄쳐 건너갈 때 포괄주의적 접근법보다는 점진주의적 접근법을 취하는 것이 훨씬 더 현명한 방법일 것이다. 여하튼 남북한 통일정책의 핵심적 공통요소-1을 분석해 봄으로써 다음 단계, 즉 장래의 전망을 향해 나아가는 데 도움이 될 것이다.

6. 종합-1(2008~2014년, 동북아연합국과 강소국연방제)

이상의 분석으로부터 얻을 수 있는 새로운 종합은 어떠한 것일까? 새로운 종합(S-1)은 두 개의 다소 느슨한 결합에 기초한 평화적 공존의 첫 단계이다. 제2장에서 논의된 바와 같이 남북한은 주연자로서 조연자들(미국과 러시아)과 함께 느슨한 결합에 의거하여 한반도에서 평화적인 공존을 유지해 나가리라 본다. 다시 말해서 서울과 평양은 이명박 정부 동안에 좋은 이웃 나라, 정치적 통일성 및 이동과 커뮤니케이션의 자유(미국과 캐나다 사이에 이동의 자유가 있는 것처럼) 등의 남북한 간의 제 관계를 개선해 나갈 것이다.[92]

2009년 이후 국제정세의 새로운 국제질서 형성과정에서 서울은 아시아 4마리의 용에서 G20으로 옮겨가고 있다. 선진 7개국 G7의 'G'는 그룹(Group)의 머리글자로 1994년 서방 부자나라와 경제 제2 대국인 일본이 포함되어 있으며 러시아를 비공식 초청하면서 1997년 공산주의 종주국의 만남인 'P8'(Political 8)이 G8로 공식화되었다. 이 G8국가가 2007년 중국, 인도, 브라질, 멕시코, 남아공, 5개국 정상을 초청한 바 있으며, 2008년 10월 22일 부시 대통령이 세계 13위인 한국을 주요 20개국 G20(Group of Twenty Forum)에 전격 제안하여 포함시켰다.[93] G20은 신흥국 13개국이 G7에 더해진 모임으로 최근 세계적인 금융위기가 터지자 문제해결을 위해 주요 신흥국가들까지 회의에 참석시키는 목적으로 생긴 모임이다. 원래는 G7 재무장관회담은 경제규모가 큰 나라들을 포함시켜 1999년에 만든 모임이며, 부시 대통령이 2008년 10월 9일 글로벌 금융위기에 대처하기 위하여 G20 재무장관회담을 개최한다고 발표하면서 G13 외에 한국, 아르헨티나, 호주, 사우디아라비아, 인도네시아, 터키를 2008년 11월 15일에 워싱턴으로 초대한 바 있다.[94]

단기적으로 서울은 G20의 지위를 유지하면서 이 지위에 맞는 권한과 의무를 수행해 나가야 할 것이다. 이명박 대통령은 2008년 11월 15일 워싱

---

92) Young Jeh Kim, *Toward A Unified Korea: History and Alternatives*(Seoul, Korea: Research Center for Peace and Unification of Korea, 1987), pp. 184~186.

93) "미국은행 무너지는데… 환율이 왜 오르지," 조선일보(2008년 11월 27일), p. B10.

94) "G7에서 G20까지," 상동(2008년 10월 11일), p. A36.

턴에서 열리는 G20 금융정상회의에 참석, 기조연설을 통해 "무역 및 투자와 관련된 새로운 장벽을 만들지 않는다"는 '동결(Stand-Still)선언'에 동참해 달라고 제안하여 최근 어려운 세계 경제상황으로 인해 신흥 경제국을 보호하는 차원에서 보호무역주의 확산 경계와 주요 선진국들의 통화스와프(교환)를 신흥 경제국까지 포함하고 또한 국제통화기금(IMF)의 재원을 확충하는 방안을 미국의 자유무역을 지키는 제안과 유럽의 '달러화 지위 재고'의 중간 입장을 표명한 것이다.[95] 2008년 11월 15일 워싱턴에서 열린 G20 정상회의는 일반적으로 그동안 선진국 모임인 G7에서 세계 경제질서를 좌지우지했던 세계 경제권력이 이번 G20 회의에서 한국을 비롯한 중국, 브라질, 인도, 사우디아라비아 등 신흥 개도국으로 대(大) 이동하는 권력이동(Power Shift)으로 평가된다. 구체적으로 이번 회의가 선진국 모임인 G7이 G20로 대체될 수 있는 신호로 보는 시각도 있다. 이유는 세계경제 엔진이 신흥시장밖에 없는 상황에서 중국·브라질·인도 등을 빼고 새로운 경제질서를 추구하기는 어렵다는 측면에서이다. 여기에 부도위기에 몰린 국가를 지원해 주는 국제통화기금(IMF)에 돈을 댈 수 있는 국가도 일본과 중국이라는 이유도 포함하기 때문이다.[96]

이번 G20 정상회의의 참가국 정상들과 재무장관들은 이날 5시간에 걸쳐 진행된 본회담을 통해 5대 공동원칙(금융위기의 원인이 된 복잡한 금융상품과 금융기관에 대한 공시강화, 회계와 금융감독제도 개선, 투자자 보호강화, 국제금융기구 개혁, 금융당국 간 국제협력 활성화)을 채택하고 보호무역주의 확산을 막기 위해 앞으로 1년 동안 새로운 무역·투자 장벽의 신설을 자제하고 재정·금융정책 협조를 통해 세계 실물경제 침체에 공동 대응하기로 합의본 바 있다. 이러한 국제금융시장의 개혁은 미국과 유럽에서 신흥경제국 3자의 목소리를 절충함으로써 이루어진 점이다. 이 회의에서 구체적인 실천을 위한 방안으로 47여 개 중·단기 개혁과제를 마련하기로 하고 한국은 영국·브라질과 함께 2009년 G20 공동의장국 자격으로 위의 개혁과제 선정과 실행계획을 짜는 작업에 주도적 역할을 맞게 됐다. 이러한 역할분담을 한 이유는 브

95) "무역·투자 새로운 장벽 만들지 말자," 상동(2008년 11월 15일), p. A5.
96) "'선진국 → 신흥 개도국' 세계경제 권력 이동," 상동(2008년 11월 17일), p. A3.

라질이 2008년, 영국이 2009년, 한국이 2010년의 G20 재무장관회의 의장국
이기 때문이다. 정상회의를 주도한 미국이나 2009년 의장국인 영국이 아니
라 한국·영국·브라질의 의장국단이 공동으로 개혁안 실무작업을 맞게 된
이유는 이번 정상회의 도중에 갑자기 결정된 사안이다. 서울 기획재정부 최
종구 국제금융국장은 "한국이 국제사회에서 이렇게 뜨겁고 큰 이슈를 맡은
것은 처음일 것"이라고 말해 준비는 안 된 상태이지만 한국이 G20 체제의
최대 수혜국이 되느냐 아니냐는 이번 국제금융개혁안이 성공적으로 이행되
느냐 실패하느냐에 따라서 결정될 것으로 분석된다.[97]

　　G20 서울 정상회의는 AFP 통신에 의하면 '한국의 성인식'이라고 표현
하고 있다. 주요 20개국이라는 숫자 20이 성인이 되는 나이와 같다는 표현
이다. 한국은 1960년대부터 수출 주도형 산업화를 추진하였고 60~70년대는
보호주의로 서울 경제는 보호주의 체제하에 한국 상품을 세계시장에 파는
데 어려움을 겪은 바 있다. 단계적 수입 자유화를 거쳐 경제의 빗장도 풀고
국민 의식도 세계를 향해 새로운 시작을 한 것은 1988년 서울 올림픽을
전·후한 시기이다. 서울의 세계화는 10년 단위로 변화 과정을 겪었다. 1996
년 OECD 가입으로 자본시장 개방에 나섰지만 1977년 아시아 외환위기 와
중에서 달러가 급속히 빠져나가고 IMF 구제금융에 손을 벌리는 국가 부도
사태도 경험했다. 그 후 10년이 지난 2008년 미국발 금융위기로 '위기의 세
계화'를 경험하고 '20 정상회의'의 한 자리를 차지한 셈이다. 다시 말해 한
국은 산업화 역사는 반세기이지만 세계화 나이는 성년이 된 셈이다. G20 성
인식은 대통령, 기획재정부 장관, 담당 공무원들이 글로벌 정책을 열심히 공
부하여 세계경제의 새 판을 짜는 데 중재하고 서울의 논리를 설득하는 데
성공한 것이다. 그렇다고 이 성인식을 치렀다고 한국이 글로벌 주체로 도약
한 것은 아니고 이제부터 시작일 뿐이다.[98] G20 서울 정상회의가 2010년 11
월 12일 세계경제가 '강하고 지속 가능하며 균형잡힌 성장'의 길로 나가기
위한 새로운 지침을 담은 '서울 선언문'을 채택했다. '서울 선언문'은 금융위
기 직후인 2008년 11월 워싱턴에서 열린 첫 회의 이후 네 차례 정상회의에

---

97) "한국, G20 체제의 최대 수혜국?" 상동(2008년 11월 17일), p. A4.

98) "대한민국이 치른 'G20 성인식'," 상동(2010년 11월 17일), p. A39.

서 합의한 사항을 실현하기 위한 방안을 담고 있고, 경제위기 이후 세계경제의 변화를 반영하면서 G20에 속하지 않은 대다수 신흥·개도국들을 끌어안으려는 노력도 보였다. 반면에 G20 국가들 사이에 경제위기에 대한 공감대와 절박성이 떨어지는 상황에서 경제위기에 대처하는 비상기구에서 세계경제의 최고 의사결정 기구로 자리를 잡을지는 앞으로 두고 봐야 할 것이다. 서울 정상회의는 G7 밖에서 열린 첫 G20 정상회의로서 앞에서 지적한 대로 세계 언론들은 '한국이 국제사회에서 성인식을 치렀다'고 평가했다. 이명박 대통령은 대한민국의 의장국으로서 세계 주요국들의 이해관계와 갈등을 조정·중재하는 '코리아 리더십'도 선보였고 식민지 지배와 전쟁의 폐허 속에서 허덕이던 나라가 세계 경제의 현안을 논의하는 세계 외교 무대 한복판에서 역할을 할 수 있다는 것은 이 정상회의의 가장 큰 소득이다.[99] 분명한 것은 한국이 국제정세 흐름에 잘 호응한다는 점이다. 이 단기기간 동안 G20의 역할을 잘 수행하였고 이 흐름을 잘 이용하여 중기기간인 2014년부터 2019년 기간 동안 동북아연합국(한·미·중·일) 창설에 주도적 역할을 할 수 있도록 준비해야 한다.

대외적 역할 이외 통일방안 창출에 이명박 정부는 대내적 요건의 중추적인 강소국연방제를 준비해야 한다. 이 준비과정에서 서울은 세계 경제규모 10위에 맞게 큰 형의 입장에서 훌륭한 이웃나라, 정치적 동일성 및 이동과 커뮤니케이션의 자유 등의 틀 내에서 남북한 간의 대화를 재개하기 위해 북한 측의 요구(6.15와 10.4선언의 전면 이행)를 수용하면서 노력해야 할 것이다. 과거 한국 대통령은 평양의 지도자들이 고려민주연방제의 10개 항 정책의 실행 이전에 다섯 가지의 전제조건들이 충족되어야 한다고 주장했다. 다섯 가지의 전제조건은 다음과 같다. ① 미군의 철수와 한미 상호 방위조약의 폐기, ② 남한의 민주화, ③ 반공정책과 반공법의 폐지 및 남한 내의 통혁당 인정, ④ 두 개의 한국정책의 포기 그리고 ⑤ '광주에서 저지른 범죄행위'를 사과하고 '정치범들'을 석방하는 것이다.[100]

이러한 과거의 조건과 달리, 현재 상황에서, 평양은 2008년 11월 7일 뉴

---

99) "'G20 서울선언문'이 보여준 세계 경제의 빛과 그늘," 상동(2010년 11월 13일), p. A31.

100) Tae-Hwan Kwak, *In Search of Peace and Unification on the Korean Peninsula*, p. 46.

욕에서 북한의 리근 외무성 미국국장과 오바마 미국 대통령당선자 진영의 한반도정책팀장 프랭크 자누지와 당시 부시 행정부의 성김 국무부 북핵특사와 만난 자리에서 "(미국의) 어느 행정부가 나와도 대응할 준비가 돼 있다"라고 하면서 부시 집권 8년 중 6년을 지낸 것과는 달리 미·북 직접 대화에 대한 기대를 행동으로 보여준 것 같다. 오바마 대통령후보는 선거유세기간 동안 여러 차례 "김정일 등 악의 축 지도자와도 조건 없이 만날 용의가 있다"고 밝힌 바 있으며 북핵 검증이 완료되기 전이라도 미·북 간 이익대표부를 상호 설치할 수 있다고 표명한 바 있다. 평양은 위의 미·북 직접대화, 최고 지도자 간의 직접대화, 북핵 검증에 앞선 대표부 상호 설치는 선거유세기간에 나온 말과 시간이 흐르면서 달라진 '김정일과 직접 만날 용의'가 '미·북간 직접대화'로 또한 미국이 북한을 테러지원국 명단에서 삭제할 당시 논평을 통해 "북한이 (핵에 대한) 철저한 검증을 거부하면 새로운 제재를 검토한다"는 메시지는 구분해야 한다고 본다. 평양이 오해해서는 안 될 점은 오바마 행정부에서 북핵문제를 원론에서 재검토할 것이고 그의 북핵 해결책 목표는 완전한 핵의 폐기와 완벽한 핵의 확산방지책이라는 점이다.

오바마 행정부는 임기 말에 쫓기던 부시 행정부와 달리, 북핵문제를 원점에서 평양의 공갈외교(Blackmail Diplomacy) 수법의 허실(虛實)을 낱낱이 뒤져 보고 단번에 퇴치되는 방안은 찾지 못하더라도 급소(急所) 또는 마지막 순간에 "꽝"을 찾을 수 있겠다.[101] 2009년 1월 20일 출범하는 오바마 행정부가 취할 북핵 해결책은 클린턴 국무장관 내정자와 전 미 국무장관인 올브라이트 그룹에서 결정될 것으로 예상된다. 이 그룹은 매들린 올브라이트 전 국무장관과 웬디 셔먼 전 대북정책 조정관으로 포괄적 대북정책이 필요하다고 주장하고 있다. 이 포괄적 대북정책에는 6자회담 외에 버락 오바마 미국 대통령당선자의 정책산실인 싱크탱크(Think-Tank) 미국진보센터(CAP: Center for American Progress)가 최근 발표한 백악관 법률고문으로 내정된 그레고리 크레이그(Craig) 변호사의 오바마 취임 100내 대북특사를 보내는 제안과 부시 행정부가 추진하는 6자회담과 북·미 직접대화를 통한 북핵 해결방식이

---

101) "이명박 길들이기·오바마 떠보기," 조선일보(2008년 11월 14일), p. A30.

살아 있다고 한 점도 포함되어 있다. 다시 말해서 오바마 당선자의 외교안보 전문가인 클린턴–올브라이트 그룹에서 부시 행정부의 8년 임기 중 마지막 2년간 진행된 북핵협상의 공과(功過) 위에서 대북 대화를 추진하면서 대북특사가 서울 측과 사전·사후 협의를 하여 평양의 봉미통남을 막는 제안은 현실적이고 당연한 한·미 공동의 노력을 보여주는 것이다.[102] 방법론에서 평양이 오바마 행정부의 북핵 목표를 인정하고 사전 확신과 신뢰를 심어준다면 오바마와 김정일 간의 직접대화나 이익대표부 상호설치가 어려운 일은 아니다. 반면에 평양이 워싱턴의 목표까지 흔드는 잘못된 의도를 갖고 있다면 1994년 영변 핵시설 폭파를 검토한 클린턴 행정부를 교훈삼아야 할 것이다.[103] 남한은 민주화와 '광주에서의 범죄에 대한 사과' 및 '정치범'의 석방 등의 일을 이미 했거나 해나가고 있다.

다른 세 가지 요구사항들은 대내외적으로 복합적인 요인들과 관련된 것으로 서울지도자들은 장차 그 해결을 위한 방향을 제시해 나갈 것으로 본다. 그들이 할 수 있는 바는 세 가지 전제조건들을 단기 및 장기범위로 나누고(즉 반공정책과 반공범의 폐지를 단기안으로 그리고 미군철수와 두 개의 한국정책의 포기를 장기안으로 나눈다) 이동의 자유와 협력 및 교류를 추진하기 위해 북한으로 하여금 북한사회를 남한에 개방하도록 요구하면서 실행가능한 단계적 과정들을 마련해 나가는 것이다. 여기서 주목할 부분은 북한의 핵무기는 김정일의 선군정치세력의 생사를 좌우하는 수단이다. 수령체제의 완전한 보장 없이 평양의 비핵화는 불가능하며 선군정치는 워싱턴의 대북적대시정책의 포기를 요구하고 있다. 평양은 구체적으로 북·미평화협정을 통해 주한미군을 한반도에서 철수시키는 것과 북한을 주적으로 삼고 있는 한·미군사동맹의 해체를 요구하고 있다. 오바마 행정부에서 일방적으로 평양의 요구를 받아들이기에는 한계가 있다고 분석된다.[104]

서울과 평양은 워싱턴 및 모스크바와의 관계에 있어서 그들과의 공통된 정치적 이념의 색조가 희미해지고 공통된 국가이익이 우선시됨에 따라 느슨

---

102) "오바마 대북 특사, 부시 8년 북핵정책서 교훈 얻어야," 상동(2008년 11월 22일), p. A31.

103) "오바마 미국과 북한 관계는 북한 하기에 달렸다," 상동(2008년 11월 10일), p. A35.

104) "대북 정책 보물찾기," 상동(2008년 11월 15일), p. A30.

한 관계를 계속해서 유지해 나갈 것이다. 남북한은 정치적 일체감과 광범위한 선린정책을 유지하기 위해 동아시아의 두 나라, 즉 베이징 및 동경과 접촉하여 그들의 직접적인 개입을 검토해 볼 더 나은 입장에 놓일 것이다. 6자회담 틀에서 북핵문제가 풀린다면 두 인접 강대국과 교차승인을 얻은 남북한 두 수혜국이 두 개의 한국 간의 긴장을 완화시키고 개인적 및 국가적 차원에서 긴밀한 교류와 협동을 추진하는 데 도움이 될 것이다. 한 차원 높은 교류 및 협력을 추진함으로써 정치적 일체감에 대한 위협과 폭력행위 등을 방지하고 민족 간 이동의 자유가 보장될 수 있을 것이다. 동경과 베이징은 지역강대국으로서 과도기적 종합-1에 해당하는 두 개의 다소 느슨한 결합에 기초한 평화적 공존의 첫 단계와 강소국연방제의 첫 단계를 인정하게 될 것이다.

종합-1(2008년~2014년)은 1단계와 2단계의 중간 지점으로 작용할 것이다. 새로운 종합, 즉 두 개의 다소 느슨한 결합에 기초한 평화적 공존과 강소국연방제의 첫 단계를 묘사하는 최선의 방식은 소위 '쓰레기통모델'(Garbage Can Model)이다. 코헨(Michael D. Cohen), 마취(James March), 올센(Johan P. Olsen) 및 파드제트(John F. Padgett) 등에 의하면, 최종적인 결정은 합리적 행위자들에 의해 이루어지는 것이 아니라 네 개의 '부분적으로 독립적인 흐름'에 의해 이루어진다는 것이다. 네 개의 흐름이란 문제, 해답, 당사자들 및 선택기회 등이다. 쓰레기통모델에서 이러한 네 개의 흐름은 상호 교차하면서 동시적으로 작용해야 한다. 쓸모없는 물건을 쓰레기통에 버릴 때 우리는 버리는 행위에 따르는 규칙이나 규정 따위에 따르는 것이 아니다. 쓰레기를 버리는 데 있어서 누가 결정을 내릴 것인가, 어떻게 결정을 할 것인가 그리고 결정할 때 따라야 할 것 등에 대해서 명확한 규칙이나 규정이 없다는 점에서 쓰레기통은 무정부상태를 나타낸다.[105]

훌륭한 결정을 내리는 유일한 방법은 문제(통일), 해답(종합), 당사자들(정책결정자들) 그리고 선택기회(남북한 간의 대화)가 동시에 상호 교차함으로써 일방적이 아니고 쌍방향적으로 그리고 그때에만 가능한 것이다. 쓰레기통모

---

105) Authur G. Bedian, *Organization: Theory and Analysis*(New York: The Dryden Press, 1984), pp. 119~120.

도표 4-5	남북한통일방안의 비교

남 한 (민족공동체 통일방안)	북 한 (고려민주연방국)

〈방 안〉
1. 민족통일협의회(+)
2. 민족통일협의회헌법의 기초
3. 국민투표
4. 자유로운 총선거
5. 통일된 입법부와 정부의 수립
6. 자기결정 및 민주적/평화적 절차의 원칙
 	
〈잠정조치들〉
남북한의 기본적 관계에 대한 잠정협정
1. 평등과 호혜의 원칙(+)   (Ⅰ)
2. 군사력과 폭력의 불사용 대화와 협상에 의한
   문제의 평화적 해결
3. 상대방의 정치체제와 사회제도의 인정,
   내부문제에 대한 불간섭
4. 휴전협정의 유지와 무기경쟁 및 군사적 충돌의
   종식
5. 무력, 수송, 우편제도, 의사소통, 스포츠, 교육,
   문화 등의 분야에서 남북 간의 교류와 협력을 통해
   상대편 사회를 개방시킴, 이산가족의 재회 및 자유
   로운 여행(+)   (Ⅱ)
6. 상대방이 다른 나라들과 맺은 조약 및
   협정들의 존중(+)   (Ⅲ)
7. 서울과 평양에 상주연락대표부의 설치
 	
〈절 차〉
1. 남북한고위당국자들 간의 정상회담
2. 각료급 수석대표들로 이루어진 예비회담
3. 20개의 실험적 사업제안
	〈방 안〉
	1. 최고민족연방회의(+)
	2. 연방상임위원회
	3. 연방국가의 통일정부
	4. 두 개의 자치적 지역정부
	5. 정치적 문제들
	   국방, 외교문제들 및 다른 공동관심사들
	
	〈전제조건들〉
	1. 미군철수와 한미상호방위조약의 폐기
	2. 남한의 민주화
	3. 반공정책의 포기
	   반공법의 폐지, 통혁당의 인정
	4. 두 개의 한국정책의 포기
	5. '광주사태에서의 범죄행위'에 대한
	   사과와 '정치범'의 석방
	
	〈고려민주연방제의 10개항 정책〉
	1. 독립정책(+) (Ⅰ)
	2. 민주주의·민족적 화합의 추진
	3. 남북한 간의 경제적 협력과 교류, 사유재산의
	   보호(+) (Ⅱ)
	4. 과학, 문화 및 교육분야에서의 남북한 교류와 협력
	5. 수송 및 의사소통의 재개(+) (Ⅲ)
	6. 생계의 보장과 복지
	7. 민족연합군, 남북한 병력의 감축
	   (10만 내지 15만으로)
	8. 모든 해외교포들의 보호
	9. 두 지역정부의 외교관계의 조성, 모든 조약과
	   협정의 폐기
	10. 평화적인 비동맹외교정책(−) (Ⅲ)

+ 가능하고 실제적인

− 불가능하고 비실제적인

(Ⅰ) → 평화적 공존(+) (+)

(Ⅱ) → 협력(+)

(Ⅲ) → 외교 및 국방정책(−)

자료: Tae Hwan Kwak, *In Search of Peace and Unification on the Korean Peninsula*, p. 46

델은 우선순위, 대화기술 및 당사자들이 명확하지 않은 긴장이 고조된 특이한 상황 하에 있는 한국의 정책결정자들이 새로운 결정을 내리는 데 유용하게 사용될 수 있다.

새로운 종합-1(해답)은 문제(통일문제), 당사자들(서울의 새로 선출된 지도자들과 평양의 제2세대와 포스트 김정일 세대 또는 김정은 시대) 및 선택기회(이명박 정부의 남북대화 재개)의 요인들과 함께 작용함으로써 얻어질 수 있다. 첫째로 '문제', 두 번째로 '당사자들과 선택기회' 그리고 마지막으로 '해답'의 순으로 분석해 보자.

한국통일에 관한 복합적인 문제들을 확인하는 최선의 방법은 남북한 통일정책의 핵심적 공통요소를 발견하는 일이다. 앞에서 논한 것처럼 세 가지 범주의 핵심적 공통요소들이 있다. 즉 ① 상호평등과 호혜, ② 경제, 과학, 문화와 교육 및 교통과 커뮤니케이션 분야에서 상호교류와 협력 그리고 ③ 현상유지 등이다. 이러한 핵심적 공통요소는 가능하고 실제적인(+) 측면과 불가능하고 비현실적인 (−)측면을 포함한다(도표 4-5 남북한통일방안의 비교 참조). 평화적 공존과 외교 및 국방정책은 한국전쟁을 제외한 지난 67년 동안 지속되어 왔다. 협력방안은 아직 구체화되지 않았다.

핵심적 공통요소방법을 좋아하는 학자든 싫어하는 학자든 간에 구체화 또는 일반화 작업에서 반드시 핵심적 공통요소의 방법을 사용하여 문제를 확인해야 한다. 도표 4-5와 4-6을 보면 핵심적 공통요소를 쉽게 찾을 수 있다. 양측의 임시방안 혹은 10개 항 정책은 화살표시로 표시되어 있으며 추가의 장점으로 간주되는 요인들과 함께 각자의 입장을 보여주고 있다. 민족공동체 통일정책은 하나의 장점을 가지는 반면 고려민주연방제안은 두 개의 장점을 가진다. 그러나 중요한 점은 핵심적 공통요소에 동의하고 추가의 장점을 인정하는 일이다. 만일 한국의 정책결정자들이 쓰레기통모델 혹은 새로운 시각에서 통일에 관한 복합적인 문제를 인식하고 다른 세 가지의 흐름과 관련지어서 문제를 풀어 나간다면 그들은 새로운 해답을 찾을 수 있을 것이다.

세 가지 범주의 핵심적 공통요소들에 의해 한국통일에 관한 복합적인 문제들을 확인한 후에는 서울과 평양의 문제접근방식의 주요 차이점이 무엇인가 하는 질문을 할 수 있다. 그 질문에 대한 해답, 즉 주요 차이점은 장래의 정부형태이다. 북한은 "미래에 있어 하나의 연방국가와 두 개의 지역정부"를 주장하는 데 반해 남한은 "하나의 통일국가와 두 개의 정부"를 주장

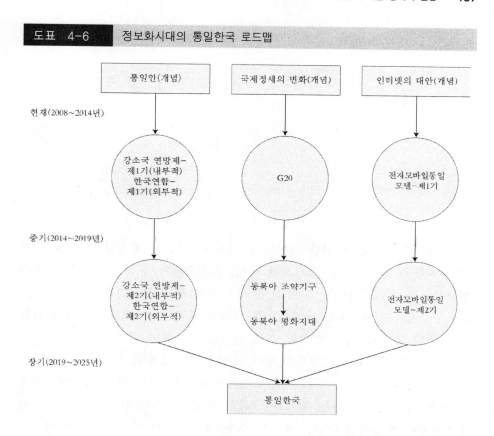

도표 4-6   정보화시대의 통일한국 로드맵

하고 있다. 미래의 정부형태에 대한 상이한 접근방식은 단기적 미래에 해당된다고 할 수 있다. 남북한의 종합-1의 해답은 강소국연방제이다(도표 4-6정보화시대의 통일한국 로드맵 참조).

　　남한의 정책결정자들은 다음의 일을 할 수 있다. 즉 서울의 접근방식을 채택하도록 평양지도자들을 설득하는 데 있어서 '독일모델'과 '중국모델'로부터 교훈이 되는 실마리를 얻는 것이다. 소위 독일모델은 통일이 정부의 단기적 목표가 아니라 장기적 목표라는 것을 보여준다. 실용주의적 측면에서 한국이 취할 수 있는 선택은 과도기적 과정으로서 두 개의 다소 느슨한 결합에 기초한 평화적 공존을 받아들이는 것이다. 이 공존을 평양이 받아들이든 그렇지 않든 간에 한반도에 두 개의 한국이 '사실상'(de facto)의 정부로

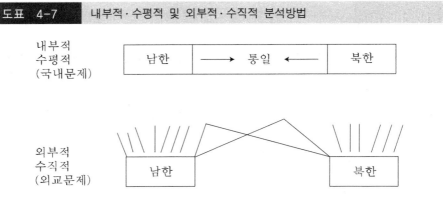

| 도표 4-7 | 내부적·수평적 및 외부적·수직적 분석방법 |

서 존재한다는 것은 엄연한 현실이다. 서울지도자들은 평양의 경제 및 정치적 조치들을 일방적으로 마련해야 한다. 독일모델은 동독이 서독의 경제적 협력제의를 받아들인다는 것을 보여주고 있다. 훗날 평양지도자들은 문제를 실용주의적으로 해결하는 방법으로서 하나의 국가와 두 개의 정부라는 남한의 논리와 남한이 이룬 발전을 결국 받아들일 것으로 본다. 이유는 서울이 앞으로 추진할 강소국 연방제 안에서 찾아 볼 수 있겠다.

독일통일은 서독이 동독을 흡수해서 이룬 것이 아니라 독일연방공화국에 동독 주들이 가입하는 형식과 절차를 따른 것이다. 경제적·정치적·사회문화적인 통합과정에서도 서독의 주정부와 동독의 주정부가 파트너십을 통해 동독사회의 전환을 가져왔고 동독지역의 주정부의 의해서 파트너주인 서독의 주정부의 변화를 가져온 점에서 서울이 먼저 통일한국에 필요한 연방주의적 헌법모형을 도입하고 안정화하는 데 초점을 맞출 필요가 있는 것이다. 다시 말해서, 서울이 연방주의적인 국가구조를 도입하여 통일의 충격을 흡수하고 북한지역에 대한 특성을 살리면서 마지막 단계에 실질적으로 통일한국을 이루는 것이 바람직하다.

중국모델로부터 남북한은 통일문제를 수평적으로 풀어야 할 내부문제(국내문제)와 현상유지와 같이 수직적으로 풀어야 할 외부문제(외교문제)로 나누어 고려해 볼 수 있다(도표 4-7 내부적·수평적 및 외부적·수직적 분석방법 참조).

남북한 지도자들은 한국의 통일문제를 해결하는 데 있어 주요 걸림돌은 핵심적 공통요소의 실행에 앞서 해결되어야 한다고 평양 측이 주장하는 전제조건들이다. 북한이 내놓은 전제조건들은 다음과 같다.

1) 남한에서 미군철수

2) 남한의 민주화

3) 반공정책 및 반공법의 폐지 그리고 소위 '통혁당'의 인정

4) 두 개의 한국정책의 포기

5) '광주에서의 범죄행위'에 대한 사과 및 '정치범의 석방'이 그것이다.

다섯 가지의 전제조건들 가운데 서울의 민주화, '광주에서의 범죄행위'에 대한 사과 및 '정치범'의 석방 그리고 반공정책의 포기 등은 현단계에서 실행되고 있다. 그러나 서울은 국가이익과 관련하여 남한에서의 미군철수와 두 개의 한국정책의 포기를 고려하지 않고 있다.

앞에서 지적한 대로 평양의 6.16과 10.4합의문 실천요구는 북한 핵문제가 해결될 경우 실천될 가능성이 높다. 2008년 말 북한의 불안정한 영도체계와 오바마 행정부의 출범에 따라 북한의 요구는 일시적으로 수용하기 어렵고 시간이 필요한 사항이다. 그러나 20여 년을 넘은 북핵문제는 북한체제와 연관성이 있어 쉽게 포기할 사항이 아니고, 평양의 전략은 '북한의 위기조장 → 미·북 대화 → 대북 보상 제공 → 대화 결렬'의 패턴으로 유지되어 왔다. 평양이 1990년대 초반 이후 20년 가까이 한반도를 핵공포에 몰아넣었던 '플루토늄'방식으로 40여kg을 추출해 최대 6~7개의 핵 무기를 보유한 것으로 추정된다. 평양은 2010년 3월 천안함 폭침사태 국면을 모면하기 위해서 6자회담 재개 의사를 밝히고, 서울과 워싱턴이 '북한이 비핵화 의지를 먼저 보여야 한다'고 버티는 국면에서 최근 잭 프리처드 전 대북특사에게 영변 핵 단지에 새로 짓고 있는 25~30MW 규모의 실험용 경수로(2010년 7월 31일 공사 시작으로 2012년 완공 목표)를 선보였고, 미국의 핵 전문가 지그프리드 헤커(Hecker) 스텐퍼드대 국제안보협력센터 소장에게 원심분리기 수백 개를 갖춘 대규모 우라늄 농축시설을 2010년 11월 20일에 공개했다고 뉴욕타임지가 보도했다. 헤커 소장은 "그 시설의 정교함에 깜짝 놀랐으며 '초현대식 제어실'이 가동하고 있었다"며 "북한은 원심분리기가 2,000여 개"라고

밝혔다. 핵 전문가 분석에 의하면 '원심분리기 2,000대 정도가 있으면 연간 1개의 우라늄 핵폭탄을 만들 수 있다'는 논리이다. 평양이 고농축 우라늄 기술과 장비를 확보했다고 하면 북핵 문제는 현재와는 다른 상황을 맞게 된다.[106]

핵폭탄은 천연우라늄{정제우라늄(엘로 케이크)} 원재료를 사용하고, 핵분열을 일으키는 물질인 제조 원료에 따라 플루토늄과 우라늄 235(HEU)로 구분된다. 전자는 천연 우라늄을 정제한 뒤 핵 연료봉을 만들고 원자로에서 태워 사용 후 연료를 얻어 대규모 재처리시설을 통해 가공하여 플루토늄을 분리한다. 플루토늄 핵탄두는 핵 연료봉이 덩치가 큰 원자로에서 폐연료봉으로 다시 재처리공장을 통해 굴뚝 연기와 방사능 물질을 내면서 플루토늄을 만들어 첩보위성이나 방사능 계측을 통해 제조과정이 노출되기 쉬운 단점을 지니고 있다. 후자는 기체확산법이나 원심분리법 공정을 통해 천연 우라늄의 0.7%에 불과한 우라늄 235의 비율을 90% 이상으로 끌어 올린다. 우라늄 핵탄두는 대규모 핵시설이 필요 없고 방사능 물질이 검출되기 어려운 것으로 북한이 이번에 공개한 약 1,000대 원심분리기(900m² 정도의 작은 공간)를 통해서 고농축 우라늄이 은밀하게 우라늄 핵탄두로 제조된다. 이 우라늄 농축 시설과정은 언제 어디서 어느 정도 규모로 진행되었는지 외부에서 파악하기 어렵고 몰래 해외로 반출해 테러집단이나 다른 국가에 판매할 경우 핵확산에 더 위협적이다.[107] 다시 말해서, 평양은 플루토늄을 이용해 두 번의 핵실험을 했고 플루토늄 핵탄두 8~10개를 보유하고 있는 것으로 추정되는 중, 북한이 미국 핵 과학자에게 보여준 원심분리기를 이용해 고농축우라늄을 추출할 경우 매년 1~2개 가량의 우라늄 핵탄두를 만들어 낼 수 있음을 보여주고 있다. 서울은 2010년 3월 천안함 폭침 사건 후 남북 교류와 교역은 전면 중단했고, 워싱턴은 2010년 8월 평양의 돈줄을 죄기 위한 강도 높은 금융제재를 추가한 바 있고, 국제사회는 북한이 2009년 5월 2차 핵실험

106) "北이 고농축 우라늄 핵폭탄까지 갖게 해선 안된다," 조선일보(2010년 11월 22일), p. A35.
107) "美 핵전문가 '수백개 원심분리기 보고 왔다'… 北 '자진신고' 왜?" 상동(2010년 11월 22일), p. A3.

을 실시한 후 유엔안보리 결의를 통해 대북 압박·봉쇄에 나서고 있다.[108]

평양이 원하는 워싱턴과의 직접대화에 대해 워싱턴은 '남북관계 개선이 우선'이라는 냉담한 반응을 보이자, 북한은 2010년 11월 23일 오후 2시 34분 다연장로켓포인 122mm 방사포로 연평도를 공격하여 해병대 병사 2명이 숨지고, 장병 16명과 민간인 3명이 중경상을 입었으며 가옥과 시설물에 큰 피해가 발생하여 서울 국방의 변방인 서해 5도가 중심이 됐다. 평양의 이번 공격은 1953년 휴전 이후 최초로 한국 영토를 직접 포격해 군인과 민간인을 살상했고, 과거 서해상의 남북경계선인 북방한계선(NLL)의 무효를 주장하며 여러 차례 서해5도 인근 해상에 포 공격과는 다른 차원의 직접 도발이다. 민간인 거주 공격은 전시에도 국제법이 금지하고 있는 전범(戰犯) 행위이다. 북한의 전형적인 도발 행위는 잇단 핵위협을 통해 서울과 워싱턴으로부터 정치·경제적 대가(代價)를 얻으려는 시도가 빗나간 데 따른 반발의 표시이자, 서울과 군사 갈등을 일으켜 위기를 조장하면서 그 와중에 3대 세습체제에 대한 내부 불만을 외부로 돌리려는 꼼수 전략이라고 분석된다.[109] 북한의 전범 행위에 못을 박는 대안은 단기적으로 한·미 양국은 2010년 11월 28일부터 12월 1일까지 서해상에서 미국원자력추진 항공모함 조지 워싱턴(9만 7,000t급)이 참가한 가운데 연합훈련을 실시해[110] 평양의 추가도발을 막기로 하고 장기적으로 연평도와 백령도, 대청도, 수청도, 우도의 서해5도(면적은 74km, 주민은 8,300명과 북한 땅 턱 밑에 있는 전략적 요세지)를 국가 안보의 상징으로 최강 진지로 만드는 것이다.

항모(航母) 조지 워싱턴호는 '美 7함대'에 소속되어 있으며 스콧 밴 버스커크 해군 중장이 사령관이며, 함대 본부는 일본 요코스카 미 해군기지에 있고 '평화를 위한 준비된 힘'(Ready Power for Peace)을 함대 모토(Motto)로 두고 있으며, 주요 임무는 ① 자연재해 구난 및 연합군사훈련 지휘, ② 작전 영역 내 모든 해군 지휘, ③ 한반도 방위(1994년 사령관 공식 임무로 추가 부여)가 포함 되어 있다. 이 항모는 전함 60~70척(항모 조지 워싱턴호 포함), 전투·

---

108) "'구멍 뚫린 압박과 대화 위한 대화'론 北核 못막아," 상동(2010년 11월 23일), p. A35.

109) "북한의 불법 공격을 즉각·엄중·정확히 응징하라," 상동(2010년 11월 24일), p. A35.

110) "韓·美, 28일부터 核항모 참가 서해상 연합훈련," 상동(2010년 11월 25일), p. A1.

폭격·수송기 200~300대, 해군·해병대 병력 40,000명을 탑재하고 있는 막강한 미 해군 최대의 해외 전력이다. 미국은 세계 인구 절반이 거주하는 국가 관할해역 지역에 미국과 동맹국의 '창과 방패'역할을 하는 항모를 연평도 공격에 대한 단호한 응징의 메시지로 보낸 것이다.[111] 이 조지 워싱턴호는 스텔스 기능이 있는 F-22전투기를 탑재하고 이는 레이더에 잡히지 않아 김정은 집무실과 별장을 몰래 박살낼 수도 있고 지상 고성능 무기의 움직임을 잡아내는 고성능 지상감시 정찰기 '조인트 스탯(J-STARS)'도 훈련에 참가하여 베이징과 평양에 '힘없는 정의는 무력하다'는 국제정치의 냉엄함을 보여주고 있다.[112] 이 항모는 '떠다니는 군사도시'로 불리는 9만 7,000t급으로 이지스구축함인 카우펜스함, 이지스구축함인 샤일로함·즈테담함·피체랄드함 등을 거느린 항모 강습단이 참가하고 있으며 한국 측에서는 첫 이지스함인 세종대왕함(7,600t급)과 KDX-II 한국형 구축함 최영함·대조영함, 호위함, 초계함, 군수지원함 등이 처음으로 한·미연합 훈련에 참가하고 있다.[113]

평양은 서해5도를 자기들의 영토라고 주장하면서 분쟁지점화를 시도하고 있다. 그 예로는 1차 연평해전(1999년), 2차연평해전(2002년), 대청해전(2009년)을 들 수 있다. 서해5도에 주둔하고 있는 한국의 해병대는 5,000명이고 북한 땅에 도달할 수 있는 포는 고장난 것까지 18문인 반면에 이 서해5도를 노리는 북한의 4군단 병력은 수만 명이고 해안지역의 포만 1,000여 문이다. 한국의 본토보다 북한 땅에 가까운 서해5도를 지키는 것은 군사·경제적으로 볼 때 비효율적일지 모르나 이제 한국국방의 중심지로 떠오른 서해5도를 지키는 해병대와 주민들에게 타이완영토인 금문도(金門島)와 같이 평양이 서해5도를 다시 넘볼 생각을 하지 못하도록 최강의 방위요새로 만들어야 한다.[114] 금문도는 중국 해안에서 2km밖에 떨어져 있지 않으며 중국은 1958년부터 1979년까지 해마다 금문도에 집중 포격을 해댔고 타이완은 이에 맞서 금문도를 바위 섬 전체가 땅속으로 연결된 지하요새로 만들어 버렸다. 이에

---

111) "'평화를 위해 준비된 힘'… 美 해군 최대의 해외전력, 상동(2010년 11월 29일), p. A17.

112) "'조지 워싱턴' 호," 상동(2010년 11월 29일), p. A30.

113) "'적기 나타났다' 축격신호 2~3초 만에 전투기 하늘로," 상동(2010년 11월 30일), p. A8.

114) "국가 안보의 상징 서해5도, 最强 진지로 만들라," 상동(2010년 11월 26일), p. A35.

중국은 금문도를 군사적으로 차지하려면 엄청난 대가를 치러야한다는 걸 알고 결국 공격을 접은 사례이다.[115] 연평도 공격에서 얻은 교훈은 서울의 국민총소득(GNI)은 평양의 36배이고 무력 규모는 250배를 넘는 경제력을 바탕으로 국내총생산(GDP)을 한국의 안보상황과 비슷한 이스라엘의 국방비를 GDP 대비 6% 수준으로 올려 서해5도 전력보강을 위한 세계 최고 수준의 군사 장비를 빠른 시일 내에 사들여 배치하고, 서해안 사령부를 설치하여 강력한 억지력을 증강하고, 앞으로 서해5도가 북한으로부터 민간인이 공격을 받았을 때 '컨틴전시 플랜'(Contingency Plan)을 사용한다고 공표하고 실천에 옮기는 것이다.

국회 원유철 국방위원장(한나라당)은 2010년 11월 26일 "군 당국이 25일 2,636억원의 추가 예산이 필요한 '서북도서 전력보강 계획'을 편성해 왔는데 군 방어진지와 주민 안전시설 등 이보다 대폭 증액된 전력증강이 필요하다"고[116] 밝혀 추가 요청이 있은 후 합참과 방위사업청 등 군 당국이 73% 늘어난 서북도서 긴급 전력보강을 위해 4,556억원 추가 예산을 국회 국방위에 재차 신청했고 국회 국방위가 2011년 집행 예산분인 3,123억원에서 18억원이 줄어든 3,105억원을 증액해 11월 30일 전체회의에서 예산 대부분을 의결했다.[117] 여기엔 각종 무기도입 비용 약 1,000억원 외에 경상비 1,000억원도 새로 편성됐다. 무기도입은 북한의 포탄을 미리 24시간 감시하는 능력을 보강하고, 해안포 등 동굴(갱도)진지 안에 있는 북한 화포를 정밀 타격할 수 있는 능력을 갖춘 이스라엘제 '스파이크 미사일(사정거리 25km) 도입과 소형 중거리 GPS 유도폭탄(111억원), 중형 전술비행선(50억원), 해군 정보함에 배치된 무인항공기(UAV) 성능개량 스웨덴제 '아처'신형 대포병 레이더(372억원), 음향탐지 레이더(89억원), 주야관측 등 영상탐지장비(30억원), K-9 자주포 18문을 추가 배치하는 등 K-9 자주포 증강 예산(866억원)과 구형 K-55 자주포 예산(169억원), K-9자주포에 탄약을 자동 공급하는 K-10 탄약운반장갑 예산(190억

---

115) "국민을 피란 가게 하는 나라가 돼선 안 된다," 상동(2010년 11월 25일), p. A35.

116) "軍 서해5도 전력증강 2635억 추가 요청 국방위 '그 정도론 턱 없다… 더 늘려라' 상동(2010년 11월 27일), p. A3.

117) "내년 국방예산 7187억 증액," 상동(2010년 12월 1일), p. A1.

원) 등이 포함된다.[118] 한국전쟁 휴전 이후 60년 가까이 전쟁을 경험해 보지 못한 군의 준비태세가 2010년 3월 천안함 폭침(爆沈)과 그 8개월 후 터진 연평도 피격사건으로 흐트러진 교훈을 바로 잡고 서해5도에 대한 기습 점령이 불가능하다고 장담할 수 있도록 군을 재무장하고 안보불감증에 걸린 국민정신도 새롭게 하여 첨단무기도 제값을 하도록 정신적으로 재무장해야 한다.

서해5도는 북한의 턱 밑에 칼 끝을 들이대고 있는 남한의 서해 최북단 전략 요충지로, 이 지역이 흔들리면 인천이 접적(接敵)지역이 되어 영종도 인천공항의 이·착륙 비행기가 항로(航路) 조정에 애를 먹게 되고, 서해5도가 분쟁지역으로 취급받을 위험이 있다. 서해5도를 특별지구로 정부에서 지정하여 연평도 1,700여 명, 백령도 5,000명, 대청도와 소청도 1,600명에게 정부와 주민, 농협·수협이 공동출자 방식으로 수산물 가공 공장이나 채소공장은 물론 특수 교육시설을 설치하여 군사적 긴장 속에 사는 서해5도를 육지보다 더 살기 좋은 환경으로 만들어 연평도가 공격당한 이후 주민의 발길이 고향으로 돌아가게 해야 한다.[119]

컨틴전시 플랜은 급작스러운 사태가 발생할 경우를 대비해 만든 세부지침을 의미하며 자연재해·경제위기에 대처하여 정부나 기업이 준비하고 특히 국가의 안보를 위협할 경우 군사적 사태에 관해서 국민의 안전 보장은 물론 적을 압박하기 위한 일종의 '선전포고'로 사용된다. 군사적 용어는 그 성격상 기밀인 경우가 대부분이지만 이를 전략적인 차원에서 '공표 전략'으로 사용하는 국가도 있다. 예를 들면 이스라엘→리비아 경우 리비아, 이스라엘 공격 시 4시간 안에 리비아 군 시설 파괴, 미국→이란 제2의 9·11 테러 발생 땐 배후 추정, 이란 핵공격으로 이란이 핵무기 개발하면 공군·해군·미사일 기지 공습이다. 이 컨틴전시 플랜은 '비상사태'라는 이유로 의회 승인 등 민간기구의 제재를 거의 받지 않는 특징을 지니고 있다. 서울은 평양이 제2의 민간인 공격을 가할 경우에 컨틴전시 플랜을 사전에 공표하면서 실천에 옮기는 방안도 고려해야 한다.[120] 서울은 2011년 4월 24일 백령

118) "동굴속 北해안포 잡는 '스파이크 미사일'도입," 상동(2010년 11월 30일), p. A4.

119) "서해5도를 살 만한 섬으로 만들라," 상동(2010년 12월 2일), p. A35.

120) "이스라엘, 레바논 軍기지 4시간內 초토화," 상동(2010년 11월 27일), p. A12.

도·연평도 등 서북도서에 대한 평양의 포격·긴급 상륙도발에 대비해 다연장 로켓 '구룡' 부대(육군 소속)를 해병대 소속으로 전환시켜 배치한 것으로 확인됐다. '구룡'은 직경 130mm 로켓 발사관 36개를 한 다발에 묶어 트럭에 탑재해 싣고 다니는 무기로 사정거리는 23~36km로 평양이 2010년 연평도 포격도발 때 사용한 122mm 방사포(다연장로켓)보다 위력이 강한 것으로 이 지역에 10여 문 이상을 배치한 것으로 전해졌다.[121] 다시 말해서 그동안의 안보불감증에서 벗어나 G20 의장국과 경제 강국을 유지하기 위해서 최전방의 고장난 무기를 새로운 재래식 세계 최고의 군사장비로 교체하고 강력한 북한보다 군사우위를 유지하는 정책 순위를 남북한 평화조약을 맺기까지 초점을 맞추어야 한다. 북한이 추구하는 2,300만 인민들을 잘 살게 하는 21세기형 선군정치는 위기에 처한 체제유지와 최빈국 상태에서 벗어나기 위해서 두 마리의 토끼를 쫓기보다 한 마리는 버리고 다른 한 마리를 찾아가는 방안으로 한·미·일 국제공조를 통해 21세기 북한 선진화를 추구하는 방안이다. 이 두 방안은 앞으로 시간이 필요한 사안이다.

당사자들을 설정할 때 남북한 정책결정자들, 야당지도자들 그리고 소위 남북한의 제2세대 등을 포함시켜야 할 것이다. 남북한 정책결정자들이란 집권부와 정당지도자들을 말한다. 서울의 경우, 이명박 대통령은 1941년 12월 19일 일본 오사카시 히라노구의 조선인 정착지역에서 태어났고, 1945년 11월 경북 포항으로 귀환하여 가난한 어린시절을 지냈으며 현대건설 회장을 지낸 기업인 출신이다. 그는 14, 15대 국회의원과 32대 서울특별시장을 지냈으며, 2007년 12월 19일 대한민국 대통령선거에서 제17대 대통령으로 당선됐다. 취임 이후 한·미 FTA협상 중 가장 민감한 현안인 미국산 쇠고기 수입재개를 위한 협상과정에서 2008년 4월 18일 캠프 데이비드를 방문해 한·미 동맹관계를 복원한 반면 한국국민의 반발이 촛불집회로 확산되어 지지율이 7%까지 추락한 적도 있다. 이명박 대통령의 외교·안보정책은 '실용주의'를 표방하고 있으며 김대중·노무현 정부가 추진했던 햇볕정책에 대해

---

121) "한번에 로켓 36발 … 백령도·연평도에 다연장로켓 '구룡'배치," 상동(2011년 4월 25일), p. A1.

비판적인 입장을 취하고 있어 평양의 반발을 사고 있다.[122]

　　실용주의(Pragmatism)는 유효성·효용성을 중시하는 미국식 철학이며, 하나의 관념이 어떤 행동을 통해 어떤 결과를 낳느냐를 분석하는 개념이다. 특히 외교·안보 분야에 적용할 때 이념 편향의 퍼주기 정책은 실용외교에서 설자리를 잃어버린다. 외교는 실용의 대명사로 거창한 명문을 내세우면서 실속을 찾으며, 미사여구를 나열하면서 최종목표인 국익을 찾는 것이 기본 틀이다. 그동안 이명박 대통령은 대통령이 의전과 체면을 따지지 않고 협상 전면에 나서 원전사업을 따오고 자원외교를 펼치는 모습 그리고 주요 20개국(G20) 정상회의를 유치하고 의장국이 되어 국력을 과시한 점은 실용외교의 결실이라고 분석된다. 그러나 한반도 외교는 평양의 김정일이 깜짝 중국 방문으로 성지 순례를 하고, 서울 시계(視界)로부터 점차 멀어져 가고 있다. 이명박 정부의 대북 정책 핵심인 '비핵·개방 3000'이 천안함 폭침에서 연평도 공격에 이어지는 과정에서 대북·대중외교가 수렁에 빠져버렸다. '비핵·개방 3000'은 평양의 무모한 핵개발에 대한 원론적이고 강력한 응징의 표현으로 천안함 폭침, 우라늄 핵시설 공개, 연평도 공격으로 실용주의 대북정책과는 거리가 먼 것으로 판명되어 서울은 한바탕 내홍을 겪고 있다. 김대중·노무현 정부가 '햇볕'을 비춘 10년의 결과는 평양의 핵·미사일 능력이 10여 개의 핵무기, 대포동 비거리 두 배(98년 1600km → 2009년 3200km)로 '햇볕=평화'등식이 허구로 드러났다.[123] 중국은 북한의 연평도 공격으로 한·미 연합합동훈련에 막강한 군사력의 상징인 조지 워싱턴호가 서해안에 들어와 훈련을 하면서 중국의 안방을 내놓게 되었고, 2010년 11월 28일 후진타오 주석과 원자바오 총리의 긴급 특사 자격으로 다이빙궈 국무위원을 국제사회에서 중국 역할의 요구에 따라 서울과 평양에 6자회담 제의 내지 '예방외교'(위기관리를 위한 임시조치)[124] 차원에서 보내고 있지만, 6자 회담국

---

122) 이명박위키백과 - 우리모두의 백과사전, http://ko.wikipedia.org/wiki/%EC%9D%B4%EB%AA%85%EB%B0%95 참조.

123) "좌파 10년에… 없다던 핵무기가 10여 개, 대포동 비거리 두 배로," 조선일보(2010년 12월 3일), p. A4.

124) "中언론 '6자회담만이 해결책'… 국제 여론은 싸늘," 상동(2010년 11월 30일), p. A2.

중 한·미·일이 반대하는 지경에 이르면서 베이징은 국제무대에서 위신추락에도 불구하고 평양을 포기할 수 없는 전략적 이해관계에서 방파제로 활용하는 과정에서 서울의 시계에서도 멀어지고 있다.[125]

1992년 한·중 수교 이래 서울정부가 취해온 베이징에 대한 정책은 '중국은 원래 특수한 국가'에 기인하는 것이다. 일례로 다이빙궈 국무위원이 2010년 11월 27일 당일에 방한을 통보하고 대통령면담을 요구하는 외교적 결례를 문제삼지 않은 것이다. 여기서 중요한 점은 베이징을 이해하는 것과 베이징에 무시당하는 것은 구분되어야 한다는 것이다. 초강대국인 워싱턴마저 베이징에 영향력을 행사하는 데 어려운 상황에서 '이해와 무시'를 감정 패러다임에서 벗어나 큰 틀 패러다임에서 중국이 한국의 경제와 통일, 안보에 미치는 막대한 영향력을 고려하여야 한다. 즉 폭로 전문 사이트 '위키리크스'가 공개한 외교 전문(電文)이 밝힌 '남한주도의 통일한국과 평양의 완충국가로서 가치관의 변화'를 시간을 가지고 치밀한 한반도외교를 시도해야 한다.[126]

정책결정자들에게 있어서 개인적인 특수한 요인들은 지각, 인상 및 다음의 여섯 가지의 판단기준을 포함한다. ① 조심성 대 경솔함, ② 분노 대 신중, ③ 실용주의 대 이데올로기신봉주의, ④ 우월성 대 열등성, ⑤ 창조적임 대 파괴적임 그리고 ⑥ 편집병(Paranoia) 대 과신 등이 그것이다.[127]

위키백과에 나온 자료에 따르면, 이명박 대통령은 대통령선거운동 기간 동안 다양한 욕구와 기대에 귀를 기울임으로써 조심성 있는 태도를 보여주었다. 그리고 2007년 대선을 앞두고 정몽준 의원의 한나라당 입당으로 현대 가문과 화해를 하였고, 야당의 모든 혹은 주요 요구사항들을 받아들임으로써 남북관계와 외교정책의 실용주의적 태도를 보여주었다. 또한 계획을 세우는 데 있어서 학자들을 고용함으로써 우월성을 보여주었고, 민주주의를

125) "中, 韓·美 외교관에겐 '北은 골칫거리'… 외교무대선 싸고돌아," 상동(2010년 12월 2일), p. A2.

126) "중국을 북한편으로 못박으면 국익에 도움 안 된다," 상동(2010년 12월 2일), p. A3.

127) Theodore A. Couloumbis, and James H. Wolfe, *Introduction to International Relations: Power and Justice*(Englewood Cliffs, New Jersey: Prentice-Hall, Inc., 1986), pp. 128~129.

실천함으로써 창조성을 보여주었으며 그리고 일을 추진해 나감에 있어서 자신감을 보여주었다. 미국 외교의 수장(首長)인 힐러리 클린턴(Clinton) 국무장관이 2010년 12월 2일 중앙아시아 키르기스스탄 수도 비슈케크 외곽에 있는 마나스 공군기지에서 미군병사들에게 '이웃나라가 함정 격침하고 포격했다면 당신 같으면 어떻게 대응하겠는가'라고 하면서 한국이 북한의 잇따른 도발에 대해 '엄청난 자제력을 보여줬다'는 말로 이명박 대통령의 '신중한 대응'을 높이 평가했다.[128]

야당지도자들로는 2008년 2월 17일 대통합 민주신당과 민주당이 합당한 민주당의 정세균 대표와 원혜영 원내대표가 있다. 자유민주주의를 추구하는 이 당은 이명박 정부 축소차원에서 논의된 통일부와 여성부 존치를 관철시킨 바 있다. 그리고 과거 열린우리당을 주도했던 중도세력들과 민주당을 주도했던 중도보수세력이 중심이 되어 과거 김대중 정부의 햇볕정책과 노무현 정부의 평화번영정책을 지지하고 있다.[129] 손학규 민주당 대표는 2010년 10월 3일 인천문학경기장에서 열린 제2차 정기전국대의원대회에서 1만 1,904표(21.37%)를 득표해 당 대표로 선출되었고 박지원 원내대표가 민주당을 이끌고 있다.[130] 손 대표는 2010년 11월 30일 방송기자클럽 초청 토론회에서 연평도 공격사건 이후 햇볕정책과 중국이 제안한 6자회담에 대한 그의 의견을 발표하였다. 햇볕정책은 만병통치약이 아니라면서 이 정책의 첫째 조건은 안보능력이고 평양의 무력도발에 대해서 강력한 군사적 대응 체제를 갖추면서 평화와 안보를 하나로 보고 장기적 대북정책을 수행해야 한다고 주장했다. 또한 베이징의 6자 회담 제의도 일언지하에 거부하기보다는 심사숙고하고 협조할 자세가 필요하다고 지적하면서, 현재 논의되고 있는 개성공단의 문은 아무리 사정이 어렵더라도 닫아서는 안 된다고 강조한 바 있다.[131]

---

128) "클린턴, 키르기스스탄 젊은이들과 '타운홀 미팅," 조선일보(2010년 12월 4일), P. A2.

129) 민주당(대한민국2008) 위키백과 - 우리모두의 백과사전, http://ko.wikipedia.org/wiki/%EB%AF%BC%EC%A3%BC%EB%8B%B9_(%EB%8C%80%ED%95%9C%EB%AF%BC%EA%B5%AD,_2008) 참조.

130) "민주당, 손학규 체제 닻 올렸다!," 투데이코리아(2010년 10월 3일) http://www.todaykorea.co.kr/news/articleView.html?idxno=124041 참조.

131) 손학규 대표, "철저한 안보 토대로 햇볕정책 펼쳐야" YTN(2010년 11월 30일), http://www.ytn.co.kr/_ln/0101_201011301313129230 참조.

제 2 의 야당인 자유선진당은 한나라당을 탈당하고 17대 대통령선거 무소속 후보로 출마했던 이회창을 중심으로 기존의 한나라당과 차별화된 '정통보수 정당'을 만들 목적으로 2008년 2월 1일 창당된 보수정당이다. 2008년 2월 12 일 심대평의 국민중심당과 통합하여 2008년 18대 총선에서 충청권을 중심으로 국회의석 18석으로 원내 제 3 당이 되었다. 이 당의 총재는 이회창, 대표는 심대평으로 신보수를 주장하며 자유주의·국제주의·공동체주의를 3대 이념으로 가치추구 형태를 지니고 있으며 남북관계 재정립을 정강정책으로 채택한 바 있다.[132] 특히 이회창 총재는 강소국 연방국 제안을 새로운 통일 방안으로 실용주의적 시각에서 제 2 세대의 견해를 수용하고 그리고 변화하는 대내외적 요인들을 고려하여 이명박 정부에 제시할 것으로 예상된다. 자유선진당 이회창 대표는 2010년 10월 4일 국회에서 열린 당5역회의에서 최근 평양의 3대 세습작업을 보면서 '북한의 급변사태와 통일을 대비해 강소국 연방제의 국가구조 안에서 북한을 2개 내지 4개의 광역단체로 구분하고 중앙정부의 관장하에 두는 제도를 진지하게 생각해야 한다'고 말했다. 그는 통일한국으로 가는 중간 과정에서 '당분간 남북 간 생활 경계를 존치시키면서 남북 간의 사회 동질성 회복과 경제 통합을 유지'하면서 중간 과정을 거쳐야 한다고 주장했다.[133]

제 2 세대란 한국전쟁을 경험하지 않고 전쟁 후에 출생한 연령층뿐만 아니라 남한의 젊은 대학생들을 가리킨다. 그들은 통일과 관련된 복합적인 문제들을 한국국민의 힘으로 해결해야 한다는 자기의존적인 특성을 가지고 있는 것 같다. 제 2 세대는 문제를 해결하는 데 있어서 외부적인 요인에 의지하기를 꺼린다. 젊은 층은 통일문제를 실용주의적 시각에서 보며 남북한 간의 협상을 통해 문제를 해결하고자 한다.[134] 그러나 제 2 세대는 협상 또는 남북한 간의 대화의 목적을 이해해야 한다. 남북한 간의 대화의 목표는 한

---

132) 자유선진당위키백과-우리모두의 백과사전, http://ko.wikipedia.org/wiki/%EC%9E%90%EC% 9C% A0%EC%84%A0%EC%A7%84%EB%8B%B9 참조.

133) 이회창 '北 급변사태시 경제통합 중간,' 연합뉴스(2010년 10월 4일), http://www.jayou.or.kr/ 참조.

134) 한국일보(1987년 3월 26일), p. 9.

국의 통일을 성취하는 것이 아니라 북한체제의 정치적·사회적·경제적 및 군사적 분야에서의 변화를 추구하는 것이다. 제2세대는 다시 세분화하여 80년대 후반에 태어난 현재의 20대 초반 세대(世代)를 대상으로 'G(글로벌)세대론'이 대두되고 있다. G세대는 1988년 서울올림픽을 기준으로 달라진 서울의 위상과 부모세대의 집중적인 투자를 받아 디지털 능력으로 중무장한 세대를 의미하며 밴쿠버 올림픽과 2010년 11월, 16일간 열린 제16회 광저우 아시안 게임에서 금 76개로 종합 2위를 한 각자의 개성을 살려 창의적인 일에 도전하는 세대를 포함한다.[135] 대표적인 예는 한국대학생포럼으로 서울시내 30여 개 대학에 300여 명의 회원으로 지향점은 ▲자유민주주의와 시장경제적 가치 아래 사회, 정치, 경제, 외교에 관하여 목소리를 내고 ▲자유민주주의와 시장경제 및 헌법적 틀 안에서의 다양성 존중 ▲대한민국의 헌법적 질서 아래 법치주의 추구와 국가 정체성을 확립, 건국이념의 올바른 인식 ▲국가 이익을 생각하는 젊은 세대 등을 기치로 활동하고 있다. 이 회원들은 한국을 자랑스러운 국가로 자부심을 갖고 있고 앞으로의 발전을 위한 개인적 의견 개진과 평양에 대한 날카로운 비판과 한국사회의 대북 추종세력에 대해서는 단호한 어조로 메스를 드는 세대이다.[136] G세대는 천안함 폭침과 연평도 공격에 희생당한 20대 초반의 해군과 해병대 또래가 죽은 것을 보고 그들의 적이 누구인지를 실감하면서 숨어 있던 안보본능을 깨닫고 이왕 갈 군대라면 힘든 곳에 다녀오는 것이 '쿨(cool)'하다는 신세대 특유의 오기와 애국심을 가지고 있다. 일례로 2010년 12월 1일 시작된 해병대 모집은 8일까지 경쟁률이 작년 12월 2.24대 1에서 2.3대 1와 해군은 2대 1 이상의 경쟁을 뚫어야 갈 수 있는 좁은 문이 되었다. 이들은 스물을 갓 넘긴 젊은 이들로 겁을 먹기는 커녕 평양이 벌여놓은 군사협박의 기 싸움에서 밀리지 않겠다는 그들만의 국가관과 안보의식을 보여주었다.[137]

반면에 연평도 공격 이후 제2세대를 우려하는 안보교육개혁의 목소리

135) "20代 'G세대론'對 '88만원 세대론'," 조선일보(2010년 3월 2일), p. A34.

136) "대학생이 본 오늘의 대학생, 대한민국, 그리고 북한은?" 코나스넷(2010년 2월 9일), http://www.konas.net/article/article.asp?idx=20485 참조.

137) "'연평도' 이후 해병대에 더 몰리는 청년들," 조선일보(2010년 12월 9일), p. A35.

도 대두되고 있다. 2010년 11월 평양의 연평도 포격 도발을 묻는 답변에 대해 "선생님이 그러는데… 북한 짓 아니래요"라는 조선일보 2010년 12월 6일자 머리기사는 지난 10여 년간 민주화라는 이름 아래 '편향된 시각'에서 학생을 가르친 교육현장의 안보교육 부재로 국가정체성 실종을 보여주고 있다. 조선일보와 한국교총이 2010년 11월 20~30일 서울시내 초·중·고교생 (초등학생 5·6학년) 1,240명을 대상으로 국가·안보관을 묻는 테스트를 실시한 결과 6·25전쟁은 언제 터졌나? 1950년, 정답을 모르는 오답자 비율은 49.9%, 6·25전쟁은 누가 일으켰나? 북한·김일성, 정답을 모르는 오답자 비율은 26%, 우리나라 초대 대통령은? 이승만, 정답을 모르는 오답자는 17.8%, 올 3월 천안함 침몰은 왜 일어났나? 북한 도발, 정답을 모르는 오답자 비율은 35.6%, 연평도에 포탄이 떨어진 이유는? 북한 도발, 정답을 모르는 오답자 비율은 42.3%이다. 특히 중2 학생은 답안지에 '영어 선생이 그러는데 북한이 한 짓이 아니며 선거 때는 이런 일이 항상 일어난다고 한다'고 써서 일부 좌파 진영의 주장을 학생들이 그대로 모방한 것이다.[138] 거짓과 위장된 평화로 평양의 '거짓의 실체'를 안보교육 강화에서 찾아 확고한 국가 정체성 확립차원에서 안보교육개혁이 필요한 시점에 와 있다. 안보교육은 이스라엘이 3대가 고난의 역사를 기억하고 공감하는 차원에서 민족의 정체성에 대한 올바른 안보교육을 실시한 결과이고, 이스라엘이 작지만 강한나라로 만든 정신적 지주이며 위기 때 소통의 지혜를 갖게 하는 힘의 원천이다. 안보교육 개혁은 '막가파' 살인집단인 북한에 대응하면서 자유를 지키는 정신적 최첨단 무기이며 국가의 정체성을 회복하는 데 역사에 대한 올바른 인식부터 시작해야 한다.[139] 특히 전교조의 '친북(親北)형 인간개조'의 벨트 내지 고리를 빠른 시일 내에 끊어 버리고 통일한국의 국가정체성 회복에 중점을 둔 역사에 대한 올바른 안보교육개혁을 단행해야 한다. 전교조 교사들이 초·중·고교에서 12년간 학생들 머리에 잘못된 '편향된 시각'을 주고 학생들은 대학에 들어가 젊은 좌파 강사들의 강의를 들으면서 정치·사회화 과정에서 잘못된 이념을 지니게 된다. 이런 잘못된 이념을 지니고 대학을 졸

---

138) "선생님이 그러는데… 북한 짓 아니래요," 상동(2010년 12월 6일), p. A1.

139) "학교 안보교육부터 '무너진 戰線'," 상동(2010년 12월 7일), p. A37.

업한 후 교사임용시험을 통해 제2세대 전교조 교사로 교단에 설 경우 친북형 인간개조를 완성하는 재생산 구조를 가지게 되어 사회혼란과 국가관에 차질을 가져올 수 있어 올바른 국가관과 안보관을 통일한국에 초점을 두고 교육전체를 개혁할 시기에 와 있다고 분석된다. 이러한 전교조의 한국학생들에게 가르치는 잘못된 교육(21년 내지 16년간)은 대한민국 육군사관학교 가(假)입교생 중 34%가 '우리 주적(主敵)은 미국'이라고 답하는 안타까운 지경에 와 있어 친북형 인간개조는 하루 속히 바꾸는 작업이 필요하다.[140] 전국교직원노조(전교조)는 1989년 5월 28일 연세대에서 교사와 대학생 등 1,000명이 모여서 결성식을 거행했고, 김대중 정부 시절 1999년에 합법단체로 인정을 받으면서 1,524명에서 2만명으로 늘어났고 노무현 정부 시절인 2003년에 9만 4,000명, 이명박 정부 2010년은 전교조의 정치투쟁에 환멸을 느낀 교사들의 이탈로 35%가 작은 6만 1,000명으로, 교육계의 비리인 '촌지 거부, 사교육 철폐, 인성교육'의 기치를 내걸고 있다. 전교조는 골수 친북세력이 5%, 참교육을 표방하는 순수파가 40% 정도, 나머지는 직업인으로서 노조에 가입한 경우로 추산되고 있다. 친북세력은 전교조 통일위원회 소속으로 김일성 주체사상을 선전하기 위해 근대사를 조작한 평양 역사책 '현대 조선력사'를 토대로 '통일학교 자료집'을 만들고, 평양을 방문한 후 '빈부격차가 없는 '지상천국'이라고 주장하면서 '편향된 시각'을 주입시키는 '안보파괴'의 근원을 제공하는 사람들이다. 전교조의 대다수는 순수파와 직업인으로 소수의 친북세력의 해악과 정치투쟁에 환멸을 느끼면서 원래의 목적인 '촌지 거부, 사교육 철폐, 인성 교육'과 '우리가 두려워하는 것은 저들의 협박과 탄압이 아니라 우리를 따르는 학생들의 해맑은 웃음과 초롱초롱한 눈빛', '통일의 그날까지 손잡고 나가자'로 돌아가는 전교조개혁을 단행해야 한다. 교육이 바로 서야 선진국대열과 통일한국의 과정을 앞당길 수 있는 주역을 만들 수 있다.[141]

평양의 경우, 최고위급 당사자들은 김일성과 김정일 그리고 그의 아들 김정은이다. 김일성과 김정일의 개인적인 특수요인들은 동일하다. 김일성의 연방제통일안은 1985년 1월 1일 김일성이 신상옥·최은희 부부와의 인터뷰

---

140) "전교조의 '親北형 인간개조' 무슨 수로든 막아야," 상동(2010년 12월 7일), p. A39.

141) "제자를 생각하는 전교조 선생님들에게," 상동(2010년 12월 10일), p. A35.

에서 밝힌 바와 같이 두 개의 개별 지역정부(북한과 남한)를 신라나 백제가 아닌 고려라는 명칭 하에 하나의 국가로 결합함으로써 단일국가인 조선을 수립해야 한다는 생각이 깊게 뿌리박고 있다.[142] 김정일의 개인적인 특수요인 들은 조심스러움이 아닌 경솔함(KAL기 참사), 신중함이 아닌 분노(1987년 동유럽에서 신상옥 영화감독과 그의 부인 최은희를 납치한 일), 실용주의가 아닌 이데올로기신봉주의(김일성주의), 경제발전 및 국제올림픽 참가문제와 관련하여 보여준 우월성이 아닌 열등성, 창조성이 아닌 파괴성(서울올림픽의 보이콧), 신중함(통일민주공화국)이 아닌 과대망상(고려민주연방국) 등 때문에 부정적인 결과를 초래하고 있다. 당사자의 한 사람으로서의 김정일의 개인적인 특수요인들은 통일정책을 결정하는 데 있어서 부정적인 요소로 작용하고 있는 것이다. 새로 등장한 김정은은 그의 시대를 이끌어가기 위해서 김일성 내지 김정일의 개인적 특수요인을 답습하면서 내부적으로 그의 세력을 공고히 하면서 외부적으로는 그의 체제를 유지하는 데 초점을 맞출 것으로 분석된다.

북한이 폐쇄사회이기 때문에 북한의 야당지도자들과 제 2 세대는 외부에 잘 알려져 있지 않다. 제 2 세대로서 해외에서 교육을 받은 조선노동당원과 기술관료들은 실용주의적인 사고방식을 가지고 있기는 하지만 세 김의 비위를 맞춰야 하기 때문에 새로운 한국통일정책의 형성에 관련하여 그들이 할 수 있는 역할과 기능은 제한되어 있다. 북한은 김정일 이후 제 2 세대가 북한사회를 변화시킬 것으로 예상된다. 제 2 세대는 장기간의 일인지배체제 하에서 김정일에 무제한적 충성을 해왔으며 권력엘리트들 간의 회피할 수 없는 경쟁과 협조의 이원적 구도로 유지하고 있다. 평양의 권력엘리트들은 당 주도의 국가체제의 특성에 맞추어 당 중앙위원회와 당 정치국 및 당 비서국 그리고 최근 위상이 높아진 국방위원회에 몰려 있고 세대별로 통상 노년의 항일 빨치산세대, 장년의 혁명 2세대(3대 혁명소조 지도세대), 청년의 혁명 3세대(3대 혁명소조 참가 학생세대)로 구분된다. 현재 70~80대의 혁명 1세대는 권력요직에서 후퇴하는 반면, 40~50대의 혁명 3세대들

---

142) *The Korea Times Los Angeles Edition*(Supplement)(February 20, 1988), pp. 46~49.

은 부상중에 있으며 아직 권력의 중심부에는 진입하지 못한 상태이다.

김일성 사망 후 김정일의 친위세력으로 김정일과 젊은 시절부터 친분을 갖는 대학 동기나 당 조직지도부 동료로 구성된 혁명 2세대(50대 후반에서 60대 연령층)가 계속 권력을 장악하면서 변화를 추구할 것으로 예상된다. 이유는 1998년 7월 김정일체제가 공식 출범하면서 최고인민회의 10기 대의원선거에서 전체 687명 대의원 중 64%가 젊은 층으로 교체되고 내각의 경우도 젊은 실무형 간부들로 교체된 바 있다. 2003년의 최고인민회의 제11기 대의원선거에서도 전체 대의원 중 50%가 교체되어 김정일의 전문성 중시 경향에 따라 경제·외교·기술·행정 등의 영역에서 구소련의 해외 유학파 등이 정책 요직을 차지하게 되었다. 예컨대 박봉주 내각총리를 비롯하여 김광린, 한성룡, 박남기 등 경제전문가의 부상과 대남사업 관련에 정운업, 최승철, 김영성 등이 새 대의원그룹에 포함된 것이고 군부인사의 경우 제10기에 비해 다소 줄었지만 무려 100여 명이 제11기 대의원에 선출된 점이다. 이들은 김정일 후에도 군중심의 권력엘리트들이 자기들의 권력을 보호하는 차원에서 변화를 추구할 가능성이 농후하다고 분석된다.[143]

2008년 8월 김정일이 뇌졸중으로 쓰러진 이후 김정은 후계과정에서 장성택(김정일의 여동생 김경희남편)·김경희·김옥 등 '로열 패밀리'들이 김정일 유사시 '대리 통치'를 하면서 김정은에게 권력을 이양시켜 김정일 1인 체제가 흔들리고 있다.[144] 김정은이 정치적으로 당·군 등 북한의 권력구도 내에 쌓은 경력도 그다지 많지 않고 김정일의 건강도 장담할 수 없는 상황에서 내부적으로 재원 및 자원 고갈 등으로 경제적 혼란이 가중되는 가운데, 주민들의 생활고는 여전하고, 외부적으로는 국제사회의 대북제재가 갈수록 높아지고 있다. 이 와중에 연평도 공격은 '3대 세습호'가 등장한 지 2개월밖에 안 된 시점에서 나와 한반도의 긴장을 무모하게 고조시키고 있다. 제3세대인 김정은이 김정은 시대를 열기 위해서 또한 김정일의 보호막에서 벗어나기 위해서는 주민의 의식주 문제를 해결해야 하며 따라서 어느 정도 경제 기조 변화를 모색해야 할 단계에 와 있다. 요미우리(讀賣)신문은 중국 선양

---

143) 2007 북한이해(서울: 통일부 통일교육원, 2007), pp. 54~56.

144) 北 김정일 체제 균열… 도발통제 못하는 상황 왔나," 조선일보(2010년 12월 11일), p. A5.

(瀋陽)발로 2010년 12월 6일 장성택 노동당 행정부장이 평양에서 열린 회의를 주관하고 기업 경영자와 경제 전문가 등이 참석한 자리에서 김정은이 북한 주민들에게 3년 내에 '쌀밥과 고깃국을 먹을 수 있도록 해야 한다'고 전한 바 있다. 김정은의 말은 '쌀밥에 고깃국'은 김일성이 내 걸었던 목표와 동일하다. 반면 김정은이 후계자로 결정된 후인 9월 이후 '과거에는 식량은 없어도 총알이 없으면 안 됐지만 지금은 총알은 없어도 식량은 있어야 한다'고 말한 것은 경제중시 발언으로 해석된다.[145]

   어차피 후계 작업팀이 '김정은 시대'에 새판 짜기에 들어갈 바에는 '새 술은 새 부대'에 담는 전략으로 김정일 사후 김정일 시대의 잘못된 행보를 답습하지 말고 주민의 삶을 우선시해야 한다. 최근 북한에서는 40·50대 엘리트 간부들의 탈북(脫北)이 이어지고 있다. 북한군에서 러시아어 통역관을 한 최모(41) 씨는 2009년 9월 유엔고등판무관실(UNHCR)을 통해 '북한 밖에서 사람을 고통스럽게 만드는 북한체제를 바꾸고 싶다'며 서울 망명을 요청했고, 북한 외화벌이 창구의 하나인 네팔 옥류관 책임자 양모 씨는 2010년 12월 초 인도를 탈출했다. 또한 2009년 6월 북한 양강도 설정식(40) 청년동맹 제1비서가 서울로 망명했고, 공관장급 북한 외교관과 외화벌이 총회사의 사장도 서울로 왔다. 이들의 공통점은 평양의 대외(對外) 업무를 맡아온 중간 간부들로 북한에서 안정된 삶이 보장되어 있고 충성심과 가족 성분 등 북한체제에서 2중, 3중의 안전장치에 있는 점이다. 북한 지도층의 잇따른 이탈을 막지 못한 평양은 체제수명에 치명상을 줄 수 있다. 여기에 2010년 10월 말 국내 거주 탈북자가 2만 명이 넘었다. 이들 대부분은 북한에서 당 간부나 전문직 봉사자, 엘리트층에 속한 사람들이다. 평양 체제에서 중간 간부층이나 당 엘리트들이 김정일과 김정은에게 등을 돌리면 북한 체제의 수명은 단명으로 끝날 가능성이 농후하다.[146] 물론 김정은은 내부체제 공고화와 외자 수혈을 동시에 이루는 과제를 안고 있지만 평양이 걸어온 주체와 자력갱생으로는 더 이상 '희망의 불씨'를 살릴 수 없는 불가능성과 무모한 도발로 긴장을 높이기보다는 과감한 개혁·개방의 문을 열어 2012년 그들의 소

---

145) "北 후계자 김정은 '쌀밥에 고깃국 3년 내로 먹는다'," 상동(2010년 12월 7일), p. A16.

146) "北 간부·엘리트 脫北의 정치적 의미 살리려면," 상동(2010년 12월 16일), p. A39.

명인 강성대국을 이루는 가능성을 추진해야 한다. 김정은은 스위스 유학시절 자본주의를 몸소 체험한 바 있고, 서방세계를 이해하고 있는 만큼 전 세계적으로 불고 있는 IT 바람에 평양이 가세하여 21세기는 정보화 시대라며 양성한 IT 전문인력 3만 명을 서울 대남 도발 도구에서 산업역군으로 바꾸는 '개방적 신사고의 소유자'가 되는 것이 바람직한 길이라고 여겨진다.[147]

선택기회에 대해 살펴보면, 서울은 앞에서 국제조류 측면에서 G20(주요 20개국)의 중추적 역할과 통일안 창출 차원에서 강소국연방제안을 전자모바일통일 모델로 활용할 수 있는 절호의 선택기회를 맞이하고 있다. 반면에 평양은 세계평화에 위협이 되는 핵무기를 폐기하고 동북아의 평화지대를 구축할 수 있는 선택의 기회를 맞이하고 있다. 이명박 정부는 '할 수 있다'는 1988년의 올림픽게임 유치를 교훈삼아 G20의 중추적 역할을 수행하였다. 서울은 외부적인 요인들보다 내부적 요인들을 강화함으로써 민주화개혁운동을 실행하는 데 있어서 황금의 기회(올림픽게임의 유치는 100년에 한 번 올 수 있는 기회)를 잘 활용하여 오늘의 G20의 위치에 오르게 됐다. 이명박 대통령은 G20 회의결과를 워싱턴에서 2008년 11월 17일 이례적으로 기자설명회를 자청 "한국이 1세기에 한 번 있을까 말까 한 중대한 역사의 과제 속에서 중심적 역할을 하게 된 것은 큰 의미가 있다"면서 "한국이 새로운 금융체제 변화에 크게 역할을 하게 될 것"이라고 자평한 바 있다.[148]

그러나 이 G20 정상회의합의문을 자세히 들여다보면 각국 간의 복잡한 이해관계와 국제정치의 역학이 작용하고 있어 한국의 역할을 영국·브라질과 함께 소위 '주도 3국(Management Troika)'으로서 개혁과제의 논의를 자신의 위치를 파악하면서 조심히 중재자 역할을 할 선택기회를 잘 활용해야 한다. 한국의 위치는 G7 이외에 브라질·러시아·인도·중국의 브릭스(BRICs)의 국내시장이 큰 나라와 호주·사우디아라비아·인도네시아·남아공 등 자원부국 사이에 자원 없이 수출의존도가 높은 개방경제국가로 인식하면서 그에

---

147) [통일포럼]북한의 무모함과 김정은 시대의 북한경제 전자신문(2010년 11월 26일), http://www.etnews.co.kr/news/detail.html?id=201011250037 참조.

148) "[G20 정상회의] '한국 역할론' 초점맞춘 금융외교 주력," 한국일보(2008년 11월 17일), http://news.hankooki.com/lpage/politics/200811/h2008111702370721040.htm 참조.

맞는 역할을 수행해야 한다. 다시 말해서 좁은 자원이익에 얽매지 말고 세계를 의식하면서 교섭하는 것이 중요하다. 한국의 장점은 이미 IMF 경제위기를 졸업한 나라로 시장의 기능마비를 경험하여 현재 금융개혁의 과제로 상정되는 시가(時價)회계 강제와 부외(簿外)파급 금융상품의 정보공개 등을 논의하는 데 특히 이미 위기극복을 한 멕시코·인도네시아와 협력하여 신흥시장에 안정에 기여하는 차원에서 '실효적인 제도 만들기'에 기여하는 데 있다. 한국은 신흥국 중에서 경제위기를 거치지 않은 중국이나 인도 또한 '워싱턴 컨센서스'에 혐오감을 갖는 브라질이나 러시아의 정치논리인 파워게임에 빠지지 않도록 설득하는 역할도 명심해야 할 사항이다.

여기서 무시할 수 없는 국가인 영국·브라질 이외의 비(非) 주요 플레이어인 일본이나 호주와도 연대를 도모하는 것이 장기적으로 도움이 될 것이다. 한국의 주요 역할은 G20을 통해서 자유무역과 금융안전에 초점을 둔다면 큰 실수는 없을 것이다.[149] G20 주요 국가의 입장과 위상을 파악하면서 한국의 위치를 선택기회로 삼아 잘 수행해야 한다. 한국이 계속 G20에 끼느냐 아니면 빠지느냐는 이번 선택기회의 활용에 달려 있다. 2010년 서울 G20 정상회의는 11월 11일 및 12일 G20 주요 경제국의 정상들이 금융 시장, 세계 경제에 관한 것을 다룬 다섯 번째 모임이다. 이명박 대통령은 세계에서 가장 영향력 있는 G20 정상회의 개최국과 의장국을 겸함으로써 아시아의 변방에서 세계 중심국가로 도약하는 데 주도적인 역할을 이행했다. 서울은 남들이 짜 놓은 국제질서 속에서 기존의 수동적인 역할을 벗어나 주도적으로 의제설정, 토론, 결론 도출에 이르는 전 과정에서 새로운 판을 짜는 역할을 수행했다. 그는 G20 정상회의 특별기자회견에서 "세계 주요정상들이 피츠버그 정상회의에서 G20을 글로벌 거버넌스의 '최상위 협의체'로 선언했다며 G20이 세계 질서의 구심점으로 경제뿐 아니라 에너지, 자원, 기후변화, 기아, 빈곤 등 글로벌 이슈를 논의하는 핵심기구가 될 것"이라고 소개했다. 일반적인 평가를 하자면 핵심 의제였던 환율문제는 어느 정도 해결되었고 각국은 환율절상을 통해 수출증대를 계획하여 워싱턴과 베이징이 갈등을 빚

---

149) 후카가와 유키코, "G20에서 한국이 해야 할 것들," 조선일보(2008년 11월 18일), p. A34.

었으나 결국 시장경제에 맡기자는 결론에 합의한 바 있다. 이 외에도 전 세계 GDP의 85%를 차지하는 G20국가들이 개발도상국을 지원하고, 경제위기를 예방하는 방안을 합의하는 데도 성공했다고 G20 정상회의 의장인 이명박 대통령이 밝힌 바 있다. 이 정상회담을 통한 경제에 미칠 파급효과는 재정기획부 관계자에 의하면 'APEC 회의 때를 상회하는 1조원 이상의 부가가치 및 고용창출 효과'를 기대된다고 보고 있다.[150] 이러한 G20 정상회의의 성공 분위기를 평양이 연평도 포탄 세례를 2010년 11월 23일 가하여 서울의 대북정책의 전면수정과 국민들의 강력한 대응 안보태세로 바꾸는 전환점에 와 있다. 만약 평양이 선제공격을 가한다고 하면 서울은 피해를 입을 수 있지만, 한·미가 제2의 반사공격을 공동으로 대응하여 한반도 분단관리에서 한반도 통합관리로 갈 수 있는 대안을 고려할 수 있는 단계로 대응책을 준비해야 한다. 이 한반도 통합관리의 환경은 디지털 시대의 흐름과 서울의 급상된 국가 브랜드에 맞추어서 강소국연방제안에 적극적인 정책모색을 추구해야 한다. 이명박 정부에서 추진할 강소국연방제도 중요한 선택기회이다. 이 방안은 다음 해답에서 자세히 논의하고자 한다.

북한이 당면한 선택기회는 북핵문제를 합리성에 의하여 오바마 정부 하에서 풀고 나와 국제사회에 보통국가로 인정을 받으면서 해결하느냐 아니면 계속 2,300만 명의 북한주민을 경제궁핍으로 몰아넣느냐의 기로에 서 있다고 분석된다. 서울 정부는 통미봉남의 자신감을 갖고 미·북 정상회담도 지지하면서 북한에 핵 없는 통일을 원하고 있다. 물론 김정일의 신체적 불안정과 후계도의 불확신이 변수로 남아 있지만 북한도 이번 선택기회를 잘못 선정한다면 기대 이상의 변화와 위험을 초래할 수 있는 차원에서 신중을 기해야 한다고 분석된다.[151] 평양이 핵을 포기하는 조건으로 동북아의 핵 없는 평화지대를 6자회담에서 관철할 수 있겠다. 기회는 항상 오는 것이 아니기 때문에 평양 정책실무자들은 신중을 기하여 선택기회를 활용해야 한다.

150) "2010년 서울 G20 정상회의" 위키백과-우리 모두의 백과사전, http://ko.wikipedia.org/wiki/2010%EB%85%84_%EC%84%9C%EC%9A%B8_G20_%EC%A0%95%EC%83%81%ED%9A%8C%EC%9D%98 참조.

151) "오바마와 '주파수' 맞추는 이대통령," 상동(2008년 11월 18일), p. A5.

마지막으로 해답(종합)은 문제, 당사자들 및 선택기회가 상호교차함으로써 얻어진다. 현 단계에서 가능한 종합(해답)은 강소국연방국으로 두 개의 다소 느슨한 결합에 기초한 평화적 공존이다. 이 해답에서 전자모바일통일 모델을 사용하여 글로벌 시대조류에 맞추어 한민족 전체의 의견을 수렴하는 차원에서 사용해야 한다.

강소국연방제 제안은 자유선진당 이회창 총재가 2008년 10월 27일 국회 헌정회관에서 공론화를 시도한 데서 나온 개념으로 전국의 지방행정조직을 500~1,000만 명 인구규모로 나누고 권한을 지방정부에 분배하는 내용이다. 이회창 총재는 '국가구조 및 행정체제 개편을 위한 강소국연방제 토론회' 환영사에서 그의 제안이 한국을 세계경제의 글로벌 중심지로 만들 수 있고 이 제안을 위해 이미 일본도 미국의 연방제와 같은 국가구조에 착수한 점과 글로벌시대와 통일한국을 대비해 전면적 헌법개정도 검토할 것을 제안했다. 그는 앞으로 50~100년 후 국가 대개조차원에서 대한민국 8도를 강소국 5~6개로 재구성해 연방국가로 만들어 그 한 부분이 싱가포르나 핀란드 같은 강소국으로 각 지방정부 단위들이 강력한 경제단위가 돼 완벽한 자치권한을 갖는 국가형태를 만든다는 논리이다. 요약하자면, 강소국연방제론은 한국이 싱가포르와 핀란드 같은 강소국 5~6개를 만들어 국가경쟁력을 세계 최고수준으로 도약시키며, 신지방분권을 선언하여 지역주민이 주인이 되어 세계 속의 지방을 창출하고, 모든 지역을 상향평준화하여 서울과 지방의 구분을 없애고, 국가개조위원회를 설치하여 헌법을 전면적으로 재검토하는 데 정의를 두고 있다.[152]

그의 강소국연방제 개념의 내용은 단기적으로 ① 전국을 인구 500~1,000만 명의 권역으로 나눈 다음 ② 국방·외교를 제외한 모든 권한을 지방에 이양해 ③ 각 지방정부를 강소국 수준으로 육성하는 제안이다. 장기적으로 이 제안은 현재의 중앙집권적 권력구조에서 연방제 수준의 분권국가 구조로 변경하는 제안이다.[153] 김형오 국회의장도 1987년 헌법은 지방화·정보화·

---

152) "이회창선거공약 중에서 가장 현실성 있는 공약은?" 2007년 12월 17일 http://kr.ks.yahoo.com/service/ques_reply/ques_view.html?dnum=HAI&qnum=5667374&kscookie=1 참조.

153) "전국 500만~1000만명 쪼개 6~7개 강소국연방제 하자," 중앙일보(2008년 10월 28일) http://kr.news.yahoo.com/service/news/shellview.htm?articleid=2008102803195065219&linkid=4&newssetid=1352 참조.

세계화라는 조류를 담지 못했고, 지방행정조직도 이런 조류와 반나절 생활권에 맞지 않는다며 이 제안의 구체적인 안에 관심을 표명한 바 있다. 민주당 정세균 대표도 축사를 통해 변화하는 이 시점에 시도·시군·읍면동의 3층 구조를 2층 구조로 바꿔야 행정 비능률이 줄 수 있고, 복지서비스도 제공할 수 있다면서, 이번 2008년 18대 국회에서 논의를 할 수 있다는 입장을 표명했다. 자유선진당 심대평 대표는 이 제안이 통일로 가는 길목에서 지방행정개편이 필요하다고 역설하면서 통일 후 북한까지 포함한 지방경쟁력이 국가경쟁력으로 이어진다고 강조하면서 새로운 나라 건설에 첫걸음이 되기를 소망한다고 피력한 바 있다. 한나라당 홍준표 원내대표는 각 정당의 총론은 동일할 수 있지만 각론에서 달라 개헌만큼 어려운 게 체제개편이라고 피력한 후 이번 국회에서 논의하고 내년 상반기에 논쟁의 합일점을 찾도록 노력해야 한다고 언급한 바 있다. 자유선진당 이명수 의원은 발제문을 통해 "현재의 중앙집권제 국가구조는 세계경제의 중심에 설 수 없다"고 전제하고 연방제 수준의 분국인 지방정부가 독자적인 입법·사법·행정·재정 등의 자치권한을 가지고 선진국과 직접 교류하고 경쟁하는 것이 국가경쟁력을 발전시킬 수 있다고 주장했다. 그의 행정구역 구분의 기준은 ① 경제권 중심의 6개 광역 지방정부(서울·중부권·서부권·남부권·동부권·제주도) ② 생활권 중심의 7개 광역 지방정부(서울·경기권·충청권·호남권·경상권·강원도·제주도) 등 두 가지 안이 포함된다.[154]

다시 말해서 1948년 정부 수립 이후 한국은 중앙집권제국가를 유지하면서 서울을 중심으로 정치, 경제, 금융, 정보, 문화, 인재 나아가서 기회까지 집중시키면서 지방정부를 무력화시킨 바 있다. 강소국연방제에서는 지방정부가 하나의 국가와 같은 권한을 가지고 지역의 역량을 극대화시키는 국가구조로 바꾸어 국가전체의 국가 경쟁력과 효율성을 한 단계 높이는 데 있다. 대한민국의 국가구조를 중앙집권제에서 헌법 개정을 통해 연방제 수준의 분권국가구조로 바꾸어 싱가포르, 필란드, 스위스와 같은 국가경쟁력 상위 국가와 같은 '강소국'을 만드는 데 지방을 골고루 균형발전시키는 차원

---

154) "선진당 이총재, '강소국연방제' 공론화 시동," 대전일보(2008년 10월 28일), p. 4.

이 아니라 지방 자체를 강소국 같은 경쟁력 있는 지방으로 만드는 차원의 6~7개의 강소국으로 구성된 연방국가로 만드는 것이다. 강소국연방제는 완전한 지방분권화로 지역민이 주인이 되어 지구촌의 지방을 만들어 가는 이념을 갖고, 지방경제를 자립형 경제로 변모시키며, 최고의 투자환경과 행정서비스를 제고하여 기업유치와 산업발전에 기여하고, 지역 간 경제격차를 줄이고 지역감정을 해소하기 위한 기반을 제공하는 데 초점을 맞추고 있다. 이 강소국연방제에는 교육 기회의 다양성을 강화하고 지역적 특성을 살리면서 독자적으로 수많은 글로벌 인재를 현재보다 6~7배 늘릴 수 있는 교육행정의 효과와 지역실정에 맞는 치안으로 범죄와 무질서를 최소화하고 소방과 방재가 강화되고 지역의료가 충실해지는 경찰행정의 효과도 가져올 수 있다.

이 강소국연방제의 문제점은 앞으로 헌법 개정의 절차를 따르는 점과 이명박 정부가 시도하는 광역경제권 정책보다 분권 자체를 목표로 하는 점에서 한국을 6~7개의 나라로 분할할 경우 지역 간의 불균형 성장을 초래한다는 한계점이 있다.[155] 이회창 자유선진당 대표는 2011년 1월 6일 국회의원 회관 소강당에서 신년 기자회견을 열고 "헌법 개정은 한 나라의 기틀을 잡는 매우 중요한 일이기 때문에 논의가 빠를수록 좋다"고 밝히고, 개헌 방향에 대해서 그의 강소국 연방제를 "전국을 인구 500만~1,000만명 규모의 5~7개 권역으로 나누고 국방, 외교 등 연방차원의 업무를 제외한 모든 권한을 지방에 이양, 각 지방정부를 유럽의 강소국 수준으로 육성하는 방안"을 재삼 강조한 바 있다.[156] 요즘 지방정부의 실책(예컨대 용인시청 건물과 경전철 공사 등)으로 비난을 받는 점도 성숙된 민주주의로 가는 과정에서 겪어야 할 단계로 분석되고 강소국연방제의 가능성은 꼭 이명박 정부가 아니더라도 차후 정권에서 받아들여 추진해야 한다고 본다. 현재 KBS 방송에서 각 지방 소식을 전하는 것은 향후 연방정부 활성화될 수 있다는 것을 보여주는 사례

---

155) "강소국 연방제"위키백과-우리 모두의 백과사전, http://ko.wikipedia.org/wiki/%EA%B0%95% EC%86%8C%EA%B5%AD%EC%97%B0%EB%B0%A9%EC%A0%9C 참조.

156) "새해 기자회견… '대통령은 직선제·총리는 국회서 선출을'," 한국일보(2011년 1월 7 일), p. C6.

이며 이와 함께 국민의 의식 전환도 필요하다고 분석된다.

소위 강소국연방제는 현재 정치권에서 관심을 갖고 통일한국을 준비하는 과정에서 나온 정치체제를 의미하며 평양도 연방제를 주장하는 측면에서 종합으로 나올 수 있는 안건이라고 분석된다. 그동안 서울은 연합제를 1994년 발표된 민족공동체통일방안에 따라 '1민족 1국가, 1정부 1체제'의 완전한 통일한국에 도달하기 위한 과도적 단계의 '1민족 2국가, 2정부 2체제'를 주장했다. 반면에 평양은 1980년 발표한 북한의 연방제는 '1민족 1국가, 2정부 2체제'의 연방국가를 목표로 하며 서울과 평양은 정치·외교·군사 등 각각 독자적인 권한을 갖는다. 여기서 차별화하는 강소국연방제는 북한이 주장하는 연방제와는 다른 내용이고 차별화된 내용으로 중앙정부와 지방정부의 두 단계에서 이루어지는 정치체제를 의미한다.[157] 북한은 "6.15공동선언의 채택으로 연방제통일 실현의 발판이 구축되고 연방제통일의 전도가 밝아지고 있다"고 주장한 바 있다. 더구나 낮은 단계의 연방제와 높은 단계의 연방제를 구분하자고 주장하고 있다. 전자는 서울과 평양의 두 정부가 정치·군사·외교권을 비롯한 현재의 기능과 권한을 현상유지하면서 그 위에 민족통일기구를 구축하여 남북관계를 통일적으로 조정하는 내용인데 이는 공식적인 평양의 조선로동당의 통일정책과 동일한 것이다. 후자는 앞으로 있을 남북정상회담에서 6.15공동선언 제 2 항의 합의사항을 보다 높은 단계로 올려 민족통일기구설치안을 구체적으로 제시하고 토의·합의을 보면서 '남북최고민족위원회' 같은 상부구조를 만드는 것을 포함한다.[158]

한국의 헌법은 지난 60년간 이질화된 분단국가에서 유지해온 오래된 헌법으로 세계화와 지식정보사회의 도래로 새로운 조류에 뒤떨어져 있고 앞으로 있을 통일한국 차원에서 하나의 획일적인 정치질서로는 통일의 충격을 흡수하기 어려운 상황에 놓여 있다. 통일은 예정된 시간적인 계획에 따라서가 아니라 남북한의 정치적인 상황변화에 따라 진행될 수 있는 관계로 통일을 대비한 국가구조를 미리 예상하고 실현가능한 범위 내에서 시작하는 것

---

157) "민노총… 전교조 등 9개 단체 통일방안 북 연방제와 일치," 조선일보(2007년 11월 3일), p. A8.

158) "'통일협의기구' 설치 서둘러서는 안 돼," 상동(2007년 8월 17일), p. A35.

이 타당하다고 분석된다. 통일 후 정치적인 혼란을 막는 차원에서 서울에서 먼저 통일에 대비한 국가구조를 담은 헌법을 실시하고 통일이 되면 통일헌법에 평양을 가입시키는 방안이 더 현실적일 수 있다는 면에서 강소국연방제를 통일한국으로 가는 과정에서 잠정적인 내부전 통일대안 1단계로 설정한다.

이 방안은 충분히 정치권에서 시간을 가지고 논의할 수 있는 제안으로 현 서울 정부의 행정구역 2010년 개편에도 들어 있는 안건이다. 이명박 정부는 2008년 10월 7일 2010년 자치경찰제 시범실시와 지방행정체제 개편, 그리고 전시작전통제권 전환방침 보완 등을 내용으로 하는 100대 국정과제를 발표했다.[159] 이러한 과정에서 강소국연방제-1은 시작단계로 국민여론을 담아 충분히 절차상 내용상 건전한 통일한국 국가상을 만들 수 있겠다. 국민여론을 조사하는 과정에서 전자모바일통일 모델을 활용하는 것이 시대의 조류와 선진화를 추진하는 차원에서 필요하다고 본다. 전자모바일통일 모델은 강소국연방제안에 이어서 소개하고자 한다.

강소국연방제-1단계에서 다룰 수 있는 분야는 크게 헌법개정으로 내각제냐 대통령제냐를 미국식과 유럽식 장·단점을 고려하여 원점에서 다루되 글로벌 정보화시대에 조류에 맞는지를 기준으로 삼아야 할 것이다. 구체적으로 이 연방제를 구체화하는 과정에서 일어날 수 있는 지역감정 문제와 불균형 발전의 문제를 심도 있게 장·단점을 고려하여 다루어야 하며 국가의 경쟁력도 특수한 분단국가로 냉전시기와 탈냉전시기의 흐름에서 발전한 패턴에 중점을 두고 다루어야 한다. 여기서 이 안이 미국 텍사스주의 7분의 1, 켈리포니아주의 4분의 1밖에 안 되는 땅덩어리의[160] 작은 한국에서 연방제란 상식이 통하지 않은 점도 내포하고 있지만 긍정적인 면과 부정적인 면을 두루 살피면서 심도 있게 다룰 수 있는 대안이기에 종합-1에서 잠정적으로 통일한국으로 가는 과정에서 다루어야 한다.[161]

159) "행정구역 2010년 개편," 상동(2008년 10월 8일) p. A2.

160) "前方·後方 온도 차이보다 무서운 안보의 敵," 상동(2010년 12월 18일), p. A34.

161) 국가구조 및 행정체제 개편을 위한 '강소국연방제' 대토론회 정책토론회 자료집 http://kr. business.search.yahoo.com/search/preview 참조.

| 그림 4-1 | G20 금융정상회의에 참석한 이명박 대통령 |

서울=연합뉴스

　　이러한 내적 요인 이외에 통일한국으로 가는 과정에서 강소국연방제가 상대국인 북한과 통합하는 데 필요한˙ 남북통합지수(서울대 평화통일연구소가 개발)를 적용하고자 한다. 남북통합지수는 남한주민과 탈북자의 통일의식조사, 각종 남북관계 자료분석을 통해 만든 것으로 3가지 분야인 경제·정치·사회문화에서 남북한 통합을 0~10단계로 표시한 것이다. 이 10단계는 4개로 구분된다. ① 0~2단계는 비정기적으로 접촉·왕래·교류·회담 등이 이루어지는 '접촉교류기'로 경제적 통합의 경우 1997년 0단계가 1998~2001년 1단계, 2002~04년 2단계, 사회문화적 통합의 경우 1998~2001년 1단계, 2002~2006년 2단계, ② 3~5단계는 남북통합의 진전이 본격화되고 남북협력이 정례화 되는 '협력도약기'로 경제적 통합의 경우 2005~07년 3단계, 사회문화적 통합의 경우 2007년 3단계, ③ 6~8단계는 공동의 위임기구와 제도가 수립돼 작동하는 '남북연합기' ④ 9~10단계는 실질적인 통일이 완성되는 시기이다.[162]

---

162) "통일까지 얼마나 다가갔나 서울대 '남북통합지수' 개발," 조선일보(2008년 11월 12일), p. A2.

경제와 사회문화 통합도 김대중 정부와 노무현 정부에서 0단계에서 3
단계까지 갔다가 2008년 11월 13일 현재 평양 북한군이 '12월 1일부터 군
사분계선 육로 통행 제한·차단', 북한 외무성 '북핵 폐기 검증을 위한 시
료채취 거부,' 조선적십자 '판문점 적십자연락대표부 폐쇄, 판문점 경유한
남북 직통전화 통로 단절'로 다시 0단계로 내려온 상태이다. 평양이 요구하
는 것은 이명박 정부가 과거 10년간 유화정책으로 귀환하는 것과 오바마
행정부의 세계적 경제위기로 후순위로 밀려 있는 북핵문제에 관심을 끌려
는 벼랑 끝 전술이다.[163] 그러나 이명박 정부는 과거 정권에서 "남북관계가
진전되면 북핵문제도 도움이 된다"는 가정 하에 남북관계를 진전시켰으나
이 가정이 북한의 핵실험으로 핵보유국으로 입증된 것으로 믿고 또 과거
평양이 서울과 워싱턴의 정권교체기에 사용했던 행동패턴을 거울삼아 시간
의 여유를 갖고 김정일 위원장의 건강 이상에 불확실한 후계구도, 경제난
에 겹쳐 있는 북한을 지켜보면서 2009년 3월쯤 개성공단과 금강산관광, '삐
라(전단)' 살포, 식량지원 문제를 패키지로 묶어 해결하는 방안을 찾을 가능
성이 높다고 본다.[164] 서울은 평양의 대남위협 전략의 최대 피해자는 북한이
라고 간주하고 기다리는 전략 내지 무시하는 태도를 보이고 있다. 이 방안
은 국내정치적 제약 때문에 피할 수 없는 문제이기에 적극적인 대안을 찾
아 해결해야 한다.

    이명박 정부에서 추진한 대북정책은 과거 정권의 퍼주기 경제지원을 차
단한 것이다. 남북관계가 경색된 환경에서 평양이 2010년 2차례 걸쳐 천안
함 폭침과 연평도 공격에 이르는 대치관계로 남북관계는 다시 0으로 내려온
상태이다. 이명박 정부의 집권 중반을 맞아 2007년 대선에서 내건 선거공약
은 경제분야에서 7% 성장률을 뼈대로 한 '747' 구호로 이는 성장 중심 정책
으로 4만 달러 소득, 7대 강국으로의 진입을 목표로 하였다. 안보에서는 북
한이 비핵화하고 개방한다면 1인당 소득을 3,000달러로 끌어올린다는 '비
핵·개방·3000'구호였지만, 이는 이미 폐기 처분된지 오래다. 현재 경제는
왼쪽(친서민·중도실용 정책기조, 양육수당·보육료 대상·금액 확대등, 친서민·복

---

163) "북, 이명박·오바마 겨냥 동시다발 공세," 상동(2008년 11월 13일), p. A3.

164) "급한 건 북한… 우리가 서두를 필요 없다," 상동(2008년 11월 14일), p. A6.

지확대 정책, 대기업·중소기업 상생), 안보는 오른쪽("'북한 쌀 지원 문제는' 국민들이 보고 있다. 적절하게 대응하겠다"(9월 7일 한나라당 안상수 대표와 회동), "북한 천안함 사죄하고 정상적 관계로 가야"(9월 10일 러시아 국영TV 안터뷰), "대규모 대북 인도적 지원은 천안함 사과가 전재돼야"(9월 15일 김태효 청화대 대외전략비서관))으로 가는 현황은 2008년 7월 북한군의 금강산 관광객 총격사건, 2010년 3월 천안함 폭침, 11월 23일 연평도 공격 같은 예기치 못한 돌발 변수가 발생하여 정권 출범 당시의 실용주의 노선이 사실상 무용지물이 되었음을 시사한다.[165]

2011년 이명박 정부는 평양의 급변사태 가능성을 대비하여 국제적 환경을 조성하는 차원에서 통일외교를 공식화한 것으로 추정된다. 통일외교는 국민을 편안하게 하는 안보외교를 목표로 평화통일에 대한 국제적 공감대를 형성하고, 평양의 비핵화에 실질적인 진전을 도모하고, 서울·워싱턴 전략동맹을 심화하고, 베이징·동경·모스크바 등과 전략적 협력관계를 발전시키고, 서울·베이징·동경과 교류협력을 확대하는 정책 내용을 담고 있다. 나아가 통일과정에서 발생할 법적·경제적 문제에 대한 외교적 검토 및 대비 차원과 통일이 될 경우 국가 간 의무·권리 관계, 조약, 국제기구 활동 문제 등을 미리 준비하는 것을 포함하고 있다. 통일외교는 G20 정상회의 의장국의 후속조치로서 2011년 글로벌코리아와 직접적인 연계 관계가 있다. 글로벌코리아는 G20 서울정상회의 후속과제 이행, 신흥시장 지역의 외교활동 확대, 무역자유화(FTA)를 위한 글로벌네트워크 확대와 녹색성장 자원외교·개발협력 선진화를 의미한다. 서울의 국력과 외교역량강화는 통일외교에 근간을 두고 있다.[166] 이명박 정부가 그동안 추진해 온 기다리는 전략 내지 무시하는 태도의 변화는 평양의 대남 강경책으로 그들의 실체가 드러난 데 대하여 한계를 느끼고 변화를 추구하는 단계에 들어섰다고 분석된다.

통일부는 2011년 새해 업무계획에서 대북정책 기조는 더욱 '강한압박'

165) "출범 초와 반대로 가는 MB 정부," 상동(2010년 9월 17일), p. A6.

166) "국제무대 '북 붕괴 논의 공식화'," 경향신문(2010년 12월 29일), 또는 http://kr.news.yahoo.com/service/news/shellview.htm?linkid=4&articleid=2010122921024679740&newssetid=1331 참조.

을 통한 북한의 내재적 변화유도로 3대 추진목표로 ▲북한의 바람직한 변화 유도, ▲바른 남북관계 정립, ▲통일에 대한 준비를 제시하고 있고 세부정책 과제로 ▲북한의 근본적 변화 견인 ▲북한 당국의 책임성·진정성 견인 ▲남북교류협력체계 전면 개편 등으로 평양지도부 옥죄기에 초점을 맞추고 있다. 일부에서 거론되는 '흡수통일론'을 차단하면서 '평화통일'에 초점을 맞추는 정책을 이어가는 과정으로 평양의 도발을 강하게 막고 대화와 압박의 '투트랙' 기조로 얼어붙은 남북관계에 숨통을 여는 계기로 분석된다. 평양의 바람직한 변화의 초점은 정부와 군대가 아닌 북한 주민으로 설정하고 현재 국회에 계류중인 '북한인권법'을 가급적 속히 제정하고 북한 관련 대내외 인권단체들의 활동을 보조하면서 경제 지원 위주에서 벗어나 북한주민 스스로 변화를 이끌 자생력에 초점을 맞추는 것을 의미한다. 그동안 유지해온 남북관계를 다시 평양의 적화통일 시각에서 벗어나도록 바꾸는 관계 설정과 통일준비에 적극적인 통일재원마련에 시동을 걸 것으로 보인다. 덧붙여 통일부 업무계획 논의과정에서 통일 준비 '원년'까지 논의되어 '미래준비 통일역량강화'를 제시한 2010년 업무계획보다 진일보한 '통일세'를 공론화할 것으로 분석된다.[167)]

여기서 분명히 짚고 넘어갈 세부정책과제는 책임성과 진정성이다. 과거 김대중·노무현 정부의 대북 접근은 김정일 체제를 분명히 인정하는 차원에서 이루어졌다면 이명박 정부는 출범 초 인정유보와 불인정 사이를 오가다 천안함 사건과 연평도 포격도발 이후에는 불인정으로 방향을 잡은 것은, 비록 외교통상부와 통일부의 새해업무 보고에서 흡수통일 논란을 의식하여 완화된 표현을 사용했을지라도, 대북정책의 목표가 뚜렷하게 북한체제 변화 추구에 있는 점이다. 이명박 정부는 지난 3년간 남북관계에서 하나의 원칙을 강조한 바 있다. 이 원칙은 평양의 태도변화가 있어야 남북 대화 및 대북지원에 나선다는 것으로 북한의 3대 세습과 천안함 폭침 및 연평도 포격도발 등의 상황과정에서 평양은 책임성과 진정성을 보여 주지 못했고 남북관계 경색은 지속되고 있다. 천안함·연평도 사태의 재발을 막기 위해서 나

---

167) "北 아래로부터의 근본적 변화 유도," 한국일보(2010년 12월 30일), p. C3.

머지 임기 기간 동안 이명박 정부는 적극적으로 남북대화를 추진하고 남북
관계를 진전시켜야 한다. 이명박 정부의 대북 정책은 북한의 비핵화에 대한
책임성과 진정성을 확인하기 위해서 체제변화 유도와 같은 대화시도는 긍정
적으로 평가된다. 그러나 유연성 부족으로 인하여 남북 간 군사적 긴장이
최고조에 달했던 것과 오히려 평양의 핵 억지력과 폐쇄성은 강화됐다는 점,
또한 무력 도발이 심화된 것은 부정적인 측면으로 평가된다.[168] 논리적으로
북한군만 아니라 북한 정권을 적으로 공식 규정한 상황에서 한편으로는 군
사대비 태세를 강화하고 다른 편에서는 북한정권의 붕괴를 유도하는 것으로
분석된다. 2011년 대북정책이 김정일 내지 김정은 시대를 인정하지 않고 정
권붕괴를 목표로 적대적 기조 위에 선 이상 평양정권을 상대로 대화와 협상
이 의미가 있는가를 음미해야 한다. 이명박 대통령은 2010년 12월 29일 외
교부 업무 보고를 받는 자리에서 6자회담을 통한 북한 핵 폐기를 이뤄내야
하며, 남북협상을 통한 핵을 폐기함에 있어서 한국이 중요한 역할을 해야
한다고 했다. 그러나 6자회담은 북한의 체제 보장과 핵 폐기를 맞바꾸는 것
이 핵심인데, 체제 보장의 진정성이 얼마나 있느냐에 따라 내용이 달라질
수 있다. 말 대 말, 행동 대 행동으로 대가를 주고받는다지만 최소한 신뢰가
없으면 앞으로 나갈 수 없다는 것이 과거 남북대화의 패턴이 주는 교훈이
다.[169] 이명박 정부에서 법적인 측면보다 실질적인 북한체제를 인정하면서
책임성과 진정성을 보이는 신뢰회복 차원에서 평양이 국제원자력기구(IAEA)
상주사찰을 통해 감시하면서 6자회담 틀 속에서 완전 중단을 유도하는 것이
외부적 요인(2011년 1월 19일 미·중정상회담)을 능동적으로 대처하는 것이
다. 즉 외부적인 요인에 끌려 다니기보다 큰 틀에서 능동적으로 평양의 변화를
다각적으로 유도해야 한다.[170]

　　2011년은 이명박 정부에 매우 중요한 한해로 남북문제를 다루는 데 국
론통일이 시급하다. 이명박 정부는 지난 10년간의 진보정권의 대북 유화정

---

168) "경색국면 바꿀 정상회담 필요… 대북 억제력은 더 키워야," 상동(2011년 2월 22일), p.
　　C6.

169) "적대의 비용," 상동(2010년 12월 30일), p. C14.

170) "6자회담 재개조건 완화 바람직하다," 상동(2010년 12월 29일), p. C15.

책에서 부산물로 나온 남·남갈등의 원인과 과정의 공과를 따져서 공은 인정하되 '잃어버린 10년'은 치부하지 말고 야당과 진보세력의 협조를 요청하는 큰 틀의 민주화 성숙과정으로 정치적 결단을 내리면서 국민과 소통하여 국론을 통일하는 것도 중요하다.[171]

　이명박 정부에서, 통일한국의 관심이 있다면, 강소국연방제 설립 추진과 남북통합지수에서 적어도 5단계까지 끌어올리는 제도적 내지 실질적 교류 정도로 올려야 할 책무를 지니고 있다고 분석된다. 강소국연방제는 두 개의 다소 느슨한 결합에 기초한 평화적 공존에 기초하여 세 가지 범주의 핵심적 공통요소를 다루어야 할 것이다. 즉 ① 평등과 호혜 또는 자주, ② 여러 분야에서의 상호교류와 협력, ③ 협상유지 등이 그것이다. 이는 남북한 정부가 과도기적 단계(즉 제 1 단계)로서 모스크바 및 워싱턴과 함께 두 개의 다소 느슨한 결합에 기초한 평화적 공존을 유지해야 한다는 것을 의미한다. 세 가지 핵심적 공통요소 가운데 남북한은 현 단계에서 상호 협력 및 교류를 제외하고 독립 및 현상유지를 향유하고 있다. 이명박 대통령과 김정은은 한반도 긴장을 완화하고 상대방에 대한 태도와 인식을 바꾸기 위해 0단계에 있는 남북한 관계를 점차적으로 바꾸는 차원에서 남북한 정상회담을 재개해야 한다. 특히 2010년 남북관계는 최악의 수준으로 남북 교류협력은 거의 중단되었고 천안함과 연평도 사건으로 한반도에 군사적 긴장이 새로운 냉전구도의 고착 정도로 고조되어 우려를 자아내고 있는 상태이다.[172] 남북한 간의 긴장완화와 태도 및 인식의 변화는 장래의 통일한국을 위한 제 1 조건이다.

　과거 정부와는 달리 이명박 정부에서 지식정보화사회의 조류를 따라, 전자모바일통일 모델을 적용하여 한민족의 의사결집에 사용해야 한다. 전자모바일통일 모델도 제 1 기와 제 2 기로 나누어 전자는 종합-1에서 후자는 종합-2에서 다루어야 한다. 앞에 통합문제의 전자모바일통일 모델에서 지적한 대로 21세기 글로벌 시대의 정보화·세계화 및 자유무역 개방시대의 조류에 따라 남북한이 인터넷과 모바일을 통하여 하나의 사이버공간으

---

171) "남북관계 큰 틀에서 봐야," 상동(2011년 1월 4일), p. A22.

172) "남북관계 큰 틀에서 봐야," 상동.

로 통합되고 난 후 다시 현실세계로 통합되는 과정을 의미한다. 이명박 정부에서 핵 없는 통일을 장기적인 차원에 원한다면, 대통령 직활 70인 국내외 통일전문가로 전자모바일통일 전문가위원회를 전자모바일통일 모델 제1기에 임명하여 그들의 다양한 통일방안 내지 '한반도 전자모바일통일 모델 백서'을 만드는 작업을 시작하는 것을 제시한다. 이 위원회에서 7천만 한민족에게 슈퍼 웹사이트와 통일광장 앱을 통해 무료로 설문식, 여론조사식, 상품권 받기식 다양한 방법으로 일반인의 의견을 언제, 어디서나 유비쿼터스식으로 쌍방향 방법으로 의견수렴을 표현하고 알 수 있는 기술(Interact, Engage, and Quality)을 활용하여 전자모바일통일 제2기에 활용해야 한다. 자세한 내용은 법적·제도적 장치를 마련하는 데 전문가들이 중요한 역할을 해서 7,000만 한민족의 의견을 수렴하여 정책결정자들이 마지막으로 결정하는 수순을 따르는 것이다. 여기서 중요시하는 점은 전자모바일통일 모델이 21세기 신한국국민에 의한 새로운 통일방안으로 신기능주의모델과 새로운 시대에 조류와 신한국국민의 취향에 맞는 대안으로 떠오르고 있다고 분석된다. 이 전자모바일통일 모델에서 '통일지수'(정치·군사·외교·사회경제 등 3개 분야의 각종 지표를 바탕으로 만든 지수)를 만들어 반영하는 것이 타당함을 제시한다.

남한의 정책결정자들은 북한의 정책결정자들로 하여금 그들의 입장을 바꾸도록 강요해서는 안 되며 다른 어떤 문제보다도 우선해서 철학적인 문제를 푸는 것처럼 뿌리 깊은 차이점들을 인식해야 한다. 이는 이명박 정부 정책결정자들이 통일정책을 수행해나가는 데 있어서 인내심을 가지고 큰 형의 역할을 하기 위해 개인적인 특수한 요인들을 잘 발휘해야 한다는 것을 의미한다. 서울 측 당사자들은 평양 측 당사자들보다 더 유리한 입장에 있다. 이명박 정부는 통일문제를 해결해 나가는 데 있어서 충분한 자질을 잘 활용하여 새로운 통일방안인 강소국연방제를 제시해야 한다. 이유는 공식적인 통일정책은 김영삼 행정부의 민족통일방안 이후 없는 상태로 시대의 흐름이나 국제정세의 변함을 인지하면서 과거정책에 집착할 수 없는 환경에 처해 있기 때문이다. 집권정부의 정책결정자들은 통일정책을 결정하는 데 있어서 모든 야당 당사자들과 제2세대의 견해들을 수용해야 한다. 다시 말해 이명박 정부 정책결정자들은 남한국민들의 모든 요구 및 기대를 폭넓게 수용하고 정책수립의 전 과정에 걸쳐서 대안들을 취사선택하여 마침내 최종적인 결정(즉 두 개의 다소 느슨한 결합에 기초한 평화적 공존과 강소국연방국 제안)을 전자모바일통일 모델과 연계하여 내려야 한다.

기회를 선택하는 권한은 현재 서울지도자들의 손 안에 있다. 한반도를 둘러싼 우호적인 대내외적 환경의 조성을 위해 서울지도자들이 먼저 주도권을 잡아야 한다. 문제, 당사자들, 선택기회 및 해답의 상호작용을 통해 한반도에서 평화가 유지됨으로써 남북한뿐만 아니라 한반도를 둘러싼 강대국들에게도 도움이 된다. 기회선택은 한반도에서 전쟁의 위협을 줄이고 남북관계를 통합지수 차원에서 0에서 5단계까지 끌어올리고 통일문제도 준비하는 단계이다. 이 단계에서 소위 햇볕정책의 경협평화론의 한계성과 앞으로 추구할 10.4선언에 불투명성을 재고할 필요가 있다. 김대중 정부와 노무현정부에서 추진한 경협평화론은 한반도 평화를 증진하기 위하여 '우리 민족끼리' 미명 하에 남북경제협력을 수단으로 하는 사업으로 금강산관광과 개성공단 사업을 추진하여 김정일에게 달러를 공급해 주면 김정일은 그 달러로 개혁·개방을 추진하여 한반도평화를 앞당긴다는 가설에서 시작한 사업이다. 그러나 일반적인 해외 투자원칙과는 정반대의 결과가 2008년 7월 11일 박왕자 총격사건으로 금강산관광이 중단된 상태이고 현대아산은 막대한 손실을 겪고 있으며 2008년 12월에 개성공단마저 폐쇄될 위기에 놓여 있다. 금강산관광을 통해 남북 간 안보위협은 줄어들지 않았으며 개성공단도 민간단체의 대북 삐라에 흔들려 실제로 폐쇄할지 모르는 어려운 상황이다. 설령 북한의 공단폐쇄 협박이 허풍이라고 가정한다고 해도 햇볕형 경협모델은 이미 파산선고나 다름없기 때문이다. 2010년 3월 천안함 폭침과 11월 연평도 포격사건은 평양이 기대한 반대현상(서울의 대북한 안보위협의 국방예산의 증액과 철저한 안보정책이 수립)이 대두되어 남북한 간의 최악의 상황까지 도달한 상태이다. 앞으로 평양이 주장하는 10.4선언에 명시된 해주공단, 서해안 평화협력지대, 안변남포 조선협력단지, 백두산관광사업은 언제든지 문제가 생길 때 평양이 뭐든지 걸고 넘어갈 수 있는 차원에서 앞으로 어느 기업이든 어느 정부든 마음 놓고 투자할 수 있는 제도적 장치나 북한의 태도변화를 이 선택기회에서 결정해야 한다.[173] 그때에 합리적이고 실용주의적인 종합은 장래의 강소국연방제 형태의 국가를 단기과정에서 다소 느슨한 결합에 기초한 평화적 공존의 제 1 단계에서 추진해야 한다. 별개의 두 정부를 어떻게 하나의 국가로 묶느냐 하는 문제는 장기적인 문제로 종합-1(2008년부터 2014년)에 필요한 것은 과도기적 단계이다. 여기에 평양도 새롭게 전개되는 국제정세의 흐름과 인터넷과 모바일 시대의 조류에 역행하는 고립적 자세에서 벗어나 북한 핵문제를 6자회담을 통해서 정해진 국제적 협상의 원리에 따라, 풀고 동북아의 평화지대 구축에도 공헌해야 할 기회선택을 잘 활용해야 한다.

특히 2011년 한반도를 둘러싼 대내외적 환경을 살펴보면 2014년 과도기적 단계에 많은 변화가 발생할 것임을 예고할 수 있다. 서울은 2011년 중반 이후 대선활동이 활성화될 전망이다. 대선 잠룡들은 2012년 12월 대선을 준비하면서 이명박 정부를 비난하고 서로 미래 지도자가 될 것이라고 국민들에게 다가설 것이다. 문제는 다음 대통령 임기는 2013년부터 2018년으로 과도기와 다음단계의 평화공존과 전자모바일통일 2기와 동북아의 평화지대 구축 2기에 공헌할 수 있는 자질을 가진 대통령이냐이다. 차기 대통령은 과거 성장통의 틀에서 독립운동, 산업화, 민주화 등 그 시대를 이끈 지도자들을 보상하듯이 선출해 준 것과는 달리 미래는 선진통일 지도자로서 통일한국의 과업과 이념, 지역, 계층 간의 갈등과 대립을 지향하는 선진국 진입 지도자가 선출되어야 한다. 소위 선진국 진입 지도자가 북한의 폭발적 변화와 중·일의 부상과 재기, 대미 자력갱생 요구가 불가피한 시기에 통일한국의 과제를 푸는 시대조류에 맞는 대통령이 남한과 해외동포들에 의해서 나와야 한다. 이 지도자는 통일한국의 정치철학이 정치·사회화과정에서 이미 익숙해져 있고 한국국민과 해외 동포들이 이런 지도자를 뽑을 수 있는 기회의 선택을 잘 활용해야 한다.[174]

평양의 폭발적인 변화는 김정은의 3대 세습에 대한 저항감의 축적, 경제피폐와 지하경제의 만연, 2011년 12월 17일 김정일 사망, 2012년 강성대국

---

173) "삐라에 흔들리는 개성공단," 상동(2008년 11월 19일), p. A31.

174) "다음 대통령," 조선일보(2010년 5월 17일), p. A34.

등으로 예상된다. '김정일 없는 북한'에 어떤 혼란과 투쟁이 벌어질지는 예상하기 쉬운 문제이고 30세 별 넷짜리 김정은은 남들은 30년 이상 복무해도 달까 말까한 별 넷을 김정일의 아들이라는 프리미엄으로 단번에 달았다. 그리고 김정일조차 확신이 서지 않아 여동생 김정희에게 대장 칭호를 주며 당 정치국 위원으로 임명하고, 장성택 국방위 부위원장을 당 정치국 후보위원과 중앙군사위 위원으로, 최룡해(황북도당책임비서), 리영호(군 총장모장), 김경옥(당조직지도부 제 1 부부장) 등을 후계구도를 위해 요직에 앉혔지만 아래으로부터의 저항감은 점점 더 누적되어 가고 있다. 북한 민심은 절대 권력에 대한 의심으로 확산되어 '가는 길 험난해도 웃으며 가자'는 김정일의 말을 의심하고 있다. 그리고 김정은 시대에 '가는 길 험난하면 버리고 간다'고 믿으면서 절대 권력의 정통성 또한 흔들리고 있다.[175] 북한경제 피폐와 지하경제의 만연은 2009년 남북의 경제력 격차는 37.4대 1로 벌어져 국가로서의 기능을 상실한지 오래된 상태인 반면[176] 한국은 세계 7대 수출국가가 됐다.[177]

평양이 핵과 특수전 전력 등으로 서울을 위협한다고 하더라도 국력이 뒷받침되지 않으면 장기적으로 한계가 있는 법이다. 평양이 기대하는 김일성 출생 100년인 2012년 강성대국은 부사와 형용사만 존재하고 구체적인 청사진이 없는 상황에서 북한 주민은 물론 기득권 세력의 불평을 감당하기 어려운 가운데 2011년 신년 공동사설에서 자력갱생과 경공업 재건밖에 없다는 미래 비전의 실종이 역력하다. 김정일의 후계자 김정은은 김정일 사후로부터 2012년 '김정은 통치'를 개막한 것이다. 북한이 2012년에 열려는 강성대국의 문은 21세기가 아니라 19세기로 추적할 수 있다. 강성대국은 19세기 한국의 국가목표로 평양은 과거 시대로 회귀하는 역주행을 하고 있는 것이다. 평양이 21세기로 들어가서 체제를 보장하고 통일한국에 동참하려고 할 때 세계국제 신질서에 동참하는 차원에서 비핵화 선 번영정치라는 새로운 목표설정을 해야 한다.[178] 2012년 한반도 정세의 핵심 변수로 북한 내부의

---

175) "27세 별 넷짜리 김정은의 앞날," 한국일보(2011년 1월 11일), p. A22.

176) "S, Korean economy 37 times N. Korea's," The Korea Times(2011, Jan. 11), p. B1.

177) "Korea becomes 7th Largest exporter," Ibid., p. B1.

178) "2012년의 美·中·日, 그리고 南北," 조선일보(2009년 11월 27일), p. A38.

동요나 돌발 사태가 발생한다면 한반도의 격변으로 이어질 가능성이 농후하다. 서울의 강력한 대응책으로 이러한 평양이 천안함 폭침과 연평도 포격 도발의 부메랑으로 변화를 맞게 된다면 예상보다 빠르게 분단관리 차원에서 벗어나 통일한국이 들어설 기회가 올 수도 있다. 통일한국을 위해서는 서울이 주도하고 이끌어나갈 차기 대통령이 선출되어야 하고 이러한 마인드를 지닌 지도자가 새 시대를 이끌어야 한다.

서울과 평양의 지도자 정권 교체기에 맞추어 중국 역시 시진핑 국가부주석이 5세대 최고 지도자로 중국 권력을 승계하는 2012년의 한반도 정세가 주목을 받고 있다. 시진핑은 2012년 10월의 제18차 당 대회를 통해 후진타오 국가주석으로부터 대권을 승계할 것으로 예상되며 시진핑 국가주석 체제에서 북·중관계가 혈맹이란 과거 틀에서 벗어나 실리를 추구하는 새로운 틀에서 베이징은 G2 국가로서 워싱턴과 선의의 경쟁을 하면서 동북아에서 미국을 견제하고 중국의 이익을 추구할 것으로 예상된다.

워싱턴도 2012년 11월 첫째 주 화요일에 현 오바마 정권의 연장 여부가 결정되는 시기이다. 오바마의 민주당이 재집권하든 공화당으로 정권이 교체되든 대북정책은 변화가 예상되며 현재의 정책이 재검토될 것으로 예상된다. 공화당이 대선에 승리할 경우, 대북강경책으로 돌파구를 찾을 가능성도 제기된다.[179] 러시아에서도 정권교체가 예상되고 이에 한반도를 둘러싼 변수는 요동칠 가능성이 있다. 블라디미르 푸틴(58) 러시아 총리는 2000년부터 4년 임기의 대통령을 연임하고 '3기(期) 이상 연임'을 금지한 헌법 규정에 따라 2008년 메드베데프에게 대통령직을 물려주고 총리를 맡았다. 푸틴은 2011년 9월 24일 집권 통합러시아당 대회에서 2012년 3월 4일 실시되는 러시아 대선을 앞두고 드미트리 메드베데프 현 대통령의 대선후보 제안을 수락하여 2024년까지 절대 권력자의 꿈을 이룰 가능성이 높다. 푸틴은 4년 만에 제자리로 돌아와 3번 이상 연임 금지법에 따라 자리 물려준 뒤 이번에 복귀하면서 두 사람 간에 '이미 오래전 합의'가 성사되었고 절대권력의 꿈

---

179) "주목! 2012년 한반도⋯ 남·북·미·중·러 동시 정권교체기," 경향신문(2010년 10월 19일), 또는 http://media.daum.net/foreign/view.html?cateid=1019&newsid=20101019205607553&p=khan&RIGHT_FOR=R2 참조.

을 개헌을 통해 임기를 6년으로 늘려 당선 뒤 연임 땐 12년 집권도 가능한 것으로 분석된다.[180) 미국이나 영국 프랑스 같은 성숙된 민주주의가 정착한 나라에서는 정권교체가 질서정연하게 이루어지는 것과는 달리 러시아 대선에서는 블라디미르 푸틴 전 대통령과 현 총리의 재등장이 예상되어 앞날을 가늠하기가 어렵다. 2012년이 주목되는 것은 각국 지도부에 권력투쟁이나 여야 대립이 격화되어 선거나 권력 투쟁에서 승리하고자 대외적으로 민족주의를 동원할 가능성이 높고 국내정치적 상황에 따라 대외정책이 결정되는 소위 '국제정치의 국내화'가 예상되기 때문이다.[181)

　　이러한 관점에서 올바른 국제시스템을 가동하려고 한다면 GDP(국내총생산) 규모나 군사력 등에서 세계 1위인 미국과 G2 중국, 세계 G8국인 러시아, 일본과 G20 의장국인 한국이 만든 6자회담 국제 시스템을 통해서 세계 최빈국 중의 하나인 북한을 성가시지만 절대로 빠져나갈 수 없다는 천라지망(天羅地網)에 가두는 것도 고려해야 한다. 2012년 평양은 국제사회의 제재와 압박을 회피하고 3대 세습 조기안정을 위한 일시적 방편으로 대화의 장으로 들어오겠다고 안달하는 상황에서 주변 5개국이 협력하여 6자회담 재개의 가장 중요한 전제로 남북관계 개선을 서울이 잘 활용하여 평양을 6자회담 틀에 복귀시켜 5대 1의 구도로 평양을 엮어 북한의 진정한 변화와 진정성을 이끌어내며 국제시스템의 효율성을 보여 주어야 할 책무가 있다.[182)

---

180) "차르의 귀환… 푸틴, 2014년까지 절대 권력자 꿈꾼다," 조선일보(2011년 9월 26일), p. A2.

181) [세계의 눈/오코노기 마사오] '2012 빅뱅' 앞두고 숨죽인 2011 동아일보(2011년 1월 4일) 또는 http://news.donga.com/3/all/20110104/33688598/1 참조.

182) "대화로 이기는 길도 있다," 한국일보(2011년 1월 13일), p. C14.

Ⅱ. 중기적 미래동향(제 2 단계 2014~2019년)

1. 準한국의 – (가칭) 강소국연방제[Semi-SPSFG(Small Powerful State Federal Government)] – 2단계

(가칭) 강소국연방제 2단계는 2014년부터 2019년에 이르는 포스트 이명박 정부와 포스트 오바마 정부에 해당된다. 이 시기에는 남한에서는 이명박 전 대통령이 경제문제를 해결하고 동북아의 강소국 위치를 확고히 하고 북한에서는 김정은 시대에 북한 핵문제가 해결되고 난 후 남한과 외부세계에 대해 개방정책을 펼칠 것이며 또한 강대국들의 인식이 변화함에 따라 강소국연방제 안은 변화와 수정의 과정을 겪는 시기이다(교차승인의 완료와 외부요인에 따른 환경의 조성). 미국도 오바마 정부의 재집권 여부도 제 1 기 오바마 정부의 경제난 해결과 그의 공약실천 여부에 따르는 시기를 포함한다.

이명박 전 대통령의 대통령선거공약과 그의 새로운 정치스타일로 판단해 볼 때 경제문제를 슬기롭게 해결하고 G20의 의장국으로 세계금융위기 해결의 중재자 임무를 잘 수행하여 한국의 위상을 높이는 데 기여하였다. 새로 집권한 제 2 세대의 서울 정책수립자들은 한국의 준-강소국연방제의 2단계에서 제 1 단계에서 국회에서 이미 통과한 초안을 전문가들이 다듬어 실제적인 측면에서 유용한 여러 방안들을 인터넷과 모바일을 사용한 전자 모바일통일 모델 방법을 활용하여 제출하고 남한과 북한 내지 해외동포들의 의견을 수렴하는 시기를 포함한다. 여기서 제시하는 점은 큰 틀에서 방향을 제시하는 것이고 구체적인 방안은 전문가들의 연구결과를 7,000만 한민족에게 제출하는 것을 의미한다. 이 과정을 통해 남북한 지도자들은 과감하게 남북통합지수를 6~8단계로 끌어올릴 수 있다. 남북한 지도자들은 공동의 위임기구와 제도를 수립하여 실천에 옮기는 '남북연합기'를 의미하게 된다.

2018년 유엔보고서에 의하면 국제정치 측면에서 지금까지의 영토 중심의 구분, 민족 중심의 정부운영체제로는 지구촌 문제를 함께 해결하지 못한 이유로 세계정부(World Government)라는 새로운 기구와 세계시민권이 유행하게 된다고 분석하고 있다. 유럽연합(EU)이나 동북아국가연합 같은 지역정부는 세계정부로 가는 과정으로 위기와 사회 불안정이 다가오지만 글로벌리더로 국제질서를 유지할 만한 힘을 가진 국가는 없다는 논리이다. 미국은 부채 때문에 힘이 빠지고, 중국은 아직 미국을 능가할 힘이 부족해 국제리더십에 '블랙홀'이 생기는 시기이고 국가의 힘도 약화되고 기업의 힘이 상승하는 현상이 나타나는 때이다. 2007년 다보스 포럼에서 발표한 퓨처 매핑(Future Mapping) 2030에서 개인의 권력은 2007년 16.8%에서 2030년 83.2%로 상승하면서 온라인 네트워크 그룹의 힘은 2007년 18.1%에서 81.9%로 상승하여 정부가 새로운 직접민주주의, 전자민주주의에 익숙한 국민(똑똑한 자아—Smart Identity) 설득, 국민통합을 시도하면서 국가권력을 유지하고 적시정책(Just-in-time Policy)을 만드는 것을 예측하고 있다. 이런 추세에 따라, 서구의 여러 정부는 대형정부 포털을 사용하여 전자정부(E-government) 말처럼 모든 것을 하나의 포털 원스톱 서비스로 연결하여 국민과 소통을 하면서 복지 · 세금 · 법률 서비스을 제공하고 있다.[183]

2. 전자모바일통일 모델 – 2단계

이 시기의 한국은 인터넷 강국으로 대형 전자통일 포털 원스톱과 앱 통일광장 서비스를 신속 · 정확성 차원에서 활용하여 7천만 한민족의 통합된 의견수렴이 가능하다고 볼 수 있겠다. 물론 세계정부 추세 속에서 남북한 통일문제를 풀지 않고 동북아국가연합에서 세계정부로 들어가는 것은 기본적인 문제해결 없이 지내는 꺼림직한 상황의 연속을 좌시할 수는 없기 때문에 통일한국을 당연히 이루어야 한다.

중기적 미래동향이 거의 끝나는 2018년은 굉장히 먼 미래 같지만 6년 뒤인데, 이때에 한국의 인구는 정점에 달해 4,934만 명으로 추산되며 그 해부터 인구가 줄어 2030년 4,863만 명, 2050년 4,234만 명, 2100년 1,621만

---

183) [유엔미래보고서] 2018년, 세계 http://blog.naver.com/parrega/80058518602 참조.

명으로 예상된다. 도시국가 홍콩의 0.96명 출산율을 제외하고 한국출산율은 1.20명이고 고령화사회로 접어들고 노인세대의 정치파워가 강해지는 시기이다.[184] 이 시기는 IT산업은 급속도로 발전할 것이고 한국은 인터넷과 모바일 강국으로 선진국 반열에 들어가는 시기이다. 가상공간 세컨드 라이프(Second Life) 창업자 필립 로즈데일 린든랩 최고경영자(CEO)는 2007년 10월 17일 서울에서 가진 인터뷰에서 가상공간의 미래를 한국이 보여줄 것이라고 하면서 "한국은 인터넷과 PC 보급률에서 세계 어느 국가보다 미래지향적"이라고 강조한 바 있다. 또한 인터넷의 아버지로 불리는 세계 1위 검색서비스업체 구글의 빈트 서프(Vint Cef) 부사장(수석 인터넷 전도사)은 인터넷의 미래는 휴대폰이 보여줄 것이라고 2007년 10월 17일 서울 워커힐 호텔 인터뷰에서 밝히고 "미래에는 휴대폰 단말기가 지금의 포털 역할을 대신할 것이며, 사용자의 위치에서 가장 가까운 곳에 있는 현금인출기와 약국, 음식점 등을 알려주는 위치기반 서비스가 폭발적으로 성장할 것"이라고 말했다.[185]

　　미래의 휴대폰 앱(App.: Application)이 출현하기 전 2000년 웹(Web 2.0) 혁명이 켈리포니아에서 인터넷 붐으로 인해 홈페이지와 포털사이트를 대박 신화로 이끌어 웹 천하가 도래하였다. 이 디지털 금광이 2010년 앱 천하로서 앞으로 10년간 유비쿼터스 혁명(Ubiquitous Revolution)과 비즈니스 혁명(Business Revolution)을 불러오고 있다. 2008년 7월 불과 500개의 앱(app.)으로 시작한 애플 앱스토어(Apple Application Store)는 지금 25만개로 성장하였고 앱 통계를 내는 '리서치2가든스'는 2010년 상반기 중 스마트폰을 통해 판매된 앱 매출액이 22억 달러라고 밝힌 바 있다. 각종 부가서비스와 광고를 포함한 앱 비즈니스가 2015년엔 156억 달러로 추정되며 여기에 TV 앱 시장까지 가세할 경우 앱 이코노미(모바일)는 더욱 큰 앱 혁명을 불러올 것이다. 이제는 모바일 기기에 새끼손톱 크기의 아이콘을 터치하는 순간 새로운 세계가 펼쳐지는 '스마트 세상'이다. 소위 유비쿼터스 혁명이라고 불리는 휴대폰·TV·

---

184) "2018년 대한민국," 상동(2008년 11월 14일), p. A30.

185) "가상공간의 미래, 한국이 보여줄 것," "인터넷의 미래, 휴대폰이 보여줄 것," 상동(2007년 10월 18일), p. B4.

블루레이 등 모든 디지털 기기에서 한 번 터치로 즐기는 새로운 세상이다. 앱 혁명의 전사 또는 창업가(創業家)-앤트퍼누어(Entrepreneur)들은 10년 전 IT 벤처 선배들에 비해 아이디어만 있으면 ▲가볍다 ▲빠르다 ▲간판·자본 필요 없다 ▲1~2명이 한다 ▲진입장벽 없다 ▲경쟁이 극심하다는 특징을 가지고 현재 선두를 지키기 위해서 노력하고 있다.[186] 앱은 값이 비싸고 배우기도 쉽지 않았던 기존 소프트웨어의 장벽을 허물고 전문성도 뛰어넘는 도구가 되었다. 의사를 대신해서 당뇨병 환자를 돌봐주는 앱, 회계사를 대신하여 세금보고서를 작성해주는 앱, 금융컨설턴트의 역할을 하는 앱 등 전문가의 자리를 대신하여 IT 비즈니스의 근본 질서를 흔들고 있고 소프트웨어와 하드웨어의 위계(位階)질서를 바꾸고 있다. 첨가하여 2011년 12월 10일 오전 KBS "남북의 창" 프로그램에 북한정보를 소개한 앱이 현재 30여 개가 있으며 앞으로 더 많은 앱이 나온다고 소개하고 있다. 대표적인 앱은 북한 말 나들이, 북한인권법, 북한 단축기와 통일골든벨이 있고 국방부에 의하면 군 전용 애플리케이션도 2013년부터 일반 스마트폰을 야전에서 활용하는 방안을 발표했다.[187] 위의 앱들은 쉽고 빠르게 정보을 전달하는 장점이 있다. 아이폰, 안드로이드폰, 블랙베리 모바일 기기에 앱을 장착하여 앱 이코노미(모바일)를 이끌고 있다. 이 앱 혁명은 빨리 변해야 살아남을 수 있고 생존할 수 있는 법칙을 제시하고 있다.[188]

　이러한 앱 혁명을 이용하여 이 책에서 제시한 전자모바일통일안을 수정하여 앞으로 오는 10년 내지 미래를 예측하면서 모바일 앱을 적용하는 안을 제시한다. 소위 상품에 QR(Quick Response) 코드를 스마트폰에서 열어 상품의 내용을 알아보고 구입하는 편리함을 제공하고, 이 상품의 경영진은 데이터 관련(Date-Related)을 한 눈에 지리적 위치·상품 숫자의 판매를 알아 수요자의 움직임을 알고 대처하는 기술을 의미한다. 저자는 이러한 QR Code를 앱 스토어에 UR(Unification Response) 코드를 적용하여 남한과 북한 또는 해외

---

186) "'웹 天下' 가고 '앱 天下' 온다," 상동(2010년 9월 9일), p. A8.

187) "軍 전용 애플리케이션 개발 野戰서 스마트폰 활요키로," 조선일보(2011년 12월 9일), p. A6.

188) "'앱 혁명' 시대의 생존법," 한국일보(2010년 9월 20일), p. A30.

동포들이 지지하는 통일안을 간단하게, 빠르게, 진입장벽 없이 찾아 내어 결정하는 '스마트 통일안'을 제시한다.

2011년 2월 10일 미국 LA에 제12회 통일전략포럼의 "남북관계 정상화를 위한 재미동포는 무엇을 해야 하나?"에서 논평자로 참석하여 발표한 필자의 논평자료에서 새롭게 전개되는 스마트 시대에 맞게 전자모바일통일안도 진화시켜 웹과 앱을 사용할 수 있는 새로운 안을 제시한 바 있다. 재미 정치학자로서 저자의 통일철학이나 새로운 생각도 포함해서 웹의 OK(Oversees Korean)Network.com과 UK(Unified Korea)Network.com을 앱의 OKapp과 UKapp으로 제시한 것이다. 이 제안은 스마트 시대에 흐름에 맞게 '스마트 통일안'을 창출하는 것이 중요하다는 차원에서 스마트 통일 씨앗을 제시한 것이다. 2011년은 한국에서 통일원년이라고 하면서 통일기반사업에 많은 돈을 투자하고 있다. 이집트의 민주화 운동 뒤에는 페이스북(Facebook), 트위터와 같은 소셜네트워크(Social Network)가 작동되어서 2011년 2월 11일에 민중의 민주화 열망이 불과 18일 만에 무바라크 30년 독재를 종식시키는 극적 승리를 거뒀다. 비록 독재 체제의 버팀목인 군부가 과도기 권력을 장악한 불안전한 혁명이지만 중동과 아랍의 중심 이집트가 5,000년 만에 처음으로 민중의 자유의지로 체제와 지도자를 선택한다는 측면에서 역사적 전환점이라할 수 있으며 주변국의 민주화를 재촉한다는 면에서 중요한 의의를 갖는다.[189] 튀니지에서 시작한 사회운동(Social Movement)은 이집트로 확대되어 앞으로 중동이나 기타 지역에서 스마트 시대에 부응하는 사회운동을 확대할 전망이다. 여기에 스마트 휴대폰(모바일)으로 일반 소비자 내지 국민이 편리하고 빠르게 그리고 수직과 수평적으로 자신의 의사를 소통하는 세상을 스마트 시대라고 본다.

여기에 스마트 통일안은 두 가지로 나눌 수 있다. 첫째, 스마트 통일안은 남한, 북한, 해외동포가 참여하는 통일방안을 의미한다. 여러 통일모델과 방안은 이미 필자의 책 한반도 통일론에서 남북한 통일방안과 앞으로의 통일한국 로드맵과 함께 자세히 제시하고 있다. 남한이 주도권을 가지고 통일

---

189) "민주주의 역사 새로 쓴 이집트 민중혁명," 상동(2011년 2월 14일), p. C15.

방안을 제시하여 북한과 해외 동포들이 참여하는 방안이다. 어떻게 홍보하
고 참여하느냐는, 웹 차원에서는 UKNetwork.com을 Web Site로 만들어 통일
한국네트워크(Unified Korea Social Network)를 전세계의 한민족이 참여하면서
홍보와 쌍방향의견 교환을 즉시 하는 홈페이지 사이트(Homepage Site)를 운영
하는 것을 의미한다. 물론 이 웹사이트(Web Site)는 전문가들이 참여하여 기
술(Technique) 팀, 운영 팀, 마케팅 팀, 정책 팀으로 마치 Facebook.com이 운
영하되 관련 자료(Date-Related)로 한국과 세계의 지도에 몇 명이 참여하고 어
디에 무슨 이슈로 몇 명이 참여하는 결과를 한눈에 파악하도록 하는 것을
의미한다. 앱 차원에서는 웹에서 만든 UKNetwork.com을 배경으로 App.Store
에 UK app.을 만드는 것이다. 즉 통일한국(Unified Korea) 앱을 스마트폰에 탑
재하여 모바일 웹(web)과 앱(app)에서 동시에 소셜네트워킹하는 것을 의미
한다. 이러한 제안이 스마트시대의 흐름에 맞는 스마트 통일안이라고 제안하
는 바다. 둘째, 스마트 통일안은 재외국민이 참여할 수 있는 방안이다. 앞에
서 제시한 의견과 같이 웹(web)에서는 OKNetwork.com(Oversees Korean
Network. com)으로 재외국민으로서 정치권력 행사인 참정권 투표권과 해외국
민의 통일안의 찬성 여부 내지 통일제안을 할 수 있는 스마트 시대의 통일
제안을 의미한다. 세계 각지에 이미 뿌리내린 700만 동포는 한국이 적극 껴
안아야 할 소중한 자산이며 한국정부가 해외의 한인 인적 자원을 적극 수용
하고 활용할 의무가 세계화 내지 스마트 시대의 흐름이다. 재외국민을 대표
하는 미주한인회 총연합회가 2012년 총선을 앞두고 2011년 11월 재외동포
유권자를 확대하기 위한 홍보차원에서 ① 재외국민 유권자 등록, ② 2011년
5월 총연 새 회장 공정선거, ③ 한미자유무역협정(FTA) 의회통과, ④ 복수
국적 점진적 확대 등을 위해 노력하겠다고 발표한 바 있다. 위의 4가지 제
안 중 첫 번째는 240만여 명 재외국민 유권자들이 2012년 4월 한국 총선에
투표하기 위해 2011년 11월 13일부터 2012년 2월 11일까지 재외공관을 방문
하여 직접 유권자 등록을 해야 하는 절차가 있다. 재외국민 가운데 국내 거
소 신고자는 6만 5,000여 명이고 이 대다수는 수도권 거주자인 것으로 알려
져 있고 일시 체류자는 150만여 명이다. 이 절차를 한국에서 10년 만에 한
번씩 있는 인구조사에서 인터넷을 사용하여 번거로운 절차와 시간 등을 해

소한 것과 같이 스마트 시대에 맞추어 스마트 웹이나 스마트폰을 사용하여 번거로운 절차를 간소화해야 하고 재외국민 투표 부정선거 대책도 세워야 한다. 재외국민의 참정권인 투표가 행사될 때 4월 11일 총선에서 상당한 변수로 작용할 가능성이 매우 크다고 분석된다.

이 틀 안에서 제안하는 재외국민 정서 관련 안건은 3가지이다. ① 재외국민 정서는 한국에서 재외동포를 보는 시각을 편협적이고 당리당략 차원에서 보는 시각을 버리고 스마트 참정권 재외국민으로 보고 재외국민도 자부심을 갖는 자세가 필요하다. ② 한국이나 해외에서 통용할 수 있는 재외국민의 개념을 투명하게 정리해야 한다. 해외동포나 재외국민의 개념이 뚜렷하지 않은 상황에서 혼선이 생길 수 있다. 재외국민은 북한에서도 포섭하려는 대상으로 한국정부가 주도권을 가지고 세계화 차원에서 먼저 참정권을 부여한 것은 의미 있는 정책이다. ③ 재외국민은 통일한국의 남한과 북한과 재외국민이 참여하고 주도권을 가지고 통일한국을 달성할 수 있는 주역으로 전체관적인 관점(Holistic Perspective)에서 2012년 총선·대선 투표과정에서 투명하고 원칙 있는 정치투표권 행사가 장기적인 차원에서 통일한국을 이루는 데 중요한 변수이며 '태풍의 눈'이 될 수 있다.

두 번째 제안하는 재외국민의 책임과 임무는 다음 3가지이다. ① 과거의 사고틀에서 벗어나 원칙 있게 현실에 충실하여 책무를 행사해야 한다. 재외국민들은 현실의 한국 정치체제를 새로운 시각에서 배우는 자세가 필요하다. 남한의 정당과 총선 내지 대선후보들의 정강정책이나 그들의 정치철학과 의지를 새로운 시각에서 보고 투표권을 행사하되 과거의 시점에서 벗어나 현재와 미래지향적인 사고로 큰 틀에서 공정한 참정권을 행사할 필요가 있다. 여기서 과거의 생각의 틀은 그들이 해외에 나온 시기와 관련된 정치·사회화 과정에서 벗어나는 것을 의미한다. ② 재미동포는 해외동포 중에서 성숙된 민주주의 국가에서 살고 있어 선도적 역할을 기대할 수 있고 전체관적인 관점에서 단기적으로 남북한 관계를 분석하고 장기적으로 통일문제를 분석하여 정치적 참정권 행사의 요구, 기대, 지지를 충족시킬 의무가 있다. ③ 디지털 또는 스마트 시대의 흐름에 선두에 서서 한국 국민이 할 수 없는 일을 행사해야 한다. 특히 재외동포의 투표권 행사가 대선후보의 당락을 결정할 수 있어 원칙 있고 장기적인 차원에서 투표권 행사가 중요하다. 2012년 총선부터 새롭게 참여하는 재외국민 유권자는 저자를 포함해서 176개국 229만여 명으로 추산되고 이 가운데 100만명 정도가 투표에 참여할 것으로 예상된다. 1997년과 2002년 대선에서 각각 39만표와 57만표 차이로 당락이 결정된 바 있고 불과 몇 백 표 차이로 승부가 갈리는 국회의원 선거구도 많이 있기 때문에 재외국민 선거는 특히 총선에서 결정적인 변수로 부상하고 있다.[190] 이러한 제안을 염두에 두면서 앱 차원에서 웹에서 만든 OKNetwork.com을 배경으로 앱 스토어(App. Store)에 OK app.을 만들 필요가 있다. 즉 Oversees Korean 앱을 모바일 스마트폰에 탑재하여 Web과 App.에서 동시에 재외동포 소셜네트워킹을 추진해야 한다. 이러한 제안이 스마트 시대의 흐름에 맞는 제 2 의 스마트 통일안이라고 제안하는 바이다.

　　이러한 해외 전문가들의 예측에 의하여 한국의 인터넷 광고시장도 앞으로 열릴 것으로 예상된다. 최근 2~3년 간 미국과 일본과는 반대로 한국은 미국 웹2.0 간판기업에 '울타리치기'를 하여 웹2.0시대에 미아로 있지만 앞으로 10년 전·후에는 새로운 아이디어로 무장한 신생 서비스들이 등장해 기존의 서비스와 경쟁하여 활력을 불어넣을 것으로 예상된다. 소위 미국의 개방형 서비스가 포함된 분야는 위젯(Widget)이다. 위젯은 미니웹 응용프로그램을 의미하며 시계, 주식시황, 날씨, 게임, 카드, 동영상, 슬라이드 등 다양한 콘텐츠나 서비스를 '미니액자'에 담은 다음, 블로그, 카페 등 여러 곳으로 쉽게 퍼갈 수 있도록 설계되어 있다. 예를 들어 페이스북은 독립 소프트웨어 개발자들이 자신이 원하는 서비스을 만들어 페이스북에 붙이면 장사를 할 수 있는 플랫폼을 개방형으로 설계하는 것이다. 그러나 2008년 한국에서 위지드(wzd.com)와 같은 위젯 회사들이 제대로 성장하지 못하는 이유는 대형 포털 사이트(네이버, 다음, 싸이월드 3강 체제)들이 독립 위젯 회사의 문호를 차단하고 있기 때문이다.[191] 이 3강의 독점구조로 생기는 한국의 인터넷 문화가 마치 개성이 없는 아파트문화를 닮아가는 것과 마찬가지로 당분간

---

190) "SNS·재외국민선거가 내년 총선·대선 '태풍의 눈', 상동(2011년 2월 15일), p. C1.

191) "나홀로 역주행, 대한민국 인터넷," 상동(2008년 6월 21~22일), p. C2.

유지는 되나 이 시기에는 개방이 가능할 것이며 이 위젯을 전자모바일통일 모델에 접목시켜 한민족 젊은 시대의 창의적인 통일방안과 대안을 인터넷과 앱을 통해서 찾는 시기가 될 것이라고 예측할 수 있겠다. 여기서 전자모바일통일 모델의 제1단계에서 구축한 제도적인 틀 안에서 실질적으로 앱을 이용하는 차원에서 전개되는 시기를 의미한다. 전자모바일통일 포털 원스톱 서비스를 개설하여 앞에서 제시한 앱을 한민족 7,000만의 가능한 의견수렴을 하여 (가칭) 강소국연방제에 대한 평가도 받고 전문가들이 제출한 통일방안을 전체 한민족의 의견을 수렴하여 제2의 건국을 하는 자세에서 결정하는 시기를 의미한다.

제1단계에서 언급된 것처럼 북한은 살아남기 위해 남한과 외부세계에 자신을 개방하지 않을 수 없다. 이 과정에서 김정은 시대로 오늘의 평양은 10년 후에 다른 모습으로 미국 내 북한전문가들은 3대 세습과 군부의 통치, 집단체제 그리고 한국으로의 흡수통일 등 4가지 가능성으로 전개될 것으로 예상하고 있다. 소위 3대 세습은 김정일이 그랬던 것처럼 그의 아들 중 한 명에게 최고권력을 넘겨주고 그 아들이 통치하는 상황이다. 그는 장남 김정남(1971년생, 출신학교: 스위스 제네바 국제학교 - 스위스 제네바 정치학전공, 친모: 성혜림, 취미: 쇼핑 · 도박 · 여행, 권력관계: 후계자 경쟁에서 밀려 해외 유랑 중)과 배다른 동생인 김정철(1981년생, 스위스 베른 국제학교 - 김일성군사종합대학 특설반, 친모: 고영희, 취미: 음악, 농구, 권력관계: 후계자 경쟁에서 밀렸지만 북한에 거주하며 김정은과 관계유지) 김정은(1983년생, 스위스 베른 리베벨트 슈타인휠츨리 공립학교 - 김일성군사종합대학 특설반, 친모: 고영희, 취미: 농구, 오토바이, 권력관계: 김정일 후계자로 공식 인정받고 후계체제 구축중)[192]이 있으며 엘리트 교육을 받은 것으로 알려지고 있다. 2008년까지 이 세 아들 중 어느 누구도 세습 후계자로 부상하지 않았고 김정일의 매제인 장성택(1946년생) 노동당 행정부장이 권력을 직접 승계하거나 후견인으로서 병상통치를 하고 있는 것으로 알려지고 있다. 2010년 김정일의 뇌출혈 후유증으로 김정은을 김정일의 3대 세습 후계자로 인정하고 평양의 김씨 왕조를 유지하고 있다. 그러나 여러 가지

192) "김정철, 김정남 전철 밟나 · 단순 여행인가," 상동 (2011년 2월 17일), p. C4.

변수가 잠재해 있어 김정은의 북한정권 장악에는 많은 어려움이 산재해 있다. 김정일은 3대 세습을 김정은으로의 권력 승계 과정을 '압축적 일정'으로 진행하고 있으며, 강제적으로 김정은에 대한 지도자 수업이 이뤄지고 있다. 예컨대 2011년 2월 17일 평양 만수대 예술극장에서 류홍차이 대사 등 중국대사관 직원을 초청해 은하수 관현악단음악회를 김정일과 김정은 당 중앙군사위 부위원장으로 관람한 것이다.[193] 그리고 김정은은 2011년 4월 15일 김일성 주석의 생일 즈음에 최고 권력기구인 국방위원회 제1부위원장(2010년 11월 6일 조명록 심장병 사망)에 올랐다. 현재 부위원장은 오극렬・장성택・리용무・김영춘 등 4명이고 국방위원은 6명이다. 김정일이 김정은을 노동당 비서국 비서와 정치국 상무위원으로 임명할 경우 권력 승계 작업이 마무리될 것으로 예상된다. 반면에 김정은에 대한 북한 주민의 지지가 높지 않은 데다 급변사태 가능성 등 이집트 민주화 혁명 바람을 사전에 차단하는 움직임을 보이고 있다.[194] 김정은은 서방 세계에서 정치・사회화 과정에서 교육을 받아 신세대답게 새로운 패러다임을 찾아야 할 숙제를 지니고 있다.[195]

두 번째 가능한 김정일 이후 북한은 군부통치를 말하며 김정일은 지난 14년간 '선군정치'에 국방위원장 겸 노동당 총비서로서 군부에서 통치했으며 이 시기에 정권을 계승한다는 의견이다. 이 군부통치의 단점은 북한 군부 내부에 세대별로 김정일의 어느 아들을 추종하느냐에 따라 생긴 파벌로 구성된 세력이 권력행사를 하는 데는 한계가 있는 점이다. 세 번째 가능한 현상은 집단지도체제로 평양의 노동당이나 국방위원회와 현존하는 권력체제의 현상유지 세력들이 연합하여 집단지도체제를 구성하여 김영남 최고인민회의 상임위원장을 앞에 내세워 권력을 잠정적으로 유지하는 체제를 의미한다. 이 주장의 기저에는 대체적으로 노동당은 '관료화되고 노쇄하다'는 근거이고 국방위원회는 '최고 권력기관'으로 자리잡고 있는 점이다. 그러나 황장엽 전 조선로동당 비서에 의하면, 북한을 실질적 차원에서 움직이는 것은

---

193) "中언론 '北 미사일 기지에 국제사회 우려," 상동(2011년 2월 19일), p. C7.

194) "김정은 4월 군부장악 권력전면 나설듯," 상동(2011년 2월 17일), p. C4.

195) "세상 살면서 남는 것은 '핏줄'밖에 없다!" 주간한국(2011년 2월 19일), pp. 15~16.

당 중앙위원회 비서들과 조직지도부이다.[196] 마지막 가능성은 평양정권 내부에서 붕괴하거나 혹은 후계자가 스스로 나서 서울과 협력하여 한국으로의 흡수통일을 하는 과정을 열어 놓고 있다. 이 경우 서울의 통일에 대한 경제적 부담은 상상을 초월한 수치에 이를 가능성이 있어 만반의 준비가 필요하며 단점을 지니고 있다.

북한이 위의 4가지 가능성에서 살아남을 수 있는 방법은 북한이 소유하고 있는 핵무기 6~10개 분량의 핵물질을 포기하고 개방해야 하는 숙제를 속히 푸는 것이 중요한 과제이다.[197] 북한의 개혁·개방 없이는 이 시기까지 그들의 정권을 유지하는 데는 많은 어려움이 따를 것으로 추정된다. 여기서 지적하는 점은 북한의 급변사태가 일어날 가능성은 작지만 분명한 것은 김정은 시대가 열렸고 이 중간 미래단계에서 김정은이 그의 정치 체제를 유지·강화할 것이다. 물론 북한의 정치체제가 어느 방향으로 가느냐와 개방의 정도는 정확히 예측하기는 어렵지만 평양주민의 통일의사를 전자모바일 통일 모델로 알기는 제도적으로 어려움이 있지만 북한 탈북자들의 의견도 참조하여 가능한 한 많은 한국국민이 남북한과 해외동포을 포함하여 수렴한다는 원칙을 제시하는 바이다.

3. 동북아조약기구

서울정부는 새로운 김정은 정부와 2014년부터 2019년 사이에 일어나는 국제정치의 흐름을 협력하는 차원에서 인터넷 기술전달과 경제·사회 분야에 도움을 줌으로써 한민족공동체를 이루고 통일한국으로 가도록 강소국연방제와 동북아조약기구에 동참하도록 설득하는 작업이 필요한 시기이다. 동북아조약기구는 국제조류의 G20을 완성한 이후 제2단계로 나온 중기단계에서 실천할 사항이다. 건국 60년 기념사업위원회와 외교안보연구원이 2008

---

196) 정성장, "김정일 건강이상과 한국의 대북정책 방향," 정세와 정책 통권 15호 세종연구소, 2008년 11월 http://www.sejong.org/Pub_ci/PUB_CI_DATA/k2008-11.PDF 참조.

197) "美 전문가들이 예상하는 '김정일 이후' 북한," 한국일보(2008년 9월 10일), http://news.hankooki.com/ lpage/politics/200809/h2008091013110974760.htm 참조.

년 10월 30일 공동주최한 '세계지도자 포럼'에서 '역사의 종언'의 저자 프랜
시스후쿠야마(Fukuyama) 존스 홉킨스 대학 교수는 주제발표를 통해 '최근 금
융위기'에서 드러나듯 현재 세계는 기존 국제정치체제인 G8(주요 8개국)으로
는 조율하기 힘들고 이제는 G20의 시대로 접어 들어가고 있다고 밝힌 바
있다. 그는 한국이 21세기의 도전을 감당하는 차원에서 다른 아시아국가들
과 공동노력을 해야 하며 나아가서 한·미동맹에서 경제·정치 발전에 이어
신뢰를 구축해야 더 큰 발전을 할 수 있다고 주문한 바 있다.[198] 중기 미래
환경에서 한국은 정치적 신뢰를 발전시키면서 동북아조약기구를 발전시키는
비전을 가지고 준비해야 세계정부로 들어설 때에도 너무 뒤떨어지지 않은
국가로 남게 될 것이다. 여기서 기억할 점은 한국은 내부적인 통일한국을
이루면서 동북아조약기구에 중심적 역할을 동시에 수행하는 것이다. 이 기
구와 동일한 동북아조약기구는 '아시아의 토인비' 키쇼르 마부바니 싱가포
르 국립대학 공공정책대학원장이 2008년 8월 31일 김환영 기자와 인터뷰에
서 제시한 개념이다. 후쿠야마 교수에 이어 마부바니 교수는 아시아의 중요
성과 정치적 신뢰 내지 불신에 대해서 공감하면서 한국과 일본, 중국이 동
북아조약기구를 창설하는 것이다.

  저자와 조지 타튼 남가주대학 정치학 명예교수는 *Korea Observer* 2005
년 겨울호에 기고한 "동북아에 어떠한 평화체제를 구축할 수 있나?" 논문
에서 6자회담을 통한 북핵문제가 해결되는 시기에 동북아조약기구를 북대
서양 조약기구의 교훈을 따라 주장한 바 있다.[199] 타튼 교수와 나의 주장은
한반도를 중심으로 평화를 유지하는 차원에서 동북아조약기구 내에 동북아
평화의 지대를 만드는 것이다. 동북아 평화의 지대는 동쪽으로 일본 전체,
북쪽으로 사할린과 쿠릴열도를 포함한 시베리아 일부, 서쪽으로 한국으로
부터 월남에 이르는 중국의 태평양 연안을 포함한 100마일 이내와 타이완
과 하이난섬, 그리고 미국 서부 태평양 연안해변을 포함한다. 단 미국의 본

---

198) "아시아, 21세기 도전 감당할 새 국제체제 만들어야," 조선일보(2008년 10월 31일), p.
    A8.

199) George O. Totten Ⅲ and Young Jeh Kim, "What Kind of a Peace Regime Could Be
    Constructed in Northeast Asia," Korea Observer, vol. 36. no. 4(Winter 2005).

토는 제외한다. 이 동북아 평화지대에서 중국 전체나 러시아 또는 미국을 포함하지 않는 이유는 이 지역에서 어떠한 핵무기도 허용하지 않으며 핵무기를 실은 항공모함은 허용하지 않기 때문이다. 그러나 이 3국은 다른 핵포기협약이 발효될 때까지 핵무기와 핵시설을 보유하고 있을 것이다. 동북아조약기구는 동북아 평화지대 밖에서 해결되기를 기다릴 필요없이 조직할 수 있겠다.

동북아 평화의 지대는 필리핀, 인도네시아, 싱가포르, 월남이 이 지대의 6개국에 중대한 위협이 되지 않기 때문에 제외된다. 이상의 국가들은 동북아지대에 평화를 유지하는 데 필요 이상으로 복잡성을 띠고 있고 대신 먼 훗날에 동남아 평화지대 구축에 절충할 수 있겠다.

동북아조약기구는 북대서양조약기구와 유사성과 차이점을 지니고 있다. 북대서양조약기구와 같이 동북아조약기구는 남한, 북한, 일본, 러시아, 중국과 미국의 조약에 의해서 시작할 수 있다. 이 조약기구는 동의한 평화지대 내에서 각국이 군사력을 사용하는 건에 한하여 공식적인 정부 대표부를 둘 수 있다. 이 기구는 전투력에 관해서 다른 조직기관을 만들 필요는 없다. 그러나 각국은 상호 간의 이해를 증진하는 차원에서 각 국가의 군대훈련을 할 수 있다.

동북아조약기구의 목적은 북대서양조약기구와 극명하게 차이점을 두고 있다. 북대서양조약기구는 만약 필요에 의하여 소련의 군사력 팽창을 막기 위해서 만든 것이다. 이 목적이 필요가 없어짐에 따라서 북대서양조약기구는 평화유지군으로 군사력을 활용하는 새로운 목표를 정한 것이다. 동북아조약기구는 처음부터 뚜렷한 외부의 위협과 공격으로부터 보호하기 위해서 조직한 것은 아니다. 대신, 이 조약기구에 참여한 한 국가의 가상적 위협을 다른 국가 전체의 위협으로 간주하는 점이다. 동북아조약기구는 각국의 막강한 군사력을 감소하는 데 생길 수 있는 위험을 상호 간 돕는 데 초점을 두고 있다. 군비축소를 중심으로 회원국 간의 평화를 유지하고 강화하는 것이다. 각 회원국은 각국의 군사력을 강화하는 대신 그들의 군사력을 매년 또는 2~3년 주기로 군사력을 감소시키는 목표를 정하는 것이다. 그래서 예컨대, 10년 내에 회원국 간의 두려움은 감소되고 신뢰가 구축됨에 따라 군사력은 감축하는 것이다.[200] 이 목적을 달성하기 위하여 어떤 기구를 만들 수 있는가에 대한 구상은 처음에 6개국의 대표를 포함한 동북아조약기구 중앙 군사위원회를 조직하는 것이다. 각국의 대표들은 다른 국가의 군사력을 파악하고 공동으로 군사력과 장비를 감축하는 것을 추천할 수 있겠다. 군비축소에 대한 정책제안을 회원국 전체에서 논의하고 각국의 승인 하에 감축의 동의점을 찾아 해결하는 방안을 채택할 것이다. 이 논의과정에서 어떤 회원국은 자발적으로 전투함을 폐기할 수도 있고 다른 회원국들은 그들의 국방력을 비례적으로 감축하면서 전체 회원국이 결정할 수 있을 것이다.

추천된 정책제안들은 정치가가 아닌 국방부 전문가들에 의하여 결정될 것이다. 결정의 차이점은 절충안을 통해서 해결될 것이다. 추천된 정책제안들은 각 회원국의 행정요원에 의하여 검토하고 각 국가의 정부절차에 의하여 검증될 것이다.

각 회원국에서 6개국 회원국의 대표로 하는 동북아조약기구 소 중앙군사위원회를 둘 수 있다. 일정기간 동안, 이 회원국의 소위원회국들은 친숙하게 될 것이다. 이러한 결과는 각 회원국의 군사력의 하드웨어와 다른 역량의 투명성과 새로운 레벨로 올려놓을 수 있겠다.

이미 스웨덴에서 세계 육·해·공군의 현황이 매년 출판되고 있고 동북아조약기구에서 나오는 보고서는 이 기구의 회원국밖에 알려지지 않은 믿을 만한 자료에 의해서 나올 것이다. 매년 각 회원국은 다른 회원국들과 연합군사훈련을 하여 회원국 사이에 군사력을 확인하고 다른 회원국들이 비밀리에 무기·계획·전략을 상대방을 향해서 하는 것을 지향할 수 있겠다.

또한, 미국과 한국은 미국과 일본이 행하고 있듯이 한·미 합동군사훈련을 실시하여 친밀감을 유지하고 있다. 그러나 이 시기에 미국과 북한이 합동훈련을 하면서 다른 회원국과도 합동군사훈련을 실시해야 한다. 각 국가들은 다른 회원국과 육·해·공군 수준에서 합동훈련을 할 수 있다.[201]

---

200) Tetsu Sadotomo, "Cooperation for Peace and Development in Northeast Asia: Functionalist Approaches," *The Journal of The International Peace Studies*, Vol. 1, No. 2(July 1996), http://www.gmu.edu/academic/ijps/vol1_2/Sadotomo.htm.

201) "US, South Korea troops launch massive joint exercises," (March 22, 2004), Space War. Incoperating terrawar.com, http://www.spacewar.com/2004/040322035759.alpnj5rc.html 참조.

한 시기에 변화는 최소한이 될 수 있으며 다른 시기변화는 최대한으로 올 것이다. 이 회원국 간에 근대화와 한 단계 높은 변화를 논의할 수 있겠다. 필요에 따라 이러한 조치는 취할 수 있겠다. 결과적으로 회원국 사이에 미래 공격이나 다른 회원국으로부터 방어에 대한 계획은 세울 필요가 없는 집단안보의 느낌을 갖게 될 것이다. 만약에 인도나 인도네시아가 이 동북 평화지구 밖에서 위험이 일어날 경우, 이 문제는 지역적으로 다룰 수 있을 것이다.[202] 여기서 저자가 6자회담 정치지도자들이 동북아지역에 가장 효율적인 대안으로 동북아 평화지대를 생각하고 실천에 옮기라고 제의하는 바이다. 빠른 시기 안에 북핵문제가 해결된다면 6자회담국은 동북아 평화지대로 원래 목적을 전환하여 다음 단계인 동북아 평화지대 구축으로 넘어가야 한다.[203]

이 과정에서 한국은 다른 나라와 비교하여 작은 나라의 장점을 살려 지도자(Leader)가 되려고 노력하지 말고 아세안에서 싱가포르의 경우처럼 통합 촉진자(Facilitator) 역할에 정치목표를 두고 일본과 중국 사이에 정치신뢰를 쌓고 좋은 외교관계를 유지해야 한다. 물론 서울과 동경, 베이징과 동경 사이에 갈등이 내재돼 있고 평양도 동북아조약기구를 복잡하게 만드는 변수이지만 서울 지도자들이 위의 학자들의 충고를 받아들인다면 가능한 로드맵이라고 분석되어 권고한다.[204]

2014년에서 2019년에 이르기까지 동북아시아의 강대국들은 한반도에 대해 그간의 모호한 태도로부터 적극적인 태도로 입장을 바꾸어 나갈 것으로 예상된다. 그들 자신의 시각으로 볼 때 남한은 국가적 역량의 모든 분야에서 북한을 훨씬 앞지르고 있다. 북핵문제가 오바마 정부에서 6자회담을 통해 해결된다고 하면 2019년대까지 주변 강대국들은 남북한 간의 교차승인을 완료할 것이며 현상유지 국방 및 외교정책(남북한의 핵심적 공통요소 가운데 마

---

202) Bruce Russett, Harvey Starr, David Kinsella, *World Politics: The Menu for Choice, 7th edition, Ibid.*, pp. 245~247.

203) George O. Totten III and Young Jeh Kim, "What Kind of a Peace Regime Could Be Constructed in Northeast Asia," *Ibid.*

204) "'동북아국가연합' 한국이 주도적 역할하라," 중앙sunday(2008년 8월 31일), p. 14.

지막 범주인)을 잘 운용함으로써 우호적인 환경(즉 한반도의 긴장완화와 평화의 추구)을 유지해 나갈 것이다.

남한에서의 포스트 이명박 전 대통령의 시대에 맞추어 강소국연방제 2 단계와 동북아조약기구를 실행하며, 북한의 개방정책 및 강대국들의 인식의 변화 등으로 인해 세 가지 범주의 핵심적 공통요소는 변화를 겪을 것이다. 평화적 공존은 동맹관계로 바뀔 것이다. 경제·과학·문화 및 교육·교통과 커뮤니케이션 분야에서의 상호 교류와 협력은 실행단계에서 강약의 차이는 있지만 실질적인 단계로 접어들 것이다. 현상유지정책은 약화될 것이며 남북한 사이에 점진적인 변화과정을 겪을 것이다. 準한국의 - (가칭) 강소국연방제[Semi-SPSFG(Small Powerful State Federal Government)]-2단계는 다시 가능하고 실질적인 측면(+)과 불가능하고 비현실적인 측면(-) 모두를 나타낼 것이다.

이를 살펴보면, 첫째, 평화적 공존은 두 개의 다소 느슨한 결합에 기초한 평화적 공존의 제2단계로 접어들 것이다. 이는 2014년부터 2019년에 이르는 기간 동안 한국은 워싱턴 및 모스크바와의 동맹관계에서 벗어나 한국의 통일문제를 풀어 나갈 것임을 의미한다. 통일에 이르는 과정이 얼마나 걸릴 것인가 하는 것은 내부적 및 외부적 차이점들을 극복해 나가려는 정책결정자들의 노력에 달려 있다. 이 경우에 서울은 남북한 간에 발전 정도의 차이가 있기 때문에 타협과정에서 더 많은 것을 양보해야 한다. 더욱이 서울은 정치적 이념보다 한국민족주의나 지역적 이해관계를 더 강조해야 한다. 정치적 이데올로기의 시대는 지나갔다.[205] 따라서 서울은 더욱더 독립적으로 국방 및 외교정책을 결정할 수 있으며 선진국의 입장에서 평양의 요구사항들을 수용할 수 있을 것이다.

2019년 유엔 미래세계에서 지적하듯이 미국은 전과 달리 부채관계로 패권주의를 벗어나 일방주의를 포기하면서 강대국으로 남으려고 노력하는 시기일 것이며 동북아의 중국을 견제하기 위해서 강소국연방제 2단계나 통일한국 달성 이후에 미군은 한반도에 계속 주둔할 것이다. 2008년 11월 21일

---

205) Young Jeh Kim, *Toward a Unified Korea*, pp. 18~19.

미 의회의 미·중경제안보검토위원회가 2008년 연례보고서에서 서울은 베이징과 외교 및 경제적 유대강화를 모색하고 있지만 워싱턴이 동북아지역에 안정세력으로 간주해서 통일 후에도 미군주둔을 계속해 주기를 희망한다고 발표하고 평양이 서울 안보의 북한의 핵과 미사일 그리고 북한정권의 붕괴로 있을 수 있는 무정부상태를 우려한다고 밝히고 있다.[206) 그러나 2014년에서 2019년에 이르는 제2단계 동안 미국은 재정적자를 줄이고 미국경제가 후기산업사회 단계에 접어들어 발전이 느린 상황에서 미국국민들의 강력한 요구에 따라 남한에서의 미군철수를 점차로 실행해 나갈 것이다. 즉 민족적 자존심과 지역적 이해관계가 정치적 이념보다 더 중요시될 것이다.

둘째로, 경제, 문화 및 교육 분야에서의 상호교류와 협력은 가능하고 실질적인(+) 양상을 띠며 강력히 실행될 것이다. 특수과학과 교통 및 의사소통 분야는 서서히(−) 진행될 것이다. 이는 서울이 평양의 경제발전 상황들을 융통성 있게 수용해 나갈 것이며 민족적 유산과 확고한 공동운명체 의식으로 문화 및 교육 분야에서 핵심적 공통요소를 강조해 나갈 것임을 의미한다.

셋째, 첫 번째 범주에서 언급된 것처럼 서울은 남북한 간의 격차를 줄이기 위해 동맹국들에 의한 보호로부터 탈피하여 민족적 자존심을 회복할 것이다. 외부적 환경에 대한 가치 및 신념체계가 변화함에 따라 외교 및 국방 분야에서의 현상유지정책도 변화할 것이다.

여하튼 중기적 미래동향단계 동안 남한의 국가적 역량이 증대됨에 따라 남한의 準− (가칭) 강소국연방제 안은 변화를 겪을 것이다. 서울의 힘은 국민(매우 의욕적이고 활동적이며 또한 교육수준이 높은), 제도(정치적 민주화를 이루고 정통성 있는 안정된 정부) 및 자원(정신력 및 물질적 또는 비물질적 요소들)으로부터 유래한다.

---

206) "韓, 통일 후 미군주둔 강력 희망," <美의회보고서> 연합뉴스(2008년 11월 21일), http://kr.news.yahoo.com/service/news/shellview.htm?linkid=435&articleid=2008121070015455 01&newssetid=1270 참조.

4. 북한의 準-고려민주연방공화국 안

시행착오를 통해 김정은 평양지도자들은 김일성이 제시한 고려민주연방제 안을 검토해 볼 기회를 가지게 되었으며 전체적인 당면 환경에 적응하기 위해 북한의 통일공식을 수정하기 시작했다. 과거 1992년에서 1997년에 이르는 기간 동안 평양의 새 지도자들은 정책결정과정에서 그들의 현실주의적이고 실용주의적인 견해에 따라 고려민주연방제안을 변화시키기 위해 탈김일성·김정일운동이 꼭 필요한 논리적인 단계라는 것을 깨닫게 될 것이다. 그들은 또한 고려민주연방제안의 원래의 목적이 전한국의 중립화 혹은 공산화에 의해 성취될 수 없다는 것을 깨닫고 새로운 대안을 도입하려 할 것이다.

새로운 대안은 고려민주연방제안의 첫 번째 범주(평화적 공존의 원칙)를 수정하는 것이어야 한다. 북한의 정책결정자들은 공존의 개념을 현실주의적으로 깨닫게 될 것이며 남북한이 각각 독립, 민주주의, 국민의 생계 및 모든 해외동포들의 보호 등에 관한 정책들을 갖고 있기 때문에 하나의 한국이 아닌 두 개의 한국이란 개념을 인식하게 될 것이다. 이러한 변화는 남북한이 이상주의적 시각에서 벗어나 통일문제를 현실주의적으로 다룰 준비가 되어 있다는 점에서 매우 중요하다.

두 번째 범주(협력의 원칙)는 2000년대 초반에 실행되어 6.15공동선언과 10.4공동선언을 도출한 바 있다. 북한이 남한에 비해 뒤떨어져 있다는 것을 알기 때문에 평양지도자들은 기술과 교통 및 의사소통 분야로부터 먼저 시작하여 남북한관계가 진전됨에 따라 문화와 교육 분야로 옮아갈 것이다. 이 시기에 북한은 경제체제를 발전시키기 위해 자신의 경제체제를 외부의 투자가들에게 개방하게 될 것이다. 이 방법 외에는 다른 대안이 없기 때문이다.

북한은 마지막 범주인 남북한의 국방 및 외교정책에 관한 원칙이 강대국들의 국가이익 수정과 북한에 대한 남한의 방어능력 면에서의 군사적 기적으로 인해 급격하게 변화하고 있다는 것을 깨닫게 될 것이다. 평양의 핵무기를 유지하는 것이 국가존립의 많은 희생을 가져오고 감당할 수 없는 수준에 와 있어 이 시기를 전후하여 북한 핵문제와 대량살상무기 처분문제를 현실주의 입장에서 수정을 재고할 수 있겠다. 이는 평양을 사이에 둔 중·러관계가 정상으로 회복되고 사회주의 및 비사회주의국가들 간의 교차승인이 북한과 미국, 북한과 일본 사이에서 이루어질 것임을 의미한다. 그리고 북한은 원래의 계획인 공산화를 포기하고 서울을 합법적인 정부로 인정하면서 두 개의 한국정책을 받아들이게 될 것이다.

따라서 연방제정치체제에 대한 평양 측의 요구는 두 개의 느슨한 동맹관계 그리고 어느 정도는 단일한 정부형태에 기초한 평화적 공존의 제2단계로 바뀌어나가게 될 것이다.

5. 남북한통일정책의 핵심적 공통요소-2단계

포스트 이명박 정부의 새로운 정부에서 (가칭) 강소국연방제-2단계를 완성하는 시기로 통일정책의 완성단계로 접어들 수 있다고 분석된다. 남북한은 한민족공동체를 이루는 과정에서 북한이 개방할 것이고 금강산관광과 개성공단사업도 차질 없이 이행하여 냉전시기에 있었던 인식의 변화로 새로운 21세기에 맞는 분단국으로서 한계를 넘어 발전하여 자연적으로 통일한국의 기적을 가져오게 하는 것이다. 남북한은 내외적인 조화와 강대국 사이에 부담 없이 통일한국으로 전개하도록 유도할 수 있겠다. 북한 핵문제가 해결되든 아니면 평양이 핵보유국으로 남느냐는 오바마 행정부와 이명박 정부가 해결해야 할 과제이며 미국은 계속해서 한국의 안보를 위해 미군을 주둔시키면서 핵우산 보호를 하면서 서울은 경제대국으로 진입하여 뒤떨어져 있는 북한을 끌어안고 들어가는 느슨한 연합제로 한민족의 종합적인 전자모바일 통일 모델의 결과에서 받아들일 수도 있겠다. 남북한 통일정책의 핵심적 공통요소-2는 일반적으로 6자회담의 제2단계의 한반도 평화지대 구축, 북한의 교차승인의 워싱턴과 동경의 결실, 서울과 평양 간의 무역사무소 개소, 정규적인 남북한 지도자 정상회담, 미군철수 문제, 휴전협정을 평화협정으로 교체, 군비축소를 포함한다. 남북한은 4개국 및 6개국 국제회담, 교차승인,

임시평화협정 또는 불가침조약 등을 일방적으로 제안할 수 있다. 남북한은 미군철수문제를 해결하고 환태평양시대에서 중요한 역할을 담당하게 되고 휴전협정을 평화협정으로 바꾸는 데 동의하며 긴장완화와 군비감축을 의논하기 위해 서울과 평양 간의 평화회담을 개최하게 될 것이다.

　이상의 내부적 및 외부적 변수들은 정책결정자들이 한국통일에 관한 실제적인 문제들을 처리해 나가는 데 있어서 우호적인 요인들로 작용할 것이다. 다시 말해 북한은 한반도가 그들이 좋아하든 싫어하든 간에 두 개의 다소 느슨한 결합에 기초한 평화적 공존의 제 2 단계를 향해 나아가고 있다는 것을 깨닫게 될 것이다. 새로운 통일문제는 남북한 각각의 입장을 고집함으로써 해결될 수 있는 것이 아니라 협상과정을 통한 쌍방 간의 동의에 의해서만 해결될 수 있다.

　통일에 관한 실제적인 문제들을 세 개의 상이한 범주로 조명해 볼 때 구체적으로 '핵심적 공통요소-2'는 분명해진다. 첫 번째 범주인 평화적 공존은 2014년에서 2019년에 이르는 기간 동안 북한이 제시한 모든 해외동포들의 보호조항을 받아들임으로써 실행단계로 들어갈 수 있다. 이는 서울정부가 해외거주자들에게 두 개의 시민권을 허용하는 법을 통과해야 하는 것을 의미한다. 남북한은 평등, 호혜 및 독립의 원칙에 기초하여 그들 자신의 정책결정권을 가지기를 원한다. 한국 법무부는 2011년 7월 1일부터 미국 시민권 등 외국국적을 보유한 만 65세 이상의 재외동포에 대해 한국 '6개월 거주' 조건을 없애면서 국적회복허가 신청을 허용하여 복수국적을 취득할 수 있는 복수국적 관련법을 개정해 실시하고 있다. 65세 이상 한인들이 미국 시민권을 포기할 필요 없이 한국에서 복수국적을 인정받아 선거권과 미국 내 혜택도 유지할 수 있는 길이 열렸다. 다시 말해 복수국적 신청 절차는 국적 상실 신고 → 국적회복 허가 신청 → 10일 이내 거소지 주소로 국적회복 허가 통지문 수령 → 출입국 관리사무소 방문해 '외국국적 불행사서' 작성 제출이다.[207] 복수국적에 따른 선거권은 2009년 2월 공직선거법이 개정되어 대통령과 국회의원선거 등 재외국민에게 자동적으로 부여되어 2012년

207) "'6개월 거주' 조건 없애 국적회복 불편해소," 한국일보(2011년 7월 30일), p. A6.

4월 11일 국회의원 총선부터 행사할 수 있다. 현재 재외국민은 240만명으로 이들의 선거 참여는 선거 결과에 큰 영향을 미치는 변수로 나타나고 있다.[208]

두 번째 범주인 협력과 교류를 보면 남북한은 현재 모든 상이한 분야에서 실행단계에 있다. 남북한은 하나의 국가 내의 두 개의 개별정부로서 사람·재화 및 이념 분야에서 협력 혹은 교류하는 데 원칙상 동의하고 있다. 다시 말해 남북한은 두 번째 범주의 장·단점들을 검토해 본 후에 새로운 민족주의의 명분 하에 남북한 간에 합의한 6.15공동선언과 10.4공동선언을 협력과 교류 차원에서 추진해 나갈 것이다.

마지막 범주를 보면 남북한은 한국이 처해 있는 실제적 상황들을 인정함과 동시에 초강대국의 정치적 이해관계 속에 얽혀 있는 영구평화지역 및 비핵지대화 문제를 풀어나갈 것이다. 정책결정자들은 한국이 초강대국들에 의해 분단되었으며 한국민족 스스로의 힘으로 통일을 이룰 것이라고 인식하고 있다. 한국이 국제정치무대에서 희생양이 될 것인지 아닐지는 초강대국들에게 달려 있는 것이 아니라 한국 지도자들에게 달려 있다. 그들은 위험한 핵지대로부터 한국을 보호해야 할 것이다. 한국의 소위 전문적인 정책결정자들과 새로운 기술관료들은 통일화과정에 대해 수준 높은 태도와 신념을 갖게 될 것이다. 남한의 정책결정자들은 이 기간 동안에 대내외적인 변수들과 그들의 인식 및 신념 등이 바뀜에 따라 準- (가칭) 강소국연방제를 북한의 변화하는 準-고려민주연방국의 조직구조 및 목표와 관련하여 새로운 종합의 가능하고 현실적인 요소들을 강조하게 될 것이다.

6. 종합-2(2014~2019년, 연합모델)

다소 두 개의 느슨한 결합에 기초한 평화적 공존의 제 2 단계에서 남북한은 두 초강대국들과의 느슨한 동맹관계를 마감하고 하나의 수용가능한 통일된 민족국가를 모색함으로써 평화적인 통일방안을 강구해야 한다. 이 시기에는 여전히 과도기적 과정으로서 남북한은 실행가능한 형태의 정치체제

---

208) "재외국민선거의 공정성," 상동(2011년 2월 12일), p. C14.

에 대해 동의해야 할 것이다.

　　2008년부터 2014년에는 1988년 기간에 형성된 종합과는 달리 과도기적이고 실행가능한 새로운 유형의 통일된 민족국가의 형태는 정확히 어떠한 것일까라는 질문을 할 수 있다. 이 질문에 대한 답은 제 2 장에서 분석한 바와 같이 연합모델(Commonwealth Model)이다. 이 모델을 강소국연방제(1단계와 2단계의 완성기)가 내부적 통일대안과 같은 레벨에서 통일한국으로 가는 외부적 통일대안으로 취급한다. 남북한이 두 개의 다소 느슨한 결합관계모델에 기초한 공존의 단계를 거쳤기 때문에(제 2 단계에서) 남북한은 잠정조치로서 공동체모델에 동의하고 마지막 장기 미래동향단계에 이르기 위해 기존의 조직구조와 정치적 리더십을 조정할 필요가 있을 것이다.

　　외부적 통일대안인 연합제모델을 구성하는 주요 요소들에 대해 먼저 간단히 살핀 다음에 그것을 실용주의적이고 현실주의적인 접근법에 의해 기존의 두 정치체제를 그대로 유지해야 하는 한국적 상황에 적용시켜 보자. 남북한이 이러한 접근방식을 선호한다면 그들은 장래에 계속해서 이러한 방식을 지켜 나갈 수 있을 것이다. 만일 그렇지 않다면 장기적 미래동향단계의 통일한국의 정치체제를 위해 대안을 제시할 수도 있다. 중기적 미래동향단계에서 강소국연방제 2단계를 공동체모델 개념을 적용시키면 많은 장점들이 있다.

　　연합개념은 별개의 두 한국 사이의 연합을 의미한다. 서울과 평양의 정부는 그들 자신의 정부를 계속 유지해 나가며 공식적인 조약협정이나 비공식적인 규범들을 지키고 남북한 간의 교류 및 협력계획들을 실행해 나갈 것이다. 연합개념은 남북한 양측의 자치권이 유지되도록, 두 개의 한국 간의 긴장을 완화시키도록 그리고 예기치 않았던 전쟁이나 충돌을 피하도록 고안되어야 한다.

　　연합이론의 기본사상은 임기의 교체, 투표에 의한 선거 그리고 권력의 분립 등이다. 공화주의 이론가인 제임스 해링턴(James Harrington)에 의하면 종합-2(2014~2019년) 동안에 한국은 별개의 두 영토가 동등한 균형을 유지할 것이라고 한다. 즉 남한은 법(헌법과 민주주의제도)의 통치에 의해 지배되고 북한은 인간(김일성과 김정일 그리고 김정은)의 통치에 의해 지배될 것이라는

애기이다. 남북한은 선포된 성명이나 혹은 선포되지 않은 성명에 의해 상대
방을 각각 합법적인 정부로 인정할 수 있다. 연합형태의 한국정부는 '한국연
합'(Union of Koreas)이라 불릴 수도 있을 것이다.

외부적 통일대안인 '한국연합'은 민족통일회의(National Unification Assembly),
통일조정회의(Unification Adjustment Conference) 및 남북한합동위원회(South-North
Korean Joint Committee)로 구성된다. 민족통일회의는 남북한 각 정부에 의해
추천된 100명의 회원과 두 명의 의장, 세 명의 부의장(남한 1명, 북한 1명, 해
외교포 1명)으로 구성되며 여덟 개의 상임위원회와 판문점에 합동사무소를
설치할 수 있다. 민족통일회의의 핵심요체는 임원의 교체이다. 위 위원회의
회원들은 투표에 의해서 선출된다. 남북한은 각각 별개의 자치권을 가진다.
민족통일회의는 민족통일문제를 해결하는 데, 한반도에 영구평화지역을 조
성하는 데, 남북한의 복지를 증대하는 데, 하부구조를 건설하는 데 그리고
교류와 협동을 위해 더 나은 정책을 모색하는 데 있어서 중요한 기능을 담
당하게 된다. 모임은 서울과 평양에서 교대로 개최될 수 있다. 민족통일회의
에서 결정된 사항은 남북한에서 각각 충실히 실행되어질 것이다.[209] 남북한
은 각기 자신의 권력분립체제를 유지할 것이다.

외부적 통일대안인 '한국연합'의 두 번째 조직기구는 통일조정회담이다.
통일조정회담 회원은 남북한 각각의 전직 대통령과 원로정치인들로 구성된
다. 통일조정회의의 역할은 남북한 간의 중요한 문제들에 대해 결정을 내리
고 민족의 공동 이해관계를 촉진하는 것이다. 통일조정회의는 1년에 두 번
열릴 것이다.

마지막 조직기구는 남북한합동위원회(SNKJC)이다. 남북한합동위원회는
1970년대에 조직된 남북조절위원회를 대신한 것이다. 이 위원회는 민족통일
회의나 통일조정회가 중요한 안건에 대해 그 처리를 요청해올 때 그 기능을
수행할 것이다. 남북한합동위원회의 특징은 특별각료들 혹은 전문가들이 마
련한 활동계획안에 따라 대기오염이나 수산 및 천연자원 등과 같은 특수문
제 영역들을 처리하게끔 되어 있다는 점이다. 남북한합동위원회는 남북한이

---

209) 김용제, 한반도 통일론-이론과 실제-(서울: 박영사, 1990), p. 189.

동의한 10명 이하의 위원들로 구성되며 다수결투표에 의해 결정을 한다[210] (도표 4-8 한국연합의 조직구조 참조). 이상 세 개의 조직기구들은 서울과 평양에 연락사무소의 설치, 군사적인 부분들(휴전협정을 평화조약으로 대치시킴, 미군철수와 군사조직의 재정비 그리고 군비축소와 병력의 감축 등), 경제적 교류와 협력 그리고 사회적 및 문화적 분야의 교류확대 등과 같은 문제들을 해결할 것이다.[211] '한국연합'은 임원의 교체, 투표에 의한 선출, 권력분립 등의 연합모델을 한국적 상황에 적용시킨 것이다.

도표 4-8	한국연합의 조직구조

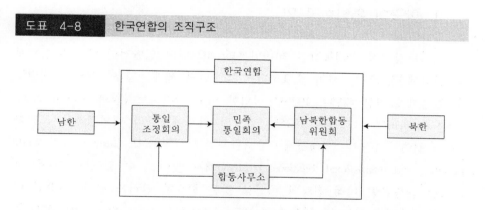

마지막으로 외부적 통일대안인 연합모델은 서울과 평양이 각기 별개의 동등한 하부실체를 유지하기 위한 잠정적인 과정으로서 장점을 가진다. '평등한 연합'(Equal Commonwealth)이란 남북한이 각기 자문, 무역특혜 그리고 경제적 및 군사적 분야에서 서로 협조하면서 자신의 자치권을 행사한다는 것을 의미한다.

이 연합모델은 남북한 지도자들이 이 모델에 동의할 기회가 별로 주어지지 않는다는 단점을 내포한다. 다시 말해 남북한 지도자들로 하여금 통일문제에 대한 인식이나 해석을 같이하게끔 일반적인 당면환경이 조성되지 못한 남북한 지도자들이 연합모델에 합의할 기회가 그만큼 덜 주어진단 것이

---

210) 상동, pp. 189~190.

211) 상동, p. 190.

다. 하지만 이상의 분석으로 살펴볼 때 중기적 미래동향단계에 있어서는 한국지도자들이 연합모델을 채택하는 것이 유리하게 되어 있으므로 단점보다 장점이 우세하다고 말할 수 있다. '한국연합'은 미래한국의 역사적 순환에 있어서 한국이 겪어 나가야 할 필요한 단계일 것이다.

III. 장기적 미래동향(제3단계 2019~2024년)

1. 한국의 통일한국 안

먼저 장기적 미래동향인 2019년부터 2024년의 일반적인 예측을 살펴보고 한국에 적용하는 것이 중요하다. 2020년의 세계는 과연 어떻게 전망될 수 있을까에 대한 해답은 1979년 설립한 미국 국가정보위원회(National Intelligence Council)의 보고서와 1925년 설립된 러시아정부의 대외정책을 조언하는 국책연구기관인 세계경제·국제관계연구소(IMEMO: Institute of World Economy and International Relations, Moscow)에서 찾아볼 수 있겠다. 이 두 보고서는 균형잡힌 미래 전망의 해답을 찾는 중요한 단서가 된다. 전자인 미국 국가정보위원회는 미 CIA(중앙정보국), DIA(국방정보국), NSA(국가안보국) 등 정보기관의 협의기구로 매 5년, 15년 뒤 세계전망보고서를 발표한다. 이 보고서는 1년 동안 각계 전문가와 1,000명 이상의 인력으로 중국 등 아시아의 강력한 부상과 그에 따른 미국의 고민을 담아 관련부분을 발췌 소개하면서 정부 및 비정부기구 전문가들의 조언을 5개 대륙에서 컨퍼런스를 진행하여 받은 혁신적인 방법론을 사용하여 작성하는 가상시나리오도 포함한다. 2008년 11월 20일 미국 국가정보위원회의 "2025년 세계적 추세: 변화된 세계" 보고서를 발표했다. 이 보고서는 2025년엔 국제체제가 미국을 중심으로 한 일극체제에서 세계화된 다극체제로 변화한다고 예측하면서 미국이 그동안 유지해 오던 독점적 패권을 상실하고 중국, 러시아, 인도, 브라질 등과 동등한 파트너로 남을 것이라고 내다봤다. 이 보고서는 기후변화 및 물과 식량, 석유 등 자원이 점차 줄어들면서 불량국가들의 핵무기 구입가능성 등 국제

적 갈등도 심화되면서 서구식 민주주의와 자본주의제도의 확산은 한계를 체
감하게 되며 중국, 러시아, 인도 등 국가주도의 자본주의를 통해 경제발전이
되는 시기에 도달하게 된다고 지적하고 있다. 여기서 주목되는 점은 일방주
의적으로 발전한 서구식 민주주의와 자본주의제도가 한계를 느끼고 변형된
국가주도의 자본주의가 등장하는 점과 자원부족과 전쟁 등으로 아프리카와
남아시아의 일부 국가들이 망하고 중앙 유럽국가 중 하나는 범죄에 찬탈될
수 있다고 예상하는 가운데 한반도전망에서 "통일되거나 느슨한 연방국가
될 것"이라고 예측한 점이다.

　　이 보고서는 2025년 한반도는 어떤 형태든 통일이 되거나 아니면 느슨
한 형태의 연방국가가 된다고 내다보고 북한의 비핵화에 대한 외교적 노력
은 계속되지만 2025년에 평양의 핵시설 해체와 핵 개발능력 제거는 불확실
하다고 전망했다. 특히 통일한국은 서울의 평양재건 비용부담 관계로 국제
사회의 인정과 경제적 지원을 요구하여 한반도 비핵화전략을 채택할 것으로
예상하면서 1991년 소련 붕괴 이후 소련 핵무기를 다량 보유하고 있던 우크
라이나가 핵무기를 소련에 반납하는 비핵화과정을 참조한다고 내다보고 있
다. 특히 만약에 통일한국이 `느슨한 형태의 연방제를 받아들일 경우, 비핵화
과정은 쉽지 않다고 보고 주변 강대국은 통일한국 이후 주요 안건으로 ①
비핵화, ② 비무장화, ③ 대량난민 발생과 이동, ④ 재건비용 등을 새로운
형태의 도전으로 다룰 전략이 필요하다고 보고 있다. 주목할 점은 북한을
'핵무기 보유국'으로 인정하는 시각이다.[212]

　　후자인 세계경제 · 국제관계연구소(IMEMO)는 1925년 소련에 수립된 역
사를 가지고 있다. 1991년 러시아가 한국과 교차승인인 수교결정을 내리는
데도 결정적인 역할을 한 바 있으며 러시아 정부의 20년 대계(大計) 수립 프
로젝트의 일환의 준비로 특별 보고서 "2030년 전략적 세계 전망"을 2011년
9월에 발간한 보고서이다. 이 특별보고서는 총 480페이지 분량으로 한반도
관련 내용은 5페이지로 4가지 요건으로 간추릴 수 있다. 첫째, 평양은 붕괴
추세가 가속화되어 '2011년부터 2030년 후반에 한반도가 통일에 이르지는

---

212) "2025년 자원 쟁탈전… 몇 나라 망할 것," 조선일보(2008년 11월 22일), p. A4.

못해도 통일 과정의 실질적 단계에 접어들 것이며' 평양은 현재와 같은 현상유지가 불가능하여 2020년대에 사실상(de facto) 통일한국이 가능하다고 본 점이다. 둘째, 혼돈의 시기인 2012년부터 2020년 사이 김정일의 김정은 권력이양과정이 북한의 붕괴과정을 촉진시킨다고 본 점이다. 이유는 김정일 퇴진 이후 북한정권의 방향성 부재에서 오는 격변의 2020년대 권부실세(해외에 정치·경제적 연줄이 있는 '관료집단'과 해외 연줄이 없는 '군·보안부서 집단') 주도권 다툼, 서울이 평양을 통제할 수 있도록 국제사회의 감시 하에 북한 임시정부 수립 내지 북한군의 무장해제와 경제에 현대화 작업 본격화, 평양경제가 서울경제에 흡수되는 전망과 북한 내 구(舊) 체제 지지자 100만명의 베이징과 모스크바로의 탈출을 들고 있다. 셋째, 서울이 주도할 통일한국 출현에 러시아 입장에서 동북아 지역에 모스크바의 외교력 증진과 지역협력 파트너 차원에서 특히 교통·에너지·산업 프로젝트와 연료·목재·금속·석유제품 등 러시아 전통적 수출품과 기계제품에 대한 새로운 수요가 발생한다는 긍정적인 러시아의 평가를 내린 점이다. 넷째, 2030년 통일한국의 경제 전망에 대해서 연평균 GDP 성장률을 ▲통일 전(2011~2020년) 3.5% ▲통일 진행중(2020년대 초반) 2% ▲통일 마무리 단계(2020년대 후반) 5-6%로 예측하면서 통일한국이 서울경제도약에 발판이 된다고 예상한 점이다. 특히 2010년 1조 달러였던 서울의 GDP가 2020년 1조7,000억 달러, 2030년 2조3,000억 달러로 급증하는 반면에 2030년 1인당 GDP가 3만 달러로 전망하고 있다. 인구는 2030년 7,600~7,700만명으로 추산하고 도시화는 85%, 2020년대 초반에는 평양 경제발전에 따른 수입증가로 무역적자가 예상되나 2020년 후반에 통일한국의 출연 때에는 무역흑자국 즉 수출 9,200억 달러 수입 8,500억 달러로 대외 무역이 증가할 것으로 예상하고 있다.[213]

　　구체적으로 위의 보고서가 통일한국에 제시하는 점은 2025년에 한국이 어떤 형태든 통일이 된다는 점과 아니면 느슨한 연방제형태 국가로 남아 있을 수 있다고 대안까지 제출한 것이다. 저자는 장기적 미래동향단계인 2019년부터 2024년에 이르는 기간에 한국의 통일한국이 가능하다고 본다. 통일

---

213) "본지 단독 입수… 러시아 최고 권위 국책연구기관 'IMEMO'가 본 김정일 父子의 미래," 상동(2011년 11월 4일), p. A2.

한국 안은 강소국연방제-1과 2단계를 거치면서 동시에 정보지식화 사회의 전자모바일통일 모델-1과 2단계를 거쳐 국제조류의 동북아조약기구 과정을 통해서 나온 정·반·합의 결실 아니면 퓨전(Fusion)이기 때문이다. 통일한국 안은 남한이 1950년 한국전에서 폐허로 변한 서울을 G20국가와 동북아조약 기구에서 중추적인 역할을 하도록 만들면서 가능한 것이다. 반면에 평양은 1인 독재와 3대 세습 국가로, 핵무기를 보유하여 이웃국가의 위험이 되는 국가로, 6자회담을 통해서 핵포기를 강요당하는 국가로 비정상적인 '핵무기 보유국가'로 남아 있는 나라이다. 남한은 경제적·정치적 및 군사적 기적을 이루었다. 남한의 정책결정자들은 내부적 및 외부적인 변수에 있어서 겉으로 드러난 형식보다는 실질적인 내용을 더 강조함으로써 통일문제를 풀어 나가는 것이다. 서울은 후기산업사회의 혁신적 단계에 진입하게 될 것이며 외부적 통일대안인 '한국연합'을 하나의 단일형태의 정치체제로 바꿈으로써 한국의 내부적 통일대안인 강소국연방제의 퓨전을 추진해 나갈 것이다. 남한은 행정적 인간모델에 의해 통일문제를 해결하기 위해서 남북한 두 지역의 정치지도자들 간의 정상회담 개최를 추진하여 통일헌법의 7,000만 한민족의 의견이 담긴 통일한국 안에 주도적인 역할을 할 것이다. 통일한국은 단시일에 준비 없이 이루어지는 것이 아니라 통일한국의 로드맵에 따라서 새롭게 전개되는 대내·외 여건과 환경에 잘 적응하여 이루는 장기적인 절차의 방안이다.

동서로 분단된 독일의 경우와 달리 남북한은 장기적 미래동향단계에서 하나의 통일한국에 동의할 가능성이 더 많다.[214] 그 주요 이유는 남한이 이룬 여러 가지 기적들과 민족적인 의지 그리고 이 기간 동안에 통일의 기적을 이룰 수 있는 능력 등이다. 남북한 지도자들이 통일헌법에 동의만 한다면 제5공화국 당시의 헌법개정에 있어서 남한지도자들이 보여준 것처럼 하위의 정책결정자들이 상부의 결정을 이행해 나갈 수 있는 것이다. 그러나 한국을 위대하게 만드는 것은 한국국민들이다. 후기산업사회에서 그들이 바라는 바는 평화적 통일이다. 한국지도자들은 한국국민들로부터 통일의 기적

---

214) Kap-chul Kim, *Long-term Prediction of South and North Korean Political Phenomena Change*(Seoul, Korea: National Unification Board, 1987), pp. 24~29.

을 이룰 권한을 위임받게 될 것이다. 이렇게 가정해 보면 한국지도자들은 신탁자 역할을 수행하게 되는 것이다.

남한의 후기산업 사회적 혁명의 성취와 정책결정자들의 신탁자 역할 등을 기초로 하여 볼 때 핵심적 공통요소의 세 가지 범주 모두에서 변화가 일어날 것이 예상된다. 평화적 공존, 상호 교류와 협력 그리고 외교 및 국방정책의 현상유지 등은 외부적 통일대안인 '한국연합' 단계를 거침으로써 현저하게 변화될 것이다.

여기서 좀더 자세히 살펴보면 첫째로, 평화적 공존은 더 이상 정책상의 구호가 아니라 실제생활이다. 남북한은 평화적 공존을 새로운 형태의 통일한국으로 간주한다. 외부적 통일대안인 '한국연합'을 경험하고 난 다음에 두 지역정부는 그것에 만족하지 않고 통일한국을 추구해 나갈 것이다. 단일정부 형태는 이전의 역사적 경험, 지리적 근접성, 인구통계학적인 고려 및 지구촌 개념, 스마트 시대, 세계정부, 세계시민권 등에 기초하게 될 것이다. 새로운 단일한국은 어떠한 이름으로 불려도 괜찮을 것이다. 그저 단순히 한국(Korea) 또는 Corea라고 부를 수도 있을 것이다.[215]

둘째로, 두 지역정부 간의 모든 분야에서의 상호 교류와 협력은 외부적 통일대안인 '한국연합'의 과정의 한 부분으로서 이미 실행되어 왔다. 이 시기에 이르기까지 두 지역정부는 관광사업과 하부구조계획을 포함하여 3차 산업부문의 합동계발계획을 마련하게 될 것이다. 남한은 인내심을 가지고 북한사회가 소비경제시대를 맞도록 도움으로써 지역 간의 균형을 유지할 것이다. 다시 말해 두 지역정부는 자급자족성과 인내심을 갖게 될 것이다. 상대방이 위기에 처함으로써 이익을 취하는 것이 아니라 일방은 상대방이 문제를 극복할 때까지 기다릴 것을 통고할 것이다. 남북한의 이러한 새로운 정책은 두 한국 간의 평화협정에 기초하여 긴장과 전쟁의 기회를 확실히 감소시킬 것이며 하나의 단일정치체제 하에 한국의 통일을 촉진시킬 것이다.[216] 예를 들면 김정은 체제가 몰락하면 남한은 북한이 정치체제 문제를

215) 오인동, "통일 국호는 'Corea'로," 역사비평(2003년 겨울), 통권 65호 pp. 402~415.

216) Kap-chul Kim, *Long-term Prediction of South and North Korean Political Phenomena Change*, pp. 29~33.

해결하여 안정을 이룰 때까지 평양에 경제적 및 정치적 협조를 제공할 것을 일방적으로 통고할 것이다. 이러한 통고는 남한이 내부적 및 외부적인 모든 변수에 있어서 자급자족성을 획득한 후에 가능할 것이다.

　　마지막으로 남북한 간의 관계에 있어서 외교 및 국방 분야의 현상유지 정책은 외부적 통일대안인 '한국연합' 기간에 과도기적인 단계를 거칠 것이다. 남북한은 모든 외부적 변수에 있어서 힘의 균형을 유지할 것이다. 외부적 통일대안인 '한국연합'은 외교 및 국방 분야에서 이전보다 더 나은 현상유지관계를 유지할 것이 경험적으로 확실하다. 이 한국연합은 동북아조약기구 시대의 주도적인 국가로서 특별히 활발하고 적극적인 역할을 담당할 것이다. 군사 및 외교관계에 있어서 결합된 힘은 한국을 국제정치체제 속에서 중상위권 국가로 이끌 것이다. 내부적 및 외부적 힘이 결합하게 되면 한국의 평화적 통일방안을 추진하는 데 있어서 실제적인 수준의 일의 수행이 더욱 쉬워질 것이다.

　　위의 분석은 미국과 러시아를 중심으로 미래를 예측하는 측면에 근거한 것이다. 혹자는 미국과 러시아 중심의 분석을 벗어나 통일의 주체국인 한국이나 북한의 측면에서 보는 미래 통일상이 필요하다고 주장한다. 서울 통일부측면에서 단기적으로 보는 미래통일상 분석을 2011년 3월 3일에 2010년 이명박 대통령이 8·15 경축사에서 남북공동체 기반조성사업을 제시한 근거로 통일재원 마련을 위한 통일세를 언급한 계기로 통일시나리오를 제시한 바 있다. 서울은 통일이 '언제가 오겠지' 인식의 페러다임에서 '반드시 올 것이고 급박하게 올 수도 있다'는 인식의 페러다임으로 전환해야 한다는 자세에서 평양의 김정일 국방위원장 후계체제구축과정, 김정일 위원장 유고상황과 같은 내부 급변사태로 인한 통일 조기론까지 포함한 ① 2020년에 수립하는 단기압축형 방안과 ② 2030~2040년에 수립하는 중장기 점진형 방안을 설정하여 연구진행하고 있음을 밝혔다. 단기와 중장기 통일시나리오는 남북관계와 북한정세, 국내요인, 국제정세의 4가지 변수를 사용하고 있으며 최종 통일완성 시기는 단일정부 수립 10년 뒤로 정하고 있다. 통일부는 연구용역 주체들에게 2010년 10월부터 평화·경제·민족 공동체 실현을 위한 정책목표와 주요과제, 실행계획 등 로드맵을 주문하고 있고 위의 4가지 변수에 따라 통일여건이 달라지는 현상이 효율적이라고 판단하고 있다. 특히 단기 압축형 방안은 공동체 형성을 통한 통일실현 기본전략과 평화·경제·민족공동체 추진구상, 통일재원 마련 방안 등 5개 정책연구 분야와 경제·시민사회·종교·교육·학계 등 5가지의 공론화 분야가 포함되어 있으나 평양의 급변사태가 일어나는 가능성이 미약하다고 보고 연구대상에서 제외되고 있다. 통일부는 2011년 상반기 중 정부안을 마련하여 통일재원 확보 등을 위한 법제화를 추진한다는 계획을 밝히고 있다.[217] 현인택 전 통일부장관은 2011년 2월 28일 '통일재원 마련을 비롯한 통일 전반에 관한 로드맵을 상반기 내에 국회에 제출할 것'이라며 '3월 말까지 1차 보고를 마치고 5월 말까지 최종안을 마련할 것'이라고 밝혀 북한의 모든 상황에 대비한 통일방안에 속도를 내고 있다고 분석된다. 그러나 새로운 통일방안이 나오는 과정에서 국민적(해외 동포도 포함) 공감대의 과정을 거쳐야 합법성을 인정받을수 있다. 국민적 공감대를 받는 과정에서는 전자모바일통일방안을 적용하는것이 시대의 흐름과 효율성에서 필요하다고 저자는 이 책에서 주장한다.[218]

정부와는 별개로 한나라당은 2010년 9월부터 분단 상황 관리를 넘어서는 새로운 패러다임의 통일논의를 위한 통일정책 태스크포스(Task Forces)를 구성하여 ① 바람직한 통일 방향 모색과 ② 통일재원 마련방안을 어떻게 하면 통일의 부담과 후유증을 최소화할 수 있나를 착수한 바 있다. 바람직한통일 방향에 대해서 태스크포스(TF)는 과도통합을 거치지 않는 독일형 통일과 '일국양제(一國兩制)'식 통일방안을 논의하고 후자에 중점을 두고 있다. 전자는 막대한 통일비용과 오랜 기간 정치적·심리적 후유증을 극복하는 문제가 있어 거부감과 우려가 있고 냉전시대의 유물이라는 단점도 지니고 있다. 후자는 중국이 홍콩과 마카오에 적용하여 하나의 정부를 만들고 일정기간(약 30년 정도의 과도기간) 평양에 자치권을 인정하는 방안으로 서울의 비용부담 및 통일 후유증을 최소화하는 장점을 지니고 있다. 단점으로 중국의역사적 배경과 통일방안의 배경이 달라 실행 여부에도 문제가 있다고 분석된다. 통일재원 마련에 대해서 태스크포스(TF)는 단기적으로 남북협력기금

---

217) "빠르면 10년·늦으면 20~30년내 남북단일정부 수립," 한국일보(2011년 3월 4일), p. C7.

218) "北 모든 상황에 대비 통일방안 속도낸다," 상동(2011년 3월 7일), p. C8.

중 사용하지 않고 남은 불용액을 통일 기금으로 적립하는 방안과 통일세와 같은 목적세를 신설하거나 국채를 발행하는 등 방안도 검토하고, 통일보험 등 민간자금을 활성화할 수 있는 다양한 금융상품개발과 국제기구의 기금활용도 필요하다고 강조하고 있다. 황진하 태스크포스(TF) 위원장은 2011년 3월 6일 태스크포스(TF)에서 결론을 내기보다는 논의 내용과 공청회 결과 등을 종합하여 통일부에 넘겨 정부의 정책 결정과정에서 중요한 참고자료가 되기를 기대한다고 밝혔다.[219]

간단히 말해서 서울의 장기적 통일한국 안 또는 중장기 점진형 방안은 서울이 후기산업사회로 진입하여 동북아조약기구와 강소국연방제를 거쳐 강국으로 등장함에 따라 외부적인 통일대안인 '한국연합'을 거치는 변화를 겪게 될 것이다. 따라서 서울의 (가칭) 강소국연방제는 전자모바일통일 모델의 적용과 동북아조약기구 시대에 들어서면서 시대에 뒤떨어진 정책이 될 것이므로 통일의 기적인 통일한국을 이루기 위해 수정되어야 할 것이다. 이 시기에 남북통합지수는 9~10단계로 실질적인 통일이 완성되는 시기를 의미한다. 경제·사회적인 남북통합지수를 넘어 정치·군사적인 차원에서 실질적으로 통일이 완성되는 시기이다.

2. 북한의 準-n 고려민주연방공화국 안

마지막 장기적 미래동향단계를 통해 평양지도자들은 남한과 함께 외부적 통일대안인 '한국연합'의 실험적 단계를 경험함으로써 정치체제의 이상형을 모색하는 것이 바람직하지 못하다는 교훈을 얻게 되었다. 그들은 고려민주연방공화국이 가능하지 않다는 것을 깨닫고 그 대안을 적극적으로 모색하고 있다. 공동체모델이나 고려민주연방공화국은 통일을 이루기 위한 과도기적인 과정이라는 공통적인 특징을 지닌다. 단일형태의 정치체제, 즉 통일한국은 대안으로서 실용주의적이고 실제적인 형태의 정치체제가 될 것이다.

---

219) "한나라 통일정책 TF 논의 방향은 中-홍콩식 '일국양제'에 방점," 상동 (2011년 3월 7일), p. C8.

세 개의 범주를 적용시켜 보면 準-고려민주연방공화국의 첫 번째 범주인 평화적 공존의 원칙의 경우, 남북한이 국민의 생계와 해외교포의 보호에 관심을 가지는 하나의 독립된 민주주의국가로 결합함으로써 남북한은 각각 이득을 볼 것이므로 자연히 두 개의 한국으로부터 하나의 한국으로 옮아갈 수 있을 것이다. 이러한 변화는 일상적인 통념을 깨고 통일의 추구를 위하여 다음 단계로 이동하는 데 기본적인 토대가 될 것이다.

두 번째 범주인 협력의 원칙은 중기적 미래동향단계에서 이미 실행되어 왔으며 두 개의 한국의 모든 수준에서 계속 추진될 것이다. 한국지도자들은 비용과 효용의 측면에서 협력의 원칙을 평가할 것이며 하나의 통일한국을 확실한 경험적 증거로서 추진할 것이다. 이 시기에 이르러 북한은 다른 나라들과의 관계개선은 물론 협력 및 교류의 원칙에 입각하여 남북한 간의 균형을 유지해 나갈 것이다.

마지막 범주인 남북한의 국방 및 외교정책에 관한 원칙은 동북아조약기구 시대의 주도적인 국가로 성장하기 위해 중기적 미래동향단계를 거치면서 변화될 것이다. 북한은 이 단계에서 통일한국을 향한 독자적인 길을 고집하는 것보다 남북한 공동의 노력이 평양 측에 더 많은 이점을 가져다 줄 것이라는 것을 깨닫게 될 것이다. 새로운 태도를 취함으로써 (공산화계획의 포기와 하나의 정책수용) 평양지도자들은 국방 및 외교정책 분야에서 단일형태의 정치체제(남북한 단일정부 수립)를 추구하는 것 외에 다른 선택의 여지가 없다는 것을 깨닫게 될 것이다. 다시 말해 이 시기에 북한은 단일형태의 정치체제에 의해 한국의 평화적 통일문제를 해결해 나가려 한다는 것이다.

3. 남북한 통일정책의 핵심적 공통요소-n

남북한의 통일정책과 환경을 기초로 볼 때 남북한은 세 가지의 범주와 관련하여 통일에 관한 기본적인 전제조건들을 충족시킬 준비가 되어 있다. 첫 번째 범주인 평화공존은 2019년에서 2024년에 이르는 기간 동안 국내정책 및 외교정책을 결정하는 데 있어서 남북한 간의 정치체제로 바뀔 것이다. 평화적 공존은 이 기간 동안 동의가능한 하나의 통일한국을 추구하는 과정에 있어서 실제생활이 될 것이다. 이 시기에 한국은 모든 해외동포들에게 복수국적을 허용함으로써 정치적 과정 및 통일화과정에서 이들을 참여자로 포용하게 될 것이다. 다른 나라와 마찬가지로 한국은 선진후기산업국가로서 그리고 내부적으로 성숙하고 강력한 연방제국가를 성숙시킨 단계로 끌어올리고 대외적인 한국연합을 또한 동북아조약기구의 중심적인 국가로 한국민족국가의 독자성을 추구해 나갈 것이다. 2019년에서 2025년에 이르는 기간 동안 통일한국, 즉 통일의 기적을 이루기 위해 독자성의 개념과 전자모바일통일 모델을 적용하여 이 단계에서 평화적 공존개념을 대체하게 될 것이다.

두 번째 범주인 협력과 교류의 원칙의 경우, 남북한은 협력과 교류를 대신한 파급효과개념(Spillover Effect Concept, 약국과 같이 원래는 약만 팔다가 다른 편의품목을 함께 파는)을 발견하게 될 것이다. 이로 인해 남북한이 다 이득을 보게 될 것이다. 남북한 간의 상호의존성은 한국인들에게 있어서 생활의 실제가 될 것이며 통일의 기본적인 조건으로 작용할 것이다. 인구통계학, 경제학, 군사적 및 사회문화적 부문들, 스포츠 그리고 정치체제를 결합시킴으로써 한국인들은 단일형태의 정치체제 하에 한국을 통일시킬 수 있는 강력한 동기 혹은 경험적인 증거를 파급효과 개념으로 발견하게 될 것이다.

마지막 범주의 경우, 남북한은 동북아평화지대의 중심적 역할을 감당함으로써 독립적인 외교 및 국방정책을 유지하는 데 주의를 기울일 것이다. 통일한국은 독립된 민족국가로서 여러 분야에서 주변 강대국들의 '영향권'을 벗어날 수 있는 강력한 민족적 역량을 보유하게 될 것이다. 한국은 동북아조약기구 시대의 주도적 국가로서 통일의 기적을 이루기 위해 노력하여 통일한국을 달성하고 좀더 나아가 동북아평화지대를 유지해 나갈 것이다.[220] 시행착오를 거쳐 정책결정자들은 한국헌법을 기초하는 데 있어 혹은 통일시키는 데 있어 제5공화국의 헌법작성과정을 채택할 것이다.

---

220) Glenn Hasted, *American Foreign Policy: Past, Present, Future*(New Jersey: Prentice-Hall, 1988), pp. 326~327.

4. 종합-n(2025년, 통일한국)

앞에서 언급한 것처럼 한국을 둘러싼 내부적 및 외부적 환경의 조성으로 정책결정자들은 단일형태의 정치체제에 착수할 준비가 되어 있다. 다음의 할 일은 무엇인가, 그 대답은 통일한국을 묶는 보자기이다. 이것을 무엇이라고 부를 것인가. 그저 '한국'(Korea)이라고 아니면 코리아(Corea)라고 할 수도 있을 것이다. 헌법제정회의는 어떻게 구성되며, 문서화된 서류는 어떠한 형태가 될 것인가. 외부적 통일대안인 연합(Commonwealth) 형태로부터 단일형태의 정치체제로 어떻게 전환할 수 있을 것인가. 수도는 어디에 위치해야 이상적일까. 중앙정부 및 지방정부는 어떠한가. 이 절에서는 각 문제에 대한 합리적인 해답을 제시해 보고자 한다.

첫째로, 하나의 중앙정부 하의 통일한국을 묶는 보자기에 대해 살펴보자. 이는 단일형태의 정부(이 정부 하에 남북한이 새로운 유형의 정치체제를 위해 열심히 노력하는) 하의 하나의 통일된 정치체제를 일컫는다. 새로 수립된 정치체제는 내각중심제도와 함께 대통령제 정부형태를 유지할 것이며 공식적인 기구로서 민족통일회의(National Unified Assembly)와 통일민족대법원(National Unified Supreme Court)을 가질 것이다. 비공식적인 제도들로서 기존의 강력한 남북한 집권정당들과 사회주의적 형태의 의료 및 수송체제를 들 수 있다. 다시 말해 정치적 구조는 공식적(남한 측의) 및 비공식적(북한 측의) 부문들을 망라한다.

그렇다면 위에 기술된 정치체제에 어떻게 도달할 수 있을까. 입헌회의(Constitutional Convention)에서 그 해답을 찾을 수 있다. 남북한 대통령 간의 정상회담의 결정에 따라 각기 25명의 대표를 판문점과 같은 중간 지점에 파견한다. 50명의 대표들은 타협과 협상을 거쳐 임시헌법을 기초할 것이다. 그들은 국민투표에 의해 남북한을 대표하는 6명의 상임위원회 위원(남북한 각기 3명씩)을 선출할 것이다. 남북한 대통령은 여기에 서명할 것이다. 문서화된 서류는 2차 국민투표를 거쳐 전자모바일통일 모델에서 사용한 기술을 활용하여 임시헌법을 남북한과 해외동포들이 포함한 7,000만 한민족의 투표로 비준을 얻어야 한다. 소위 50인 대표들의 주된 업무는 지역적인 균형을 유지하고 후기산업사회에 존재하는 다원주의적 집단들의 이해를 대변하고 공동체형태에서 단일형태의 정치체제로의 원만한 전환을 유도하는 일이다.

수도의 이상적인 위치는 판문점이 될 것이다. '통일한국'은 북에서 남으로 남에서 북으로 사람들이 이동함으로써 남북에 똑같은 수의 지방정부가 재배정될 것이다. 판문점은 1953년 휴전협정이 체결된 이후 군사대치로 59년 넘게 민간인이 출입이 통제된 비무장지대(DMZ, Demilitarized Zone) 내부에 있는 한국전쟁 중 휴전협정을 맺은 장소이다. 휴전협정 체결 후 처음으로 DMZ 생태계 민관합동조사단이 2008년 11월 14일 경기도 연천군과 파주시 일대 등 DMZ 서부지역에서 4일간 조사한 결과에 의하면,[221] 이곳은 세계 멸종위기종인 두루미와 검독수리, 수달, 삵 같은 법정보호종 13종과 우포늪의 두 배(450만㎡)와 비슷한 연천평야 습지도 발견되어, 미 환경기자 앨런 와이즈먼(Alan Weisman)은 현대판 '노아의 방주'로 부를 정도이다.[222] 이러한 생태계조사는 2006년에 DMZ 내부 생태계조사계획을 처음 수립해 조사를 시도했으나 유엔군사령부 등으로부터 '안전을 보장하기 어렵다'는 등의 이유로 무산된 적도 있다.[223] 이곳은 앞으로 전쟁에서 평화의 상징을 가져오는 상징적인 곳으로 생태공원을 만들 수 있는 곳이기도 하다. 한국은 이미 DMZ 일대 개발사업의 일환으로 파주시 장단면 '도라산 평화공원'(9만 954㎡)을 2008년 9월 10일 정식 개장하여 일반인에게 관람시키고 있고, 경기도는 파주시 문산읍 임진각 평화누리에 대규모 청소년 생태체험장(DMZ 에코파크)을 '버터플라이랜드 아시아(BLA)'사와 양해각서(MOU)를 2008년 9월 23일 임진각에서 체결하고 2010년까지 1,600억 원을 들여 평화누리 28만 8295㎡에 청소년 DMZ 에코파크를 조성하여 경기도에 기부 채납한 뒤 30년간 운영해 투자비를 회수하는 수익형 민자사업(Build-Transfer-Operation) 방식으로 추진하기로 한 바 있다.[224] 한국정부는 DMZ 투어개발에 박차를 가하고 있으며, 평화와

---

221) "55년 만에 베일 벗은 DMZ⋯희귀 동식물들 여기에 있었네," 조선일보(2008년 11월 15일), p. A9.

222) "DMZ를 보면 자연의 위대함 알 수 있어," 상동(2008년 10월 24일), p. A28.

223) "휴전 이후 DMZ 첫 생태계조사," 상동(2008년 11월 10일), p. A2.

224) "임진각에 'DMZ 에코파크' 건설," 상동(2008년 9월 24일) p. 14.

생명의 공간(PLZ, Peace Life Zone) 명칭으로 DMZ 접경지역(민통선 이북~남방 한계선 이남)은 인천 강화군부터 강원 고성군까지 4개의 관광코스를 진행한 다고 2008년 5월 1일 밝힌 바 있다.[225] 구체적인 판문점도시는 장기적인 차 원에서 한민족 여론에 따라 정할 수 있겠다.

　　지방정부는 강소국연방정부 제 1~2 단계를 통해서 일단 남한에서 강화하 여 강하고 작은 자치권을 소유한 체제로 기반을 닦은 단계에서 북한의 지방 정부와 타협에 의하여 정할 사항이다. 지방정부는 별개의 선거제도를 통해 자치권을 보유하게 될 것이다. 다시 말해 통일한국은 베이징이나 동경에 위 협적인 존재가 아니라 2025년에 이르는 동북아평화지대에 주역으로 봉사 하게 될 것이다. 기술상의 발전을 통해 세계가 점차 좁아짐에 따라 그리고 세계정부로 돌입하는 시기에 따라 한반도 주변 강대국가들은 한국을 그대로 내버려두게 될 것이다(도표 4-9 통일한국의 조직구조 참조).

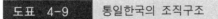

도표 4-9　통일한국의 조직구조

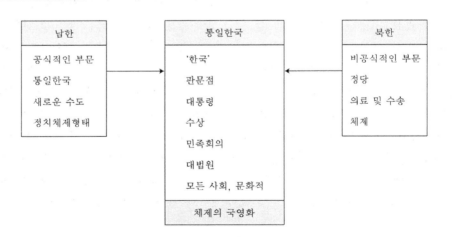

225) "정부 주도 'DMZ 투어' 개발," 상동(2008년 5월 1일), p. A2.

　　제 4 장에서 논의된 바를 다음과 같이 간단히 요약할 수 있다. 남북한은 다소 두 개의 느슨한 결합에 기초한 평화적 공존의 제 2 단계에서 두 초강대국들과 느슨한 동맹관계를 끝내고 하나의 수용가능한 내부적 통일대안인 강소국연방제(1단계와 2단계)의 완성기와 외부적 통일대안인 연합모델(Commonwealth Model)을 적용하는 과도기적 과정을 통해서 통일한국으로 2025년에 돌입하는 것이다. 동시에 인터넷과 모바일 시대의 조류를 따라 전자모바일통일 모델을 활용하여 한민족 전체의 의견을 수렴하여 변화하는 대내외적 요건과 국제환경에 맞추는 것이다. 통일한국은 남북한의 공식적인 부문과 비공식적인 부문을 합쳐서 한민족 전체가 원하는 통일한국을 한민족 저력으로 만드는 작업을 의미한다. 한국이 앞으로 전개되는 2050년에 세계정부에 일역을 담당하면서 냉전시기와 탈냉전시기에서 이루지 못한 통일한국을 먼저 달성하면서 전세계 시민에게 통상적으로 가능하지 않은 분단국의 오명을 벗어나 평화적인 통일한국을 이루는 기적을 보여줄 것이다. 통일한국이 이루어지는 시점은 한국의 제 2 의 건국의 날로 남게 될 것이며, 이때에 7천만 한민족은 제 2 의 월드컵 4강 이상의 환호소리가 전세계에 펼쳐질 것이다. 이러한 통일 기적의 날은 한국이 후기산업화사회로 돌입함에 따라 한국국민들과 지도자들은 대한민국의 아버지들(이승만·김구·김규식·이시영·신익희·김성수·서재필·조소앙·안재홍·안창호)의 통일은 최선책으로 시기에 맞게 대한민국은 차선책으로 생각한 꿈을 이루는 날로 남게 될 것이다.[226]

---

226) "대한민국은 알고 있나, 대한민국의 아버지들을," 상동(2008년 11월 25일), p.A21.

Unification Theories
for the Korean Peninsula | 제 5 장 | 결 론

제5장

결 론

Unification Theories for the Korean Penins

제2차 세계대전 후에 강대국들은 한국을 서로 다른 별개의 경제적, 군사적, 사회·문화적 및 정치적 체제를 가지는 이질적인 두 개의 부분으로 나누어 놓았다. 분단의 책임은 일차적으로 워싱턴과 모스크바에 있었으며 한국인들은 어리석게 준비 없이 맞은 1945년 8월 15일 해방으로 분단의 정책결정과정에 참여하지 못했다. 아시아의 두 강대국인 베이징과 동경이 그들 자신의 국내정치체제들을 재건설하기에 바빴기 때문에 한국의 운명은 초강대국들에 의해 결정되었다. 서울과 평양의 정권은 냉전에 따른 양극화현상을 나타내었고 이념적으로 상이하게 그리고 적대적으로 되어갔다.[1] 만일 워싱턴과 모스크바가 한반도를 분단시키지 않았다면 한국전쟁은 일어나지 않았을 것이라고 주장하는 사람도 있다. 또한 만일 서울이 1945년 12월의 5년간 신탁통치안을 제시한 모스크바선언을 받아들였다면 1950년의 무력통일화 시도를 피할 수 있었을 것이라고 주장하는 사람들도 있다. 어쨌든 한국의 통일을 저지하는 데 외부의 힘이 크게 작용했다.

한국통일의 장애가 되는 가장 큰 난점은 서울과 평양 간의 상호작용이 부족했다는 점과 남북한 정치지도자들 사이에 이념적인 차이가 더욱 심화되었다는 데에 있었다. 남북한 지도자들은 그들의 후원국과 여러 가지 조

---

1) Johan Galtung, "Divided Nations As a Process: One State, Two States, and In-Between: The Korean Case," pp. 46~47.

약을 통해 동맹을 맺어가면서 별개의 서로 다른 정치체제를 강화시켜 나갔던 것이다.

1970년대의 데탕트시대 초반에 남북한은 통일을 위한 긍정적인 전제조건들을 모색하였다. 즉 그들은 지정학적 근접성, 같은 문화, 비슷한 역사적 경험, 같은 언어 및 민족적 동질성 등을 인정하였다. 워싱턴과 모스크바 간의, 워싱턴과 베이징 간의 그리고 동경과 베이징 간의 관계가 해빙무드를 보임에 따라 남북한은 의사소통을 위한 통로를 열었다. 1980년대 초반에 남북한 간의 대화(경제, 적십자, 의회 및 스포츠회담 등)를 시작함으로써 남북한의 정치지도자들과 대다수 국민들은 통일에의 강한 열망을 나타내었다. 하지만 2012년 현재까지 이러한 노력들은 별로 결실을 얻지 못하고 있다.

국내정치를 안정화하려는 노력으로 인해, (서울의 민주화와 김일성으로부터 김정일 → 김정은으로의 3대 세습 승계) 또한 통일을 어떻게 성취시키는가 하는 데 대해 의견의 일치를 보지 못함으로써 통일을 위한 움직임, 즉 남북한 간의 대화는 1985년의 팀스피리트 훈련을 이유로 평양 측이 일방적으로 거부 통고를 해옴으로써 1985년 1월 17일부터 5월 17일까지 중단되었다. 1985년부터 1988년까지 평양은 대화의 창구를 일방적으로 모두 봉쇄시켜 버렸다.[2]

평양지도자들은 '급진적 일방주의' 방식(정치적, 사회·문화적, 군사적, 경제적 순서의)을 선호하고 있다. 서울과 평양 간의 격차를 줄이기 위해 남북한의 정책결정자들은 순서를 바꾸어서 경제적인 분야로부터 시작하여 군사적 및 정치적인 분야로 그리고 마지막으로 사회·문화적 분야로 나아가는 것이 바람직할 것이다. 저자는 「한국의 재통일: 새로운 시각과 접근법(Korean Reunification: New Perspectives and Approches)」이란 책에서 한반도의 고착상태를 해결하기 위한 세 가지 전략을 제시한 바 있다. 세 가지 전략이란 일방적 주도, 정치적 지도력 및 긴장완화이다.[3]

현재까지 남북한 정치지도자들은 장기적인 정치적 통일을 원한다는 명

2) Young Jeh Kim, "Korea's Future Directions in the 1980's," *Asian Profile*, vol. 15, no. 3(June 1987), pp. 227~246.

3) Young Jeh Kim, "An Alternative Approach to the Deadlocked Korean Unification," in Tae-hwan Kwak *et al.*(eds.), *Korean Reunification: New Perspectives and Approaches* (Kyungnam University Press, 1984), pp. 359~376.

분 하에 자신의 정치권력을 강화시키기 위한 노력을 집중시켜 왔다. 그들은 국가를 위해 개인들이 희생할 것을 요구하여 왔다. 대다수 국민들은 그들이 민주주의적 체제의 정부를 원하는지 아니면 공산주의적 체제의 정부를 원하는지를 선택하는 것이 허용되지 않았다. 장래에는 아마도 지도자들이 토론을 통해 통일문제를 다룸으로써, 정책적 대안들을 선택할 기회를 제공함으로써 그리고 동아시아 국제관계 속에서 한국의 자주성을 강조함으로써 국민들을 계도해 나가야 할 것이다. 앞으로 한국국민들에게 각 체제가 국민들에게 보여준 책임성, 경제적 성장 및 분배정의 등과 관련한 각 체제의 성과를 기초로 해서 그들이 원하는 종류의 체제를 선택하는 것이 허용될 것이라고 본다. 이때에 전자모바일통일 모델을 활용할 것을 제시한다.

한국은 이전보다 더 독립적으로 행동하려고 노력해야겠지만 외부세력들은 한국에 대해 여전히 중요한 영향력을 행사할 것이다. 미 외교전문지 포린 어페어즈에 컬럼비아대 살즈만 전쟁과 평화 연구소의 리처드 베츠 소장이 '갈등이냐 협력이냐'라는 제목의 글에서 21세기 전후 외부세력 또는 국제질서에 대한 큰 틀에서의 3대 비전을 밝혔다. 그는 3대 석학의 저서를 인용해서 3대 비전을 소개하고 21세기 첫 10년이 지난 후 진단으로 3대 비전을 통합한 제4의 비전이 필요하다고 주장했다. 첫째 비전은 프랜시스 후쿠야마(Francis Fukuyama) 교수의 1992년 출간한 역사의 종말(*The End of History and the Last Man*)이라는 책에서 인류 역사가 경제논리와 과학기술에 힘입어 점차 자유민주주의와 시장 자본주의의 우위로 귀결된다고 주장했다. 후쿠야마의 자유민주주의 승리 예견은 베를린 장벽 붕괴와 공산권의 몰락으로 현실에 상당히 적중했다. 중국 부상에 대해서는 자유민주주의의 흐름에 있어서도 국가 간의 시차와 갈등의 여지를 제시했다.

두 번째 비전은 새뮤엘 헌팅턴(Samuel Phillips Huntington) 교수의 1996년 문명의 충돌(*The Clash of Civilizations: Understanding between Islam and Other Cultures*)이라는 책에서 세계화의 흐름을 인정하면서도 문명 단위의 새로운 분열과 갈등 구도가 출연한다고 예견하고 미국의 쇠퇴를 걱정하고 활력을 되살리는 데 집중한 바 있다. 헌팅턴의 문명 충돌론은 9 · 11테러와 이슬람권과의 갈등으로 비서구권의 부상으로 상당히 현실에 적중한 바 있다. 중국

부상에 대해서 그는 중국의 역사적 사례를 들며 중국이 과거 이슬람국보다 더 과격했던 유일한 강대국이었다고 경계했다. 그는 중국의 다름을 인정하고 동아시아에서 중화주의를 기반으로 한 위계질서를 자연스럽게 여길 것으로 경고하고, 동시에 미국의 결단을 촉구한 바 있다. 세 번째 비전은 존 미어샤이머(John J. Mearsheimer)교수의 2001년 출간한 강대국 국제정치의 비극 (*The Tragedy of Great Power Politics*)이라는 책에서 새 패권 도전국 출현에 따른 충돌 불가피론을 주장했다. 미어샤이머교수는 서구가 냉전에서 이겼다고 환호할 때도 냉소적이었으며 냉전 시대 소련의 자리를 중국이 대체할 것이라고 예견하고 일찍이 견제 필요성도 제시한 바 있다. 그의 미·중 충돌론은 중국의 부상과 미국과의 갈등에 근거하고 있으며, 그는 중국에 관한 한 자유주의적 포용은 환상이고 중국의 성장을 억제하고 그에 맞선 잠재적 연합세력이 필요하다고 역설한 바 있다. 이 3대 비전은 모두 '다보스식 회합'으로 세계평화를 추구하는 데는 안일하다고 보고 있다. 특히 세계 인구의 1%도 안 되는 소수 엘리트들이 동질감을 확인하면서 세계가 하나로 되는 데는 한계가 있다. 하지만 3대 비전은 큰 틀에서 국제질서의 흐름을 이해하는 데 도움을 주는 것은 사실이다.[4]

이러한 맥락에서 존 미어샤이머 교수의 주장을 중심으로 미래 국제 환경을 들여다 볼 수 있겠다. 장래의 국제적인 환경은 다음의 네 가지 유형 중의 어느 하나가 될 가능성이 많다. ① 강대국들 간의 협조체제: 강대국들은 조화를 유지하고 합의에 기초하여 행동을 취할 것이다. ② 다극체제: 강대국들은 각기 서로 경쟁할 것이다. ③ 재 양극화: 다시 냉전체제로 복귀할 것이다. ④ 새로운 양극화: 아시아와 유럽 간에 분리현상이 심화될 것이다.[5]

네 번째의 체제가 아마도 한국이 자주성을 확보하는 데 가장 유리한 상황이 될 것 같아 보인다. 미국과 러시아는 서구문화를 공유하지만 일본, 한국 및 중국은 동북아평화지대 시대에 있어서 같은 유교문화를 공유하게 된다. 처음 세 가지 대안들은 한국에게 별 이득이 없을 것이다. 가까운 장

---

4) "美, 中의 헤게모니와 맞서 싸워라," 조선일보(2010년 10월 29일), p. A16.

5) Johan Galtung, "Divided Nations As a Process: One State, Two States, and In-Between: The Korean Case," p. 48.

래에 비아시아 강국들인 워싱턴과 모스크바는 한국에 대해 원거리 및 간접적인 영향력을 행사할 것임에 반해 동경과 베이징은 한국의 대외적인 문제에 있어서 밀접하고 협력적인 관계를 유지해 나가게 될 것이다. 동경과 베이징은 한국을 병합하려고 하거나 내부문제에 대해 간섭하려고 하지 않을 것이다. 이는 동경과 베이징이 남북한의 자주성과 독립성 그리고 주권을 존중할 것임을 의미한다. 워싱턴, 모스크바, 동경, 베이징 및 남북한 6자회담국 지도자들은 그들의 국가이익이 달라짐에 따라 동북아평화지대 시대의 국제체제 속에서 문화적인 통일성과 정치적인 결속을 강화하려 할 것이다.[6]

이와 같은 상황을 기초로 하여 다음의 여섯 가지의 미래상을 제시해 볼 수 있다. 이들 간에 상이점이 많이 존재하지만 서로 겹치는 점도 있다. 여섯 가지 대안으로서의 미래상은 다음과 같다.

⑴ 평범한 국가로서의 한국: 남북한은 분단된 두 개의 한국으로서 현 상태를 그대로 유지한다. 한국은 1945년 이후 독립한 140개 제3세계 국가 중 정치민주화, 시민자유, 근대경제성장, 종교적·사회적 다양성, 과학기술과 고등교육이라는 근대화 내용을 완벽하게 성취한 세계무역 9위, G20 의장국 국가, 2012년 핵안보회의 주최 나라로 계속 유지한다.[7] 반면에 같은 시기 동안 북한은 1인 독재, 3대 세습 김씨 왕조, 북한주민의 탈북자 2만명, 폐쇄된 북한경제 악화, 종교적 탄압, 과학기술과 고등교육의 질적 하락 등 근대화에 역행하는 나라로 유지되는 국가를 의미한다.

⑵ 개혁된 한국: 남북한은 그들의 국가이익과 외부적인 요인들이 변화함에 따라 내부적인 요소들을 변화시켜 나간다. 서울은 글로벌·스마트시대의 조류에 따라 변화를 추구하고 평양은 개혁·개방으로 새로운 정치체제를 유지한다.

⑶ 동북아평화지대 시대의 주역으로서 한국: 남북한은 선진후기산업사

---

6) Gregory Henderson, "The United States and South Korea," in Andrew C. Nahm(ed.), *Korea and the New Order in East Asia*(Michigan: Center for Korean Studies Western Michigan University, 1975), pp. 93~106.

7) "노무현-부시 퇴장과 '2기 한미동맹'," 조선일보(2007년 10월 10일), p. A38.

회국가가 되고 동북아평화지대 시대에서 주도적인 역할을 담당한다. 서울은 디지털 IT(정보기술)산업의 강대국으로 등장하여 경제강국으로 G20국에서 중심적 역할을 하면서 신흥국가를 대변하고 동북아평화지대에 중재적 역할을 담당한다. 평양은 북핵을 포기하면서 얻는 대가로 소프트웨어 발전에 기여하고 동북아평화지대에 동참하는 보통국가로의 역할을 한다.

(4) 부흥된 한국: 남북한은 통일한국의 기적을 보여준다. 남북한은 큰 틀에서 통일한국을 3가지 흐름으로 묶는 보자기 역할을 한다. 첫째, 보자기는 통일방안으로 대내적인 통일대안인 강소국연방제와 외부적인 통일대안 한국연합을 동시에 추진한다. 둘째, 디지털시대의 흐름에 따라 전자모바일통일 모델을 활용하여 7천만 한민족의 통일대안에 대한 의견수립 과정을 거친다. 셋째, 국제조류에 발맞춰 G20에서 책무를 충실히 이행하여 동북아조약기구 창설에 중심적 역할을 수행하고 이 기구의 역할을 확대하여 동북아평화지대로 이끄는 데 중심적 역할을 한다. 통일한국은 위의 3가지 흐름의 결합체이다. 이명박 정부는 동북아조약기구 창설에 기초적인 작업에 참여하여 한·중·일 협력사무국을 2011년 9월 1일 서울 세종로에 설치했다. 이 사무국은 이명박 대통령의 2009년부터 2011년 5월까지 세 번에 걸친 3국정상회의의 결과로 이명박 대통령이 설립을 제안했고 원자바오(溫家寶) 중국총리와 하토야마 유키오(鳩山紀夫) 당시 총리가 동의해 최고위층의 합의로 국제기구가 만들어진 동북아 협력 틀의 중대 한 사건이다.[8] 이 사무국의 초대 사무국장은 신봉길(56) 외교부 국제경제협력대사로 2011년 5월 21일 제4차 정상회의 차 동경에 모인 외무장관이 초대 신총장 임명안에 최종 서명했고, 이 세 나라의 '동북아 공동 번영'의 케치프레이즈를 들고 사무총장은 세 나라가 2년씩 돌아가며 맡기로 했다.[9] 이명박 정부는 통일한국으로 가는 과정에서 올바른 방향으로 가고 있다.

(5) 고립된 한국: 남북한은 고립된 국가로 남는다. 대내외적 환경에 적응하지 못하고 고립된 국가로 남는 시나리오이다.

(6) 동북아시아의 분쟁지역으로서의 한국: 남북한은 이질적인 대내외적

---

8) "3국 협력사무국은 동북아 협력 틀의 중대 사건," 상동(2011년 10월 20일), p. A13.

9) "동북아 공동체, 가슴이 뛰네요," 상동(2011년 5월 24일), p. A35.

변수들로 인해 다시금 충돌하게 된다.[10] 평양의 고집스런 핵무기 보유로 동북아를 위기로 몰아가는 최악의 시나리오이다.

한국통일의 가장 바람직한 미래상은 앞에서 언급한 네 번째의 가능한 국제체제(다극체제)와 동북아조약기구 시대의 주역으로서의 한국 혹은 부흥된 한국일 것이다.

남북한이 앞으로 15년 내지 20년간 사용할 수 있는 가장 적합한 평화적 통일의 모델은 무엇일까. 해답을 찾는 일은 지속적인 과정이지 어떠한 조건 같은 것은 아니다. 해답은 미래를 위한 청사진이 될 수 없고 저자가 최선을 다해 사태가 어떻게 전개될 것인가를 판단하여 얻은 44년의 연구의 윤곽과도 같은 것이다. 어떤 이는 하나의 통합과정으로부터 해답을 찾는다. 다른 사람들은 통일화과정으로부터 문제를 분석한다. 서로 다른 시각 혹은 분석방법에 따라 해답은 완전히 달라질 수 있다. 서로 다른 접근법과 모델들이 존재한다는 것은 통일문제에 대한 관심이 매우 크다는 것을 말해준다.

저자는 한국통일의 미래전망을 개관하기 위한 출발점으로 공존모델을 택했다. 공존모델을 살펴보면 다음과 같다. 두 개의 다소 느슨한 결합에 기초한 평화적 공존의 2008년부터 2014년까지 남북한은 주연으로서 조연들(미국과 러시아)과 함께 느슨한 결합에 의거하여 한반도에서 평화적인 공존을 유지하면서 대내적인 통일대안으로 강소국연방제 1단계를 시작하여 기초적인 작업에 착수하는 것이다. 중기적 미래동향인 2014년부터 2019년 동안 강소국연방제 2단계를 완성하면서 대외적인 통일대안으로 '한국연합'을 결합시켜 통일한국을 이루는 과정의 윤곽을 의미한다. 이 기간 동안 남북한은 평양 측 주장을 만족시키기 위해 연합(Commonwealth)모델을 실행해야 하며 교대로 2019년부터 2024년에는 서울 측 주장을 만족시키기 위해 통일한국모델을 실행해야 한다. 위의 기간 동안 한국이 후기산업사회 특히 디지털 IT(정보기술)산업의 강대국으로 자리를 잡은 후 한국국민들과 지도자들은 빛의 속도로 빠른 시대에 잘 적응하면서 전자모바일통일 모델 1단계와 2단

---

10) Glenn Hasted, *American Foreign Policy: Past, Present, Future*, pp. 323~331.

계를 활용하여 앞에서 거론된 대내외적 통일방안을 7천만 한민족의 의사를 결합하여 통일한국의 의지를 강하게 국내외로 알리면서 이루는 것이다. 여기에 한국은 국제조류의 흐름에 따라 G20의 중추적 역할분담을 성공적으로 처리한 후 동북아조약기구를 창설하고 동북아평화지대로 연계되는 활약을 함으로써 대외적인 환경을 조성하여 한민족의 영원한 숙제인 통일한국을 이루는 것이다.

기본적인 가정에 의하면 변화는 불가피하며 어떠한 것도 한국사회가 변화하는 것을 막을 수 없다. 2025년의 한국은 이미 오늘의 한국이 아니다. 변화는 올 것이다. 빨리 올 수도 있고 느리게 올 수도 있다. 우리가 할 일은 변화에 준비하는 것이다. 한국지도자들은 더 나은 미래를 건설하기 위해 변화를 위한 도전들에 잘 대응해야 한다. 한민족이 원하는 통일한국이 2025년에 달성된다고 하면, 남북한과 전세계에 살고 있는 한민족이 제 2 의 건국을 이루는 해로 월드컵 4강에 오를 때 느낀 기쁨 이상으로 국가경사가 될 것이다. 문제는 통일한국이 닥칠 줄 알면서도 막연히 준비 없이 맞이하면 1945년 8월 15일 해방 때와 같은 실수를 범한다는 것이다. 통일한국의 주역은 당연히 남북한과 해외동포들로서 단단히 지금부터라도 늦지 않으니 준비하는 자세가 필요하다.

한민족의 숙제로 남아 있는 '통일한국'을 성취하기 위해서, 저자는 단기 · 중기 · 장기적 측면에서 남북한 지도자, 4강 지도자, 남북한 해외통일 전문가, 남북한과 해외국민에게 각각 1~3가지의 정책제안을 하고 결론을 맺고자 한다.

단기적 측면에서 현재 남북한 정책결정자들에게 첫째 정책제안으로 남북한 정책결정자들은 남북한 간의 정상회담과 대화를 다시 시작하고 계속해야 한다. 과거 10년간 김정일 국방위원장과 김대중 전 대통령과 노무현 전 대통령이 시작한 정상회담을 정권교체의 차원에서, 차별화하는 차원에서 차단된 회담을 다시 시작하고 통일한국을 달성할 때까지 남북대화를 지속시켜야 한다. 평양은 이명박 정부 출범 직후 서울과 대화를 거부하고 6.15선언과 10.4선언의 무조건적 이행을 요구하면서 2008년 4월 초 이명박 대통령을 '역도'라고 비난한 바 있다. 2008년 7월엔 금강산에서 남한의 관광객을 사살해

놓고 사과 없이 진상을 막아 이 사업을 차단하게 하고, 2008년 10월부턴 삐라문제로 개성공단을 위협하여 2008년 12월 1일부터 개성관광과 남북 정기열차 운행을 전면 중단하고 개성공단 남측 상주인원을 현재의 절반으로 줄이는 남북 통합지수의 0~2단계인 비정기적으로 접촉·왕래·교류·회담 등이 이루어지는 '접촉교류기'로 돌아온 상태이다.

집권 3년 차를 맞은 이명박 정부의 대북정책은 대·내외에서 비판의 소리가 있다. 미국의 대북전문가인 치노이 남켈리포니아대학(USC) 미중연구소 수석연구원은 2011년 1월 2일 CNN과의 인터뷰에서 '미국과 한국의 대북 강경노선은 북한의 핵 능력을 확장을 막고 한국에 대한 군사력 행동을 억제하는 데 아무런 역할을 하지 못했다고' 지적했다. 그는 '한국의 대북·외교라인의 고위관리들이 북한이 끝으로 치닫고 있어 강제와 압력이 효과를 볼 것이라는 식으로 북한 상황을 오판했다'고 비판했다. 반면에 위키리크스는 현대그룹 현정은 회장이 '북한보다 남한에서 더 많은 장애물에 직면해 있다'고 서울정부의 대북정책을 비판하는 내용을 폭로한 바 있다. 서울정부의 대북정책은 긴장고조와 유화국면으로 분석할 수 있다.

전자는 이명박 정부 초기에 비핵·개방·3000주장에 반발하여 평양의 로동신문은 이명박 대통령을 '역도'로 표현하고 해상 미사일발사, 개성공단 남한 당국자 추방 등으로 충돌을 계속하여 금강산 관광객 피살 사건이 발생하면서 남북관계는 더욱 악화되었다. 긴장고조는 2008년 12월 1일 평양은 남북 간 육로통행의 차단을 발표했고, 2009년 1월 17일 북한의 조선인민군 총참모부는 공식 성명을 통해 서울과 전면대결 태세에 진입했다고 발표하면서 군사적 대응조치와 서해안 해상경계선 고수 입장을 밝혀 서해상에서 군사적 대응조치가 따를 수 있음을 시사한 바 있다. 반면에 이명박 정부의 합동참모본부는 육·해·공군에 대북경계태세 강화하고, 북한군의 동향을 주시하면서 주요 지휘관은 부대에 정위치하는 한편, 접적지역의 부대는 대북 감시·경계태세에 만전을 기하는 등 군사적 긴장이 조성되기 시작 하였다. 이러한 대북정책 이후 연평도 포격 사건이 벌어지고 남북관계가 긴장고조로 들어서자 워싱턴 포스트는 이명박 정부의 대북 강경노선에 대해서 과도한 강경노선은 자칫 골칫거리(Liability)가 될 수 있다고 우려의 보도를 한 바 있다.

　　후자는 서울정부가 2009년 7월 31일 평양의 장거리 로켓 발사, 2차 핵 실험 이후 처음으로 북한에 인도주의적 지원을 하는 민간단체의 방북을 허 가하면서 2009년 8월 3일 남북교류협력추진협의회를 통해 10개 민간단체의 대북 인도적 지원사업에 남북협력기금 35억 7,300만원을 지원하면서 유화국 면을 시도한 점이다. 같은 시기에 현정은 현대그룹 회장이 방북하여 민간차 원에서 개성공단 활성화, 금강산 관광문제 등의 현안을 논의한 바 있고, 김 대중 전 대통령의 서거를 계기로 평양의 고위급 조문단이 서울을 방문하여 이명박 대통령을 비롯한 고위 당국자들과 연쇄회동을 한 바 있다. 이러한 유화국면의 연장선상에서 2009년 8월 21일 평양이 개성공단 억류 주재원을 석방하고, 남북 육로통행 제한·차단, 경의선 철도운행 중단, 경협사무소 폐 쇄 등을 담은 소위 ‘12.1. 조치’ 철회를 발표하고, 7월 30일 동해 북방한계선 (NLL)을 넘었다가 북한 경비정에 예인됐던 ‘800 연안호’ 선원과 선박을 8월 29일 무사귀환 시킨 점, 남북 적십자 대표단이 8월 28일 회담에서 추석기간 이산 상봉을 최종 합의하여 2007년 이후 처음으로 이산가족 상봉실시, 평양 의 10월 14일 ‘임진강 수해방지 실무회담’에서 유감표시 등을 들 수 있다.

　　이러한 양면전술에도 불구하고 2009년 11월 10일 북한의 해군 함정이 서해 북방한계선(NLL)을 침범하여 남한과의 해상교전이 발생하여 북한의 함 정 1척은 반파되었고, 남한 함정은 경미한 피해를 입은 바 있다. 일각에서는 유화국면으로 흐르는 남북 및 북·미관계로 체제이환과정을 우려한 북한의 군부 강경파가 충돌상황을 유도하였다는 것이고 이로 인해 해빙기를 유지해 온 남북관계는 당분간 냉각기를 거쳤다. 2009년 12월 9일 평양의 조선중앙 통신은 ‘세계적으로 ‘A(H1N1)형 돌림감기’로 인한 인명피해가 계속 확대되 고 있는 가운데 북한일부 지역에서 이 신형 독감이 발생했다고 발표하자’ 서울정부는 오셀타미비르 지원 의사를 밝혀 북한이 수용하는 등 남북 간의 경색국면이 풀리는 듯 했다. 2010년 8월 15일 이명박 대통령은 광복절 축사 에서 ‘통일은 반드시 온다’며 ‘통일세’를 신설하는 방안을 검토해야 한다고 밝혀 여당과 야당의 신중론이 대두된 바 있다.[11]

---

11) 이명박 정부 위키백과, 우리 모두의 백과사전, http://ko.wikipedia.org/wiki/%EC%9D%B4%EB% AA%85%EB%B0%95_%EC%A0%95%EB%B6%80#.EB.8C.80.EB.B6.81_.EC.A0.95.EC.B1.85

  서울정부는 2010년 3월 천안함 폭침도발 이후 지속했던 북한 취약계층에 대한 인도적 지원을 11월 연평도 도발 직후 중단한 바 있고 2011년 4월부터 북한 영·유아, 어린이 등 취약계층에 대한 인도적 지원을 재개하기로 결정했다. 서울은 평양의 취약계층 지원을 먼저 재개하고 2010년 북한 수해 차원에서 진행됐던 옥수수 및 생필품 지원, 민간단체의 인도적 지원 등을 순차적으로 확대하는 방안을 검토하고, 나아가 평양에 백두산 화산 관련 전문가 협의를 남북 간 협력 필요성에 공감하며 3월 29일 남한 측 지역인 경기도 문산에서 갖자고 제의했다. 이 제의는 2011년 3월 17일 남북 당국간 백두산 협력 사업을 하자는 통지문에 대한 답신으로 남북대화와 교류·협력의 물꼬가 트일 가능성이 있다고 분석된다.[12] 이명박 정부는 2011년 5월 6일 천안함 폭침 이후 대북 지원을 중단한 5.24 조치로 평양은 서울에 의류·조개류·모래 등을 수출해서 확보하던 연간 3억 달러 정도의 소득을 차단당했다. 평양은 매년 3억 달러 정도의 벌금을 물고 있는 상황이다. 반면에 평양이 2011년 초 각종 회담을 열자고 대화공세를 펼친 데 대한 서울의 대북 철벽정책은 효과를 보고 있다고 보면서 한반도 평화 결정권을 상당히 회복하고 있다고 보고 있는 듯하다. 그러나 대세는 남북한 간의 대화를 열고 6자회담을 열어 북핵문제를 해결하는 과제를 안고 있는 것이다.[13]

  북한은 비록 김정일 사망으로 어려운 상황에 있다 할지라도 앞으로 한 정상국가로 전진하기 위해서는 국제적 신뢰를 구축하는 차원에서 정치적 및 개인적 이익을 떠나 서울과 대화에 응해야 한다. 평양의 '통미봉남' 전술이나 서울의 '시간을 가지고 기다리는 것'도 전략이라는 것은 하나의 정치적 기(氣) 싸움의 구실이고 정치적·경제적 차원을 넘어 한민족의 염원을 이루는 차원에서 국력의 자신감이 있는 이명박 정부가 손을 벌려 제3차 정상회담을 열도록 특사를 평양에 보내 남북한 간의 닫힌 대화의 문제를 해결하는 방안도 고려해야 한다. '남북한 간의 대화'란 남북한 간의 물리적인 경계선을 가로질러 사람들, 이념 및 재화 등의 교류, 의사소통, 이동 및 상호작용

  참조.

12) '北 영유아·어린이 대상 인도적 지원 내달 재개,' 한국일보(2011년 3월 23일), p. C1.

13) "北, 비핵화 응하지 않고 끄는 시간 공짜 아니다," 조선일보(2011년 5월 9일), p. A5.

으로 정의된다. 대화에 임할 때 서울과 평양의 정책결정자들은 각자의 국가적 이익이나 정치지도자 개인의 이익이 아닌 한민족의 전체 이익을 위해 힘써야 한다.

현재 분명한 것은 남북관계의 파행이 북한의 남한 새정부 길들이기 전략과 서울정부의 북한 대남자세 바꾸기 전략에서 온 것이다. 앞으로 남북관계의 새로운 지평을 열기 위해서 서울은 상대방 체제 존중, 상호주의 적용, 기존의 제반 합의서 이행 등의 조치의 기준 내지 원칙을 정하고 인류보편적 가치인 자유, 인권, 복지 개방을 북한사회에 적용하도록 노력해야 한다. 지난 12년간 남북 교류협력의 결과 평양의 서울 의존도는 높은 수준이며 앞으로 북핵문제가 해결된다 하더라도 대북 경제지원국은 미국과 일본보다 한국이 많은 부분을 떠맡을 가능성이 있기 때문에 남북관계의 정상화를 도모하는 차원에서 돌파구를 찾아야 한다. 물론 평양은 남북관계를 방해하고 과거로 회귀시키려는 전략은 시대에 뒤떨어진 것이다.[14] 서울과 평양에 남북한 간의 원만한 의사소통의 흐름을 유지하고 대화를 지속시켜야 한다. 앞으로 김정은 국방부위원장과 이명박 대통령은 제3차 정상회담이 열린다면, 이명박 대통령이 2008년 7월 11일 국회 시정연설에서 '6.15, 10.4 공동선언'을 포함해 남북 간 합의된 문서 이행방안을 평양과 진지하게 협의하겠다는 문제[15]와 다음과 같은 공동 이해분야들(분단극복을 위한 방안의 공동연구계획, DMZ 평화공원화 문제, 공동의 대외정책 프로그램, 공동의 해외시장 연구조사계획 그리고 인구, 기후, 농경 및 산업분야의 합동연구계획, 백두산 화산공동연구 등)에 착수하기 위해 합동신사협정을 맺어야 한다. 2008년을 중심으로 여러 정황을 분석해 볼 때 남북한 간의 대화는 어려울 것으로 보고 2009년 1월 20일 미국의 오바마 정권이 들어선 이후 남북한 간의 대화는 여러 환경의 변화에 따라서 이루어질 것으로 예상된다. 그러나 2012년 현재 남북대화의 무드는 아직 요원한 상태에서 북·미관계 개선도 기대하기는 어려운 시점이다.

둘째로, 남북한 정책결정자들은 변화된 시대적 환경에 적용하여 변화하는 통일정책을 각각 제안해야 한다. 남한의 공식적인 통일방안은 김영삼 정

---

14) "남북관계 파행은 북한 책임이다," 상동(2008년 11월 29일), p. A30.

15) "민주당은 지난 정권 대북정책이 성공했다는 건가," 상동(2008년 11월 26일), p. A31.

부 당시의 민족공동체 통일방안으로 변화한 시대조류에 맞지 않기 때문에 이회창 전 총재가 제의한 가칭 강소국연방제를 포용정책 차원에서 제의하여 시작할 것을 제의한다. 이 제안은 시대의 흐름에 적합하고 정치권에서 합의를 볼 수 있는 방안이기 때문에 이명박 정부에서 포용하여 발의하고 법적 차원에서 제 1 단계로 준비하는 것이 명분이 있다고 분석한다. 만약에 이명박 정부에서 가칭 강소국연방제안이 불가능할 경우, 차기 정권에서 집중적으로 다루기를 제의한다. 김정일은 과거의 통일방안을 수정·보안하는 차원에서 6.15공동선언 제 2 항에서 남측의 '연합' 제안과 북측의 '낮은 단계의 연방' 제안(남북 두 정부가 정치·군사·외교권 등 현재 기능과 권한을 유지하고 민족통일기구를 만들어 높은 차원으로 격상)의 공통점을 찾되 그들의 남한 적화정책을 포기함을 밝혀야 할 것이다. 남북한 통일협의회는 장기적 측면으로 두고 단기적 측면에서 통일대안으로 7천만 한민족이 받아들일 수 있는 방안이 나와야 한다. 평양의 정치적 이익만 앞세운 과거 통일방안은 받아들일 수 없다. 김정일이 주장하는 '통 큰 정치'를 김정은이 유훈통치로 받아들인다면 북한과 개인의 이익을 떠나 7천만 한민족이 받아들일 수 있는 방안에 일반상식이 통하고 빛의 속도로 변하는 디지털시대 조류에 발맞추어 북한 입장에 맞게 만들어야 한다.

셋째로, 남북한 정책결정자들은 DMZ 평화공원(Peacepark Zone)을 활성화하기를 제의한다. 세계에서 찾아보기 드문 지구상에 자연의 복귀를 입증한 한국의 비무장지대(DMZ: Demilitarized Zone)는 인간이 자연에게 기회를 주면 자연은 빠른 속도로 회복되는 상징적인 곳에 남북한이 공동으로 생태공원을 만들고 평화공원을 만드는 작업을 시작해야 한다. DMZ는 한국국민뿐 아니라 지구촌 많은 단체들, 특히 국제환경 NGO인 자연보전협회(The Nature Conservancy), 야생동물보존협회(Wildlife Conservation Society) 그리고 뉴욕에 소재한 DMZ 포럼이 DMZ의 평화공원를 논의한 바 있어 큰 의미가 있으며 이제야 숨통이 터진 상태이다. 이 DMZ 평화공원은 1979년 세계자연보존연맹(IUCN)과 유엔환경계획(UNEP)이 제안한 후 한국정부가 발의한 바 있으나 지역주민의 강력한 반발 '돈' 문제와 이미 민통선(CCZ) 내 지역이 강력한 개발규제에 묶어 있는 관계로 좌초된 경험을 안고 있다. 그러나 세계관광기구(UNWTO)에 의하면,

생태관광은 1990년 이후 매년 30% 이상 초고속 성장을 하고 있으며 지역경제에도 가장 긍정적인 영향을 주는 관계로 적절한 프로그램의 개발과 하드웨어 인프라가 전제되는 경우, 이 DMZ는 세계 관광시장에 내놓을 수 있는 생태관광상품이다.

그동안 남북한의 경협사업의 옥동자로 불리는 금강산관광과 개성관광은 주로 남한 방문객이 차지하고 또한 남북의 정치적 상황에 의하여 2008년 12월 1일자로 폐쇄되는 상황이지만, DMZ 생태관광은 상대적으로 외국인 방문객이 높을 것으로 보이며 일단 합의된다면 정치적 상황에 좌우되지는 않을 것이다. 이 관광을 통해서 지역주민은 돈이 되는 생태관광을 위한 공원화, 보호지역화에 반대할 이유를 찾기 어려울 것이며 더 나아가서 한민족이 추구하는 통일한국에도 도움이 되며 2025년 통일한국의 수도를 옮기는 작업의 기초를 닦는 일을 착수할 수 있을 것이다. 동서 횡축의 DMZ를 몇 개로 구분하여 서해안 일대는 해양공원, 판문점 부근과 강원도 일부지역은 생태관광지구로, 설악산과 금강산을 연계한 접경지역을 평화공원으로 나눌 수 있겠다.[16]

이 비무장지대(DMZ)에 서울정부가 시도하는 4개 코스의 관광코스는 2008년 금강산과 개성관광 코스의 폐쇄로 어려운 시기를 맞이하고 있지만 앞으로 계속 추진하여 남북한의 분단국으로서의 문제점과 통일국가의 필요성을 전세계와 남북한 국민과 해외동포들이 실질적으로 이해하는 데 기여할 수 있겠다. 서울의 문화체육부에서 2009년 12월까지 인천 강화군부터 강원 고성군의 10개 시·군에 투어개발계획은 ① 판문점(또는 개성)~열쇠전망대~선사유적지를 잇는 파주·연천·개성코스 ② 뱃길로 여의도~애기봉~연미정~초지진 등을 관광하는 강화·김포코스 ③ 고석정~철원 평화전망대~금강산 철교~평화의 댐~파병용사 훈련장 등을 포함한 철원·화천·양구코스 ④ 백담사~금강산~통일전망대~김일성별장~외설악을 잇는 인제·고성·금강산코스를 포함하고 상품가격은 코스에 따라 차별화하고 내국인 기준으로 1박 2일 코스로 30~40만 원 정도로 구상하고 있는 것으로 알려지고 있

16) "DMZ를 생태관광 자원으로," 상동(2008년 11월 27일), p. A31.

다.[17] 이러한 구상을 실천에 옮기기 위해서 한국정부는 생태관광 프로그램, 운영회사, 지역사회 등에 대한 인증제도를 확립해야 하며 적극 지원하여 녹색성장 차원에서 환경보존이 비즈니스로도 성공할 수 있다는 확신을 국민들에게 심어주어야 한다. 김진현 녹색성장포럼 대표 겸 세계평화포럼 이사장은 2008년 10월 23일 DMZ를 세계 평화지대로 만들어 2012년 유엔환경회의와 2013년 유엔총회를 개최하자고 국제콘퍼런스에 제안했다. 그는 이 제안서에서 DMZ가 비극에서 생명이 부활한 곳이며 지구촌의 환경보호와 평화를 위한 새로운 질서를 선언하기에 적합한 장소로 DMZ는 유엔(UN)군이 창설되고 참전해 정전협정을 맺어 60년이 되는 2013년 유엔총회를 열자고 주장하면서 국제적 여론형성을 위해 DMZ를 세계평화구역(Global Peace Zone)으로 하는 서명운동을 벌인다고 했다.[18] 말로만 통일이 중요하다고 선전하기보다 실질적인 차원에서 통일한국의 기반조성으로 통일의 필요성을 국내외에 알리는 실증적 증거가 될 것이기에 추천한다.

단기적 측면에서 4강 미국, 러시아, 중국, 일본 정책결정자에게 한 가지 정책제안을 한다. 이 정책제안은 지난 4년간 유지해온 북한 핵문제를 해결하기 위해서 정권의 변동과 관계없이 6자회담을 계속 유지하고 북한 핵무기를 포기하는 목적을 달성하고 동북아조약기구 창설에 공동노력을 취할 것을 추천한다. 6자회담은 2003년 8월 시작하여 북핵문제에 대해서 유엔보다 더 많은 일을 해온 것으로 2005년 북한 핵폐기원칙을 명시한 9.19공동성명과 2007년 북핵 폐기 초기 행동계획을 담은 2.13합의문을 만든 산문이다. 이 회담을 저자와 조지 타튼 미국 남가주 명예교수는 '동북아조약기구'로 승격시키자고 2005년 겨울호 *Korea Observer*에 기고한 바 있다. 하지만 6자회담은 평양이 필요할 때만 개최된다는 점과 2008년 9월 북한이 영변 핵시설 불능화 과정을 중지하고 복구작업을 벌일 때 아무런 역할도 못했다는 비판도 있다.[19]

미국의 경우, 2009년 1월 20일 출범하는 오바마 행정부는 먼저 금융위

---

17) "정부 주도 'DMZ 투어' 개발," 상동(2008년 5월 1일), p. A2.

18) "DMZ는 비극에서 생명이 부활한 곳 유엔환경회의·유엔총회 장소 딱 좋아," 상동(2008년 11월 1~2일), p. B7.

19) "오바마와 6자회담 착시 현상," 상동(2008년 11월 25일), p. A30.

기를 해결하는 데 초점을 둔 통념으로 미국의 위기가 미국의 힘이 쇠퇴하는 것으로 간주하고 있으나 오바마 자신이 미국민들로부터 아직 흑인이 대통령이 되기는 시기적으로 이르다는 통념을 깨고 당선된 대통령으로서, 앞으로 많은 도전에서 일반적인 통념을 깨는 지도자로 군림할 가능성이 많다고 분석된다. 국방·외교 분야도 현재는 이라크전쟁의 조기종료와 아프가니스탄의 지원이 우선순위에 있지만 북핵과 이란의 핵문제가 통념을 깨고 순위가 바뀔 가능성도 배제할 수는 없다. 현재 미국은 미국의 힘의 상징인 달러가 위기로 인해 약해지기보다 오히려 강해져서 외국인들이 미국 말고 달리 갈 데가 없어 미국에 돈을 쏟아붓는 기현상이 일어나고 있다.[20] 6자회담은 북핵사태를 해결하는 데 있어 외교성과로 인식하는 데 만족하지 말고 오바마 행정부에서 시급성을 회피하는 데 구실 내지 착시현상을 벗어나 근본적인 해결책을 찾아서 해결해야 한다. 오바마 행정부는 금융위기나 북핵문제를 해결하는 데 세계 공통의 위협과 도전에 대응하는 차원에서 국제적 동맹인 6자회담국을 활용하는 데 필요성을 이해하고 있기 때문에 폐기처분하지 말고 잘 사용해야 한다. 미 의회조사국의 래리 닉기(Niksch) 선임연구원이 2008년 11월 24일 자유아시아방송(RFA)과의 인터뷰에서 오바마 행정부가 출범한 후 아주 빠른 시일 안에 쿠바의 아바나 수용소 철폐와 같이 평양에 미국이익대표부(Interest Section) 설치를 북한의 동의 하에 우선 평양주재 영국 대사관이나 스웨덴 대사관 내에 할 수도 있다고 밝힌 바 있어 오바마 행정부의 북핵접근법을 추측할 수 있겠다.[21] 그리고 6자회담의 목적이 달성된 이후 동북아조약기구에 미국도 참여하여 동북아의 평화를 이루는 데 공헌하기를 제의한다.

오바마 행정부는 출범 이후 2011년 4월까지 구체적인 대북정책을 내놓지 못하고 있다. 사안별 대응에 초점을 맞추고 있으며 일관된 정책이나 독트린은 없었다. 그 결과, 오바마 행정부는 일관된 대북정책 기조 없이 미국 내 상황과 이명박 정부 정책에 따라 우왕좌왕하는 행보를 취한 셈이다. 표면적으로, 오바마 행정부는 평양의 태도변화가 전제되지 않는 한 직접적인

---

20) 조지프 나이, "오바마 그리고 '미국의 힘'," 상동(2008년 11월 7일), p. A30.

21) "북에 미이익대표부 설치, 오바마 조기 추진할 듯," 상동(2008년 11월 26일), p. A2.

개입정책은 피하고 대북 압력, 제재와 동맹국과의 조율을 중시하는 정책의 큰 틀을 유지한 것으로 분석된다. 이 정책이 2011년 1월 20일 미국과 중국이 발표한 공동성명에서 대화와 협상을 통해 북핵문제와 한반도 문제를 비핵화의 기본 틀로 2005년 6자회담에서 합의한 9.19공동성명을 재확인하면서 해결하자는 데 합의하여 정책의 변화를 내비치고 있다.[22] 위의 정책변화는 2011년 4월 12일 우다웨이(武大偉) 중국 한반도사무 특별대표가 지난주 베이징을 찾은 커트 캠벨 미국국무부 동아태 차관보과 김계관 북한 외무성 제1부상을 만난 뒤 제안한 남북 수석대표 회담 → 북미 접촉 → 6자회담으로 이어지는 3단계 접근법이 포함하고 있다. 2008년 이후 6자회담이 재개되지 않으면서 평양은 핵실험을 비롯한 핵무장을 강화하는 것이 현실이고 평양의 천안함·연평도 도발 인정 및 사과를 전제 조건으로 내걸고 있는 것을 분리 대응해야 하는 것과 남쪽의 대북지원이 절실한 것도 현실이다. 서울은 대화 문제에 대해 늘 '개방적인 입장'이라고 수용의사를 밝혀 '투 트랙' 접근법에 동의하고 있는 것으로 분석된다. 첫 번째 트랙은 비핵화로 남북 6자회담 및 수석대표회담 → 미·북회담 → 6자회담 재개이고, 두 번째 트랙은 남북관계 개선으로 북한의 천안한 폭침·연평도 포격 사과 → 식량 지원 및 금강산 관광 재개 논의 → 남북 고위급 및 정상회담이다. 여기서 주목할 점은 과거 김대중·노무현 전 정부에서는 베이징 6자회담장에서 남북이 비공식 접촉을 통해 북핵문제를 논의했으나 이번 제안은 북핵을 단일 의제로 한 남북 간 정식 회담이 거론된 점이다.[23] 오바마 대통령은 다음 대선에 재출마를 선언한 상태에서 장기적으로 대북독트린을 발표하면서 북핵 문제를 풀어야 할 위치에 놓여 있다.

동경의 경우, 아소다로 일본 총리는 2008년 11월 22~23일 열린 제16차 APEC(아시아태평양경제협력체) 정상회의에서 6자회담을 통하여 한·미·일 3국의 공조를 강조하면서 북핵를 해결하고 한반도 비핵화를 달성하는 데 노력하자고 강조하고 있다. 일본은 북핵문제가 동북아 안정에 위험을 초래한

---

22) "오바마 행정부의 '대북톡트린', 언제 구체화되나,? 통일뉴스(2011년 2월 7일), 또는 http://www.tongilnews.com/news/articleView.html?idxno=93530 참조.

23) "北核 단일 의제로 사상 첫 남북회담 가능성," 조선일보(2011년 4월 13일), p. A4.

다고 보고 자국의 이익 차원에서 평양과 납북자 송환문제와 연계해서 조연자로 역할을 수행하고 있다.[24] 동경도 동북아조약기구의 필요성을 이해하고 적극적으로 참여하여 큰 틀에서 동북아의 평화를 이루는 데 비전을 가지고 적극적인 참여자 역할을 하기를 제의한다. 2008년 11월 28일 인도의 경제수도 뭄바이에서 일어난 테러사건은 제2의 9.11테러사건으로 전세계를 공포로 몰아넣었고, 이를 방지하는 차원에서 동경도 동북아의 평화을 위해 협력자·균형자·조정자 역할을 할 때이다.[25]

하토야마 유키오는 제93대 총리이며 홋카이도 지역구 민주당 대표로 2009년 8월 30일 총선에서 압승하여 2009년 9월 16일 총리로 지명되어 외교에서 '대등한 대미(對美) 외교'와 '동(東)아시아공동체 구상'의 깃발을 동시에 들고 집권했다. 하토야마 정부는 정권교체 이후 '변할 외교'와 '계속할 외교'를 구분하면서 '반미(反美)도 혐미(嫌美)'도 아니면서 60년간 못한 말을 하면서 일·미관계를 성숙시키고 동아시아공동체 창설은 '장기적 비전이며 구상단계'로 EU모델을 참조하고 있는 점을 강조하고 있다.[26] 그러나 하토야마 총리는 그의 이상적인 외교와 동아시아공동체를 실현도 못하고 2010년 6월 2일 오자와 이치로 민주당 간사장과 선거전에 내건 공약의 이행을 놓고 자민당 등과 대립, 사민당, 국민신당 등과 마찰을 빚고 총리직에서 사임했고 후임은 간 나오토가 총리가 됐다.[27]

간 나오토는 제94대 총리이며 중의원으로 2010년 6월 4일 일본의 다수당인 민주당의 대표로 선출되어 총리로 지명되었으며 2010년 9월 14일 2년 임기의 당 대표로 재선되어 재신임되었다.[28] 간총리는 하토야마의 동아시아공동체 구상에서 변모한 환태평양 파트너십 협정(TPP-Trans-Pacific Partnership)

24) "한·미·일 정상 '3국공조로 금융위기·북핵 해결하자,'" 상동(2008년 11월 24일), p. A5.

25) "인도 테러범 대부분 진압," 상동(2008년 11월 29일), p. A2.

26) "反美 아니다… 60년간 못한 말 하겠다는 것," 상동(2009년 12월 8일), p. A5.

27) "하토야마 유키오" 위키백과, 우리 모두의 백과사전 또는 http://ko.wikipedia.org/wiki/%ED%95%98%ED%86%A0%EC%95%BC%EB%A7%88_%EC%9C%A0%ED%82%A4%EC%98%A4 참조.

28) 간 나오토 위키백과, 우리 모두의 백과사전 또는 http://ko.wikipedia.org/wiki/%EA%B0%84_%EB%82%98%EC%98%A4%ED%86%A0 참조.

으로 전환을 하면서 일본의 '제3의 개국론(開國論)'이라는 용어를 사용하면
서 일본 경제의 진로를 바꾸고 있다. 환태평양 파트너십은 미국, 칠레, 페루,
오스트레일리아, 뉴질랜드, 싱가포르, 말레이시아, 브루나이, 베트남 등 태평
양연안 9개국이 2015년 관세철폐를 목표로 2011년 11월까지 교섭을 끝내기
로 한 자유무역협정이다. 특징은 이 교섭 9개국의 GDP는 세계 28%이다. 동
경은 2010년 11월 10일 각의를 열어 '정보 수집을 위한 관계국과의 협의 게
시'를 핵심 내용으로 하는 TPP 지침을 결정하여 제3의 개국을 열 것을 선
언한 바 있다. 이 개념은 일본의 근대화를 이끈 1876년 메이지(明治)유신의
제1의 개국, 1945년 태평양전쟁의 패전 이후 경제재건 과정을 제2의 개국
이며 현재추진중인 TPP가 제3의 개국이라는 점이다. 이 용어는 센고쿠 요
시토(仙谷由人)관방장관이 처음 사용했으며 일본이 본격적으로 이 협정에 참
여할 경우 산업구조의 일대 변화를[29] 가져올 것이다. 이 협정은 중국 경제의
급부상과 함께 한국의 공세적 FTA 전략에 자극을 받아 나온 것이다.[30] 동경
의 현실적인 정치상황은 그동안 유지해 오던 G2 위치에서 베이징에 G2를
2011년에 물려주고 G3로 추락하였고, 2011년 3월 11일 동(東)일본 대지진 이
후 3만명의 인명피해를 입었고 25조엔 가량의 경제적인 피해가 발생한 지진
피해 수습과 후쿠시마 원자원전의 방사선 누출 사태를 해결하는 위기상황에
놓여 있다. 일본은 당분간 자유무역협정, 환태평양경제동반자협정(TPP) 등에
적극적으로 나서지 않을 것은 물론 동북아에서 목소리를 낮출 것과 내부 피
해 복구에 전력을 다할 것으로 예상된다. 다시 말해서 동경은 대외(對外) 관
여축소, 베이징 우위 견고, 동경 내 위기의식확대로 미·일동맹 강화에 초점
을 둘 것으로 분석된다.[31]

    베이징의 경우, 후진타오 중국 국가주석은 2008년 5월 27일 한·중 정
상회담에서 종전의 경제와 인적 교류에 치중했던 관계에서 외교·안보·사
회·문화 등 전영역에 이르는 포괄적 협력관계인 전략적 협력동반자 관계로
확대하고 북핵 불능화(2단계)를 넘어 북핵 폐기(3단계)를 위해 적극 협력하는

---

29) "日 '제3의 開國論'… 경제 갈림길에 열도 후근," 조선일보(2010년 10월 29일), p. A16.

30) "日, 美와 자유무역협정 강력추진," 상동(2010년 11월 11일), p. A16.

31) "美 '한국이 동북아서 좀더 역할을'," 상동(2011년 4월 26일), p. A8.

데 의견을 같이한 바 있다. 중국은 6자회담의 중재자 역할을 하면서 후진타
오 임기가 끝나는 2013년 3월까지 해결해야 할 의무가 있다.[32] 그의 임기 안
에 부상하는 베이징의 이미지에 맞추어 동북아조약기구에도 중재국 내지 창
설자 역할을 하도록 제의하는 바이다.

베이징은 2011년 탈냉전 이후 워싱턴 독주시대에서 미국과 중국의 G2
(주요 2개국) 시대로 새로운 10년을 대비하여 양국간 안정적 협력관계의 기본
틀을 재정립하는 계기를 마련한 것으로 평가받고 있다. 중국은 2010년 국내
총생산(GDP)이 일본을 앞질러 세계 제2위의 경제대국이 됐다. 후진타오 중
국 국가주석이 2011년 1월 18일부터 21일 미국을 방문하여 오바마 미국 대
통령과 정상회담을 갖고 전체 41개 항으로 구성된 공동성명에서 상호존중과
공동이익을 바탕으로 한 협력적 파트너십의 구축, 21세기 아시아·태평양지
역의 안정과 번영, 한반도 비핵화 등을 위한 청사진을 제시했다. 중국은 지
난 20여 년 동안 덩샤오핑의 도광양회(稻光養晦, 자기의 재능을 드러내지 않고
때를 기다림)를 견지하면서 조용한 외교정책을 구사해 오면서 최근 막강한
경제력을 바탕으로 민족주의적인 힘의 외교를 펼치고 있어 미국의 노골적인
견제와 주변국가와의 관계악화를 겪으면서 미·중 동주시대(同舟時代, 한 배
에 같이 타고 협력하는 시대)를 열고 있다.[33] 반면에 워싱턴은 세계금융위기에
서 타격을 많이 받으면서 높은 실업률, 재정적자, 무역적자 등으로 베이징의
협조 없이 범세계적 문제의 해결이 어려운 가운데 처해 있다. 이번 미·중
정상회담 의제는 양자관계로 포괄적·협력적 메커니즘 구축, 안보·정치는
북한문제, 이란 핵문제, 남수단 분리독립, 미·중 군사협력 강화, 경제문제에
서 위안화 절상, 무역불균형 및 불공정 관행 해소, 글로벌 이슈에서 기후변
화, 인권, 테러리즘, 해적소탕이다.[34] 후진타오 방미 성적표는 중국이 얻은
것과 준 것으로 나눌 수 있겠다. 전자는 G2(주요2개국)으로서 지위와 위상 인
정, 미국과의 관계개선을 통해 국제관계 안정 기반 마련, 국제통화기금(IMF)

32) "한·중 정상회담 양국 '전략대화' 정례화…견제 교류도 탄력," 상동(2008년 5월 28일), p. A4.

33) "미중 동주시대(同舟時代)의 개막," 한국일보(2011년 1월 22일), p. C19.

34) "北核·위안화 절상 '양보 못할 카드'," 상동(2011년 1월 17일), p. C4.

의 위안화 전략인출권(SDR) 편입 지지를 포함한다. 후자는 동북아에서 미국의 개입인정, 450억 달러 규모의 경협 보따리, 조달시장 개방 및 지적재산권 보호 강화를 포함한다.

　　중국의 달라진 위상은 미국 워싱턴에서 2011년 5월 9일 시작된 미·중 제3차 전략경제대화에서 클린턴 국무장관과 가이트너 재무장관은 중국 고사성어를 인용하면서 베이징의 위상을 인정하고 있다. 2006년 경제분야에서 출발한 양국의 정례 고위급 대화는 2009년 전략대화를 추가한 후 이번에 군사안보분야까지 포함시켰다. 클린턴 장관은 '봉산개도 우수가교'(逢山開道 遇水架橋, 산 만나면 길 트고 물 만나면 다리 놓는다)는 삼국지의 조조가 한 말로 양국 관계에 놓여 있는 난관과 애로를 뚫고 나가는 계기를 양국이 힘을 합쳐서 해결하자는 뜻이다. 가이너 장관은 직접 중국어로 '유복동향 유난동당'(有福同享 有難同當, 행운과 고통을 함께 나눈다로 '어떤 나라도 혼자서 21세기의 도전에 맞설 수는 없고, 어떤 나라도 문을 닫아선 채 자신의 이익을 도모할 수 없다)는 오바마 대통령의 연설의 중국 버전이라고 설명했다. 미국의 두 각료의 중국 고사성언의 의미는 베이징의 높아진 위상을 인정하면서 전략적으로 공조하면서 국제문제를 해결하자는 뜻이다.[35] 분명한 점은 베이징이 G2 지위를 굳히며 세계 판세 주도권을 확보하고 한반도에서 막강한 영향권을 가지고 있어 앞으로 후진타오 주석 이후 동북아조약기구의 중재자 및 창설자의 역할을 더욱 기대할 수 있다는 점이다.[36]

　　베이징은 주변국가들이 2012년에 정권교체 시기에 불확실한 정치환경과 달리 시진핑 시대를 2010년 10월 18일 폐막된 중국 공산당 17기 중앙위원회 5차 전체회의에서 시진핑 중국 국가부주석이 당 중앙군사위 부주석에 선출됐다. 중국에서 군사위 부주석은 국가지도자가 되려면 반드시 거쳐야 할 관문으로 2012년 당 총서기, 2013년 국가주석으로 선출되면 마오쩌둥(毛澤東)에서 후진타오로 이어져온 중국의 5세대 지도자가 된다. 중국은 1990년대 이후 10년마다 지방행정 경험을 쌓은 인물이 공산당 중앙간부로 발탁되어 군사·행정·경제 분야에서 서로 경쟁하여 지도자로 선출되는 직접투표가 아

35) "다빙궈 만난 클린턴 '逢山開道 遇水架橋', 조선일보(2011년 5월 11일), p. A16.

36) "中, G2 지위 굳히며 세계 판세 주도권 확보," 한국일보(2011년 1월 22일), p. C10.

닌 중국식 경쟁과 검증단계를 거쳐 새 지도자를 선출하는 정치적 안정성을 유지하고 있다. 베이징과 달리 2012년 평양은 강대국 원년으로 삼고 김정일 사망으로 김정은 시대가 열린 반면, 서울은 2012년 말 대통령 선거를 치르고, 워싱턴은 2012년 오바마 대통령이 대선을 준비하고 동경은 후쿠시마원전 사태 이후 일본재건에 힘을 쓰는 해이다. 시 부주석은 평양을 2007년과 2008년 두 차례, 서울을 3차례 방문한 바 있고 중국의 5세대 지도자들은 대북 정책에서 근본적 변화 없이 유지될 전망이며 시진핑 시대의 중국은 평양 변수의 불확실성이 최고조에 달할 가능성이 크고 통일한국으로 가는 과정에서 서울이 반드시 거쳐야 하는 중요 국가이다. 그렇기에 베이징을 움직일 수 있는 새로운 전략을 추구해야 한다.[37]

모스크바의 경우, 취임 6개월 된 러시아 드미트리 메드베데프(Medvedev) 대통령은 고장난 러시아 사회를 수리하고 국제정치·경제 무대에서 러시아 중심으로 위상을 높이는 거시전략을 구상하여 '메드베데프 독트린(Doctrine)'을 추진하면서 독자적인 영역을 넓혀가고 있다. 그는 2008년 11월 24일 APEC(아·태경제협력체) 참석 후 미국중심의 일방주의를 거부하고 러시아의 영향권을 유럽, 시리아, 미국의 '뒷마당'인 브라질, 쿠바, 베네수엘라에 새 입지를 구축하면서 모스크바를 세계 금융허브 중 하나로 성장시키고 루블화를 이 지역의 기축통화로 만든다는 구상을 가지고 있는 것 같다.[38] 러시아는 6자회담에서 북핵문제 해결과정에 개입하여 영향권을 행사하고 있다. 여기서 모스크바는 북핵 제거에 적극적인 조정자 역할을 해야 한다. 러시아와 한반도관계는 시베리아횡단철도(TSR) 사업과 관련되어 러시아, 한국, 북한의 인력이 합치면 모두에게 경제적 협력뿐만 아니라 문화, 사회, 역사, 동북아 평화에 윈-윈(Win-win)이 될 수 있는 연관성을 가지고 있다.[39] 러시아는 동북아의 평화가 자국의 국가이익을 추구하는 데 도움이 된다는 이유로 균형자·조정자 역할을 해야 한다.

---

37) "'시진핑 시대의 중국' 움직일 새로운 접근법 찾으라," 조선일보(2010년 10월 20일), p. A39.

38) "달러 시대 끝…루블화 시대로 가자," 상동(2008년 11월 26일), p. A19.

39) "이대통령 '시베리아횡단철도 적극 추진'," 상동(2008년 9월 27일), p. A2.

이명박 대통령은 2010년 G20 서울 정상회의 참석차 국빈 방한한 드미트리 메드베데프 러시아 대통령과 정상회담을 11월 10일 갖고 러시아 석유·가스·광물 자원의 공동개발과 러시아산 천연가스 한국 공급 및 러시아 전력망 현대화 사업에 대한 협력을 강화하는 27개 항의 공동성명을 발표하고 러시아 주재 한국 기업인의 체류기간 연장인 '한시적 근로 활동에 관한 협정'을 서명했다.[40] 최근 러시아의 현황을 보면, 2000년부터 8년간 대통령으로 재임한 블라디미르 푸틴(58)이 2008년 고향·대학(상트페테르부르크) 후배인 드미트리 메드베데프(45)를 대통령으로 내세우고 자신은 총리가 됐다. 2012년 3월 대선을 앞두고 두 사람 사이에 연임 논란이 일어나고 있다. 러시아 헌법에 3선(選)이 금지돼 있으므로 푸틴이 임기를 한 번 건너뛴 후 다시 대선에 출마할 가능성이 있기 때문이다. 푸틴은 실질상으로 내각 대부분과 정보기관인 FSB(연방보안국·KGB의 후신)와 군을 장악하고 있으면서 하원 의석의 3분의 2를 차지한 집권 통합러시아당의 대표이다. 푸틴이 정치의 주도권을 장악하고 있으므로 2012년 대선에서 통합러시아당이 메드베데프(민주주의 지지와 서방에 유화적인 제스처를 보내는 주장)나 푸틴(러시아의 영향력 확대 주장)을 지명하면 대선 후보로 선출될 것이다. 다시 말해서 푸틴이 실질적인 정치력을 행사할 것이고 메드베데프는 상징력을 강조하면서 '강한 러시아'를 만든다는 데 의견을 같이 하면서, 두 사람 사이에서 짜놓은 각본에 따라 움직일 것으로 예상된다.[41] 강한 러시아는 한반도에서 균형자 내지 조정자 역할에 일역을 할 것은 틀림없는 현실이다.

남북한 통일전문가에게 주는 3가지 정책으로 전자모바일통일 모델의 구체적인 플랜 연구, 정치적 통일미래상의 구체적인 연구, 동북아조약기구와 동북아 평화지대의 미래상 연구를 포함한다.

첫째, 동기 여하를 막론하고 국내외에서 통일문제로 박사학위를 받은 사람을 통일전문가로 간주하고 남북한 정부는 이들과 연계할 수 있는 '통일한국포럼'을 만들어 전문가의 지식을 활용하는 것이 앞으로 창조적인 통일

---

40) "러시아 석유·가스 한국과 공동 개발 韓·호주, FTA협상 서둘러 타결키로," 상동(2010년 11월 11일), p. A1.

41) "메드베데프, 독자노선?··· 연일 푸틴에 딴지," 상동(2011년 5월 16일), p. A20.

정책을 수립하는 데 중요하다고 본다. 이들은 적어도 그들의 통일에 대한 전문적인 지식을 소유하고 있으며 이 지식을 남북한 정부에서 잘 활용할 의무가 있다. 과거 지나치게 체제·이념 중심적이고 정태적 논의에 치중하면서 뿔뿔이 흩어져 있는 상태를 지식정보화시대의 흐름에 맞게 개인의 욕구와 공동체와 역사적 임무, 체제의 안정과 동시에 변화, 통일 내적인 요인과 외부 통일환경의 변화 등을 보다 동태적으로 파악하는 데 중점을 두어서 통일한국포럼으로 모아야 한다. 지식정보화시대에서 과거의 통일정책에만 집착하지 말고 창조적인 통일대안을 만들기 위해서 디지털시대에 맞는 국제질서의 변화와 통일환경의 변화가 주는 함의를 지식정보산업에 적용하여 전자모바일통일 모델을 좀더 심도 있게 연구할 필요가 있다. 저자는 큰 틀에서 방향제시한 점을 통일전문가들이 국내외와 북한, 해외에서 활동하는 통일전문가를 통일한국포럼 하나로 묶어 구체적이고 체계적 내지 과학적인 플랜을 연구하라고 제시한다.

둘째, 통일전문가들은 정치적 측면에서 이루어질 수 있는 정치적 통일미래상을 구체적으로 연구하여 7천만 한민족에게 청사진을 제시할 도의적 의무가 있다. 일반적인 통념에 의하여 통일한국이 오게 되면 그때의 국내외 조건과 통일환경에서 논의하고 착수하면 된다는 안일한 생각을 버리고 논리적이고 일반상식이 통하는 이상적인 플랜이 아닌 현실적이고 위의 통념을 깨는 참신한 방안을 연구하는 것이 중요하다고 본다.

셋째, 동북아조약기구와 동북아평화지대의 구체화는 유럽권보다 많은 학자들이 동북아시대에 대한 기대가 많은 점을 감안하여 국민의 생명과 재산을 보호하고 통일한국의 현실적인 토대를 만들기 위해서 앞으로 전개될 동북아시대에 대비하여 동북아조약기구와 동북아평화지대를 구체적으로 연구할 필요가 있다. 저자와 다른 교수가 제시한 동북아평화지대는 큰 틀에서 윤곽을 그린 점을 감안하여 구체적인 연구를 통일학자들이 계속하기를 제의한다.

끝으로 남북한과 해외국민에게 주는 3가지 정책제안은 1/3에 해당하는 북한주민의 혹독한 참상, 남북한과 해외에 있는 종교인들의 염원, 정치·사회화 과정을 겪은 세계시민으로 나눌 수 있겠다.

첫째, 2008년 11월 28일 밤 KBS TV「추적 60분」에서 방영한 "긴급취재 2008년 10월 북한을 가다" 프로그램에서 보여주는 북한주민의 참상은 평양을 제외한 황해도와 신의주 등 북한 전역에 떠도는 꽃제비 소년과 소녀, 베이징과 서울에서 차단된 쌀 지원부족으로 의식주 문제로 고통당하는 북한주민, 빈부격차, 시장경제의 태동 특히 단속원과 상인 사이에 일어나는 갈등은 인간 이하의 생활로 캄보디아에서나 볼 수 있는 참상으로 보여진다. 북한당국은 많은 약속을 북한주민과 하고 이행하지 못하기 때문에 생기는 불만현상으로 북한주민은 많은 고통을 당하고 있다. 남한은 너무 늦기 전에 북한정부보다 주민을 구하는 차원에서, 인도적 차원에서 대북지원을 해야 하며 경협을 통해서 북한주민의 의식주 문제를 해결하도록 도와야 한다.

그러나 서울 정부는 2년 전(2010년 5월 24일) 평양의 천안함 폭침 사건에 따른 5·24 제재 조치를 발표했다. 유엔의 대북제재와 한국의 5·24조치는 평양의 핵개발과 천안함·연평도 도발 등 '나쁜 행동'에 대한 과거 정권들이 주었던 당근 대신 채찍을 가해 북한의 행동양식을 바꾸는 것이 중요한 의도였다. 그 이후 서울 정부는 개성공단 필수 요원 방북을 제외하고는 사실상 모든 대북 교역과 경협을 중단했다. 쌀과 비료 지원도 끊어져 연간 3억 달러 가량의 경제적 제재 효과를 보았다고 말해 왔다. 북한의 태도 변화에 목적을 둔 5·24제재가 제대로 먹혀들지 않고 있는 이유는 베이징의 지원이 늘어나면서 효과가 상쇄되는 점이다. 예컨대 북·중 간 교역액은 2009년 26억 8,100만 달러에서 2010년 34억 6,600만 달러로 29.3% 급증하였으며 평양의 베이징 무역의존도는 2011년 60%로 급증된 것으로 추산되는 점이다.[42] 북·중의 경제밀착은 북한 지하자원 개발에서도 두드러진다. 중국의 대북투자 중 70%가 지하자원 개발에 몰려 있다. 외자에 의한 북한 광물자원 개발사업 25건 가운데 20건이 베이징이 싹쓸이하는데 대부분 25~50년이어서 '통일되도 북한은 껍데기만 남는다'는 우려가 현실화되고 있다. 베이징은 일면으로 평양의 '큰 구멍'을 메꾸는 역할을 하면서 다른 면으로는 2011년 5월 22일 일본 동경에서 한·중·일 3국 정상회담이 있었지만, 같은 시기에

42) "천안함 대북제재 1년과 北中 經協 확대," 상동(2011년 5월 23일), p. A35.

원자바오 총리는 김정일을 초청함으로써 복원된 혈맹관계를 과시하고 있다.

한·미간의 '대북압박' 전략이 베이징 때문에 효력을 발휘하지 못한다면, 앞으로는 2가지 선택을 고려해야 한다. 우선 베이징과의 전략적 협력을 통해 대북공조 수위를 높여야 한다. 예컨대 앞으로 있을 평양의 개혁·개방을 유도할 중국의 대북 SOC(사회간접자본)사업에 참여하면서 양국의 투자 리스크를 줄이고 대북공조에 교집합(交集合)을 넓히는 것이다. 두 번째 선택은 실효성이 약한 대북압박이라는 '원 트랙(One Track)' 전략을 조정하여 천안함·연평도 도발의 산물인 5·24조치를 아무런 명분 없이 철회할 수는 없겠지만, 백두산 화산 조사와 같은 학술·의료·문화·분야의 교류 재개와 같은 멀티 트랙(Multi Track)으로 전환하는 것이다.[43]

이러한 전략적 대안에 대하여 한나라당 내의 소장파(남경필과 권영세 의원)와 구주류(정몽준과 신지호의원) 간에 이견이 있다. 전자는 '정경분리 제3의 길 가자'는 논리로 5·24조치는 시행된 지 1년이 지났고 현 상황을 보면 베이징과의 교역으로 평양이 대북압박을 견디는 상황에서 실효성이 없다는 점과 남북관계의 재개를 위하여 전술적 유연성 차원에서 인도적 대북지원과 남북 경협에 나서면서 평양의 진정성 있는 조치도 받아내고 북한인권법 제정도 필요하다는 점이다. 후자는 '낭만적 감상에 젖지말라', '선 북핵폐기 후 지원,' '선 천안함·연평도 사과 후 교류'를 주장하면서 대북 압박 정책이 효과가 있다고 보고 북한이 곧 변할 것을 주장한다. 즉 대규모 대북지원은 불가능하다고 보고 있으며 남북 정상회담에 대해서는 유연한 입장을 보이고 있다.[44] 분명한 점은 내부적 요건보다 외부적으로 변하는 대세에 따라 대북정책을 큰 흐름에서 보고 조정하여 통일한국의 과정을 줄여야 한다. 물론 현재는 식민지 시대도 아니고 21세기에 한 나라가 빚 때문에 남의 식민지가 된다는 논리는 보는 시각에 따라 시대착오일 수도 있다. 그러나 베이징이 평양의 자원을 싹쓸이 하는 것은 장기적인 통일한국을 위해서 막아야 한다. 워싱턴은 로버트 킹 북한인권특사를 2011년 5월 24일부터 28일까지 미국의 북한식량 평가팀을 이끌고 평양을 방문하여 북한식량상황을 집중적으로 살

---

43) "'대북압박' 전략, 다음은?" 상동(2011년 5월 24일), p. A38.

44) "'政經분리 제3의 길 가자' vs '낭만적 감상에 젖지말라,' 상동(2011년 5월 25일) p. A3.

펴보면서 세계식량계획(WFP)과 민간 기구들이 발표한 북한 식량보고서를 평가했다. 미국정부 대표의 방북은 2009년 12월 스티븐 보즈워스 대북정책 특별대표의 방북 이후 17개월 만이다. 킹 특사 방북 후 대북식량지원은 33만t이 될 것이다. 그 이유는 평양이 2008년 영변 핵 시설의 냉각탑을 폭파하고 대신 50만t의 식량지원을 약속한 점이다. 북한은 미국이 식량분배에 대한 검증 문제를 계속 제기하자 2009년초 17만t을 받은 상태에서 더 이상 받지 않겠다고 해 당시 약속한 33만t이 남은 상태이다.[45] 서울은 제재의 효과를 객관적으로 평가하고 디지털(光速)시대에 빠르게 달라진 상황을 타결해 나갈 수 있는 새 방안을 찾아야 한다.

한·미 대북 압박에 피해를 본 김정일은 북한 백성을 먹여 살릴 식량이 부족하여 2011년 5월 20일 중국을 방문하여 민생경제를 살리는 차원에서 동북 3성(지린성, 랴오닝성, 상둥성)의 창춘과 지린, 두만강 유역의 투먼을 경제벨트로 잇고 북한의 나선항을 통해 동해로 연결시켜 (동북 3성 → 나선시 → 한반도 동해 → 남해 → 중국 동·남부로 연결) 해상 수송로를 확보하여 베이징·평양 경제협력이 서울을 에워싸는 '한국 포위 전략'을 시도하는 것으로 분석된다. 이러한 전략은 경제적으로 북·중간의 동북 3성~北 나선~中 해안 연결 상업벨트 구축과 군사적으로 중국 해군, 北·중 뱃길을 통한 동해 등장 가능성이 포함되어 있어 윈·윈 전략(Win-Win Strategy)이라고 볼 수 있겠다.[46] 소위 '북한의 중국화(化)'가 우려되는 상황이다. 북한의 중국 영향력이나 유사시 베이징이 평양을 1961년 체결된 북·중 우호조약 2조에 의하여 '일방이 무력 침공을 당해 전쟁 상태에 처하게 되면 상대방은 모든 힘을 다해 지체 없이 군사적 및 기타 원조를 제공한다'에 의해서 중국군이 자동 개입한다는 조항이 있다. 베이징이 우호조약을 근거로 평양에 개입할 경우, 워싱턴이 개입하지 않으면 평양은 중국화가 될 가능성 크고 미국이나 유엔이 개입하면 중국과 충돌할 상황이 발생할 수도 있다. 중국은 현재 압록강·두만강 근처에 중국군 10만~15만명이 주둔하여 유사시 자동 개입이 가능한 상태이다. 베이징은 2011년 7월 11일 조약 체결 50주년을 맞아 북·중 군사협력을 강

---

45) "美, 北에 식량 주나… 로버트 킹 특사 평양방문으로," 상동(2011년 5월 25일), p. A3.

46) "북한·중국 '한국 포위 전략' 펴나," 상동(2011년 5월 23일), p. A1.

화하는 방향으로 우호조약을 개정하려는 관측도 무시해서는 안 된다. 한반도 주변 6자회담국의 5개국은 새로운 안보번영질서의 마련차원에서 베이징이 구사하고 있는 북한의 중국화는 막아야 한다.[47)]

그러나 김정일은 방중 일주일 후인 2011년 5월 25일 베이징에 도착하여 북·중 정상회담을 갖고 향후 10년 생존전략을 모색하는 차원에서 '2012년 강성대국의 해'를 앞두고 3마리 토끼(경제문제·북핵문제·후계문제)를 동시에 잡아야 하는 과제를 안고 있다.[48)] 첫 번째 토끼문제는 후진타오 주석은 북한의 요구를 액면 그대로 받아들이기에는 G2국가로 한계를 지니고 있다. 중국은 공산당 출범 100주년인 2021년까지 '전면적 소강사회(小康社會, 기본적 생활이 보장되고 다소 여유 있는 사회)' 완성의 목표를 두고 경제성장에 매진하는 차원에서 한반도 안정은 필수요건으로 간주하고 있다.[49)] 이러한 공통점을 활용하기 위해 김정일은 1년 세 차례 방중(특히 2011년 5월에 7박 8일간 철도로 중국을 6,000km 돌아다님)하면서 경제, 북핵, 후계문제를 해결하려는 의도로 분석된다. 예컨대 경제문제에서 2011년 5월 28일과 30일 열릴 예정이던 황금평 착공식과 훈춘~나선 간 도로 착공식이 전격 취소되어 김정일이 상당히 화가 난 상태에서 귀국길에 오른 것으로 추측되고 있다. 김정일은 두 지역을 한 묶음으로 해 중국이 개발해 달라며 특혜를 요구했지만 원자바오 총리는 '경제협력이 정상적 시스템에 따라 이뤄지길 희망한다'고 말하면서 정경분리차원에서 김정일을 대우한 것이다. 정치적으로 북·중 관계는 혈맹이지만 경제적으로는 정상적인 시장원리를 적용한 것이다.[50)] 두 번째 토끼인 북핵문제는 김정일이 '6자회담의 조기 재개 등(핵문제)을 주장하면서 평화적 해결을 촉구한다'고 하지만 새로운 것은 없으며 평양의 기존 입장을 고수한 점으로 진전이 없다고 평가된다. 김정일의 주장은 천안함 폭침과 연평도 포격 이후 국제 제재망이 평양을 옥죄기 시작했을 때부터 나온 것으로 새로운

47) "'통일 후 미군 휴전선 안 넘을 것' 中에 미리 알려 안심시켜야," 상동(2011년 5월 30일), p. A18.

48) "김정일의 세 마리 토끼 잡기," 상동(2011년 5월 27일), p. A30.

49) "金·후진타오, 작년 5·8월보다는 분위기 좋았을 것," 상동(2011년, 5월 26일), p. A3.

50) "황금평 개발 퇴짜맞은 김정일, 화난 상태서 돌아갔다," 상동(2011년 5월 27일), p. A4.

것이 아니다. 국제사회는 평양이 6자회담 테이블에 다시 앉는 것을 구실삼아 경제지원과 비핵화 프로세스를 연기하는 전술을 사용하여 같은 지점에서 멈춰서곤 했던 과거 패턴에 속아왔다. 김정일과 후진타오 주석이 6자회담 재개를 진심으로 원한다면 과거 그 지점 너머로 비핵화가 진전될 수 있는 진정성을 6자회담 당사자들에게 실천으로 보여 주어야 한다.[51] 평양이 내일이라도 서울이 요구한 남북수석회담에 응하면 된다. 그러나 김정일은 베이징에서 돌아온 지 사흘 만인 2011년 5월 30일 국방위원회 대변인 성명을 통해 '(남한 정부와) 더 이상 상종하지 않을 것'이라며 '동해지구 군(軍) 통지선을 차단하고 금강산지구의 통신연락소를 폐쇄할 것'이라고 발표한 점은 다급한 식량사정과 경제적 위기의 돌파구를 베이징으로 찾아 대북정책을 흔들려는 '압박전술'이라고 분석된다.[52] 셋째 토끼인 후계문제는 2010년 9월 당대표자회의에서 후계자로 등장한 김정은을 후진타오 주석이 3대 세습 인정을 한 것으로 이를 큰 성과로 보는 점이다. 베이징 매체는 김정일이 후 주석에게 '우호의 릴레이 바통을 한 세대에서 한 세대로 전해가야 한다'고 보도한 점이다.[53]

평양지도자들도 많이 변해야 한다. 아무리 핵무기를 보유한다고 해도 핵무기가 북한주민의 의식주 문제를 해결할 수 없고 북한주민의 불만은 시한폭탄이 되어 부메랑으로 그들에게 돌아갈 수 있기 때문이다. 이러한 분쟁이 일어나기 전에 서울정부는 통일과정에서 투자할 재원을 미리 사용하는 지혜를 가져야 한다. 단기적인 문제를 해결하기 위해서, 장기적인 문제를 희생시키는 우는 피해야 한다. 평양은 경제문제 외에 북핵문제에 대해서 2007년 2월 6자회담에서 합의한 '불능화, 신고 및 검증, 비핵화'의 3단계 절차에 따르는 진정성을 6자회담국에 보여야 하며 남북관계 개선을 위해 노력해야 한다. 물론 평양이 북핵 3단계 절차의 진정성을 보이면 선군정치를 포기하는 것이나 마찬가지이기 때문에 어려운 점이 있다. 세 번째 토끼(김정은의 새로운 후계체제공고화)를 잡기 위해서 김정일의 실책인 핵정책의 악순환, 경제

51) '늘 같은 지점서 깨질 6자회담은 의미없어," 상동(2011년 5월 27일), p. A31.

52) "北 '동해 軍통신선 차단… 南과 상종 안해," 상동(2011년 5월 31일), p. A1.

53) "北 '김정은 세습 재인정' 빼곤 실망 컸을 것," 상동(2011년 5월 28일), p. A8.

성장의 부진, 후계체제 구축의 지연을 해결하는 21세기 생존전략으로 핵 없는 안보체제와 평양이 감당할 수 있는 개혁·개방의 변화를 추구해야 한다.[54] 이런 차원에서 동아시아의 여섯 국가가 공동으로 새로운 안보번영질서를 마련하는 것이 중요한 과제이다. 이 과제는 동북아기구에서 담당할 사항이기도 하다.

둘째, 남한과 북한 내 기독교인 최대 10만 명[55]과 해외의 교인들과 다른 천주교와 불교신자들도 기도를 통해 '통일한국'을 기원하고 있다. 이 신앙적 기원은 앞으로 있을 통일한국의 정치·사회화 과정에서 중요한 역할을 담당할 것이다. 이 종교단체에서도 북한정부가 아닌 주민 살리기에 좀더 적극적으로 동참해야 한다. 2011년 5월 민간단체와 종교계가 5·24조치 1주년을 전후해서 대북 인도적 지원확대를 촉구하면서 서울 정부와 마찰을 빚고 있다. 종교단체의 논리는 북한정부가 천안함 폭침과 연평도 도발을 한 것이지 북한 주민은 아니며 그들은 북한정부의 희생을 강요당하는 대상으로 북한주민 인권개선 같은 인류보편적인 명분으로 평양정부와 북한 주민을 분리해서 도와야 한다는 입장이다.[56] 서울정부는 5·24조치에 따라 천안함, 연평도 사건에 대한 평양의 책임 있는 조치 없이 인도적 지원을 확대하는 것은 시기상조로 영유아 등 취약층에 대한 순수 인도적 지원에 선별적으로 물품 반출을 승인하고 있다. 밀가루와 쌀을 비롯한 식량지원은 막고 있고, 물품지원을 위한 평양과의 협의도 제한적으로 허가하고 있다. 대북지원 통로가 막히고 북한의 식량사정이 심각한 것으로 알려지자 한국기독교교회협의회(NCCK)는 제3국인 중국을 통해 북한에 '우회지원'을 통해 최근 평양 주민들에게 1억 원 가량의 밀가루 172톤을 지원했고 앞으로도 계속해서 대북지원을 교회가 감당할 최소의 의무로 할 것을 밝혔다.

시민단체와 대북지원 단체는 서울 정부가 정치적 입장을 앞세워 실제로 굶고 있는 노약자들에게 인도적 대북지원은 외면할 수 없는 인도적 실천이라고 주장하고 있어 서울 정부와 충돌하면서 양측 간이 마찰을 빚고 있다.

---

54) "김정일의 세 마리 토끼 잡기," p. A30.

55) "북한 내 기독교인 최대 10만 명 달해," 상동(2007년 9월 10일), p. A2.

56) "'통일 후 미군 휴전선 안 넘을 것' 中에 미리 알려 안심시켜야," p. A18.

서울 정부는 지원 단체들이 정부허가 없이 중국 등 제3국에서 평양 인사들과 접촉하는 것이 교류협력법 위반이라고 주장하고 있다. 이런 가운데 2010년 민간단체의 대북지원 물품 총액은 21억원으로 2009년의 77억원에 비해 3분의 1에도 못 미치며 대북협력민간단체협의회 회원단체도 56개에서 51개로 줄어 든 상태이다. 반면에 2011년 3월 세계식량계획(WFP)은 북한 주민 6백만 명에게 긴급 지원이 필요하다고 발표하여 미국도 식량지원을 재개할 움직임을 보이고 있다.[57]

셋째로 북한을 제외한 남한과 해외동포들은 변화하는 디지털시대에 정치·사회화 과정을 통해 똑똑한 '세계시민'으로 정부의 잘못과 앞으로 나아갈 방향을 알고 있기 때문에 앞으로 있을 통일문제도 전문가는 물론 정치가들도 시행착오 없는 올바른 정책을 제시하고 동의를 받는 절차를 따라야 한다. 문제는 이 기간 동안 북한당국의 공식적 규범체계와 일상생활의 비공식 규범체계의 괴리인식, 남한사회의 발전상 인지를 올바르게 교육시켜 인류보편적 가치에 의해서 북한주민들을 통일한국과정에 동참시키는 것이다.

2011년 5월 11일 현병철 국가인권위원장이 국내 거주 탈북자 2만 108명 중 주소가 파악된 1만 5,000명에게 이 사회에 '먼저 온 미래'라고 밝히면서 북한에서 겪은 '인권침해를 제대로 기록 안 해 대단히 유감'이라는 내용의 편지를 보냈다. 그의 '먼저 온 미래'라는 글귀는 미래의 통일한국을 이루면 남북한 주민이 섞여 살게 될 상황인데 탈북자들이 먼저 그런 상황을 겪고 있다는 의미이다. 2001년부터 2011년 4월 기준 탈북자 현황은 성별로는 남자 6,638명, 여자 1만 4,656명, 2010년 11월 탈북자 출신지역은 함북 1만 3,583명(68%), 양강 1,468명, 함남 1,904명, 평남 715명, 평북 576명, 평양 431명, 강원 425명, 황남 334명, 황북 293명, 자강 122명, 남포 112명, 기타 148명, 탈북자 연령대별 분포는 10세 미만 777명, 10대 2,327명, 20대 6,510명, 30대 6,481명(32%), 40대 3,136명, 50대 965명, 60세 이상 912명이다. 탈북자(2만 108명)의 북한에서 직업은 무직 9,984명(49%), 노동자 7,767명, 봉사분

57) "남북교역, 대북지원 중단 1년 … 남북관계는 어디로" 기독교방송(2011년 5월 22일) 또는 http://kr.news.yahoo.com/service/news/shellview.htm?articleid=20110522065931 83170&linkid=4&newssetid=1352 참조.

야 784명, 군인 및 공직원 581명, 전문직 433명, 관리직 378명, 예술·체육 분야 181명이며 탈북이유는 생활고 1만 977명(55%), 가족동반 3,219명, 체제불만 1,378명, 처벌우려 1,364명, 가정불화 508명, 중국정착 168명, 기타 2,494명이다.

여기서 주목할 부분은 성별에서 여자가 남자보다 숫자적으로 우세하며 출신지역에서는 함북출신이 대다수를 넘고 가장 잘 산다는 평양도 포함된 점이다. 탈북자 연령별 분포에서도 30대가 32%를 차지함으로써 이들을 중심으로 먼저 온 미래 지도자를 정치·사회화 과정인 대학원에 석사과정을 거쳐 통일한국 지도자로 양성하는 것이 중요하다. 탈북 이유에서도 생활고나 체제불만이 인권유린차원에서 서울 정부가 북한정부와 별개로 북한주민의 인권을 중점으로 도와야 한다.[58] 북한은 정치범 수용소 6곳을 비롯해 구류장과 노동단련대, 교화소 등 최소 480곳의 수용시설에서 북한 주민들을 짐승처럼 고문하고 공개처형해 왔다. 서울의 국가인권위원회에서는 서독에서 1961년부터 1990년 통일 때까지 4만 1,390건의 동독의 인권침해기록을 기록·보존해 통일 후 인권유린 행위자를 기소한 것 같이 탈북자들의 피맺힌 증언을 낱낱이 기록해 보존해야 한다.[59]

중기적 미래측면(2014~2019년)에서 남북한 차기정권의 정책결정자들에게 첫째 정책제안으로 남북한 정책결정자들은 남북한 간의 정상회담과 대화를 다시 계속 유지하여 신뢰를 구축해야 한다. 남북한 간의 이질적 체제에서 통합으로 가기 위하여 남북대화는 필수적 요건이며 이 대화를 통해서 남북한은 신뢰구축 차원에서 상호 간의 상대방 체제존중, 상호주의 적용, 기존의 제반 합의서 이행을 해야 한다. 이 진행과정에서 북한도 인류보편적인 가치인 자유, 인권, 복지 개방을 하여 북한주민의 삶의 질을 올려야 한다. 이 시기에 남북한 간의 정책결정자들이 눈에 보이는 성과로 남북관계가 남북통합지수 3~5단계인 남북통합의 진전이 본격화되고 남북협력이 정례화되고 협력이 정례화되는 '협력도약기'로 완성을 보이도록 노력을 하

58) "은행, 표준어, 장보는 법, 다 배웠지만… 남 아직도 이방인," 조선일보(2011년 5월 12일), p. A10.

59) "2만 탈북자 겪은 北 인권유린 歷史에 남기라," 상동(2011년 5월 13일), p. A35.

라고 제안한다.

둘째로, 남북한 정책결정자들은 단기적 측면에서 서울은 이미 공식적인 남한의 강소국연방제의 제2단계에 착수하여 실질적인 부분을 전자모바일통일 모델의 2단계와 연계시켜 발전시키는 데 초점을 맞추라고 정책제의를 한다. 반면에 평양도 북한의 특수한 체제에 맞는 방안을 중점으로 시도하여 각각의 통일방안을 비교·분석하여 남북한 주민과 해외교포들의 종합적인 의견을 수집해야 한다. 이 기간 동안 남북한은 통일한국을 준비하는 기구로 남북이 동수의 대표로 구성하는 상부구조인 '통일한국평의회'를 만들어 통일국가의 상부구조를 창출하도록 구체적인 문제를 협의하고 결정해야 한다. 그리고 잠정적으로 통일국가의 상부구조가 마련될 때까지 남북관계에서 제기되는 문제들을 통일적으로 조절하는 기능을 하여 최종적으로 통일한국의 헌법과 정치적 구조를 완성해야 한다. 다시 말해서 통일한국평의회는 남북정상회의와 남북 국회의원(북측은 최고인민회의 대의원)으로 구성되는 대의기구이며 남북 현안문제를 논의하고 통일을 제도적으로 준비하는데 초점을 두어야 한다.[60]

셋째로, 남북한 차기정권 정책결정자들은 DMZ 평화공원(Peacepark Zone)을 한 차원 높은 단계에서 통일한국의 필요성을 알리는 데 노력해야 한다. 통일의 필요성은 통일한국 이전에 거쳐야 할 과정으로서 사실상의 통일(de facto Unification)과 법률상의 통일(de jure Unification)의 차이점, 통일문제의 한 민족의 문제이자 국제적 문제의 이중적 성격의 인식, 과거 분단에서 온 지리적·정치적·민족적 차원의 복잡성과 분단으로 인해 개인의 고통 초래 및 민족의 공동번영 저해 인식, 통일의 현실적인 토대를 만들기 위한 평화정착의 필요성과 미래발전적 측면을 포함한다. 위의 통일 필요성을 DMZ 평화공원을 통해서 실질적 내지 상징적 측면에서 전세계에 알리는 데 필요한 DMZ 평화공원 전시관을 설립하도록 제의한다.[61]

중기적 측면에서 4강(미국, 러시아, 중국, 일본) 정책결정자에게 제안할 한

60) "통일협의기구 설치 서둘러서는 안 돼," 상동(2007년 8월 17일), p. A35.

61) 김용제, "제1차 통일 교육지침토론회 검토내용의 대한 의견," 2002년 3월 22일 종합정부청사 대회의실.

가지 정책제안은 6자회담의 북한 핵문제를 해결하고 그 다음 단계인 동북아
조약기구의 본격적인 실행에 그들의 주어진 역할을 분담해서 공동의 목표인
동북아평화지대를 만드는 데 노력하라는 것이다. 이 시기에 위의 4강 대국
의 정책결정자들도 바뀌고 새로운 국제질서에 의해 활동하는 것을 전제로
한다. 미국은 이미 군사력에 의존한 일방주의를 포기하고 타국과 협력해야
하는 관계로 러시아, 중국, 일본, 남북한과 협력하는 차원에서 동북아조약기
구에 찬성할 것으로 내다본다. 워싱턴의 차기 정책결정자들은 그들의 정권
을 유지하는 데 필요한 인권과 같은 현대적 의미의 관용이 아니라 이질적인
집단이 특정사회에서 최고의 인재들이 생활하고 번영할 수 있도록 허용하는
관용(Tolerance)을 사용하는 차원에서 동북아평화지대도 지지할 것으로 분석
된다.[62] 미국은 21세기 한국과 한민족의 생존전략에서 지정학적 균형, 전략
적 이해, 가치공유가 동일한 관계로 동북아 질서개편 시대에 꼭 필요한 국
가로 계속 남아 있을 것이다. 이러한 공통점 때문에 동북아조약기구와 동북
아평화지대 구축에 중요한 협력자・균형자・조정자 역할을 솔선수범하여 통
일한국을 이루는 데 노력할 것으로 분석된다. 이유는 2차 대전 이후 미국의
대외정책의 성공사례가 한국이기 때문에 분단의 책임을 되갚는 차원에서 통
일한국에 적극적인 역할을 할 것으로 기대된다. 일본의 경우, 과거에 얽매이
지 말고 미래지향적인 차원에서 동북아조약기구에 적극적으로 참여하면서
통일한국으로 가는 과정에서 역사의 순리를 따라 방해하지 말고 작아지는
지구촌에서 동시에 공영・공존하는 자세를 가지라고 제안한다. 동경지도자
들이 통일을 방해한다고 해서 통일한국이 불가능하지 않다는 것을 깨닫게
되는 시기이다. 중국의 경우도 일본과 마찬가지로 통일한국을 막는 나라이
지만 동북아에서 또는 지구촌에서 제2의 강대국으로 진입하는 과정에서 민
족주의를 벗어나야 초강대국이 될 수 있겠다. 베이징은 하나의 초강대국에
목표를 두고 있는 상황에서 민족주의에 의하여 국지적인 통일한국을 저해할
수도 있을 것이다. 13억 인구와 세계로 뻗어나간 화교 등 인적 자원이 풍부
한 베이징이 인식의 전환을 하는 과정에서 동북아조약기구와 동북아 평화지

---

62) "모든 초강대국의 키워드는 '관용' 지금 미국은 그 비결을 잃을 위기," 조선일보(2008년
10월 6일), p. A24.

대 내지 통일한국에 협력자·균형자·조정자 역할을 한다면 더 큰 목표인 초강대국도 가능하다고 분석된다.

반대로 서울 정책결정자들은 이 시기에 현실화할 통일의 순간에 중국이 한민족 스스로의 결정을 존중하도록 하는, 또 존중할 수밖에 없는 국제상황을 동북아조약기구와 동북아평화지대 틀에서 만들어야 한다. 서울은 미국과 일본 등 우방국과의 관계를 적정하게 유지함으로써 한민족의 통일에 대한 자결권을 존중하는 것이 중국국익에 도움이 되는 것을 베이징 스스로 인정하고 동북아조약기구와 동북아평화지대를 스스로 실행하도록 해야 한다. 러시아의 경우, 이미 6자회담국으로 북핵문제와 동북아조약기구와 동북아평화지대의 참가국으로서 역할을 수행한 나라이다. 차기 정권의 모스크바 정책결정자들은 과거의 초강대국으로의 회귀를 원하면서 동북아의 영향권을 유지하는 차원에서 그들은 주어진 역할을 착실히 수행하면서 그들의 국가이익을 추구할 것이다. 알렉산더 파노프(Panov) 러시아 외교아카데미 원장은 2008년 9월 9일 서울 프라자호텔에서 열린 '21세기 동아시아 비전과 한반도' 국제학술회의에서 러시아가 기대하는 한반도통일은 "한반도가 중립적이며 비핵화되고 어느 쪽에도 가담하지 않은 경우"라고 밝혀[63] 이들은 동북아조약기구와 동북아평화지대가 그들의 국가이익을 추구하는 데 방해가 되지 않는 점을 알고 지역적인 평화에 공헌할 것이다.

중기적 측면에서 남북한 통일전문가에게 주는 제안은 단기적 측면에서 다룬 연구안을 수정·보완하여 온건하고 실용적인 통일한국방안을 연구하는 것이다. 그동안 핵무기 제거로 실질적인 평화, 남북경제공동체로 작은 실질적인 통일, 경제통일로 민족공동체를 만들어 정치통일로 가는 과정을 추구했으나 앞으로 있을 통일은 법률상 통일(de jure Unification)을 만드는 것이다. 여기에 법적·경제적·정치적·군사적·행정적·인터넷 네트워크·사회적 측면에서 종합적으로 통일한국백서를 만드는 작업을 하라고 제의한다. 여기서 정치가나 정책결정자들은 전문화된 통일전문가에게 정치논리를 따르지 않게 보호하면서 정책을 만들도록 정부에서 환경을 조성해 주어야

---

63) "북의 핵포기 의사의심 너무 양보하면 안 된다," 상동(2008년 9월 10일), p. A4.

한다. 통일작업 참여자는 남북과 해외 통일전문가들이 통일한국포럼을 중심으로 모여 제안서를 만들게 하고 전자모바일통일 모델을 활용하여 여론수렴을 하고 정책결정자들이 제안서를 점검한 후 남북한 의회에서 통과하는 과정을 따라야 한다.

남북한과 해외국민에게 주는 정책제안은 남북한 정부에서 추구하는 통일한국의 방안에 세계시민과 높은 정치문화 측면에서 준비하고 일단 통일한국에 예비적 방안이 전자모바일통일 모델로 의견을 수렴할 때는 한민족 전체의 유익한 결정과 미래의 통일한국의 가치, 기대와 희망을 보여주는 측면에서 의사를 결정하는 준비를 하라고 제안한다. 여기서 통일한국의 가치는 자유민주주의와 시장경제에 기초한 세대 간, 지역 간 갈등을 극복하는 건전한 인식과 남북 공동의 이익과 가치를 확장하는 데 필요한 평화와 번영, 남북화해 협력 및 공존·공영의 기대와 희망을 포함한다.

장기적(2019~2024년) 측면에서 남북한 정책결정자들은 단일정치체제를 통일전문가들이 통일한국포럼을 중심으로 제시한 통일한국의 방안을 검토한 후 전자모바일통일 모델의 방안으로 제2단계를 거쳐 한민족 전체의 결집된 의견을 수렴한 후 대내적으로는 통일한국안을 남북한이 받아들이는 절차상·내용상의 문제와 대외적으로 큰 틀에서 동북아평화지대를 구축하는 작업을 한반도 주변 4강국과 이루는 문제를 복합적으로 동시에 이루는 과제를 수행하라고 제언한다. 물론 이 제시한 조건으로 미래 통일한국구조와 동북아평화지대가 오리라고 기대하기는 어렵지만 이러한 큰 틀에서 부분적 수정·보완하는 작업을 해야 한다. 이 단계에서 이미 예정된 통일국가 국호, 헌법제정회의의 결과문, 외부적 통일대안인 연합을 통한 단일정치체제와 통일한국의 수도를 결정하는 시기에 준비를 끝내고 2025년에 통일한국을 이루는 단계이다. 2025년에 통일한국의 선포는 2025년 8월 15일로 제2의 건국의 날로 정하고 남북한과 모든 지구촌에 있는 해외동포들이 기적의 통일한국의 축제를 즐길 수 있겠다.

결론적으로 통일한국은 현재 가능한 것이 아니라 미래에 가능하기 때문에 예측하기가 어렵고 이러한 성격 때문에 통일에 대한 의구심도 품게 되는 것은 사실이다. 미래예측이 어려운 이유는 통일과정과 유형이 유동적이고 남북한 통일에 관련된 국제환경의 변화가 심하고, 미래라는 일반적 특성이 불확실한 점이다. 이러한 상황에서 통일에 대한 의구심은 민족사적인 차원에서 반만 년의 유구한 역사적 단일국가 전통에서 잠정적이고 인위적인 분단은 민족적 전통성에 부합하지 않는 현상, 정치·안보 차원에서 냉전시대에서 탈냉전시대로 그대로 분단을 유지하는 불균형적 정세와 시대흐름에 역행하는 점, 사회·경제 측면에서 이산가족의 고통과 탈북자의 고통 내지 북한주민의 참상과 21세기 디지털시대에 선진민족으로 도약하는 어려운 점을 포함한다.

그러나 이러한 상황에서 통일한국을 추구하는 가치, 기대와 희망은 하나의 엔진이 되어 이성적 통찰과 분석 또는 과거에서 이러온 현실을 기초로 분석하여 통일한국을 단기·중기·장기적 차원에서 제시하였다. 통일한국은 한 부분 통일대안으로 이루어지는 것이 아니라 지식정보화 시대의 흐름의 전자모바일통일 모델 1~2단계(정)와 통일방안의 대내적 대안 강소국연방제 1~2단계와 대외적 통일대안 한국연합(반)과 동북아조약기구와 동북아평화지대(합)로 이루어지는 결정체이다. 이 결정체는 통일한국이고 이 결과까지 도달하는 데 단기·중기·장기적 측면에서 중추적 역할을 할 부분을 제시한다.

다시 말해서 단기적 차원에서 이명박 정부는 남북관계의 정상화를 위한 방안을 찾아 남북정상회담을 재가동하여 제1, 2차 정상회담에서 합의한 공동선언을 2012년 국내외 상황에 맞추어 이행할 수 있는 부분과 이행하기 어려운 부분을 구분하여 국민들의 이해를 구하고 평양과 합의하여 실천하는 것이 중요하다. 그들은 다음 임기를 위해 뛸 것이 아니기 때문에 공동의 이해관계를 가지고 10년간 쌓아온 금강산관광과 개성공단을 정상화시키고 제3차 남북정상회담을 열어 신사협정으로 DMZ 생태공원도 착수해야 한다. 만약 이명박 대통령과 김정은 국방부위원장이 남북관계를 정상화하고 한 단계 업그레이드한 차원의 남북교류 협력사업을 진행한다고 하면 그들은 한국역사에 있어서 난문제를 해결한 업적 수행자로 평가받을 것이다. 위의 제시에도 불구하고, 이명박 정부의 대북핵문제 해결책인 압박정책 고수와 김정일의 대남 강경정책으로 금강산관광은 중단되었고 개성공단도 겨우 현상유

지 차원에서 유지되었고 별 진전이 없는 상황이다. 그동안 남북 간에 비밀
접촉으로 정상회담을 추진한 것도 평양이 유래 없이 폭로하여 불발 상태에
놓여 기대하기 어려운 것이 현실이다.

　중기적 차원에서 차기 남북한 정책결정자들은 남북한 간의 국회회담(북
측은 최고인민회의 대의원)을 우선순위로 다루어야 한다. 그들은 불가침협정
혹은 핵지대에서 비핵지대로의 변화를 추진해야 한다. 한국의 정책결정자들
은 남북한 간의 대화를 지연시키는 주요인은 불신과 긴장이라고 믿고 있다.
양국의 국회의원들은 남북한 정상 간에 맺은 공동합의문들을 남북한 국회에
서 통과시켜야 하며 정부수뇌들도 재승인하는 절차를 따라야 좀더 실효성을
지니게 될 것이다. 만일 평양이 서울을 모든 수준의 정치적 맥락의 협상을
할 수 있는 합법적인 정부로 인정한다면 국회회담이 최우선 문제로 다루어
져야 한다.[64]

　장기적인 차원에서 남북한 정책결정자들은 '통일한국평의회'를 구성함
으로써 한민족을 위해 올바른 통일한국의 방향을 제시해야 한다. 이 위원회
의 위원들은 대의기구로 통일로 가는 과정에 있을 수 있는 위기상황에 대처
하기 위한 방안을 모색하도록 남북한의 최고정책결정자들이 임명해야 한다.
통일한국평의회는 사회 각계각층을 대표하는 남북한 각기 12명씩과 해외교
포 6명의 도합 30명 미만으로 구성되어야 한다. 그들은 남북한과 해외를 연
결시키는 역할뿐만 아니라 대통령과 다른 관료직 사무소들을 연결시키는 연
락사무소 역할도 해야 한다. 통일한국평의회는 휴전체제와 비무장지대의
DMZ 평화공원의 운영구조를 변화시킬 수 있는 가능성에 대해서도 탐구해
야 한다. 이 위원회는 남북한 합동운영 혹은 국제적 운영(동북아조약기구와 동
북아평화지대) 등을 제시할 수 있으며 긴장완화를 위해 공격적인 병력을 비무
장지대 경계선으로부터 후방으로 옮기는 문제도 제시할 수 있다. 다시 말해
서 이 위원회는 그 당시 있을 수 있는 남북 현안문제를 논의하고 통일한국
을 제도적으로 준비할 수 있는 가장 실질적이고 효과적인 역할을 담당할 것

---

64) Jong Hyun Yoon's position paper, "The Possibilities of Improving Inter-Korean Relations and
　　Normalizing Method's," at the International Conference on Strategy for Peace and Unification
　　on the Korean Peninsula, Indian Lake Resort Bloomingdale, Illinois, October 24~27, 1985.

이다.[65] 위의 단기적 측면에서 남북대화의 재개와 정상회담의 연속, 중기적 측면에서 국회회담 개최, 장기적 측면에서 통일한국평의회의 역할은 준비 없이 나타난 것이 아니고 미래를 준비한 연속성의 결과로 중대한 역할을 할 것으로 기대되고 통일한국을 희망하는 근거가 될 것이다.

이 결정체인 통일한국을 2025년에 달성하기를 원한다고 하면, 남북한 정책결정자, 통일전문가, 남북한과 해외교포가 일심 단결하여 2012년부터 준비하는 자세가 필요하고 한민족은 그동안 많은 기적을 보여왔듯이 2025년에는 통일한국의 기적을 이루어 낼 것이다.

---

65) Young Jeh Kim, "Korea's Future Directions in the 1980's," p. 242.

참고문헌

100 Questions and Answers on the Seoul Olympiad 1988, Seoul, Korea: Korean Overseas Information Service, 1981.

A Comparative Study of the South and North Korean Economics, Seoul, Korea: National Unification Board, 1980, 1984, 1988.

A White Paper on South-North Dialogue in Korea, Seoul, Korea: National Unification Board, 1982.

Abramowitz, Morton, *Moving the Glacier: The Two Koreas and the Powers Adelphi Papers Number Eighty*, London, England: The International Institute for Strategic Studies, 1971.

Aidan Foster-Carter, "Towards the endgame," *The World Today*, London: Vol. 58, Iss. 12 Dec 2002.

Albright, David, "A Proliferation Primer," *The Bulletin of the Scientists*, Vol. 49, No. 5, June 13, 1993.

An Interview with President Chun Doo Hwan November 21, 1980, Seoul, Korea: Korean Overseas Information Service, 1980.

An, Byung Jun, *National Unification and Welfare Society in Korea*, Seoul, Korea: Korea Publishing Company, 1973.

An, Tai Sung, "Korea: Democratic People's Republic of Korea," *Yearbook on International Communist Affairs*, 1976, Stanford: Hoover Institution Press, 1976,.

Andrei Lankov, "The North Korean Paradox and the Subversive Truth," *Asian Outlook*, (March 3, 2009),

Ballbach, Eric J., "Summit Spirit on the Korean Peninsula," *Policy Forum Online, 07-071A*, September 20th, 2007 http://nautilus.org/fora/security/07071Ballbach.html.

Bardes, Shelley, and Schmidt, *American Government and Politics Today: The*

Essentials(2006~2007 Edition), Belmont, CA: Thomson Wadsworth, 2006.

Bedian, Authur G., *Organization: Theory and Analysis*, New York: The Dryden Press, 1984.

Berger, Carl, *The Korea Knot*, Philadelphia: University of Pennsylvania Press, 1957.

Bunge, Fredrica M.(ed.), *North Korea: A Country Study*, Washington, D.C.: U.S. Government Printing Office, 1981.

_____, *South Korea: A Country Study*, Washington, D.C.: U.S. Government Printing Office, 1982.

Callis, Helmut G., *China Confucian and Communist*, Boston: Houghton Mifflin Company, 1966.

Caporaso, James A., *The Structure and Function of European Integration*, Pacific Palisades, California: Goodyear Publishing Company, 1974.

Choi, Young, "Sino-Soviet Relations and the Korean Peninsula," *Unification Policy Quarterly*, vol. 1, no. 4, Winter 1975~1976.

Chung, Ki-won, "The North Korean People's Army and the Party," *North Korea Today*, ed. Robert A. Scalopino, New York: Frederick A. Praeger, 1963.

Chung, Kyong-cho, *Korea Tomorrow: Land of the Morning Calm*, New York: The Macmillan Company, 1956.

Couloumbis, Theodore A., and Wolfe, James H., *Introduction to International Relations: Power and Justice*, Englewood Cliffs, New Jersey: Prentice-Hall, Inc., 1986.

Cronin, Thomas E., *The State of the Presidency* 2nd edition, Boston: Little Brown and Company, 1980.

David S. Maxwell, "Catastrophic Collapse of North Korea: Implementations for the United States," Nautilus Institute, 1996.

Daugherty, James E., and Pfaltgraff, Jr., Robert L., *Contending Theories of International Relations*, 2nd ed., New York: Harper and Row Publishers, 1981.

Deutsch, Karl W., "Multipolar Power Systems and International Stability," *World Politics*, vol. 16, no. 3, April 1964.

_____, and Others, *Political Community and the North Atlantic Area*, Princeton, New Jersey: Princeton University Press, 1960.

Dubin, Wilbert B., "The Political Evolution of the P'yongyang Government," Pacific

Affairs, vol. 3, no.4, December 1950.

Espy, Richard, *Politics of the Olympic Games*, Berkeley, California: University of California Press, 1981.

Etzioni, Amitai, *Political Unification*, New York: Holt, Rhinehart and Winston, 1965.

Feffer, John, and Lee, Karin, "Change in North Korea," Policy Forum Online PFO 99-07F: October 19, 1999.

For the Development and Reconstruction of Postwar National Economy (P'yongyang, DPRK: Publishing Company of Korean Workers Party, 1956).

Galtung, Johan, "Divided Nations as a Process: One State, Two States, and In-between: The Korean Case," *Unification Policy Quarterly*, Vol. 1, no. 1, April 1975.

Gorden, Brenard K., "Korea in the Changing East Asia Policy of the U.S.," in Young C. Kim(ed.), *Major Powers and Korea*, Silver Spring: Research Institute on Korean Affairs, 1973.

Griffith, William E., "Sino-Soviet Relations, 1964-1965," *The China Quarterly*, no. 25, January-March 1966.

Hammond, Allen, *Which World? Scenario For the 21st Century*, Washington D.C.: Island Press/Shearwater Books, 1998.

Hasted, Glenn, *American Foreign Policy: Past, Present, Future*, New Jersey: Prentice-Hall, 1988.

Henderson, Gregory, "Korea: Militarist or Unification Policies?" in William J. Barnds(ed.), *The Two Koreas in East Asian Affairs*, New York: New York University Press, 1976.

_____, "The United States and South Korea," in Andrew C. Nahm(ed.), *Korea and the New Order in East Asia*, Michigan: Center for Korean Studies Western Michigan University, 1975.

_____, Richard Ned Below, and John G. Stroessinger, *Divided Nations In a Divided World*, New York: David Mckay Co., Inc., 1974.

Huntington, Samuel P., "Military Policy," in David L. Sills(ed.,) *International Encyclopedia of the Social Sciences* Vol. 10, New York: The Macmillan Co., and the Free Press, 1968.

Hwang, In Kwan, "Neutralization: An All-Weather Paradigm for Korean Reunification,"

Asian Affairs: An American Review, Vol. 25, No. 4, Winter 1999.

Khrushchov, Nikita, "Peaceful Coexistence-the Soviet View," in Ivo. D. Duchacek, *Conflict and Cooperation Among Nations*, New York: Holt, Rhine-hart and Winston, 1967.

Kihl, Young Whan, *Politics and Policies in Divided Korea: Regimes in Contest*, Boulder and London: Westview Press, 1984.

Kim, Chong-ik, "Korean Unification-Theoretical Consideration," *International Conference on the Problems of Korean Unification*(August 24-29, 1970) Report, Seoul, Korea: Asiatic Research Center Korea University, 1971.

Kim, Han-kyo(ed.), *Reunification of Korea*, Washington, D.C.: Institute for Asian Studies, 1972.

_____, "South Korean Policy Toward North Korea," in Young C. Kim (ed.), *Major Powers and Korea*(Silver Spring: Research Institute on Korean Affairs, 1973).

Kim, Hui-tae, "The Concepts of Nationalism and Liberty," *Korea Journal of Unification Affairs*, Vol. 7, no. 82, 1987.

Kim, Il Sung, *Report to the Sixth Congress of the Workers' Party of Korea on the Work of the Central Committee*, P'yongyang, DPRK: Sam Haksa, 1980.

_____, *For the Independent Peaceful Reunification of Korea*, New York: International Publishers Co., 1975.

Kim, Ilpyong J., *Communist Politics in North Korea*, New York: Praeger Publishers, 1975.

Kim, Jongwon A., "P'yongyang's Search for Legitimacy," *Problems of Communism*, vol. 20, nos. 1~2, January-April 1971.

Kim, Kap-chul, *Long-term Prediction of South and North Korean Political Phenomena Change*, Seoul, Korea: National Unification Board, 1987.

Kim, Se-jin, *The Politics of Military Revolution in Korea*, Chapel Hill: The University Press of North Carolina, 1971.

Kim, Young C., "The Democratic People's Republic of Korea in 1975," *Asian Survey*, vol. 16, no.1, January 1976.

Kim, Young Jeh, "An Alternative Approaches to the Deadlocked Korean Unification," Tae-Hwan Kwak, Chong-Han Kim, and Hong-Nack Kim(eds.), *Korean*

Reunification: New Perspectives and Approaches, Seoul, Korea: Kyungnam University Press, 1984.

_____, "Comparative Analysis of the Peaceful Unification of Both North and South Korea in the Age of Detente," *Asian Profile*, vol. 3, no. 3, February 1975.

_____, "Korean Unification in a Changing World," *The Journal of East Asian Affairs*, Vol. V, No. 2, Summer/Fall 1991.

_____, "North Korea's Nuclear Program and Its Impact on Neighboring Countries," *Korea & World Affairs*, Vol. 17, No. 3, Fall, 1993.

_____, "ROK's New Outlook: The End of Authoritarianism?" *Asian Profile*, vol. 9, no. 6, December 1981.

_____, "The Future Alternative of South Korea's Unification Policy," *Korea and World Affairs*, vol. 6, no. 1, Spring 1982.

_____, "The Purpose of North Korea's Guerrilla Warfare and the Reactions of South Korea," *Issues and Studies*, vol. 6, no. 11, August 1970.

_____, *Korea's Future and East Asian Politics*, Washington, D.C.: University Press of America, 1978.

_____, *Roads for Korea's Future Unification*, Hong Kong: Asian Research Service, 1980.

_____, *The Political Unification of Korea in the 1990's: Key to World Peace*, Lewiston, New York: The Edwin Mellon Press, 1989.

_____, *Toward a Unified Korea: History and Alternatives*, Seoul, Korea: Research Center for Peace and Unification of Korea, 1987.

Koh, B. C., "Ideology and Political Control in North Korea," *The Journal of Politics*, vol. 32, no. 2, August 1970.

_____, "South Korea, North Korea, and Japan," *Pacific Community*, vol. 6, no. 2, January 1975.

Kwak, Tae Hwan, *In Search of Peace and Unification on the Korean Peninsula*, Seoul, Korea: Seoul Computer Press, 1986.

Lach, Donald F., and Edmond S. Vehrle, *International Politics in East Asia Since World War II*, New York: Praeger Publishers, 1975.

Lee, Chong-sik, "New Paths for North Korea," Problems of Communism,, vol. 26, no. 2,

March~April 1977.

_____, "Stalinism in the East," *The Communist Revolution in Asia*, New Jersey: Prentice-Hall, Inc., 1956.

_____, "The 1972 Constitution and Top Communist Leaders," in Dae-sook Suh and Chae-Jin Lee(eds.), *Political Leadership in Korea*, Seattle, Washington: University of Washington Press, 1976.

Lee, Ki Won, "North Korean Military Affairs," *The Korean Journal of International Studies*, Vol. 7, No. 1, 1975/1976.

Lee, Ki-tak, "Structure of Korean Partition and Problems of National Integration," *Korea and World Affairs*, vol. 6, no. 2, Summer 1982.

Lee, Sang Woo, "Environmental Variables for Korean Unification," *Unification Policy Quarterly*, vol. 1, no.1, April 1975.

Lee, Yong Il, "An Introduction to the Politics of Peaceful Unification in Korea," *Unification Policy Quarterly*, vol. 1, no.1, April, 1975.

Lee, Young Ho, "South Korea's Unification Policy," *Unification Policy Quarterly*, vol. 1, no. 4, Winter 1975-1976.

_____, "South Korea's Unification Policy," *Unification Policy Quarterly*, vol. 1, no.4, Winter 1975-1976.

Lindberg, Leon N., *The Political Dynamics of European Economic Integration*, Stanford, California: Stanford University Press, 1963.

Liska, George, *International Equilbrium, Cambridge*, Mass.: Harvard University Press, 1957.

Mitrany, David, *A Working Peace System. An Argument for the Functional Development of International Organization*, London 1943.

Morse, Ronald A., "Korean Unification: Planning the Unplanned," *Koreana*, Vol. 4, No. 4, 1990.

North Korea's Camouflaged Peace Proposal-The New Trojan Horse, Seoul, Korea: The Public Relations Association of Korea, 1973.

North Korea: A Case Study in the Techniques of Takeover, Washington, D.C.: Government Printing Office, 1961.

Northeast Asia Peace and Security Network Special Report, "Differing US/Russian Views about the DPRK," The DPRK Report, No. 20, September~October 1999.

Notes, Memoranda, and Letters Exchanged and Agreements Signed Between the Government of India and China: 1954-1959, White Paper, New Dalhi: Ministry of External Affairs, Government of India, 1960.

Nye, Joseph S., *Peace in Parts: Integration and Conflict in Regional Organization*, Boston: Little Brown Co. 1971.

Olson, William Clinton, *The Theory and Practice of International Relations*, 8th Edition, Englewood, Cliffs,, New Jersey: Prentice Hall, 1991.

Paige, Glenn D., "North Korea and Emulation of Russian and Chinese Behavior," in A. Doak Barnett(ed.,), *Communist Strategies in Asia*, New York: Frederick A. Praeger, 1963.

Pak, Tong-un, *The Government in North Korea*, Seoul, Korea: The Asiatic Research Center, 1964.

Panikkar, K. M., *In Two Chinas*, London: Allen and Unwin, 1950.

Park, Bong-sik, "Japan's Role for Peace and Unification in the Post-Indo China Period," *Unification Policy Quarterly*, vol. 1, no. 4,Winter 1975~1976.

Park, Chung Hee, *Toward Peaceful Unification: Selected Speeches*, Seoul, Korea: Kwangmyong Publishing Co., 1976.

Park, Joon-Kyu, "The Vicissitudes of International Relations and Unification Policy," *The Journal of Unification Studies*, vol. 2, no. 1, October 1971.

Plano, Jack C., and Milton Greenberg, *The American Political Dictionary*, 3rd ed., Hinsdale: The Dryden Press, Inc., 1972.

_____, and Roy Olton, *The International Relations Dictionary*, New York: Holt, Rhinehart, and Winston, Inc., 1969.

_____, Robert E. Riggs and Helenan S. Robin, *The Dictionary of Political Analysis*, 2nd ed., Santa Barbara, California: ABC-CLIO, 1982.

Proletariat, Minjung Ron, and Liberal Democracy, Seoul, Korea: Bakyoung Publisher, 1985.

Recent North Korean Facts, Seoul, Korea: Secretariat of the Advisory Council on Peaceful Unification Policy, 1981.

Robert Zoellick, "Fragile States: Securing Development," *Survival*, vol. 50, issue

6(December 2008).

Roh, Tae Woo, "Congratulatory Address," at the Seminar on "New Constitution for Pluralism and Democratic Development," January 27, 1987, Seoul, Korea: National Policy Institute, 1987.

Roosevelt, Theodore, *An Autobiography*, New York: The Macmillan Company, 1916.

Rosenau, James N., ed. *Linkage Politics*, New York: The Free Press, 1969.

Rourke, John T., *International Politics on the World Stage*(4/d), Guilford, Connecticut: The Dushking Group, 1993.

Russett, Bruce, and David Kinsella, *World Politicds: The Menu for Choice*(8th Edition) Belmont, CA: Wadsworth/Thomson Learning, 2006.

_____, and Harvey Starr, *World Politics: The Menu for Choice*, San Francisco: W. H. Freeman and Company, 1981.

Sabine, George H., and Thomas Landon Thorson, *A History of Political Theory*, Hinsdale, Illinois: Dryden Press, 1973.

Sadotomo, Tetsu, "Cooperation for Peace and Development in Northeast Asia: Functionalist Approaches," *The Journal of The International Peace Studies*, Vol. 1, No. 2, July 1996.

Scalapino, Robert A., "Communist in Asia: Toward a Comparative Analysis," Robert A. Scalapino(ed.), *The Communist Revolution in Asia*, Englewood Cliffs: Prentice-Hall, 1965.

_____, and Chong-sik Lee, *Communism in Korea Part II: The Society*, Los Angeles: University of California Press, 1972.

Shapiro, Jane P., "Soviet Policy Towards North Korea and Korean Unification," *Pacific Affairs*, vol. 48, no. 3, Fall 1975.

Sievers, Bruce R., "The Divided Nations: International Integration and International Identity Patterns in Germany, China, Vietnam, and Korea," in Jan F. Triska(ed.), *Communist Party States: Comparative and International Studies*, New York: Bobbs-Merrill, 1969.

Socio-Cultural Comparison Between South and North Korea, Seoul, Korea: Research Center for Peace and Unification, 1975.

South-North Dialogue in Korea, Seoul, Korea: International Cultural Society of Korea,

1981, 1982.

Stogdill, Ralph M., *Handbook of Leadership*, New York: The Free Press, 1974.

Thomas, S. S., "The Chinese Communist's Economic and Cultural Agreement with North Korea," *Pacific Affairs*, vol. 28, no. 1, March 1954.

Timothy Savage, "Big Brother is Watching: China's Intentions in the DPRK," China Security, vol. 4, no. 4(Autumn 2008), pp. 53~57.

Totten III George O., and Young Jeh Kim, "What Kind of a Peace Regime Could Be Constructed in Northeast Asia?" *Korea Observer*, Vol. 36, No. 4, Winter 2005.

U. S. Presidential Delegation to the Inauguration of the President of the Republic of Korea: A Report to the Committee on Foreign Relations United States Senate(June 1981), Washington, D. C.: U. S. Government Printing Office, 1981.

Vreeland, Nena, et. al., *Area Handbook for North Korea*, Washington, D. C.: Government Printing Office, 1976.

_____, *Area Handbook for South Korea*, Washington, D. C.: U. S. Government Printing Office, 1975.

Warth, Robert D., *Soviet Russia in World Politics*, New York: Twayne Publishers, Inc., 1964.

Washburn, John N., "The Soviet Press Views North Korea," *Political Affairs*, vol. 22, no. 1, March 1949.

White, D. Gordon, "North Korean Juche: The Political Economy of the Self-Reliance," in Manfred Bienefeld and Martin Godfrey(eds.), *The Struggle for Development: National Strategies in an International Context*, New York: John Wiley and Sons, 1982.

_____, "Report from Korea: The Democratic People's Republic of Korea Through the Eyes of a Visiting Sinologist," *The China Quarterly*, no. 63, September 1975.

White, Nathan, "Japan's Security Interests in Korea," *Asian Survey*, vol. 16, no. 4, April 1976.

Whiting, Allen S., *China Crosses the Yalu*, New York: The Macmillan Company, 1960.

"Boycott," *The New Encyclopaedia* Vol. 30, Chicago: The University of Chicago, 1975.

"For the Future Promotion of Peaceful Unification of the Country: Report made by Choi Yong Kun, President of the SPA of the DPRK at the Eighth Session of the

Second SPA of the DPRK November 19, 1960," *For Korea Peaceful Unification*, P'yongyang, DPRK: Foreign Language Publishing House, 1961.

"Formula for National Reconciliation and Democratic Unification proposed by the former President Chun Doo Hwan in his New Year policy statement, January 22, 1982," *Korean Unification Source Materials With an Introduction* vol. IV, Seoul, Korea: Research Center for Peace and Unification of Korea, 1986.

"Full Text of the Agreement on Reconciliation, Nonaggression and Exchanges and Cooperation"(December 13, 1991), *Vantage Point* Vol. XIV, No. 12, December 13, 1991.

"Joint Statement of Various Political Parties and Social Organizations of North and South Korea," *For Korea's Peaceful Unification*, P'yongyang, DPRK: Foreign Language Publishing House, 1961.

"Kim Il Sung Expresses Desire to Improve Relations with Washington-In Interview with the Washington Times-," *North Korea News*, No. 628, April 27, 1992.

"North Korea Contingency Planning and U.S.-ROK Cooperation," *Center for U.S.-Korea Policy, The Asia Foundation* (September 2009), pp. 1~6.

"North Korea's Foreign Relations: an Outlook," *Vantage Point* Vol. XV, No. 3, March 1992.

"North Korea's Inconsistent Attitudes Toward Its Nuclear Development Issue," *Vantage Point* Vol. XV, No. 3, March, 1991.

"North Korea for the First Time Reveals Details About its Nuclear Power Research Complex in Yongbyon," *North Korea News*, No. 628, April 27, 1992.

"President Chun's Sixth Anniversary," *Prosperity*, Vol. 5, March 1987, Seoul, Korea: The Democratic Justice Party, 1987.

"Public Rallies Held in North Korea to Pledge Loyalty to New Supreme Commander Kim Jong-il," *North Korea News* No. 613(January 13, 1992).

"Pyongyang Criticized Seoul for Trying to Connect Inter-Korean Talks with Nuclear Issue," *North Korea News* No. 624, March 30, 1992.

"Pyongyang Still Reluctant to Open Doors to Outside World," *North Korea News* No. 625, April 16, 1992.

"South and North Disagree on Most Issues at First Inter-Korean Political Panel

Meeting," *North Korea News*, No. 622, March 16, 1992.

"Speech at the 15th Anniversary Celebration of the August 15 Liberation, the National Holiday of the Korean People(excerpt) August 14, 1960," in Kim Il Sung, *For the Independent Peaceful Reunification of Korea*, New York: International Publishers Company, 1975.

"Text of South-North Declaration on Denuclearization Presented to Geneva Conference on Disarmament," *North Korea News*, No. 624, March 30, 1992.

"The Present Government in North Korea," *The World Today*, vol. 9, no. 1, May 1953.

"The War in Korea, A Chronology of Events, 25 June 1950-25 of June 1951," *The World Today*, vol. 7, no. 8, August 1951.

Zartman, W. ed. Collapsed States: The Disintegration and Restoration of Legitimate Authority(Boulder: lynne Rienner, 1995).

2000 북한개요, 서울: 통일부, 1999.

2001 통일백서, 서울: 통일부, 2001.

2007 북한이해, 서울: 통일부 통일교육원, 2007.

80년대 한국통일과 연관된 내적 여건의 분석과 전망, 서울: 국토통일원, 1975.

"'95년 통일원년' 주장의 허와 실," 내외통신 종합판(46), 1992. 7. 2~12. 31.

"2007 남북정상회담 결과 홍보 책자(가칭: 더불어)," 서울: 통일부, 2007.

"부속합의서 발효 1주년 관련 성명발표," 남북대화 제58호, 서울: 통일원, 1993.

"연도별 반출입 통관 현황(1988~1993)," 남북교류협력동향, 1993. 9. 1~9. 30, 서울: 통일원 교류협력국, 1993.

"최고인민회의 제 9 기 제 5 차 회의 진행: 조국통일을 위한 전 민족 대단결 10대 강령," 평양: 1993. 4. 7.

강명세, "G2 세계의 현실과 갈등" 정세와 정책(2010년 3월호) pp. 9~12.

게하르트 미켈스, "민주시민교육 정신적·사회적 통일에 기여한다," 통일한국, 1999년 3월.

권만학, "한민족 통일과 통일방안," 백영철 편 분단을 넘어 통일을 향해, 서울: 건국대학교출판부, 2000.

김석길, 민주중립화統韓의 신방안, 서울: 국제정치경제센터, 1964.

김영삼 대통령, "제49주년 광복절 경축사," 1994. 8. 15.

김용제, "'한민족공동체' 형성을 통한 통일, 어떻게 이루어 나갈 것인가?," 21세기를
　　향한 한민족공동체의 나아갈, 서울: 민족통일중앙협의회, 1991,

＿＿＿, "21세기 통일시대 준비를 위한 한민족의 과제," '99 통일문제 국제 Seminar 재
　　일본대한민국민단 중앙본부회관, 서울: 민주평화통일자문회의, 1999, 12. 1~2.

＿＿＿, "남북한 교류협력의 군사적 측면," 민족공동체와 통일문제, 서울: 국토통일원,
　　1989.

＿＿＿, "남북한 신뢰구축과 교류협력 활성화 방안," 통일한국, 1994년 1월.

＿＿＿, "남북협력과 평화정착을 위한 미국의 역할의 토론", 2000년도 국내·외 학자
　　초청 통일문제 세미나 결과 보고서, 서울: 민주평화통일자문회의, 2000. 12.

＿＿＿, "위기의 한반도: 북한의 선택은?," 연구논업 제30집, 서울: 건국대학교 행정대
　　학원, 2003.

＿＿＿, "유럽 재래식 군사협상 사례연구," 국방학술논총 제 6 집, 서울: 한국국방연구
　　원, 1992.

＿＿＿, "핵문제와 남북한 관계," 국제화시대의 한반도 통일문제 제10차 미주지역 한
　　반도문제 정보교류회의 논문집 11월, 서울: 통일원, 1994.

＿＿＿, 한반도 통일론: 이론과 실제, 서울: 박영사, 1990.

김일성, 조선노동당 제 4 차당대회 중앙위원회총리보고, 평양: 북조선민주주의인민공
　　화국: 조선노동출판사, 1960.

＿＿＿, 조선민주주의 인민공화국에서 사회주의 건설과 남조선혁명에 대하여, 평양:
　　조선노동당출판사, 1965.

김창순, 북한십오년사, 서울: 지문각, 1961.

남북기본합의서 해설, 서울: 통일원, 1992.

대통령비서실, 노태우 대통령 연설문집1, 1990.

동서독과 남북한, 서울: 동아일보사, 1973.

박동현, "평화통일의 대장정: 평화통일 3대 기본원칙에 담겨 있는 우리의 의지," 국
　　토통일, 4권, 5호, 10월, 11월, 12월, 1974.

사회통일교육 지침서, 서울: 통일부통일교육원, 2000.

서대숙, 현대북한의 지도자: 김일성과 김정일, 서울: 을유문화사, 2000.

이동정, 환상과 현실: 나의 공산주의관, 서울: 동방통신사, 1961.

이찬구, 3단계 통일대책, 서울: 소설문화사, 1971.

전성훈, "서울 핵안보정상회의 성공을 위한 의제설정: '3S'와 북핵문제를 중심으로,"

「국가전략」(2011년 제17원 4호), p. 8.

정한구, "북한은 붕괴될 것인가? 사회주의 국가들의 경험과 북한의 장래," 『세종정책 연구』 2009년 제 5 권 2호, pp. 45~47.

조선중앙년감, 북조선민주주의인민공화국, 평양: 조선중앙통신사, 1949.

조성렬, "북한체제의 전환가능성과 한국의 대응방향" 제 2 마당 북한체제의 변화에 따른 동북아정세와 한국의 대응, pp. 104~106.

지구촌의 망나니, 서울: 자유평론사, 1983.

최청호, "한반도 통일방안 연구: 연속적 통합과정으로 본 연합제와 낮은 단계의 연방 제," 동북아 연구 제12권, 서울: 경남대학교 극동문제연구소, 2007.

통일문제 이해, 서울: 통일부 통일교육원 연구개발과, 2003.

인명색인

사항색인

저자약력

서울 出生(1939)
龍山高等學校(1958), 建國大學校 政治學 學士(1962)
University of Cincinnati 政治學 M.A.(1968), University of Tennessee 政治學 Ph.D.(1977)
Alcorn State University 政治學 教授(1968~1994)
Pacific States University 總長(1994~1998)
Pacific States University 理事長(1996~1998)
建國大・PSU公同부설 아・태연구소 소장(1994~1998)
建國大學校 行政大學院 및 社會科學大學 政治學 教授(1999~2004)
建國大學校 行政大學院 및 社會科學大學 客員教授(2004~2007)

저서 및 논문

Korea's Future And East Asian Politics(Washington D.C.: University Press of America, 1978)
Roads for Korea's Future Unification(Hong Kong: Asian Studies Monograph Series, 1980)
Toward A Unified Korea(Seoul: Research Center for Peace and Unification of Korea, 1987)
The Political Unification of Korea in the 1990s(Lewiston, NY: The Edwin Mellen Press, 1989)
韓半島 統一論 －理論과 實際－, 博英社(1990)
韓半島와 環太平洋共同體, 編著, 博英社(1995)
21세기 APEC의 비전: 과제와 전망, 編著, 서울프레스(1995)
The New Pacific Community in the 1990s, editor(Armonk: New York: M. E. Sharpe, 1996)
韓半島 統一論 －통일정책의 전개와 전망－, 博英社(2009)

"유럽 재래식 군축협상 사례연구," 국방학술논총(서울: 한국국방연구원, 1992)
"남북대화 전망," 김정일 체제하의 북한(서울: 통일원, 1996)
"Prospects For Inter－Korean Relation－in the New Millennium," *Korea World Affairs*, Vol. XIII, No. 2(Summer 1999)
"New Directions for a Unified Korea in the 21st Century," *Korea Observer*, Vol. XXXI, No. 1(Spring 2000)
"An Analysis of Korean－American Diplomatic Relations in 2001 and Beyond," *Korea Observer*, Vol. 32, No. 3(Autumn 2001)
George O. Totten III and Young Jeh Kim, "What Kind of a Peace Regime Could Be Constructed in Northeast Asia?," *Korea Observer*, Vol. 36, No. 4(Winter 2005)

學會 및 자문위원

American Political Science Association 회원	(1968~1999)
Association for Asian Studies 회원	(1968~1999)
Asian Profile 국제편집 자문위원	(1981~1986)
재미한인교수협회 사무총장	(1988~1990)
재미한인교수협회 제 2 부회장	(1990~1992)
민주평화통일정책자문위원(제 1 기~10기)	(1981~2003)
경기 성남시 민주평화통일정책 협의회 교육홍보위원회 위원장	(2000~2002)
통일부 통일교육심의 위원	(2000~2002)
미국 LA 한인건강정보센타 이사	(1996~1999)
미국 LA 한인회 자문위원	(1994~1999)
미주한인상공인단체연합회 자문위원	(1997~1999)
미국 한미우호협회 이사	(1994~1996)

e－mail: youngjk@yahoo.com

개정판
한반도 통일론 -통일정책의 전개와 전망-

2009년	6월	20일	초판발행
2012년	5월	3일	개정판인쇄
2012년	5월	10일	개정판발행

저 자 김 용 제
발행인 안 종 만
발행처 (주) **박영사**
    서울특별시 종로구 평동 13-31번지
    전화 (733)6771 FAX (736)4818
    등록 1959. 3. 11. 제300-1959-1호(倫)

www.pybook.co.kr e-mail: pys@pybook.co.kr

파본은 바꿔드립니다. 본서의 무단복제행위를 금합니다.

정 가 32,000원   ISBN 978-89-6454-261-3